Ruslan G. Skrynnikow

Iwan der Schreckliche

und seine Zeit

Ruslan G. Skrynnikow

Iwan der Schreckliche

und seine Zeit

Mit einem Nachwort
von Hans-Joachim Torke

Bechtermünz Verlag

Genehmigte Lizenzausgabe für
Bechtermünz Verlag im
Weltbild Verlag GmbH, Augsburg 1997

Umschlagmotiv: Archiv für Kunst und Geschichte, Berlin
Umschlaggestaltung: Adolf Bachmann, Reischach
Gesamtherstellung: Graphischer Großbetrieb Pößneck GmbH
Ein Mohndruck-Betrieb
Printed in Germany
ISBN 3-86047-812-5

Inhalt

IV. Das Ende

Anhang

Einleitung

Die europäischen Völker erlebten im 16. Jahrhundert bedeutende Veränderungen. Eine neue Zeit brach an. Obwohl in der Welt noch die Agrarwirtschaft dominierte, kamen in den entwickelten Ländern Westeuropas bereits die ersten Manufakturen auf, bildete sich Handelskapital. Mit den großen geographischen Entdeckungen wurde der Grundstein für die Entwicklung des Welthandels und für die Schaffung eines Kolonialsystems gelegt, das den Kaufleuten große Profite einbrachte. Die Epoche frühbürgerlicher Revolutionen brach an. Die erste dieser Art siegte in den Niederlanden, wo das Volk die spanische Fremdherrschaft abschüttelte. Deutschland erreichte hervorragende Erfolge in Wirtschaft und Kultur. Die beginnende Reformation bewirkte grundlegende Veränderungen der Weltanschauungen.

Das Antlitz Europas hatte sich gänzlich verändert. Während Italien und Deutschland ihre nationale Zersplitterung noch nicht zu überwinden vermochten, verwandelten sich Frankreich und England in absolute Monarchien. Auch im Osten Europas war eine gewaltige Macht entstanden, das Moskauer Reich.

Das 16. Jahrhundert stand in der Moskauer „Rus", ebenso wie auch in anderen Ländern Osteuropas, im Zeichen der stürmischen Entwicklung von Handwerk und Gewerbe. Die allerorts entstandenen Städte wuchsen beachtlich.

Moskau war zu dieser Zeit, territorial gesehen, noch nicht sehr groß. Im Norden verlief seine Grenze entlang der Küste des Weißen und des Kalten Meeres (so nannten die Russen damals die ihnen zugänglichen Teile des Eismeeres). Im Süden zog sie sich von Tschernigow und Putiwl links des Dneprs bis hin nach Rjasan an der Oka und im Westen und Osten vom Finnischen Meerbusen und Smolensk bis zu den Ausläufern des Urals.

Als Iwan IV., der spätere „Schreckliche", den Thron bestieg, war das Territorium des gesamten Staates 2,8 Millionen Quadratkilometer groß. Im Moskauer Reich lebten neben Russen und Ukrainern Karelen, Komi, Mordwinen, Udmurten, Tscheremissen (Mari) und viele andere Völker.

Die überwiegende Mehrheit wohnte auf dem Lande, und die Bevölkerungsdichte war wesentlich geringer als in den Ländern Westeuropas.

Die Gesamtzahl der Einwohner ist unbekannt. Ungefähren Schätzungen zufolge lebten damals fünf bis neun Millionen Menschen im Lande.

Ende des 15. Jahrhunderts hatte Moskau zwar das tatarische Joch abgeschüttelt, jedoch überfielen und plünderten Nomaden verschiedener Horden die südlichen Gebiete des Reiches auch noch in der ersten Hälfte des 16. Jahrhunderts. Die Hauptverteidigungslinie verlief an der Oka, in unmittelbarer Nähe der Stadt Moskau. Nur sehr langsam besiedelten russische Bauern die Ländereien südlich von Tula. Zur gleichen Zeit wurden nach und nach das Pomorje, das Küstenland im hohen Norden, und das Kama- und Ural-Gebiet erschlossen.

Ungünstige historische Bedingungen, zu denen nicht zuletzt die furchtbare tatarische Invasion im 13. Jahrhundert und die mehr als 200jährige Fremdherrschaft zählten, behinderten die Entwicklung des Landes beträchtlich. Aber die russische Kultur blühte wieder auf, und das russische Selbstbewußtsein erlebte einen Aufschwung. In Literatur und Publizistik, in der Chronistik, der Malerei und Architektur tauchten hervorragende Meister auf. Das ferne Moskowien (so wurde das Moskauer Reich vom 15. bis 17. Jahrhundert von Ausländern genannt) verspürte einen Hauch europäischer Reformation. Seine Kultur wurde am Rande durch die italienische Renaissance belebt.

Die politische Entwicklung Moskaus im 16. Jahrhundert war durch zahlreiche Widersprüche gekennzeichnet. Die „Sammlung des russischen Landes" durch das Großfürstentum Moskau zu einem Einheitsstaat zog keineswegs das sofortige Verschwinden von zahlreichen Überresten der voraufgegangenen Teilfürstenzeit nach sich, die das damalige Rußland noch wie ein dichtes Netz durchzogen. Andererseits machten die Erfordernisse der politischen Zentralisierung eine völlige Umgestaltung der veralteten Institutionen dringend notwendig. Reformen wurden deshalb zum Gebot der Stunde.

Der rasche Machtzuwachs der Moskauer Großfürsten und das militärische Erstarken des Staates im 16. Jahrhundert bereiteten den Boden für die Verwandlung des Moskauer Großfürstentums in ein Zarenreich vor. Die Herausbildung eines Reichssystems und die Eroberungskriege wurden zu einem Wesenszug der politischen Entwicklung Moskaus in der zweiten Hälfte des 16. Jahrhunderts.

Zu den bedeutendsten Ereignissen des 16. Jahrhunderts gehörte die Angliederung Westsibiriens, wobei die damit zusammenhängenden Geschehnisse noch nicht völlig geklärt sind. Sie hat jedoch in vielerlei Hinsicht die weitere historische Entwicklung des Landes bestimmt.

Das 16. Jahrhundert war insgesamt für die russische Bevölkerung eine schwere, oft sogar tragische Zeit. In dieser Epoche bildete sich die Grundlage der Leibeigenschaft heraus, die die Geschicke Rußlands rund 250 Jahre lang beeinflussen sollte. Dies alles geschah zu der Zeit, in der Iwan IV. Wassiljewitsch, genannt Grosny, der erste russische Zar, regierte.

Schon immer hat die Gestalt Iwans IV. Historiker, Schriftsteller, Maler und Musiker inspiriert. Die einen sahen in ihm den nahezu weisesten Herrscher des alten Rußlands, die anderen einen mißtrauischen und brutalen Tyrannen, ja fast einen Verrückten, der das Blut unschuldiger Menschen vergoß. In der russischen Geschichte findet sich kaum eine andere Persönlichkeit, die so widerspruchsvoll von der Nachwelt beurteilt wurde.

Um eine mehr oder weniger vollständige Biographie Iwans des Schrecklichen vorlegen zu können, hat der Historiker einige Schwierigkeiten zu meistern. Das erste Problem besteht darin, daß fast alle russischen Archive dieser Zeit entweder durch Kriege oder durch Brände vernichtet wurden, so daß sich der Forscher mit den wenigen unversehrt gebliebenen Resten begnügen muß. Das zweite Problem ist, daß Iwan IV. weder Tagebücher noch Erinnerungen hinterließ, die für das Verfassen einer Biographie von unschätzbarem Wert wären. Tagebücher zum Beispiel geben Aufschluß über Beweggründe, die zu bestimmten Taten führten, privater Briefwechsel hilft das Innere eines Menschen zu erschließen, und Erinnerungen in schriftlicher Form vervollständigen das Bild der Persönlichkeit. Ohne all diese Quellen ist der Wissenschaftler außerstande, geheime Gedanken und Gefühle eines Menschen zu ergründen.

Die erhalten gebliebenen Briefe Iwans IV. an Andrej Kurbski, einen zum litauischen Feind geflohenen Heerführer, und andere Personen beziehen sich fast ausschließlich auf politische Probleme. Hinzu kommt, daß uns keine einzige von Iwan dem Schrecklichen eigenhändig geschriebene Zeile vorliegt. Die Forscher verfügen nicht einmal über ein Original seiner Unterschrift.

Der Held in seiner Zeit, dies ist die ewige Problematik aller historischen Biographien. Wo es dem Historiker an Fakten zur Person mangelt, wendet er sich der Epoche zu. So formte auch die Epoche Iwans des Schrecklichen dessen Persönlichkeit, die wiederum vielen Ereignissen jener Zeit ihren Stempel aufdrückte.

Wer war nun Iwan IV., und welchen Einfluß hatte seine Tätigkeit auf die historischen Geschicke Rußlands? Unter welchen historischen Umständen wirkte er?

I. Die Zeit der Reformen

1. Kindheit eines Waisen

Als der künftige Zar Iwan IV. Wassiljewitsch 1530 das Licht der Welt erblickte, ging das erblich schwer belastete Geschlecht der Moskauer Herrscher schon langsam seinem Ende entgegen. Sieben Jahrhunderte lang hatten die Nachkommen des „alten Igor“, eines Kiewer Fürsten warägischer (skandinavischer) Herkunft, die nach dem halblegendären Rjurik „Rjurikiden“ genannt wurden, ausschließlich Frauen geheiratet, die aus ein und demselben engen Personenkreis stammten: Moskauer Rjurikiden suchten sich Bräute in Rjurikiden-Familien aus Twer, Rjasan und anderen Fürstentümern. Dies mußte früher oder später zur Degeneration des Geschlechts führen. Erste Anzeichen von Entartungen zeigten sich bereits Mitte des 16. Jahrhunderts. Der jüngere Bruder Iwans IV., Fürst Juri, war von Geburt an taubstumm und geistesgestört. Der zweite Sohn Iwans IV., Fjodor, litt an Schwachsinn, und sein dritter Sohn, Dmitri, war von seiner frühesten Kindheit an von dem „schwarzen Leiden“, der Epilepsie, befallen, an der er sehr früh zugrunde ging.

Großfürst Iwan III. Wassiljewitsch (1462–1505), der Großvater Iwans des Schrecklichen, war zweimal verheiratet: zum ersten Mal mit einer Fürstentochter aus Twer und das zweite Mal allerdings mit Sophia (Zoë) Paläolog, der Nichte des letzten byzantinischen Kaisers. Den Thron aber sollten Vertreter der älteren Familienlinie übernehmen: Iwan, der Erstgeborene des Großfürsten, und nach dessen frühem Tod sein Sohn Dmitri. Der Großfürst ließ zunächst seinen Enkel Dmitri als künftigen Herrscher krönen, kerkerte ihn aber später ein und machte schließlich doch seinen Sohn aus zweiter Ehe, Wassili III., zum Thronerben. Ebenso wie sein Vater war auch Wassili III. Iwanowitsch (1505–1533) zweimal verheiratet. Vor seiner ersten Hochzeit wurden landesweit alle heiratsfähigen Mädchen aus adligen Familien von den großfürstlichen Schreibern registriert. Wassili III. entschied sich unter insgesamt anderthalbtausend Anwärterinnen für Solomonia Saburowa. Als die Ehe nach 20 Jahren noch immer kinderlos war, befahl Wassili III., seine Gemahlin zur Nonne zu scheren. In den Chroniken wurde später behauptet, Solomonia wäre auf eigenen Wunsch Nonne geworden. In Wirklichkeit widersetzte sich die Großfürstin dem mit aller Kraft. So wurde in Moskau gemunkelt, Solomonia hätte im Kloster einen Sohn, den rechtmäßigen Thronfolger Juri Wassiljewitsch, zur Welt gebracht. Das waren aber nichts als Gerüchte, mit deren Hilfe sie eine neue Ehe Wassilis III. zu verhindern suchte.

Zweite Gemahlin des Großfürsten wurde die junge Fürstentochter Jelena Glinskaja aus Litauen, die nicht dem Hochadel angehörte; ihre Vorfahren stammten von Chan Mamai ab. So gesehen, versprach der Ehebund mit Jelena Glinskaja keinerlei dynastische Vorteile. Die fremdländisch erzogene Jelena, die sich deutlich von den Töchtern der Bojaren, d. h. der höchsten Adligen, unterschied, verstand es, ihre Reize einzusetzen, und brachte zum Beispiel Wassili III., der von seiner Gattin völlig hingerissen war, dazu, sich ihr zuliebe entgegen der althergebrachten Sitte den Bart abnehmen zu lassen.

Der Moskauer Adel allerdings mißbilligte die Wahl des Großfürsten. Weitaus schlimmer aber war, daß auch diese Ehe anfangs kinderlos blieb. Vier Jahre lang wartete das Ehepaar auf ein Kind, und erst im fünften, am 25. August 1530, brachte Jelena einen Sohn zur Welt, der auf den Namen Iwan getauft wurde. Boshafte Bojaren tuschelten, Iwans wirklicher Vater sei ein Günstling der Großfürstin. Nach einer anderen Überlieferung brach während der Geburt des Kindes im ganzen Lande ein furchterregendes Gewitter aus. Es blitzte und donnerte aus heiterem Himmel. Die Gemahlin des Chans, d. h. des tatarischen Herrschers, von Kasan soll, als sie durch Moskauer Eilboten die Nachricht von der Geburt eines Thronfolgers Wassilis III. erfuhr, gesagt haben: „Es ist ein Zar mit zweierlei Zähnen geboren worden: mit den einen wird er uns (die Tataren), mit den anderen euch auffressen." Noch viele andere Prophezeiungen oder Vorzeichen tauchten auf, die jedoch erst im nachhinein mit der Geburt Iwans IV. in Zusammenhang gebracht wurden.

Mit der Geburt des Erstgeborenen lernte die großfürstliche Familie, Wassili III. und seine Gemahlin, die üblichen Freuden und Sorgen kennen. Verließ Wassili III. Moskau ohne seine Familie, sandte er seiner „Frau Oljona" ungeduldige Briefe, in denen er Auskunft darüber verlangte, ob sein Sohn Iwan auch gesund sei und was er gegessen habe. Diese schrieb ihrem Gemahl genau, wie der Kleine wuchs und gedieh. Als Iwan gerade erst drei Jahre alt war, erkrankte sein Vater und starb bald danach.

Während dieser Zeit war das Verhältnis des Großfürsten zu dem ihn umgebenden Hochadel so deutlich geworden wie nie zuvor. Da das Testament Wassilis III. nicht erhalten geblieben ist, können wir nicht mit

Sicherheit sagen, wie seine letzten Verfügungen im einzelnen lauteten. In der Woskressensker Chronik von 1542 ist allerdings nachzulesen, daß er seinen Sohn Iwan „zum Herrscher" segnete und ihm das „Zepter von Großrußland" überreichte. Seiner Frau aber ordnete er an, den Staat bis zur Mündigkeit seines Sohnes zu verwalten. Während der Herrschaft Iwans IV. (in den 50er Jahren) wurde von Chronisten behauptet, Großfürst Wassili III. habe das Zepter nicht dem Sohn, sondern seiner Gattin überreicht und ihr dabei Weisheit, Mut und ein Herz voll „großen herrschaftlichen Verstandes" bescheinigt. Da Iwan IV. seine Mutter über alles liebte und ihr Name in seinen Augen stets etwas Heiliges darstellte, ist es kein Wunder, daß Jelena in den Zarenchroniken als die legitime Nachfolgerin Wassilis III. beschrieben wird. Die Traditionen der Geschichtsschreibung änderten sich jedoch ständig und verwandelten Jelena später sogar in eine Verfechterin der Idee von einem zentralisierten Staat und eine Verteidigerin der ihm entsprechenden Politik, welche in völligem Gegensatz zu den Umtrieben des reaktionären Bojarentums gestanden habe.

Wenden wir uns aber anstatt höfischen Chroniken inoffiziellen Zeugnissen zu, zeigt sich die Geschichte der Machtübernahme durch Jelena Glinskaja sofort in einem ganz anderen Licht. So schrieb zum Beispiel ein gut informierter Chronist aus Pskow, daß Wassili III. „seinem Sohn, dem großen Fürsten Iwan, anordnete, das Großfürstentum zu regieren, ihn selbst noch zu seinen Lebzeiten zum Großfürsten ernannte und seinen wenigen Bojaren befahl, ihn bis zum fünfzehnten Lebensjahr zu behüten". Aus der Pskower Chronik geht also hervor, daß Wassili III. weder seine Frau Jelena noch die Bojarenduma, den Rat der höchsten Würdenträger, insgesamt, sondern lediglich eine kleine Bojarenkommission mit der Regentschaft betraute, der Jelena Glinskaja aber später die Macht streitig machte.

Welche Version entspricht nun der Wahrheit? Die Antwort auf diese Frage findet man in allerfrühesten Chroniken, die von einem Augenzeugen der letzten Tage Wassilis III. verfaßt wurden.

Der Großfürst erkrankte während einer Hetzjagd bei Wolokolamsk. Als er vom Arzt vernahm, seine Lage sei hoffnungslos, befahl Wassili III., sein Testament aus der Hauptstadt herbeizuschaffen. Eilboten holten die geforderte Urkunde herbei, die „vor der Großfürstin verborgen gehalten wurde". Wenig später, todkrank nach Moskau gebracht, begann der Großfürst im Palast schier endlose Gespräche mit seinen Beratern und Bojaren über die „Ordnung im Lande" zu führen. Dazu lud er jedoch kein einziges Mal seine „Frau Oljona" ein, sondern schob die Aussprache mit ihr bis zum letzten Moment hinaus. Als das Ende nahte und der Kranke nur noch wenige Stunden zu leben hatte, bedrängten ihn seine Berater, die Großfürstin endlich holen zu lassen und sie zu segnen. Erst in diesem Augenblick durfte Jelena an das Sterbebett ihres Gatten treten. Heftig schluchzend, fragte die junge Frau nach ihrem Schicksal: „Mein Großfürst! Wem hinterläßt du mich, und wem, o Herr, vertraust du deine Kinder an?" Wassili antwortete kurz, aber bedeutungsschwer: „Ich habe meinem Sohn Iwan den Staat und die großfürstliche Regierung übertragen, dir aber habe ich in meinem kirchlichen Testament genau so, wie es bei unseren Vätern und Ahnen seit jeher üblich ist, alles in gebührender Weise vorgeschrieben gleich den früheren Großfürstinnen." Jelena begriff die Worte ihres Gatten nur zu gut. Den Witwen der Moskauer Herrscher „gebührte" ein Stück Land, der sogenannte Witwenanteil. Unter den Nachkommen Kalitas[1] war das seit alters her üblich. Jelena weinte. „Es war jämmerlich, sie schluchzend und weinend zu sehen", schloß der Augenzeuge seinen Bericht.

Die Worte des Moskauer Chronisten bestätigten die Pskower Darstellung der Ereignisse. Demnach hatte der Großfürst nicht seine Gemahlin, sondern die Bojaren mit der Staatsverwaltung beauftragt. Wassili, der etwa 25 Jahre älter als Jelena und bereits über 50 war, hatte niemals den Rat seiner Frau eingeholt. Ein beredtes Zeugnis dessen stellt ihr Briefwechsel dar. Selbst kurz vor seinem Tode weihte er die Großfürstin nicht in seine Pläne ein, da er weder auf ihre Jugend noch auf ihre Vernunft und Lebenserfahrung große Hoffnungen setzte. Weitaus größere Bedeutung hatte jedoch der Umstand, daß die jahrhundertealte Tradition einer Frau die Teilnahme an Verwaltungsangelegenheiten verwehrte. Der Großfürst hätte, indem er seiner Gemahlin den Thron überließ, gegen uralte Moskauer Tradition verstoßen.

Die sich auf die Übergabe der Macht an die Bojaren beziehenden Überlieferungen wurden in der Fachliteratur von sowjetischen Historikern ganz unterschiedlich interpretiert. Beim Durchsehen der kirchlichen Testamente früherer Moskauer Herrscher können wir uns jedoch davon überzeugen, daß die Großfürsten stets drei oder vier Testamentsvollstrecker mit der Erfüllung ihres letzten Willens betrauten.

Ebenso handelte auch der todkranke Wassili III. Iwanowitsch. Zur Bestätigung des Testaments lud er als Testamentsvollstrecker den Teilfürsten Andrej Starizki, seinen jüngeren Bruder, und drei Bojaren ein, darunter den Fürsten Wassili Schuiski, das angesehenste Mitglied der Bojarenduma, seinen nahen Vertrauten Michail Jurjew und Michail Woronzow, aber auch einige andere Berater, die keine höchsten Dumaämter innehatten. Entgegen der Tradition führte der Großfürst auch Michail Glinski in den Regentschaftsrat ein, einen Fremdländer in den Augen des russischen Stammesadels, der von den 20 in Rußland verlebten Jahren 13 als Hochverräter im Gefängnis zugebracht hatte. Die Entschlossenheit, Erfahrung und Energie Michail Glinskis ließen Wassili III. hoffen, daß er für die Sicherheit seiner Nichte Jelena Glinskaja garantieren würde. Um seine Berater zu überzeugen, wies Wassili III. darauf hin, daß Glinski mit der Großfürstin und folglich auch mit ihm verwandt sei. Am Krankenbett kam es zu einem politischen Handel. Die Bojaren erklärten sich bereit, den Willen des Herrschers zu erfüllen, bestanden aber auf der Aufnahme eigener Verwandten in den Kreis der Vormunde und Testamentsvollstrecker. Wassili III. nahm ihre Bedingungen an. So erweiterte sich also der Kreis der Vormunde: Wassili Schuiski setzte die Ernennung seines Bruders, des Bojaren Iwan Schuiski, zum Testamentsvollstrecker durch; Jurjew erwirkte dasselbe für den Bojaren Michail Tutschkow, einen Vetter seines Vaters.

Der Großfürst habe „wenige Bojaren" mit der Regentschaft beauftragt, heißt es in der Pskower Chronik. Nun können wir ihre Zahl genau feststellen. Wassili III. vertraute die Staatsangelegenheiten einer Bojaren-Sonderkommission an, die von einem Teilfürsten geleitet wurde. Zu ihr gehörten einige Vertraute des Herrschers, so beispielsweise der „Bojarensohn"[2] Iwan Schigona, die nicht den höchsten Dumarang besaßen. Federführend in der Kommission aber waren sieben Personen: Fürst Starizki und sechs Bojaren. Die von Wassili III. eingesetzte „siebenköpfige" Kommission rief eine neue politische Tradition ins Leben. Die angeführten Tatsachen helfen, das Geheimnis um die berühmte Moskauer Sieben-Bojaren-Regentschaft zu klären. In den Rangbüchern des Dienstlistenamtes (Rasrjadnyi Prikas[3]) sind direkte Hinweise enthalten, wonach der Sieben-Bojaren-Rat auch unter Zar Iwan IV. und Zar Fjodor Iwanowitsch bei Abwesenheit derselben Moskau wiederholt „verwaltet" habe. In weniger wichtigen Angelegenheiten trat die Kommission nicht vollzählig zusammen und umfaßte also weniger als sieben Bojaren und Okolnitschije[4]. Das Aufkommen des Sieben-Bojaren-Rates in der Zeit der Wirren zu Beginn des 17. Jahrhunderts mutet nun nicht mehr wie ein Zufall an.

Wassili III. dachte nicht daran, die Macht der Bojarenduma zu schmälern. Zum letzten Mal lud er den Fürsten Dmitri Fjodorowitsch Belski mit seinen Brüdern, die Fürsten Schuiski mit den Gorbatys und „alle Bojaren" ein. Der Sterbende beschwor die Dumamitglieder: „Ihr, Brüder, setzt euch standhaft dafür ein, auf daß mein Sohn zum Herrscher über den Staat werde und auf daß Gerechtigkeit im Lande sei". Wassili III. entließ die Duma, hielt aber zwei seiner nächsten Vertrauten, Michail Jurjew und Iwan Schigona, zurück, zu denen sich Michail Glinski gesellte. Die drei blieben bis spät in die Nacht hinein. Ihnen galten die letzten Verfügungen des Großfürsten über seine Familienangelegenheiten: „... er verfügte über seine Großfürstin Jelena, darüber, wie sie ohne ihn zu leben hatte und wie sich die Bojaren ihr gegenüber verhalten sollten ..."

Nach einer fast dreißigjährigen Regierungszeit hielt Wassili III. eine gewaltige Macht in seinen Händen. Zeitgenossen warfen dem Großfürsten nicht ohne Grund vor, alle Angelegenheiten mit einigen engsten Vertrauten „zu dritt am Bett" zu entscheiden, ohne sich mit der Bojarenduma zu beraten. Die letzte Beratung an seinem Sterbebett bestätigt die Richtigkeit derartiger Vorwürfe. Offensichtlich hoffte der Großfürst durch die Bildung eines Vormundschaftsrats diese Ordnung beizubehalten. Unter seinen engsten Vertrauten befand sich sogar Michail Jurjew, der seiner Herkunft und offiziellen Stellung nach den bedeutendsten Dumabojaren in keiner Weise ebenbürtig war. Was Iwan Schigona betrifft, so hatte dieser seinen Aufstieg voll und ganz der Gunst des Herrschers zu verdanken und konnte als „Bojarensohn" wegen seiner niederen Herkunft keinen Anspruch auf ein hohes Amt in der Duma erheben. Wassili führte diese Personen in den Kreis seiner Testamentsvollstrecker mit der Hoffnung ein, daß sie nach seinem Tode den Thron vor den Ambitionen der mächtigen Teilfürsten schützen würden. Durch die Bildung des Sieben-Bojaren-Rats wurde der Einfluß der Duma als einheitliches Verwaltungsorgan bedeutend eingeschränkt. Mit der Zeit artete jedoch der Sieben-Bojaren-Rat, dem bei seiner Gründung die Rolle einer Regierungskommission zugedacht worden war, die eine Schwächung der Zentralmacht verhindern sollte, zu einem Organ der Bojarenoligarchie aus. Die gewählten Berater sollten im Verlauf von zwölf Jahren (also bis zur Volljährigkeit des Thronfolgers, die nach Vollendung des fünfzehnten Lebensjahres eintrat) das Land regieren und der großfürstlichen Familie zur Seite stehen.

Nach dem Tode Wassilis III. ging das Staatsruder an die von ihm eingesetzten Vormunde über. Augenzeugen zufolge, die sich bis zum Sommer 1534 in Moskau befanden, hielten sich die Oberwojewoden[5], die Bojaren Wassili Schuiski, Michail Glinski, Michail Sacharjin, Michail Tutschkow und Iwan Schigona, ständig in Moskau auf, während man die ersten Dumabojaren Fürst Dmitri Belski und Fjodor Mstislawski, die kein Entscheidungsrecht besaßen, aus der Hauptstadt zusammen mit

Kriegern dorthin schickte, „wo sie gerade gebraucht wurden". Dank den Bemühungen seiner Vormunde wurde der dreijährige Iwan wenige Tage nach dem Tode seines Vaters ohne die geringste Verzögerung auf den großfürstlichen Thron gesetzt, weil die ihm treu ergebenen Bojaren sich beeilen mußten, einem Aufruhr des Teilfürsten Juri Iwanowitsch zuvorzukommen. Juri Iwanowitsch, ein Bruder Wassilis III., hatte 25 Jahre lang mit der Rolle des Thronfolgers des kinderlosen Großfürsten geliebäugelt. Auch nach der Geburt des Stammhalters in der großfürstlichen Familie hatte der Teilfürst seine ehrgeizigen Pläne offensichtlich nicht aufgegeben. Die Vormunde befürchteten, daß Juri versuchen würde, seinen minderjährigen Neffen zu entthronen. Um Unruhen zu verhindern, ließen sie Juri Iwanowitsch festnehmen und in den Kerker werfen, wo er drei Jahre verbrachte und einen „leidvollen Hungertod" starb.

Die Beziehungen zwischen den Testamentsvollstreckern Wassilis III. und den unzufriedenen Führern der Bojarenduma waren sehr gespannt. Polnische Agenten schilderten die Lage in Moskau nach dem Tode Wassilis III. wie folgt: „Die Bojaren dort stechen einander beinahe mit Messern ab; der Grund der Streitigkeiten ist, daß vom Großfürsten ernannte Personen alle Verwaltungsangelegenheiten regeln; die beiden Oberbojaren, Fürst Belski und Fürst Owtschina, aber, die eine ranghöhere Stellung als die Vormunde haben, dürfen nichts entscheiden."

Fürst Iwan Owtschina-Telepnjow-Obolenski, den die Polen als einen der Dumaführer bezeichneten, wurde für die Vormunde zum gefährlichsten Gegner. Es gelang ihm, die Zuneigung der Großfürstin Jelena zu gewinnen. Schon bald nach der Trauerfeier zu Ehren ihres Mannes machte die junge Witwe Owtschina zu ihrem Günstling. In Gerüchten wurde er später als der wahre Vater Iwans IV. bezeichnet, doch dies war eine Verleumdung der großfürstlichen Familie.

Fürst Owtschina hatte sich schon früh im Militärdienst hervorgetan. Im Feldzug gegen Kasan im Jahre 1530 befehligte er die Vorhut der russischen Armee und bewies dadurch besonders deutlich seinen militärischen Heldenmut. Während der Beisetzung Wassilis III. trat die Großfürstin in Begleitung von drei Vormunden (Schuiski, Glinski und Woronzow) und Owtschinas vor das Volk.

Owtschina stammte aus einer dem Hofe nahestehenden Adelsfamilie. Seine Nichte zweiten Grades, die Bojarin Tscheljadnina, war die Amme des kleinen Iwans IV. Kurz vor seinem Tode reichte Wassili III. ihr den Sohn und gebot ihr, „keinen Fußbreit von der Seite des Kindes zu weichen". Owtschinas Familie war mit dem Vormund Michail Glinski verwandt. Das konnte aber einen Konflikt nicht verhindern. Der Familienzwist wurzelte in politischer Rivalität. Hinter Owtschina stand die Bojarenduma, die bestrebt war, der Übermacht der Vormunde ein Ende zu setzen. Glinski aber hatte den Sieben-Bojaren-Rat hinter sich, dem es allerdings an Einmütigkeit mangelte.

Owtschina leistete Jelena Glinskaja einen unschätzbaren Dienst. Als führender Dumabojar forderte er die Testamentsvollstrecker des Großfürsten in frecher Weise heraus und erwirkte die Aufhebung der Vormundschaft über die Großfürstin.

Der Sieben-Bojaren-Rat regierte das Land nur knapp ein Jahr. Der Zusammenbruch seiner Macht begann an jenem Herbsttag 1534, als Michail Glinski eingekerkert wurde.

Wassili III. bat Glinski vor dem Tode, sich seiner Familie anzunehmen. „Vergieß dein Blut und laß deinen Leib für meinen Sohn Iwan und für meine Frau zerstückeln ...“, waren die letzten Worte des sterbenden Großfürsten. Durch Verschulden seiner Nichte, der Großfürstin Jelena, gelang es dem Fürsten Michail jedoch nicht, diesen Auftrag zu erfüllen. Der österreichische Diplomat und kaiserliche Gesandte Sigmund Freiherr von Herberstein erklärte den Tod Glinskis damit, daß dieser hartnäckig versucht habe, sich in das Intimleben Jelenas einzumischen und sie zum Bruch mit Owtschina zu bewegen. Der lange Zeit mit Glinski befreundete Herberstein war natürlich bemüht, dessen Verhalten in einem günstigen Licht darzustellen, was ihm allerdings kaum geglückt ist. Glinskis Abenteuer waren in ganz Europa bekannt. Es erscheint recht zweifelhaft, daß der betagte Glücksritter Anstoß am moralischen Verfall seiner Nichte nehmen konnte.

Die Auseinandersetzung zwischen Owtschina und Glinski beunruhigte die großfürstliche Witwe außerordentlich und stellte sie vor die schwere Wahl, entweder auf den Günstling zu verzichten und sich endgültig dem Sieben-Bojaren-Rat zu unterwerfen oder aber den Oheim zu opfern, den Günstling zu behalten und auf einen Schlag ihrem tristen Dasein einer verwitweten Großfürstin ein Ende zu bereiten. Die Mutter Iwans des Schrecklichen entschied sich für letzteres und bewies zum wiederholten Male, daß das unbändige Gemüt bei ihr in der Familie lag. Jelena wurde zur Regentin entgegen dem deutlich ausgedrückten Willen Wassilis III. Mit Hilfe Owtschinas gelang ihr eine regelrechte Palastrevolution: Sie entfernte anfangs Michail Glinski und Michail Woronzow und in der darauffolgenden Zeit auch den Fürsten Andrej Starizki aus dem Vormundschaftsrat.

Glinski und Woronzow seien in Ungnade gefallen, erklärten später verfaßte Chroniken, weil sie die Absicht gehabt hätten, das Moskauer

Reich durch die Hand der Großfürstin zu regieren. Die Chronisten veränderten die Wahrheit dem Zaren Iwan IV. zuliebe, der ja in seiner Mutter die legitime Nachfolgerin seines Vaters sah. In Wirklichkeit aber hatten Glinski und Woronzow gemäß dem Willen Wassilis III. regiert, der sie als Vormunde für seine Familie eingesetzt hatte. Aber von dem Moment an, als die Bojarenduma die Oberhand über den Sieben-Bojaren-Rat gewann, schlug Gesetzlichkeit in Gesetzlosigkeit um: Die Bojarenvormundschaft über die Großfürstin wurde als Staatsverrat bezeichnet.

Über Glinski wurde gemunkelt, er habe Wassili III. vergiftet und die Absicht gehabt, die großfürstliche Familie den Polen auszuliefern. Diesem Gerede ist schwer Glauben zu schenken. Fürst Michail Glinski mußte in Wirklichkeit deshalb sterben, weil er unter den Moskauer Bojaren ein Fremdling war. Die neuen Machthaber, die Michail Glinski im Kerker verhungern ließen, „vergaßen" jedoch, Woronzow zu bestrafen. Er wurde mit dem Ehrentitel eines Hauptwojewoden ausgezeichnet und als Statthalter von Nowgorod eingesetzt. Dies zeigte deutlich, wie grundlos die offiziellen Erklärungen über eine Verschwörung Glinskis und Woronzows waren.

Michail Jurjewitsch Sacharjin, der einflußreichste Mann im Sieben-Bojaren-Rat, der noch vor Glinski verhaftet wurde, erhielt eine noch mildere Strafe als Woronzow. Nach einer kurzen Haftzeit wurde er freigelassen und durfte sogar in der Hauptstadt bleiben. Selbst nachdem sein Vetter nach Litauen geflohen war, tagte Sacharjin weiter in der Bojarenduma.

Der jüngere Bruder Wassilis III., Andrej Starizki, der ein ausgedehntes Teilfürstentum besaß und über eine beträchtliche Streitmacht verfügte, zog sich nach dem Zusammenbruch des Sieben-Bojaren-Rats in die Hauptstadt seines Fürstentums, Stariza, zurück. Die Anhänger Jelena Glinskajas ließen ihn jedoch nicht ungestört. Man ließ Starizki die „Fluchurkunde" unterzeichnen, einen Treueid, dessen Verletzung einen Kirchenfluch nach sich zog, womit er sich der Regentin gegenüber verpflichtete, ihr treu zu dienen. Die Vormundschaftsfunktionen, die Wassili III. an seinen Bruder übertragen hatte, wurden außer Kraft gesetzt.

Der in seinem Teilfürstentum lebende Andrej Starizki war stets darauf gefaßt, in Ungnade zu fallen. Jelena Glinskaja ihrerseits verdächtigte ihren ehemaligen Vormund aller möglichen Intrigen. Auf Anraten Owtschinas beschloß sie, Andrej nach Moskau zu rufen, um ihn dort festnehmen zu lassen. Der Teilfürst ahnte Böses, lehnte unter Vortäuschung einer Krankheit die Einladung ab. Um die Regentin jedoch von seiner Loyalität zu überzeugen, schickte er fast alle seine Truppen an die

Grenze. Glinskaja und ihr Günstling jedoch nutzten diesen Fehler sofort aus. Moskauer Truppen wurden heimlich zum Marsch auf Stariza in Bewegung gesetzt. Der in der Nacht vor den heranrückenden Regierungstruppen gewarnte Andrej eilte nach Torschok. Von dort aus hätte er nach Litauen fliehen können, begab sich aber statt dessen nach Nowgorod. Er hoffte, mit Hilfe der Nowgoroder Dienstadligen[6] Owtschina zu überwältigen und seiner Macht ein Ende zu bereiten. Andrej Starizki schrieb an die Nowgoroder: „Der Großfürst ist klein, und der Staat wird von den Bojaren regiert, aber ich werde Euch große Gnade zukommen lassen." Obwohl einige Dienstadlige seinen Aufruhr unterstützten, wagte es Andrej nicht, sich gegen Owtschina zu erheben. Er verließ sich auf dessen Ehrenwort, ihm persönliche Sicherheit zu gewährleisten, und begab sich nach Moskau, wo er seine Schwägerin um Vergebung bitten wollte. Sobald aber der Teilfürst in Moskau angelangt war, wurde er festgenommen und in einen Kerker geworfen, wo ihm der Tod sicher war. Man setzte dem Gefangenen einen schweren „eisernen Hut" auf – möglicherweise, um sein Gesicht zu maskieren – und ließ ihn ein halbes Jahr langsam sterben. Entlang der „großen Verkehrsstraße" zwischen Moskau und Nowgorod stellte man Galgen auf, an denen die Adligen erhängt wurden, die sich auf die Seite Andrej Starizkis geschlagen hatten.

Fürst Michail Glinski und der Bruder des Großfürsten Andrej waren die beiden „mächtigsten" Männer im Sieben-Bojaren-Rat, weshalb sie von Owtschina besonders hart bestraft wurden. Die anderen Testamentsvollstrecker Wassilis III. hingegen, wie die Fürsten Schuiski, Jurjew und Tutschkow, tagten bis zum Tod Jelena Glinskajas in der Duma. Allem Anschein nach wurden gerade im Kreise der alten Berater Wassilis III. die wichtigsten Reformen jener Jahre geplant.

Die ersten Reformen betrafen Veränderungen in der örtlichen Verwaltung. Die aus der Mitte der Dienstadligen gewählten Bezirkskriminalrichter, damals „Gerichtsbezirksälteste" genannt, wurden nunmehr mit der Verfolgung von „bösen Menschen" beauftragt. Moskau wurde ausgebaut und mit prachtvollen Gebäuden geschmückt. Eine wichtige Geldreform wurde auch durchgeführt. Mit zunehmendem Warenumsatz wurde nämlich immer mehr Geld benötigt, der Vorrat an Edelmetallen war in Rußland jedoch sehr geringfügig. Der ungedeckte Geldbedarf hatte eine Massenfälschung von Silbermünzen zur Folge. In den Städten tauchten viele Falschmünzer auf, die trotz harter Verfolgungen – man hackte ihnen die Hände ab und goß ihnen geschmolzenes Zinn in den Hals – nicht zu beseitigen waren. Ein radikales Mittel zur Überwindung der Geldumlaufkrise wurde erst in der Regierungszeit Jelena Glinskajas gefunden, als die Behörden die alten Münzen unterschiedlichen Gewichts aus dem Umlauf nahmen und alle nach einem einheitlichen Muster umstanzen ließen. Zur Hauptgeldeinheit rückte die Nowgoroder Silbermünze auf, die die Bezeichnung „Kopeke" (vom russischen Kopjo, deutsch: Lanze) erhielt: Sie zeigte den heiligen Georg mit einer Lanze, während auf der alten Moskauer Münze ein Reiter mit einem Säbel abgebildet war. Diese leichte Moskauer „Säbelmünze" wurde von der schweren Nowgoroder Kopeke bald völlig verdrängt.

Die Regentschaft der Glinskaja dauerte nicht einmal fünf Jahre. Man muß wissen, daß Frauen im alten Rußland nur selten aus dem Kreis der häuslichen Sorgen ausbrachen, um sich einer politischen Tätigkeit zu widmen. Es gelang nur wenigen der normalerweise in der Abgeschiedenheit eines Terems (hier: Frauengemächer des Adels) lebenden Russinnen, eine Spur in der Geschichte zu hinterlassen. Jelena Glinskaja war eine von ihnen. Sie begann mit der Usurpierung der Macht, mit der Wassili III. den Sieben-Bojaren-Rat ausgestattet hatte. Ohne ihre Zustimmung konnten die nachfolgenden Reformen nicht durchgeführt werden. Aber kann man sie wirklich als die weise Regentin betrachten, als die sie in den Zarenchroniken dargestellt wird? Diese Frage läßt sich wegen mangelnder Fakten nicht beantworten. Die Bojaren haßten die Glinskaja, weil sie althergebrachte Sitten und Gebräuche nicht achtete, und schimpften sie eine böse Zauberin.

Jelena war in ihrem letzten Lebensjahr oft krank und unternahm häufig Pilgerfahrten in verschiedene Klöster. Die junge Frau starb aller Wahrscheinlichkeit nach eines natürlichen Todes. Freilich schrieb der österreichische Gesandte Herberstein, von Gerüchten irregeführt, die Großfürstin sei vergiftet worden. Er überzeugte sich jedoch bald selbst davon, daß diese Gerüchte unbegründet waren, und schrieb in der zweiten Auflage seiner „Commentarii" nichts mehr über einen gewaltsamen Tod Jelena Glinskajas. Selbst Iwan, den die Respektlosigkeit der Bojaren seiner Mutter gegenüber stark ärgerte, kam nicht einmal auf den Gedanken, daß sie möglicherweise vergiftet worden sei.

Der Tod Jelena Glinskajas war für die Bojaren ein freudiges Ereignis. Einer von ihnen, M. Tutschkow, soll, wie Iwan IV. bestätigte, anläßlich des „Verscheidens" seiner Mutter „viele hochmütige Worte" ausgesprochen haben, ähnlich einer Gift speienden Schwarzotter.

Nach dem Tod der Großfürstin ging die Macht an den Sieben-Bojaren-Rat über, der unverzüglich und brutal mit Fürst Owtschina abrechnete. Die Vormunde waren sich in ihrem Haß dem Günstling Jelenas gegenüber einig. Ihre Eintracht währte jedoch nicht lange.

Nach dem Tod Andrej Starizkis rückte Fürst Wassili Wassiljewitsch Schuiski zum Hauptvormund auf. Dieser damals schon über 50 Jahre alte Bojar heiratete Anastassija, eine Cousine des minderjährigen Großfürsten Iwan IV. Nachdem Fürst Wassili in die großfürstliche Familie eingeheiratet hatte, nahm er sich vor, ein seiner neuen Lage angemessenes Leben zu führen. Er verließ seinen alten Hof und bezog das Haus der Starizkis.

Zar Iwan meinte später, die beiden Fürsten Schuiski, Wassili und Iwan, hätten sich eigenmächtig seiner Person genähert und so die Regierung in die Hand genommen. War das aber wirklich der Fall? Die Fürsten Schuiski waren ja gemäß dem Willen des Großfürsten zu Vormunden des minderjährigen Iwan geworden.

Als Angehörige einer der vornehmsten russischen Familien weigerten sich die Schuiskis, die Macht mit denjenigen zu teilen, deren einflußreiche Stellung auf die persönliche Zuneigung Wassilis III. zurückzuführen war. Der Zwist zwischen den „Prinzen von Geblüt", wie die Schuiskis von Ausländern genannt wurden, und alten Beratern Wassilis III., den Bojaren Jurjew und Tutschkow und den Dumasekretären[7], führte zu Unruhen. Später, ein halbes Jahr nach dem Tod der Regentin, ließen die Schuiskis den Sekretär Fjodor Mischurin, den einstigen Vertrauten des Großfürsten, festnehmen und hinrichten. Bald darauf führten sie die von Jelena begonnene Zerschlagung des Sieben-Bojaren-Rats bis zum bitteren Ende. Der Bojar und Regent M. Tutschkow wurde aufs Land verbannt. Sein Neffe zweiten Grades W. Jurjew starb knapp ein Jahr nach den beschriebenen Ereignissen. Tutschkows engster Verbündeter in der Duma, der Bojar I. Belski, wurde eingekerkert. Der Triumph der Schuiskis wurde durch den Sturz des Kirchenoberhaupts, des Metropoliten Daniil, eines Gefährten Wassilis III., vervollständigt.

Der Sieg der Schuiskis war zwar vollkommen, doch nicht von langer Dauer. Der alte Fürst Wassili starb, als der von ihm angezettelte Aufruhr seinen Höhepunkt erreichte. Er überlebte Fjodor Mischurin nur um einige Wochen. Sein jüngerer Bruder Iwan besaß nicht genügend Autorität, zerstritt sich bald mit den anderen Bojaren und erschien daraufhin nicht mehr am großfürstlichen Hofe. Die Gegner der Schuiskis wußten das natürlich auszunutzen: Sie baten für Iwan Belski um Vergebung und ermöglichten ihm so die Rückkehr in die Hauptstadt. Iwan Schuiski hingegen wurde mit einem Heer nach Wladimir geschickt. Der Vormund wollte sich jedoch mit seiner Niederlage nicht abfinden. Er hetzte zum Aufruhr und rückte mit einem Dienstadligentrupp auf Moskau vor. Die Anführer stürzten den neuen Metropoliten Ioassaf und verbannten den Fürsten Belski nach Beloosero, um ihn dort heimlich umzubringen.

Als Fürst Iwan, der letzte der Testamentsvollstrecker Wassilis III., starb, stellte sich Fürst Andrej Schuiski an die Spitze der Anhänger seiner Familie. Er verlor aber die Unterstützung seitens der Bojaren und wurde Ende 1543 ermordet. Die Regentschaft der Schuiskis war somit zu Ende. Der junge Großfürst wurde um diese Zeit gerade 13.

Iwan hatte mit drei Jahren seinen Vater verloren und war als Siebenjähriger bereits Vollwaise. Sein vierjähriger Bruder Juri vermochte ihm kein Spielkamerad zu sein: Der Junge war von Geburt an taubstumm. Volljährig geworden, erinnerte sich Iwan wiederholt mit Bitterkeit an seine elternlose Kindheit. Der Zar beschrieb die Kränkungen, die er als vernachlässigtes Waisenkind durch die Bojaren zu erdulden hatte, so ergreifend, daß auch Historiker sich ihrer Ausstrahlung nicht entziehen konnten. Aufgrund der vom Zaren verfaßten Briefe schuf W. O. Kljutschewski (1841–1911), Rußlands größter Historiker, das berühmt gewordene psychologische Porträt des kleinen Iwan. In das Gemüt des Waisen, schrieb er, habe sich früh schon das Gefühl des Verlassenseins und der Einsamkeit eingegraben. Abscheuliche Szenen, die von der Willkür und der Gewalttätigkeit der Bojaren geprägt waren, zwischen denen Iwan heranwuchs, hätten seine Schüchternheit in nervöse Schreckhaftigkeit verwandelt. Das Kind soll eine starke nervliche Erschütterung erlitten haben, als die Bojaren Schuiskis eines Tages in den frühen Morgenstunden in sein Schlafgemach eindrangen, ihn aus dem Schlaf rissen und erschreckten. Mit der Zeit sei Iwan argwöhnisch und zutiefst mißtrauisch Menschen gegenüber geworden.

Um die Frage zu beantworten, inwiefern dieses vom Historiker geschilderte Bild der Wahrheit entspricht, muß daran erinnert werden, daß Iwan bis zu seinem siebenten Lebensjahr von seiner Mutter zärtlich umhegt wurde und daß sich gerade in diesen Jahren seine wichtigsten Charakterzüge herausbildeten. Solange die Vormunde noch lebten, wurde das Kind nicht in ihre Zwistigkeiten verwickelt, wenn man von dem Fall absieht, als die Anhänger der Schuiskis im Beisein Iwans ihre Gegner und gleichzeitig auch den Metropoliten Ioassaf festnehmen ließen. Ein den Schuiskis feindlich gesinnter Chronist berichtet, daß zu jenem Zeitpunkt ein Aufruhr in Moskau ausgebrochen sei, was „den Herrscher in Schrecken versetzt habe“. Allem Anschein nach ließ Zar Iwan die Chronik später durch Ergänzungen vervollständigen, die eine genauere Vorstellung von der Revolte vermittelten. Bei der Festnahme des Metropoliten sollen die Bojaren „lärmend“ in die Schlafgemächer des Herrschers eingedrungen sein. Der Junge sei „vor der üblichen Zeit", und zwar drei Stunden vor dem Sonnenaufgang, aufgeweckt worden, wonach man ihn während des Gottesdienstes „vor den Kreuzen" habe singen lassen. Offensichtlich hat Iwan nicht einmal geahnt, daß vor seinen Augen eine Palastrevolution stattfand. In einem Brief an Kurbski erwähnte der Zar seinen „Schrecken" mit keinem Wort und schrieb über den Sturz des Metropoliten nur nebenbei und völlig gleichgültig: „Ja auch den Metropoliten Ioassaf haben sie mit großer Schmach aus seinem Amt vertrieben ..." Wie man sieht, hat der Zar die Szene, die ihn angeblich für sein ganzes Leben erschreckt haben soll, einfach vergessen. Daraus läßt sich schließen, daß Iwans unmittelbare Kindheitseindrücke zumindest bis zu seinem zwölften Lebensjahr ihm keinen ernsthaften Grund dazu gaben, den Bojaren später einen Mangel an Respekt ihm gegenüber vorzuwerfen.

Die späteren Klagen Iwans des Schrecklichen erscheinen uns seltsam. Es hat den Anschein, als habe Iwan nicht seine eigenen lebhaften Kindheitserinnerungen, sondern fremde Worte wiedergegeben. Der Zar beschimpft die Bojaren, sie hätten den elterlichen Besitz, den Staatsschatz, mit „Hinterlist und Vorsatz" veruntreut. Der Zorn des Zaren richtete sich vor allen Dingen gegen die Schuiskis. Fürst Iwan Schuiski, lästerte später Iwan der Schreckliche, habe nur einen einzigen Pelz gehabt, zumal aus schäbigen Marderfellen, das sei allen Menschen bekannt; wie konnte er sich aber in solch einer Situation goldene und silberne Becher leisten? Anstatt Becher schmieden zu lassen, hätte Schuiski besser seinen Pelz gegen einen neuen tauschen sollen, denn Gefäße lasse man schmieden, wenn man Geld übrig habe.

Es ist anzunehmen, daß es am großfürstlichen Hofe Menschen gab, die über Schuiskis Pelze und seine wertvollen Gefäße redeten. Was aber konnte darüber der zehnjährige verwaiste Iwan wissen, der sich ja unter der Vormundschaft der Schuiskis befand? Um die Erhaltung des elterlichen Vermögens sorgte er sich natürlich erst in einem reiferen Alter. Von der Veruntreuung des Staatsschatzes erfuhr er erst viele Jahre später durch Personen, die ihm „wohlgesinnt" waren.

Sein Leben lang hegte Iwan ein ungutes Gefühl gegen die Vormunde. In seinen Briefen machte er kein Hehl aus seinem Argwohn ihnen gegenüber. Er erinnere sich, schrieb Iwan später, wie sie einst mit Kinderspielen beschäftigt waren, wie der Fürst Schuiski aber auf einer Bank saß, den Ellbogen auf das Bett seines verstorbenen Vaters gestützt, die Beine auf einen Stuhl gelegt, die Kinder dabei nicht einmal ansah. Zwischen den leeren Worthülsen blitzte endlich eine lebendige Kindheitserinnerung hervor. Wie falsch sie aber gedeutet wurde! Iwan beschuldigte seinen Vormund, der, damals schon ein schwacher Greis, bald darauf starb, lediglich, er sei ihm gegenüber respektlos gewesen. „Wer kann schon solchen Hochmut ertragen?" Mit dieser Frage schloß Iwan der Schreckliche seinen Bericht über die Regierungszeit der Schuiskis.

Fürst Kurbski, ehemals enger Freund des Zaren, konnte, nachdem er den Brief gelesen hatte, sich eine ironische Bemerkung nicht verkneifen. Er machte sich über den ungeschickten Versuch Iwans lustig, seine ehemaligen Vormunde zu kompromittieren, und versuchte, dem Zaren verständlich zu machen, wie unangemessen es sei, von Betten und Pelzen der Schuiskis zu schreiben und dabei noch zahlreiche „wie von hysterischen Weibern erfundene Märchen" in die Epistel aufzunehmen.

Iwan klagte aber nicht nur über die von ihm erduldeten Kränkungen, sondern auch über seine „Unfreiheit" in der Kindheit. In nichts sei er frei gewesen, lamentierte Iwan, nichts sei nach seinem Willen und der Jugendzeit angemessen geschehen. Kann man die Schuld dafür aber den „hinterlistigen" und „stolzen" Bojaren geben? Es herrschte ja in den großfürstlichen Gemächern seit jeher der Geist des Domostroi[8], was bedeutete, daß das Leben am Hofe einen ein für allemal festgelegten Ablauf hatte. Seit seinem dritten Lebensjahr mußte der Junge stundenlange Zeremonien über sich ergehen lassen und dabei ermüdende, für ihn völlig unbegreifliche religiöse Handlungen gehorsam durchführen, für die man ihn täglich von spannenden Kinderspielen losriß. So war es schon zu Lebzeiten seiner Mutter, und so wurde es auch unter seinen Vormunden gehandhabt.

Nach Aussagen von Kurbski weihten die Bojaren Iwan nicht in ihre Belange ein, achteten aber ganz genau auf seine Sympathien und entfernten mögliche Favoriten prompt aus dem Palast. Mit dem Tod der letzten Vormunde änderte sich die Erziehung der Kinder in der großfürstlichen Familie zwangsläufig. Die patriarchalische Strenge wich einem nachsichtigen Umgang mit ihnen. Iwans Lehrmeister, die ihn ständig lobten, hätten, so Kurbski, den Knaben zu ihrem eigenen Schaden verzogen. Die fahrlässige Erziehung Iwans in seinen Knabenjahren hat ihm also mehr geschadet als die vermeintliche Grobheit der Bojaren.

Iwan entwickelte sich körperlich sehr schnell und hatte mit 13 Jahren schon eine beachtliche Größe. Das Außenamt ließ im Ausland offiziell verlauten, der Herrscher komme in das Mannesalter, sei schon ein ausgewachsener Mann und denke mit göttlicher Vorsehung bereits daran, in den Ehestand zu treten. Die Sekretäre schilderten sehr genau das Äußere des großgewachsenen Jünglings, schrieben ihm jedoch völlig grundlos ernsthafte Heiratsabsichten zu.

Der halbwüchsige Iwan erinnerte kaum noch an den Knaben, der in „Unfreiheit“ und Strenge aufgewachsen war. Nachdem sich der Großfürst der autoritären Vormundschaft der Bojaren entledigt hatte, gab er sich wilden Späßen und den Spielen hin, die ihm in seiner Kindheit verwehrt waren. Das gewalttätige und ungestüme Gemüt Iwans versetzte seine Umgebung in Erstaunen. Als Zwölfjähriger stieg er auf die spitzen Teremdächer und warf von dort aus Katzen und Hunde, „stumme Kreaturen“, hinunter. Mit 14 begann er auch „Menschen hinunterzustoßen“. Der „große Herrscher“, wie der offizielle Titel des Moskauer Großfürsten lautete, fand großen Gefallen an diesen blutigen Belustigungen. Der Junge benahm sich ausgesprochen flegelhaft. Mit einer Schar von Altersgenossen, Kindern der angesehensten Bojaren, ritt er über Straßen und Plätze der Stadt, wobei die Pferde auch manchmal Menschen niedertrampelten. Sie schlugen und plünderten das einfache Volk, indem sie „ohne Rücksicht überall hinritten und -rannten“.

Als nach dem Tode des Vormunds die Volljährigkeit des Großfürsten bereits herannahte, wurde der Junge immer häufiger von den Bojaren in ihre Streitigkeiten einbezogen. Iwan konnte sich später sehr gut daran erinnern, wie es in seiner Gegenwart zu einem Handgemenge in der Duma kam, bei dem sich Andrej Schuiski und seine Anhänger auf den Bojaren Woronzow stürzten, ihm „Ohrfeigen“ gaben und seine Kleider zerrissen, wie man Woronzow dann später „aus dem Saal trug, ja sogar töten wollte“ und auch anderen Bojaren „in den Rücken stieß“. Etwa ein halbes Jahr nach diesem Zwischenfall gelang es einem der „Schmeichler“, den Großfürsten zur Ermordung Andrej Schuiskis anzustiften. Hundewärter stürzten sich auf den Bojaren, der sich am „Kurjatnyj Tor“ in der Nähe des Palastes befand; anschließend lag der Tote zwei Stunden lang nackt unter dem Torbogen. „Von da an“, schrieb ein Chronist, „begannen sich die Bojaren vor dem Herrscher zu fürchten und ihm zu gehorchen.“ Es vergingen jedoch noch viele Jahre, bis es Iwan IV. gelang, sich von den Bojaren Gehorsam zu erzwingen. Einstweilen war er noch selbst ein Werkzeug in der Hand seiner Höflinge. Diese hatten begonnen, so Kurbski, „ihn aufzuhetzen und durch ihn (Iwan) ihre Streitigkeiten untereinander auszutragen“.

Etwa zur gleichen Zeit wie der letzte Vormund starb auch der Stallmeister Iwan Iwanowitsch Tscheljadnin, „Oheim“ und Erzieher des Großfürsten. Die alte Lebensweise der großfürstlichen Familie brach endgültig zusammen. Später pflegte Iwan den Bojaren vorzuwerfen, sie hätten sich in keiner Weise um sein Wohlergehen gekümmert. Ihn und seinen leiblichen Bruder Juri, klagte Iwan, habe man wie Fremde oder aber die Allerärmsten ernährt. Sie hätten auch schlechte Kleidung tragen und hungern müssen. Wie oft, schrieb er, habe man ihnen nicht rechtzeitig zu essen gegeben! Wer könne die vielen Qualen ermessen, die er in seiner Jugend erduldet habe, wehklagte Iwan pathetisch. In seinen Klagen hallten ohne Zweifel lebendige Jugenderinnerungen wider. Es fragt sich aber, aus welcher Zeit sie stammten. Es läßt sich mit ziemlicher Gewißheit sagen, daß sie in die Zeit fallen, als Iwan, nunmehr jeglicher Vormundschaft ledig, nach seinem eigenen Gutdünken zu leben begann. Um die Zuneigung des Jungen zu gewinnen, hielten die ihn mit Zärtlichkeiten überschüttenden Kinderpfleger Iwan nicht sonderlich zum Lernen an. Sie waren einfach nicht dazu in der Lage, ihn zu bestrafen oder dazu zu bringen, zur gegebenen Zeit zu essen.

Wassili III. hatte, wie bereits gesagt, den Bojaren befohlen, seinen Sohn bis zu seinem 15. Lebensjahr zu „behüten", wonach dann seine eigentliche Regierung beginnen sollte. Mit 15 wurde man im 16. Jahrhundert volljährig. In diesem Alter nahmen die Kinder des Dienstadels als „Novizen" den Militärdienst auf, und die Kinder des Hochadels erhielten die niedrigsten Hofchargen. Wassili III. hatte gehofft, die von ihm eingesetzten Vormunde würden den Stammhalter mit den Regierungsangelegenheiten vertraut machen. Die Vormunde waren aber von der Bildfläche verschwunden, ohne die ihnen übertragene wichtige Aufgabe erfüllt zu haben. Es stellte sich heraus, daß der fünfzehnjährige Iwan IV. kaum darauf vorbereitet war, ein so großes und mächtiges Land zu regieren. Außerdem war er von Günstlingen umgeben, die vollkommen unfähig waren. Kein Wunder also, daß Iwan IV. seine Volljährigkeit mit Erklärungen seiner Ungnade und Hinrichtungen feierte. Kaum daß die Geburtstagsfeier zu Ende war, befahl der Großfürst, Afanassi Buturlin wegen irgendwelcher unhöflichen Worte die Zunge abschneiden zu lassen. Vier Wochen später erklärte er gleich fünf vornehmsten Bojaren offiziell seine Ungnade.

Die Bojarenduma bat den fünfzehnjährigen Großfürsten, mit einem Heer gegen die Tataren anzutreten. Kurz nachdem der Feldzug begonnen hatte, gab sich Iwan allen möglichen Vergnügungen hin. Zu der Zeit, als er sich im Feldlager befand, pflügte er den Acker, säte Buchweizen, ging auf Stelzen und schmückte sich mit einem Leichenhemd. Die Bojaren waren gezwungen, die großfürstlichen Belustigungen zu teilen. Nach ein paar Tagen wurden drei Bojaren, die zusammen mit Iwan Buchweizen gesät hatten, enthauptet. Keiner wußte so recht, was die Ursache für die Hinrichtung der drei angesehenen Wojewoden war. Eine „Widerrede" gegenüber dem Großfürsten scheint hier am wahrscheinlichsten.

Der Beginn der selbständigen Regierung Iwans IV. wurde durch einen Akt von großer politischer Bedeutung gekennzeichnet. Zum erstenmal nahm ein Oberhaupt des russischen Staates den Zarentitel an.

Die Menschen des Mittelalters stellten sich das weltpolitische System als eine strenge Hierarchie vor. Der byzantinischen Doktrin zufolge war Byzanz als Nachfolgerin des Römischen Reichs der Mittelpunkt der Welt. In Rußland war die byzantinische Doktrin bereits unter den Kiewer Fürsten bekannt geworden. Ebenso gedachte man ihrer auch im Moskauer Rußland. Im 14. Jahrhundert wurden die Moskauer Großfürsten manchmal als Truchsessen des byzantinischen „Zaren" tituliert. Dieser Titel hatte damals verständlicherweise keinerlei politischen Sinn.

Durch die mongolisch-tatarische Verwüstung und die Herrschaft der Goldenen Horde wurde Rußland in ein neues politisches System, in das Reich der mongolischen Großchane, eingegliedert, die die „halbe Welt" beherrschten. Die russischen Fürsten, die den väterlichen Thron nunmehr von den Chanen der Goldenen Horde erhielten, übertrugen den Zarentitel auf die mongolischen Herrscher.

Die Moskauer Fürsten hatten sich bereits seit langem als „Großfürsten von ganz Rußland" titulieren lassen. Erst Iwan III. gelang es jedoch, das mongolisch-tatarische Joch endgültig abzuschütteln, und aus dem Vasallen wurde nun der absolut souveräne Selbstherrscher. Der Niedergang der Goldenen Horde (um 1502) und des Byzantinischen Reichs im Jahre 1453 bereiteten der bis dahin bestehenden Abhängigkeit Rußlands von den Tataren ein Ende und zerstörten die althergebrachten Vorstellungen von der höheren Macht griechischer „Zaren".

Die Situation in Osteuropa erfuhr grundsätzliche Veränderungen, nachdem an Stelle eines schwachen, zersplitterten und von den Tataren abhängigen Rußlands ein mächtiger Einheitsstaat entstanden war. Das russische politische Bewußtsein reflektierte diese Veränderungen in neuen Doktrinen. Die bekannteste von ihnen war die Theorie, nach der Moskau als das „Dritte Rom" bezeichnet wurde und die Moskauer Fürsten als direkte Nachfolger der Herrscher des „Zweiten Römischen Reichs", Byzanz, auftraten. Bereits der Großvater Iwans des Schrecklichen nannte sich selbst „Zar von ganz Rußland". Freilich wagte er nicht, diesen Titel offiziell zu tragen, weil er kaum darauf hoffen konnte, daß die benachbarten Staaten das akzeptieren würden. (Iwan III. gebrauchte ihn nur bei seinen Kontakten mit dem livländischen Orden und mit einigen deutschen Fürsten.)

Die Bojaren hatten es nicht eilig, das Ausland über die Krönung des sechzehnjährigen Enkels Iwans III. in Kenntnis zu setzen. Erst zwei

Jahre danach erfuhren polnische Gesandte in Moskau, daß Iwan IV., nach dem angeblichen Vorbild seines Urahnen Wladimir Monomach (1113–1125), zum „Zaren gekrönt“ worden sei und sich somit keinen „fremden“ Titel angeeignet habe. Die Gesandten forderten, nachdem sie diese überaus wichtige Mitteilung zur Kenntnis genommen hatten, unverzüglich schriftliche Beweise. Die schlauen Bojaren weigerten sich jedoch, Beweise vorzulegen, da sie fürchteten, die Polen würden, sobald sie im Besitz einer schriftlichen Antwort seien, Einspruch erheben. Das wiederum hätte zu einer außerordentlich komplizierten Auseinandersetzung führen können. Die nach Polen geschickten Boten waren bemüht, den Sinn der Moskauer Veränderungen so darzustellen, daß diese kein Mißfallen am polnischen Hofe hervorriefen. Jetzt, so erklärten sie, regiere ihr Gebieter allein das russische Land, weil der Metropolit selbst ihm die Monomachkrone aufgesetzt habe. In den Augen der Moskowiter symbolisierte diese Krönung den Beginn der Selbstherrschaft Iwans, der bereits fast 14 Jahre lang Großfürst war.

Iwan wurde am 16. Januar 1547 gekrönt. Nach einem feierlichen Gottesdienst in der Mariä-Entschlafungs-Kathedrale des Kreml setzte der Metropolit Makari ihm die „Monomachmütze“, das Symbol der Zarenmacht, auf. Die ersten Moskauer Fürsten hatten in ihren Testamenten den Stammhaltern stets die „goldene Mütze“, die Krone ihres Moskauer „Vatererbes“, vermacht. Die Krone des Großfürsten von Wladimir[9] aber war in den Testamenten nicht mitaufgeführt, da die Verfügungsgewalt über dieses Machtzeichen in der Hand der Goldenen Horde lag. Auch als Rußland das tatarische Joch abgeschüttelt hatte, schmückten die Herrscher des mächtigen Staates ihre Häupter nach wie vor mit der „goldenen Mütze“ ihrer Urväter, nannten sie aber nunmehr die Monomachmütze. Der wißbegierige Österreicher Herberstein hat die berühmte Mütze, als sie noch von Wassili III. getragen wurde, gesehen. Sie war mit Perlen bestickt und mit goldenen Plättchen verziert, die bei der kleinsten Bewegung des Großfürsten zitterten. Die Mütze war offensichtlich nach einem tatarischen Vorbild entworfen worden. Nach dem Fall der Goldenen Horde kam jedoch dieser Schnitt aus der Mode. Über die Herkunft der Monomachmütze wurde dann die folgende Legende verbreitet: Als Fürst Wladimir Monomach nach einem siegreichen Feldzug Konstantinopel eingenommen hatte, soll sein Großvater, Kaiser Konstantin (der in Wirklichkeit zu dieser Zeit längst gestorben war), dem Enkel seine eigene Krone, die Monomachmütze, überreicht haben, um sich auf diese Weise Frieden zu erkaufen. Von den byzantinischen Monomachoi seien die kaiserlichen Insignien somit auf die Moskauer Herrscher übergegangen.

In den offiziellen Chroniken wurde die Sache so dargestellt, als habe Iwan, damals der sechzehnjährige Jüngling, selbst den Entschluß gefaßt, sich mit der Monomachmütze krönen zu lassen und den Zarentitel anzunehmen. Der Metropolit und die Bojaren seien, nachdem sie von dieser Absicht des Herrschers hörten, in Freudestränen ausgebrochen, und so sei es beschlossen worden. In Wirklichkeit aber ging die diesbezügliche Initiative nicht von Iwan, sondern von denjenigen aus, die in seinem Namen das Land regierten. Zum Zeitpunkt der Krönung waren die Großmutter des Herrschers, Anna, und sein Oheim, Michail Wassiljewitsch Glinski, die beiden einflußreichsten Personen am großfürstlichen Hof.

Die Ehe Wassilis III. mit Jelena Glinskaja hatte die Glinskis in eine führende Position innerhalb des hauptstädtischen Bojarentums aufrükken lassen. Nach dem Tod des Vormunds Michail Lwowitsch und der Regentin Jelena blieben die Glinskis jedoch jahrelang im Hintergrund. Ihre Lage änderte sich in dem Moment, als ihr Neffe Iwan volljährig wurde. Michail Glinski, der älteste der Brüder Glinski, erhob sofort Anspruch auf den Titel eines Stallmeisters in der Hoffnung, dadurch eine genauso hohe Stellung im Staate zu erhalten, wie Fürst Owtschina unter der Regentschaft Jelena Glinskajas. Der Stallmeistertitel war aber nach Owtschina auf den Erzieher des Großfürsten, I. I. Tscheljadnin, und anschließend auf I. P. Fjodorow-Tscheljadnin übergegangen. Es gelang Michail, durch eine geschickte Intrige für letzteren ein Todesurteil zu erwirken. Auf Befehl Iwans IV. riß man Fjodorow-Tscheljadnin das Hemd vom Leibe und übergab ihn dem Scharfrichter, dann aber wurde er wegen seiner absoluten Unterwürfigkeit begnadigt. Ein paar Monate danach ließ der Großfürst zwei seiner Altersgenossen, die jungen Fürstenbrüder Iwan Dorogobuschski und Fjodor Owtschinin, ermorden. Der eine wurde gepfählt, dem anderen wurde auf dem Eis eines zugefrorenen Flusses der Kopf abgeschlagen. Diese blutigen Hinrichtungen waren jedoch nicht, wie man durchaus annehmen könnte, auf einen Jungenstreit zurückzuführen. Chroniken zufolge wurden die beiden eigentlich auf Befehl Michail Glinskis und seiner Mutter, der Fürstin Anna, getötet. Die Glinskis hatten nun mit dem alten Stallmeister I. P. Fjodorow-Tscheljadnin endgültig abgerechnet. Sie hatten ihm nicht nur all seine Titel, sondern auch den einzigen Erben, den Stiefsohn, Fürst Dorogobuschski, genommen.

Die Verwandtschaft des künftigen Zaren, auf deren Betreiben die Krönung stattfand, erwirkte dadurch für sich beträchtliche Vorteile. Die Großmutter des Zaren, Anna, und ihre Kinder wurden mit einem ausgedehnten Landbesitz belohnt, der einem Teilfürstentum gleichkam. Fürst

Michail wurde am Krönungstag zum Stallmeister ernannt und sein Bruder, Fürst Juri, in den Bojarenrang erhoben. Man kann kaum die Meinung teilen, wonach die Krönung Iwans IV. und die ihr vorausgegangenen Hinrichtungen der Bojarenregierung ein Ende bereitet hätten. In der Tat erfolgte lediglich ein Wechsel der Bojarengruppen in der Staatsmacht. Es brach die kurze Herrschaft der Glinskis an.

In den Augen des Zaren selbst und der Mehrzahl seiner Untertanen markierte der neu angenommene Titel den Beginn der eigenständigen Regierung Iwans IV. In Erinnerung an jene Tage schrieb der Zar in der Folgezeit, er habe mit dem Aufbau seines Zarenreiches begonnen, und der Anfang sei mit Gottes Gnaden gut gewesen. Dank seines Zarentitels erschien Iwan IV. seinen Untertanen plötzlich als Nachfolger der römischen Kaiser und als ein „von Gott Gesalbter" auf Erden. Es war Iwan jedoch nicht beschieden, seine ohne Mühe erworbene glanzvolle Macht lange in Ruhe zu genießen. Das Leben erteilte ihm schon bald eine grausame Lehre. Er, der in den Terempalästen erzogen worden war, kannte sein eigenes Volk nur schlecht. Der „Schreckliche" sah erschrockene Menschen, wenn er zum eigenen Vergnügen mit seinen Pferden eine Menschenmenge auf dem Marktplatz niedertrampelte, oder fröhliche Gesichter zu Festtagen. Aber das sonst so unterwürfige Volk hatte auch ein anderes Gesicht, das der Zar schon sehr bald kennenlernen sollte.

2. Beginn der Umgestaltungen

Ungeachtet des Bojarenzwists und einer gewissen Anarchie war die erste Hälfte des 16. Jahrhunderts eine für die russischen Bauern relativ günstige Zeit. Sie gewannen dem Wald Ackerland ab und gründeten neue Dörfer. Mißernten waren häufig, brachen aber nie im ganzen Land und zur gleichen Zeit aus, hatten also auch keine sehr schwerwiegenden Folgen. Die adligen Herren bürdeten den Bauern alle möglichen Verpflichtungen auf, versuchten jedoch noch nicht, sie endgültig an die Scholle zu binden und ihr Abzugsrecht eine Woche vor und nach dem Sankt-Georgs-Tag (26. November) aufzuheben.

Im Agrarrußland des 16. Jahrhunderts betrug die Zahl der Städter lediglich 2 Prozent der Landesbevölkerung. In den Städten konzentrierten sich Handwerk und Handel. Durch die damals vorherrschende Naturalwirtschaft ging die Warenzirkulation in der Regel nicht über den Rahmen des örtlichen Marktes hinaus. Das Land hatte die ökonomische Zerrissenheit als Überbleibsel der Teilfürstenzeit noch nicht überwunden. Dennoch entwickelten sich die Städte erheblich, wobei die Zahl der Stadtbewohner beständig anwuchs. Moskau, die russische Hauptstadt, die sich von allen Städten am schnellsten ausdehnte, wurde von Ausländern mit den größten Städten Westeuropas verglichen. Sehr ungenauen Berechnungen von Zeitgenossen zufolge zählte Moskau an die 100 000 Einwohner. Nowgorod war mit 25 000 bis 30 000 die zweitgrößte Stadt Rußlands. Alle anderen russischen Städte lagen mit ihrer Einwohnerzahl weit hinter diesen beiden. Mit dem Fall der Adelsrepublik büßte Nowgorod Weliki (Groß-Nowgorod) seine einstige Bedeutung als Zentrum von Handel und Gewerbe endgültig ein. Das Leben in den Städten war insgesamt durch starke soziale Kontraste gekennzeichnet. Die reichen Kaufleute waren ständig mit den mittellosen niederen Schichten verfehdet. Die von den Städten zu entrichtenden Abgaben gehörten zu den Haupteinnahmequellen des Staatssäckels. Die Behörden belegten die Städter außer mit einem Geldtribut auch noch mit hohen Naturalleistungen. In Kriegszeiten hatten die Städte mit Feuerwaffen ausgerüstete Truppen zu stellen. Die Frage, wer den Kriegsdienst ausüben sollte, gab ständig Anlaß zu Streitigkeiten zwischen den reichen Kaufleuten und den niederen Stadtbewohnern. Zu einer Auseinandersetzung dieser Art kam es auch in Nowgorod, als Stadtbewohner für den Strelitzendienst[10] bestimmt wurden. Die gegen ihren Willen rekrutierten Nowgoroder Strelitzen suchten, im Zarenlager in Kolomna angelangt, beim jungen Herrscher Gerechtigkeit zu finden. Sie wollten dem Zaren eine Bittschrift überreichen, als dieser sich zu einer Spazierfahrt aus dem Lager aufmachte. Der Großfürst befahl den Bittstellern sich fortzuscheren. Die Dienstadligen von der Leibwache des Zaren begannen, den Weg für ihren Herrn und Gebieter frei zu machen. Die Nowgoroder aber wehrten sich, warfen mit Erdklumpen nach ihnen und beschossen sie mit Hakenbüchsen. Über zehn Mann wurden dabei getötet und mehrere verwundet. Es gelang der Leibwache nicht, die Strelitzen zu bezwingen, und so mußte der Großfürst auf einem Umweg in sein Lager zurückkehren. Die Meuterei von Kolomna prägte sich Iwan tief ins Gedächtnis ein. Viele Jahre später ließ er nach einer Durchsicht alter Chroniken einen zusätzlichen Bericht von den widerspenstigen Nowgorodern aufnehmen.

Ein halbes Jahr nach der Meuterei erschien Iwan, begleitet von 4000 Kriegsleuten, höchstpersönlich in Nowgorod. Der Großfürst, schrieb ein dortiger Chronist, habe ruhig und still drei Tage in Nowgorod verlebt, wonach sein Heer hochmütig geworden sei. Anlaß für den Argwohn der Nowgoroder war übrigens nicht so sehr der „Hochmut" der Moskauer Kriegsleute, sondern vielmehr die ihnen auferlegten hohen

Abgaben: Die Nowgoroder sollten 3000 Goldstücke als „Aufwartungsgeschenk" an den Großfürsten zahlen.

Der Großfürst verließ Nowgorod und begab sich nach Pskow, dessen Einwohner mit Ungeduld auf ihn warteten. Sie hofften, er würde ihnen helfen, mit den Bojaren-Statthaltern fertig zu werden. In Pskow vergnügte sich Iwan damit, daß er mit Fuhrmannspferden durch die Stadt hetzte, „in seinem Vatererbe jedoch nichts verwaltete". Die Städter wurden in ihren Erwartungen enttäuscht. Sie gaben aber die Hoffnung nicht auf und schickten Iwan, nachdem er Pskow verlassen hatte, eine große Delegation mit einer Klageschrift. Die Bittsteller fanden den Zaren in einem dem Hofamt, das den zarischen Besitz verwaltete, unterstellten Dorfe, wo er sich erholte. Der verärgerte Iwan ließ die frechen Einwohner von Pskow festnehmen und sie auf entehrende Weise bestrafen: Man übergoß sie mit brühheißem Wein und sengte ihnen die Haare und Bärte mit einer Kerze ab. Anschließend wurden die Bittsteller nackt ausgezogen und auf die Erde gelegt. Nur ein Zufall hat Schlimmeres verhindert: Der Zar erfuhr vom Absturz einer der großen Glocken im Kreml und machte sich sofort auf den Weg nach Moskau, um sich dieses Wunder anzusehen. Die Bittsteller von Pskow kehrten unverrichteterdinge zurück und trugen mit ihren Berichten zur wachsenden Unzufriedenheit der Stadtbewohner bei. In Pskow konnte jeden Augenblick mit einem Aufruhr gerechnet werden. Der dortige Wojewode verließ angsterfüllt die Stadt. Bald flammte im Pskower Land ein Aufstand auf. Eine starke Grenzfestung, die Stadt Opotschka, geriet in die Hand der Aufständischen. Der die Stadt verwaltende Sekretär wurde ins Gefängnis geworfen. Die durch die Ereignisse in Opotschka alarmierte Bojarenregierung ließ eiligst Nowgoroder Truppen gegen Pskow antreten. Ein 2000 Mann starkes Nowgoroder Heer nahm die von den Aufständischen besetzte Festung ein. Der Aufruhr wurde somit niedergeschlagen.

Die Empörung griff unterdessen von Pskow auf Moskau und Nowgorod über. Der Erzbischof von Nowgorod schrieb verzweifelt nach Moskau, die Verkehrsstraßen im Nowgoroder Land seien wegen der „Räuber" nicht befahrbar. Die Hauptstadt aber war mit ihren eigenen Sorgen beschäftigt. Dort stand ebenfalls ein Aufstand ins Haus.

Dadurch, daß die Glinskis zu Macht gekommen waren, wurde die Lage im Lande ganz erheblich erschwert. Wie auch die vorausgegangenen Bojarenregierungen plünderten die neuen Günstlinge den Staatsschatz und belegten die Städter mit hohen Geldabgaben. Die Glinskis hatten lange Zeit kein Amt innegehabt und es nun eilig, das Versäumte nachzuholen. Bereits nach kurzer Zeit wurden sie von allen gehaßt. In der Zaren-Hauptstadt Moskau und im ganzen Lande, berichtet ein Chronist, hätten sich die Ungerechtigkeiten seitens der Würdenträger gemehrt, seien Gewalt ausgeübt und Menschen durch Bestechung falsch verurteilt worden, und man habe die Bevölkerung mit einem hohen Tribut belegt. Die Lakaien der Glinskis führten sich in der Hauptstadt wie Eroberer auf. Das „gemeine" Volk war ihren „Gewalttaten und Plünderungen" schutzlos ausgeliefert.

Die in den heißen Sommermonaten des Jahres 1547 in Moskau ausgebrochene Feuersbrunst ließ ein tragisches Ende rasch näherrücken. Viele Stadtbewohner verloren durch das Feuer ihren Besitz und wurden obendrein obdachlos. Die Schuld an alldem wurde den Glinskis gegeben.

Der Aufstand brach am 26. Juni 1547 aus. Bewaffnete Moskauer drangen in den Kreml ein und forderten die Auslieferung der Glinskis. Die Bojaren versuchten das Volk zu beruhigen, allerdings ohne Erfolg. Der Große Herrscher wohnte gerade einem Gottesdienst in der Mariä-Entschlafungs-Kathedrale bei, als die in Wut geratenen Aufständischen seinen Oheim Juri Glinski aus der Kathedrale schleiften, um ihn gleich auf dem Platz davor zu steinigen. Das Volk plünderte die Paläste der Glinskis, erschlug „unzählige" ihrer bewaffneten Diener und bei dieser Gelegenheit auch zahlreiche Dienstadlige. Der Zar sah sich gezwungen, mit seinem ganzen Hof ins Dorf Worobjowo, unweit der Hauptstadt, zu fliehen. Dies war jedoch kein allzu sicherer Zufluchtsort für die Zarenfamilie. Am dritten Tag des Aufstands wurde auf dem Platz eine große Menschenmenge zusammengerufen. Die Brandgeschädigten riefen laut, Moskau sei durch einen „bösen Zauber" verbrannt worden, an allem sei die „böse Zauberin" Anna, die Großmutter des Zaren, schuld. Diese habe den Menschen das Herz aus dem Leibe gerissen, die Herzen ins Wasser gelegt und mit diesem Wasser die Stadt besprengt. Sie selbst aber flöge als Elster umher. Die Insurgenten begaben sich gemeinsam nach Worobjowo, um mit der verhaßten Familie endgültig abzurechnen.

Die Heranrückenden versetzten den Zaren in Panik. Wie Iwan später verlauten ließ, sei sein Leben ernstlich in Gefahr gewesen, Verräter hätten das Volk aufgehetzt, auch seine Familie zu töten. Nur mit Mühe und Not gelang es den Bojaren, die Städter zu beschwichtigen und sie davon zu überzeugen, daß die Glinskis nicht in Worobjowo waren. Die bewaffnete Menschenmenge begab sich daraufhin unverrichteterdinge in die Hauptstadt zurück.

Die Teilnehmer am Moskauer Aufstand gehörten verschiedenen sozialen Schichten an. Die aktivste Kraft der Bewegung waren die niederen Stadtbürger (das „gemeine" Volk), die aber kein bestimmtes politisches

Programm hatten. Ihre Aktion gegen die Glinskis erinnerte an eine für das Mittelalter typische „primitive Rebellion". Einige Vertreter von Bojarenfamilien hatten anfangs ebenfalls daran teilgenommen und konnten auf diese Weise mit der Zeit wesentliche Zugeständnisse von der Regierung erwirken.

Die Unruhen legten sich letzten Endes, und die Behörden brachten die Situation in der Hauptstadt wieder unter Kontrolle. Die Moskauer Ereignisse führten dem Zaren Iwan das verblüffende Mißverhältnis zwischen seinen bisherigen Vorstellungen von seinen eigenen Möglichkeiten und der wahren Sachlage vor Augen. Man hatte dem Zaren zum einen versichert, seine Macht sei absolut und komme von Gott, andererseits sah er sich bereits zu Beginn seiner selbständigen Regierungszeit dem aufbegehrenden Volk gegenüber, das seine Hand gegen die Zarenfamilie erhob. Iwan, der mehr als einmal anderen nach dem Leben getrachtet hatte, mußte zum erstenmal ernsthaft an die Rettung seiner eigenen Person und seiner nächsten Verwandten denken.

Die Moskauer Ereignisse stellten daher eine wichtige Etappe im Leben Iwans IV. dar. Sie veranlaßten ihn dazu, die eng mit ihm verwandte Familie Glinski, die sich kompromittiert hatte und der die kurz davor vollzogenen Bojarenhinrichtungen zur Last gelegt wurden, aus der Bojarenduma zu entfernen. Fürst Michail wagte es nicht, in die Hauptstadt zurückzukehren. Er verließ sein Patrimonium in Rschew, um nach Litauen zu fliehen, wurde aber unterwegs festgenommen und auf Drängen der Bojaren seines Stallmeistertitels enthoben. Darauf hörten die Hinrichtungen in Moskau im Handumdrehen auf.

Zusammen mit der Regierung der Glinskis endete eine ganze Etappe in der politischen Entwicklung Rußlands, die unter der Bezeichnung „Bojarenregiment" bekannt wurde. Der Moskauer Aufstand zeigte den regierenden Bojaren, wie zerbrechlich ihre Macht war. Die dabei bloßgelegten sozialen Gegensätze erstaunten die Machthaber, schwächten den Bojarenhader vorübergehend ab und prägten in vieler Hinsicht die nachfolgenden Reformen.

Bei der „Sammlung des russischen Landes" hatte sich zwar die Macht der Moskauer Herrscher bedeutend verstärkt, war aber immer noch nicht uneingeschränkt. Der Monarch mußte sie mit dem hohen Adel teilen. „Die Bojaren haben es verordnet, der Zar hat es befohlen", nach dieser Formel wurden Gesetze angenommen sowie Fragen von Krieg und Frieden entschieden. Durch die Bojarenduma nahmen die Adligen Einfluß auf das Geschehen im Zentrum. Sie hatten außerdem die gesamte örtliche Verwaltung unter Kontrolle. Die Bojaren wurden in den großen

Städten und Landkreisen Rußlands mit dem sogenannten Kormlenije als Statthalter eingesetzt. Zu der Bezeichnung „Kormlenije" (Fütterung) kam es, weil die lokale Obrigkeit Steuergelder nach Empfang gleich in die eigene Tasche wandern ließ, das heißt von der Bevölkerung im wahrsten Sinne des Wortes „gefüttert" bzw. ernährt wurde. Das Kormlenije-System war eine der altertümlichsten Einrichtungen des 16. Jahrhunderts.

Um ihre Privilegien zu schützen, bediente sich die Bojarenschaft ferner des Mestnitschestwo-Systems, wonach die Berufung in die verschiedensten Ämter nicht von der jeweiligen Begabung oder den Erfahrungen der betreffenden Person abhing, sondern von ihrem „Vatersnamen" (nach dem Prinzip der genealogischen Würdigkeit und Seniorität) und vom gesellschaftlichen Stand und der Dienstlaufbahn der Verwandtschaft (des Vaters, des Großvaters usw.). Diese „Rangplatzordnung" trennte den Adel zum einen in rivalisierende Clans und garantierte zum anderen einem engen Kreis der oberen Adelsfamilien das ausschließliche Vorrecht auf die höchsten Staatsämter. Die sich daraus ergebenden Rangstreitigkeiten beeinträchtigten die Staatsinteressen ganz erheblich, was sich insbesondere in Kriegszeiten bemerkbar machte.

Dennoch bewachte der Hochadel eifrig die überholten Traditionen. Die Zwistigkeiten, die zwischen einzelnen Bojarencliquen bestanden, sowie Amtsmißbräuche in der Zeit, als Iwan noch minderjährig war, brachten jedoch diese alte Regelung in Mißkredit und führten zwangsläufig dazu, daß eine das gesamte Verwaltungssystem betreffende Zentralisierung notwendig wurde.

Mit der Bildung eines Zentralstaates, der die soziale Hierarchie stark veränderte, ging eine Erweiterung des adligen Grundeigentums einher. In der Zeit der Teilfürstentümer war das Patrimonialprinzip als eine Form des Grundeigentums in Rußland vorherrschend, wonach die Bojaren das uneingeschränkte Verfügungsrecht über ihr Vatererbe hatten: es also verkaufen, Bodenanteile eintauschen konnten usw. Im 16. Jahrhundert jedoch herrschte die Form des Dienstgutes vor. Der Gutsbesitzer besaß ein Stück Land, sein Pomestje, nur, solange er dem Zaren diente. Nach offiziellen Verlautbarungen waren die mit Dienstgütern belehnten Dienstadligen die Hauptstütze des Zentralstaates, die reichen Erbgut-Bojaren hingegen Gegner desselben. Der sowjetische Forscher W. B. Kobrin unternahm den Versuch, dies nachzuprüfen. Seiner Meinung nach waren die Unterschiede zwischen Erb- und Dienstgut unbedeutend, genauso wie die Dienstgutsbesitzer und die Erbgutsbesitzer ihrer sozialen Zusammensetzung nach einander sehr nahe gestanden hätten. Daraus entstehe die Notwendigkeit, so Kobrin, die althergebrachte These von der unterschiedlichen politischen Haltung der beiden Gruppen zu überprüfen und gegebenenfalls die Theorie vom „ständigen Kampf zwischen Bojaren und Dienstadligen" fallenzulassen.

Die moderne Auslegung der Geschichte Rußlands im 15. und 16. Jahrhundert stützt sich nicht mehr auf diese allgemein bekannte Annahme, sondern geht davon aus, daß eine grundlegende Umstrukturierung des Adels im Zusammenhang mit einer zunehmenden Ausdehnung des Dienstgutsystems stattfand und sich dabei das alte Bojarentum aus der Zeit der Teilfürstentümer im 16. Jahrhundert in den Dienstadel verwandelte.

Das Wachstum adligen Grundbesitzes hörte also nicht auf, sondern beschleunigte sich sogar im 15. und 16. Jahrhundert. Dieser Prozeß wies jedoch seine Besonderheiten auf. Während die obere Bojarenschicht nach wie vor über große Ländereien verfügte, hatte eine niedere und besonders vielzählige Schicht von Erbadligen die Folgen der Zerstückelung ihrer vom Vater geerbten Güter zu tragen. Innerhalb des alten Bojarentums hatte sich eine neue soziale Schicht, die „Bojarenkinder" herausgebildet, die nichts anderes waren als Klein- und Kleinstgrundbesitzer. Der Ruin der niederen Bojarenschichten war der Auslöser einer schweren Krise innerhalb des Adels, zu deren Überwindung die Schaffung des Dienstgutsystems beitragen sollte.

Das Dienstgutsystem entstand im Nowgoroder Land kurz nach dessen Angliederung an Moskau Ende des 15. Jahrhunderts und sollte eine außerordentlich große Rolle bei der Herausbildung des russischen Dienstadels spielen.

Nowgorod gehörte zu den ausgedehntesten und ökonomisch am weitesten entwickelten Gebieten in Rußland. Dadurch, daß sich der Bojarengrundbesitz dort viel früher als in anderen Landesteilen herausgebildet hatte, besaß der dortige Bojarenadel gewaltige Ländereien. Nach der Angliederung Nowgorods enteignete Iwan III. die Nowgoroder Bojaren – und bei dieser Gelegenheit auch alle anderen Grundbesitzer in diesem Gebiet – und schuf auf diese Weise die Grundlage für den Dienstgut-Bodenfonds in Rußland. Die Moskauer Behörden, die das Verfügungsrecht über den beschlagnahmten Bojaren-Grundbesitz hatten, belehnten damit die Moskauer Dienstmannen. Etwa 1500 bis 2000 Moskowiter siedelten sich in Nowgorod an. Unter ihnen waren viele Repräsentanten alter Bojarenfamilien. Entscheidend dafür, ob sie ein Dienstgut erhielten, war nun nicht mehr ihre Abstammung, sondern ihre jetzige Position in der Gesellschaft. Mit Grund und Boden wurden in Nowgorod größtenteils verarmte Erbgutsbesitzer belehnt, wie „Bojarenkinder", Dienstadlige (Dworjane) und „freie Dienstmannen" vom großfürstlichen Hofe, aber auch Personen, die von ehemaligen Kriegsknechten des Großfürsten abstammten. Hinzu kam eine gewisse Anzahl von Kriegsknechten aus aufgelösten Bojarengefolgschaften. Das Dienstgutsystem beschleunigte die Ablösung des alten Bojarentums durch den Kriegs- und Dienstadel, was der Oberschicht half, die mit der Zersplitterung des Erbgrundbesitzes verbundene Krise zu überwinden. Die niederen Schichten des Adels in Gestalt von verarmten Erbgutsbesitzern, Moskauer „Bojarenkindern", hatten somit eine Neuverteilung der Bodenbesitzungen zu ihren Gunsten erwirkt. Die Dienstgüter dehnten sich rasch aus, wodurch sie zur führenden Form adligen Grundbesitzes im 16. Jahrhundert wurden. Parallel dazu wurde die soziale Zusammensetzung des Adels erweitert. Außerdem festigte sich seine ökonomische Stellung im Lande.

Die politische Zentralisierung im 15. und 16. Jahrhundert ging mit der Konfiszierung von Erbgütern einher. Allein schon diese Tatsache widerlegt die von A. A. Simin vertretene These, der Fürsten- und Bojarenadel habe einmütig Zentralisierungsbestrebungen unterstützt. In Nowgorod wurden die alten Bojarengüter völlig eingezogen, in Twer und Rjasan nur ein Teil davon. In weitaus geringerem Maße von Beschlagnahmung betroffen waren all die Erbgüter, die entweder direkt im Moskauer Land oder schon lange in dessen Einflußsphäre lagen. Der Adel, der unter der Moskauer Herrschaft seinen Grundbesitz behielt und dort erfolgreich bei Hofe diente, erhielt die Möglichkeit, sich auch noch in anderen Landkreisen des Staates gelegene Ländereien einzuverleiben, wurde mit Dienstgütern belohnt u. a. m. Dieser Teil des Hochadels war offensichtlich nicht an einer erneuten Zersplitterung des Landes in Form von einzelnen Fürstentümern interessiert. Das mächtige Bojarentum jedoch bemühte sich um jeden Preis, die Macht zu erhalten, die es in der Zeit der Teilfürstentümer besessen hatte. Dazu war es notwendig, die alten Zustände zu bewahren, die die politische Vormachtstellung des Hochadels und seine Privilegien in jener Zeit sicherten.

Eine besondere Stellung im russischen Hochadel nahm der Susdaler Adel ein. Er blieb von solchen Katastrophen, wie sie die alten Nowgoroder Bojarenfamilien ereilten, verschont. Fürstenhauptstädte wie Susdal, Nischni Nowgorod, Rostow, Jaroslawl und Starodub im nordöstlichen Rußland hatten sich Moskau ohne langen und blutigen Kampf unterworfen. Der lokale Fürstenadel, der nunmehr dem Moskauer Herrscher diente, lebte weiterhin ungehindert auf dem Territorium seiner ehemaligen Teilfürstentümer. Viele Nachkommen der Wladimirer Großfürstendynastie, so die Fürsten von Susdal, Jaroslawl und Starodub, konnten einen bedeutenden Teil ihrer Erbgüter behalten und neue Ländereien in verschiedenen Gebieten des Reiches erwerben. Somit schränkte der einflußreiche Susdaler Hochadel die Macht des Moskauer Selbstherrschers entscheidend ein.

Durch den mittleren und niederen Adel, der eine Art Gegengewicht zum mächtigen Hochadel bildete, erhielt die Monarchie eine stabile Stütze. Die Veränderungen in der Struktur des Adels wirkten sich als erstes auf das Militärwesen aus. Die zahlreichen fürstlichen Gefolgschaften wichen einem einheitlichen Adelsaufgebot, welches aus einigen Zehntausend mittleren und niederen Dienstadligen bestand. Diese hatten dermaßen an Bedeutung gewonnen, daß jede regierende Bojarengruppe ihre Forderungen ernst zu nehmen hatte. Dennoch stand der unmittelbare Einfluß der Dienstadligen auf Verwaltungsangelegenheiten weit hinter ihrem tatsächlichen Gewicht in der Gesellschaft zurück. Sie hatten keine ständigen Vertreter in der Bojarenduma. Die Rangplatzordnung versperrte ihnen den Weg zu höheren Staatsämtern. Die Dienstadligen wollten sich mit einer solchen Sachlage selbstverständlich nicht abfinden. Sie forderten, man solle das Verwaltungssystem den neuen historischen Bedingungen angleichen.

Der Moskauer Aufstand von 1547, der offenbarte, wie labil die Bojarenregierungen waren, schuf günstige Voraussetzungen für das Erscheinen der Dienstadligen in der politischen Arena. Insbesondere nach dem Aufstand erhoben Schriftsteller aus ihrer Mitte erstmals ihre Stimme. Die Vertreter des Dienstadels erhielten Zutritt zu den Reichsversammlungen oder Sobory, die später (ab der 2. Hälfte des 16. Jh.) Semskije Sobory genannt wurden.

Die ständig neuen Umgestaltungsprojekte, die von den Publizisten zur grundlegenden Veränderung des Staatsaufbaus Rußlands vorgelegt wurden, begeisterten zu guter Letzt auch den jungen Zaren.

Bei der Herausbildung einer Weltanschauung stand Iwan IV., so nimmt man an, unter einem starken Einfluß des Metropoliten Makari, der „von Amts wegen" der Ratgeber des Zaren war. Makari, ein hochgebildeter Mann, aber nur ein mittelmäßiger Schriftsteller, besaß eine Eigenschaft, die ihm half, alle Bojarenregierungen zu überdauern und 20 Jahre lang die Gunst Iwans zu genießen. Der große Diplomat im Priesterrock paßte seine Hirtenmission geschickt den jeweiligen Anforderungen der weltlichen Macht an. Makari wurde zum Verkünder der „Selbstherrschaft". Er krönte Iwan zum Zaren und verlieh dem in den

Jahren der Bojarenregierung stark verblichenen Gedanken, die russischen Selbstherrscher seien von „Gott auserwählt", neuen Glanz.

Nach der Krönung Iwans und der Gründung des „orthodoxen Zartums" führte Makari eine Kirchenreform durch. Die von ihm einberufene Kirchensynode kanonisierte einige Dutzend lokaler Heiliger, die zu „neuen Wundertätern" ausgerufen wurden. Die russische Kirche hatte auf einmal mehr Heilige als insgesamt in den fünf zurückliegenden Jahrhunderten ihres Bestehens. Die Kirchenreform sollte die nationale Kirche verherrlichen und beweisen, daß die Sonne der Strenggläubigkeit, die im Alten Rom und in Konstantinopel untergegangen war, in Moskau, dem „Dritten Rom", mit neuer Kraft erstrahlte. Der Einfluß Makaris auf die von Iwan angestrebten Ziele ist zwar nicht zu übersehen, kann jedoch nicht als ausschließlich betrachtet werden.

Bereits zu Beginn seiner selbständigen Regierung verkehrte Iwan mit einem engen Kreis von Amtsleuten, die den Staat leiteten. Die „Bürokraten" gehörten zu den Gebildetsten der damaligen Gesellschaft. Iwan Wiskowaty, der berühmte Sekretär und in der Folgezeit auch Großer Siegelbewahrer des Zaren, arbeitete sich dank seiner überdurchschnittlichen Begabungen von den unteren zu den höchsten Stufen der Hierarchie hinauf. Obwohl Wiskowaty einen großen Einfluß auf Iwan hatte, wurde aber nicht er, sondern Alexej Adaschew zum eigentlichen Liebling des Zaren.

Alexej Adaschew, Besitzer eines kleinen Erbgutes in Kostroma, hatte weder großen Reichtum vorzuweisen, noch gehörte er dem Hochadel an. Nicht ohne Sarkasmus stellte Iwan einmal fest, er habe Alexej aus einem „Misthaufen" in seinen Palast aufgenommen und, da er von ihm einen „aufrichtigen Dienst" erwartete, den Würdenträgern gleichgestellt. Adaschew war in der Tat das Musterbild eines „treuen Dieners". Diese Tugend allein reichte nicht aus, um bei Hofe eine Karriere zu machen. Adaschew hatte den Aufstieg – genauso wie Wiskowaty – seinem erfolgreichen Dienst in den Zentralämtern zu verdanken. Die Karriere des künftigen Lieblings des Zaren begann mit dem Dienst im Bittschriftenamt, einer Regierungskanzlei, in der an den Zaren gerichtete Anzeigen geprüft wurden. Anschließend wurde er in das Reichsschatzamt des Zaren versetzt, wo er so erfolgreich diente, daß man ihn bald zum Staatsschatzmeister ernannte. Dieses Amt eröffnete ihm die Pforten zur Bojarenduma. Zu guter Letzt begann Adaschew, „das russische Land von der Amtsstube der Mariä-Verkündigungs-Kathedrale aus zu regieren", wie sich Zeitgenossen bildlich ausdrückten.

Es war nur zu natürlich, daß die während des Prozesses der politischen Zentralisierung entstandene höchste Amtsträgerschaft die entscheidende Triebkraft der Umgestaltung des Staatsapparats wurde, die dann von den Anhängern Adaschews in die Tat umgesetzt wurde. Die Reformen stellten eine wichtige Etappe in der politischen Entwicklung des Landes dar. Neue Menschen, die im weiteren Leben Iwans noch eine große Rolle spielen sollten, zogen in die Amtsstuben des Kreml ein.

Dem jungen Zaren erschlossen sich ihm bis dahin unbekannte Perspektiven gesellschaftlicher Tätigkeit. Er ging auf die Reifejahre zu. Seine bis dahin verborgene Feindseligkeit den „Großbojaren" gegenüber erhielt neuen Nährboden und eine neue Orientierung.

Nach der Einberufung des sogenannten Versöhnungs-Sobors im Jahre 1549 traten zum erstenmal die Reformatoren auf den Plan. Neben der Bojarenduma und dem hohen Klerus nahmen auch Wojewoden und „Bojarenkinder" an dieser Versammlung teil. Der achtzehnjährige Zar, der sich in einer Rede an die Versammelten wandte, wies ausdrücklich auf die Notwendigkeit von Veränderungen hin. Er drohte den Statthalter-Bojaren, die nicht nur die „Bojarenkinder" und die Bauern unterdrückt, sondern auch die Dienstmannen auf ihren Ländereien arg beleidigt hätten. Iwan, der die Übergriffe seiner Würdenträger anprangerte, machte diese für die Verarmung der Dienstadligen verantwortlich.

Die Kritik am Amtsmißbrauch der Bojaren, die, von oben gebilligt, fast die Bedeutung einer offiziellen Doktrin erhielt, gab dem gesellschaftlichen Denken in Rußland einen gewaltigen Impuls. Die fortschrittlichen Denker begannen, die herangereiften Probleme der gesellschaftlichen Veränderungen zu erörtern. Einer der hervorragenden Publizisten jener Zeit war Iwan Semjonowitsch Pereswetow. In Litauen als Sohn eines mäßig begüterten Adligen (Schlachtschitz) geboren, hatte er, bevor er nach Rußland kam, fast ganz Südosteuropa bereist. Die am Leben gebliebenen Mitglieder des Sieben-Bojaren-Rats hatten zu jener Zeit noch einen gewissen Einfluß in Moskau. Einem von ihnen, Michail Sacharjin, fiel Pereswetow durch sein Projekt auf, die Moskauer Reiterei mit nach makedonischem Vorbild hergestellten Schilden auszurüsten. (Für umfangreichere Umgestaltungsvorhaben war die Zeit offensichtlich noch nicht gekommen.) Wie dem auch sei: Pereswetow sicherte sich die Unterstützung Sacharjins und konnte seine materielle Lage entschieden verbessern. Nach dem Tod seines Gönners geriet der zugereiste Dienstadlige in Armut. Die danach anbrechende Zeit der Bojarenregierung verkörperte in den Augen Pereswetows alle gesellschaftlichen Übel, die die einfachen Krieger ins Verderben stürzten und das Zartum zu ruinieren drohten.

Pereswetow, der jahrelang in Armut gelebt hatte, erkannte sofort, daß die sich Ende der 40er Jahre anbahnenden Reformen ihm günstige Aufstiegsmöglichkeiten versprachen. Bei passender Gelegenheit reichte er seine berühmten Bittschriften beim Zaren ein. Der „einfache Krieger" erwies sich als einer der begabtesten Schriftsteller, der sozusagen die Ideologie der Selbstherrschaft literarisch untermauerte. Da er eine direkte Kritik an den Moskauer Zuständen nicht ohne Grund für riskant hielt, bediente er sich einer Allegorie. Er schilderte in seinen Schriften das auf Ruinen des griechischen Reiches erbaute Osmanische Reich als die ideale Form der uneingeschränkten Dienstadelsmonarchie. Das griechisch-orthodoxe Zartum Konstantins sei, so der Publizist, durch Verschulden der Würdenträger, der „faulen Reichen", untergegangen, wohingegen das Reich Mahomet-Sultans dank seiner „Krieger", die seine Stärke und seinen Ruhm verkörperten, blühe. Die unkonventionellen Ansichten Pereswetows, der seiner Zeit weit voraus war, beeindruckten die Zeitgenossen ungeheuer. Der Publizist schrieb, man solle über die Taten der Menschen nach ihrer „Wahrheit" urteilen, denn Gott liebe nicht den „Glauben, sondern die Wahrheit". Er rief dazu auf, die abhängigen Krieger freizulassen. „Ist ein Land geknechtet", stellte der Schriftsteller fest, „so geschieht in diesem Land Böses ... und gerät das ganze Reich in große Verarmung." Die „große Frage" jener Zeit, auf welche Weise die Dienstmannen mit Grund und Boden zu versorgen seien, die verständlicherweise den Dienstadel am meisten interessierte, verstand Pereswetow geschickt zu umgehen. Er vertrat die Auffassung, es sei ausreichend, den Dienstmannen angemessene Gehälter zu gewährleisten. Die dafür erforderlichen Geldmittel konnte man, so Pereswetow, durch die Einführung fester Marktpreise von den Städtern erhalten. Pereswetow riet Iwan, großzügig gegenüber den „Kriegern" zu sein („Die Freigebigkeit gegenüber den Kriegern ist die Weisheit des Zaren"), und suchte dessen Zorn auf die verräterischen Würdenträger zu lenken. Pereswetow äußerte als erster den Gedanken, daß eine Reform des Verwaltungssystems und Kriegswesens in Rußland ohne eine Beschränkung der politischen Vorherrschaft des Hochadels und ohne die Beteiligung des Dienstadels an Staatsangelegenheiten undenkbar war. Pereswetow wandte sich kühn und leidenschaftlich gegen die Vorherrschaft der Bojaren in Rußland. Die dreisten Beschuldigungen der höchsten Würdenträger des Staates, der Bojaren, hätten den unbekannten Schlachtschitz ohne Frage ins Gefängnis oder auf das Schafott gebracht, wenn ihm nicht neue Gönner, die Reformpartei, den Rücken gestärkt hätten.

Die von Adaschew geleitete Reformpartei stellte den Kern einer Regierung dar, die in der Fachliteratur die nicht ganz zutreffende Bezeichnung Auserwählter Rat erhielt. Der junge Zar Iwan IV. seinerseits wurde zum Sprachrohr dieser neuen gesellschaftlichen Strömung, als er nach dem „Versöhnungs-Sobor" vor der sogenannten Hundertkapitelsynode mit den berühmten „Fragen des Zaren" auftrat, die ein weitgreifendes Umgestaltungsprogramm umrissen. So ging er in seiner Rede vor den Soborteilnehmern unter anderem auf ökonomische (zum Beispiel auf innere Zollschranken) und auf soziale Fragen (wie die Einschränkung des Rangplatzsystems, die allgemeine Bodenerfassung, die Überprüfung des Grundbesitzes und das Schicksal des Kormlenije-Systems) ein. Die „Fragen des Zaren" zeigen deutlich, wie sehr sich der Zar von der Umgestaltungsbewegung mitreißen ließ. Auseinandersetzungen, die sich an Reformentwürfen entzündeten, und die ersten Versuche, diese zu verwirklichen, lieferten Iwan die praktischen Erfahrungen, die ihm bis dahin so sehr gefehlt hatten. Diese Auseinandersetzungen schliffen seinen von Natur aus forschenden Geist und machten ihn erst zu einem wirklichen Staatsmann.

Die erwähnte Reichsversammlung[11] von 1549, später als „Versöhnungs-Sobor" bezeichnet, faßte den Beschluß, dem bestehenden Sudebnik (Gesetzbuch) eine Neufassung zu geben. Die zuständigen Zentralämter machten sich sofort an die Arbeit und legten ein Jahr später der Duma ein neues Gesetzbuch zur Bestätigung vor. Im Mittelpunkt der Gesetzgebung stand offensichtlich das Reichsschatzamt, das von Schatzmeistern geleitet wurde. Nicht von ungefähr erhielt Adaschew während der Vorbereitung des neuen Gesetzbuches den Schatzmeistertitel. Sofort nach Beendigung der Arbeit am Sudebnik verließ Adaschew das Reichsschatzamt.

Da die Verfasser des neuen Sudebnik jene staatlichen Gesetze, welche die Beziehungen zwischen Adligen und Bauern bestimmten, so übernahmen, blieb das Abzugsrecht der Bauern nach wie vor auf die Woche vor und nach dem Sankt-Georgs-Tag beschränkt. Die Gesetzgeber konzentrierten sich in erster Linie auf die Vervollkommnung des Systems der zentralen und lokalen Verwaltung. Der neue Sudebnik beschleunigte die Bildung von Zentralämtern, erweiterte den Amtsbereich der Amtsleute und beschränkte die Macht der im Rahmen des Kormlenije-Systems eingesetzten Statthalter vor Ort um etliches. Die neuen Artikel des Sudebnik sahen die unbedingte Teilnahme gewählter Landbehörden durch die Gemeindeältesten und die „besten (d.h. wohlhabenden) Männer" am Landgericht vor.

Neben der Gerichtsreform befaßte sich die Gruppe um Adaschew gleichzeitig auch mit der Regelung des Rangplatzsystems. Der Anachronismus dieses Systems war insbesondere im Militärwesen zu spüren, wo die Besetzung der höchsten Militärämter nach „Herkunft" und Würde mitunter katastrophale Folgen auf dem Schlachtfeld hatte.

Die Bojarenduma und der Hochadel wandten sich jedoch energisch gegen die Forderung, das Rangsplatzsystem abzuschaffen, welche von Publizisten des Dienstadels erhoben wurde. Aus diesem Grunde waren diesbezügliche „Beschlüsse" auch meist halbherzig oder trugen den Charakter eines Kompromisses. Den Wojewoden wurde lediglich verboten, während der Kriegshandlungen Rangstreitigkeiten untereinander auszutragen; weiterhin beschloß man eine gewisse Veränderung in der militärischen Führungsstruktur. Die neuen Gesetze ermöglichten es der Regierung, als Stellvertreter des Hauptwojewoden, der möglichst aus dem edelsten Bojarengeschlecht stammen sollte, weniger vornehme, dafür aber kühnere und erfahrenere Heerführer einzusetzen. Diese waren von diesem Zeitpunkt an gegen jegliche Ansprüche aller anderen Wojewoden geschützt. Bei der Reform des Rangplatzsystems war der Kampf um die Erweiterung der Rangprivilegien für den mittleren Dienstadel eng mit den Interessen der Familie Adaschew und ihrer Karriere verbunden, deren Repräsentanten bald selbst zu Wojewoden ernannt wurden. In den Augen Alexej Adaschews hatten die ersten Veränderungen einen besonders hohen Wert. Deshalb war es auch kein Wunder, daß er sich kurz vor seinem Rücktritt an seinen Erfolg erinnerte und in die letzten Bände einer Chronik, an der er zu dieser Zeit arbeitete, einen Bericht über diese Reform einfließen ließ. Er schrieb unter anderem: „Die Wojewoden aber wählt der Zar nach ihrem Vatersnamen (ihrer Würde), welche dazu geboren und des Kriegswesens kundig sind." Adaschews Ausführungen standen weit hinter der radikalen Forderung Pereswetows zurück, das Rangplatzsystem ganz abzuschaffen. Seine Reformen ließen diese Ordnung mit einigen geringfügigen Veränderungen im großen und ganzen unversehrt.

Im Zusammenhang mit einer Neuregelung des Verwaltungs- und Militärwesens plante die Regierung, aus der Mitte des Hoch- und Dienstadels tausend „beste Diener" auszuwählen und sie mit Dienstgütern im Moskauer Land auszustatten. Die „besten Diener", die sich in der Nähe der Hauptstadt aufhalten würden, hätten jederzeit für einen verantwortungsvollen Auftrag nach Moskau gerufen werden können. Die geplante Reform sollte die Elite der Provinzadligen an Verwaltungsangelegenheiten heranführen. Nach Auffassung von A. A. Simin soll das Vorhaben jedoch nicht praktisch umgesetzt worden sein.

Zur Verstärkung der Streitkräfte begann die Regierung Adaschews mit der Aufstellung eines stehenden Strelitzenheeres. Es wurde eine 3000 Mann starke Strelitzenabteilung als Leibwache des Zaren eingesetzt. Die Strelitzenverbände[12] haben sich in den militärischen Feldzügen der folgenden Jahre bestens bewährt.

Die Hauptschlagkraft des russischen Heeres im 16. Jahrhundert blieb jedoch weiterhin das Adelsaufgebot. Es bestand hauptsächlich aus niederen Dienstadligen, deren Kampffähigkeit allerdings durch unzureichenden Bodenbesitz untergraben wurde. Die Frage einer Neuaufteilung des Landreichtums zugunsten des Dienstadels wurde in diesem Zusammenhang von der Regierung wiederholt erörtert. In mindestens fünf der insgesamt 12 Fragen an die Hundertkapitelsynode nahm der Zar zu diesem Thema Stellung. Iwan motivierte die Notwendigkeit einer Neuaufteilung des Bodens damit, daß sich viele Bojaren und Dienstadlige in den Jahren der Bojarenregierung „ihren Verdiensten nicht angemessene" Ländereien angeeignet und aus dem Kormlenije-System erwachsende Einkünfte erworben hätten, wohingegen die anderen verarmt seien: „Die einen, deren Väter kein Landgut von hundert Vierteln[13] besaßen, haben heute das Dreifache davon, und andere müssen hungern." In seinen Fragen an den Metropoliten bat der Zar zu überprüfen, welche „Erbgüter, Dienstgüter und Kormlenije-Verwaltungsbezirke" sich im Besitz der Bojaren und Dienstadligen befänden, wie diese „gedient hätten", und dann zu entscheiden, wie man die „Nichtbemittelten" ausstatten könnte.

Die Verwirklichung der „Landvermessungs"-Pläne, die unter den Dienstadligen sehr populär wurden, stieß jedoch auf rein praktische Schwierigkeiten: Woher sollte man all die dafür nötigen Dienstgüter nehmen. Die Dienstadligen hatten nichts dagegen, ihre Lage auf Kosten der Kirche aufzubessern, die sie um ihren Landreichtum beneideten. So gehörte in den zentralen Landkreisen etwa ein Drittel der von Bauern bevölkerten Ländereien den Klöstern. In keinem anderen Land, schrieben ausländische Zeitgenossen, gebe es eine solche Vielzahl von Klöstern und Klosterbrüdern wie in Rußland.

Die russischen Mönche stellten bei weitem nicht alle „lebende Tote" dar, denen weltliche Belange völlig fremd waren. Die Klöster betrieben Handel und Wucher, wodurch sie zu großem Reichtum kamen. Da sie über erhebliche Geldmittel verfügten, konnten sie ruinierten Allodbesitzern ihre Ländereien abkaufen. Die Regierung sah mit Besorgnis, wie die Klöster auf Kosten der Dienstleute ihren Besitz vermehrten.

Im 15. Jahrhundert wurden Versuche zur teilweisen Säkularisation des kirchlichen Vermögens unternommen. Diese Versuche wurden von den

„Trans-Wolga-Starzen"[14] unterstützt, die der Großfürst eigens nach Moskau kommen ließ. Diese Starzen lebten schon seit jeher in kleinen abgeschiedenen Einsiedlerklausen, die rund um das Kyrill-Kloster im Wald lagen. Einer ihrer Begründer, Nil Sorski, und seine Anhänger lehrten diese Mönche, uneigennützig und ohne Besitz in der Ödnis zu leben und sich durch eigener Hände Arbeit zu ernähren. Sie deuteten die Heilige Schrift mit einer gewissen Freiheit und lehnten die von der Inquisition angewandten Methoden ab. Im 16. Jahrhundert kritisierten sie die von Makari durchgeführte Reform und glaubten nicht an die „neuen Wundertäter".

Der Anführer der auch „Uneigennützige" genannten Mönche, Starez Artemi, riet nachdrücklich, den Landbesitz der Kirchen zu beschränken und den Klöstern die Dörfer zu entreißen. Auf der Hundertkapitelsynode wurde dieses Problem von der Regierung offen angesprochen. „Ist es denn der Klöster würdig, Land zu erwerben?" hieß es in einer der Fragen des Zaren an die Versammelten.

Der Versuch, den kirchlichen Landbesitz zu säkularisieren, stieß auf entschiedenen Widerstand der „Josephiten", wie sich die Anhänger von Iossif (Joseph) Wolozki, dem Hauptgegner Nil Sorskis und der „Uneigennützigen", nannten. Dennoch gelang es der Regierung zum Teil, den kirchlichen Grundbesitz zu begrenzen. Im Mai 1551 erging der Erlaß über die Konfiszierung aller Ländereien und Ackerböden, die von der Bojarenduma nach dem Tod Wassilis III. an Erzbischöfe und Klöster vergeben worden waren. Danach war es der Kirche ausdrücklich verboten, neue Ländereien zu erwerben, ohne die Regierung darüber in Kenntnis zu setzen. Um zu verhindern, daß sich die im Besitz des Dienstadels befindlichen Ländereien verringerten, wurden für den Fürsten- und Erbgrundbesitz einige Beschränkungen eingeführt. So war es den Fürsten verboten, ihre Erbgüter ohne Sondergenehmigung an die Kirche zu verkaufen oder zu vermachen. Weiterhin sollten Ländereien, die ohne Wissen der staatlichen Behörden bereits an Klöster vergeben waren, konfisziert und später als Dienstgüter verteilt werden.

Die Einführung des neuen Bodenrechts ermöglichte es der Regierung, die Zahl der Dienstgüter auf Kosten des kirchlichen Landbesitzes und zum Teil auch der fürstlichen Erbgüter etwas zu vergrößern. Im großen und ganzen blieb der kirchliche Landbesitz aber unangetastet, wobei die Kirche jedoch mit den „Freiungsurkunden"[15] einen beträchtlichen Teil ihrer Abgabeprivilegien einbüßte.

Seit der Teilfürstenzeit entrichteten Besitzer von Freiungsurkunden (Adel und Kirchenfürsten) keine Abgaben für die ihnen gehörenden

Ländereien an den Fiskus. Schon zu Beginn der Reformen setzte sich die Regierung zum Ziel, die Wirkung der Urkunden zu beschränken. Dementsprechend schrieb auch das zarische Gesetzbuch vor, niemandem Freiungen zu gewähren, alle alten Urkunden jedoch zu beschlagnahmen. Sowohl die geistlichen als auch die weltlichen Grundbesitzer hätten, so der Historiker N. J. Nossow, die Wirkung des neuen Gesetzes am eigenen Leibe gespürt.

Um die Steuerreform zu vollenden, führte die Regierung ein neues ungleiches Ackermaß, den sogenannten großen Pflug (Hufen) ein. Die Größe dieser Steuereinheit schwankte je nach Standeszugehörigkeit des betreffenden Grundbesitzers. Freie Kronbauern bezahlten eine Landsteuer von 500 Vierteln, kirchliche Landbesitzer eine solche von 600, Besitzer von Dienstgütern und Hofleute eine von 800 Vierteln „gutes Ackerland“. Auf diese Weise erhielten die weltlichen Herren spürbare Steuervergünstigungen im Vergleich zum Klerus und insbesondere zu den Bauern.

Die gegen die Steuerfreiungen ergriffenen Maßnahmen untergruben die Vergünstigungen der weltlichen und kirchlichen Herren und trugen, ebenso wie die Landsteuerreform, zur Durchsetzung der Umgestaltungen im Interesse des Dienstadels bei.

Diese ersten Reformen des Auserwählten Rates waren von großer Bedeutung: Sie trugen zur Stärkung der zentralen Staatsgewalt bei und befriedigten in einem gewissen Maße die Interessen des Dienstadels. Insgesamt hatten sie den Charakter eines Kompromisses, bei dem versucht wurde, die gegensätzlichen Bestrebungen des Hoch- und des Dienstadels in Einklang zu bringen. Neben Adaschew war es vor allem der Hofpriester Silvester, der einen großen Beitrag zur Lösung dieser Aufgabe leistete. Er wurde für Iwan zum Lehrmeister in allen wichtigen Angelegenheiten.

Silvester, der als Sohn eines nicht sehr reichen Priesters in Nowgorod geboren wurde, entschied sich ebenfalls für eine geistliche Karriere. Er zog nach Moskau und erhielt dort eine Anstellung in der Mariä-Verkündigungs-Kathedrale des Kreml. „Der Ärmste unter den Armen, der sündige, unglückselige und nichtsnützige Sklave Silvester“, wie sich der Pope selbst titulierte, zeichnete sich vor der Schar der geldgierigen Kirchenfürsten durch seine Uneigennützigkeit aus. Obwohl ihm eine Funktion bei Hofe glänzende Aufstiegsmöglichkeiten bot – bei seinem Einfluß hätte er ohne Mühe das einträgliche Amt eines Bischofs oder eines Klostervorstehers bekleiden können –, vermochte er es nicht, entsprechende Vorkehrungen zu treffen. Nach dem Brand in Moskau bot sich

Silvester die Gelegenheit, den Titel eines Propstes anzunehmen, ja sogar offiziell Beichtvater des Zaren zu werden. Diese Möglichkeit nahm er jedoch nicht wahr. So, wie er seine Karriere als Priester der Mariä-Verkündigungs-Kathedrale begonnen hatte, beendete er auch sein Leben in demselben Amt.

Der Pope von der Verkündigungs-Kathedrale gehörte allem Anschein nach zu den gebildetsten Klerikern dieser Epoche. Er besaß eine für seine Zeit recht gute Bibliothek, in der sich auch einige Bücher aus der Büchersammlung des Zaren befanden, die dieser ihm übereignet hatte. Silvester beherrschte möglicherweise sogar die griechische Sprache. Iwan, der ihm in vieler Hinsicht seine Bildungsfortschritte zu verdanken hatte, wollte nach einem Streit die geistige Überlegenheit seines ehemaligen Lehrmeisters nicht mehr anerkennen und gab ihm den wenig schmeichelhaften Beinamen „unwissender Pope". Diese Bezeichnung zeugte jedoch eher von der Gereiztheit des Zaren als von einem Bildungsmangel Silvesters.

Bekannt ist, daß Silvester den berühmten „Domostroi", den Sitten- und Moralkodex, wenn nicht sogar verfaßt, so doch zumindest redigiert hat. Obwohl Silvester dieses Werk offiziell seinem Sohn Anfim widmete, hat man allen Grund anzunehmen, daß der „Domostroi" ebenso für den jungen Zaren gedacht war. Iwan IV., der erst kurz vorher in den Ehestand getreten war, hatte kluge Belehrungen insbesondere deshalb bitter nötig, weil er selbst als Waise aufgewachsen war. Auf den ersten Seiten des „Domostroi" lehrte Silvester den Glauben an Gott und ging dann sogleich zu einem noch wichtigeren Thema über, nämlich, „wie die Kinder ihren Beichtvater zu achten und ihm Gehorsam zu leisten" hätten. Die Pflichten Iwans IV. seinem Beichtvater gegenüber waren in aller Ausführlichkeit festgelegt. Der Zögling wurde verpflichtet, den Geistlichen „recht oft in sein Haus" zu rufen, ihn aufzusuchen und ihm „nach Kräften" Geschenke zu bringen, sich mit ihm häufig „über das nützliche Leben", aber auch darüber zu beraten, wie „der Mann sein Weib zu belehren und zu lieben" und wie man beichten und seinem Beichtvater zu gehorchen habe. Sollte der Geistliche aber für jemanden eine Fürbitte einlegen, so sei auf ihn zu hören. Viele Jahre später schrieb der Zar über sein Verhältnis zu Silvester, er habe sich, dem Bibelgebot folgend, dem Lehrmeister, ohne nachzudenken, gefügt. Silvester habe jedoch die Fügsamkeit des jungen Zaren ausgenutzt, um durch den „Domostroi" sein Leben bis ins Detail zu reglementieren: Dieser schrieb ihm vor, wie Kirchen zu besuchen, wie Wallfahrten zu unternehmen und wie die verschiedensten Alltäglichkeiten zu entscheiden seien. Schließlich begann der Zar sich über die Unfreiheit zu beklagen, die er auf Reisen und während der Rast, bei Kirchengängen und in allen anderen Angelegenheiten durch Silvester erfuhr, der offensichtlich ein strenger Lehrer war. Als sich der Schüler gegen die Bevormundung seines Lehrmeisters auflehnte, bedachte er ihn mit zahlreichen bitteren Worten. Unter Silvester, klagte der Zar, seien ihm selbst Kleinigkeiten vorgeschrieben worden: „... wie ich mir die Schuhe anzuziehen hatte, wie ich schlafen sollte, alles geschah nach dem Willen der Lehrmeister, und ich selbst wurde wie ein Kind behandelt." Wie dem auch sei: Die Lehrjahre gingen an Iwan nicht ganz spurlos vorüber.

Nach dem Moskauer Brand von 1547 gab der damals siebzehnjährige Iwan Silvester den ersten verantwortungsvollen Auftrag. Der Geistliche sollte die durch die Feuersbrunst in Mitleidenschaft gezogenen Wandmalereien der Kreml-Kathedralen wiederherstellen. Silvester ließ Ikonenmaler aus seiner Heimatstadt Nowgorod nach Moskau kommen und befahl ihnen, nachdem er den Zaren darüber in Kenntnis gesetzt hatte, sich an die Arbeit zu machen. Die Wände der Goldenen Kammer, eines Sitzungssaales, wurden mit belehrenden Bildern bemalt, die den jungen Zaren mal als gerechten Richter, mal als tapferen Krieger oder als freigiebigen Herrscher darstellten, der Almosen unter Bettlern verteilte. Silvester war bestrebt, mit Hilfe der Malereien seinen Schützling gefühlsmäßig zu beeinflussen. Dies sollte ihm bald darauf auch gelingen.

Silvester war ein zutiefst gläubiger Mensch. Seine religiöse Hingabe grenzte an Exaltation: Er hörte himmlische Stimmen und hatte Visionen. Bei Hofe wurde über den „neuerschienenen Propheten" viel geklatscht. Selbst Kurbski, der sonst den Lehrmeister des Zaren lobte, machte sich später über dessen „Wunder" lustig. Er schrieb, Silvester, der dem jungen Zaren von seinen angeblichen Gotteserscheinungen erzählte, habe die Leichtgläubigkeit Iwans mißbraucht. Denn es sei überaus fragwürdig, stellte Kurbski fest, ob diese Wunder geschehen seien oder ob Silvester sie bloß erdacht habe, um seinem Schützling Angst einzujagen sowie sein wildes und ungestümes Gemüt zu bändigen.

Silvesters Erzählungen erschütterten Iwan zutiefst, und so schaffte es der Fanatiker, im Herzen des jungen Zaren ein religiöses Feuer zu entfachen. Iwan, der großes Interesse für die Religion entwickelte, verrichtete alle kirchlichen Riten mit großem Eifer. Hin und wieder wurde er in Augenblicken äußerster nervlicher Anspannung von Halluzinationen heimgesucht. Vor den Mauern von Kasan zum Beispiel hörte der damals dreiundzwanzigjährige Zar 1552 in der Nacht vor dem entscheidenden Sturm nach einem vielstündigen Gebet deutlich das Läuten der Glocken vom Moskauer Simonow-Kloster.

Silvester, der sich zunächst auf moralische Belehrungen beschränkte, übernahm, als sich die politische Situation nach dem Kasaner Krieg zuspitzte, die Rolle des politischen Beraters Iwans IV. Mit dem Aufrücken Silvesters in eine Regierungsposition war die Bildung des Auserwählten Rates abgeschlossen.

Neben der Verwirklichung von Reformen innerhalb des Landes wurde vom Kreis um Adaschew ein umfassendes außenpolitisches Programm entworfen, in dessen Mittelpunkt eine aktive Politik im Osten stand. Nach dem Zerfall der Goldenen Horde hatte es zunächst den Anschein, als würden sich die Tataren niemals wieder zusammenschließen. Nachdem aber die Osmanen das Krimchanat erobert hatten, wurde ein Zusammenschluß der tatarischen Staaten unter der Schutzherrschaft des Osmanischen Reichs zur realen Gefahr. Für eine gewisse Zeit gelang es Moskau, das Chanat Kasan unter seinen Einfluß zu stellen, allerdings nur so lange, bis sich dort das Geschlecht der Girej-Chane von der Krim niederließ.

Überfälle von seiten der tatarischen Reiterei auf Rußland fanden nun regelmäßig statt. Ihre beweglichen Abteilungen plünderten nicht nur grenznahe Landkreise, sondern erreichten auch Wladimir, Kostroma und sogar Wologda. „Zwischen der Krim und Kasan war das Land halb verödet“, schrieb Zar Iwan später. Die Tataren machten ihre Gefangenen zu Sklaven, ließen sie für sich arbeiten oder aber verkauften sie auf Sklavenmärkten in Astrachan, auf der Krim und in Mittelasien.

Das Chanat Kasan war durch innere Instabilität gekennzeichnet. Die von den tatarischen Würdenträgern abhängigen Wolgavölker, wie Tschuwaschen, Mordwinen, Mari, Udmurten und Baschkiren, warteten nur auf eine günstige Gelegenheit, die tatarische Übermacht abzuschütteln. Außerdem wurde das Chanat durch unablässige Zwistigkeiten der Kasaner Mursas (Fürsten) erschüttert. In den Jahren 1545/46 führte die Auseinandersetzung zwischen der Krim- und der Moskauer Partei in Kasan zunächst zur Vertreibung eines Günstlings des Krimchans, des Chans Safa-Girej, und danach zur Vertreibung von Schah-Ali, einem getreuen Diener Moskaus. Von diesem Moment an entschloß man sich in Moskau, das Chanat Kasan endgültig zu vernichten.

Die kirchliche Obrigkeit war bemüht, den Krieg gegen die Kasaner als einen heiligen Kampf gegen die „andersgläubigen Muselmänner“ hinzustellen, wobei diese Pläne auch von den Dienstadligen unterstützt wurden. Das „paradiesähnliche“ Land Kasan hatte sie schon seit langem in seinen Bann gezogen. Pereswetow brachte die Gedanken des Dienstadels folgendermaßen zum Ausdruck: „Es wundert uns sehr, daß der große und mächtige Zar ein solches Land unter seinem Busen duldet und noch so viel Leid von ihm empfängt. Auch wenn ein so herrliches Stück Land mit uns in Freundschaft wäre, wäre es dennoch unmöglich, eine solche Herrlichkeit nicht besitzen zu wollen.“

In den Jahren 1548 bis 1550 unternahm das russische Heer zwei Angriffe auf Kasan, die jedoch erfolglos waren. Das erste Mal blieb das Heer bei Nischni Nowgorod liegen, da die Truppen wegen der zu frühen Schmelze die Wolga nicht überqueren konnten. Aus diesem Feldzug kehrte Iwan IV. „mit vielen Tränen“ zurück. Das zweite Mal wurde Kasan elf Tage lang von zarischen Heerführern belagert. Kurz vor dem dritten Feldzug errichteten die Russen auf dem rechten Wolgaufer gegenüber der Stadt die Festung Swijaschsk. Die Kasaner, die durch diese militärischen Vorbereitungen eingeschüchtert wurden, bekundeten ihre Demut gegenüber dem Zaren und ließen seinen Vasallen Schah-Ali in die Stadt, der sich jedoch nur kurze Zeit auf dem Kasaner Thron behaupten konnte. Bereits im Jahre 1552 stand das Kasaner Land erneut in Flammen. Die letzte entscheidende Offensive auf Kasan begann mit dem Marsch des von A. B. Gorbaty kommandierten Heeres auf Swijaschsk. Um die Pläne der Russen zu vereiteln, überfielen die Krimtataren Tula. Die Moskauer Truppen vertrieben sie jedoch aus den südlichen Landkreisen Rußlands und zogen weiter nach Osten. Ende August belagerten die Russen Kasan und bombardierten dessen hölzerne Festung. Gegenüber dem Hauptportal, auch Zarentor genannt, wurde ein dreistöckiger Belagerungsturm errichtet, der eine Höhe von 15 Metern erreichte. Die dort aufgestellten Geschütze nahmen die Stadt unter ständigen Beschuß. Sappeure gruben tiefe Minen unter die Stadtmauern. Die Explosion einer Sprengladung zerstörte die Wasserbrunnen der Stadt. Am 2. Oktober wurde die Festung gestürmt, wobei es in den schmalen, stark gewundenen Straßen zu blutigen Gefechten kam. Die tatarische Hauptstadt fiel.

Bei der Belagerung von Kasan tat sich insbesondere der Wojewode Fürst Alexander Gorbaty hervor. Andrej Kurbski, der ebenfalls an der Einnahme Kasans teilnahm, nannte ihn einen großen Hetman der Zarenarmee. In den ersten Tagen der Belagerung wurden die Russen von zahlreichen tatarischen Truppen, die sich außerhalb der Festung befanden, ständig überfallen. Gorbaty lockte die Tataren in eine Falle und vernichtete sie. Einige Monate nach dem Kasaner Feldzug sandte Silvester mit Einverständnis des Zaren dem Wojewoden eine Botschaft. Er schrieb, Kasan sei auf Befehl des Zaren, durch die Tapferkeit und den Mut des Fürsten Gorbaty eingenommen worden, vor allem aber durch dessen und seiner Gehilfen feste Führung.

Iwan IV., der zwar ein eifriger Fürsprecher des Kasaner Krieges war, stellte im Verlauf der Kampfhandlungen keine große kriegerische Begabung unter Beweis und mußte sich so mit einer ehrenvollen, jedoch zweitrangigen Rolle bei der militärischen Führung des Feldzuges begnügen. In den ersten Tagen der Belagerung nahm er an der Aufstellung der Truppen teil und ritt „Tag und Nacht" um die tatarische Festung. Später stand Iwan mit seinem Heer eine Werst (etwa einen Kilometer) von der Festung entfernt. Auf Beschluß des Bojarenrats sollte diese Kriegsmacht am Tag des letzten Sturms, das heißt am 2. Oktober, eingesetzt werden. Als der Sturm begann, betete Iwan gerade in seiner Feldkirche. Obwohl er zweimal von Boten der Wojewoden zum Aufbruch ermahnt wurde, war der Zar nicht dazu bereit, sein Gebet abzubrechen. Als er endlich mit seinen Kriegern vor der Festung erschien, wehten bereits russische Fahnen auf ihren Türmen. Das wiederum gab Anlaß für Gerede in den Truppen. Kurbski berichtete, in einem kritischen Augenblick der Straßenkämpfe hätten die Wojewoden befohlen, das Banner des Zaren vor dem Haupttor der Stadt zu entrollen. Danach habe man ihn selbst auf dem Pferd sitzend wider seinen Willen neben das Banner gestellt.

Der Bojarenrat empfahl Iwan nachdrücklich, das eroberte Land den Winter über nicht zu verlassen, um den Sieg zu vervollständigen und dort endgültig Frieden zu schaffen. Dennoch eilte der Zar nach Moskau zurück.

Nach dem Fall Kasans sollten noch weitere vier Jahre vergehen, bis es den Russen gelang, endgültig mit dem „Kasaner Aufruhr" fertig zu werden. Nach der Eroberung Kasans nahmen die Truppen des Zaren 1556 Astrachan ein. Durch die Zerschlagung der Chanate Kasan und Astrachan, die der dreihundertjährigen Herrschaft der Horde an der Wolga ein Ende bereitete, gelangte ein ausgedehntes Territorium zwischen dem Nordkaukasus und Sibirien unter russischen Einfluß. Die Baschkiren schlossen sich Rußland freiwillig an, und die Herrscher der Großen Nogaischen Horde sowie des Chanats Sibir, die Fürsten von Pjatigorsk im Nordkaukasus und das dort gelegene Kabarda erklärten sich zu Vasallen des russischen Zaren.

Die militärischen Erfolge im Osten hatten große Bedeutung für die historischen Geschicke des Landes. So ging mit der Wolga ein sehr wichtiger Handelsweg an Rußland über, der ihm die reichen orientalischen Märkte erschloß und zur Belebung des Außenhandels beitrug. In der Folgezeit wurden die fruchtbaren Ländereien im Mittellauf der Wolga von russischen Bauern besiedelt. Diese Wolgavölker, die zunächst von der Unterdrückung der tatarischen Herren befreit worden waren, gerieten nun unter die knechtende Herrschaft des russischen Zaren.

3. Verschwörungen

Der Kasaner Krieg, der den Adaschew-Kreis für lange Zeit von den inneren Umgestaltungen ablenkte, und die von einer schweren Krankheit Iwans hervorgerufene dynastische Krise wirkten sich sehr stark auf die späteren Ereignisse aus.

Der Grund für die Eile, mit der der Zar das im Sturm genommene Kasan verlassen hatte, um nach Moskau zurückzukehren, war die bevorstehende Niederkunft seiner Ehefrau. Als die Sieger in Moskau einzogen, der Zar hoch zu Roß in einer Kampfrüstung und von einem prachtvollen Gefolge umgeben, wurde dies zu einem regelrechten Triumph. Große Volksmengen erwarteten Iwan auf den Feldern außerhalb der Stadtmauern und begleiteten ihn bis zum Kreml. „Alt und jung", schrieb ein Chronist, „rief mit lauten Stimmen, so daß man außer Grußrufen weiter nichts vernehmen konnte."

Sobald der Winter begann, eilte Iwan nach Troiza, wo sein Sohn, Zarewitsch Dmitri, von den Mönchen getauft worden war. Kurz vor Frühlingsbeginn erkrankte Iwan plötzlch an einem „schweren feurigen Leiden". Er redete im Fieber und erkannte Menschen seiner engsten Umgebung nicht wieder. Täglich rechnete man mit seinem Tode. Am Abend des 11. März 1553 schworen die ranghöchsten Bojaren dem Thronfolger Dmitri, der sich noch im Säuglingsalter befand, ihre Treue. Die Vereidigung der Mitglieder der Bojarenduma und der hauptstädtischen Beamten war für den 12. März anberaumt.

Darüber, was sich am 12. März ereignete, berichtet nur eine einzige Quelle, deren Glaubwürdigkeit sehr zweifelhaft ist. Es handelt sich dabei um den berühmten Zusatz zu dem Text der offiziellen Chronik, dem „Zarenbuch". Fast alle Geschichtswissenschaftler sind sich darin einig, daß diese Ergänzung unter Zar Iwans unmittelbarer Mitwirkung entstanden ist.

Diesem Nachtrag zufolge sollen sich die Bojaren am 12. März geweigert haben, dem Säugling ihre Treue zu schwören, wonach es zu einem Aufruhr in der Duma gekommen sei. Während alle lärmten und schimpften, habe der schwerkranke Zar die Bojaren zweimal mit „strengen Worten" zurechtgewiesen. Die Worte des Herrschers sollen eine magische Wirkung auf die Aufrührer gehabt haben: „Die Bojaren waren durch die harten Worte des Herrschers gar sehr erschrocken und begaben sich in das Vorzimmer, um (das Kreuz) zu küssen“ (d. h. den Eid zu leisten).

Bei aufmerksamer Analyse können in diesem Chronikbericht eine Vielzahl von Widersprüchen und Auslassungen entdeckt werden. Erstens war der Zar in einem dermaßen schlechten Zustand, daß er nicht genug Kraft hatte, um Reden zu halten. So waren die Bojaren gezwungen, die Vereidigungszeremonie im Vorzimmer zu absolvieren. Zweitens war der Chronist nicht in der Lage, auch nur einen „Aufrührer“ namentlich zu nennen, der sich geweigert hätte, dem Thronfolger seine Treue zu schwören. Vor Beginn der Zeremonie erklärte Bojar Fürst Iwan Schuiski, das Kreuz müsse im Beisein des Zaren geküßt werden, wobei diese Feststellung aber keinesfalls bedeutete, daß er sich weigerte, den Treueid überhaupt abzuleisten. Der Grund für die Unzufriedenheit des vornehmsten Bojaren lag darin, daß nicht er, sondern der junge Bojar Worotynski mit der Leitung der Zeremonie beauftragt worden war. Einige wenig schmeichelhafte Bemerkungen Worotynski gegenüber äußerte der Bojar Pronski, der aber gleich darauf den Eid leistete. Der dem Zaren nahestehende Fjodor Adaschew erklärte ebenfalls, er schwöre dem Thronfolger Dmitri und nicht Danila Sacharjin und seinen Brüdern die Treue. „Die Bojaren haben uns schon genug Unglück gebracht, bevor du (der Zar) in das Mannesalter kamst“, sagte er dabei. So drückte Adaschew die von vielen geteilte Besorgnis aus, es könne erneut zu einer Bojarenregierung kommen.

Die kritische Analyse des Chronikberichtes über den „Aufruhr“ in der Duma macht deutlich, daß die Äußerungen der Bojaren im großen und ganzen ihre Loyalität unter Beweis stellten: Keiner zeigte offenen Ungehorsam, weshalb der Zar auch überhaupt keinen Grund zu „strengen Worten“ hatte. So liegt die Vermutung nahe, daß diese „strengen Worte“ erst viele Jahre später verfaßt und dann in die Chronik aufgenommen wurden.

Weitaus glaubwürdiger hingegen in dem Bericht scheint die Aussage, die mit dem Zaren verwandten Starizkis hätten sich insgeheim darauf vorbereitet, im Fall des Todes Iwans die Macht zu ergreifen. Während der Krankheit des Zaren ließen Fürst Wladimir Starizki und seine Mutter Truppen aus ihrem Teilfürstentum nach Moskau kommen, um ihnen dort demonstrativ ihren Lohn auszuteilen. Als daraufhin treue Bojaren des Zaren eine Erklärung verlangten, seien die Starizkis „überaus ungehalten und verärgert“ gewesen. Die Folge war, daß dem Teilfürsten der Zutritt in das Gemach des Kranken verwehrt wurde.

Auch an dem Tage, an dem der Treueid geleistet wurde, benahm sich die Teilfürstenfamilie ausgesprochen provozierend. Der in den Zarenpalast vorgeladene Fürst Wladimir Starizki weigerte sich kategorisch, seinem minderjährigen Neffen die Treue zu schwören, und drohte sogar dem Bojaren Worotynski mit seiner Ungnade. Der Protest des Teilfürsten blieb jedoch ergebnislos. Es war schon zu spät: Alle Dumamitglieder hatten dem Thronfolger bereits ihre Untergebenheit versichert. Die vertrautesten Bojaren des Zaren drohten dem Fürsten Wladimir, sie würden ihn nicht aus den Palastgemächern hinauslassen, und zwangen ihn dazu, „das Kreuz zu küssen". Seine Mutter, die sich als weitaus hartnäkkiger erwies, war erst, nachdem sie dreimal von den Bojaren aufgesucht worden war, dazu bereit, die Eidesformel mit dem fürstlichen Petschaft zu besiegeln. Fürst Wladimir, ein nicht sehr gescheiter, eher träger Jüngling, der seine frühe Kindheit im Gefängnis zugebracht hatte und somit keinerlei Eigenschaften besaß, die seine Ansprüche auf den Thron rechtfertigen könnten, spielte bei diesen Ereignissen zu keiner Zeit eine selbständige Rolle. Die Drahtzieherin der Intrige war seine Mutter Jewfrossinija, die ein ungestümes Wesen hatte und Zar Iwan aus tiefster Seele haßte. Sie konnte ihrem Neffen und dessen Mutter den Tod ihres Ehemanns und die späteren Demütigungen nicht verzeihen.

Viele angesehene Bojaren fühlten mit den Starizkis. Und das hatte seine Gründe. Sollte der Thron an den Säugling Dmitri übergehen, so würde ein Regentenrat mit den Brüdern der Zarin, den Bojaren Sacharjin an der Spitze, das Land regieren. In den Augen des fürstlichen Hochadels stellten die Sacharjins jedoch ein zu „junges" Geschlecht von zu geringer Abstammung dar. Ihr Bestreben, die Macht zu „usurpieren", stieß in der Bojarenduma auf heftige Empörung, wobei auch die ganze Zarenfamilie in Mißkredit geriet. Bojar Fürst S. Rostowski, ein Anhänger der Starizkis, äußerte bei einem Geheimtreffen mit einem litauischen Gesandten kurz nach der Erkrankung des Zaren, wie die Bojaren zu einer möglichen Regentschaft der Sacharjins stünden. Er sagte, der Zar würde sie alle nicht achten, die großen Geschlechter entehren, sich mit jungen Leuten umgeben und die Bojaren dadurch zurückdrängen. Auch habe er sie dadurch erniedrigt, daß er sich die Tochter seines Bojaren (Sacharjin), eine Sklavin, zur Frau genommen habe... „Und wie sollen wir ihr jetzt dienen, als sei sie unsere Schwester?" Der Hochadel, der die Regentschaft Jelena Glinskajas überlebt hatte, gab eindeutig zu verstehen, daß er nicht gewillt war, einer Machtübernahme der Zarin Anastassija Romanowna und ihrer Verwandtschaft tatenlos zuzusehen.

Als Fürst Rostowski verhaftet wurde, gestand er während eines Verhörs, die Fürstin Jewfrossinija habe ihm im März 1553 den Dienst bei Fürst Wladimir angeboten. Außer ihm selbst hätten noch viele andere Bojaren an den Geheimberatungen der Starizki-Anhänger teilgenommen. Am Vorabend des Tages, an dem der Treueid geleistet werden sollte, versuchte Fürst D. I. Nemoi, ein Bojar, die Mitglieder der Duma davon zu überzeugen, daß es besser sei, dem Oheim „anstelle des Neffen" zu dienen. Daraufhin begannen die Bojaren – darunter auch Fürst P. Stschenjatew – untereinander zu tuscheln. Sie wollten lieber dem alten, dem Fürsten Wladimir Andrejewitsch, anstatt dem jungen Herrscher dienen, da sie ansonsten fürchten mußten, von den Sacharjins beherrscht zu werden. Glaubt man den in der Chronik enthaltenen Ergänzungen, sympathisierten selbst dem Zaren nahestehende Personen mit den Starizkis. So schob der Fürst Kurljatew eine Krankheit vor, um sich vor der Ablegung des Treueschwurs zu drücken. Ein anderer ranghoher Bojar, Fürst Palezki, küßte zwar das Kreuz (schwor also dem Thronfolger Treue), ließ aber gleichzeitig den Starizkis mitteilen, daß er bereit sei, ihnen zu dienen. Der Lehrmeister des Zaren, Silvester, sprach sich offen gegen die Entscheidung der Sacharjins aus, den Starizkis den Zutritt zu den Zarengemächern zu verwehren. „Warum laßt ihr den Fürsten Wladimir nicht zum Herrscher? Der Vetter (Fürst Starizki) ist dem Herrscher mehr zugetan als ihr", soll er gesagt haben. „Und von da an", schloß der Verfasser des Nachtrages ab, „brach eine Feindschaft zwischen den Bojaren (Sacharjins) und Silvester mit seinen Beratern aus."

Der Ausgang der dynastischen Krise war in vieler Hinsicht von der Haltung der Kirche abhängig, deren offizielle Obrigkeit jedoch in keiner Weise Stellung zu den Forderungen der Starizkis nahm. So ist zum Beispiel bezeichnend, daß in der Chronik Makari beziehungsweise seine Teilnahme bei der Ablegung des Treueschwurs, die ohne ihn undenkbar war, mit keinem Wort erwähnt wurde. Das wiederum legt die Vermutung nahe, daß der schlaue Erzbischof es vorzog, in der schweren Stunde, als die Fehde ihren Höhepunkt erreichte, seine Hände in Unschuld zu waschen, um so im Konflikt zwischen den Sacharjins und den Starizkis Neutralität zu wahren.

Fast kam es zu einer Verschwörung gegen den Thronfolger und die Regenten. Die Verschwörer konnten jedoch ihr Vorhaben nicht verwirklichen. Die Pläne dieser "Palastrevolution" scheiterten daran, daß der Zar gesund wurde und so die Frage der Thronfolge nicht mehr akut war.

Sobald Zar Iwan sich von seiner Krankheit erholt hatte, begab er sich mit seiner Familie auf eine Pilgerfahrt zum Kyrill-Kloster, wo er eine lange Unterredung mit dem Starez Wassian Toporkow, einem schon betagten ehemaligen Berater Wassilis III., führte. Wassian, der als Befürworter einer starken Autokratie bekannt war, unterhielt sich mit dem Zaren, dem die jüngste Verschwörung nicht verborgen geblieben war, über diesen Aufruhr. Iwan stellte dem alten Mann unter anderem folgende Frage: „Wie könnte ich ein guter Herrscher sein, die Großen und Mächtigen meiner Untertanen jedoch zum Gehorsam zwingen?" Toporkow empfahl dem Zaren, unbedingt den Einfluß der Bojaren zu beschränken, wobei der Alte nicht nur vor dem Hochadel warnte, sondern auch vor Kirchenlehren, die von der offiziellen Linie abwichen. Ein Beweis dafür ist die brutale Verfolgung der „Uneigennützigen" und der „Ketzer", die sofort nach der Rückkehr Iwans IV. aus dem Kyrill-Kloster einsetzte.

Der von Natur aus wißbegierige Zar scheute keinesfalls die Auseinandersetzung mit Andersdenkenden. So lud er zum Beispiel gern den Deutschen Hans Schlitte ein, um ihn über die wissenschaftliche und künstlerische Entwicklung in Deutschland auszufragen. Der Zar war von den Berichten des kompetenten Ausländers dermaßen begeistert, daß er ihn schließlich mit dem Auftrag nach Deutschland zurückschickte, dort fachkundige Ärzte, Handwerker und sogar Theologen zu finden und diese nach Moskau einzuladen.

Einer der sehnlichsten Wünsche Iwans war, in Rußland den Buchdruck einzuführen. Deshalb wandte sich der Zar an den dänischen König (wobei unbekannt ist, auf wessen Anraten) mit der Bitte, einen Buchdrucker nach Rußland zu schicken. Daraufhin entsandte König Christian III. im Jahre 1552 den Drucker Hans Missenheim mit Druckerutensilien und einer von Luther übersetzten Bibel nach Moskau.

Die orthodoxe Geistlichkeit begegnete der Mission des dänischen Druckers mit äußerstem Mißtrauen. Bereits eine flüchtige Bekanntschaft mit den von ihm mitgebrachten Büchern hatte sie von deren „häretischem" Charakter überzeugt. So widersetzte sich die Kirche mit aller Kraft der Einführung des Druckwesens in Rußland, weil sie dahinter vor allem Intrigen dänischer Häretiker vermutete.

Bei einer in diesem Zusammenhang stehenden Untersuchung wurden bald darauf für die kirchliche Obrigkeit unangenehme Fakten ermittelt. Es stellte sich heraus, daß die Irrlehre im heiligen Rußland bereits Wurzeln geschlagen hatte. Als erster schlug Silvester Alarm, der dem Zaren mitteilte, daß in Moskau die Häresie gedeihe und dadurch die Menschen ins Schwanken geraten seien und unangemessene Äußerungen über Gott machten. Iwan ließ einen angeblichen Häretiker, den Dienstadligen Matwej Baschkin, zu sich kommen und befahl ihm, den „Apostel" (die

Apostelgeschichte und die Apostelbriefe) zu lesen und zu deuten. Nachdem er sich Matwejs „lasterhafte" Ansichten angehört hatte, ließ er den Ketzer in einen am Zarenhofe befindlichen Keller werfen und ordnete eine gerichtliche Untersuchung an. Es wurde herausgefunden, daß sich die Häresie im Hause des Teilfürsten von Stariza eingenistet hatte. Die Hauptkomplizen des Ketzers waren die Dienstadligen Borissow, Vettern dritten Grades und bedeutende Hofleute der Fürstin Jewfrossinija. Baschkin und die Borissows verbreiteten unerhörte Ideen: Sie nannten die Ikonen „verdammte Götzen", waren gegen die offizielle Kirche, schmähten Jesus Christus und bezeichneten die Heilige Schrift als eine Fabel. Baschkin verurteilte darüber hinaus die Sklaverei und forderte die Abschaffung der Knechtschaft[16].

Auf Beschluß der Heiligen Synode wurden die Ketzer mit dem Kirchenbann belegt. Matwej Baschkin wurde gefoltert und anschließend ins Jossif-Kloster zu Wolokolamsk verbannt, sein Bruder Fjodor zum Tode verurteilt und öffentlich verbrannt und Iwan Borissow auf die entfernte Insel Valaam verbannt.

Im Zusammenhang mit dem Gerichtsverfahren gegen Baschkin beschuldigte der Sekretär Iwan Wiskowaty Silvester und den Wortführer der „Uneigennützigen", Artemi, den Ketzern Beihilfe geleistet zu haben. Die Josephiten griffen diese Beschuldigungen auf, um Artemi zu exkommunizieren und zu lebenslanger Kerkerstrafe im Solowezki-Kloster zu verurteilen.

Der rechtgläubige Wiskowaty nannte auch die nach dem Brand von 1547 auf Anweisungen von Silvester erneuerten Wandmalereien der Mariä-Verkündigungs-Kathedrale im Kreml „ketzerisch". Silvester seinerseits blieb ihm jedoch nichts schuldig und wandte sich mit einem Schreiben, in dem er gegen die „Schamlosigkeit" der Amtsleute protestierte, an den Zaren. Wiskowaty erhielt von der kirchlichen Obrigkeit keine Unterstützung, denn Zweifel bezüglich der Wandmalereien und Ikonen betrafen sowohl den Metropoliten als auch den Zaren persönlich, welche ja beide die Ausbesserungsarbeiten in der Hofkathedrale gebilligt hatten. Noch schwerer fiel ins Gewicht, daß Silvester seine einstigen Verbündeten, die „Uneigennützigen", jetzt den Josephiten preisgab.

Kaum daß die Ketzerprozesse zu Ende waren, wurden neue Einzelheiten über die Verschwörung von Anhängern der Starizkis bekannt. Aus Angst, entdeckt zu werden, bereiteten einige von ihnen eine Flucht ins Ausland vor. So bat zum Beispiel Bojar S. Rostowski einen litauischen Gesandten um Asyl und gewährte ihm dafür Einblick in Geheimpapiere. Weiterhin versuchte er ihn zu überreden, auf einen Frieden mit

Moskau zu verzichten, da das Zartum verkümmert sei und der Zar Kasan nicht halten könne, es vielmehr schon bald aufgeben werde. Kurze Zeit später schickte S. Rostowski seinen Sohn Nikita zu König Sigismund II. August, um von ihm einen Geleitbrief für die Reise ins Ausland zu erhalten. Nikita wurde aber von den Wächtern an der litauischen Grenze ergriffen, so daß der Verrat aufgedeckt wurde. Bojar Rostowski, der daraufhin dem Gericht ausgeliefert wurde, machte sehr wichtige Angaben über die Verschwörung der Starizkis. Die Lage der Starizkis war nunmehr äußerst kritisch. Nicht genug damit, daß sich an ihrem Hofe Ketzer eingenistet hatten. Fürst Wladimir und seine Mutter hatten auch noch gegen die Regierung intrigiert. Deshalb erwartete man in Moskau ein Gerichtsverfahren mit anschließenden Hinrichtungen. Die Untersuchung wurde jedoch dank einer Einmischung der Geistlichkeit und der Bojarenduma eingestellt. Das Bojarengericht verurteilte Rostowski zwar wegen schwerster Staatsverbrechen zum Tode. Im letzten Augenblick aber wurde der in Ungnade gefallene Bojar begnadigt und nach einer Prügelstrafe nach Beloosero verbannt.

Fürst Rostowski hatte sein Leben Silvester zu verdanken. Der Lehrmeister des Zaren machte von seinem Recht Gebrauch, sich für in Ungnade Gefallene zu verwenden, um endgültig die mit der Bojarenverschwörung zusammenhängenden Ereignisse zugunsten Wladimir Starizkis zu vertuschen. Die Starizkis wußten die Dienste des bescheidenen Hofpredigers durchaus zu schätzen. Silvester wurde zum Berater der Fürstin Jewfrossinija und gewann ihre „große" Liebe.

Der „Pope von der Verkündigungs-Kathedrale" fand auch noch andere einflußreiche Beschützer. Unter ihnen waren der berühmte Wojewode Fürst W. A. Gorbaty und Fürst D. Kurljatew-Obolenski. Später warf Iwan IV. seinem Lehrmeister vor, dieser habe sein Vertrauen mißbraucht und Kurljatew Zutritt zur Nahen Duma gewährt. Diese sogenannte engere Zarenduma, ein aus dem Zaren und einigen Favoriten bestehendes Gremium, stellte die höchste Staatsgewalt dar und war letzte Instanz bei der Entscheidung aller wichtigen Fragen. Silvester war durch Kurljatew in der Lage, Einfluß auf die Tätigkeit dieses höchsten Machtorgans zu nehmen, dem er formal nicht angehörte.

Für die Zeit, in der die Macht Silvesters und Kurljatews ihren Höhepunkt erreichte, war die Verleihung von Dumaämtern an Vertreter des titulierten Hochadels charakteristisch. Zusammen mit Dumatiteln erhielten die Neuadligen Zehntausende Viertel Land und Tausende von Bauernhöfen aus dem Staatssäckel.

Derjenige, der die offizielle Chronik nach Silvesters Rücktritt redigierte, porträtierte den Günstling in den hellsten Farben. Dieser habe stets die verschiedensten Angelegenheiten, ohne lange nachzudenken, entschieden. Niemand habe etwas ohne seinen Befehl tun dürfen; er habe „alle durch zweierlei Macht beherrscht, die geistliche und die zarische, als Zar und als Geistlicher". Der Chronist gab eine etwas vereinfachte Begründung für die Macht Silvesters und dafür an, daß alle auf ihn gehört und es nicht gewagt hätten, ihm zu widersprechen: die Gunst des Zaren. Der bescheidene Hofpriester besaß in der Tat einen außerordentlich großen Einfluß auf den jungen Zaren Iwan IV. Seine hohe Stellung war jedoch nicht nur auf diesen einzigen Umstand zurückzuführen.

Den Höhepunkt seiner Karriere erreichte Silvester in der Zeit nach der dynastischen Krise, als die Spaltung innerhalb der Nahen Duma und die Auseinandersetzung zwischen den Starizkis und den Sacharjins es ihm ermöglichten, die Rolle eines Friedensstifters zu spielen. Wir wissen nichts über die politische Gesinnung Silvesters. Es ist jedoch anzunehmen, daß die Politik als solche ihn nicht sonderlich interessierte. Der „Pope von der Verkündigungs-Kathedrale" verstand es aber, sowohl mit dem Adel, der ihn begünstigte und Neuerungen gegenüber stets Vorbehalte hatte, als auch mit jungen Freunden des Zaren, die von großangelegten Reformen träumten, gute Beziehungen zu unterhalten. Sobald der Hofpriester die Rolle, die Adaschew in der Regierung spielte, erkannt hatte, nahm er ihn unverzüglich in den Kreis seiner Freunde auf. Iwan IV. klagte später: „In böser Absicht freundete sich der Pope Silvester mit Alexej (Adaschew) an und begann ihn so zu beraten, als wären wir ohne Verstand." Es ist schwer zu sagen, welche der beiden Seiten von diesem Bündnis mehr profitierte. Silvester kümmerte sich kaum um hohe Ämter und einträgliche Stellen. Das Verhältnis der Adaschews zu den irdischen Gütern war hingegen ein ganz anderes. Trotz seiner bescheidenen Abstammung gelang es Alexej Adaschew, für seinen Vater einen Bojarentitel zu erwirken, wobei er sich selbst mit dem eines Okolnitschi, der gleich nach dem eines Bojaren rangierte, begnügte. Außer den Titeln erhielten die Reformer mehrere Tausend Viertel Land. Der „Bürokrat", der sich durch seinen Dienst in den verschiedenen Zentralämtern emporgearbeitet hatte, wurde zum Großgrundbesitzer und einflußreichen Mitglied der Bojarenduma.

Nachdem Adaschew es zu einem vollständigen Erfolg bei Kasan gebracht und sein Ansehen bei Hofe gefestigt hatte, konnte er sich wieder den Umgestaltungen im Staate zuwenden. In der zweiten Etappe der Reformen wurde die Umstrukturierung der zentralen Machtorgane beendet und ein geschlossenes System von Zentralämtern errichtet. Die wichtigsten Verwaltungsbereiche gingen alsdann in die Kompetenz der entsprechenden Ämter über: Für auswärtige Angelegenheiten war das Außenamt (Possolskij Prikas), für militärische das Dienstlistenamt (Rasrjadnyj Prikas) und für Bodenangelegenheiten das Dienstgüteramt (Pomestnyj Prikas) verantwortlich. Die alten örtlichen Verwaltungseinrichtungen wurden zwar nicht abgeschafft, büßten aber ihre einstige Bedeutung ein. Das Ämtersystem war zwar nicht völlig einheitlich, entsprach aber den Bedürfnissen der politischen Organisation des damaligen russischen Staates. Die Bojarenduma ließ die Tätigkeit der Zentralämter regelmäßig durch Okolnitschije und Bojaren kontrollieren. Die gesamte Geschäftsführung der Zentralämter, die zu Exekutivorganen geworden waren, lag in der Hand der Dienstleute.

Das Aufkommen des Ämtersystems stellte die Regierung vor die Notwendigkeit, das aus überholten Organen örtlicher Verwaltung bestehende Kormlenije-System abzuschaffen. Die Auflösung des Kormlenije-Systems und die Neugliederung des Militärwesens in der zweiten Etappe der Reformen werden in der Regel als die bedeutendsten Maßnahmen des Auserwählten Rates bezeichnet. Von ihrer Einschätzung hängt in vieler Hinsicht die allgemeine Bewertung der Tätigkeit dieser Regierung ab.

Die Reformen, die in den 50er Jahren des 16. Jahrhunderts durchgeführt wurden, haben eine heftige Diskussion zwischen sowjetischen Geschichtswissenschaftlern ausgelöst. Viele Forscher kamen dabei überein, daß die Reformen vor allem zugunsten der Dienstadligen durchgeführt wurden. Lediglich in der Frage, wie hoch das Maß der Zugeständnisse an den Dienstadel war, sind die Meinungen geteilt.

Stellt man Vergleiche zwischen den beiden Reformperioden der 50er Jahre an, so darf man nicht den besonderen Charakter der Quellen vergessen, die über die letzten Umgestaltungen Adaschews berichten. Die Texte der allerwichtigsten „Beschlüsse" aus dieser Zeit sind nicht im Original, sondern nur als literarische Überlieferung erhalten geblieben. Außerdem nahm Adaschew kurz vor seinem Sturz noch eine apologetisch gefärbte Passage in die Moskauer Chronik auf, die seine reformerische Tätigkeit verherrlichen sollte und dementsprechend kritisch betrachtet werden muß. In einem bedeutenden „Beschluß" kritisierte Adaschew 1555/56 das veraltete örtliche Verwaltungssystem, bei dem die Provinzbehörden, d. h. Statthalter und Amtsleute, auf Kosten der Bevölkerung lebten. Als der Zar auf diese Weise von den Amtsmißbräuchen der Statthalter erfuhr, habe er, so ein Chronist, angeordnet, in Städten und Amtsbezirken an den Gerichten gewählte Älteste einzusetzen. Außerdem habe er die früheren Abgaben an die Kronbeamten durch eine Sondersteuer, die „Kormlenije-Steuer", ersetzt, die an den Fiskus ging.

In dem „Beschluß" über das Kormlenije-System wurde die Frage, auf welche Städte und Amtsbezirke sich die Reform der Lokalverwaltung beziehen sollte, mit keinem Wort erwähnt. Vielmehr wurde dort die vollständige Abschaffung dieses überholten Systems gefordert. Aus der Chronik geht weiterhin hervor, daß der Zar, nachdem er die Kormlenije-Frage geprüft hatte, dennoch fortfuhr, „Statthalterschaften an Bojaren, Würdenträger und alle Krieger in einem gerecht festgelegten Maß" zu vergeben, „so wie es jedem nach seiner Herkunft und seinen Verdiensten gebührte".

Zu Beginn der 50er Jahre, als die Regierung bereits mit der „Abschaffung" des Kormlenije-Systems begann, wurden die bedeutendsten Statthalterschaften in den inneren Landkreisen Rußlands, u. a. in Rjasan und Kostroma, aufgelöst. Nach der Einnahme Kasans (1552) verteilten „nach Reichtum gierende" Bojaren jedoch die einträglichsten Verwaltungsbezirke untereinander, und das übrige Land wurde vom Zaren an dem Hofe nahestehende Dienstadlige vergeben. Die nächste breitangelegte Vergabe von Kormlenije-Verwaltungsbezirken erfolgte 1558 im Zusammenhang mit ersten Erfolgen im Livländischen Krieg. Durch den „Beschluß" von 1555/56 wurde also das Kormlenije-System keinesfalls völlig abgeschafft. Dadurch, daß sich Bojaren und Dienstadlige, die das Vorrecht besaßen, entsprechende Ämter zu bekleiden, dem widersetzten, wurde die Auflösung des Kormlenije-Systems um viele Jahre hinausgezögert. Nur im Norden Rußlands, wo die Kronländereien lediglich von wenigen Bauern bewohnt wurden und der adlige Bodenbesitz fast gänzlich fehlte, wurde das örtliche Verwaltungssystem in einer relativ kurzen Zeit völlig umgestaltet. Das Gericht und die Erhebung von Steuern, worum sich früher die Statthalter zu kümmern hatten, gingen in den Kompetenzbereich von „Gewählten Häuptern" über, die von der Bevölkerung gewählt wurden. Die lokale Selbstverwaltung kam dort in erster Linie nicht dem Dienstadel, sondern Kaufleuten, Handwerkern und Gewerbetreibenden, aber auch reichen Bauern zugute.

In den zentralgelegenen Landkreisen hingegen wurde die bereits 1539 in Angriff genommene Reform der Lokalverwaltung von Anfang an ausschließlich im Sinne des Dienstadels durchgeführt. Die Regierung übertrug die Kontrolle der örtlichen Verwaltung an die Gerichtsbezirksältesten und Stadtverwalter, welche die Provinzadligen aus ihrer eigenen Mitte wählten. Nicht die Kormlenije-Statthalter, sondern die Gerichtsbezirksältesten sollten jetzt die Entscheidungen in wichtigen Strafsachen treffen, wobei ihre Tätigkeit unmittelbar vom Kriminalamt (Rasboinyj Prikas) in Moskau geleitet wurde.

Die Neugliederung des Militärwesens im Jahre 1556 wird in der Chronik genauso widerspruchsvoll dargestellt wie die Abschaffung des Kormlenije-Systems. Der Wehrdienst und die Bodenversorgung des Dienstadels waren für Adaschew von Anfang an die wichtigsten Aspekte der Reform. In den berühmten „zarischen Fragen" wurde die Hundertkapitelsynode erstmals von höchster Stelle aus auf die Notwendigkeit hingewiesen, alle Dienstadligen mit gleichem Bodenbesitz zu versehen und die ruinierten, armen Adligen mit Land zu versorgen. Keine andere Frage beschäftigte den Dienstadel so stark wie die Ausstattung mit Grund und Boden. In den Werken Jermolai-Jerasms, eines bekannten Publizisten der 50er Jahre des 16. Jahrhunderts, wurde die Verarmung des Dienstadels ausführlich behandelt. Seine Abhandlung über die „Landvermessung" enthielt ein Projekt zur grundlegenden Neuregelung des Systems, nach dem der Dienstadel mit Grund und Boden ausgestattet wurde. Jermolai-Jerasm machte es sich zur Aufgabe, den verarmenden Kleinadel zu retten und außerdem den Bauern ihr Leben zu erleichtern. Deshalb versuchte er durchzusetzen, daß die Dienstadligen den Wehrdienst entsprechend der Größe ihres Bodenbesitzes ableisteten und die Regierung zu diesem Zweck eine allgemeine Landvermessung vornahm.

Die sozialen Bestrebungen Jermolai-Jerasms und sein tiefes Verständnis für die Bedürfnisse der unterdrückten Bauernschaft waren den Mitgliedern des Adaschew-Kreises, deren Interessen sich darauf beschränkten, militärische und administrative Reformen im Sinne des Dienstadels durchzuführen, völlig fremd. Dennoch kann man davon ausgehen, daß seine kühnen Ideen sich in einem gewissen Maße auf Adaschews Ansichten auswirkten. Spuren davon finden wir in dem Chronikbericht über die Reform des Wehrdienstsystems im Jahre 1556. Diesem Bericht zufolge sollte ein dementsprechender „Beschluß" allen Dienstadligen gleiche Bodenanteile sichern: „Also hat der Herrscher auch dies zu betrachten geruht. Auf den Landgütern ließ er eine Landvermessung vornehmen und richtete es so ein, daß jeder erhielt, was ihm gebührte; die Überschüsse aber verteilte er unter die Armen." In dem uns vorliegenden Text, bei dem es sich nicht um das Original, sondern lediglich um eine literarische Version des Gesetzes handelt, werden wir vergeblich nach einer Antwort suchen auf die Frage, welches Stück Land die Grundlage für diese „gleichmachende Landvermessung" bildete und wie überschüssiger Boden bei weniger diensteifrigen Würdenträgern bestimmt wurde.

Aus dem nachfolgenden Chroniktext läßt sich schließen, daß die Reform lediglich eine der nächsten Generalinspektionen des Adelsaufgebots darstellte, bei der die Dienstleute und „Novizen" entsprechenden Gutsbesitz bekamen, die Dienstflüchtigen aber ihren Bodenbesitz verloren. Unter den Grundbesitzern, denen „Überschüsse" entzogen wurden, befanden sich natürlich nicht nur „Würdenträger", sondern auch Witwen und minderjährige Kinder von Dienstadligen und der ruinierte Kleinadel.

Der Vorschlag, eine gleichmachende Landvermessung durchzuführen, war eines der radikalsten Projekte Adaschews. In der Praxis führte seine Umsetzung jedoch zu keiner rigorosen Neuaufteilung des Bodenbesitzes. Die tatsächliche Bedeutung der Reform bestand darin, daß Erbgüter und Dienstgüter, was den Wehrdienst betraf, von den Behörden gleichgestellt wurden. Das bedeutete, daß nicht nur die Dienstgutsbesitzer, sondern auch die Erbgutsbesitzer von nun an einen Pflichtdienst zu leisten hatten und „zu Pferde, mit Menschen und Waffen" ins Feld zogen. Ein Grundbesitzer hatte je einen bewaffneten Reiter pro 150 Deßjatinen[17] Ackerland zu stellen.

Durch Adaschews Militärreform wurde der Wehrdienst der Dienstadligen geregelt und die Kampffähigkeit des russischen Heeres kurz vor den entscheidenden Schlachten des Livländischen Krieges erhöht.

Im großen und ganzen trugen die Umgestaltungen der 50er Jahre sowohl den Interessen des Dienstadels als auch den Bedürfnissen des sich entwickelnden Staates Rechnung. Sie dienten der Zentralisierung des Verwaltungssystems, das dadurch den neuen historischen Bedingungen, die nach der Überwindung der Teilfürstenzeit entstanden waren, besser entsprach. Zugleich aber waren die Reformen in all ihren Etappen halbherzig und trugen den Charakter eines Kompromisses. Die von den Dienstadligen geforderte vollständige Abschaffung der Rangplatzordnung sollte erst 100 Jahre später erfolgen. Aber auch die Pläne zu einer radikalen Neuaufteilung von Land und Boden zugunsten des Dienstadels blieben zu einem beträchtlichen Teil auf dem Papier.

Ausschlaggebend für die Geschicke der Umgestaltungen war allem Anschein nach der Umstand, daß der Adaschew-Kreis die dienstadligen Radikalen nicht energisch unterstützte und deshalb während der Reformen auch mit deren Hilfe nicht rechnen konnte.

In den 50er Jahren konnten die adligen Dienstleute ihre Stellung im Ämterapparat weiter festigen; einzelne Repräsentanten schafften es sogar, in die Bojarenduma vorzudringen. Dienstadlige erschienen immer häufiger auf den Versammlungen, die allmählich zu Reichsversammlungen wurden. Mit der zunehmenden politischen Rolle des Dienstadels nahm der russische Staat einige Züge einer „ständisch-repräsentativen“ Monarchie an. Trotz aller Erfolge der Dienstadligen lag die politische Leitung des Landes jedoch in den Händen des Bojarenadels. Bis zum 17. Jahrhundert blieb Rußland eine autokratische Monarchie. Das regierende Bojarentum trat seine Positionen nur ungern an die Dienstadligen ab und begegnete den selbstherrschaftlichen Ansprüchen des Monarchen mit Argwohn.

Die Geschichte der in der Mitte des 16. Jahrhunderts durchgeführten Umgestaltungen wäre ohne eine kurze Beschreibung der Persönlichkeit ihres Urhebers unvollständig. Alexej Adaschew besaß offensichtlich Eigenschaften, die seine Karriere im Ämterdienst begünstigten. Er war bekannt für seine Unbestechlichkeit. Als Richter im Bittschriftenamt und später als faktisches Regierungsoberhaupt bestrafte er ohne Rücksicht auf das Ansehen einer Person, wobei auch Bojaren nicht verschont wurden, all diejenigen, die für Verzögerungen in den Zentralämtern verantwortlich waren. Die Schuldigen mußten mit einer Strafe des Herrschers, ja mit Kerkerhaft oder Verbannung rechnen. Jüngere Zeitgenossen erinnerten sich später an die Regierungszeit Adaschews als an eine Blütezeit Rußlands, das in „Frieden und Wohlstand rechtmäßig regiert ward“. Auch imponierte ihnen die selten anzutreffende Strenggläubigkeit des berühmten Günstlings. Kurbski schrieb allen Ernstes, Adaschew sei in seinem Wesen zum Teil engelsgleich. Die „Engelsähnlichkeit“ des Zarenlieblings bestand vor allem in seiner außergewöhnlichen Frömmigkeit, die bei dem Dienstadligen aus Kostroma genauso stark ausgeprägt war wie bei dem Popen Silvester. Der erste Würdenträger des Staates schien es sich zum Ziel gesetzt zu haben, in der Kasteiung des Fleisches selbst die Mönche zu übertreffen. Er betete ohne Unterlaß und fastete lange, wobei er nur „eine Hostie am Tage aß“. Das Haus des Regenten war stets voll von umherziehenden Bettlern und „Narren in Christo“.[18] Glaubt man Kurbski, so hatte Adaschew in seinem Hause ein Asyl für Dutzende Kranke eingerichtet, die er „insgeheim ernährte, wusch und denen er häufig mit eigenen Händen ihre Eitergeschwüre abwischte“.

Die politischen Ansichten Adaschews hatten sich offensichtlich unter dem Einfluß fortschrittlicher Dienstadliger herausgebildet. In seiner praktischen Tätigkeit jedoch vermochte es der Adaschew-Kreis nur in sehr geringem Maße, Forderungen der Adligen durchzusetzen. Außerstande, den Konservatismus des herrschenden Bojarentums zu überwinden, hatte Adaschew nur die Wahl, sich entweder mit halbherzigen Reformen zu begnügen oder aber auf ihre Durchführung ganz zu verzichten. Seine Kompromißbereitschaft und nützliche Tätigkeit fanden bei Kurbski, der die Interessen der Bojaren vertrat, innige Zustimmung.

Adaschews Einfluß im Staat war nicht zuletzt auf das persönliche Vertrauen des Zaren zu ihm zurückzuführen. Welchen Anteil hatte nun aber der Zar selbst an den Reformen? Die Reformjahre waren für den Zaren Iwan vor allem Lehrjahre. Als er die Volljährigkeit erlangt hatte, war der Zar in keiner Weise darauf vorbereitet, einen so großen Staat zu regieren. So mußte er sich mehrere Jahre lang dem Willen der von ihm ausgewählten Erzieher fügen. Iwan IV., der in seinen jungen Jahren keine zusammenhängende Ausbildung erhalten hatte, verblüffte später im reifen Alter seine Mitmenschen durch umfangreiche Kenntnisse. Dazu kam, daß er mit 34 Jahren zu schreiben begann und sich zum nahezu produktivsten Schriftsteller seiner Zeit entwickelte. Zar Iwan bewies in seinen Schriften klaren Verstand und Belesenheit. Kein einziges Werk des Zaren ist aber im Original erhalten geblieben. Auch ist es bis heute noch keinem Forscher gelungen, auch nur eine einzige von Iwan eigenhändig geschriebene Zeile oder zumindest ein von ihm persönlich unterzeichnetes Schriftstück zu entdecken. Unwillkürlich drängt sich der Verdacht auf, daß Zar Iwan vielleicht gar nicht lesen und schreiben konnte. Diese Frage kann man nur beantworten, wenn man dabei die Traditionen des Moskauer Staates im Auge behält. Diese Traditionen entstanden, weil die ersten Moskauer Fürsten Analphabeten waren, und verboten dem Herrscher, wie auch immer geartete Papiere einschließlich seines eigenen Testaments zu unterzeichnen. Dies wurde auch im 16. Jahrhundert streng beachtet. Allerdings wurde dieser Brauch aufgrund von äußeren Einflüssen durchbrochen. Iwans Großmutter, Zoë-Sophia, die Nichte des letzten byzantinischen Kaisers, wurde in Italien erzogen, das wegen seines hohen kulturellen Entwicklungsstandes gerühmt wurde. Als sie nach Moskau kam, wurde sie von einer ganzen Schar italienischer Mediziner, Architekten und Handwerker begleitet. Es ist aus diesem Grunde unwahrscheinlich, daß Sophia sich nicht um die Bildung ihres Sohnes kümmerte. Auch die Lese- und Schreibkenntnisse Wassilis III., der gelegentlich eigenhändig geschriebene kurze Briefe an seine Gemahlin Jelena schickte, lassen keinerlei Zweifel aufkommen. Aber aus Respekt vor den Sitten seiner Vorfahren beschäftigte er sich ansonsten nicht viel mit Schreiben. Selbst Boris Godunow, der in seinen jüngeren Jahren Papiere durch seine Unterschrift bekräftigte, tat dies nach seiner Inthronisierung 1598 nicht mehr. Nur der erste Falsche Demetrius geizte nicht mit eigenhändigen Unterschriften, mußte aber seine Respektlosigkeit gegenüber althergebrachten Moskauer Sitten teuer bezahlen.

Das Fehlen einer Unterschrift von Iwan dem Schrecklichen ist lange noch kein Beweis dafür, daß er nicht lesen und schreiben konnte. Zeitgenossen, die keinen Moment an seinen Kenntnissen und seiner literarischen Begabung zweifelten, bescheinigten dem ersten russischen Zaren vielmehr rhetorische Weisheit und behaupteten, er sei „der Wissenschaften mächtig und gar sehr redegewandt". Fürst Kurbski, einst ein Freund des Zaren und später dann sein Erzfeind, zitierte in seinen Streitbriefen an ihn die Heilige Schrift. Dabei bezeichnete er mitunter nur die jeweils ersten Bibelverse im Vertrauen auf die entsprechenden Kenntnisse seines Kontrahenten. Er schrieb in solchen Fällen: „Über die nachfolgenden Verse werde ich schweigen, weiß ich doch, daß du die Heilige Schrift lasest." Iwan, der sich in historischen Werken recht gut auskannte, berief sich auf sie wiederholt in seinen Reden vor ausländischen Diplomaten und in der Duma. So war zum Beispiel der venezianische Gesandte durch Iwans umfassende Kenntnis der römischen Geschichte stark beeindruckt. Livländische Theologen, denen man den Zutritt zur Bibliothek des Zaren gestattete, trafen dort auf äußerst seltene Werke antiker griechischer und byzantinischer Autoren.

Ende der 40er Jahre begann sich der Zar für kühne Reformprojekte zu begeistern, die die fortschrittlichsten Gedanken dieser Zeit widerspiegelten. Er hatte jedoch seine eigene Vorstellung von deren Zielen und Bestimmung. Iwan der Schreckliche war schon in frühen Jahren von der göttlichen Abstammung der Zarenmacht überzeugt. In Predigten von Priestern und Bibeltexten suchte er stets nach majestätischen Gestalten der Antike, in denen er „wie in einem Spiegel sich selbst, seine eigene herrschaftliche Gestalt sowie den eigenen Glanz und die eigene Größe wiederzuerkennen suchte" (W. O. Kljutschewski). Die in seinem Kopf entstandene Idealvorstellung von der göttlichen Herkunft und der uneingeschränkten Macht des Zaren standen im Widerspruch zu einer Realität, in der die politische Vorherrschaft des mächtigen Bojarenadels gesichert war. Die Notwendigkeit, die Macht mit dem Hochadel zu teilen, empfand Iwan IV. als ärgerliche Ungerechtigkeit.

So war für den Zaren das Attraktivste an den Reformentwürfen, daß ihre Urheber die Absicht hatten, die Folgen der Bojarenregierung auszumerzen, und scharfe Kritik an den Übergriffen der Bojaren übten. Iwan der Schreckliche hörte sich gern die Vorschläge zur Ausmerzung der „Eigenmächtigkeit" der Bojaren an. Derartige Vorschläge wurden ihm von allen Seiten gemacht. Um die „Gerechtigkeit" im Staate einzuführen, so riet Pereswetow dem Zaren, müsse man jene Häretiker, die sich nicht durch militärische Verdienste und Weisheit, sondern durch ihre

„Standeswürde" dem Thron genähert hätten, einen „grausamen Tod" sterben lassen. Der gleichen Ansicht war auch Wassian Toporkow, dessen Ratschläge, so Kurbski, die Grundlage für die spätere Verfolgung der Bojaren bildeten. Sein Familienname (Toporkow ist eine Ableitung von Toporok, deutsch soviel wie „kleine Axt") gab Kurbski Anlaß zu einem makabren Wortspiel: „Toporok, das heißt kleine Axt, sie verwandelte sich in ein großes und breites Beil, mit dem edelmütige und ruhmreiche Männer in ganz Rußland erschlagen wurden."

Die Ratschläge, „mit Strenge" zu regieren, fielen bei dem Zaren auf fruchtbaren Boden; er konnte sie jedoch nicht befolgen, solange er sich im Rahmen der traditionellen politischen Ordnung bewegte. Dies war schließlich auch der Grund dafür, daß seine Begeisterung für die Reformpläne merklich zurückging.

Sowohl adlige Publizisten als auch durchtriebene Geschäftemacher schilderten Iwan dem Schrecklichen die verlockende Perspektive, die sich ihm durch eine Verstärkung der Alleinherrschaft und Zarenmacht sowie durch die Ausmerzung von Überresten der Bojarenregierung erschließen werde. Ihre Prognosen erschienen jedoch zu dieser Zeit noch unerfüllbar. Gegen Ende des Jahrzehnts gelangte Iwan zu dem Schluß, die Zarenmacht habe infolge von Einschränkungen seitens der Berater und Bojaren völlig ihren selbstherrschaftlichen Charakter eingebüßt. Silvester und Adaschew, so klagte Iwan IV. später, „regierten selbst, wie es ihnen gefiel, mir aber haben sie die Staatsmacht entzogen: Den Worten nach war zwar ich der Herrscher, beherrschte jedoch die Sachlage nicht."

In seinen politischen Einschätzungen befolgte Iwan unkomplizierte Regeln. Er befürwortete nicht nur solche Initiativen, die seine Selbstherrschaft stärkten, wobei die vom Auserwählten Rat betriebene Politik im Endeffekt diesen Kriterien widersprach. Der Pope Silvester und Alexej Adaschew hätten, so der Selbstherrscher, nach und nach „angefangen, alle Bojaren zur Eigenmächtigkeit zu verführen, die Herrlichkeit unserer Macht wurde von Euch (den Bojaren) genommen, und im Widerstreite, den Ihr (die Bojaren) führtet, habt Ihr versucht, Eure geringere Ehre der meinen gleichzustellen. Durch Euch gelangten sogar die jungen ‚Bojarenkinder' zu Ehre, und so geschah all das Böse." Daß Iwan seinen Beratern die Schuld für die „Eigenmächtigkeit" der Bojaren gab, war offensichtlich ungerecht und ist durch seine Gereiztheit zu erklären. Er vergaß dabei, daß nicht seine Günstlinge den Bojarenadel geschaffen hatten. Noch unverständlicher ist die Entrüstung des Zaren über den Aufstieg des „jungen" Dienstadels, der, wie er schrieb, der „Herrlichkeit" der Selbstherrschaft nicht weniger schade als die Eigenmächtigkeit der Bojaren. Kurz und bündig sagte sich der Zar von den im Interesse des Dienstadels durchgeführten Reformen los, an denen er selbst gemeinsam mit Adaschew mehrere Jahre lang gearbeitet hatte.

Bei der Bewertung von Ziel und Ausrichtung der Reformen waren die Meinungen des Zaren und seiner Berater nun ganz verschieden. Als außer diesen innenpolitischen Diskrepanzen auch noch Meinungsverschiedenheiten im außenpolitischen Bereich entstanden, kam es zum endgültigen Bruch.

II. Die Zeit des Terrors

1. Krieg und Krise

Nach der Einnahme Kasans wandte sich Moskau dem Baltikum zu. In einem kurzen Krieg gegen die Schweden 1554–1557 erprobte es seine Waffen und schmiedete danach, im Rausch der ersten Erfolge, Pläne, Livland zu erobern und sich im Baltikum zu behaupten.

Der livländische Staat, der von nationalen und sozialen Gegensätzen zerrissen wurde, zeichnete sich durch innere Instabilität aus. Kirchenfürsten und deutsche Ritter, deren Reihen ständig von deutschen Umsiedlern aufgefüllt wurden, herrschten über die einheimische Bevölkerung – Liven, Letten und Esten –, die wie Leibeigene behandelt wurden.

Außerdem mangelte es der livländischen Konföderation an politischer Zentralisierung: Ihre Mitglieder, der Orden, die Bistümer und Städte, lagen in ständigen Fehden miteinander. Die Reformation verstärkte diese Zersplitterung. Der Orden und die Bistümer blieben im Schoß der katholischen Kirche, büßten aber ihre frühere Autorität ein. Der Protestantismus wurde zur Religion des Adels und des Bürgertums.

Der Livländische Krieg verwandelte das Ostbaltikum in den Kampfschauplatz der um die Herrschaft an der Ostsee rivalisierenden Staaten Polen-Litauen, Schweden, Dänemark und Rußland, wobei das letztere in diesem Krieg seine eigenen Ziele verfolgte.

Die Erfordernisse der ökonomischen Entwicklung stellten Moskau vor die Notwendigkeit, großangelegte Wirtschaftsbeziehungen zu den entwickelten Ländern Westeuropas herzustellen, wobei die reichen livländischen Städte seit eh und je die Rolle eines Handelsvermittlers spielten, der Orden und die deutschen Kaufleute jedoch das Wachstum des russischen Handels zu behindern suchten.

Seit 1553, als die Engländer am Weißen Meer landeten, unterhielt Moskau reguläre Handelsbeziehungen zu ihnen. Kurz vor Ausbruch des Livländischen Krieges gestattete die Moskauer Regierung den Engländern, eine „Zufluchtsstätte für Schiffe“ am Weißen Meer einzurichten und ungehinderten Handel in allen Landesteilen Rußlands zu führen. Die rauhen Naturbedingungen hemmten jedoch die Entwicklung des Handels am Weißen Meer, für den die Ostsee weitaus besser geeignet war. Zu dieser Zeit gehörte dem Moskauer Reich ein beträchtlicher Küstenteil des Finnischen Meerbusens sowie die gesamte Newa, über die der alte Handelsweg „von den Warägern zu den Griechen" führte. Weiterhin besaß es das rechte Ufer der Narowa, in deren Mündung Schiffe aus vielen europäischen Ländern einliefen. Die russische Regierung beschloß, sobald der Krieg gegen die Schweden beendet war, dort einen Seehafen zu errichten. So kam es, daß im Jahre 1557 unter Leitung des hervorragenden Ingenieurs und Sekretärs Iwan Wyrodkow „eine Stadt für alle mit Schiffen ankommenden ausländischen Leute", der erste russische Seehafen an der Ostsee, gebaut wurde. Da ein Zarenerlaß den Nowgoroder und Pskower Kaufleuten von nun an verbot, in den livländischen Städten Narva und Reval zu handeln, mußten diese im eigenen Lande auf die „Deutschen"[19] warten. Der Versuch, einen Seehandel mit dem Westen über die Narowa-Mündung aufzunehmen, scheiterte jedoch. Obwohl der Anlegeplatz an der Narowa bereits fertiggebaut war, lenkten ausländische Kaufleute ihre Schiffe weiterhin in Richtung des livländischen Narva.

Inzwischen bildeten sich innerhalb der Moskauer Regierung zwei Parteien heraus. Während Adaschew auf der Fortsetzung einer aktiven Politik im Osten bestand und zu einem Marsch gegen die Krim rüstete, traten seine Gegner für einen Krieg gegen Livland ein, der auch vom Moskauer Dienstadel befürwortet wurde.

So erfolgte der erste Einfall der russischen Truppen in Livland offensichtlich gegen den Willen Adaschews. Nachdem Bojar Alexej Basmanow, der für einen entschlossenen Krieg gegen die Livländer war, in Iwangorod eingetroffen war, erhielten die Kampfhandlungen eine ernste Wende. Ohne die Ergebnisse der diplomatischen Verhandlungen in Moskau abzuwarten, nahm Basmanow Narva unter Beschuß und stürmte, sobald die Stadt in Flammen stand, mit seinen Truppen die Festung. Obwohl der russische Wojewode nur über eine sehr bescheidene Streitmacht verfügte, konnten die Livländer einem so unerwarteten und heftigen Ansturm nicht standhalten. Die uneinnehmbare Festung, die von deutschen Rittern an der alten Nowgoroder Landesgrenze gegründet worden war, fiel. Außerdem nahmen die Wojewoden des Zaren auch die Stadt Dorpat (Jurjew) ein und verwüsteten das südliche Livland.

Die russischen Kriegserfolge hätten noch weitaus bedeutender sein können, wenn es in den höchsten Regierungssphären nicht zu Zwistigkeiten gekommen wäre, die zu einem schrecklichen Durcheinander führten und die Verwirklichung eines abgestimmten außenpolitischen Programms unmöglich machten. Anstatt die in Livland erfolgreich begonnene Offensive fortzusetzen, gewährte die Moskauer Regierung auf Betreiben Adaschews dem Orden einen vom Mai bis November 1559 dauernden Waffenstillstand und stellte gleichzeitig ein Heer gegen die Tataren auf.

Während die günstige Möglichkeit eines Sieges in Livland unwiederbringlich versäumt wurde, brachte der vom Zaun gebrochene Krieg gegen die Krim, der ziemlich viele Mittel und Kräfte verschlang, nicht das von Adaschew versprochene Ergebnis. Der Vertrag, den der Ordensmeister Kettler später mit den Litauern abschloß, wonach der Orden unter die Schutzherrschaft Polen-Litauens kam, stellte eine schwere Niederlage für die Zarendiplomatie dar und änderte den Verlauf des Livländischen Kriegs von Grund auf. Der Konflikt mit Livland wuchs genau zu dem Zeitpunkt zu einem größeren bewaffneten Konflikt mit Polen-Litauen heran, als Moskau in einen Krieg gegen das Krimchanat verwickelt war.

Die livländischen Ritter nutzten den von Moskau gewährten Waffenstillstand, um zum erneuten Kampf zu rüsten. Einen Monat vor seinem Ablauf tauchten Abteilungen des Ordens in der Umgebung von Jurjew auf und bereiteten den dort zerstreuten russischen Abteilungen eine Niederlage.

Die Nachricht von den Mißerfolgen in Livland erreichte Iwan auf einer Wallfahrt in Moschaisk. Er befahl dem Hauptwojewoden, Fürst Mstislawski, sich unverzüglich mit seinen Truppen nach Livland zu begeben. Durch die sich diesmal länger als gewöhnlich hinziehende herbstliche Schlammzeit blieb das russische Heer jedoch auf der aufgeweichten Landstraße zwischen Moskau und Nowgorod stecken. Zu dem Zeitpunkt, als die russischen Truppen gen Norden zogen, wurde der Einfall von Tataren in die südlichen Landkreise Rußlands bekanntgegeben.

Die militärischen Komplikationen führten zu Panik in den Regierungskreisen. Da Adaschew und Silvester auf einer sofortigen Rückkehr des Zaren nach Moskau bestanden, machte sich Iwan gemeinsam mit seiner schwerkranken Gemahlin auf den Weg. Als die Zarenfamilie nach einer ermüdenden Fahrt in der Hauptstadt eintraf, stellte sich heraus, daß überhaupt kein Grund zur Eile vorhanden war: Zum einen hatte die Garnison von Jurjew inzwischen die Livländer abwehren können, zum anderen zogen sich die Tataren bereits in die Steppe zurück. Angesichts dieser Sachlage kam es zu einer heftigen Aussprache zwischen Zar Iwan und seinen Beratern.

In dem Maße, wie der Einfluß von Adaschew und Silvester nachließ, änderte sich auch die allgemeine Ausrichtung der Außenpolitik. Moskau nahm die Friedensvorschläge des Krimchanats an und sandte seine Hauptkräfte nach Livland. Zusammen mit seinen Truppen schickte der Zar einen seiner engsten Freunde, den Fürsten Kurbski, gegen die Livländer. Ihm folgte Alexej Adaschew an die Front.

Die Zarenwojewoden schlugen die Elitetruppen der deutschen Ritter bei Ermes und nahmen das Schloß Fellin, die Residenz des Ordensmeisters, ein. Fast die gesamte Artillerie des Ordens fiel in die Hände der Sieger. Somit waren die Streitkräfte Livlands zerschlagen. In ganz Estland erhoben sich die Bauern gegen die deutschen Barone. So entstand eine günstige Situation für den schnellen Abschluß des Krieges mit Livland. Adaschew und seine Mitstreiter nutzten jedoch diese Situation aus Angst vor einem Angriff der bei Riga befindlichen litauischen Truppen nicht. Nach einer erfolglosen Belagerung des kleinen Schlosses Paide (Weißenstein) kam der Vorstoß der russischen Truppen zum Stehen.

Während des ganzen Feldzugs 1560 war Iwan IV. äußerst ungeduldig. Einen Boten nach dem anderen schickte er zu seinen Wojewoden. Er vertrat nämlich die Auffassung, daß ganz Livland bereits im Sommer hätte eingenommen werden können, wenn nicht das Zaudern und zum Teil der Widerstand der Bojaren dem im Wege gestanden hätten. Da die russischen Truppen in Livland faktisch von Adaschew befehligt wurden, machte ihn der Zar dementsprechend für die Verzögerung voll verantwortlich. Adaschew erhielt den Befehl, das Schloß Fellin zu verwalten, und somit wurde ihm das Kommando über die Kampfhandlungen in Livland entzogen. Bald darauf ordnete Iwan an, Adaschew solle sich nach Jurjew begeben, um sich der Verfügungsgewalt des dortigen Wojewoden Chilkow zu unterstellen. Dort sollten den Regenten qualvolle Erniedrigungen erwarten. Der Titel eines Dumasekretärs und Beziehungen zur Hauptstadt erlaubten dem ehemaligen Regierungsoberhaupt zwar, gegen die Willkür des Wojewoden von Jurjew vorzugehen. Adaschew war aber durch die Ungnade des Zaren gebrochen. Er bat Chilkow demütig um Aufnahme in die Festung, wurde zurückgewiesen und bat erneut. Die Regierung gab bald darauf die Beschlagnahme aller Ländereien Adaschews in Kostroma und Pereslawl bekannt.

Silvester, der nach Adaschews Abreise nach Livland in Moskau zurückgeblieben war, unternahm verzweifelte Versuche, dessen Absetzung zu verhindern, allerdings ohne Erfolg. Daraufhin teilte er dem Zaren mit, er habe vor, ins Kloster zu gehen. Iwan versuchte nicht, seinen alten Lehrmeister zurückzuhalten, sondern entließ ihn ins Kyrill-Kloster.

Der Fall Adaschew wurde dem Gericht der Duma und des hohen Klerus vorgelegt. Der Metropolit und einige Bojaren stellten dem Zaren das

Gesuch, den in Ungnade Gefallenen vor Gericht zu laden, wohingegen die Sacharjins verlangten, das Verfahren in Abwesenheit des Angeklagten durchzuführen. Sie erschreckten Iwan damit, daß sie sagten, die ehemaligen Regenten genössen ein wesentlich höheres Ansehen als der Selbstherrscher. Sowohl Volk als auch Truppen würden Adaschew unterstützen. Hinzu kam, daß Silvester und Adaschew die Zarin Anastassija Sacharjina nicht mochten und damit stets versuchten, ihre Einmischung in die Angelegenheiten des Staats einzuschränken. Als die Zarin Anfang August 1560 starb, wurde sogleich das Gerücht in Umlauf gesetzt, ihre Feinde hätten sie durch „Zaubereien" verhext und ins Verderben gestürzt. Der Verdacht fiel auf die ehemaligen Regenten. Ein in Moskau einberufener Sobor verurteilte sie als die „berüchtigten Übeltäter". Silvester wurde für immer ins Solowezki-Kloster verbannt. Adaschew blieb in Jurjew, wurde aber in Haft gesetzt. Bald nach dem Sobor verfiel er einem „feurigen Leiden", an dem er innerhalb von zwei Monaten starb. Zar Iwan schickte unverzüglich einen seiner nächsten Bojaren nach Jurjew. Dieser sollte die Todesumstände Adaschews klären, weil der Verdacht bestand, daß er Selbstmord begangen hatte.

Nachdem der Zar nun mit seinen ehemaligen Ratgebern abgerechnet hatte, bemühte er sich, selbst die Erinnerung an sie auszumerzen. Was zu Silvesters Zeit als guter Ton gegolten hatte, wurde nun verlacht. Üppige Gelage und ausgelassene Vergnügungen lösten die triste Askese ab. Der Zar lud Bojaren in seinen Palast, von denen er wußte, daß sie ihm insgeheim nicht wohlgesinnt waren, und nötigte sie dann, „große Becher" zu leeren. Die der Belustigung des Zaren dienenden Geselligkeiten wurden folgendermaßen durchgeführt: Den ersten Becher voll von „stark berauschendem Getränk" trank Iwan selbst. Danach wurden allen übrigen Zechern ebensolche großen Becher gereicht, so lange bis alle rasend und bewußtlos vor Betrunkenheit waren. Einem widerspenstigen Gast, der sich weigerte, den Pokal zu leeren, wurde vorgeworfen, er sei dem Zaren „feindlich gesinnt", in ihm lebe „Geist und Sitte" von Silvester und Adaschew.

Die Trinkgelage im Zarenpalast stießen die Verfechter der Strenggläubigkeit ab. Der Zar gab zwar sein „unschickliches Betragen" zu, behauptete jedoch, die Veränderungen bei Hofe entsprächen den höheren Interessen des Staates. Mit Spielen und Belustigungen, sagte Iwan, wolle er sich Popularität im Volke und unter den Dienstadligen erwerben.

Iwan war bemüht, sein Ansehen auf jede erdenkliche Art zu stärken. Darin wurde er nicht zuletzt von der Geistlichkeit unterstützt. Etwa 15 Jahre nach seiner Krönung zum Zaren brachten Gesandte des Patriarchen von Konstantinopel einen Beschluß der ökumenischen Kirchenversammlung nach Moskau, der das Recht des Moskowiters auf den Zarentitel bestätigte. Somit wurde die Macht des rechtgläubigen Moskauer Zaren vom Oberhaupt der ökumenisch-orthodoxen Kirche als heilig anerkannt. Die aus diesem Anlaß veranstalteten prunkvollen Gottesdienste sollten die Macht Iwans des Schrecklichen festigen.

Als der Krieg gegen Litauen vorbereitet wurde, schickte die Regierung eine Gesandtschaft auf die Krim, um dort Frieden zu schließen. Dieser Schritt besiegelte die endgültige Absage Moskaus an Adaschews „Vermächtnis" in Fragen der Ostpolitik. Die beharrlichen Bemühungen Moskaus um einen Frieden mit dem Krimchanat waren auf die für Moskau ungünstige Situation in Livland zurückzuführen. Neben Litauen waren inzwischen die beiden bedeutendsten Ostseestaaten, Dänemark und Schweden, die auch an der Aufteilung Livlands beteiligt waren, in den Livländischen Krieg verwickelt. So nahm Herzog Magnus, ein Bruder des dänischen Königs, im April 1560 die Insel Ösel ein. Einen Monat später gingen Reval und Nordestland an Schweden über.

Um die Schaffung einer breiten antirussischen Koalition im Baltikum zu verhindern, schloß die Moskauer Regierung einen Bündnisvertrag mit Dänemark, gewährte den Schweden einen Waffenstillstand von 20 Jahren und wandte sich mit all ihren Truppen gegen Litauen. Die russischen Heerführer beschlossen, zunächst in Richtung Polozk, eine überaus wichtige Grenzfestung, die ihnen den Weg zur litauischen Hauptstadt Wilna versperrte, vorzustoßen. An dieser Offensive nahm nahezu die gesamte Streitmacht des Landes teil: angetreten waren 18 105 Dienstadlige in Begleitung von 20 000 bis 30 000 bewaffneten Knechten, 7219 Strelitzen und Kosaken[20] sowie über 6000 in russischen Diensten stehende Tataren. Die Gesamtstärke dieser Landwehr betrug 31 546 Krieger, zusammen mit den bewaffneten Knechten etwa 50 000 bis 60 000 Mann.

Das russische Heer, das zunächst in Welikije Luki zusammengezogen wurde, marschierte im Januar 1563 in Richtung Polozk. Die Straße, die nach Polozk führte, konnte jedoch die ganze Truppenmasse und den Troß nicht fassen, so daß das Heer immer wieder in Waldhohlwegen und Sümpfen steckenblieb. Schließlich war jede Marschordnung dahin: Die Reiterei, das Fußvolk und der Troß kamen völlig durcheinander, und der Vormarsch geriet endgültig ins Stocken. Nur mit großer Mühe konnte die Ordnung wiederhergestellt werden. Der Zar ritt mit seinen Gefolgsleuten höchstpersönlich die Straße ab, um die sich stauende Truppenmasse zu ordnen. Dabei war sein aktivster Helfer der gewandte Troß-

Wojewode, Fürst Afanassi Wjasemski, der bei dieser Gelegenheit zum erstenmal die Aufmerksamkeit des Zaren auf sich zog.

Anfang Februar erreichte das russische Heer Polozk und begann mit der Belagerung der Stadt. Die Wojewoden zerstörten die Befestigungsanlagen durch Artilleriebeschuß und zwangen dadurch die Litauer, in der Hochburg Deckung zu suchen. Während eines nächtlichen Überraschungsangriffs versuchten die Litauer, sich der russischen Geschütze zu bemächtigen, wurden aber von der russischen Vorhut unter Befehl des Bojaren Scheremetew zurückgeschlagen. Bei diesem Kampf streifte den Bojaren eine Kanonenkugel „am Ohr", so daß Fürst Kaschin an seine Stelle treten mußte. Am nächsten Tag ließ Fürst Repnin die Geschütze innerhalb der niedergebrannten Festung aufstellen und anschließend zwei Tage lang die Hochburg bombardieren. An vielen Plätzen der Stadt brachen Brände aus. Im Morgengrauen des 15. Februar ergab sich die Garnison von Polozk.

Die Einnahme von Polozk war für Rußland der größte Erfolg und Höhepunkt im Livländischen Krieg. Danach brach eine Zeit an, die von militärischen Mißerfolgen und ergebnislosen Verhandlungen gekennzeichnet war. Moskau weigerte sich, die Einnahme des Schlosses Paide an der Grenze zum russischen Livland durch die Schweden als legitim anzuerkennen. Der durch die Ansprüche Schwedens aufgebrachte Zar Iwan richtete an König Erik XIV. ein ziemlich unhöfliches Schreiben: „und so schrieb er dem König ... und machte ihm mit vielen Schimpf- und Spottworten seine Torheit zum Vorwurf". Dieser zänkische Brief des Zaren hätte die russisch-schwedischen Beziehungen ernsthaft beeinträchtigen können. Der schwedische König befand sich aber in einer derart mißlichen Lage, daß er alle Beleidigungen demütig hinnahm.

Etwas später schrieb Zar Iwan, der auch mit dem Verhalten der Dänen äußerst unzufrieden war, an den dänischen König ebenfalls einen barschen Brief, den der dänische Gesandte jedoch nicht zu überbringen wagte.

Die Briefe Iwans des Schrecklichen an den schwedischen und den dänischen König markierten eine wichtige Etappe in der Geschichte der Moskauer Diplomatie. Sie zeigten, daß in der Zeit nach der Einnahme von Polozk der Einfluß des damals dreiunddreißigjährigen Zaren auf diesem Gebiet beachtlich anstieg, wobei sich Iwan bei der Ausrichtung der Außenpolitik Rußlands mehr von der eigenen Ungeduld und Überheblichkeit als von vernünftigen Erwägungen leiten ließ.

Nachdem Iwan der Schreckliche mit den Litauern einen Waffenstillstand bei Polozk geschlossen hatte, ließ er die königlichen Gesandten nach Moskau kommen und forderte von ihnen, Livland bis zur Düna zu räumen. Die Gesandten lehnten jedoch diese Forderung ab und kehrten in ihre Heimat zurück, gefolgt vom Zarenheer, das erneut gegen Litauen zog.

Laut Kriegsplan sollte das aus Polozk kommende Heer noch auf gegnerischem Territorium zu den aus Smolensk vorrückenden Truppen stoßen, um dann eine Offensive auf Minsk zu beginnen. Die Pläne der Russen waren den Litauern anscheinend bekannt, denn sie konzentrierten ihre gesamten Kräfte gegen das Polozker Heer, vernichteten es in der Schlacht bei Ula und vereitelten so den Zusammenschluß der beiden russischen Streitmächte. Das Smolensker Heer war gezwungen, Litauen eilig zu verlassen. Der Mißerfolg bei Ula trug erheblich zur Verschlechterung der militärischen Lage Rußlands bei. Dazu kam, daß der Krimchan ein Bündnis mit Moskau ablehnte. All diese militärischen und diplomatischen Niederlagen führten zu einer Verschärfung der inneren Krise.

Wassili III., der Vater Iwans des Schrecklichen, hatte Staatsangelegenheiten stets im engen Kreis von vertrauten Beratern – „zu dritt am Bett“ – entschieden. Nachdem Iwan IV. Silvester und Adaschew ausgeschaltet hatte, versuchte er nun, die zu Zeiten seines Vaters üblichen Gepflogenheiten wiederherzustellen. Im Zusammenhang mit seiner zweiten Ehe erweiterte er sein Testament um einige wichtige Anordnungen. Iwan befahl, im Falle seines Todes für den damals siebenjährigen Thronfolger, Zarewitsch Iwan, einen Vormundschaftsrat zu bilden. Dem Beispiel Wassilis III. folgend, ernannte Iwan sieben Testamentsvollstrecker. Die mit Regentschaftsvollmacht ausgestatteten Bojaren schworen dem Thronfolger Treue und bekräftigten dies durch eine Sonderurkunde, die bis in unsere Tage mit ihren Unterschriften erhalten blieb. Obwohl Iwan der Schreckliche, wie man sieht, in allem dem väterlichen Beispiel folgte, war der von ihm eingesetzte Vormundschaftsrat nur ein bleicher Schatten des ersten Sieben-Bojaren-Rats. Während Wassili III. seinen jüngeren Bruder Andrej von Stariza, einen einflußreichen und wohlbemittelten Mann, an die Spitze des Rats gestellt hatte, ernannte Iwan IV. seinen Neffen, Fürst Mstislawski, eine recht farblose Gestalt, zum Oberregenten. Iwans Vater hatte neben seinem Bruder und seinen Beratern auch die Bojaren Schuiski, die einflußreichsten führenden Köpfe der Duma, für den Sieben-Bojaren-Rat auserwählt. Sein Sohn hingegen ernannte neben Mstislawski die Bojaren Danila Romanowitsch und Wassili Michailowitsch Jurjew-Sacharjin, ferner Iwan Petrowitsch Jakowlew-Sacharjin und Fjodor Iwanowitsch Umnoi-Kolytschew, aber auch die beiden Fürsten Andrej Teljatewski und Pjotr Gorenski, die keine Bojarentitel besaßen, zu seinen Testamentsvollstreckern. Von den fünf zum Regentschaftsrat gehörenden Bojaren stammten drei direkt aus der Familie Sacharjin, und einer war mit ihr entfernt verwandt. So gaben in der neuen siebenköpfigen Kommission faktisch Verwandte der verstorbenen Zarin Anastassija den Ton an, die jedoch beim Hochadel weder angesehen noch beliebt waren. Ihnen schlossen sich die jungen, allgemein unbekannten Freunde des Zaren Teljatewski und Gorenski an.

Im Unterschied zu Wassili III. bildete sein Sohn auf diese Weise einen Sieben-Bojaren-Rat, der kaum Ansehen genoß. Nicht zur neuen Regierung gehörten die rangältesten Teilfürsten Starizki und Belski, aber auch die führenden Persönlichkeiten der Bojarenduma, die in der Zeit des Auserwählten Rats über Staatsangelegenheiten entschieden hatten, wie zum Beispiel die vertrautesten Bojaren des Zaren Fürst Dmitri Kurljatew, Iwan Scheremetew und Michail Morosow, Fürst Alexander Gorbaty, der Eroberer von Kasan, und andere.

Der Adel hätte Iwan dem Schrecklichen zwar die Entlassung seiner beiden Berater niederer Herkunft, Adaschew und Silvester, noch verziehen, mit einem Anschlag auf die Vorrechte der Bojarenduma konnte er sich keinesfalls abfinden. Die Versuche Iwans, eine Alleinherrschaft durchzusetzen, die ausschließlich auf der Unterstützung einiger weniger Verwandten beruhte, stießen allerorts auf Empörung. Der auf sein „Zarengeblüt" stolze Hochadel schaute schon immer mit Geringschätzung auf die Verwandten Anastassija Sacharjinas herab. Nun aber wurden sie gar als Usurpatoren angesehen.

Es war den Sacharjins in der Tat gelungen, alle Fäden der Regierung in der Hand zu haben. Nachdem der Zar sich anläßlich seiner zweiten Ehe mit seinen Söhnen entzweit hatte, übernahmen die Sacharjins sowohl die Leitung der Duma als auch die von „Haus und Hof" der Zarewitsche. Von nun an ging die oberste Staatsgewalt in Abwesenheit Iwans des Schrecklichen formell in die Hand des minderjährigen Thronfolgers, in Wirklichkeit aber an die Sacharjins über.

Diese versuchten, wobei sie sich über die Bedeutung der neuen Verwaltungsorgane, der Zentralämter, voll im klaren waren, den Amstapparat unter die eigene Kontrolle zu bringen. Nikita Funikow, ein Günstling der Sacharjins, der unter Adaschew in Ungnade gefallen war, wurde aus der Verbannung zurückgeholt und übernahm die Leitung des zentralen Finanzamts (Kasjonnyj Prikas). Der Sekretär Iwan Wiskowaty, ein Mitstreiter Funikows, wurde zum Bewahrer des Großen Siegels ernannt, wonach alle Dokumente der Zentralämter nunmehr in seiner Kanzlei besiegelt werden mußten. Der neue „Kanzler", wie Wiskowaty von Ausländern genannt wurde, begann seine Tätigkeit damit, daß er das „kleine" großfürstliche Siegel durch ein großes mit den Symbolen der Selbstherrschaft ersetzte: „ein Doppeladler und zwischen dessen Köpfen ein Mann zu Pferde, rückseitig ebenfalls ein Doppeladler, zwischen dessen Köpfen aber ein Einhorn".

Das faktische Ausschalten führender Persönlichkeiten der hochadligen Duma und die Versuche, zur selbstherrschaftlichen Regierung zurückzukehren, hatten zur Folge, daß die Amtsleute zunehmend an Einfluß gewannen. Der Bojarenideologe Kurbski, der den Fall des Auserwählten Rats überlebt hatte, protestierte ganz entschieden gegen die Beeinträchtigung von Adelsprivilegien und gegen die Übergabe von Verwaltungsfunktionen an die Amtsleute. Den russischen Schreibern, behauptete er, „schenkt der Großfürst großen Glauben, wählt sie jedoch nicht aus dem Adelsstande, nicht zwischen den Vornehmen aus, sondern sucht sie inmitten der Popensöhne oder des gemeinen Volkes".

Ebenso scharf verurteilte auch Timocha Teterin, ein aus einer alten Sekretärsfamilie stammender Verfechter der alten Sitten und Gebräuche, die neuen Würdenträger. Der Zar schenke den Bojaren keinen Glauben mehr, schrieb Teterin an einen in Ungnade gefallenen Bojaren, er (der Zar) habe „neue bevollmächtigte Sekretäre, die ihn mit dem halben Erlös ernähren, die andere Hälfte aber sich selbst nehmen, deren Väter Sekretäre sind, die Euren (der Bojaren) Vätern nicht einmal als Knechte dienen konnten, jetzt aber besitzen diese nicht nur Land, sondern verfügen auch über Euer Schicksal".

Alle am Konflikt Beteiligten begriffen nur zu gut, daß die Macht des Fürsten- und Bojarenadels auf dessen Landreichtum beruhte. Aus diesem Grunde verkündete Iwan, der nun den offenen Kampf gegen die Bojaren aufnahm, öffentlich, er habe vor, den fürstlichen Grundbesitz nach dem Vorbilde seines Großvaters und Vaters einzuschränken. Im Eifer seiner Polemik mit Kurbski behauptete der Zar, der Auserwählte Rat habe die alten Bodengesetze verletzt und Silvester habe den Bojaren ihre großen Erbgüter nicht weggenommen, sondern im Gegenteil „jene Patrimonien nur so verteilt und unser Werk zerstört, sich damit aber viele Menschen gewogen gemacht".

Auf Anordnung des Zaren begannen nun die Leiter der Zentralämter mit der Erarbeitung eines Gesetzbuches über die fürstlichen Erbgüter, das nach seiner Bestätigung in der Duma am 15. Januar 1562 in Kraft trat. Nach dem neuen Gesetzbuch wurde den „Fürstensöhnen", d.h. den Nachkommen der ehemaligen Teilfürsten, kategorisch verboten, geerbte Familienländereien zu verkaufen bzw. gegen andere einzutauschen. Fürstlicher Bodenbesitz, der über keinen Erben verfügte und früher den Klöstern zufiel, wurde nun ausnahmslos zum Eigentum des Fiskus erklärt. Brüder und Neffen eines verstorbenen Fürsten durften die zu seinem Erbgut gehörenden Ländereien jetzt nur noch mit Genehmigung des Zaren erben. Witwen und Töchter der Verstorbenen erhielten bei Einziehung eines Erbguts eine festgelegte Entschädigung. Die Regierung gab bekannt, daß sie alle den fürstlichen Allodbesitz betreffenden Verträge, die nach dem Tode Wassilis III. und vor der Einführung des „Gesetzbuches über den Dienst“ von 1556 abgeschlossen wurden, zu überprüfen gedenke. Alle fürstlichen Erbgüter, die an „auswärtige“ Besitzer gegangen waren, sollten nunmehr mit oder ohne Entschädigung dem Fiskus zufallen. Der Beschluß umriß deutlich den Kreis der Familien, auf den das neue Bodengesetz angewendet werden sollte. Zu diesem Kreis gehörten einige Teilfürstenfamilien, so zum Beispiel die Worotynskis, und der ganze Susdaler Adel (die Fürsten von Susdal, Schuja, Jaroslawl, Rostow und Starodub). Die Einschränkungen wurden jedoch nicht auf die vermögendsten Teilfürsten angewendet, so zum Beispiel die Starizkis, Glinskis, Belskis und Mstislawskis, was beweist, daß die Bodenpolitik der frühen 60er Jahre des 16. Jahrhunderts sich nicht konsequent gegen die Teilfürstentümer richtete.

Der fürstliche Adel stand den neuen Bodengesetzen feindlich gegenüber. Andrej Kurbski beschuldigte Iwan IV., er habe den Susdaler Adel ausgerottet und dessen Reichtümer geplündert. Seine zornige Anklage offenbarte, wie tief die gegen den fürstlichen Erbbesitz eingeleiteten Maßnahmen die Interessen des Hochadels insgesamt verletzten.

Der Machtantritt der Sacharjins und die neuen Bodengesetze stellten für den noch immer mächtigen titulierten Hochadel eine Herausforderung dar. Die Bojaren beschwerten sich lautstark über die Verletzung von althergebrachten Privilegien der Duma. Als erste protestierten die mit dem Zaren verwandten Teilfürsten, die über bedeutende Mittel verfügten und so in ihrem Handeln recht unabhängig waren.

Der Zusammenbruch des Auserwählten Rates gab der Fürstenfamilie Glinski die Hoffnung auf Wiedergewinnung alter Machtpositionen. Ihre Rechnung ging jedoch nicht auf. Der Zar hatte die Glinskis nicht für den Vormundschaftsrat vorgesehen. Fürst Michail Glinski, der aus Unzufriedenheit mit den Moskauer Sitten unter Wassili III. versucht hatte, nach Litauen zu fliehen, war ins Gefängnis geraten. Sein Sohn, Fürst Wassili Glinski, der offenkundig in die Fußstapfen seines Vaters trat, kam jedoch mit einer milderen Strafe davon. Nach einer kurzen Haft verpflichtete sich der in Ungnade gefallene Oheim des Zaren, seine heimlichen Beziehungen mit dem Polenkönig abzubrechen, und schwor, weder nach Litauen noch in das Teilfürstentum von Stariza zu gehen, aber auch niemandem über die Reden und Beschlüsse der Duma zu erzählen, die er im Zarenpalast vernommen hatte.

Einige Zeit später entstand aus der Mitte der Teilfürsten eine ernstere Verschwörung mit dem Fürsten Dmitri Wisniewezki, Iwans Oheim dritten Grades, an der Spitze.

Dieser bedeutende litauische Magnat, der nach seiner Übersiedlung nach Moskau das Teilfürstentum von Beljow erhielt, war einer der aktivsten Verfechter des außenpolitischen Kurses Adaschews. Er nahm an allen Krim-Feldzügen teil und war später Statthalter von Tscherkassy. Vom Zaren dieses Amtes enthoben, nahm der Fürst Geheimverhandlungen mit dem König auf und floh zu dem Zeitpunkt nach Litauen, als die Moskauer Truppen im Begriff waren, die litauische Grenze zu überschreiten.

Wenige Monate vor der Flucht Wisniewezkis wurde Iwan Belski, ein anderer Teilfürst litauischer Abstammung, in Moskau verhaftet. Er galt als nominelles Oberhaupt der Bojarenduma, und so trugen seine Meinungsverschiedenheiten mit dem Zaren prinzipiellen Charakter. Deshalb war es auch kein Zufall, daß Belski in der Zeit festgenommen wurde, als der Zar die Bojarenduma aufforderte, die Gesetze über den Fürstenbesitz zu bestätigen. Belski war mit der Politik Iwans des Schrecklichen nicht einverstanden und wollte aus diesem Grunde nach Litauen fliehen. Bei der Verhaftung fand man königliche Urkunden, die dem Teilfürsten in Litauen Asyl garantierten, und darüber hinaus eine ausführliche Beschreibung des Weges bis zur litauischen Grenze. Fürst Rostowski war einst wegen eines ähnlichen Verbrechens zum Tode verurteilt, dann aber begnadigt und verbannt worden. Dank der Fürsprache von Geistlichkeit und Duma entging Belski jedoch einer Strafe ganz und gar und wurde lediglich an einflußreiche Bojaren und über einhundert Dienstadlige zur Bürgschaft übergeben.

Weder die Interessen der Glinskis noch die der Belskis wurden durch die neuen Bodengesetze unmittelbar beeinträchtigt. In einer ganz anderen Situation befanden sich jedoch die drei Erben des Teilfürsten Worotynski, die in keinerlei Verwandtschaftsbeziehung zur Dynastie standen. Bei der Teilung hatte der älteste Erbe, Fürst Wladimir, das beste Drittel des Besitzes erhalten. Nach seinem Tode ging dieses Drittel an seine Witwe über. Ebenfalls Anspruch darauf erhoben seine jüngeren Brüder Michail und Alexandr. Das Bodengesetzbuch von 1562 machte ihnen allen jedoch einen dicken Strich durch die Rechnung. Die Worotynskis mußten den besten Teil ihres Fürstentums dem Fiskus überlassen. Damit wollten sie sich aber nicht abfinden, und Fürst Michail soll dem Zaren der offiziellen Version zufolge „Grobheiten“ gesagt haben. Aufgrund von Mitteilungen, die er aus Litauen erhielt, schöpfte Iwan der Schreckliche den Verdacht, daß die beiden Worotynskis vorhätten, sich mit all ihrem Bodenbesitz dem litauischen König zu ergeben, da ja ihr Fürstentum unmittelbar an der litauischen Grenze lag. Fürst Michail wurde vor Gericht gestellt und auf Grund von Aussagen seiner Knechte beschuldigt, er habe versucht, den Zaren durch Zauberei ins Verderben zu stürzen, und habe sich dafür „Hexen“ gesucht. Die Bojarenduma und der höchste Klerus versuchten sich für die Worotynskis einzusetzen, konnten jedoch nur für den jüngeren Bruder Alexandr eine Begnadigung erwirken. Michail Worotynski hingegen wurde nach Beloje Osero verbannt. Das erbliche Fürstentum der in Ungnade gefallenen Familie ging an den Staat.

Neben den Teilfürsten wurden auch die „Großbojaren“ zu dieser Zeit verfolgt, die die Regierung des Auserwählten Rates entscheidend beeinflußten. Die Behörden verhängten über den Fürsten Dmitri Kurljatew, ehemals erster Bojar und bedeutendster Schutzherr Silvesters, die Acht (gerichtlich verhängter Ausschluß aus der weltlichen Gemeinschaft). Die offizielle Chronik berichtet absichtlich sehr vage über gewisse „verräterische Untaten“ Kurljatews, wobei jedoch offenbleibt, worin diese bestanden. Der Fall Kurljatew wird außerdem im Register des Zarenarchivs aus dem 16. Jahrhundert erwähnt. Nach dem Prozeß gegen Silvester ging Kurljatew als Wojewode nach Smolensk und schickte von dort aus ein Schreiben an den Zaren. Dieses Dokument gelangte schließlich in das oben genannte Archiv und wurde folgendermaßen festgehalten: „Dort befindet sich auch ein Schreiben des Fürsten Dmitri Kurljatew, das der Herrscher geschickt hatte; in ihm schrieb Fürst Dmitri, er sei vom Weg abgekommen; außerdem fügte er eine Liste von Wojewoden aus Smolensk bei.“ Der Brief, in dem sich Kurljatew vor dem Zaren rechtfertigte, scheint auf den ersten Blick keine große Bedeutung zu haben. Für den Zaren schien er jedoch von Wichtigkeit zu sein, ansonsten hätte er das Schriftstück nicht dem Archiv übergeben, wo nur die bedeutendsten Staatsdokumente aufbewahrt wurden.

Die geheimnisvollen Schriftstücke, die den Fall Kurljatew betreffen, stellen die Forscher vor mehrere Fragen. Warum rechtfertigte sich der Smolensker Wojewode vor dem Zaren und sagte, er sei vom richtigen Weg abgekommen? Wohin sonst hätte er fahren können, nachdem er die unmittelbar an der litauischen Grenze gelegene Stadt verlassen hatte?

Die Vermutung liegt nahe, daß Kurljatew den Versuch unternommen hatte, von Smolensk aus nach Litauen zu fliehen, dabei festgenommen wurde und nun bemüht war, dem Zaren weiszumachen, er hätte sich unterwegs verirrt. Daß er sich mitsamt seinem ganzen Hofe und bewaffneten Gefolge „verlaufen" hatte, erschien der Regierung jedoch äußerst verdächtig. Aus diesem Grunde fügte der Zar auch die Liste der Smolensker Wojewoden den Akten zum „Fall" Kurljatew bei und ließ sie zusammen mit dem nichtssagenden Schreiben des Bojaren aufbewahren.

So wird auch verständlich, warum der dem Zaren verhaßte „Großbojar" Kurljatew, der für ein Jahr nach Smolensk geschickt worden war, in Wirklichkeit bereits lange vor Ablauf dieser Frist seines Wojewodenamtes enthoben und in ein fernes Kloster am Ladogasee verbannt wurde. Auch alle anderen Angehörigen der in Ungnade gefallenen Familie mußten Mönchs- bzw. Nonnenkleidung anlegen.

Die verdrängte, aber nicht gebrochene Opposition der Teilfürsten und Bojaren wandte ihren Blick immer häufiger nach Litauen. Dort suchten all diejenigen nach Rettung, die sich mit den selbstherrschaftlichen Bestrebungen Iwans des Schrecklichen nicht abfinden wollten. Von dort erwarteten aber auch diejenigen Beistand, die mit dem Gedanken spielten, Iwan zu stürzen. Die Besorgnis der Regierung über die bestehenden Beziehungen der Opposition zu Litauen wuchs in dem Maße, wie die Gefechte an der russisch-litauischen Grenze an Heftigkeit zunahmen. Zu guter Letzt schöpfte der Zar den Verdacht, daß selbst sein Vetter, Fürst Wladimir, zu den Verrätern gehörte. Der Verdacht erwies sich als begründet. Während das Zarenheer und Truppen des Teilfürstentums Stariza unbemerkt in Richtung Polozk marschierten, floh der Dienstadlige Boris Chlysnjow-Kolytschew aus dem Hauptquartier des Zaren, um die Wojewoden von Polozk zu warnen. Dieser Dienstadlige wiederum gehörte zu den engsten Vertrauten des Fürsten Wladimir und hatte nach Auffassung des Zaren einen Geheimauftrag für König Sigismund II. zu erfüllen. Aus Angst vor Verrat ließ Iwan die Familie seines Vetters unter strenge Aufsicht stellen.

Endgültig aufgedeckt wurde die Intrige der Fürsten Starizki, als sich der im Teilfürstentum des Fürsten Wladimir dienende Sekretär Sawluk Iwanow dazu entschloß, seinen Herrn vor dem Zaren zu entlarven. Um sich von diesem Denunzianten zu befreien, warf Fürst Wladimir ihn sogleich ins Gefängnis. Iwan der Schreckliche ließ Sawluk jedoch nach Moskau bringen und sich von ihm ausführlich über die Absichten des Teilfürsten und seiner Komplizen informieren. Ihre Schuld war so groß, daß der Zar befahl, das Teilfürstentum von Stariza zu beschlagnahmen und den Teilfürsten vor Gericht zu stellen, wo der hohe Klerus über das Schicksal seines Verwandten entscheiden sollte. (Die Bojarenduma nahm formell nicht am Gerichtsverfahren teil, da der Zar es vorzog, die Bojaren nicht als Schiedsrichter in einem Streit mit seinem Vetter einzusetzen. Darüber hinaus gab es in der Duma zu viele Anhänger der Starizkis.) Die Anklage verlas der Zar auf der Synode in Gegenwart des Fürsten Wladimir. Der Metropolit und die Erzbischöfe erkannten sie zwar als begründet an, unternahmen jedoch größte Anstrengungen, um die Zwietracht in der Zarenfamilie und die Untersuchungen zu beenden.

Der Konflikt wurde dann auch mit rein „familiären Mitteln" geschlichtet. Der Zar verachtete seinen Vetter wegen dessen „Dummheit" und Willensschwäche, ließ ihm gegenüber jedoch Nachsicht walten. Er verzieh ihm und gab ihm sein Teilfürstentum zurück. Darüber hinaus suchte er ihn mit Menschen zu umgeben, von deren Treue er überzeugt war. Seine Tante jedoch, die energische und ehrgeizige Fürstin Jewfrossinija, die Iwan nicht besonders mochte, ja sogar ein wenig fürchtete, bekam seinen ganzen „familiären Zorn" zu spüren. Sie mußte für alles einstehen. Der noch nicht alten, kräftigen Frau wurde befohlen, sich die Nonnenhaube aufzusetzen und von nun an als Nonne Jewdokija in dem einst von ihr selbst gegründeten Woskressenski-(Auferstehungs-)Frauenkloster in der Nähe des Kyrill-Klosters zu leben. Sie durfte jedoch nicht nur ihre ganze Dienerschaft, sondern auch ihre Beraterinnen behalten. Ihrem Gefolge wurden darüber hinaus einige Tausend Viertel Land in der Umgebung des Klosters zugeteilt. Hin und wieder durfte sie Wallfahrten unternehmen und sich im Auferstehungskloster geschickte Stikkerinnen suchen, die in einer von ihr geleiteten Werkstatt Arbeiten von hohem künstlerischen Wert herstellten. Kurz, sie lebte hier nicht wie in einem Gefängnis.

Obwohl die Straftaten der Fürstenfamilie dem Zaren einen Vorwand lieferten, um das letzte große Fürstentum Rußlands aufzulösen, ließ Iwan der Schreckliche diese Gelegenheit jedoch ungenutzt. Wie gefährlich die dynastischen Ansprüche des Fürsten Wladimir auch scheinen mochten, dieser war zum einen viel zu träge und kurzsichtig, um unter den Dienstadligen wirklich an Einfluß zu gewinnen, zum anderen aber hatte er unter den Adligen viele Feinde, allen voran die Fürsten von Susdal und Schuja. (Diese trugen die Schuld am Tode des Fürsten Andrej Starizki und am Raub seines Vermögens.) Die relativ milde Bestrafung der Teilfürsten war möglicherweise darauf zurückzuführen, daß den Zaren der Konflikt mit dem Susdaler Adel zunehmend beunruhigte. Er fürchtete sich offensichtlich davor, zu einem Zeitpunkt, in dem die Lage des Zarenhauses äußerst instabil war, endgültig die Unterstützung seiner nächsten Verwandten zu verlieren. Mit Einverständnis des Zaren wurde ein kurzer und absichtlich unklarer Bericht über das Verfahren gegen den Teilfürsten von Stariza sowie über die gegen ihn erhobene Anklage in die offizielle Chronik aufgenommen. Daraus ging hervor, daß Wladimir und seine Mutter 1563 gewisser „Unwahrheiten" überführt worden wären. Der gekränkte Iwan machte seinem Ärger erst viel später Luft. Zunächst hatte es den Anschein, als wolle der Zar nach Abschluß des Gerichtsverfahrens den unangenehmen Familienzwist so schnell wie möglich vergessen. Dem war jedoch in Wirklichkeit nicht so.

Iwan der Schreckliche, der seinem Vetter scheinbar vergeben hatte, wartete nur darauf, im Falle einer erneuten Krise sofort mit ihm abrechnen zu können. Da es sich um eine außergewöhnliche Situation handelte, mußte er dementsprechende Mittel anwenden. Iwan ordnete an, in die Chroniken einen ausführlichen Bericht über die erste Verschwörung der Starizkis zur Zeit des Auserwählten Rates aufzunehmen. Um eine solche Verfügung in ihrer ganzen Bedeutung beurteilen zu können, muß man bedenken, welchen besonderen Stellenwert die offizielle Chronik im Moskauer Reich besaß. So beriefen sich zum Beispiel die Moskauer Herrscher bei ihren Streitigkeiten mit Nowgorod auf diese Schriftstücke, ebenso wie Diplomaten, die aus ihnen Argumente für Verhandlungen mit ausländischen Höfen schöpften. Die von Iwan eingeleiteten Ergänzungen verfolgten keine literarischen, sondern politische Ziele. Die Chronik sollte alle Anhänger des Fürsten Wladimir entlarven, die seinerzeit einer verdienten Strafe entgangen waren.

Iwan begann mit der Einsichtnahme in die Gerichtssache S. Rostowskis, eines der Anführer der Bojarenverschwörung von 1553. Diese Akte enthielt, wie es im Register des Zarenarchivs des 16. Jahrhunderts heißt, eine umfangreiche Dokumentation und wurde in einem Sonderfach des Archivs aufbewahrt: dem „Schubfach 174, worin Akten über die Flucht und die Vernehmungen des Fürsten Semjon Rostowski während des Gerichtsverfahrens" lagen. Dort gab es folgende Randbemerkung: „Dem Herrscher übergeben – im Zusammenhang mit dem Fall Wladimir Andrejewitsch im Jahr 7071 nach Schöpfung der Erde (1563) im Juli am 20. Tage". Offensichtlich begann Zar Iwan mit der Untersuchung des Verschwörungsfalls eine oder zwei Wochen, bevor er seinem Vetter verzieh. Etwas später nahm er sich die Chroniken vor, wonach die Namen der an der Verschwörung beteiligten Bojaren bald aus der im Archiv aufbewahrten Gerichtssache des Fürsten Rostowski an die Ränder der Chroniksammlung wanderten, die heute als sogenannte Synodale

Chronikliste bekannt ist. Durch diese in einer Schnellschrift gemachten Vermerke kann ganz genau festgestellt werden, wen von seinen Bojaren der Zar nach dem frühzeitig beendeten Gerichtsverfahren gegen seinen Vetter als Verschwörer kompromittieren wollte. Es waren die Fürsten Kurakin („das ganze Geschlecht"), Fürst Pjotr Stschenjatew und Fürst Dmitri Nemoi. Ihre enge Beziehung zu den Starizkis steht außer Zweifel. Fürstin Jewfrossinjia, die einst den Mädchennamen Chowanskaja trug, stammte aus demselben Geschlecht wie Stschenjatew und die Kurakins. Zur Zeit des Gerichtsverfahrens gegen Jewfrossinija bekleidete Fürst Pjotr Stschenjatew eines der hohen Ämter in der Bojarenduma. Fjodor und Pjotr Kurakin verwalteten Groß-Nowgorod und Pskow, und Fürst Iwan Kurakin leitete das Teilfürstentum von Uglitsch anstelle des schwachsinnigen Fürsten Juri Wassiljewitsch. Die durch die Chronik kompromittierten Personen gehörten zu der obersten Schicht des herrschenden Bojarentums.

Die offizielle Zarenchronik ist uns in mehreren Abschriften bis heute erhalten geblieben. Die ersten Hefte der Synodalen Chronik waren eine Art Manuskript, das unter Adaschew korrigiert und anschließend ins reine geschrieben wurde. Eine dieser Reinschriften der Moskauer Chronik wurde später als das Zarenbuch bezeichnet. Es war eine kostbare Chronik mit einer Vielzahl kunstvoll gezeichneter Miniaturen. Das mit einer Beschreibung des Todes Wassilis III. beginnende Buch sollte eigentlich die gesamte Regierungszeit Iwans des Schrecklichen umfassen. Die Arbeit daran wurde jedoch ganz plötzlich abgebrochen. Eine resolute Hand übersäte die Seiten dieses Buches mit zahlreichen Verbesserungen und Ergänzungen. Die wichtigste Randbemerkung bezog sich auf das gleiche Thema, das heißt auf das Gerichtsverfahren gegen Rostowski, wie der Nachtrag in der Synodalen Chronikliste. Da in beiden Ergänzungen dieselben Verschwörer – die Fürsten P. M. Stschenjatew, D. I. Nemoi und S. W. Rostowski – erwähnt werden, läßt sich annehmen, daß ihnen auch identische Archivmaterialien, nämlich die Gerichtssache Rostowskis, zugrunde liegen. Der Redakteur des Zarenbuches verfaßte jedoch einen ausführlichen Bericht über die Verschwörung; so schrieb er an den Rand der Chronik die mündlichen Aussagen einer Reihe von Staatsmännern, die nur auf eine günstige Gelegenheit gewartet hatten, um die Starizkis bloßzustellen. Der Stallmeister Fjodorow zum Beispiel berichtete, die Verschwörer hätten während der Krankheit des Zaren im Jahre 1553 versucht, ihn auf ihre Seite zu ziehen, was er dem Zaren sofort nach dessen Genesung mitgeteilt habe. Man kann nicht mit Sicherheit sagen, ob dieser Bericht nach einer Aussage Iwans des

Schrecklichen oder des Stallmeisters selbst zu Papier gebracht wurde. Die in die offizielle Chronik aufgenommenen „Berichte“ der getreuen Bojaren erlangten die Bedeutung einer wichtigen Zeugenaussage.

Als Kronzeuge der gegen die Starizkis erhobenen Anklage trat jedoch allem Anschein nach Iwan selbst auf. Es konnte kaum ein angesehenerer und zugleich in dieser Angelegenheit so voreingenommener Zeuge gefunden werden. Der Zar wollte beweisen, daß die Anhänger der Starizkis nicht nur eine Verschwörung gegen ihn, sondern auch einen Aufruhr in der Duma angezettelt hatten und daß nur durch seinen persönlichen Eingriff die Lage gerettet werden konnte. Wie wir wissen, wird in den Ergänzungen der Chronik behauptet, der kranke Zar habe an dem Tage, als dem Thronfolger Dmitri die Treue geschworen wurde, zwei lange Reden vor den Bojaren gehalten. Da die Bojaren sich zunächst geweigert hätten, dem minderjährigen Thronfolger die Treue zu schwören, soll der Zar versucht haben, sie mit folgenden Worten zur Vernunft zu bringen: „Ihr habt euer Gewissen vergessen, wollt uns und unseren Kindern nicht die Treue schwören, und wenn ihr meint, daß ihr uns nicht braucht, so beschwert dies nur eure Seele.“ Anschließend soll er die Sacharjins, seine verschreckten Verwandten, mit Vorwürfen überschüttet haben: „Und ihr Sacharjins, wovor fürchtet ihr euch? Oder glaubt ihr, die Bojaren werden euch gegenüber Schonung üben? Ihr werdet als erste durch die Bojaren getötet! Und ihr solltet eher für meinen Sohn und für seine Mutter sterben als zulassen, daß die Bojaren meiner Gattin Schimpf antun!“ Da er sich jedoch nicht allein auf die Sacharjins verlassen wollte, appellierte der Zar verzweifelt an alle treuen Mitglieder der Bojarenduma: „Sollte ich eines Tages, so Gott es will, verscheiden, so denkt wohl daran, was ihr mir und meinem Sohne geschworen habt; laßt unter keinen Umständen zu, daß die Bojaren meinen Sohn zugrunde richten, im Notfall flieht mit ihm in die Fremde, wo Gott euch führen wird.“

Diese „Reden“ vor den Bojaren, die offensichtlich aufgrund von Iwans eigenen Aussagen niedergeschrieben wurden, kann man als erdacht betrachten. Wie schon erwähnt, war der Zar am Tag des „Aufruhrs“ so schwach, daß er nicht einmal in der Lage war, der Eidableistung beizuwohnen. Außerdem wurden die Einzelheiten des Geheimkomplotts erst nach Iwans Genesung aufgedeckt, so daß er davor überhaupt keinen Grund für schreckliche Verwünschungen hatte.

Die Art und Weise, in der der Zar den Sacharjins gegenüber auftrat, entsprach weniger den Gepflogenheiten, welche zur Regierungszeit Silvesters üblich waren, als vielmehr der Zeit, als Iwan die Sacharjins zu Hauptvormunden seiner Söhne ernannte.

Die erst nach dem Gerichtsverfahren gegen die Starizkis verfaßten „Reden“ spiegelten ganz genau die Stimmung des Zaren in einer Zeit wider, in der sich die gegen seine Herrschaft gerichteten Verschwörungen von Tag zu Tag mehrten. Kein anderes Dokument offenbart so umfassend die ganze Tragik dessen, was Iwan in dieser Zeit durchlebte, wie dieser Chronikbericht. Der Zar fürchtete um die Zukunft der Dynastie, appellierte in panischer Angst an die Sacharjins und beschwor sie, im Ernstfall seine Familie zu retten, ja unter Umständen mit seinen Kindern ins Ausland zu fliehen.

Durch seine „Reden“ gestand er indirekt das Scheitern seiner Politik, welche die Macht der „Großbojaren“ beseitigen sollte. Nach dreijähriger Alleinherrschaft gelangte Iwan zu der tragischen Einsicht, daß seine mächtigen Vasallen ihn, den „von Gott gekrönten“ Zaren, und seine als Thronfolger geborenen Kinder nicht mehr nötig hatten.

Wenn wir den Ursprung und Verlauf des Konflikts zwischen Iwan und dem Hochadel analysieren, dürfen wir nicht außer acht lassen, daß die in Moskau regierenden Bojaren keine homogene Masse darstellten. Vielmehr spiegelte deren komplizierte Hierarchie den historischen Vereinigungsprozeß der russischen Lande wider. Obwohl die Teilfürsten noch immer die oberste Stufe der Moskauer Hierarchie besetzten, hatten sie ihren einstigen Einfluß durch die politische Zentralisierung unwiederbringlich verloren. Lediglich drei, vier erbliche Teilfürstentümer blieben Mitte des 16. Jahrhunderts erhalten, die fast alle ehemaligen litauischen Magnaten gehörten, die keine verwandtschaftlichen Beziehungen zu den Moskauer Adligen hatten. Die zahlreichen Nachkommen der örtlichen Dynastien in Nordostrußland, insbesondere der Susdaler Hochadel, waren gezwungen, die höchsten Ämter in Duma und Militär an Emporkömmlinge litauischer Abstammung abzutreten. Dennoch hatten die Fürsten Schuiski, Rostowski, Jaroslawski und Starodubski nach wie vor weitaus mehr politisches Gewicht als die für ihren Dienst ausgezeichneten Fürsten. Der sich anbahnende Zwist mit dem Susdaler Hochadel war in vieler Hinsicht für den friedlichen Ausgang des Konflikts zwischen Iwan und den mit ihm verwandten Teilfürsten verantwortlich.

Bis zu einem gewissen Zeitpunkt gelang es der einflußreichen Kirchenleitung, den Zaren vor einem endgültigen Bruch mit seinen mächtigen Vasallen zurückzuhalten. Metropolit Makari, ein schon betagter Anhänger der Josephiten, der sich stets für die Festigung der Macht des Moskauer Herrschers eingesetzt hatte, verfocht auch weiterhin die offizielle Theorie der Selbstherrschaft und das Dogma von deren göttlichem Ursprung. Bei heftigen Konflikten verpaßte er jedoch keine Gelegenheit, um sich für die in Ungnade gefallenen Fürsten zu verwenden, wobei seine Bemühungen nicht immer erfolgreich waren. Die brutale Abrechnung mit der Teilfürstenfamilie Worotynski und die Verfolgung der Verwandten Adaschews sind ein Beweis dafür.

Nach einer heimlichen Mitteilung des Bojaren M. J. Morosow, eines ehemaligen Mitglieds des Auserwählten Rats, ordnete der Zar ein Gerichtsverfahren gegen die Familie Adaschews an. Morosow befand sich während des Polozker Feldzugs in einer Art Ehrenverbannung: Er war Wojewode in Smolensk. Nach der Einnahme von Polozk fiel ein litauischer Gefangener in seine Hände, der aussagte, die Litauer zögen in aller Eile bei Starodub Truppen zusammen, weil der dortige Statthalter versprochen habe, ihnen die Festung zu übergeben. Morosow war bestrebt, den Zaren darüber so schnell wie möglich in Kenntnis zu setzen. Iwan maß dieser Anzeige eine sehr große Bedeutung bei. Die Wojewoden von Starodub wurden verhaftet und vor Gericht gestellt. Obwohl die Aussagen des Gefangenen in erster Linie den Statthalter von Starodub, Fürst Wassili Funikow, kompromittierten, wurde nicht dieser, sondern sein Stellverteter, Wojewode Iwan Schischkin-Olgow, ein Verwandter von Adaschew-Olgow, bestraft. Die Behörden beschuldigten alle Verwandten des verstorbenen Regenten, Verrat geübt zu haben. Sein Bruder, Okolnitschi Danila Adaschew mit Sohn, der Schwiegervater Pjotr Turow und die mit ihnen verwandten Satins endeten auf dem Schafott. Die Bestrafung der Verräter von Starodub zog die Verfolgung zahlreicher Anhänger des gestürzten Regenten nach sich. Zeitgenossen zufolge wurden von den Behörden umfangreiche Proskriptionslisten aufgestellt. Auf diesen Listen wurden neben Silvesters und Adaschews Verwandten auch deren Freunde und Nachbarn – bekannte, weniger bekannte, aber auch ganz unbekannte Personen – gesetzt. Viele Verhaftete wurden gefoltert oder in die Provinz und in entlegene Städte verbannt. Das Land, dessen politische Atmosphäre durch die Ereignisse äußerst gespannt war, wurde zum erstenmal von einer Welle des Terrors ergriffen.

Bald darauf starb der Metropolit Makari. In ihm verlor die Kirche einen erfahrenen und angesehenen Führer, der sowohl von dem sonst unberechenbaren Zaren als auch von der Duma-Opposition respektiert wurde. Durch diesen Tod gewann Iwan der Schreckliche freie Hand.

Die nun beginnenden Repressalien rückten eine neue Person in den Vordergrund, den Bojaren Alexej Basmanow-Plestschejew. Er stammte aus einer Familie, die den Herrschern schon immer nahegestanden hatte. Sein Vater war einst Kämmerer (Postelnitschi) bei Wassili III. gewesen. Alexej selbst hatte sich beim militärischen Dienst durch besondere

Tapferkeit hervorgetan, sowohl bei Kasan als auch in der berühmten Schlacht gegen die Tataren bei Sudbistschi. In den ersten Tagen des Livländischen Kriegs stürmte er mit nur wenigen Streitkräften die Festung von Narva, die als uneinnehmbar gegolten hatte. Basmanow, der einer der Initiatoren des Krieges um das Baltikum war, fand Iwans Zuneigung und wurde in der Folgezeit zu seinem Hauptberater.

Die Regierung der Sacharjins näherte sich ihrem Ende. Basmanow, der dies nur zu gut begriff, war bemüht, ihren Fall zu beschleunigen. Nachdem er einen mit Scheremetjew begonnenen Streit um einen Rangplatz gewonnen hatte, wurde allen klar, daß die alte Regierung keinen Einfluß mehr hatte. Iwan Bolschoi Scheremetjew, der ein naher Verwandter der Sacharjins war und seit rund 15 Jahren zu dem engeren Beraterkreis des Zaren gehörte, verfügte über bedeutende militärische Verdienste und nahm eine sehr hohe Stellung in der Rangplatzordnung ein. All das konnte Basmanow jedoch nicht zurückhalten.

Das Avancement Basmanows fand genau zu dem Zeitpunkt statt, als die Verfolgung des Hochadels begann. Als typischer Vertreter des Militärs trat er für eine gewaltsame Unterdrückung der Bojarenopposition ein. So wurde die Familie Scheremetjew eines der ersten Opfer Basmanows. Sofort nach Beendigung des oben erwähnten Streits wurden die beiden Brüder Iwan und Nikita Scheremetjew verhaftet. Da Iwan Scheremetjew zu den angesehensten Mitgliedern des aufgelösten Auserwählten Rats gehörte, wagte es Iwan der Schreckliche nicht, ihn hinrichten zu lassen. Deshalb beschränkte er sich darauf, Scheremetjews Vermögen zu beschlagnahmen, den Bojaren selbst nach grausamen Folterungen ins Gefängnis zu werfen und seinen Bruder Nikita erdrosseln zu lassen. Dies vermochten die Sacharjins nicht zu verhindern.

Anfang 1564 erhielt der Zar die Nachricht von der Zerschlagung seines Heeres in Litauen, wobei die ersten Mitteilungen wahrscheinlich stark übertrieben waren. Dadurch, daß der Hauptwojewode verschollen war, konnte man das Ausmaß der Katastrophe nicht genau feststellen. Iwan, der vermutete, daß die Anführer der Bojarenopposition seine Kriegspläne an die Litauer verraten hatten, ordnete, ohne auch nur einen Augenblick zu zögern, die Hinrichtung der beiden in Frage kommenden Bojaren an. Noch während der Abendmesse wurde Fürst Repnin von den Dienern des Zaren verhaftet und im Anschluß auf der Straße getötet. Ein paar Stunden später ereilte Fürst Kaschin das gleiche Schicksal während der Morgenandacht.

Die Ermordung von Repnin und Kaschin, die sich bei Polozk durch besondere Tapferkeit ausgezeichnet hatten, war der Anlaß für eine heftige Polemik zwischen Kurbski und dem Zaren. Der flüchtige Bojar schrieb empört, Iwan habe das „siegreiche (!) heilige Blut" der beiden Wojewoden „in den Kirchen Gottes" vergossen. Der Zar erwiderte darauf sarkastisch, er habe schon seit langem nichts mehr von „heiligem Blut" in Rußland gehört. In dem Rußland dieser Zeit gäbe es keine Glaubensmärtyrer, und so sei es völlig „unangebracht", Verräter und Wüstlinge Märtyrer zu nennen. Kurbski ließ Iwans Affront nicht unbeantwortet. Er nahm folgendes überaus aufschlußreiches Gleichnis vom siegreichen Wojewoden Repnin und seinem Märtyrertod in seine „Geschichte des Moskauer Großfürstentums" auf:

Nach dem Feldzug auf Polozk habe der Zar eines Tages den „siegreichen" Wojewoden, mit dem er sich anzufreunden gedachte, in seinen Palast zu einem heiteren Schmaus mit Spielleuten eingeladen. Als alle schon ziemlich angetrunken waren, hätten auch der Zar und seine Freunde beschlossen, gemeinsam mit den Gauklern zu tanzen. Diese Obszönität habe den „Strenggläubigen" derart schockiert, daß er zur allgemeinen Bestürzung in Tränen ausbrach und Iwan laut zu tadeln begann: „Es ist unter Deiner Würde, christlicher Zar, derartiges zu tun!" Der Zar sei bemüht gewesen, den Widerspenstigen zur Vernunft zu bringen, und habe ihn aufgefordert, sich gemeinsam mit den anderen zu amüsieren. Auch habe er versucht, dem trotzigen Gast eine Maske anzulegen, dieser jedoch habe allen Anstand vergessen und sie mit den Füßen zertreten. Er habe erklärt, indem er auf seinen Bojarentitel verwies: „Ich werde mich als ein Mann, der den Rang eines Rats innehat, nicht mit solchem Unfug befassen." In Wut geraten, habe Iwan den hartnäckigen Bojaren schließlich vor die Tür setzen lassen.

Das Gleichnis von der „Heldentat" Repnins, das man zunächst für erdacht halten könnte, ist für die Beziehung des Zaren zu den „Großbojaren" kurz vor der Bildung der Opritschnina[21] sehr bezeichnend. Trotz einer gewissen Angst waren die „stolzen Würdenträger" noch nicht ganz verstummt. Viele nahmen die Drohungen des einstigen Schützlings Silvesters noch nicht ernst, widersprachen dem Selbstherrscher nicht nur wie zu Zeiten Iwans III. und Wassilis III., sondern konnten durchaus ihm gegenüber grob werden. Dennoch waren sich die Widersacher Iwans des Schrecklichen über die Bedeutung Basmanows als Inspirator der beginnenden Verfolgungen und Hinrichtungen im klaren. Unmittelbar nach seiner Flucht nach Litauen überschüttete Kurbski einen gewissen „Jabruder" des Zaren, der „seine Kinder noch schlimmer, als es die Opferpriester des Kronos getan haben, mißbraucht"[22] mit wüsten Beschuldigungen. Dies war eine Anspielung auf den jungen Günstling

Iwans des Schrecklichen, Fjodor Basmanow, der, so schrieb Kurbski, „dem Zaren Lügen ins Ohr flüstert, das Blut der Christen wie Wasser vergießt und sogar die ‚Starken im Lande Israel' zugrunde richtet". Der hier zitierte Brief Kurbskis, der am Tage nach der Hinrichtung Repnins und anderer Bojaren geschrieben wurde, macht deutlich, wer für die Hinrichtung von Führern der Opposition unmittelbar verantwortlich war: Alexej Basmanow, der „ruhmreiche Speichellecker", „Wahnsinnige" und „Verderber des heiligen Rußlands", wie Kurbski ihn nannte.

Die blutigen Hinrichtungen stießen in der Hauptstadt auf Protest. In dieser Situation ließ die Regierung nichts unversucht, um sich die Unterstützung der kirchlichen Leitung zu sichern.

Nachfolger Makaris wurde Andrej, der ehemalige Probst der Verkündigungs-Kathedrale. Zehn Jahre lang war er zuvor Beichtvater des Zaren gewesen. Nach dem Fall Silvesters wurde Andrej unter dem Namen Afanassi Mönch im Tschudow-Kloster des Kreml. Der Zar entschied sich deshalb für diesen Mönch, weil er an der Spitze der Kirche einen gehorsamen Mann brauchte.

Der neue Metropolit erhielt nicht nur das besondere Recht, eine weiße Kappe zu tragen, sondern auch sonstige Vergünstigungen und Privilegien vom Zaren, die für ihn finanziell sehr vorteilhaft waren. All diese Gnaden sollten das Einvernehmen zwischen dem Monarchen und der Kirche festigen.

Die führenden Köpfe der Bojaren waren gegen das Bündnis des Metropoliten mit dem Selbstherrscher. So behauptete Kurbski in einem Schreiben an seinen Gesinnungsgenossen, den Mönch des Kiewer Höhlenklosters Wassjan Muromzew, die sich als Josephiten bezeichnenden Hierarchen der Kirche seien bestochen und durch Reichtümer verdorben: Diese Schätze hätten die Priester zu gehorsamen Dienern der Macht gemacht. Es gebe in Rußland, so Kurbski, keine Hohenpriester mehr, die den Zaren seiner gesetzwidrigen Taten überführen und das vergossene Blut beklagen würden, es gebe keine Menschen, die in der Lage seien, den wütenden Brand zu löschen und die verfolgten „Brüder" zu retten.

Kurbski war fest davon überzeugt, daß seine Kritik an der Josephiten-Kirche im Kiewer Höhlenkloster, das seit jeher eine Zitadelle der „Uneigennützigen" war, auf Zustimmung treffen würde. Seine scharfe Kritik an den Josephiten hatte jedoch weniger dogmatischen als vielmehr politischen Charakter. Er hoffte, das einflußreiche Kiewer Höhlenkloster würde sich an die Spitze der Kirchenopposition stellen.

Kurbskis Schreiben ist schon aus diesem Grunde interessant, weil es nahezu das einzige Schriftstück ist, in dem das politische Programm der

Bojarenopposition kurz vor Einführung der Opritschnina offen dargelegt wird. Der Hauptpunkt dieses Programms war die Forderung, Repressalien gegen die Bojaren unverzüglich einzustellen. Kurbski warf dem Selbstherrscher in Moskau Blutgier, Nachlässigkeit in Staatsangelegenheiten und die Verlogenheit seiner Gerichte vor. Weiterhin prangerte er an, daß die Dienstadligen verarmt seien, die Kaufleute unterdrückt würden und auch die Ackerbauern zu leiden hätten, kurz, er machte ihn für all das Unglück verantwortlich, welches das Moskauer Reich ereilt hatte.

2. Kurbskis Verrat

Kurze Zeit danach begann ein Briefwechsel zwischen dem im Ausland lebenden Kurbski und dem Zaren selbst, der bisher als eines der erstaunlichsten Literaturdenkmäler des 16. Jahrhunderts galt. Edward Keenan von der Harvard University gelangte jedoch vor kurzem zu dem Schluß, daß weder Iwan noch Kurbski diese Briefe geschrieben hätten: Die Korrespondenz sei von ganz anderen Personen verfaßt worden, die sich diese komplizierte Täuschung etwa 50 Jahre nach dem Tod des Zaren ausgedacht hätten. Die Entdeckung Keenans löste unter den Wissenschaftlern große Aufregung aus. Hätte Keenan recht gehabt, dann hätte man die Geschichte Rußlands im 16. Jahrhundert völlig neu schreiben müssen.

Inzwischen ist die Diskussion abgeschlossen, und übriggebliebene Fragen sind rein nebensächlich. Über die Echtheit der Schriften Iwans des Schrecklichen und Kurbskis kann es keinen Zweifel geben. Iwan der Schreckliche besaß Eigenschaften, die sonst für Menschen in seiner Stellung selten waren. In für ihn kritischen Situationen legte er mehr als einmal das Schwert aus der Hand und griff zur Feder, um seine widerspenstigen Untertanen zur Vernunft zu bringen. Wie kam es zu der Polemik mit Kurbski?

In der Bojardenduma tagten neben Personen, die dem Zaren nicht wohlgesinnt waren, viele Bojaren, die das volle Vertrauen des Zaren genossen; einige zählten wie Kurbski sogar zu seinen persönlichen Freunden. Die Geschehnisse, die sich nach dem Polozker Feldzug ereigneten, verdüsterten jedoch Iwans Freundschaft für Fürst Andrej Kurbski. Der Zar, der sich, wie er selbst sagte, durch das „Einvernehmen“ des Fürsten mit den Verrätern hintergangen fühlte, erlegte ihm eine „kleine Strafe“ auf, indem er Kurbski als Statthalter von Livland in die Festung von Jurjew schickte.

Der Polozker Feldzug, in dem Kurbski einen ehrenvollen Auftrag erfüllt hatte, war erst zuvor beendet worden. Kurbski hatte die Vorhut des russischen Heeres angeführt und somit eine Funktion erfüllt, mit der stets die besten und erfahrensten Heerführer betraut wurden. Er hielt sich an den gefährlichsten Abschnitten auf und leitete die Belagerung der gegnerischen Festung. Nach der Eroberung von Polozk kehrte ein siegreiches Heer in die Hauptstadt zurück. Die ranghöchsten Offiziere konnten mit Auszeichnungen und Urlaub rechnen. Kurbski jedoch war das alles nicht vergönnt. Der Zar befahl ihm, nach Jurjew zu gehen, und gab ihm nicht einmal einen Monat für die Reisevorbereitungen. Alle erinnerten sich noch gut daran, daß Jurjew auch der Verbannungsort für den ehemaligen Regenten Alexej Adaschew gewesen war. Erst knapp drei Jahre waren seit dem Tag vergangen, als Adaschew nach seinem erfolgreichen Livland-Feldzug nach Jurjew versetzt und in das dortige Gefängnis geworfen wurde, um dort in Ungnade zu sterben.

In Jurjew angekommen, schrieb Kurbski an seine Freunde, die Mönche des Kiewer Höhlenklosters: „Vielmals bitte ich euch, betet für mich, den Verfluchten, weil gar großes Unheil und Plagen von Babylon auf uns zukommen." Um die in Kurbskis Worten enthaltene Allegorie zu verstehen, muß man wissen, daß unter Babylon damals die Zarenmacht in Moskau verstanden wurde. Warum erwartete Kurbski vom Zaren neue Unannehmlichkeiten für sich? Wie wir wissen, begann Iwan der Schreckliche gerade zu dieser Zeit mit den Untersuchungen zu der Verschwörung des Fürsten Wladimir Andrejewitsch, mit dem Kurbski verwandt war. Durch diese Untersuchung wurde der Wojewode von Jurjew bloßgestellt. Gesandte des Zaren erklärten später in Litauen, Kurbski habe schon lange vor seiner Flucht dem Zaren die Treue gebrochen, nämlich bereits zu dem Zeitpunkt, als er „... sich nach einem anderen Herrscher umsah und den Fürsten Wladimir Andrejewitsch auf dem Thron sehen wollte, mit dem seine Cousine verheiratet war, wobei Fürst Wladimir Andrejewitsch in denselben Fall verwickelt war wie bei euch (in Litauen) Švitrigaila und Jagiello".

Nachdem Kurbski etwa ein Jahr in Jurjew verbracht hatte, floh er nach Litauen. Im Schutze der Nacht seilte er sich von der hohen Festungsmauer ab und ritt mit einigen treuen Dienern nach Volmar. Seine Frau blieb in Jurjew zurück. In der Eile ließ er fast sein ganzes Hab und Gut zurück, wie zum Beispiel Rüstungen und Bücher, die er sehr schätzte. Der Grund für seine überstürzte Abreise war der, daß seine Moskauer Freunde ihn heimlich vor einer ihm drohenden Ungnade des Zaren gewarnt hatten. Iwan selbst bestätigte später, daß Kurbskis Befürchtungen nicht unbegründet gewesen seien. Seine Gesandten teilten dem litauischen Hofe mit, der Zar habe von den „verräterischen“ Umtrieben Kurbskis erfahren und bereits geplant, diesen zu bestrafen. Kurbski sei ihm jedoch zuvorgekommen und ins Ausland geflohen. In einem späteren Gespräch mit einem polnischen Gesandten gab Iwan zu, er habe vorgehabt, Kurbski seine Vorrechte zu beschneiden und ihm seine Ländereien wegzunehmen, gab aber dabei sein Zarenwort, er habe ihm nicht nach dem Leben getrachtet. In einem kurz nach der Flucht des Fürsten geschriebenen Brief an ihn warf der Zar dem Bojaren vor, dieser habe einer von falschen Freunden ausgehenden Verleumdung Glauben geschenkt und sei „eines einzigen zornigen Wortes (des Zaren) wegen“ ins Ausland geflohen. Das war von seiten des Zaren nichts als pure Heuchelei. Andererseits war ihm aber auch nicht die ganze Wahrheit über die Flucht seines ehemaligen Freundes bekannt. Die Umstände, unter denen die Abreise Kurbskis stattfand, sind bis auf den heutigen Tag ungeklärt. Noch immer können die Historiker viele Fragen, die in dem Zusammenhang entstanden sind, nicht beantworten.

Nach Kurbskis Tod überließen seine Erben dem königlichen Gericht in Litauen alle mit seiner Flucht aus dem Moskauer Reich zusammenhängenden Papiere. Im Zuge eines Gerichtsverfahrens stellte sich heraus, daß der Flucht Kurbskis mehr oder weniger langwierige Geheimverhandlungen vorausgegangen waren. Zunächst soll der zarische Statthalter von Livland „geschlossene“, das heißt Geheimbriefe ohne Unterschrift und Siegel erhalten haben. So sei ein Brief vom litauischen Hetman Fürst Radziwill und dem Unterkanzler Wollowicz, ein anderer vom König gewesen. Nachdem eine Übereinkunft erzielt worden war, schickte Radziwill einen „offenen Brief“, das heißt ein unterzeichnetes und besiegeltes Schreiben nach Jurjew, in dem Kurbski eine ziemlich hohe Belohnung in Litauen versprochen wurde. Ein ähnliches Schriftstück erhielt Kurbski auch vom König.

Wenn man bedenkt, in welchem Zustand sich zu dieser Zeit sowohl Verkehrsmittel als auch Straßen befanden, berücksichtigt, wie weit die polnische Hauptstadt entfernt lag und wie schwierig in Kriegszeiten das Überschreiten der Grenze war, kann man annehmen, daß die Geheimverhandlungen in Jurjew mindestens einen, möglicherweise aber auch mehrere Monate dauerten.

Inzwischen sind weitere Dokumente bekannt geworden, die mit der Abreise Kurbskis in Zusammenhang stehen, wie zum Beispiel ein Brief von König Sigismund II. August, der anderthalb Jahre vor dem „Verrat“ des zarischen Statthalters in Livland geschrieben wurde. Der König dankte dem fürstlichen Wojewoden von Witebsk für seine Bemühungen bezüglich des Moskauer Wojewoden Fürst Kurbski und erlaubte, einen Brief an Kurbski zu übersenden. Eine andere Frage sei, schrieb der König weiter, was aus all dem noch werde.

Aus dem Brief des Königs geht weiter hervor, daß die Geheimkontakte zu dem Moskauer Wojewoden auf Initiative des „fürstlichen Wojewoden von Witebsk" hin aufgenommen wurden. Mit Hilfe litauischer Schriftstücke jener Zeit stellte man fest, daß dies der bereits erwähnte Radziwill war. Der König selbst gestattete Radziwill, einen Brief an Kurbski zu übersenden. Dieser „geschlossene Brief" Radziwills war sozusagen der Beginn von Geheimverhandlungen zwischen Kurbski und den Litauern.

Die Zeilen von König Sigismund, welche sich auf das „Vorhaben" Kurbskis bezogen und anderthalb Jahre vor der Abreise des Moskauer Wojewoden geschrieben wurden, erscheinen zunächst etwas seltsam. An der russisch-polnischen Grenze tobte jedoch ein blutiger Krieg, bei dem das königliche Heer wiederholt Niederlagen einstecken mußte. So war es kein Wunder, daß König Sigismund II. über das „Vorhaben" Kurbskis erfreut war und die Hoffnung zum Ausdruck brachte, daraus könne etwas Gutes werden. Er irrte sich nicht, wie sich später herausstellen sollte.

Aufgrund von neuen Fakten müssen die livländischen Chroniken, die über die Tätigkeit Kurbskis als Statthalter des russischen Livlands berichten, nochmals überprüft werden. So berichtet der bekannte Chronist F. Nyenstede, ein gewisser Graf Artz, Statthalter des schwedischen Herzogs Johan in Livland, habe nach der Verhaftung des Herzogs durch König Erik XIV. bei den Polen um Hilfe gebeten und anschließend Kurbski heimlich vorgeschlagen, ihm das Schloß Helmet zu übergeben. Auch ein entsprechender Vertrag sei unterzeichnet und besiegelt worden. Dann habe jedoch irgend jemand die Verschwörer an die litauischen Behörden verraten, woraufhin Artz nach Riga gebracht und dort Ende 1563 gerädert worden sei.

Der livländische Chronist stellte Kurbskis Verhandlungen mit Artz in einem für den russischen Fürsten recht günstigen Licht dar. Andererseits schrieb er aber auch über die in Livland entstandenen Gerüchte, Kurbski habe den schwedischen Statthalter von Livland selbst verraten. „Fürst Andrej Kurbski", lesen wir, „wurde wegen dieser Verhandlungen vom Großfürsten (Zaren – *der Verf.*) verdächtigt, gemeinsam mit dem Polenkönig Böses gegen ihn beabsichtigt zu haben". Die Berichte über die heimlichen Kontakte Kurbskis zu den Litauern zeigen deutlich, daß die Verdächtigungen des Zaren durchaus nicht unbegründet waren.

Im Rigaer Archiv wird eine Niederschrift von Kurbskis Aussagen aufbewahrt, die er gleich nach seiner Ankunft in Livland vor den livländischen Behörden gemacht hat. Dort heißt es nach einem ausführlichen Bericht über die Geheimverhandlungen mit livländischen Rittern und Rigaern: „Ähnliche Verhandlungen führte er (Kurbski) mit Graf Artz, den er ebenfalls dazu überreden konnte, die Burgen des Großherzogtums von Finnland dem Großfürsten zu überlassen. Er kenne noch viele ähnliche Begebenheiten, habe sie jedoch während seiner gefahrvollen Flucht vergessen." Die ungewöhnliche Kürze der letzten Behauptung und der Hinweis auf seine Vergeßlichkeit bestätigen indirekt die in Livland weit verbreiteten Gerüchte, Kurbski sei an dem Tod von Artz mitbeteiligt gewesen. Der russische Bojar nahm nach seiner Ankunft in Livland einen ehemaligen Diener des hingerichteten Grafen in seinen Dienst. In seiner Gegenwart jammerte und seufzte er wiederholt über den Tod von dessen ehemaligem Herrn. Wollte er damit nicht von jedem Verdacht auf seinen eigenen Verrat ablenken?

Durch die von Kurbski eingeleiteten Geheimverhandlungen mit den Litauern erwies er diesen offensichtlich wichtige Dienste. Nach seiner Flucht sagte der ehemalige Wojewode von Jurjew aus, daß der Zar sein Vorhaben, ein 20 000 Mann starkes Herr nach Riga zu schicken, auf Betreiben des früheren Statthaltes von Livland, des Stallmeisters I. P. Fjodorow-Tscheljadnin, geändert habe. So habe sich das in Polozk zusammengezogene Heer statt dessen nach Litauen begeben. Kurbskis Briefpartner, Fürst Radziwill, war inzwischen über die Marschroute genau informiert worden. Er überraschte die von Moskauer Wojewoden geführten Truppen und zerschlug sie. Das geschah drei Monate vor der Flucht Kurbskis ins Ausland.

Nachdem ein Bote die Nachricht von der Niederlage nach Moskau gebracht hatte, ließ der Zar unverzüglich zwei Bojaren hinrichten, die im Verdacht standen, heimliche Beziehungen mit Litauen zu unterhalten. Die Hinrichtungen erschütterten Kurbski zutiefst. „Großmächtiger Zar", schrieb er, „unerhört qualvollen Tod hast Du gegen die Dir Wohlgesinnten erdacht." Kurbskis Aufregung war in erster Linie darauf zurückzuführen, daß er natürlich auch mit Maßnahmen gegen seine eigene Person rechnen mußte. Der bittere Kelch ging jedoch auch diesmal an ihm vorbei. Dennoch begann sich Kurbski von diesem Zeitpunkt an auf die Flucht ins Ausland vorzubereiten. Davon zeugen seine Briefe, die er aus Jurjew sandte. Um den Entschluß, seine Heimat zu verlassen, vor Freunden zu rechtfertigen, schrieb er ausführlich über das schwere Schicksal der russischen Untertanen (Dienstadel, Kaufleute und Bauern).

Die Adligen verfügten nicht einmal über das „tägliche Brot", und die Bauern litten unter den übermäßigen Steuern, schrieb er, wobei das Mitleid den Bauern gegenüber nicht gerade typisch für ihn war. In keiner seiner vielen späteren Schriften erwähnte Kurbski die Ackerbauern auch nur mit einem einzigen Wort.

Es ist nicht ausgeschlossen, daß die Geschichte von Kurbskis Verrat auch Aufschluß über seine damalige finanzielle Situation gibt. Während eines Aufenthalts in Jurjew hatte er sich vom Kiewer Höhlenkloster wiederholt Darlehen geben lassen, tauchte dann aber ein Jahr später im Ausland mit einem Sack voll Gold auf. In seiner Geldbörse befand sich eine für die damaligen Verhältnisse gewaltige Summe in ausländischer Währung: 30 Dukaten, 300 Gold- und 500 Silbertaler und lediglich 44 Moskauer Rubel. Da Kurbski sich darüber beklagte, daß sein Landbesitz nach der Flucht beschlagnahmt worden war, ist nicht anzunehmen, daß das Geld aus dem Verkauf seiner Ländereien stammte. Auch den Wojewodenschatz von Jurjew schien er nicht unterschlagen zu haben, denn darüber hätte Iwan der Schreckliche auf jeden Fall berichtet. So kann man annehmen, daß Kurbski für seinen Verrat vom Polenkönig reichlich belohnt wurde.

Nebenbei bemerkt, befanden sich im Moskauer Reich weder Goldmünzen noch Dukaten im Umlauf, letztere hatten lediglich die Funktion eines Ordens: Bekam man einen „ugrischen" (also ungarischen) Dukaten für seinen Dienst, so trug man ihn entweder an seiner Mütze oder am Ärmel.

Die Geschichtswissenschaftler haben auf folgendes Paradoxon aufmerksam gemacht: Kurbski, der, wie bereits erwähnt, als reicher Mann ins Ausland kam, begann von dort aus sofort die Mönche des Kiewer Höhlenklosters um finanzielle Hilfe zu bitten. Eine Erklärung dafür findet sich in den Originalakten der litauischen Urkunden, die Gerichtsbeschlüsse über Kurbskis Ausreise und seine anschließende Beraubung enthalten. Dort wurde die Geschichte seiner Flucht bis ins Detail festgehalten. Der Bojar verließ Jurjew in der Nacht und erreichte gegen Morgen die livländische Grenzfestung Helmet. Dort sollte er einen Führer nach Wolmar erhalten, wo ihn die königlichen Beamten erwarteten. Die Deutschen in Helmet nahmen den Flüchtling jedoch fest, raubten ihm sein ganzes Gold und brachten Kurbski als Gefangenen ins Schloß Armus. Um dem Ganzen die Krone aufzusetzen, rissen die dortigen Adligen ihm auch noch die Fuchsmütze vom Kopf und raubten seine Pferde.

Völlig ausgeplündert nach Wolmar gekommen, hatte der Bojar nun genügend Zeit, um über die Launen des Schicksals nachzudenken. Wenig später warf Kurbski dem Zaren in einem Brief vor, er (Kurbski) sei all seiner Habe beraubt und vom Zaren aus dem „göttlichen Lande" vertrieben worden. Diese Behauptungen darf man jedoch nicht für bare Münze nehmen. Der Statthalter von Livland hatte nämlich schon lange zuvor Verhandlungen mit den Litauern aufgenommen, so daß ihn wohl eher die Angst vor Entlarvung aus der Heimat trieb, wo er übrigens bis zum letzten Tag nicht auf direkte Weise verfolgt wurde. Sobald er jedoch in der Fremde war, halfen ihm weder der Geleitbrief des Königs noch der Schwur der litauischen Senatoren. Man verweigerte ihm nicht nur die versprochene Belohnung, sondern beraubte ihn darüber hinaus bis aufs letzte Hemd. Er verlor so mit einem Schlag seine hohe Stellung, seine Macht und sein Geld. Angesichts dieser Katastrophe erschien Kurbski seine verlassene Heimat plötzlich als das „göttliche Land".

In Litauen angekommen, erklärte der geflüchtete Bojar als erstes, er halte es für seine Pflicht, den König von den „Umtrieben Moskaus" in Kenntnis zu setzen, die man „unverzüglich unterbinden" müsse. Kurbski verriet den Litauern all die livländischen Anhänger Moskaus, mit denen er einst selbst Verhandlungen geführt hatte, und nannte außerdem die Namen von Moskauer Spionen am königlichen Hofe.

Weiterhin schickte er seinen treuen Diener Wassili Schibanow nach Jurjew, damit dieser Kurbskis Schriften unter dem Ofen im Wojewodenhaus hervornahm und sie dem Zaren oder den Mönchen vom Kiewer Höhlenkloster übergab. Nach vielen Jahren der Erniedrigung und des Schweigens brannte Kurbski darauf, seinem ehemaligen Freund Beleidigungen ins Gesicht zu werfen und sich bei dieser Gelegenheit auch für seinen Verrat zu rechtfertigen. Schibanow sollte darüber hinaus im Kiewer Höhlenkloster ein Darlehen erbitten.

Der von Kurbski gesandte Bote schaffte es jedoch nicht, seinen Geheimauftrag zu erfüllen. Er wurde unterwegs festgenommen und in Fesseln nach Moskau gebracht. Die Überlieferung von Schibanows Heldentat, der dem Zaren den „ärgerlichen" Brief auf der Paradetreppe des Kreml übergeben haben soll, ist reine Legende. Das einzige, was man aus zuverlässiger Quelle weiß, ist, daß der festgenommene Diener Kurbskis sich selbst unter Folter weigerte, seinen Herrn zu verleugnen, und ihn sogar noch auf dem Schafott laut pries.

Von Wolmar aus schickte Kurbski jeweils ein kurzes Schreiben an den Zaren und an die Mönche im Kiewer Höhlenkloster. Beide Botschaften endeten mit ein und denselben Sätzen. Der Flüchtling drohte den Mönchen und seinem ehemaligen Freund mit dem Gericht Gottes und damit, daß er gegen sie gerichtete Schreiben in sein Grab mitnehmen werde.

Nicht nur Kurbski suchte Rettung in Litauen. Dorthin flüchteten auch der „böswillige“ Timocha Teterin, ein Strelitzen-Befehlshaber und Gesinnungsgenosse Kurbskis, der aus dem Kloster geflüchtet war, und andere.

Das Entstehen einer russischen politischen Emigration in Litauen hatte weitgehende Folgen. Zum ersten Mal seit vielen Jahren erhielt die Opposition die Möglichkeit, über ihre Not offen zu berichten und ihre Forderungen dem offiziellen Standpunkt gegenüberzustellen.

Die Emigranten unterhielten geheime Verbindungen zu ihren Gesinnungsgenossen im Moskauer Reich. In der russischen Hauptstadt wiederum wartete man gierig auf alle aus dem Ausland kommenden Gerüchte und Nachrichten. Da sich der Konflikt zwischen der Selbstherrschaft und der adligen Opposition zusehends vertiefte, stieß der Protest der Emigranten auf überaus starke Resonanz.

Die Auseinandersetzungen mit der Duma und die Provokationen seitens führender Köpfe der Opposition veranlaßten Iwan den Schrecklichen, zur Feder zu greifen, um die widerspenstigen Untertanen zur Vernunft zu bringen. In der Alexandrowskaja Sloboda und in Moschaisk verfaßte er innerhalb weniger Wochen seine berühmte Antwort an Kurbski. Auf seiner Fahrt nach Moschaisk wurde der Zar von Basmanow begleitet, woraus man schließen kann, daß der neue Günstling des Zaren zu den ersten Lesern des Antwortbriefs gehörte und wahrscheinlich auch an dessen Formulierung beteiligt war.

Das aufsehenerregende Schreiben Iwans des Schrecklichen konnte man nach damaligen Maßstäben als ganzes Buch bezeichnen. Dem Inhalt nach war es ein regelrechtes Manifest der Selbstherrschaft, das neben vernünftigen Gedanken viel hohles Geschwätz und Prahlerei enthielt. Am meisten beschäftigte den Zaren die Frage des Wechselverhältnisses zwischen dem Monarchen und dem Adel. Der Zar erhob Anspruch auf uneingeschränkte Macht. Bei gottlosen „Heiden“, behauptete er, „beherrschen die Zaren ihre Zartümer nicht: Sie herrschen so, wie es ihnen ihre Untertanen befehlen. Die Selbstherrscher Rußlands hingegen und nicht die Bojaren und die Würdenträger beherrschen von Anfang an ihre Untertanen und ihren Staat selbst.“ Gott selbst habe die Ahnen Kurbskis und die übrigen Bojaren zu Untertanen der Moskauer Herrscher gemacht. Selbst der Hochadel sei für den Zaren keine „Brüderschaft“ (so nannte Kurbski sich selbst und die übrigen Fürsten), sondern bestehe auch nur aus Knechten. „Und es steht uns frei“, schrieb er, „unsere Knechte sowohl zu belohnen als auch zu bestrafen.“

Das in dem Schreiben des Zaren dargestellte Bild von dem mächtigen

Herrscher hat Historiker wiederholt getäuscht. Die Fakten sprechen jedoch für sich. Iwan der Schreckliche, der um alles in der Welt Alleinherrscher sein wollte, war in Wirklichkeit von seinen mächtigen Vasallen abhängig. Die uns aus den Chronikergänzungen bekannten „Reden des Zaren" anläßlich der Bojarenmeuterei lassen keinen Zweifel aufkommen. Angst vor den Grausamkeiten der Bojaren und das Bewußtsein der eigenen Überflüssigkeit, das war es, was sich hinter seinem Hochmut verbarg.

Auch vor Kurbski wollte sich der Zar nicht die Blöße geben, vermochte jedoch in dem Schreiben an ihn die eigenen Ängste nicht zu verheimlichen. Würden die Bojaren etwa glauben, schrieb Iwan, ihm dadurch einen Dienst zu erweisen, daß sie ihm stets nach dem Leben trachteten? Die jetzigen Verräter, fuhr er fort, hätten ihren Treueid gebrochen und den ihnen von Gott gegebenen und zum Herrscher geborenen Zaren von sich gestoßen und so viel Böses getan wie überhaupt nur möglich.

Seine Sorgen und Zweifel offen zum Ausdruck zu bringen, erlaubte sich Iwan der Schreckliche nur selten und hauptsächlich dann, wenn er über die Vergangenheit schrieb. Ging es jedoch um die Gegenwart, so hütete er sich, seinen Gegnern Grund zum Triumph zu geben. So wollte Zar Iwan auch den sich zuspitzenden Konflikt mit der Bojarenduma nicht eingestehen. Unter seinen Bojaren, schrieb er an Kurbski, gebe es niemanden, der mit ihm nicht einverstanden sei, außer Kurbskis Freunden und Beratern, die jetzt, Dämonen gleich, unter dem Schleier der Nacht an der Verwirklichung ihrer heimtückischen Pläne arbeiteten. Es ist offensichtlich, wen der Zar damit meinte. Er hielt Kurbski und dessen Freunde für Anhänger der Starizkis und glaubte, sie hätten an deren Verschwörung teilgenommen. Aus diesem Grund drohte er nun, mit ihnen abzurechnen.

Der Zar, der in seinem Brief über die Vergangenheit schrieb, geizte dabei nicht mit Beispielen, welche die Bojaren als Verräter hinstellten. Während er in den Ergänzungen zum Buch des Zarentums Silvester und Adaschew als indirekte Helfershelfer der Starizkis zu kompromittieren versuchte, verwandelte er diese Personen in seinem Brief an Kurbski mit einem Federstrich in die Anführer einer Verschwörung gegen die Dynastie. Die Verräter, schrieb Iwan, hätten sich „wie Betrunkene gemeinsam mit dem Popen Silvester und Eurem Anführer Alexej" (Adaschew) aufgelehnt, um den Thronfolger, Zarewitsch Dmitri, zugrunde zu richten und den Thron dem Fürsten Wladimir zu übergeben.

Alle in dem Schreiben an Kurbski enthaltenen Argumente liefen darauf hinaus, daß die Bojaren allesamt Verräter seien. Sie wollten, schrieb

Zar Iwan, keine Staatsgewalt, sondern eigenmächtig handeln; dort aber, wo die Untertanen ihrem Zaren nicht mehr gehorchten, gebe es unaufhörlich Fehden; würde man diese Verbrecher nicht hinrichten, so fielen alle Zartümer wegen Unordnung und Fehden auseinander. Der Zar war bemüht, der Eigenmächtigkeit der Bojaren den unumschränkten Eigenwillen des „von Gott gekrönten" Monarchen entgegenzusetzen.

In verschiedenen Varianten wiederholte Iwan der Schreckliche, daß die Bojaren wegen ihres „Ungehorsams" und „Verrats" verfolgt werden müßten. Er suchte und fand zahlreiche Argumente, die Repressalien gegen den Adel rechtfertigten, und ebnete so den Weg zur Opritschnina.

Der Zar beschimpfte außerdem Kurbski und dessen ganzes Geschlecht. Der geflüchtete Bojar, so Iwan, hätte seine Verleumdungen in „böser... Absicht" geschrieben, dabei „wie ein Hund gebellt und wie eine Schwarzotter Gift verspien". Kurbski hatte Iwan unter anderem angedroht, der Zar werde ihn bis zum Jüngsten Gericht nicht mehr zu Gesicht bekommen. „Wer wünscht schon so ein scheußliches Äthiopiergesicht zu sehen?" antwortete der Zar.

Die Epistel des Zaren erreichte Kurbski, nachdem er nach Litauen gefahren war und dort vom König Landgüter erhalten hatte. In dieser Zeit begann jedoch sein Interesse für die schriftliche Polemik mit Iwan bereits nachzulassen. Der Bojar verfaßte noch ein kurzes Beweisschreiben an den Zaren, das er jedoch nie abschicken sollte. Von nun an vermochten nur noch die Waffen seinen Streit mit Iwan zu entscheiden, und so nahmen Intrigen gegen das „göttliche Land" den Emigranten jetzt völlig in Anspruch. Mit Kurbskis Unterstützung wiegelte der König die Krimtataren gegen Moskau auf und schickte dann seine Truppen nach Polozk. Auch Kurbski nahm an dieser Schlacht teil. Ein paar Monate später übertrat er gemeinsam mit einem litauischen Trupp zum zweitenmal die Moskauer Grenze. Aus vor kurzem entdeckten Archivdokumenten geht hervor, daß es Kurbski dank seiner guten Geländekenntnisse gelang, eine ihm entgegenkommende große Abteilung des russischen Heeres einzukreisen, in die Sümpfe zu treiben und dort zu vernichten. Dieser relativ leichte Sieg berauschte den Bojaren, und so bat er den König inständig, ihm ein Heer von 30 000 Mann zu überlassen, mit dem er Moskau einnehmen wollte. Sollte man ihm jedoch immer noch nicht ganz trauen, meinte Kurbski, schlage er vor, ihn für die Zeit des Feldzuges an einen Pferdewagen anzuketten sowie von allen Seiten mit Strelitzen zu umstellen, die mit geladenen Hakenbüchsen bewaffnet sein sollten und ihn im Falle eines Verrats sofort erschießen könnten. Auf diesem von Reitern umgebenen Wagen wolle er dem litauischen Heer vorausfahren und es zum Ziel (nach Moskau) führen. Das Heer solle ihm nur folgen.

Der Verrat hatte Kurbski in Verruf gebracht. Selbst ehemalige Freunde von ihm, wie die Mönche des Kiewer Höhlenklosters, gaben bekannt, daß sie jegliche Beziehung zu ihm abgebrochen hätten. Konnte man jedoch von einem vollständigen Triumph des Zaren sprechen? Die Antwort auf diese Frage ließ nicht lange auf sich warten.

Von Litauen aus beschuldigte Kurbski den Zaren, ein unzüchtiges Verhältnis mit Fjodor Basmanow zu unterhalten. Über die Familie Basmanow, die bei Hofe gehaßt und verachtet wurde, schimpfte man sowohl im geheimen als auch gelegentlich offen. So geriet eines Tages Fürst Owtschinin mit Fjodor Basmanow in Streit und beschimpfte diesen dabei wegen seiner gottlosen Taten. Basmanow begab sich zum Zaren und berichtete ihm unter Tränen von dieser Beleidigung. Iwan, der über eine derartige Frechheit des Fürsten empört war, lud Owtschinin in seinen Palast ein und befahl ihm nach einem Gastmahle, in den Weinkeller hinunterzusteigen, wo das Fest angeblich abgeschlossen werden sollte. Der angetrunkene Fürst hörte die in den Worten des Zaren enthaltene Drohung nicht und begab sich hinunter in den Keller. Dort wurde er von Hundeknechten erwürgt.

Fürst Fjodor Owtschinin-Telepnjow-Obolenski, Sohn des berühmten Günstlings der Regentin Jelena, gehörte zum russischen Hochadel und konnte bereits auf bedeutende militärische Erfolge zurückblicken. Seine Ermordung stieß daher selbst bei denjenigen, die sich bis dahin dem Zaren gegenüber loyal verhalten hatten, auf Protest. Wie ein gut informierter Zeitgenosse berichtete, wandten sich der Metropolit und die Bojaren an Iwan den Schrecklichen mit der Bitte, das grausame Blutvergießen zu beenden.

Augenzeugen, die die wahren Gründe für diesen Auftritt des Metropoliten nicht kannten, glaubten, er wäre auf den großen Einfluß des „Grafen“ Owtschinin zurückzuführen, den dieser angeblich in Moskowien besaß. In Wirklichkeit jedoch war der Tod Owtschinins lediglich ein Anlaß für einflußreiche Kräfte, zu versuchen, eine Änderung des Regierungskurses und die Einstellung des Terrors herbeizuführen.

Obwohl sich der Appell des Klerus und der Bojarenduma an den Zaren von den zornigen Philippiken des Emigranten Kurbski äußerlich stark unterschied, war der Inhalt aber ein und derselbe. Geistlichkeit und Bojarenduma forderten den Zaren mit Nachdruck auf, von den ungerechtfertigten Repressalien abzulassen. Kurbskis Briefen nach zu urteilen, ging das Verlangen, jegliche Hinrichtungen einzustellen, einher mit der Forderung, den Hauptinspirator des Terrors, Alexej Basmanow, aus der Regierung zu entfernen. Da der Sohn von Alexej Basmanow an der Ermordung Owtschinins mitbeteiligt war, hatte die Opposition einen recht günstigen Vorwand, darauf zu bestehen, daß der verhaßte Günstling des Zaren abgesetzt wurde.

Daß auch der Adel die Brutalität des Zaren verurteilte, wurde offensichtlich, als dieser befahl, Kurbskis Diener Wassili Schibanow zunächst hinzurichten, und danach die Leiche zur allgemeinen Einschüchterung ausstellen ließ. Bojar Wladimir Morosow ordnete seinen Leuten an, umgehend den Leichnam zu begraben. Iwan, der dem Bojaren diese Eigenmächtigkeit nicht verzeihen konnte, ließ Morosow wegen angeblicher Geheimverbindungen zu Kurbski ins Gefängnis werfen.

Der Unmut der Bojaren und des hohen Klerus brachte den Zaren in eine schwierige Lage. Selbst Personen, die nach der Absetzung Adaschews zu Testamentsvollstreckern des Zaren geworden waren, genossen nun nicht mehr sein volles Vertrauen. So erhielt zum Beispiel Fürst P. I. Gorenski, Mitglied des künftigen Regentenrats, den Befehl, den Hof zu verlassen und sich in das Einsatzheer zu begeben. Dort angelangt, versuchte er, ins Ausland zu fliehen, wurde aber bereits in Litauen festgenommen, in Fesseln nach Moskau gebracht und bald darauf gehängt.

Iwan der Schreckliche, der auch einigen einflußreichen Regierungsmitgliedern nicht mehr vertraute, ließ seinen Testamentsvollstrecker, Bojar I. P. Jakowlew-Sacharjin, vorübergehend in Haft nehmen. Noch bis vor kurzem hatte Iwan IV. in den Sacharjins die möglichen Retter der Zarendynastie gesehen. Nun geriet auch diese Bojarenfamilie in Verdacht.

Die Regierung der Sacharjins, die sich nach der Absetzung Adaschews herausgebildet hatte, bestand nicht einmal vier Jahre. Der Zerfall dieser Regierung, deren anerkanntes Oberhaupt Danila Romanowitsch 1564 starb, ebnete neuen Günstlingen des Zaren den Weg zur Macht.

Der Personenkreis, der durchgreifende Maßnahmen und Repressalien gegen die Bojarenopposition unterstützte, war klein. Außer A. D. Basmanow gehörte ihm keines der einflußreichen Mitglieder der Bojarenduma an. Zu den engsten Helfershelfern Basmanows wurden Afanassi Wjasemski, ein gewandter Troßwojewode, der sich während des Polozker Feldzugs vor dem Zaren hervorgetan hatte, sowie der bis dahin unbekannte Dienstadlige Petrok Saizew. Durch den Protest des Metropoliten und der Bojarenduma waren die Inspiratoren der neuen Linie in völlige Isolation geraten. Gerade dies war der Grund dafür, daß sie es nun auf eine offene Konfrontation ankommen ließen.

3. Einführung der Opritschnina

Da Zar Iwan seine uneingeschränkte Selbstherrschaft zu behaupten gedachte, war es für ihn unabdingbar, der Bevormundung durch die Bojarenduma ein Ende zu setzen. Der Monarch war jedoch nur mit Unterstützung des gesamten Dienstadels in der Lage, sich gegen den Hochadel durchzusetzen. Um die Unterstützung der Dienstadligen zu gewinnen, gab es zwei Möglichkeiten. Die eine beinhaltete die Erweiterung der Rechte und Privilegien des Dienstadels mit Hilfe eines Reformprogramms. Die Regierung Iwans IV. entschied sich jedoch für einen anderen Weg. Sie verzichtete darauf, sich auf den Dienstadel als Ganzes zu stützen, und stellte statt dessen eine aus einem begrenzten Kreis von Dienstadligen bestehende Polizeimacht auf. Deren Mitglieder genossen im Vergleich zur Mehrheit des Dienstadels alle möglichen Vorrechte.

Das traditionelle Verwaltungssystem für Armee und Zentralämter, die Rangplatzordnung und andere Institutionen, die die politische Herrschaft des Bojarenadels gewährleisteten, hatten bis dahin keinerlei radikale Umgestaltung erfahren. So war die Monarchie, die aufgrund dieser Sachlage mit einem politischen Konflikt rechnen mußte, nicht in der Lage, die Vormachtstellung des Hochadels in ihren Grundfesten zu zerstören und den gesamten Dienstadel neu zu organisieren. Die Vorrechte, die den „Schutztruppen“ genannten Angehörigen der Opritschnina gewährt wurden, riefen mit der Zeit bei den Dienstmannen der Semstschina[23] tiefe Unzufriedenheit hervor. So bewirkte die Einführung der Opritschnina im Endeffekt eine Schmälerung der sozialen Basis der Regierung. Dies führte in der nun folgenden Zeit dazu, daß der Terror das einzige Mittel zur Überwindung des entstandenen Widerspruchs wurde.

Der polnisch-litauische Staat wollte sich mit dem Verlust von Polozk nicht abfinden. Im Herbst 1564 marschierte ein starkes Heer des Königs auf die Festung zu, worauf in aller Eile russische Truppen an der nordwestlichen Grenze zusammengezogen wurden. Genau zu diesem Zeitpunkt fiel auch die Krimhorde, die damit ihr Abkommen verletzte, in das Moskauer Reich ein. Obwohl die an der Oka stehenden Sicherungseinheiten die Invasion der Tataren nicht aufzuhalten vermochten, wagte es Chan Dewlet-Girej aber nicht, gegen Moskau vorzustoßen, und bog statt dessen nach Rjasan ab. Die dortige Garnison war zahlenmäßig nicht sehr stark, auch befand sich die Festung in einem erbärmlichen Zustand. Der Zufall wollte es, daß sich Basmanow zur Erholung auf seinem Landgut befand, das nicht weit von Rjasan lag. Er rief eilig sein bewaffnetes Gefolge zusammen, überfiel die berittenen Patrouillen der Tataren, machte viele Gefangene und setzte sich in Rjasan fest. Da alle Versuche der Krimtataren, die Festung im Sturm zu nehmen, scheiterten, zogen sie sich in die Steppe zurück.

Auch das litauische Heer trat, nachdem es einige Zeit völlig untätig einige Kilometer von Polozk entfernt gestanden hatte, den Rückzug an.

Obwohl beide Überfälle zurückgeschlagen wurden, beschleunigten sie die Zuspitzung der Krise in Moskau. Das Moskauer Reich hatte es nicht geschafft, den Zusammenschluß seiner gefährlichsten Gegner zu verhindern. Das war eine ernsthafte diplomatische Niederlage. Von nun an war ein Zweifrontenkrieg unvermeidlich. Seit dem ersten Feldzug Iwans des Schrecklichen gegen Kasan, der 15 Jahre zuvor stattgefunden hatte, gab es nicht einmal ein Jahr lang Frieden für das Volk, dem der Krieg Unglück und Verwüstung brachte.

Angesichts dieser außenpolitischen Mißerfolge erhielt der Zar von seinen Mitstreitern den Rat, eine Diktatur im Lande zu errichten, um so jegliche Opposition mit Hilfe von Terror und Gewalt zu zerschmettern. Zu dieser Zeit konnte jedoch im Moskauer Reich keine ernsthafte politische Entscheidung ohne die Zustimmung der Bojarenduma getroffen werden. Der Standpunkt der Duma und der Kirchenleitung war dem Zaren jedoch wohlbekannt, und so gab es für ihn keinerlei Hoffnung, sein Vorhaben durchsetzen zu können. Aus diesem Grund sah sich der Zar zu einer ganz ungewöhnlichen Handlungsweise gezwungen. Um dem „Rat der großen adligen Herren" seinen Willen zu diktieren, stellte er seine Abdankung in Aussicht. Auf diese Weise wollte er die Duma zwingen, den Ausnahmezustand über das Land zu verhängen.

Der Abdankung Iwans des Schrecklichen waren überaus dramatische Ereignisse vorausgegangen. Anfang Dezember 1564 begann die Zarenfamilie mit den Vorbereitungen ihrer Abreise aus Moskau. Iwan IV. besuchte die Kirchen und Klöster der Hauptstadt und betete dort inbrünstig. Zur größten Unzufriedenheit der Kirchenoberen ließ er die Ikonen, die am meisten geehrt wurden, und auch sonstige Heiligtümer in den Kreml schaffen. Am Sonntag, dem 3. Dezember, nahm Iwan am Gottesdienst in der Mariä-Entschlafungs-Kathedrale des Kreml teil. Nach dessen Beendigung verabschiedete er sich tief bewegt vom Metropoliten, von den Mitgliedern der Bojarenduma, den Sekretären, Dienstadligen und Gästen der Hauptstadt. Auf dem Platz vor dem Kreml standen bereits einige Hundert voll beladene Pferdewagen, die von bewaffneten Dienstadligen bewacht wurden. So verließ die Zarenfamilie ihre Hauptstadt mit allen Moskauer Heiligtümern und dem Staatsschatz. Die kirchlichen und weltlichen Schätze waren eine Art Unterpfand in den Händen Iwans.

Die Abfahrt des Zaren war recht ungewöhnlich. Seine engsten Vertrauten, die ihn begleiteten, hatten den Befehl erhalten, ihre Familien mitzunehmen. Die in Moskau zurückbleibenden Bojaren und Geistlichen, die über die Pläne des Zaren nicht unterrichtet waren, quittierten diesen „großen und ungewöhnlichen Aufbruch des Herrschers“ mit „Befremden und Niedergeschlagenheit“, da sie ja nicht wußten, wohin der Zar fahren werde.

Der „Zarenzug“ irrte mehrere Wochen durch die Moskauer Umgebung und erreichte dann schließlich die Festung Alexandrowskaja Sloboda. Von dort aus ließ der Zar Anfang Januar den Metropoliten und die Duma wissen, er habe „aus großem Herzenskummer“ seinen Staat verlassen und sei entschlossen, sich dort niederzulassen, wohin ihn Gott führen würde. Es ist anzunehmen, daß der Zar in den Tagen seines „Umherirrens“ den Rohentwurf für ein neues Testament verfaßte, in dem er offen über die Gründe seiner Abreise aus Moskau berichtete. Seiner vielen Freveltaten wegen habe ihn der Zorn Gottes ereilt, schrieb Iwan, „und so bin ich von den eigenmächtigen Bojaren von meinem Besitz verjagt worden und irre nun durch das Land und hoffe, daß Gott mich nicht ganz verläßt“. Das Testament des Zaren enthielt eine umfangreiche „Beichte“, die voll von bitteren Geständnissen war. Iwan gestand alle möglichen Sünden.

Noch kurz zuvor hatte Fürst Kurbski dem Zaren seine himmelschreiende Undankbarkeit vorgeworfen und sich über seine Vertreibung in die Fremde beklagt. „... Du hast mir Gutes mit Bösem und meine Liebe mit unversöhnlichem Haß vergolten ...“ Nun begann ein anderer „Vertriebener“, Zar Iwan selbst, in der gleichen Sprache zu reden. Sein Hirn habe sich verkrustet, klagte Iwan, „mein Körper ist verschmachtet, mein Geist ist krank. Mein Segen wurde mir nur mit Bösem und meine Liebe mit Haß vergolten.“ Nur wenige Monate waren verstrichen, seitdem Iwan in hochmütigen Worten von freier „Selbstherrschaft“ in Rußland an Kurbski schrieb. Nun kam das klägliche Ende. Der „von Gott gesalbte“ Selbstherrscher war von den eigenen „Knecht“-Bojaren von seinem „Besitz“ verjagt worden. Für einen Mann, der fest von der göttlichen Herkunft seiner Macht überzeugt war, konnte die Abdankung unmöglich eine bloße Komödie sein. Iwan IV. war nervlich zutiefst erschüttert. Fast alle Kopfhaare waren ihm ausgefallen. Als der Zar aus der Alexandrowskaja Sloboda nach Moskau zurückkehrte, war er kaum wiederzuerkennen, so stark hatte er sich verändert. Seine Klagen über den „verschmachteten“ Körper und den sich an seinem Körper und seiner Seele mehrenden Schorf waren offensichtlich mehr als nur eine rhetorische Floskel.

Von der Alexandrowskaja Sloboda aus schickte der Zar einen Boten mit Briefen an die Duma und die Bewohner der Hauptstadt. Während die Dumamitglieder und die Erzbischöfe auf dem Hof des Metropoliten zusammenkamen und sich die Nachricht anhörten, sie seien beim Zaren in Ungnade gefallen, veranstalteten die Sekretäre eine große Volksversammlung und gaben die Abdankung Iwans des Schrecklichen bekannt. In einem Aufruf an die Hauptstädter bat Iwan, nicht daran zu zweifeln, daß er ihnen weder böse noch ungnädig sei. Indem er den Machthabern seine Ungnade erklärte, appellierte der Zar gleichsam an das Volk, das er in seinem alten Streit mit den Bojaren für sich zu gewinnen hoffte. Er schrieb unumwunden über die Unterdrückung und die Beleidigungen, die dem Volk durch die verräterischen Bojaren zuteil geworden seien.

Unter den Mitgliedern der Bojarenduma gab es natürlich Gegner Iwans, die großen Einfluß besaßen. Wegen der allgemeinen Entrüstung über die „Verräter“ getraute sich jedoch niemand von ihnen, die Stimme zu erheben. Die auf dem Platz vor dem Zarenpalast versammelte Volksmenge wurde von Stunde zu Stunde größer und bedrohlicher. Vertreter von Kaufleuten und der Stadtbevölkerung, die man in die Gemächer des Metropoliten hereingelassen hatte, erklärten, sie würden den alten Treueid nicht vergessen, den Zaren um Schutz gegen die „Mächtigen“ bitten und seien selbst dazu bereit, all diejenigen „zugrunde zu richten“, die den Herrscher verraten hätten.

In einer solchen Situation konnte die Bojarenduma die Abdankung Iwans des Schrecklichen nicht annehmen. Mehr noch: Sie sah sich gezwungen, ihm ein Untertanengesuch zu senden. Vertreter des Metropoliten und der Bojaren machten sich sofort auf den Weg in die Alexandrowskaja Sloboda. Der Zar ließ die Geistlichen zu sich herein und erklärte in einem Gespräch mit ihnen, sein Entschluß sei endgültig, später gab er jedoch dem Flehen des eng mit ihm befreundeten Archimandriten (Vorsteher) des Tschudow-Klosters Lewki und des Nowgoroder Erzbischofs Pimen nach. Erst jetzt wurde auch den führenden Repräsentanten der Bojarenduma erlaubt, die Sloboda zu betreten, die inzwischen wie ein Kriegslager aussah. Die Bojaren wurden als Feinde unter starker Bewachung in den Palast geführt. Die führenden Dumamitglieder baten den Zaren, ihnen zu vergeben und den Staat „wie es ihm beliebe“ zu regieren.

Den genauen Wortlaut der Antwortrede des Zaren fand man in den

Aufzeichnungen der beiden aus dem Ausland stammenden Opritschnina-Mitglieder Taube und Kruse. Dieses Dokument, das an und für sich nicht besonders glaubwürdig ist, enthält mehrere Sujets, die auch in dem Originalschreiben des Zaren an Kurbski enthalten sind. So verkündet der Zar den Bojaren, sie hätten bereits früher versucht, die ruhmreiche Dynastie zugrunde zu richten, und seien auch jetzt jeden Augenblick dazu bereit. Die Worte Iwans waren eine direkte Anspielung auf die Verschwörungen zugunsten der Starizkis. Der Teilfürst wurde jedoch nicht namentlich genannt, da sich der Zar, nachdem er seinem Vetter vergeben hatte, zum Schweigen verpflichtet fühlte. Wie auch in seinem Brief an Kurbski beschäftigte er sich am liebsten mit Themen, die im Zusammenhang mit der illegitimen Bojarenregierung seiner Kindheitsjahre standen. In der Sloboda ersann Iwan IV. weitere Anschuldigungen gegen die Bojaren, die bis jetzt in seinem Schreiben gefehlt hatten. Nach dem Tode seines Vaters, meinte er, hätten die Bojaren die Absicht gehabt, ihm seine legitimen Rechte zu entziehen und einen der Fürsten Gorbaty-Schuiski zu ihrem Herrscher zu machen. Er aber müsse täglich zusehen, wie sich diese Unwürdigen an der Regierung des Landes beteiligen. Iwan der Schreckliche schloß seine zornige Rede mit der Feststellung, Verräter hätten zunächst seine Gemahlin zugrunde gerichtet und würden nun ihm selbst nach dem Leben trachten. Gott habe sich dem jedoch widersetzt und diese Umtriebe aufgedeckt. Deshalb sehe er sich als Zar dazu verpflichtet, Maßnahmen zur Verhütung eines nahenden Unglücks zu ergreifen.

Die Anwesenden begriffen den Sinn der Zarenrede nur zu gut. Mit Ausnahme des Fürsten A. B. Gorbaty waren alle älteren Schuiskis längst von der Bildfläche verschwunden. Diesen Fürsten meinte er dann auch, als er sich darüber beschwerte, täglich einen Unwürdigen in seiner Duma antreffen zu müssen. Gorbaty hatte allerdings während der Regentschaft der Schuiskis nur untergeordnete Funktionen inne. Erst unter Adaschew rückte er zu einem der wirklichen Machthaber auf. Gerade das aber wurde ihm zum Verhängnis, denn die Bojarenduma vermochte es nicht einmal, ihrem anerkannten Führer Schutz zu bieten.

Als der Zar unter dem Vorwand, eine Verschwörung bekämpfen zu müssen, uneingeschränkte Machtbefugnisse für sich verlangte, wurde ihm demütig zugestimmt. Um eine Vereinbarung mit der Duma zu schließen, hielt der Zar einige Bojaren in der Sloboda zurück. Alle anderen schickte er jedoch umgehend in die Hauptstadt. Eine solche Teilung der Duma war ganz im Sinne Basmanows und anderer Helfershelfer des Zaren. Die Vorbereitung des die Opritschnina betreffenden Beschlusses dauerte über einen Monat. Mitte Februar kehrte der Zar nach Moskau zurück und legte den Text des Beschlusses der Duma und dem Heiligen Konzil zur Bestätigung vor.

In einer Rede vor der Versammlung sagte Iwan unter anderem, er habe vor, zum „Schutze" seines Lebens eine „Opritschnina" mit Hof, Heer und eigenem Territorium zu schaffen. Ferner solle der Moskauer Staat als Semstschina unter die Verfügungsgewalt der Bojarenduma gestellt werden. Er selbst werde sich uneingeschränkte Machtbefugnisse nehmen, u. a. das Recht, „ungehorsame" Bojaren in die Acht zu erklären oder hinrichten zu lassen. Weiterhin solle das Hab und Gut in Ungnade Gefallener ohne vorherige Beratung mit der Duma dem Fiskus einverleibt werden. Dabei wies der Zar insbesondere auf die Notwendigkeit hin, mit Übergriffen der Behörden und sonstigen Ungerechtigkeiten Schluß zu machen. Dies war paradoxerweise eines der Hauptargumente zugunsten der Opritschnina.

Ohne besondere Mühe gelang es der Regierung, die Zustimmung der Versammlung für diesen neuen Erlaß zu erwirken. Da die Dumamitglieder durch ihr Versprechen, das sie in den Tagen der dynastischen Krise abgelegt hatten, gebunden waren, blieb ihnen nichts anderes übrig, als dem Zaren untertänigst für seine Fürsorge um den Staat zu danken.

Die im Stil eines Teilfürstentums organisierte Opritschnina[24] war der persönliche Besitz des Zaren. Sie wurde von einer zweiten Duma verwaltet. Ihr formelles Oberhaupt war der junge kabardinische Teilfürst Michail Tscherkasski, ein Bruder der Zarin. In Wirklichkeit jedoch entschieden die Plestschejews (die Bojaren Alexej Basmanow, Sachari Otschin und der Mundschenk Fjodor Basmanow) und ihre beiden Freunde Wjasemski und Saizew über alle in der Duma diskutierten Angelegenheiten.

Zur Opritschnina gehörten mehrere große Amtsbezirke, die den Opritschnina-Hof mit Lebensmitteln zu versorgen hatten, aber auch die ausgedehnten nördlichen Landkreise Wologda, Ustjug Weliki, Waga und Dwina mit ihren reichen Handelsstädten. Diese Landkreise dienten der Opritschnina als Haupteinnahmequelle. Finanzielle Sorgen veranlaßten jedoch die Opritschnina-Regierung dazu, auch die Hauptzentren der Salzgewinnung, Staraja Russa, Kargopol, Sol Galizkaja, Balachna und Sol Wytschegodskaja, unter ihre Kontrolle zu nehmen. Das Salzmonopol wurde in der Folgezeit das wichtigste Mittel der Opritschnina-Regierung, um die Bevölkerung finanziell auszubeuten.

Außerdem nahm der Zar die Landkreise Susdal, Moschaisk und Wjasma, aber auch ein Dutzend andere ganz kleine Kreise in die Opritschnina auf. Die in diesen Gebieten wohnhaften Dienstadligen wurden zu einem Appell gerufen. Dabei wurden sie von der Opritschnina-Duma mit Basmanow an der Spitze peinlich genau über ihre Herkunft, die Herkunft ihrer Ehefrauen und ihre freundschaftlichen Beziehungen ausgefragt. In die Opritschnina wurden ausschließlich Dienstadlige niederer Abstammung aufgenommen, die weder mit Bojaren verwandt noch befreundet waren. Der Hochadel verachtete die „neugemachten" Opritschnina-Herrschaften und nannte sie „elende Bauerntrottel" und „garstige Menschen". Der Zar, selbst nicht ganz frei von diesbezüglichen Vorurteilen, beklagte sich in einem Brief an den später in Ungnade gefallenen Opritschnik (Angehörigen der Opritschnina) Wassili Grjasnoi darüber, daß er gezwungen sei, sich mit Bauern und Knechten zu umgeben. „... Unserer Sünden wegen – und dies wollen wir nicht verschweigen – wurden die Fürsten und Bojaren unseres Vaters uns untreu, und so wollen wir jetzt Euch Bauern, von denen wir Treue und einen aufrichtigen Dienst erwarten, bei uns aufnehmen." Das aus dem niederen Adel zusammengestellte Opritschnina-Heer war nach Auffassung Iwans des Schrecklichen ein zuverlässiges Werkzeug zur Bekämpfung der hochadligen Opposition. Bei der Aufnahme in die Opritschnina schwor jedes neue Mitglied, Verschwörungen gegen den Zaren aufzudecken und nichts Böses zu verschweigen, was ihm zu Ohren kommen sollte. Alle Kontakte zur Semstschina waren den Opritschniki untersagt. Die neuen Vasallen des Zaren trugen schwarze Kleidung aus grobem Stoff. Sie trugen am Gürtel eine Art Besen, der die Säuberung des Landes von Verrat symbolisieren sollte.

Der Dienst beim tausendköpfigen Opritschnina-Heer, das die privilegierte Leibgarde des Zaren darstellte, erschloß dem niederen Adel neue Aufstiegsmöglichkeiten. So konnte beispielsweise ihr Bodenbesitz vergrößert werden. Derartige Privilegien galten jedoch nur für einen verhältnismäßig engen Kreis von Dienstadligen.

Um die Opritschniki hinreichend mit Boden zu versorgen, beschlagnahmten die Behörden den Bodenbesitz jener Adligen in Susdal, Moschaisk und in anderen Landkreisen, die nicht in die Opritschnina aufgenommen worden waren.

Schriftstücke des Dienstlistenamtes lassen darauf schließen, daß viele „Bojarenkinder" aus den Opritschnina-Landkreisen ausgesiedelt wurden. In kritischen Momenten des Livländischen Kriegs wurde jedesmal das gesamte Adelsaufgebot in den Kampf geschickt. Wenige Jahre vor Einführung der Opritschnina nahmen noch über 18 000 wehrpflichtige „Bojarenkinder" am litauischen Feldzug teil. Zehn Jahre später, nachdem eine schreckliche Hungersnot, Pest und Hinrichtungen über das Land gerollt waren, konnten die Behörden nur noch 12 000 „Bojarenkinder" für die Verteidigung Moskaus aufstellen. Die zahlenmäßige Stärke des Adelsaufgebots ging im Landesdurchschnitt um rund ein Drittel, in den Opritschnina-Landkreisen sogar um die Hälfte zurück, was sich durch zahlreiche Aussiedlungen vom Opritschnina-Territorium erklären läßt.

Zahl der wehrpflichtigen „Bojarenkinder" in den Opritschnina-Landkreisen (nach Angaben der Rangbücher)

	1562	1572
Susdal	636	210
Moschaisk	486	127
Wjasma	314	180
Koselsk	290	130
Galitsch	250	150
Medyn	218	95
Maly Jaroslawez	148	75
Belew	50	–
Insgesamt:	2392	967

Chroniken zufolge befahl Zar Iwan die Aufstellung eines 1000 Mann starken Opritschnina-Heers (Opritschnina-Tausend) aus „Bojarenkindern", die „mit einem Mal" in den Opritschnina-Landkreisen angesiedelt worden waren. Die Rangbücher bestätigten, daß dieser Zarenerlaß streng befolgt wurde. Mindestens 1300 bis 1500 hohe Adlige in Susdal, Wjasma und in anderen Landkreisen verloren ihre Landgüter und wurden in Semstschina-Gebiete umgesiedelt.

Die Aussiedlung von Grundbesitzern aus den Opritschnina-Landkreisen und die Beschlagnahmung ihres Besitzes veranlaßte so manchen Historiker dazu, in der Opritschnina eine großangelegte staatliche Reform zu sehen.

Auffallend ist hierbei, daß sowohl diese von S. F. Platonow vertretene Hypothese als auch die Schlußfolgerungen von S. B. Wesselowski, wonach die Opritschnina lediglich bestimmte Personen beseitigt, die allgemeine Ordnung aber unverändert gelassen habe, sich hauptsächlich auf eine Analyse der territorialen Zusammensetzung der Opritschnina stützten. Der enge territoriale Rahmen gibt uns jedoch nicht die Möglichkeit, die Opritschnina als Erscheinung insgesamt zu analysieren. Hier hilft uns die Entdeckung von neuen Archivmaterialien weiter.

Schon in den ersten Tagen der Opritschnina wurden die Moskauer

Augenzeugen blutiger Hinrichtungen. Auf Befehl des Zaren wurden Fürst Gorbaty sowie dessen fünfzehnjähriger Sohn und sein Schwiegersohn, Okolnitschi P. P. Golowin, enthauptet. Gorbaty, der Eroberer Kasans, hatte einen überaus festen und unbeugsamen Charakter. Seine Schuld lag wohl eben darin, daß er sich nicht davor fürchtete, dem Zaren zu widersprechen. Die gegen ihn vorgebrachten Anschuldigungen, er habe an einem Komplott teilgenommen, waren höchstwahrscheinlich erdacht.

Nicht von ungefähr nahm Iwan der Schreckliche Korrekturen an der offiziellen Geschichte seiner Herrschaft vor. Die Chroniken ersetzten fehlende Untersuchungsmaterialien und kompromittierten viele einflußreiche Anhänger der Starizkis. Dennoch fielen die Bestrafungen von seiten der Opritschnina relativ milde aus.

Bojar Fürst I. A. Kurakin und Bojar Fürst D. I. Nemoi-Obolenski, die in den Chronikergänzungen als Anführer einer Bojarenverschwörung zugunsten der Starizkis bezeichnet wurden, verbannte man in ein Kloster. Der zu einem einfachen Wojewoden degradierte und bereits früher einmal zum Tode verurteilte Bojar Fürst S. W. Rostowski wurde in Nischni Nowgorod festgenommen und ermordet. Opritschniki brachten den Kopf des Ermordeten zum Zaren nach Moskau.

Opfer der Opritschnina wurden ferner zwei Adlige, die nicht zur Duma gehörten: Fürst Iwan, Bruder des früher ermordeten Bojaren Juri Kaschin, und Fürst Dmitri Schewyrew. Letzterem wurde ein Märtyrertod zugedacht: Er wurde gepfählt. Überlieferungen zufolge soll Schewyrew nicht sofort gestorben sein. Ohne sich die höllischen Schmerzen anmerken zu lassen, habe er auf dem Pfahl wie auf einem Thron gesessen und Kanons auf Jesus Christus gesungen. Diese Überlieferung scheint jedoch eine Legende zu sein.

Beim Lesen des offiziellen Berichts entsteht der Eindruck, daß der Chronist die ersten Taten der Opritschnina nur sehr kurz und überaus lückenhaft beschrieben hat. Das Wichtigste wurde überhaupt nicht erwähnt. Kann man denn allen Ernstes glauben, daß all die kostspieligen Unterfangen der Opritschnina, wie zum Beispiel die Aufstellung des Opritschnina-Heeres, die Aussonderung von Zarenländereien u. dgl. m., lediglich die Entfernung von fünf Bojaren aus der Duma zum Ziel hatten?

Der Meinungsstreit über die wahren Ziele der Opritschnina kann nur aufgrund von neuen Fakten entschieden werden. Diese findet man jedoch nicht, wenn man nur den Spuren früherer Forscher nachgeht. Der Erfolg hängt davon ab, in welcher Richtung gesucht wird. Eine solche Richtung weisen uns die Chroniken.

In dem offiziellen Chronikbericht über die Gründung der Opritschnina hieß es, nach der Hinrichtung der Verräter hätte der Zar einige Dienstadlige und „Bojarenkinder" in die Acht erklärt, andere wiederum mit Weib und Kind in sein „Patrimonium" Kasan verbannt. Obwohl der Bericht nicht klar genug zu sein scheint, veranlaßt er doch den Forscher dazu, der Frage nachzugehen, wer die nach Kasan verbannten Dienstadligen waren und wie es ihnen später erging. Dabei helfen uns Aufzeichnungen des Dienstlistenamtes. Eine davon lautet: „Im selben Jahr (1565) schickte der Herrscher in seiner herrscherlichen Ungnade die Fürsten Jaroslawski und Rostowski, aber auch viele andere Fürsten und Dienstadlige ... nach Kasan ..." Das Rangbuch zeigt dagegen eindeutig, daß in der Opritschnina-Zeit nicht Dienstadlige, sondern Vertreter des Hochadels angesiedelt wurden. Sowohl der Chronikbericht als auch die Rangbücher zeichnen sich in dieser Beziehung durch seltenen Lakonismus aus.

Schon 1960 suchte ich eine Erklärung in einer Sonderstudie über die Kasaner Verbannung, wobei ich mich auf neue Archivdokumente stützte. Ich begann mit der glücklichen, zugleich aber denkbar naheliegenden Vermutung, daß man nach den fehlenden Fakten nicht in literarischen Quellen, sondern in Steuerverzeichnissen, das heißt in den Grundbüchern suchen müßte. Das Sichten von Archivmaterialien wird allgemein nur dann von Erfolg gekrönt, wenn das jeweilige Ziel genau abgesteckt ist. In diesem Fall wurden die kühnsten Erwartungen übertroffen. Die Grundbücher der Kasaner Region lagen unversehrt im Archiv. Ein seltenes Glück, wenn man bedenkt, in welchem Zustand die Archive des 16. Jahrhunderts sind. Bereits auf den ersten Seiten findet man das Datum: 1565, das Jahr, in dem die Opritschnina eingeführt wurde. Ziemlich bald stellt sich heraus, daß die Kasaner Grundbücher parallel zu dem Zarenerlaß über die Verbannung der in Ungnade Gefallenen Dienstadligen in die östlichen Gebiete Rußlands verfaßt wurden.

Den Kasaner Grundbüchern kann man wohl kaum Tendenziösität vorwerfen. Die dortigen Schreiber haben lediglich die Namen der in Ungnade gefallenen Fürsten und „Bojarenkinder" zu Protokoll genommen, welche der Herrscher „in sein Patrimonium Kasan geschickt" und vor Ort mit Landgütern ausgestattet hatte. Den Grundbüchern zufolge wurden etwa 180 Personen verbannt, und die Sanktionen der Opritschnina richteten sich nicht gegen die Adligen schlechthin, sondern gegen die obere Schicht der Fürstenaristokratie. An die zwei Drittel der Verbannten trugen einen Fürstentitel.

Der Engländer Giles Fletcher, einer der scharfsichtigsten Schriftsteller des 16. Jahrhunderts, beschrieb anschaulich die Maßnahmen, mit deren Hilfe Iwan der Schreckliche nach Einrichtung der Opritschnina den Einfluß des Teilfürstenadels untergrub. Diese Maßnahmen liefen, so Fletcher, darauf hinaus, daß der Zar alle Erbgüter und -ländereien der Fürsten an sich riß und ihnen dafür Dienstgüter überließ. Diese befanden sich in großer Entfernung voneinander und in anderen Regionen Rußlands.

Taube und Kruse, zwei deutsche Augenzeugen der ersten Tage der Opritschnina, stellten fest, daß die Opritschniki Mitglieder von Fürstenfamilien förmlich terrorisierten. Man nahm sie fest und beförderte sie zum Verbannungsort. Ihre Familienangehörigen wurden schlicht aus ihren Gütern vertrieben und mußten, ganz auf sich selbst gestellt, den Verbannungsort erreichen. Da es den in Ungnade Gefallenen verboten war, etwas von ihrem Vermögen mitzunehmen, mußten einige unterwegs betteln.

Da sich die Behörden nicht mit der Versorgung der Verbannten beschäftigen wollten, wurde beschlossen, ihnen in ihren Verbannungsorten, die in den östlichen Randgebieten des Moskauer Reichs lagen, Land zuzuteilen. Der aus Moskau gesandte Okolnitschi N. W. Borissow erfaßte 1565/66 alle Ländereien der Kasaner Region einschließlich der tatarischen, tschuwaschischen, mordwinischen sowie der Kronländereien. Die Verteilung der Landgüter wurde von der örtlichen Administration vorgenommen, an deren Spitze der Zar die vornehmsten und einflußreichsten Adligen unter den Verbannten stellte.

W. B. Kobrin hat bezweifelt, daß der mißtrauische Zar die Kasaner Region unter die Verwaltung politisch unzuverlässiger Personen gestellt habe. Dennoch sprechen die Fakten für sich. Die Angehörigen der Familie Kurakin, welche die Kasaner Region regierte, waren für Iwan den Schrecklichen unzuverlässige Personen und wurden darum als erste in die Acht erklärt. Der Kasaner Hauptwojewode Fürst I. A. Kurakin wurde sofort nach der Einführung der Opritschnina festgenommen und in ein Kloster verbannt. Sein leiblicher Bruder P. A. Kurakin wurde seiner Funktion als Hauptwojewode vom Smolensk entbunden und gemeinsam mit seinem Bruder G. A. Kurakin als Wojewode nach Kasan geschickt. Am 1. Mai 1566 gab der Zar bekannt, daß er den in Ungnade Gefallenen vergebe, den Kurakins jedoch das Recht verwehre, nach Moskau zurückzukehren: „In Kasan blieben die Wojewoden viele Jahre, und die Kasaner Landgüter wurden ihnen nicht genommen." Die Fürsten P. A. und G. A. Kurakin sowie die anderen Kurakins wurden zehn Jahre lang in diesem Randgebiet festgehalten. Danach ließ man P. A. Kurakin nach Moskau rufen, wo er später hingerichtet wurde. Es steht also außer Zweifel, daß Iwan der Schreckliche die Verwaltung der Kasaner Region den in Ungnade Gefallenen übertrug, welche die Verteilung der Staatsländereien selbst in die Hand nehmen mußten.

Die beiden Hauptwojewoden der Kasaner Region, die in Ungnade gefallenen Bojaren und Fürsten P. A. Kurakin und A. I. Katyrew-Rostowski, konnten bei einem Anrecht auf ein Dienstgut von 1000 Vierteln Ackerland nicht mehr als 120 bis 130 Viertel Acker und Brachland erhalten. Alle übrigen Fürsten mußten sich mit noch kleineren Dienstgütern begnügen. Manche Adelsfamilien erhielten nur ein einziges kleines Landgut, wie zum Beispiel die 12 Fürsten der Familie Gagarin.

Die in Archiven entdeckten Grundbücher ermöglichen umfassende Listen der nach Kasan Verbannten aufzustellen. Sie geben jedoch keine Antwort auf die noch wichtigere Frage, was aus dem Landbesitz der in Ungnade Gefallenen geworden ist. Aufgrund dieser Quellen kommt man zu dem Schluß, daß die verbannten Dienstadligen ihre Landgüter in Kasan anstelle ihrer alten Bodenbesitzungen und nicht zusätzlich dazu erhielten. Auch die Verfasser der offiziellen Chronik wiesen drauf hin, daß die Verbannung der Dienstadligen nach Kasan mit der Beschlagnahmung ihres Vermögens einherging. Der Chronikbericht wird zusätzlich durch Schriftstücke der Zentralämter aus dieser Zeit bestätigt. So läßt sich feststellen, daß unmittelbar nach Einführung der Opritschnina, im Sommer 1565, der Gerichtsschreiber Maxim Trifonow in die Provinz fuhr und „die Erbgüter der Fürsten von Starodub und Starodub-Rjapolowski inventarisierte“. Außerdem besuchte Trifonow auch den Landkreis Jaroslawl, wo er, wie aus erhalten gebliebenen Klosterschriftstücken von 1565 hervorgeht, ebenfalls die Erbgüter der Fürsten von Jaroslawl konfiszierte. Der Zar hat sogar die dem Fiskus einverleibten Fürstengüter in Jaroslawl in seinem Testament erwähnt. „Und die Erbgüter, die ich den Fürsten von Jaroslawl genommen habe“, schrieb er, „sollen meinem Sohn Fjodor zufallen.“ Die Beschlagnahmung der Fürstengüter in Jaroslawl durch die Opritschnina stieß bei Kurbski-Jaroslawski, der hier Landbesitz hatte, auf heftigen Protest. Kurbski behauptete, der Zar hätte die mit ihm (Kurbski) verwandten Fürsten Uschaty und andere zugrunde gerichtet, um sich deren Landreichtümer einzuverleiben.

Die von Kurbski erwähnten Fürsten Uschaty waren die reichsten des Jaroslawler Fürstengeschlechts. Fürst S. J. Menschoi-Uschaty zum Beispiel besaß ein Erbgut von 8000 Vierteln Ackerland und konnte im Kriegsfall 25 bewaffnete Knechte stellen. Nach seiner Verbannung nach Kasan gingen all diese Ländereien an den Fiskus über. Über ebenso großen Reichtum verfügten auch die Fürsten Sizki, die mit der Zarin Anastassija eng verwandt waren. Fürst D. W. Menschoi-Sizki besaß ein Erbgut von 4500 Vierteln Ackerland, das ihm ebenfalls nach seiner Verbannung entzogen wurde. Kurbski hatte allen Grund für seinen Zorn auf die Opritschnina. An die 40 mit ihm verwandten Fürstenfamilien waren verbannt und ihrer Landreichtümer beraubt worden.

Einen nicht weniger starken Schlag versetzte die Opritschnina-Regierung auch der Fürstenfamilie von Rostow. Der Bojar Fürst A. I. Katyrew, letzter Vertreter seines Geschlechts in der Duma, sein Vetter I. J. Chocholkow, die Söhne und Neffen des Bojaren J. Tjomkin, der Sohn des Bojaren von Stariza W. Tjomkin, der Kämmerer des Zaren, Janow, aber auch die berühmten Wojewoden Bachtejarow-Priimkow, Lobanow u. a. wurden in die östlichen Randgebiete des Moskauer Reiches verbannt. Über zwei Dutzend Rostower Fürsten fielen in Ungnade. Diese Angaben sind jedoch unvollständig.

Kurz vor der Einführung der Opritschnina ließ der Zar den Bojaren D. I. Chilkow hinrichten, wonach die Fürsten von Starodub aus der Duma entfernt wurden. Ihnen folgten in die Kasaner Verbannung Fürst A. I. Strigin-Rjapolowski, die drei Fürsten Romodanowski, die vier Fürsten Poscharski sowie einige Dutzend aus den Fürstenfamilien Kowrow, Gundorow und Kriwoborski.

All diese Informationen, die den Original-Grundbüchern der Kasaner Region aus den Jahren 1565/66 entnommen wurden, ermöglichen es, das Rätsel der Opritschnina zu lösen. Zunächst einmal muß man sich von der Vorstellung frei machen, der Zar hätte Landkreise mit großen fürstlichen Besitztümern in den Grenzen der Opritschnina zusammengefaßt. In Wirklichkeit lagen die beschlagnahmten Fürstengüter außerhalb des Opritschnina-Territoriums.

Der offiziellen Chronik zufolge sollen bei der Einrichtung der Opritschnina lediglich fünf öffentliche Hinrichtungen stattgefunden haben. Diese Repressalien standen jedoch in keinem Zusammenhang mit den militärischen Vorbereitungen der Opritschnina. Wie einflußreich die Hingerichteten auch gewesen sein mochten, der Zar war durchaus dazu imstande, sie auch ohne die Teilung des Staates und die Aufstellung der Opritschnina-Garde zu vernichten. All die ermittelten Fakten jedoch, die sich auf die Kasaner Verbannung beziehen, ermöglichen es, dieses Paradoxon zu klären. Der Zar benötigte genau zu dem Zeitpunkt eine Sonderstreitmacht, als er eine großangelegte Konfiszierung fürstlicher Ländereien vorbereitete. Die Behörden waren sich voll darüber im klaren, daß eine gegen die Tradition verstoßende Beschlagnahmen von Erbgütern ohne

Gerichtsverfahren und ohne jegliches Verschulden seitens der Grundbesitzer starken Protest hervorrufen würde, und bereiteten sich darauf vor, eventuelle Gegenaktionen des Adels mit bewaffneter Hand niederzuschlagen.

Die Repressalien der Opritschnina hatten ihre eigenen historischen Wurzeln. Nach der Zerstückelung des uralten Rostow-Susdaler Landes gründete die dortige Dynastie Susdaler, Moskauer, Rostower, Jaroslawler und Staroduber Fürstenhäuser. Dadurch, daß Moskau in der Folgezeit an Bedeutung gewann und die russischen Lande vereinigt wurden, stand der Susdaler Adel nun in dessen Dienst. Die Fürsten verließen daraufhin ihre Groß- und Teilfürstentümer und kamen in Moskau zusammen, um das Land gemeinsam zu regieren. Alle diese „jüngeren Brüder" der Moskauer Herrscher, die voller Neid auf die regierende Dynastie waren, umringten wie eine Mauer den Thron. Die Monarchie wurde zur Gefangenen des Hochadels.

Da die alten Traditionen die Vorrechte des Hochadels zuverlässig schützten, stieß die im 16. Jahrhundert eingeleitete Reform des Verwaltungssystems zwangsläufig auf dessen Widerstand. So waren die in den 50er Jahren im Interesse der Dienstadligen durchgeführten Reformen nicht in der Lage, den Einfluß des Susdaler Hochadels zu untergraben. Die vier Fürstenfamilien von Schuja, Rostow, Jaroslawl und Starodub übten unter Adaschew einen überaus starken Einfluß auf die politische Verwaltung des Landes aus. Sie waren mit 17 Bojaren und Okolnitschije die stärkste Fraktion der Duma und mit 265 Fürsten auch am Zarenhof in großer Anzahl vertreten. Mehrere Mitglieder der vier genannten Familien (119 Personen) leisteten ihren Dienst nach besonderen Fürstenlisten ab. Die Susdaler Fürsten saßen auf dem Territorium ihrer einstigen Groß- und Teilfürstentümer und verfügten über riesigen Landreichtum. Im Unterschied zu den wenigen meist litauischen Teilfürsten unterhielt der Susdaler Stammadel feste Beziehungen zu den Dienstadligen.

Die politischen Ansprüche des Susdaler Adels ließen beim russischen Selbstherrscher ernsthafte Befürchtungen aufkommen. Kein Wunder also, daß seine Verfolgung genau zu dem Zeitpunkt einsetzte, als Iwan der Schreckliche seine uneingeschränkte Macht zu behaupten versuchte. Die ersten Opritschnina-Repressalien richteten sich eindeutig gegen die Fürstenfamilien.

Wollte Iwan IV. vielleicht dem Einfluß des Susdaler Hochadels ein für allemal ein Ende bereiten? Eine solche Annahme wäre falsch. Mitte des 16. Jahrhunderts standen mehr als 280 Vertreter des Susdaler Adels im

Dienst des Hofes. Verbannt wurden jedoch weniger als ein Drittel von ihnen.

Iwan IV. folgte in seiner Opritschnina-Politik dem Beispiel seines Großvaters. Iwan III. hatte einst den Nowgoroder Adel in die Acht erklärt und dessen Vertreter in Moskauer Städte umgesiedelt, wo sie als Kleingutsbesitzer weiterlebten. Iwan IV. entzog etwa 80 bis 90 in Ungnade gefallenen Grundbesitzerfamilien ihren Erb- und sonstigen Bodenbesitz und versuchte, sie zu Kleingutsbesitzern zu machen, die als Stütze der Zarenmacht in der unruhigen, von vielen Nichtrussen bewohnten Kasaner Region dienen sollten. Auf diese Weise verblieben die in Ungnade Gefallenen im Dienste des Zaren.

Der Opritschnina-Erlaß sah die Beschlagnahme des Vermögens von Verbannten vor. Auch die Augenzeugen Taube und Kruse bestätigten, daß Opritschniki die in die Acht erklärten Familien zuerst geplündert und dann zum Verbannungsort gebracht hätten. Die benachbarten Grundbesitzer schafften schnell die Bauern aus den fürstlichen Landgütern weg. Ohne ihre Herren waren diese Güter dem Verfall geweiht. Auch späteres „Vergeben" und Amnestien konnten den Fürsten nicht den enormen Schaden ersetzen, der ihren Landgütern durch die Beschlagnahmen zugefügt worden war.

Der Erlaß über die Verbannung nach Kasan hatte weitergehende Ziele, als man bisher annahm. Die Nowgoroder Enteignungen am Ende des 15. Jahrhunderts hatten ja die Moskauer Tradition nicht aufgehoben, wonach der Fiskus einem Bojaren das Erbgut nur mit Zustimmung der Bojarenduma wegnehmen konnte. In der Opritschnina entledigte sich Iwan IV. der Vormundschaft durch die Duma und unternahm sogleich Massenkonfiskationen fürstlicher Güter. Im Erfolgsfall hätten die Opritschnina-Maßnahmen faktisch zur Bestätigung einer neuen Ordnung im Lande geführt, bei welcher der Staat nicht nur obligatorischen Dienst auf der Grundlage der Erbgüter hätte fordern, sondern diese auch unter dem Vorwand des nachlässigen Dienstes, des gerichtlich keineswegs festgestellten „Verrats" usw. zugunsten des Fiskus hätte einziehen können. Der hohe Adel wäre in eine vollständige Abhängigkeit vom Selbstherrscher geraten, und „die Krone hätte die Gesellschaft geschluckt". Aber dazu ist es wegen des Widerstandes des Adels nicht gekommen.

Letzen Endes wurde der Konflikt durch blutigen Terror entschieden.

4. Der Terror

Im zweiten Jahr der Opritschnina wurden zunächst die Kriegshandlungen im Westen und dann später im Süden des Moskauer Reiches eingestellt. Eine hohe Gesandtschaft Polens traf in Moskau ein, um Friedensverhandlungen zu führen. Sie schlug einen Waffenstillstand vor, bei dem der Status quo erhalten bleiben sollte. Die zarischen Unterhändler hingegen forderten, daß der Seehafen von Riga an Moskau abgetreten werde. Die Verhandlungen gerieten in eine Sackgasse. Daraufhin berief die Regierung eine Reichsversammlung in Moskau, die sich aus Mitgliedern der Bojarenduma, der Geistlichkeit, zahlreichen Vertretern des Dienstadels, Amtsleuten und reichen Kaufleuten zusammensetzte. Die Versammlung sprach sich gegen die „Abtretung" livländischer Gebiete aus und versicherte der Regierung, man sei zu neuen Opfern bereit, wenn es um die Eroberung ganz Livlands gehe.

Solche Versammlungen hatte es schon vorher gegeben, doch die Ironie der Geschichte wollte es, daß die ersten wirklichen Versammlungen erst nach der Schaffung der Opritschnina einberufen wurden. Mitglieder der Versammlung von 1566 waren 205 Vertreter des Hoch- und Dienstadels sowie 43 Sekretäre und Schreiber. Allerdings war niemand von ihnen gewählt, sondern alle von der Regierung ernannt worden. Entscheidenden Einfluß auf die Tätigkeit der Reichsversammlungen übte der Adel aus: Neben den Mitgliedern der Bojarenduma gehörte nahezu die Hälfte der in Adelskurien tagenden Versammlungsteilnehmer zum hochtitulierten und Altmoskowiter Adel. Der mittlere Adel war in der Versammlung mit rund 170 Personen vertreten, wohingegen der niedere Provinzadel fast vollständig fehlte.

Die Einberufung einer solchen Versammlung nach Moskau stand in direktem Zusammenhang mit finanziellen Schwierigkeiten der Regierung, die darauf aus war, das Einverständnis der Semstschina zu einer Neubesteuerung zu erwirken. Mit Hilfe der Reichsversammlung wollte der Zar alle Ausgaben, die beim Livländischen Krieg entstanden, der Semstschina aufbürden. Derartige Erwägungen veranlaßten die Regierung, die reichen Kaufleute zur Beratung einzuladen. Anteilmäßig machten die Kaufleute, obwohl sie zum niedrigsten Rang gehörten, ein Fünftel aller Versammlungsteilnehmer aus.

Eigentlich hätten die düsteren Zeiten der Opritschnina in keiner Weise zum Gedeihen der Reichsversammlungen auf russischem Boden beitragen sollen. Daß es dennoch zu einer Entwicklung der Versammlungspraxis kam, stand in direktem Zusammenhang mit der Suche nach einem politischen Kompromiß.

Das Frühjahr 1566 brachte endlich die lang ersehnten Wandlungen. Die Opritschnina-Hinrichtungen hörten auf, und die Behörden erklärten, sie würden allen in Ungnade Gefallenen vergeben. Auf Ersuchen der Semstschina-Leitung ließ der Zar den Teilfürsten Michail Worotynski aus der Verbannung zurückholen und gab ihm sein altes „Heimatland“ zurück, das Teilfürstentum mit den befestigten Städten Odojew und Nowossil. Am 1. Mai traf ein Eilbote in Kasan ein, der den „herrschaftlichen Gnadenerlaß“ überbrachte. Iwan „vergab“ dem Großteil der in Ungnade gefallenen Fürsten und Dienstadligen, wobei er ihnen gnädig gestattete, nach Moskau zurückzukehren. Allerdings war dieses Zugeständnis überaus halbherzig, da die einflußreichsten unter den Verbannten in Kasan bleiben mußten. Doch wie dem auch sei, die Amnestie hatte zur Folge, daß die Opritschnina ihre Bodenpolitik radikal ändern mußte. Der Fiskus war gezwungen, die aus der Verbannung zurückgekehrten Fürsten mit Boden zu versorgen. Anstelle ihrer verlorengegangenen Erbgüter mußte man ihnen neue Ländereien zuteilen. Doch an Grundstücken, die sich auch nur annähernd mit den ehemaligen fürstlichen Besitzungen vergleichen ließen, mangelte es. Und so begann man, anfangs nur in Einzelfällen, später jedoch in weit größerem Ausmaß, die Erbgüter, die nach der Verbannung ihrer Besitzer merklich zu verfallen begannen, zurückzuerstatten. Im Prinzip mußten die Opritschnina-Behörden den bei der Schaffung der Opritschnina eingeschlagenen Kurs aufgeben. Ihre Bodenpolitik büßte auf diese Weise sehr schnell die ursprüngliche fürstenfeindliche Ausrichtung ein. Das war darauf zurückzuführen, daß die Beschlagnahme fürstlicher Ländereien auf den Widerstand des Hochadels stieß, die Monarchie aber weder über genügend Selbständigkeit noch einen ausreichenden Machtapparat verfügte, um über längere Zeit hinweg eine den Interessen der allmächtigen Hochadligen widersprechende Politik zu betreiben, zumal, vom Standpunkt der Behörden, mit der Umsiedlung nach Kasan das angestrebte Hauptziel erreicht worden war, nämlich die Macht der Susdaler Fürsten zu untergraben.

Die Schwächung des Fürstenadels schob zwangsläufig einen Teil des regierenden Bojarentums in den politischen Vordergrund, der eigentlich eine Stufe tiefer stand. Dazu gehörten die Altmoskowiter Bojarenfamilien Tscheljadnin, Buturlin, Sacharjin, Morosow und Plestschejew. Diese standen seit jeher im Dienste des Moskauer Hofes und besaßen in den zentralen Moskauer Landkreisen große Grundstücke. Einst hatten sie zu den einflußreichsten Personen der Duma gehört, mußten jedoch später ihre Positionen an die titulierten Adeligen abtreten. Obwohl sie in der Menge der Fürstensöhne unterzugehen drohten, schafften es die Altmoskowiter Diener der Moskauer Herrscher dennoch, die wichtigsten Verwaltungsressorts, nämlich das Stallamt und das Reichsschatzamt, den Großen Palast und die für die Provinz zuständigen Ämter in ihrer Gewalt zu behalten. Nach der Einrichtung der Opritschnina jedoch ging praktisch die ganze Verwaltung der Semstschina in ihre Hände über. Formal leiteten die Semstschina-Duma zwar die Fürsten Belski und Mstislawski, doch über alle praktischen Angelegenheiten der Semstschina verfügten der Stallmeister J. P. Fjodorow-Tscheljadnin, der Hofmeister N. R. Jurjew und die Schatzmeister. Wenn der Zar zum Beispiel die Hauptstadt verließ, wurde er vom Sieben-Bojaren-Rat vertreten, dem u. a. auch I. P. Tscheljadnin und W. D. Danilow angehörten.

Die Semstschina-Leitung befand sich in einer komplizierten Lage, da sie sich offenbar mit der ihr von den Opritschnina-Günstlingen zugedachten Rolle nicht zufriedengeben konnte. Die grobe und kleinliche Bevormundung seitens der Opritschnina-Duma sowie das im Lande errichtete Regime von Gewalt und Willkür mußten zwangsläufig zu einem neuen Konflikt zwischen dem Zaren und den Bojaren führen.

Die Landumverteilung durch die Opritschnina schadete insbesondere jenen Semstschina-Adligen, die über Besitzungen in Susdal und Wjasma verfügten, denen jedoch der Dienst in der Opritschnina verweigert wurde. Sie alle büßten ihre Ländereien im Zusammenhang mit der allgemeinen Vertreibung von Gutsbesitzern aus dem Opritschnina-Kreis (oder der Stadt) ein. Eigentlich sollten ihnen gleichwertige Dienstgüter in den Semstschina-Kreisen zur Verfügung gestellt werden, die Behörden besaßen jedoch weder ausreichend besiedelte Ländereien noch einen flexiblen Verwaltungsapparat, um den vertriebenen Dienstadligen die verlorengegangenen Besitzungen zu ersetzen. Vor allen Dingen jedoch beunruhigte die Semstschina-Dienstadligen, daß der Zar dem Erlaß entsprechend jederzeit dazu berechtigt war, weitere Landkreise in das Opritschnina-Territorium einzuordnen, was unweigerlich neue Vertreibungen und Konfiszierungen zur Folge gehabt hätte. Die Semstschina war über die Willkür Iwans des Schrecklichen und seiner Opritschniki zutiefst empört. Nach der Einrichtung der Opritschnina, hieß es in einer Chronik, hatte der Zar „die Städte, die er dem Opritschnina-Territorium zuordnete, verwüstet und viele aus diesen sowie aus ihren alten Erb- und Dienstgütern vertrieben... Das rief den Haß aller Menschen auf den Zaren hervor."

Einst stellten das Altmoskowiter Bojarentum und die Spitze des

Dienstadels die starke politische Stütze der Monarchie dar. Nachdem jedoch auch diese Schichten in den Konflikt miteinbezogen waren, wurde der Übergang von vereinzelten Repressalien zum Massenterror unvermeidlich. Im Frühjahr 1566 schien dies aber noch in weiter Ferne zu liegen. Die Einstellung von Hinrichtungen und Zugeständnisse seitens der Opritschnina-Behörden machten den Unzufriedenen wieder Mut und ließen allerorts die Hoffnung auf völlige Aufhebung der Opritschnina aufkommen. Die Opposition wurde von einflußreichen Geistlichen unterstützt. So legte am 19. Mai 1566 Metropolit Afanassi in Abwesenheit des Zaren demonstrativ sein Amt nieder und zog sich ins Tschudow-Kloster zurück.

Sofort eilte der Zar in die Hauptstadt und schlug nach einer Beratung mit den Semstschina-Vertretern dem Kasaner Erzbischof German Polew vor, das Metropolitenamt zu übernehmen. Es heißt, Polew sei daraufhin in den Metropolitenhof eingezogen, habe sich dort jedoch nur zwei Tage aufgehalten. Als Gegner der Opritschnina versuchte der Erzbischof „mit stillen und sanften ermahnenden Worten“ auf den Zaren einzuwirken. Als die Mitglieder der Opritschnina-Duma davon erfuhren, bestanden sie darauf, Polew unverzüglich vom Metropolitenhof zu vertreiben. Die Bojaren und die Semstschina waren über die unverfrorene Einmischung der Opritschniki in kirchliche Angelegenheiten empört. Der Zwist mit hohen Würdenträgern der Kirche, die hohes Ansehen besaßen, versetzte den Zaren in eine schwierige Lage, so daß er sich bei der Wahl eines neuen Anwärters auf das Metropolitenamt zu Zugeständnissen genötigt sah. Eiligst wurde der Vorsteher des Solowezki-Klosters Filipp (auch als Fjodor Stepanowitsch Kolytschew bekannt) nach Moskau gerufen. Dieser stammte aus einer höchst vornehmen Altmoskowiter Familie und hatte darüber hinaus gute Beziehungen zu den Bojaren. Offensichtlich muß ihn die um den Stallmeister I. P. Tscheljadnin entstandene Gruppe vorgeschlagen haben, die damals den stärksten Einfluß in der Semstschina hatte. Der Abt aus Solowki war mit dem Stallmeister entfernt verwandt. Wie dem auch sei, nach seiner Wahl zum Metropoliten wurde Filipp der engste Verbündete des Bojaren Tscheljadnin. Kolytschew war genauestens über die Stimmung in der Semstschina informiert und fand sich nach seiner Ankunft in Moskau schnell zurecht. Mit ihm erwarb die Semstschina-Opposition einen der tatkräftigsten und engagiertesten Fürsten. Kolytschew war zwar bereit gewesen, das Metropolitenamt zu übernehmen, hatte jedoch kategorisch verlangt, die Opritschnina aufzulösen. Die Haltung des Solowezker Abtes ließ Iwan IV. in Wut geraten. Eigentlich hätte der Zar mit Filipp in gleicher Weise verfahren können wie mit dem Erzbischof German Polew. Er überlegte es sich dennoch anders, da er wußte, daß die Geistlichkeit schon über die Vertreibung Polews äußerst erzürnt gewesen war. Außerdem war offensichtlich nicht unbedeutend, daß Kolytschews Vetter der Opritschnina-Duma angehörte. Am 20. Juli 1566 mußte sich Filipp jedoch öffentlich von seinen Forderungen lossagen. Er verpflichtete sich darüber hinaus, sich nicht in die Angelegenheiten der Opritschnina und des Zarenhofes einzumischen sowie den Metropolitensitz wegen der Opritschnina nicht zu verlassen. Erst daraufhin wurde Kolytschew zum Metropoliten erhoben.

Zahlreiche Anzeichen weisen darauf hin, daß die Auflehnungen Polews und Kolytschews keine Einzelerscheinungen waren. Hinter der kirchlichen Opposition standen weitaus mächtigere politische Kräfte. Auf jeden Fall finden wir in zwei von ihrem Ursprung her völlig unterschiedlichen Quellen die gleiche Information, daß Semstschina-Dienstleute auf dem Höhepunkt der Opritschnina den Zaren aufforderten, diese zu beseitigen. Laut Moskauer Chronik wurde der Zar vom Land verflucht, „man bat ihn untertänigst durch eine Bittschrift, die Opritschnina aufzulösen". Wie der Diener des zarischen Leibarztes Albert Schlichting berichtete, wandten sich auch die Semstschina-Adligen an den Zaren und protestierten gegen die Willkür der Opritschnina-Leibgarde, die der Semstschina unsägliches Leid zufügte. Indem sie auf ihren treuen Dienst hinwiesen, verlangten sie die unverzügliche Abschaffung der Opritschnina. Dies war ein überaus ernstzunehmender Protest. Mehr als 300 Adlige, darunter einige Hofbojaren, nahmen daran teil. Schlichting zufolge trat die Opposition 1566 zum ersten Mal in Erscheinung.

Nach Schlichtings Aussagen lehnte der Zar die Bittschrift der Semstschina-Adligen ab und machte von den ihm durch den Opritschnina-Erlaß zugesprochenen außerordentlichen Vollmachten Gebrauch, um die Semstschina zu bestrafen. Alle 300 Bittsteller wurden ins Gefängnis geworfen. Die Regierung konnte es sich jedoch nicht leisten, die Spitze des hauptstädtischen Adels hinter Schloß und Riegel zu halten, und so wurden bereits am sechsten Tag fast alle Festgenommenen freigelassen. 50 Personen, die man zu Anführern der Erhebung erklärte, ließ man auf dem Marktplatz öffentlich auspeitschen. Einigen wurde die Zunge herausgeschnitten, drei weitere wurden geköpft. Die drei Hingerichteten – Fürst W. Pronski, I. Karamyschew und K. Bundow – hatten noch kurz vor ihrem Tode an der Reichsversammlung teilgenommen, von der die Opposition höchstwahrscheinlich ausgegangen war.

Das regierungsfeindliche Auftreten der Dienstadligen erregte ein derartiges Aufsehen in Moskau, daß sich die Diplomaten des Zaren dazu genötigt sahen, diese Vorfälle im Ausland gesondert zu erläutern. Zur Hinrichtung von Mitgliedern der Reichsversammlung wurde folgende Erklärung abgegeben: Über jene böswilligen Menschen „hat der Herrscher herausgefunden, daß sie ihm und seinem Land gegenüber böse Absichten hegten, und so befahl der Zar angesichts ihrer erwiesenen Schuld, sie hinzurichten". Dies war die offizielle Verlautbarung. Von seiten der Behörden stellte man die Forderung der Semstschina-Dienstleute nach Beseitigung der Opritschnina als einen Anschlag auf die Sicherheit des Zaren und sein Land dar.

Die Repressalien der Opritschnina erschreckten auch die hohe Geistlichkeit. Filipp erwirkte jedoch beim Zaren für die überwältigende Mehrheit derjenigen eine Begnadigung, welche die Bittschrift unterzeichnet hatten. Nach einer kurzen Gefangenschaft wurden sie alle unbeschadet freigelassen. Schlichting macht hierzu eine wichtige Bemerkung. Nach kurzer Zeit, so Schlichting, habe sich der Zar an diejenigen, die freigelassen worden waren, erinnert und sie in die Acht erklärt. Aufgrund dieses Hinweises können genauere Angaben über die Zusammensetzung der in der Reichsversammlung aufgetretenen Semstschina-Opposition gemacht werden, denn bald nach der Auflösung der Versammlung wurden tatsächlich viele ihrer Mitglieder hingerichtet und verfolgt, darunter auch der Stallmeister Fjodorow-Tscheljadnin. Zu Beginn der Opritschnina war der Stallmeister einer der führenden Vertreter in der Semstschina-Duma. Nach Aussagen von Zeitgenossen hielt ihn der Zar für den Klügsten der Bojaren und überließ ihm in seiner Abwesenheit die Verwaltung Moskaus. Noch im ersten Jahr der Opritschnina übernahm Tscheljadnin die Führung des Sieben-Bojaren-Rates. Später führte er im Namen des Zaren den Eintausch und die Konfiszierung des Teilfürstentums von Stariza durch. Der Bojar war einer der reichsten seiner Zeit. Er zeichnete sich durch Redlichkeit und Unbestechlichkeit aus, wodurch er sich bald die Liebe des Volkes erwarb. Fjodorow-Tscheljadnins Dienst läßt sich Monat für Monat, Woche für Woche, bis hin zu jenen verhängnisvollen Tagen, an denen die Reichsversammlung aufgelöst wurde, verfolgen. Damals fand eine entscheidende Wende in seinem Schicksal statt. Dem Stallmeister wurde die Leitung der Semstschina entzogen und er selbst in die Grenzfestung Polozk als Wojewode beordert. Gerade zu diesem Zeitpunkt bot ihm die polnisch-litauische Regierung Asyl an, mit der Begründung, der Zar würde ihm nach dem Leben trachten. Offensichtlich hätte nicht viel gefehlt, und auch der Stallmeister wäre Pronski, Karamyschew und Bundow gefolgt. Die Teilnahme Tscheljadnins am Protest der Semstschina-Adligen hätte ihm beinahe den Kopf gekostet.

Die Behörden waren nicht nur über die Größe dieser Opposition erstaunt, sondern auch darüber, daß dieser Protest vom loyalsten Teil der Duma und von der kirchlichen Leitung ausging. Auch der Zar war von all dem zutiefst erschüttert. Er mußte sich selbst gegenüber eingestehen, daß alle Versuche, die Situation durch Zugeständnisse zu stabilisieren, gescheitert waren und die soziale Basis der Regierung zunehmend zusammenschrumpfte.

Sowohl die Versuche, einen politischen Kompromiß einzugehen, als auch die Hoffnung, die Opritschnina umwandeln zu können, erwiesen sich als unrealistisch. Dennoch hinterließ die Zeit der Kompromisse tiefe Spuren in der politischen Entwicklung Rußlands. Da wichtige Finanzfragen geklärt werden mußten, lud die Regierung Dienstadlige, Amtsleute und zu guter Letzt auch Kaufleute (die wahren Vertreter des „Landes") zur Versammlung ein, die somit erstmalig Züge einer echten Reichsversammlung annahm. Die Versammlungsmitglieder kamen den Wünschen der Behörden entgegen und stimmten der Einführung von Sondersteuern zu, mit deren Hilfe der Krieg fortgesetzt werden sollte. Als Gegenleistung forderten sie jedoch politische Zugeständnisse vom Zaren, und zwar die Auflösung der Opritschnina.

Mit der Bittschrift der Semstschina-Leute hatte die Regierung nicht gerechnet. Neue Gewaltakte der Opritschnina zögerten deshalb für eine gewisse Zeit die Einberufung von weiteren Reichsversammlungen hinaus.

Trotz des Aufbegehrens der Versammlungsmitglieder wurde die Opritschnina nicht beseitigt, sondern man war im Gegenteil darum bemüht, diese von innen her zu stärken. Der Zar bezog noch den Landkreis Kostroma in die Opritschnina mit ein und nahm dort „eine Nachwahl" vor. Etwa zwei Drittel der dortigen Dienstadligen wurden in das Opritschnina-Heer aufgenommen. Zahlenmäßig erhöhte sich das Opritschnina-Sicherheitskorps von 1000 auf 1500 Mann.

Die Regierung ging nicht nur daran, die Grenzen der Opritschnina zu erweitern, sondern stärkte auch in größter Eile ihre wichtigsten Zentren, ließ dort Schlösser und Festungen bauen. Anfangs wollte der Zar innerhalb des Kreml einen Opritschnina-Hof errichten lassen, dann hielt er es jedoch für ratsam, seine Residenz in die Opritschnina-Hälfte der Hauptstadt zu verlegen, „außerhalb der Stadt", wie man damals zu sagen pflegte. Unweit von der Kremlmauer (in Schußweite), jenseits der Neglinnaja, wurde innerhalb von sechs Monaten ein mächtiger Palast errichtet. Dieser wurde von einer drei Saschen[25] hohen Steinmauer umgeben. Das mit Eisen beschlagene, dem Kreml zugewandte Tor schmückte die Figur eines Löwen, dessen aufgerissener Rachen in Richtung Semstschina zeigte. Die Palastspitzen wurden mit schwarzen Doppeladlern gekrönt. Tag und Nacht hielten mehrere hunderte Opritschniki-Schützen auf seinen Mauern Wache.

Der Auszug des Staatsoberhaupts aus dem Kreml rief allerlei Gerüchte hervor, so daß das Außenamt schließlich offiziell bekanntgeben mußte, der Zar habe sich diese Residenz außerhalb der Stadt zu seiner „herrschaftlichen Ruhe“ erbauen lassen. Falls Ausländer behaupteten, der Zar wolle sich von den in Ungnade gefallenen Bojaren abgrenzen, sollten die Diplomaten erklären, der Zar hätte sich vor niemandem zu rechtfertigen.

Der Palast an der Neglinnaja schien dem Zaren jedoch auf die Dauer kein sicherer Aufenthaltsort zu sein. Da er sich in Moskau zu unbehaglich fühlte, trug er sich bald mit dem Gedanken, Wologda zur Opritschnina-Hauptstadt zu machen. Dort wollte er eine dem Moskauer Kreml ähnliche Steinfestung erbauen lassen. Die Opritschnina-Behörden gingen umgehend an die Verwirklichung des Plans. Binnen weniger Jahre wurde die südöstliche Hauptmauer der Festung mit zehn Steintürmen gebaut, und innerhalb der Festung entstand die grandiose Entschlafungs-Kathedrale. Rund 300 im Moskauer Arsenal gegossene Kanonen wurden nach Wologda geschafft. 500 Opritschniki bewachten Tag und Nacht die Mauern der Opritschnina-Hauptstadt.

Das Aufnehmen von Dienstadligen in das Opritschnina-Heer, der Bau des Palastes an der Kremlmauer, die Errichtung einer riesigen Festung im waldreichen Wologda-Gebiet, das weit entfernt von den Grenzen lag, und sonstige militärische Vorbereitungen standen in keinerlei Zusammenhang mit der Stärkung der Landesverteidigung gegen äußere Feinde. Der Zar und die Opritschniki fürchteten sich vor inneren Wirren und wollten, falls es zu einer Erhebung der einflußreichen Semstschina-Bojaren kommen sollte, diese sofort mit militärischer Gewalt niederschlagen.

Voller Mißtrauen blickte der Selbstherrscher in die Zukunft und fürchtete um seine eigene Sicherheit. Eine erzwungene Thronentsagung schien durchaus möglich zu werden, und so mußte der Zar alle Chancen in Erwägung ziehen, um sich bei einer ungünstigen Entwicklung der Ereignisse retten zu können. Unter anderem trug sich Iwan auch mit dem Gedanken, Mönch zu werden. Bei einer Pilgerfahrt zum Kyrill-Kloster lud der Zar einige Starzen in eine abgesonderte Mönchszelle und teilte ihnen dort streng vertraulich seine geheimsten Gedanken mit. Sieben Jahre später erinnerte der Zar selbst die Mönche an jenen außergewöhnlichen Tag. „Ihr erinnert Euch sicher, heilige Väter“, schrieb der Zar, „wie es einst das Schicksal so wollte, daß ich Euer Kloster aufsuchte und wie auf mich und meine dunklen und schweren Gedanken die ‚kleine Morgenröte' des Lichtes Gottes herniederging und wie ich einige von Euch Brüdern bat, sich in einer Zelle heimlich zu versammeln, in der auch ich selbst erschien, auf der Suche nach einer Zuflucht vor dem weltlichen Hin und Her und vor den Wirren; wie ich ‚armer Sünder' Euch meinen Wunsch kundtat, mich scheren zu lassen: da ‚erfreuten sich mein Herz und meine unglückliche Seele, denn ich konnte mit Gottes Hilfe meine Unmäßigkeit bändigen und eine rettende Zuflucht' finden." Der stolze Herrscher fiel vor dem Abt auf die Knie, und jener segnete sein Vorhaben. „Und ich Unglückseliger glaubte bereits halb Mönch zu sein", schloß der Zar seine Erzählung über den Besuch des Kyrill-Klosters.

Iwan, der die Mönche davon überzeugen wollte, daß seine Worte ernst gemeint waren, übergab ihnen sogleich eine große Summe Geld, damit man ihm eine Zelle im Kloster reservierte. Dies wurde unverzüglich in die Wege geleitet. Dennoch gab sich der Zar damit noch nicht zufrieden. Er beschloß, sich auf das Mönchsleben vorzubereiten, ohne die Sache auf die lange Bank zu schieben. Er kam auf folgende Idee, die sich die Zeitgenossen nicht zu erklären wußten und für völlig verrückt hielten. Alle Befehlshaber der Opritschnina mußten eine Mönchskutte anlegen. Der „neue" Mönchsorden nahm an „arbeitsfreien" Tagen in der Alexandrowskaja Sloboda seine Tätigkeit auf. Nach der Rückkehr von Straffeldzügen ahmten die Opritschnina-„Brüder" das Mönchsleben nach. In aller Frühe bestieg der Zar mit einer Laterne in der Hand den Glockenturm, wo ihn bereits der „Kirchendiener" Maljuta Skuratow erwartete. Sie läuteten die Glocken, und die übrigen „Mönche" strömten in die Kirche. Die „Brüder", die um vier Uhr morgens nicht zum Gebet erschienen waren, belegte der Zar, jetzt „Abt", mit einer Buße. Die Messe dauerte mit einer kleinen Unterbrechung von vier bis zehn Uhr. Der Zar betete inbrünstig mit seinen Söhnen und sang zusammen mit dem Kirchenchor. Nach der Messe begaben sich alle mit einem Löffel und einer Schüssel in der Hand ins Refektorium. Während die „Brüder" aßen, stand der „Abt" demütig etwas abseits von ihnen. Die Reste der Speisen räumten die Opritschniki vom Tisch und gaben sie den Bettlern, die am Ausgang des Refektoriums standen. Iwans „Mönchsleben" erstreckte sich über mehrere Tage. Danach kehrte er wieder zu seinen Regierungsangelegenheiten zurück.

Trotz aller Bemühungen, nichts von den Gesprächen im Kyrill-Kloster nach außen dringen zu lassen, erfuhr die Semstschina vom Vorhaben des Zaren. Die Neuigkeit erregte dort großes Aufsehen. Durch die Stiftung eines „Mönchsordens“ in der Sloboda wurde deutlich, daß es sich um ernstzunehmende Pläne handelte. Den einflußreichen Kräften der Semstschina erschien das Scheren Iwans als der beste Ausweg aus der entstandenen Situation. Ihnen war völlig klar, daß ohne die Beseitigung des Zaren Iwan an eine Vernichtung der Opritschnina nicht zu denken war.

Indessen bereiteten sich die Litauer auf einen neuen Feldzug gegen Moskau vor. Da sie wußten, daß der Gegner mit Waffengewalt nicht zu bezwingen war, wollten sie jetzt versuchen, dessen innere Schwierigkeiten auszunutzen. Die Litauer, die über die zunehmenden Auseinandersetzungen zwischen der Opritschnina und der Semstschina informiert waren, suchten die Unzufriedenen anzustacheln und wandten sich insgeheim mit Aufrufen an die Hauptführer der Semstschina – Fjodorow-Tscheljadnin, Belski, Mstislawski und Worotynski. Da der letztere auf Veranlassung des Zaren im Gefängnis gesessen hatte (er war erst vor kurzem freigelassen worden), setzten die Litauer gerade in ihn besondere Hoffnungen. Der Teilfürst sollte sich an die Spitze einer militärischen Erhebung stellen. Der König hatte sich dazu verpflichtet, ihm mit Truppen zu Hilfe zu kommen sowie ihm alle Ländereien zu überlassen, die er dem Zaren entreißen würde. Um die Sache zu beschleunigen, entsandte der König einen Spion nach Rußland, einen alten, früher nach Litauen geflohenen „Dienstmann“ Worotynskis. Dieser drang ungehindert bis nach Polozk, wo sich Fjodorow-Tscheljadnin aufhielt, vor und übergab ihm königliche Briefe.

Die Pläne für eine militärische Erhebung in der Semstschina waren bis ins Detail ausgearbeitet. Dennoch hing der Ausgang dieser litauischen Intrige in erster Linie davon ab, wie erfolgreich die Geheimverhandlungen mit dem Stallmeister verliefen. Würde sich der in Ungnade gefallene Wojewode damit einverstanden erklären, seine gewaltige Autorität dafür einzusetzen, auch andere Semstschina-Führer in die Verschwörung einzubeziehen, oder würde er sich weigern, an dem eingefädelten Abenteuer teilzunehmen, und den Spion den Behörden ausliefern? Davon hing alles Weitere ab.

Der Wojewode der Grenzfestung hätte leicht nach Litauen fliehen können, wie ihm das der König wieder und wieder vorgeschlagen hatte. Der Stallmeister wollte jedoch nicht dem Beispiel Kurbskis folgen und lieferte den Spion offensichtlich eigenhändig dem Zaren aus. Nachdem Iwan von der Gefangennahme des Spions erfahren hatte, reiste er sofort in die Hauptstadt und leitete „die Ermittlung des Verrats“ ein. Bei der Untersuchung wurde jedoch klar, daß für eine Anklage der Semstschina-

Bojaren wegen Hochverrats keinerlei ernstzunehmende Gründe vorhanden waren. Zwei Monate später vertraute der Zar dem britischen Gesandten Jenkinson an, er wäre zunächst ausgesprochen zornig auf die Bojaren gewesen, dann habe er jedoch beschlossen, den Intrigen des polnischen Königs, der nur darauf aus gewesen sei, Mißtrauen zu schüren und „verschiedene Würdenträger des Hochverrats zu bezichtigen", keinerlei Bedeutung beizumessen. Nicht ohne Grund nahm Iwan an, daß der Urheber der verräterischen Briefe an seine Bojaren der Emigrant Kurbski war. Die Polemik mit Kurbski, die den Zaren noch am Vorabend der Opritschnina so erregt hatte, war damals sehr schnell abgebrochen. Jetzt bot sich die Möglichkeit, den alten Streit fortzusetzen, und diese Gelegenheit wollte der Zar nicht ungenutzt lassen. Er befahl den Semstschina-Bojaren, eine Antwort auf die geheimen litauischen Schriften anzufertigen und beteiligte sich offensichtlich höchstpersönlich an deren Abfassung. Die Briefe enthielten die Lieblingsthemen des Zaren; sie handelten davon, daß die Moskauer Dynastie vom Kaiser August abstamme, und von der göttlichen Natur der absoluten Macht der Moskauer Herrscher, die vererbt und nicht durch Wahlen weitergegeben werde. Die Bojaren taten so, als seien sie damit einverstanden, die litauische Staatsangehörigkeit zu übernehmen, und schlugen dem König ironisch vor, ganz Litauen unter sich aufzuteilen, um sich dann zusammen mit dem König unter die Macht des „großen Herrschers, unter seine zarische unabhängige Selbstherrschaft" zu begeben. Iwan Wassiljewitsch würde sie schon gegen alle Türken und Tataren zu „verteidigen" wissen. Ohne die Beteiligung des Zaren wurde lediglich eine von Fjodorow-Tscheljadnin signierte Schrift verfaßt. Der Stallmeister vermied Schimpfworte, von denen die Briefe anderer Bojaren nur so strotzten. Er verspottete vielmehr die Versuche der litauischen Magnaten, sich in russische Angelegenheiten einzumischen. „Ihr Pans", schrieb er, „solltet lieber aufpassen, daß Ihr Euch in Eurem eigenen Örtchen und nicht im Moskauer Reich zurechtfindet."

Der Austausch von Schmähschriften schien den Zaren jedoch nicht zufriedenzustellen. Er beschloß, den Spion nach Litauen gehen zu lassen und den König durch diesen mündlich über all das zu unterrichten, was nicht in den Briefen stand. Dem Spion war es jedoch nicht vergönnt, nach Litauen zurückzukehren. Bei einem unverhofften Überfall zerschlugen die Litauer die Truppe des Wojewoden Pjotr Serebrjany 70 Werst vor Polozk. Diese Niederlage der Semstschina-Wojewoden rief in Moskau einen Sturm der Entrüstung hervor. Von der überheblichen Stimmung, die noch in den „Bojaren"schriften anzutreffen war, spürte man nun nichts mehr. Der Zar verlor jegliches Interesse daran, sich mit dem König per Brief zu streiten, legte die Feder beiseite und griff zum Schwert, um dem Nachbarn eine Lehre zu erteilen. So wurden also die höhnischen Antworten niemals an die Litauer weitergeleitet, der Spion aber wurde gepfählt.

Die Opritschnina-Duma kehrte zwar zu den früheren Gewaltmethoden bei der Verwaltung des Landes zurück, doch wurden in ihrer Politik erste Anzeichen von Unsicherheit und Schwäche deutlich. Mit seinen unvorsichtigen und zweideutigen Äußerungen im Kyrill-Kloster hatte der Zar reichlich Stoff für allerlei Gerede in der Semstschina gegeben, was die Opposition ermunterte. Da allen die erste Thronentsagung Iwans noch frisch in Erinnerung war, wurde die Frage, wer den Thron besteigen würde, falls der Zar die Mönchskutte anlegte, zum Hauptgegenstand der Diskussion in der Semstschina. Die Gegner des Zaren wollten nicht, daß der dreizehnjährige Zarensohn Iwan in einem solchen Fall den Thron bestieg, denn so konnte der Zar jederzeit die Regierungsgeschäfte erneut übernehmen. Nach dem Thronfolger hatte noch Wladimir Andrejewitsch, der Enkel Iwans III., Anspruch auf den Thron. Dieser Kandidat, willensschwach und beschränkt, entsprach den Interessen der Bojaren. Mit seiner Hilfe wollten sie ihren früheren Einfluß auf die Staatsangelegenheiten zurückerlangen.

Iwan IV., der seinem Vetter schon lange mißtraute, suchte sich gegen dessen eventuelle Intrigen zuverlässig zu schützen. Er verbannte seine willensstarke und energische Mutter ins Kloster, setzte in deren Teilfürstentum verläßliche Bojaren ein, entriß dem Vetter zu guter Letzt sein Erbfürstentum von Stariza und gab ihm statt dessen Dmitrow und einige andere Städte. Die Verwandten der Fürstin Jewfrossinija wurden aus der Bojarenduma vertrieben. Einer von ihnen, der Bojar P. M. Stschenjatew, zog sich ins Kloster zurück, wurde jedoch wieder herausgeholt und lebendigen Leibes auf einer großen Bratpfanne „geröstet". Den Bojaren Iwan Kurakin ließ man zum Mönch scheren, und Pjotr Kurakin verbannte man in das östliche Randgebiet. Es war kein Zufall, daß gerade diese Bojaren in den Chronikergänzungen als die engagiertesten Teilnehmer von Verschwörungen der Starizkis hingestellt wurden.

Durch die Verfolgungen seitens der Opritschnina wurden die Anhänger der Starizkis in der Bojarenduma beseitigt. Nun bestand für den Fürsten Wladimir noch weniger Aussicht als früher, allein mit der Unterstützung seiner Parteigänger in den Besitz des Zarentitels zu gelangen. In weit größerem Maße hing das Schicksal der Krone von dem in der Semstschina führenden einflußreichen Bojarentum ab. In den Interregnumsperioden übte die Bojarenduma vor allem in Gestalt der höchsten Bojaren die Verwaltung aus. Traditionsgemäß waren sie Thronhüter bis zur Inthronisation eines neuen Herrschers. Kein Wunder also, daß der Konflikt zwischen dem Zaren und den Bojaren sowie die Gerüchte über sein mögliches Scheren nicht nur das Gespenst einer Krise der Dynastie hervorriefen, sondern auch die Figur des Stallmeisters Fjodorow-Tscheljadnin in den Mittelpunkt des Machtkampfes rückten. Dank zahlreicher Aufpasser war Iwan gut unterrichtet von der Stimmung in der Semstschina sowie vom Gerede in der Duma. Seinerzeit hatte er höchstpersönlich angeordnet, in die offizielle Chronik eine eingehende Schilderung von der Verschwörung der Bojaren zugunsten des Fürsten Wladimir aufzunehmen, die mit dem aufschlußreichen Satz endete: „... und das hatte zur Folge, daß zwischen dem Herrscher und dem Fürsten Wladimir Andrejewitsch eine große Fehde und unter den Bojaren Verwirrung und Aufruhr um sich griffen und im Reich überall die Not zu herrschen begann." Nach der Reichsversammlung erlangten jedoch „Verwirrung und Aufruhr unter den Bojaren" ein noch weitaus gefährlicheres Ausmaß. Die Möglichkeit eines Aufruhrs nahm gerade deshalb zu, weil die Politik der Opritschnina allgemeine Unzufriedenheit hervorrief.

Die Gerüchte über eine Verschwörung in der Semstschina mußten den Zaren in ernsthaften Schrecken versetzt haben, denn er dachte bereits daran, im Notfall mit seiner Familie zu emigrieren. Derartige Gedanken hatte er zwar früher schon erwogen, jetzt wollte er die Sache jedoch in praktische Bahnen lenken. Anfang September 1567 lud Iwan den britischen Gesandten Jenkinson zu einem Geheimtreffen in den Opritschnina-Palast. Der Gesandte, der in russischer Kleidung erschien, wurde durch einen Geheimgang in die Zarengemächer geführt. Von allen Beratern Iwans wohnte lediglich Afanassi Wjasemski dem Geheimgespräch bei. Die Aufträge des Zaren an die britische Königin waren derart ungewöhnlich, daß deren Bekanntwerden erhebliche Komplikationen nach sich gezogen hätte. So wurde dem Gesandten untersagt, Aufzeichnungen jeglicher Art zu machen. Der Zar trug Jenkinson auf, der Königin mündlich die „großen Geheimsachen" anzuvertrauen. Dem maß der Gesandte jedoch keinerlei Bedeutung bei und fertigte, nachdem er nach London zurückgekehrt war, einen Bericht über das Gespräch mit dem Zaren an. Aus diesem geht hervor, daß der Zar die Königin darum bat, ihm in England Asyl zu gewähren, „um sich selbst und seine Familie zu retten, ... bis die Not vorbei ist und Gott sich anders besinnt". Iwan, der seine Würde und seine Privilegien nicht aufs Spiel setzen wollte, bestand darauf, daß der Vertrag über die Asylgewährung zweiseitigen Charakter trug. Dennoch konnte die diplomatische Form der Vereinbarung niemanden täuschen. Einige Jahre später erinnerte der Zar die Engländer an dieses Gesuch und sagte, der Anlaß zu diesem Schritt sei seine unfehlbare Vorahnung von der unbeständigen und gefährlichen Lage von Herrschern gewesen, die ähnlich wie die niedrigsten Leute „Umstürzen ausgesetzt" seien.

Die Verhandlungen mit dem englischen Hof blieben nur kurze Zeit ein Geheimnis. Dank häufiger Reisen englischer Kaufleute nach Rußland drangen Gerüchte über die Gespräche bald bis in die Hauptstadt vor. Als sie die Provinz erreichten, nahmen sie die phantastischsten Formen an. Laut Aufzeichnung eines Chronisten aus Pskow hätte irgendein böser Wahrsager (ein englischer Häretiker) versucht, den Zaren dazu zu verleiten, die noch unversehrt gebliebenen Bojaren zu verprügeln und danach ins „englische Land" zu fliehen. Iwans Feigheit rief unter den Opritschniki Verwirrung hervor, denn sie wußten, was sie im Fall seiner Flucht erwartete. Die Semstschina-Dienstleute, die nur darauf warteten, die Opritschnina abzuschaffen, schenkten all solchen Gerüchten gern Glauben.

Indessen war Iwan von seinen militärischen Plänen voll in Anspruch genommen. Als der Herbst begann, zog er alle Truppen der Semstschina und der Opritschnina für einen neuen Einfall in Livland zusammen. Kaum hatte aber der Feldzug begonnen, ließ ihn der Zar urplötzlich abbrechen, verließ eiligst das Heer und eilte mit Postpferden nach Moskau. Die Ursache dieser überstürzten Abreise war die Nachricht von einem Komplott in der Semstschina.

Die Informationen über die Verschwörung sind widerspruchsvoll und äußerst verworren. Augenzeugen gab es nur zwei, Heinrich von Staden und Albert Schlichting.

Staden war mehrere Jahre als Dolmetscher in einem der Semstschina-Ämter tätig, kannte persönlich das Oberhaupt der „Verschwörung", Fjodorow-Tscheljadnin, und war dessen Günstling. Daran, daß er über die Stimmung in der Semstschina informiert war, besteht kein Zweifel. Wie Staden berichtet, verlor der Semstschina-Adel plötzlich die Geduld, und er beschloß, daß der Fürst Wladimir Andrejewitsch den Thron einnehmen sollte. Den Zaren und seine Opritschniki dagegen wollte man umbringen. Das Vorhaben wurde sogar durch ein besonderes Schriftstück bekräftigt. Fürst Wladimir Andrejewitsch selbst informierte jedoch den Zaren über die Verschwörung und alle Pläne der Semstschina-Leute.

Auch Schlichting war als Dolmetscher tätig, jedoch nicht in einer Behörde, sondern beim Leibarzt des Zaren. Gemeinsam mit seinem Herrn suchte er den Opritschnina-Palast auf und nahm als Dolmetscher an den Gesprächen des Doktors mit Afanassi Wjasemski teil, der die Ermittlung der Verschwörung persönlich leitete. Schlichting, der über umfassende Informationen verfügte, gab jedoch in bezug auf die Semstschina-Verschwörung verschiedene, einander widersprechende Versionen des Geschehens. In seinen Aufzeichnungen „Nova ex Moscovia" stellte er Tscheljadnin als einen böswilligen Verschwörer hin. In seiner ausführlicheren „Erzählung" jedoch bezeichnete er ihn als Opfer des Tyrannen, dem nicht einmal böse Absichten zur Last gelegt werden dürften.

Je nachdem, wie Historiker die Opritschnina bewerten, bedienen sie sich der einen oder der anderen Version seiner Aufzeichnungen. Welche von ihnen entspricht aber der Wahrheit? Diese Frage kann erst dann beantwortet werden, wenn geklärt ist, was Schlichting dazu bewog, zur Feder zu greifen. Die „Nova ex Moscovia" ließ der Geflüchtete gleich, nachdem er die russisch-litauische Grenze überschritten hatte, aufschreiben. Hier legte er kurz die wichtigsten ihm bekannten Fakten dar. Genau aus diesem Grund ist die Quelle auch so wertvoll. „Die Erzählung" schrieb der Autor erst viel später im Auftrag der polnischen Regierung. Da sie wußten, daß Schlichting über die Lage in Moskau gut informiert war, beschlossen die königlichen Beamten, sich seines Wissens bei diplomatischen Schritten gegen Rußland zu bedienen. Als zum Beispiel der Papst einen Botschafter zum Zaren schickte, um diesen zu einem Krieg gegen die Türken zu bewegen, wurde der päpstliche Gesandte vom König zu Warschau aufgehalten und mit der „Erzählung" Schlichtings konfrontiert. Dies sollte ihn von seiner Reise nach Moskau abbringen. Die Schmähschrift, die daraufhin nach Rom geschickt wurde, erregte dort großes Aufsehen. Der Papst ordnete an, unverzüglich alle diplomatischen Beziehungen zu dem Moskowiter Tyrannen abzubrechen. Die mit königlichem Gold bezahlte Schrift Schlichtings hatte ihr Ziel nicht verfehlt. Entsprechend seinem Auftrag bemühte er sich darin, den Zaren in jeder Weise anzuschwärzen, wobei er auch nicht vor direkter Verleumdung zurückschreckte. Bewußt verdrehte er in der „Erzählung" ihm bekannte Fakten über Tscheljadnins Verschwörung.* Da aber Schlichting nicht die ganze Wahrheit opfern wollte, versuchte er, für fremde Augen unbemerkt, seine eigenen Lügen zu rechtfertigen. So fügte er der Beschreibung des Nowgoroder Pogroms folgenden aufschlußreichen Satz bei: „Und wenn der Polenkönig nicht aus Radoszewice zurückgekehrt wäre und den Krieg nicht beendet hätte, wäre dem Leben und der Macht des Tyrannen ein Ende gesetzt worden." Da diese Bemerkung in keiner

Beziehung zum Nowgoroder Feldzug stand, betraf sie unmittelbar die Verschwörung Tscheljadnins, denn es war gerade während des unterbrochenen Feldzugs des Zaren gegen Livland, als der König mit der Erwartung nach Radoszewice zog, daß die Verschwörer ihm den Zaren preisgeben würden, wenn die Heere aufeinanderstießen. Die Worte Schlichtings beweisen unwiderlegbar, daß er in seiner „Erzählung" nicht von der ursprünglichen Version über die Verschwörung in der Semstschina abwich.

Schon lange beschäftigt die Historiker die Frage, ob dem Beginn des Opritschnina-Terrors erdachte oder reale Verschwörungen zugrunde lagen. Die beiden Zeitgenossen und unmittelbaren Zeugen des Geschehens sprechen, wie wir soeben festgestellt haben, einmütig von einer echten Verschwörung. Kann man ihren Worten jedoch glauben? Sollte nicht vorerst geklärt werden, welcher Informationsquelle sie sich bedienten? Die Antwort auf diese Frage läßt sich relativ leicht herausfinden. Sowohl Schlichting als auch Staden dienten in der Opritschnina und schöpften so auch ihre Informationen aus diesen Kreisen, deren Auffassung von den Ereignissen mit dem rein offiziösen Standpunkt übereinstimmte. Eine entgegengesetzte Version finden wir in den inoffiziellen Chroniken der Semstschina. Im Unterschied zu den Opritschniki behaupteten die Autoren, es habe in der Semstschina keine echte Verschwörung gegeben, die Schuld ihrer Bewohner beschränke sich vielmehr auf unvorsichtige Gespräche: Die mißmutigen Semstschina-Leute hätten sich für den Fürsten Wladimir Andrejewitsch ausgesprochen, böse Menschen hätten jedoch ihre Worte an den Zaren weitergegeben, und so seien die Unzufriedenen „ihren sündigen Worten zum Opfer gefallen".

Es wird wohl niemals völlig geklärt werden können, wo aufrührerische Reden aufhörten und eine echte Verschwörung begann. Der Historiker kann den Verlauf der Ereignisse nur mutmaßlich rekonstruieren. Die Unzufriedenheit der Semstschina war offensichtlich. Im Kampf gegen die Opritschnina hatte man bereits alle legalen Möglichkeiten ausgeschöpft. Die Verfolgungen bestärkten die Semstschina-Leute darüber hinaus in der Überzeugung, daß der Zar nicht die Absicht hatte, die Opritschnina aufzuheben. So gingen sie dazu über, die Frage der Thronenthebung Iwans im geheimen zu erörtern. Früher oder später mußten jedoch die Gegner des Zaren den einzigen legitimen Thronanwärter, Fürst Wladimir Andrejewitsch, in ihre Pläne einweihen. Letzterer, in eine zwiespältige Lage geraten, suchte sich durch eine Denunziation zu retten. Während des Feldzuges gegen Livland teilte er dem Zaren mit, worüber die grollenden Bojaren in seinem Beisein gesprochen hatten.

Dies begriff der Zar als unmittelbare Bedrohung, den Beginn eines Bojarenaufruhrs, den er fürchtete, aber schon längst erwartet hatte. Offensichtlich war die Aussage des Fürsten nicht konkret genug, weshalb sie auch nicht dazu ausreichte, Tscheljadnin anzuklagen. Das Ansehen, das der Stallmeister in der Duma und in der Hauptstadt genoß, war sehr groß, so daß sich Iwan erst ein Jahr nach der „Aufdeckung" der Verschwörung dazu entschloß, den Befehl zu seiner Hinrichtung zu geben.

Da dem Zaren Beweise gegen die „Verschwörer" fehlten, griff er zu Provokationen. Auf seine Anordnung hin begab sich Fürst Wladimir zu dem nichtsahnenden Tscheljadnin und bat diesen freundlich, ihm eine Liste derjenigen Personen anzufertigen, auf deren Unterstützung er rechnen könne. Auf diese Liste kamen 30 Personen, die danach trachteten, sich die Gunst des Thronanwärters zu sichern. Alles spielte sich streng geheim ab, so daß niemand Unheil erwartete.

Nach dieser heimtückischen „Entlarvung" der Unzufriedenen ging der Zar jedoch dazu über, die „Verschwörung" zu zerschlagen. Die Opritschniki ließen den Stallmeister zur Strafe eine riesige Geldsumme bezahlen und verbannten ihn nach Kolomna. Viele seiner Mitverschwörer wurden auf der Stelle hingerichtet. Es begann eine dreijährige blutige Terrorperiode der Opritschnina, unter der sogar die Moskauer Chronikschreiber verstummten. Der Zar verlangte, daß die laufenden Chronikaufzeichnungen und Arbeitsmaterialien zu ihm in die Sloboda gebracht wurden. Sie wurden offensichtlich nie wieder an das Außenamt zurückgegeben.

In der Geschichte der Opritschnina begannen finstere Zeiten, über die es nur sehr wenige glaubwürdige Informationen gibt. Die Historiker sind gezwungen, sich an äußerst tendenziöse Memoiren und Aufzeichnungen von ausländischen Autoren über Rußland zu halten. Die bestinformierten dieser Autoren hatten selbst im Dienst der Opritschnina gestanden und waren dann später ins Ausland geflohen. Dort bemühten sie sich, durch ausführliche Pläne zur Niederwerfung des „barbarischen Moskowiens" sowie durch erschütternde Erzählungen über die Greueltaten des Tyrannen die Aufmerksamkeit auf sich zu lenken. Die dürftigen russischen Quellen erschweren jedoch die Kritik an den Phantastereien der Ausländer.

Die Erforschung des Opritschnina-Terrors wird auch noch dadurch belastet, daß alle Opritschnina-Archive vollständig vernichtet wurden. Spuren dieser Archive lassen sich jedoch in einigen Akten aus jenen Jahren entdecken, so zum Beispiel in einer der kompliziertesten Quellen aus dem 16. Jahrhundert, dem Seelenmessenregister, beziehungsweise im Verzeichnis der Hingerichteten, das auf die höchstpersönliche Anordnung des Zaren Iwan kurz vor dessen Ableben zusammengestellt wurde. Dieses Seelenmessenregister war schon seit langem äußerst interessant für Historiker. Schon S. B. Wesselowski, der sich das Ziel gesetzt hatte, sowohl Ursprung als auch historischen Wert dieses Registers zu klären, wies nach, daß den überlieferten Namenslisten ein offizielles Dokument zugrunde lag, das in einem der Zentralämter im Zusammenhang mit Gerichtsverfahren und Anzeigen gegen die Opritschniki entstanden war. Die Sekretäre, die die Anordnung des Zaren ausführten, hielten sich strikt an die ihnen zur Verfügung stehenden Quellen und nahmen von sich aus keine Eintragungen oder Änderungen vor. Wesselowski tat den ersten Schritt, um die wahre Bedeutung des Seelenmessenregisters aufzudecken, konnte jedoch in seinen Überlegungen nicht zu einem logischen Schluß kommen. Um über eine Quelle endgültig urteilen zu können, muß vor allem deren Originaltext geklärt werden. Hier stieß der Forscher jedoch auf große Schwierigkeiten. Seine Schlußfolgerung bezüglich der Unvollständigkeit und Zufälligkeit der im Seelenmessenregister enthaltenen Informationen stand im krassen Widerspruch dazu, daß dieses Schriftdenkmal urkundlich belegt war.

Da der Versuch, eine Quellenanalyse durchzuführen, wegen des Fehlens des Originaltextes mißlungen war, machte ich mich daran, das Seelenmessenregister zu rekonstruieren. Diese Aufgabe erwies sich als recht kompliziert. Vom textologischen Standpunkt aus bestanden die Hauptschwierigkeiten darin, daß die vorhandenen Namenslisten nicht übereinstimmten.

Einige Worte zur Entstehungsgeschichte des Seelenmessenregisters: Kurz vor seinem Tode befahl der Zar den Mönchen, für alle von ihm Hingerichteten bis „in alle Ewigkeit“ zu beten. Den „Verrätern“, deren Namen schon der Vergessenheit anheimgefallen waren und Dutzende von Jahren nicht genannt werden durften, wurde also „vergeben“. Auf Anordnung Iwans nahmen sich Sekretäre die Opritschnina-Archive vor und stellten eine Liste der „Getöteten“ zusammen, deren Abschriften dann an alle Klöster versandt wurden. Anhand dieser Amtslisten („herrscherliche Bücher“ oder „herrscherliche Zaren-Urkunde“ genannt) trugen die Klosterbehörden die Geächteten in ihre Seelenmessenregister ein. Kein einziges Original der „herrscherlichen Bücher“ aus den 80er Jahren ist erhalten geblieben beziehungsweise bis zum heutigen Tage aufgefunden worden. Die unversehrt gebliebenen Klosterauszüge erinnern nur entfernt an die Amtsliste. Die Mönche dachten gar nicht daran, die „herrscherlichen Bücher“, die kaum den Gedenkzwecken entsprachen, genau abzuschreiben. Die in den Archiven arbeitenden Sekretäre begegneten oft nicht den christlichen, sondern den Rufnamen der Hingerichteten und mitunter lediglich einer Gesamtzahl. Vom Standpunkt der Kirche aus war es sinnlos, für namenlose Menschen zu beten. Da die Mönche aber den Zorn des Zaren fürchteten, beteten sie doch noch für diese, wobei sie sich in ihrem Gebet auf Gottes Allgegenwart beriefen: „Gedenke, Herr, der 1505 Menschen, deren Namen, Herr, du allein weißt!“ Meistens schrieben die Starzen die Namen der Geächteten in ihre Gebetbücher, wobei sie die Familiennamen und nicht zur Sache gehörende Details der Hinrichtungen ausließen.

Wegen des häufigen Gebrauchs wurden die Seelenmessenregister schnell unbrauchbar. Die Namen wurden verwischt, Wachstropfen von Kerzen machten den Text unleserlich, Seiten wurden vertauscht und gingen verloren. Die unbrauchbar gewordenen Exemplare schrieb man neu, was wiederum mit Kürzungen und Entstellungen verbunden war. Die unheilvollen Jahre der Opritschnina wurden nun immer mehr zu vagen Überlieferungen, und auch die Mönche legten beim Kopieren der alten Seelenmessenregister schon nicht mehr den gleichen Fleiß wie noch zu Iwans Lebzeiten an den Tag.

Den Schlüssel zur Rekonstruktion des Seelenmessenregisters lieferte eine einfache textuelle Beobachtung. Geächtete mit ungewöhnlichen Namen standen auf verschiedenen Listen immer zwischen ein und denselben Personen. So lag die Vermutung nahe, daß diese identischen Textteile tatsächlich Fragmente des Originals seien. Es nahm viel Zeit in Anspruch, ähnliche Textteile in bereits bekannten und neu hinzukommenden Listen des Registers ausfindig zu machen. Eine der wichtigsten Fragen war, in welcher Reihenfolge die gesichteten Textteile im Original angeordnet waren. Dieses Problem konnte mit Hilfe des ältesten Seelenmessenregisters geklärt werden.

Gegenwärtig sind 15 Kopien des Seelenmessenregisters bekannt. Der überwiegende Teil stammt aus dem 17. Jahrhundert, es gibt aber auch spätere Listen aus dem 18. und 19. Jahrhundert. Nur ein einziges Exemplar reicht bis in die Regierungszeit Iwans des Schrecklichen zurück. Es handelt sich dabei um das 1552 angelegte und noch bis in die 80er Jahre des 16. Jahrhunderts ergänzte Seelenmessenregister des Nowgoroder Petschora-Klosters. Die Forscher maßen diesem Register deshalb keinerlei Bedeutung bei, weil die Mönche hier ausschließlich die Vornamen der Geächteten aufgenommen hatten, alle übrigen Einzelheiten hingegen, die in der Amtsliste des herrschaftlichen Totenregisters enthalten waren, ausließen. Somit verwandelte sich das Register in ein bloßes Verzeichnis von Vornamen, in dem mehr als die Hälfte „Iwan“ hießen: „Gedenke, Herr, Iwan, Pjotr, der beiden Iwan, Wladimir, Semjon, der drei Iwan“ usw. Das Petschora-Verzeichnis gab dennoch am genauesten das ursprüngliche Namensverzeichnis der Geächteten aus dem verlorengegangenen Seelenmessenregister Iwans des Schrecklichen wieder. Bemerkenswert ist auch, daß es die Ergebnisse der vorab geleisteten textologischen Arbeit untermauerte: Die anhand der anderen Listen ermittelten identischen Fragmente entsprachen voll und ganz dem Petschora-Text. In jenen Fällen, wo die Seiten vertauscht waren, kam es beim Herausfinden und Umstellen lediglich auf Zeit und Genauigkeit an. Die Entschlüsselung manch anderer „chiffrierter“ Seelenmessenregister war wesentlich schwieriger.

Unter allen Klosterverzeichnissen weisen drei Register des Moskauer Epiphanias-Klosters die größten Unterschiede auf. Die Namen standen dort in einer völlig anderen Reihenfolge als im Petschora- und in den anderen Registern. Diese Listen konnten jedoch unmöglich außer acht gelassen werden, denn die Zahl der dort entschlüsselten Familiennamen übertraf alle übrigen Verzeichnisse. Diese einzigartigen Register konnten erst dann benutzt werden, wenn die Kopierungsmethode enträtselt war, der sich der Abschreiber aus diesem Kloster bedient hatte. Beim Abschreiben des Textes hatte der Mönch diesen in verschiedene Absätze geteilt, die offensichtlich einzelnen Registerseiten entsprachen. Aus jedem Absatz schrieb er zunächst die Namen aller Geächteten leserlich heraus, dann kehrte er zum Anfang des Absatzes zurück und schrieb alle übrigen Namen ab. Schematisch läßt sich das Verzeichnis aus dem Epiphanias-Kloster wie folgt darstellen:

Petschora-Verzeichnis	Christi-Erscheinungs-Verzeichnis
A, B, C, D, E, F, G	1. A, B, D, G, H, L
H, I, K, L, M	2. C, E, F, I, K M

Die Namen innerhalb eines jeden Absatzes blieben erhalten, nur die Reihenfolge wurde verändert. Beim weiteren Abschreiben im 17. und 18. Jahrhundert gerieten manche Seiten an die falsche Stelle, was die Namen natürlich noch mehr durcheinanderbrachte. Da die Chiffre jedoch entschlüsselt werden konnte, gelang es auch, den Text des Epiphanias-Registers zu rekonstruieren.

Es vergingen jedoch noch Jahre, bevor mehr als 3000 Geächtete ihren eigentlichen Platz auf den Seiten der dicken Kontorbücher gefunden hatten. Die rekonstruierten Texte der Klosterverzeichnisse wurden in einzelnen Spalten nebeneinander geschrieben. Dabei kam man schließlich zu dem Schluß, daß alle diese Texte von ein und derselben „herrscherlichen Urkunde" abstammten. Die Klosterverzeichnisse strotzten nur so von Fehlern, da aber die Abschreiber jeder auf seine spezielle Art Fehler gemacht hatten, war es möglich, diese zu berichtigen. So konnte die ursprüngliche Amtsliste der Geächteten wiederhergestellt werden.

Die Rekonstruktion des Textes machte es möglich, wichtige Schlußfolgerungen in bezug auf Besonderheiten der Urquelle zu ziehen. Wie sich herausstellte, war die Reihenfolge der Geächteten in der „Amtsliste" chronologisch (entgegen der Behauptung von S.B. Wesselowski). Auf den ersten Seiten standen Personen, die entweder Ende 1567 oder im März, am 6. Juli und 11. September 1568 hingerichtet worden waren, später diejenigen, die im Januar, April und Oktober 1569 sowie im Januar 1570 den Tod fanden. Die Reihenfolge der Eintragungen schien anfangs unverständlich zu sein, jedoch fand sich auch dafür eine Erklärung.

Als der Zar Schreiber in die Archive entsandte, schrieben diese aus Angst, auch nur in Details von dem strengen Befehl abzuweichen, alle Namen, die sie in den Gerichtsakten und Berichten der Opritschniki fanden, hintereinander heraus. Die Anordnung und Vollständigkeit der auf diese Weise zusammengestellten Verzeichnisse ergab sich also aus den vorhandenen Materialien der Opritschnina und ihrer fortlaufenden Bearbeitung durch Schreiber, welche die Geächteten in der gleichen Reihenfolge von einer Akte in die andere übertrugen, wie sie in den Gerichtsakten geführt wurden. Die Rekonstruktion des Seelenmessenregisters zeigte, daß dessen Verfasser die Materialien des für die Periode des Terrors wohl wichtigsten politischen Verfahrens, die Verschwörung Wladimir Andrejewitschs betreffend, gewissenhaft durchgearbeitet hatten. Im Zusammenhang mit diesem Prozeß, der drei Jahre dauerte (von 1567 bis 1570), entstand fast das gesamte (neun Zehntel) Seelenmessenregister. In Sachen Starizki brachten die Opritschniki rund 3200 der insgesamt 3300 im Register stehenden Personen um.

Alle Materialien, die die ersten Opritschnina-Exekutionen (1565), die Sache Starizki (1567–1570) und die zweite „Hinrichtungswelle" (1575) betrafen, wurden im Opritschnina-Archiv sorgfältig aufbewahrt. Was aber die Unterlagen über die Greueltaten aus der Zeit vor und nach der Opritschnina betrifft, so gingen einige von ihnen offensichtlich im Archiv verloren und konnten von den Sekretären bei der Zusammenstellung der Amtsliste nicht mehr berücksichtigt werden. So wurden die Hinrichtungen D. Adaschews (1562), M.I. Worotynskis (1573) und einiger anderer Personen nicht im Register erfaßt. Die Lücken im Register sind jedoch nicht sehr groß. Entgegen der Behauptung Wesselowskis war die „Amtsliste", insbesondere für die Periode des Terrors, bemerkenswert vollständig. Die Amtsleute, die die Gerichtsakten der Opritschnina damals fleißig abgeschrieben hatten, ahnten nicht einmal, daß ihre Konzepte, nachdem die Archive der Opritschnina vernichtet waren, den Historikern später einen unschätzbaren Dienst erweisen würden. Die rekonstruierte „Amtsliste" ist eine Art Blutchronik, in der die Untaten der Opritschnina Tag für Tag, Monat für Monat unvoreingenommen und wahrheitsgetreu fixiert wurden. Mit Hilfe des rekonstruierten Seelenmessenregisters konnte außerdem das nach Iwans Tod verlorengegangene Opritschnina-Archiv wiederhergestellt werden. Damit wurde die Grundlage für die Erforschung der dunkelsten Periode in der Geschichte der Opritschnina geschaffen.

Der Zar bemühte sich, die ruhmlose Beendigung des Feldzuges gegen Livland Ende 1567 irgendwie zu rechtfertigen. Die Ursache für den Abbruch des Feldzuges sei die Desorganisation des Straßendienstes gewesen, weshalb auch die Kanonen nicht rechtzeitig an die Grenze geschafft werden konnten. Kommandant dieser Trupps war der für seine Käuflichkeit berüchtigte Sekretär des Reichsschatzamtes Kasarin Dubrowski. Der Zar veranlaßte, Beschwerden über den Sekretär zusammenzutragen, wonach Dubrowski des Amtsmißbrauchs überführt und hingerichtet wurde. Im Totenregister des Zaren finden wir folgende Eintragung: „Kasarin Dubrowski, zwei Söhne von ihm und zehn Personen, die ihm halfen." Daraufhin nahm sich Iwan die Dienstadligen vor, die durch Starizki denunziert worden waren. Die Opritschniki richteten den Onkel des Fürsten Wladimir Andrejewitsch und einige andere Personen hin. Offensichtlich hatte der Onkel seinem Neffen unvorsichtigerweise angedeutet, daß die Macht in seine Hände übergehen könnte.

Die erneuten Repressalien von seiten der Opritschnina riefen unter dem Semstschina-Adel große Empörung hervor. Als Antwort darauf begann eine offene Erhebung gegen die Opritschnina-Politik mit dem Metropoliten Filipp Kolytschew an der Spitze. Daß gerade er die gegen die Anhänger Starizkis gerichteten Repressalien der Opritschnina verurteilte, hatte besondere Gründe.

Der Moskauer Metropolit, so A. A. Simin, hat sich beharrlich der Opritschnina widersetzt. „Der wichtigste Beweggrund dafür war, daß die höchsten kirchlichen Hierarchen Gegner der zentralistischen Politik der Regierung Iwans IV. waren." Simin zufolge „war die russische Kirche des 16. Jahrhunderts eines der mächtigsten Rudimente der Teilfürstenzeit, ohne dessen Transformation keine Rede von völliger Einheit des Staates sein konnte". Im Konflikt zwischen dem Metropoliten Filipp und dem Zaren hätten außerdem die Sympathien des ersteren für die Starizkis und die Nowgoroder eine gewisse Rolle gespielt.

Diesem Standpunkt muß entgegengesetzt werden, daß die Kirche das ganze 16. Jahrhundert hindurch die wichtigste Stütze der Monarchie blieb. Die Auseinandersetzungen zwischen der höchsten weltlichen und geistlichen Macht bezogen sich jeweils auf einzelne, nicht aber auf Grundprobleme.

Der Konflikt zwischen Filipp Kolytschew und Iwan dauerte nur kurze Zeit und spiegelte lediglich die tiefe Spaltung wider, zu der es unter dem herrschenden Bojarentum in den Opritschnina-Jahren gekommen war. Einen gewissen Einfluß auf den Verlauf des Konfliktes hatten auch die Beziehungen Filipps zu den Starizkis nahestehenden Personen. So wurde festgestellt, daß die Kolytschews schon seit jeher im Teilfürstentum von Stariza gedient hatten. Die weltliche Karriere Filipp Kolytschews endete allem Anschein nach wegen seiner Teilnahme am Aufruhr des Fürsten A. I. Starizki im Jahre 1537. Nach der Niederschlagung der Erhebung mußte er in den Norden fliehen und sich zum Mönch scheren lassen. Nach seiner Wahl zum Metropoliten unterstützte Filipp aufs entschiedenste das Aufbegehren der Reichsversammlungsmitglieder gegen die Opritschnina. Aus diesem Grund blieb die Beziehung zwischen Iwan und ihm nach der Versammlung äußerst angespannt. Als in der Opposition Gerüchte von der möglichen Thronentsagung des Zaren beziehungsweise von seinem Sturz aufkamen, wandten sich die Unzufriedenen immer häufiger dem Metropoliten zu. Sie hatten allen Grund dazu anzunehmen, daß, wenn Iwan abdanken sollte, Filipp sich für die Beseitigung des Opritschnina-Regimes einsetzen und die Kandidatur Starizkis unterstützen würde.

Die Sympathien, die Filipp den Starizkis entgegenbrachte, sollten jedoch nicht überschätzt werden. Dadurch, daß er gegen die Opritschnina aufbegehrte, brachte Kolytschew nichts anderes als die Meinung der einflußreichen Bojaren zum Ausdruck, die ihn unterstützten und ihn im Grunde genommen erst an die Macht gebracht hatten. Der Protest ging vor allem vom altmoskowitischen Bojarentum aus, das zur Zeit der Opritschnina eine dominierende Stellung in der Bojarenduma einnahm. Anerkannter Führer dieser Opposition in der Duma war der in Ungnade gefallene Stallmeister I. P. Fjodorow-Tscheljadnin.

Obwohl dies von den Historikern fast völlig ignoriert wird, war die Auflehnung Filipps aufs engste mit dem Verfahren gegen Fjodorow-

Tscheljadnin verbunden. Davon berichteten ein Nowgoroder Chronist, die Opritschniki Taube und Kruse sowie die Autoren von „Filipps Vita“. Der Chronist informiert dabei nur kurz über den Protest des Metropoliten und dessen Aburteilung. Die Augenzeugen der Ereignisse, die Opritschniki Taube und Kruse, fertigten vier Jahre nach der Gerichtsverhandlung einen umfangreichen, aber auch ziemlich tendenziösen Bericht über das Geschehen an. „Die Vita des Metropoliten Filipp“ entstand erst wesentlich später, in den 90er Jahren des 16. Jahrhunderts, im Solowezki-Kloster. Selbst wohnten die Autoren den Ereignissen zwar nicht bei, benutzten jedoch Erinnerungen von noch lebenden Zeugen, wie zum Beispiel des Starez Simeon (S. Kobylin), des ehemaligen Aufsehers bei Kolytschew, und der Mönche aus Solowki, die sich zur Zeit der Gerichtsverhandlung gegen Filipp in Moskau befanden. Die genannten Augenzeugen waren über die Ereignisse, die sich während der Gerichtsverhandlung 1568 zugetragen hatten, bestens informiert, wußten jedoch weniger von den vorausgegangenen Begebenheiten. So sind die Angaben in der „Vita“, was die ersten Jahre von Filipps Herrschaft in Moskau von 1566 bis 1567 betrifft, überaus verworren und kaum glaubwürdig. Einiges aus dieser Zeit ist einfach verfälscht worden. Mit seinem Protest gegen die Opritschnina verletzte Filipp den von ihm bei Amtsübernahme geleisteten Schwur. Um dies in der Biographie des Märtyrers nicht erwähnen zu müssen, behaupteten die Autoren der „Vita“, Filipp sei bereits vor der Opritschnina Metropolit geworden. Insgesamt entpuppt sich diese Apologie als ziemlich trübe Quelle, die jede Menge unglaubwürdiger Einzelheiten enthält, welche ausgesprochen kritisch überprüft und mit anderen Quellen verglichen werden müssen.

Bei seiner Wahl zum Metropoliten hatte Kolytschew sich dazu verpflichtet, sich nicht in die Angelegenheiten der Opritschnina einzumischen. Der Zar seinerseits hatte ihm das althergebrachte Recht zugesprochen, bei wichtigen Angelegenheiten als Berater zu fungieren. So konnte sich der Metropolit nicht ganz von dem Gericht über die verräterischen Semstschina-Bojaren fernhalten. Anfangs führte er noch des öfteren mit dem Zaren Gespräche unter vier Augen, ermahnte ihn, die Repressalien einzustellen, und „drohte ihm mit dem Jüngsten Gericht“.

Offensichtlich entschloß sich Filipp erst in dem Augenblick, offen gegen die Opritschnina aufzutreten, als die Ermittlung zum Verrat des Stallmeisters Fjodorow-Tscheljadnin einen kritischen Punkt erreicht hatte. Kurz vor dem Protest des Metropoliten, so lesen wir in der „Vita“, kamen „gewisse … kluge und gerechte Würdenträger … unter großem Wehklagen“ zu ihm und baten ihn um Schutz, denn „ihnen stand der

Tod vor Augen und machte sie stumm". Da wir wissen, daß fast alle damaligen Bojaren bestechlich waren, können wir davon ausgehen, daß die Autoren der „Vita" hier den gerechten ersten Würdenträger, den Stallmeister Fjodorow-Tscheljadnin, meinten, dessen Klugheit selbst Iwan anerkannt hatte. Der Verdacht, er habe an einer Verschwörung teilgenommen, bedeutete für den Stallmeister das Schafott, und so war auch er unter denjenigen, denen „der Tod vor den Augen stand".

Nachdem sich der Metropolit die „gerechten Herren" angehört hatte, versprach er ihnen angeblich seinen Schutz, indem er sagte, „der Herr wird nicht zulassen, daß solch eine Ungerechtigkeit geschieht".

Ohne Zweifel war Fjodorow-Tscheljadnin dazu gezwungen, vor den Verfolgungen der Opritschnina vor allem bei Kolytschew, einem bekannten Gegner der Opritschnina, Schutz zu suchen. Dank der Einmischung des Metropoliten konnte die endgültige Entscheidung im Fall Fjodorow ein ganzes Jahr hinausgezögert werden. Weder Iwan noch seine Opritschnina-Duma waren jedoch gewillt, die Ratschläge Filipps zu befolgen. Im Frühjahr 1568 nahmen die Repressalien der Opritschnina bedrohliche Ausmaße an. Man köpfte Adlige ohne jegliches Gerichtsverfahren, und der Metropolit mußte sich bald davon überzeugen, daß der Zar seine Ermahnungen völlig unbeachtet ließ. So entschloß sich Filipp, trotz seines Eides offen gegen die Opritschnina und ihre Massaker aufzutreten.

Wie die Nowgoroder Chronik berichtet, „ist der Metropolit Filipp" am 22. März 1568 „mit dem Herrscher in Moskau wegen der Opritschnina in Feindschaft geraten". Der „Vita" nach habe Filipp angeblich zweimal versucht, die Opritschnina während feierlicher Gottesdienste in der Mariä-Entschlafungs-Kathedrale im Moskauer Kreml anzuprangern. Das erste Mal, als der Zar gerade erst mit seinem ganzen Opritschnina-Heer in Moskau eingetroffen war, das zweite Mal einige Zeit später, am 24. März 1568, während eines Gottesdienstes in der Kathedrale des Hl. Sacharija. Es läßt sich nur schwer sagen, auf welche Periode die Autoren der „Vita" das erste Auftreten Filipps beziehen. Was die März-Rede Filipps betrifft, so fällt das Datum in der „Vita" mit demjenigen in der Chronik zusammen.

Laut der „Vita" bat Filipp den Zaren, die Opritschnina aufzuheben („das Begonnene sein zu lassen"), diese Gebiete wieder mit der Semstschina zu vereinigen („nicht aber Dein Reich aufzuteilen, denn es ist einheitlich", „schließe Deine Leute zusammen") und die Repressalien zu beenden.

Danach zu urteilen, wie der Zar entgegnete, muß es sich um die Verfolgungen von Teilnehmern der eben erst aufgedeckten „Verschwörung" des Stallmeisters Fjodorow-Tscheljadnin in der Semstschina gehandelt haben. Um die Gewaltakte zu rechtfertigen, wies der Zar Filipp direkt auf den Verrat seiner Untertanen hin. „Was gehen dich, einen Mönch, unsere Zarenberatungen an", soll der Zar gefragt haben, „weißt du denn nicht, daß mir die eigenen Untertanen nach dem Leben trachten?" Weiter klagte der Zar darüber, daß sich selbst die ihm nahestehenden Bojaren gegen ihn auflehnen würden: „Auch meine Nächsten wandten sich von mir ab, trachten mir nach dem Leben und wollen mir Böses antun."

Zu guter Letzt geriet der Zar durch Filipps Beschuldigungen in Zorn. Es heißt, der Zar schlug mit dem Zepter auf den Boden und sagte: „Ich bin zu weichherzig dir, Metropolit, deinen Anhängern und meinem Land gegenüber gewesen, jetzt aber werdet ihr aufheulen!"

Beim Streit in der Reichsversammlung mußte der Zar den kürzeren ziehen. Der Metropolit, der spürte, daß ihn die Semstschina unterstützte, lehnte dreimal die Bitte des Zaren ab, ihn zu segnen, und erklärte vielmehr, er werde künftig nicht mehr schweigen, denn sein Schweigen „brachte dem ganzen Volk nur Verderben".

Das öffentliche Auftreten des Kirchenoberhaupts gegen die Opritschnina hatte großen Einfluß auf die Semstschina, denn der Metropolit erfreute sich sowohl in der Bojarenduma als auch unter den moskowitischen Adligen und den reichen Kaufleuten sehr großer Beliebtheit. Außerdem genoß die Kirche nicht nur unter den Machthabern, sondern auch in den untersten „unruhigen" Volksschichten, im einfachen Volk, außerordentliches Ansehen. Mit Hilfe von fanatischen Popen, Mönchen und Narren konnte die Kirche die Stimmung im Volke, das dem Geschehen nicht gleichgültig gegenüberstand, leicht beeinflussen.

Der Predigt, die Filipp in der Kathedrale hielt, wohnte eine große Menschenmenge bei, und am nächsten Tag wußte schon die ganze Hauptstadt von den Meinungsverschiedenheiten zwischen dem Zaren und dem Metropoliten.

Das Oberhaupt der Opritschnina-Duma, A. D. Basmanow, bemühte sich, den Zaren davon zu überzeugen, daß die Terrormaschine wieder in Gang gesetzt werden müsse. In der gegenwärtigen Krisensituation könne jede Bekundung von Schwäche seitens der Regierung katastrophale Folgen haben, meinte er. So versuchten der Zar und seine Handlanger erneut, wie dies auch mit der Gründung der Opritschnina geschehen war, ihre Position mit Hilfe von Gewalt und Terror zu festigen.

Am Tage nach der Diskussion in der Versammlung beschloß Iwan, den „meineidigen" Filipp zu bestrafen, der sein Versprechen, sich nicht in die

Angelegenheiten der Opritschnina einzumischen, gebrochen hatte. Die wichtigsten Berater und dem Metropoliten Nahestehende wurden ins Gefängnis geworfen. Nach einer gewissen Zeit wurden die Starzen des Metropoliten aus dem Gefängnis geschafft und, während man sie durch die Straßen der Hauptstadt schleifte, mit Eisenruten totgeschlagen. In diesen Tagen, so Taube und Kruse, nahmen die Opritschniki auch zahlreiche Bojarendiener, Hofleute und Truchsesse[26] fest. Die einen wurden aufgehängt, die anderen mit Stöcken geschlagen und ins Gefängnis geworfen.

Unsere Originalquelle, das herrschaftliche Totenregister, gibt eine ganz genaue Vorstellung von den nun beginnenden Exekutionen in der Semstschina und weist nach, daß die Repressalien gegen den Metropoliten aufs engste mit der Verfolgung von Fjodorow und seinen „Mittätern" verbunden waren. Laut Register wurden in den Straßen Moskaus vier Berater des Metropoliten umgebracht, u. a. Fjodor Rjassin, der als Tributeintreiber des Metropoliten fungierte, ein Vertreter der Familie Manuilow, die dem Metropoliten seit jeher als Bojaren dienten.

Genau zu der Zeit, als der Metropolit gegen die Opritschnina protestierte, wurde der in Ungnade gefallene Stallmeister Fjodorow nach Kolomna verbannt. Der Zar wagte es jedoch nicht, ihn hinzurichten, sondern befahl statt dessen, alle ihm nahestehenden Berater umzubringen und seine im Landkreis von Kolomna liegenden Erbgüter zu verwüsten. Eine Abteilung des Opritschnik L. Lowtschikow tötete in den „Dörfern von Kolomna" 20 seiner Untergebenen. Anhand der Grundbücher kann festgestellt werden, daß es sich bei den Erbgütern Tscheljadnins um die Dörfer Kischkino und Martynowskoje handelte, zu denen rund 1000 Viertel Ackerland und Dutzende von Bauernhäusern gehörten. Die zwanzig Personen, die dem Pogrom zum Opfer fielen, waren hauptsächlich Diener und Hofgesinde des Bojaren.

Nachdem diese Siedlungen bei Kolomna zerstört worden waren, schickte der Zar den Opritschnina-Führer M. L. Skuratow mit einer Abteilung aus, um nun Fjodorows Erbgüter in Gubin Ugol zu plündern. Maljuta ging dabei noch brutaler vor als Lowtschikow. Mit diesen blutigen Untaten in den Erbgütern Fjodorows begann der rasche Aufstieg Skuratows in der Opritschnina.

Die Hauptbesitzungen des Stallmeisters lagen jedoch an der Grenze zum Nowgoroder Land in Beschezki Werch. Unter anderem gehörten ihm dort das Dorf Borissoglebskoje mit 1158 Viertel Ackerland und das Dorf Semenzowo. Iwan der Schreckliche stellte sich höchstpersönlich an die Spitze einer fast fünf Wochen dauernden Strafexpedition innerhalb dieser Besitzungen, an der zahlreiche Opritschnina-Abteilungen teilnahmen.

Man folterte des Verrats bezichtigte Personen und entriß ihnen dabei die Namen ihrer „Mitverschwörer". Die Verleumdeten wurden ohne Gerichtsverfahren und mitunter auch ohne Verlesen der Anklage hingerichtet. Ermittlungen wurden streng geheim durchgeführt. Die Verurteilten schlug man mit Eisenruten, um sie zur Herausgabe ihres ganzen Vermögens zu zwingen. Danach wurden sie hingerichtet. Diejenigen, von denen nichts zu holen war, erschlug man direkt auf der Straße. An die Kleidung des Ermordeten wurde ein kleiner Zettel geheftet, auf dem die Ursache der Ermordung stand. So setzte man alle über die Verbrechen der „Verschwörer" in Kenntnis.

Während der Strafexpeditionen ermordeten die Opritschniki 135 Bedienstete der Bojaren, von denen 128 Personen im Totenregister als Diener des Stallmeisters angegeben wurden. Fjodorow war einer der reichsten Leute dieser Zeit. Auf seinen Ländereien lebten Tausende von Bauern. Der Terror der Opritschnina betraf jedoch offensichtlich nicht die bäuerliche Bevölkerung der Bojaren-Erbgüter, sondern galt vor allem deren Dienerschaft, Knechten und Hofgesinde. Die brutale Abrechnung mit der bewaffneten Gefolgschaft des Stallmeisters ließ sich relativ einfach erklären. Es hieß, Fjodorow habe vorgehabt, Iwan festzunehmen und mit Hilfe seiner Diener, die angeblich in die Pläne der Verschwörung eingeweiht worden waren, einen Umsturz zu vollbringen.

Anhand des Seelenmessenregisters kann man nachweisen, daß die Opritschniki im Zusammenhang mit der Verschwörung des Stallmeisters Fjodorow etwa 130 bis 150 Dienstadlige und Amtsleute sowie mehr als 290 Bojarenknechte umbrachten.

Insgesamt wurden die Vergeltungsmaßnahmen jedoch nicht systematisch durchgeführt. Man ergriff vielmehr wahllos Freunde und Bekannte des Stallmeisters, ehemalige Kasaner Verbannte, Verwandte von emigrierten Dienstadligen usw.

Unter dem Vorwand, gegen die Verschwörung anzukämpfen, säuberte die Opritschnina-Regierung äußerst gründlich die Reihen der Befehlshaber des Adelsaufgebots und des Amtsapparates der Semstschina. Unter den Angeklagten im Fall Fjodorow waren auch namhafte Mitglieder altmoskowitischer Adelsfamilien, wie Morosow-Scheïn, Saburow und Kolytschew.

A. I. Scheïn-Morosow, der die höchsten militärischen Dienstgrade erlangte, diente im livländischen Feldzug von 1567 als zweiter Wojewode der Avantgarde, später blieb er an der litauischen Grenze, um dort als zweiter Wojewode das rechte Regiment[27] zu kommandieren. Aufgrund seiner adligen Herkunft und der erfolgreichen Dienstlaufbahn hatte Scheïn allen Anlaß, Anspruch auf den Bojarentitel zu erheben. In einigen Dienstlisten wurde er deshalb als Bojar bezeichnet. Nach Fjodorow war Scheïn wohl der edelste der „Verschwörer", die Starizki unterstützten. Hier muß erwähnt werden, daß Scheïn, da er die Tochter W. M. Borissows, eines Verwandten der Fürstin Jewfrossinija, geheiratet hatte, mit dem Fürstenhaus Starizki praktisch verwandt war. Kurbski betont in seinem Bericht über die Hinrichtung Scheïns vor allem dessen Abstammung vom Geschlecht der Morosows und dessen Verwandtschaft mit dem in Ungnade gefallenen Bojaren W. W. Morosow, der wegen Kontakten zu russischen Emigranten in Litauen verhaftet worden war. Gegen A. I. Scheïn wurden schwerwiegende Anschuldigungen erhoben. Nicht zuletzt deshalb wurden mit ihm auch sein Sohn Grigori, sein Bruder Alexej und etwas später auch sein Vetter M. J. Scheïn, der „Bojarensohn", hingerichtet.

Angeklagt im Prozeß gegen Fjodorow waren außerdem F. A. Karpow, M. A. Karpow und W. P. Muchin-Karpow, hochadlige Bojaren, die schon von alters her der Bojarenduma angehörten. Als das Semstschina-Heer im Sommer 1568 gegen die Tataren zog, galt F. A. Karpow als zweiter Wojewode des linken Regiments, gehörte also zu den führenden Kommandeuren der Verteidigung. Sein jüngerer Bruder M. A. Karpow war vor seiner Hinrichtung Statthalter der Grenzfestung Rylsk gewesen. Interessant ist, daß sich die Brüder Karpow kurz vor der Reichsversammlung 1566 für den Stallmeister I. P. Fjodorow verbürgt hatten. Dieser wiederum verbürgte sich für den in Ungnade gefallenen Worotynski. Außer den drei obengenannten Karpows wurden auch deren Verwandte, die Nowgoroder Gutsbesitzer N. und S. Saburow, von den Opritschniki hingerichtet.

Von den Kolytschews fiel als erster der alte Wojewode I. B. Kolytschew dem Terror zum Opfer. Den größten Teil seines Lebens hatte er im Teilfürstentum von Stariza gedient. Bei der Erhebung des Fürsten A. I. Starizki 1537 spielte Kolytschew eine entscheidende Rolle. Seit 1540 stand er dann beim Fürsten W. A. Starizki im Dienst. Als in der ersten Hälfte der 60er Jahre der Apanagenhof, das für die ehemaligen Teilfürstentümer zuständige Zentralamt, aufgelöst wurde, trat I. B. Kolytschew zusammen mit seinem Sohn in den Dienst des Zaren. Beide nahmen als Dienstadlige höchsten Ranges an der Reichsversammlung 1566 teil. Im Seelenmessenregister der Geächteten stehen die Namen von I. B. Kolytschew und seinem Sohn Iwan zwischen Eintragungen, die sich auf die Zerstörung der Erbgüter I. P. Fjodorows beziehen. Das Register bestätigt so den Bericht Kurbskis, dem zufolge I. B. Kolytschew während des Straffeldzuges der Opritschniki gegen die Besitzungen Fjodorows ermordet wurde. Man hielt offensichtlich diesen ältesten Vasallen der Starizkis für einen der Anführer der „Verschwörung" und Helfershelfer des Stallmeisters. Über Kolytschew unterhielten die „Verschwörer" Kontakt zu seinem Verwandten, dem Metropoliten Filipp Kolytschew. Ihm soll, wie Kurbski später fälschlicherweise behauptete, Iwan den Kopf des hingerichteten I. B. Kolytschew gesandt haben. Außer den obengenannten Kolytschews erschlugen die Opritschniki auch noch den im Totenregister aufgeführten W. Kolytschew.

Weiterhin kam im Zusammenhang mit diesem Fall auch der Wojewode F. R. Obraszow ums Leben, der über längere Zeit hinweg im Teilfürstentum von W. A. Starizki gedient hatte. Nach der Auflösung des Apanagengutes wurde er in den Dienst des Zaren gestellt und nahm ebenfalls an der Reichsversammlung von 1566 teil. Nach F. R. Obraszows Tod wurden auch seine Brüder G. R. und S. R. Obraszow hingerichtet.

Um zu veranschaulichen, welcher Methoden sich die Opritschniki bei ihren Säuberungsaktionen zwischen den Befehlshabern des Adelsaufgebots bedienten, folgt die Beschreibung folgender Begebenheiten. Laut Eintragungen des Dienstlistenamtes dienten im Sommer 1568 der Fürst F. Sissojew als Wojewode in Rjasan und in der Rjasaner Vorstadt Pronsk die Fürsten W. K. Kurljatew und G. I. Sidorow. In den Dienstlisten lesen wir: „Im selben Jahr (7076 = 1568, *der Verf.*) begaben sich Wojewoden nach Donkow, um neue Städte zu erbauen: Aus Pronsk – Wolodimer Kurljatew und Grigorej Sidorow", „in demselben Jahr starben Wolodimer Kurljatew und Grigorej Sidorow in Donkow". Im Seelenmessenregister finden wir nur die kurze Eintragung: „Fürst Wolodimer Kurljatew, Fürst Fjodor Sissojew, Grigori Sidorow". Wie Kurbski berichtet, hatten sich die Wojewoden aus Pronsk an die Spitze eines Feldzuges in die „Wildnis"[28] gestellt und in der Steppe am Don die Stadt Donkow erbauen lassen. Eine Woche bevor ein 10 000 Mann starkes Tatarenheer die Festung überfiel, traf Fjodor Basmanow mit Opritschniki dort ein und ließ die führenden Don-Wojewoden hinrichten. Donkow wehrte erfolgreich den Ansturm der Tataren ab, drei Tage später jedoch tauchten dort erneut Opritschniki mit dem Befehl auf, G. I. Sidorow (den Neffen des Wojewoden G. S. Sidorow), die Fürsten A. und N. Mestscherski und andere hinzurichten. Diesmal kam jedoch der Befehl zu spät: Die zum Tode verurteilten Dienstadligen waren bereits bei der Verteidigung der Stadt gegen die Tataren gefallen.

Unter den namhaften Semstschina-Wojewoden, die zu jener Zeit ermordet wurden, waren auch die Fürsten A. S. Babitschew, A. Jaroslawow, I. D. Daschkow, A. D. Daschkow und M. G. Iwanow.

Zur Zeit des Prozesses gegen den Stallmeister Fjodorow töteten die Opritschniki außerdem einige bedeutende Befehlshaber der Strelitzen-Truppen, unter ihnen N. G. Kasarinow-Golochwastow und G. I. Kaftyrjow. Kasarinow versuchte, bei der Kirche Schutz zu finden. Er floh in ein Kloster und ließ sich dort zum Mönch scheren. Jedoch holte man ihn aus seiner Zelle und schaffte ihn in die Sloboda. Kurbski schreibt, der Zar Iwan hätte den Wojewoden zusammen mit einem Pulverfaß in die Luft sprengen lassen. Dabei habe er bemerkt, so würde dieser eher in den Himmel kommen. Dieser Bericht von Kurbski wird durch eine Eintragung im Seelenmessenregister bestätigt, in der vom „Mönch Nikita Kasarinow“ die Rede ist.

Die Opritschnina-Regierung benutzte das Verfahren gegen die Verschwörer dazu, um mit besonders verhaßten Frondeuren abzurechnen, die seinerzeit nach Kasan verbannt worden waren. Folgende Personen fielen ihr zum Opfer: F. J. Usljumow-Danilow, I. P. Pojarkow-Kwaschnin, F. T. Sabolozki, Fürst D. J. Sizki, Fürst S. I. Bataschow, Fürst I. J. Smelogo-Sassekin, Fürst D. W. Tschulkow-Uschaty, die Fürsten F. I., I. I. und G. I. Chocholkow-Rostowski, die Fürsten W. und A. Gagarin, die Dienstadligen A. W. und G. W. Djatlow, J. P. Schuscherin, G. B. Stupischin, F. D. und W. D. Sotnizki, I. Towaristschew-Aksakow, F. Bernjadinow, R. N. Burzew, M. O. Bestuschew-Rogaty, I. A. Janow, 13 Angehörige der Familie Teterin und andere.

Der in Ungnade gefallene Stallmeister Fjodorow besaß das meiste Land in Beschezki Werch und wurde sowohl von den Dienstadligen in Beschezk als auch von denen der angrenzenden Beschezkaja Pjatina[29] von Nowgorod sehr geschätzt. Deshalb war es auch nicht verwunderlich, daß die Opritschniki zur Zeit der Gerichtsverhandlung über den Stallmeister viele Dienstadlige von Beschezk (vier Kamenskis, sechs Dementjews), Gutsbesitzer von der Beschezkaja Pjatina (A. I. Baskakow, P. Maletschkow) sowie die Nowgoroder Saburow, A. S. Chwostow-Otjajew und andere umbrachten. Hingerichtet wurden außerdem noch einige Adlige aus Dmitrow, die höchstwahrscheinlich bei dem Fürsten Wladimir von Stariza gedient hatten. Unter ihnen waren I. F. Kamenski, I. W. Bolschoi und I. W. Menschoi Muntow-Tatistschew.

Der Opritschnina fielen zahlreiche Dienstadlige zum Opfer, die durch sie ihre Ländereien eingebüßt hatten. Die gesetzwidrigen Konfiszierungen riefen große Empörung unter den adligen Landbesitzern hervor.

Einige waren nicht mehr dazu bereit, diese Willkürmaßnahmen länger zu dulden, und protestierten offen gegen die Opritschnina. So zum Beispiel, laut Kurbski, der aus Wjasma vertriebene M. S. Mitnew. Als er zu einem Gastmahl in den Zarenpalast eingeladen wurde, erdreistete er sich, dort dem Zaren folgende Worte ins Gesicht zu schleudern: „Zar", soll er ausgerufen haben, „fürwahr, da du, Verfluchter, selbst Honig trinkst, der mit dem Blut unserer Brüder vermischt ist, willst du nun auch uns dazu nötigen..., es dir gleichzutun!" Die Opritschniki brachten ihn auf der Stelle um. Sein Name steht ebenfalls im Seelenmessenregister. Unter den übrigen Vertriebenen finden wir dort die Susdaler A. W. Lewaschow, I. Bolschoi und I. Menschoi Larionow, G. F. Perepetschin, I. I. und S. I. Gluchow, den Wjasmaer A. T. Satscheslomski, den Wjasmaer und Malojaroslawler A. Rschewski, die Kostromaer W. P. Fedtschistschew, I. G. und I. G. Drugoi Pelepelizyn, W. I. Wyrodkow, den Fürsten F. D. Neswizki und andere.

Da der in Ungnade gefallene Stallmeister Fjodorow über längere Zeit dem Stallamt und auch dem Bojarengericht in Moskau vorgestanden und dort feste Beziehungen zu höchsten Amtskreisen unterhalten hatte, ging das Gerichtsverfahren gegen ihn mit der Säuberung des ganzen Amtsapparats einher. Die Opritschniki richteten den Reichsschatzmeister Ch. J. Tjutin, die Sekretäre W. G. Sacharow-Gniljew, A. M. Batanow, S. S. Aljabjew, P. I. Scherefedinow und W. Bunkow hin sowie den aus der Zeit des auserwählten Rates bekannten Sekretär I. G. Wyrodkow, der nach dem Sturz Adaschews seines Amtes enthoben worden war. Die Bestrafung des Schatzmeisters Tjutin leitete Fürst M. T. Tscherkasski, der Schwager des Zaren. Dieser ließ Tjutin auf dessen Hof festnehmen, ihn samt seiner ganzen Familie zum Marktplatz bringen und sie dort ohne jedes Gerichtsverfahren hinrichten. Das ganze Vermögen Tjutins, der ein steinreicher Mann war, eignete sich Tscherkasski an. Wie wir sehen, hatte die Leitung der Opritschnina-Duma durchaus keine Skrupel, die „Verschwörung" zu ihrer persönlichen Bereicherung zu nutzen.

Im Sommer 1568 veränderte sich die außenpolitische und militärische Lage Moskaus sehr zu dessen Nachteil. Bereits im Dezember 1567 hatte der Krimchan in ultimativer Form von den Russen gefordert, die russischen Befestigungen am Terek zu schleifen sowie Kasan und Astrachan aufzugeben. Der drohende Krieg mit der Krim und der Türkei war eine der Hauptursachen dafür gewesen, daß der Feldzug gegen die Litauer 1567 mißlang. Im darauffolgenden Sommer belagerten die Tataren die russische Festung Donkow, ohne sie jedoch einnehmen zu können. Am

11. September verwüsteten sie die Ortschaften Odojew und Beljow. Die russischen Diplomaten waren nicht imstande, den Konflikt zwischen Rußland und dem mächtigen Osmanischen Reich zu verhindern. Ende 1567 begannen sich die Türken auf die Eroberung Astrachans vorzubereiten. Der Feldzug der krimtatarisch-türkischen Truppen gegen Astrachan wurde jedoch auf Drängen des Krimchans auf das Frühjahr 1569 verschoben. Angesichts dieses neuen gefährlichen Gegners sah sich die Moskauer Regierung dazu gezwungen, mit Litauen Frieden zu schließen. Am 18. Mai 1568 beschloß die Bojarenduma, die Friedensverhandlungen mit den Litauern wiederaufzunehmen. Am 17. Juni wurde der königliche Eilbote Bykowski, der im Herbst 1567 verhaftet worden war, entlassen. Man sandte ihn zu König Sigismund nach Litauen, dem er ein Angebot Iwans zu einem persönlichen Treffen überbringen sollte.

Die Friedensinitiative Moskaus scheiterte jedoch. Nachdem das Semstschina-Heer den Feldzug gegen die Tataren begonnen hatte, überfielen die Litauer, für die diese Situation äußerst günstig war, die Moskauer Grenzfestung Ula und nahmen sie nach einem erbitterten Kampf am 20. September 1568 ein. Dies war eine ernsthafte Niederlage für die Russen, denn nun standen die litauischen Truppen nur 40 Werst von Polozk entfernt.

Auch die Beziehungen zwischen dem Moskauer Reich und Schweden verschlechterten sich in dieser Zeit drastisch. Am 11. Juli 1568 wurde den russischen Gesandten in Stockholm erklärt, daß sich Schweden nicht mehr an den russisch-schwedischen Vertrag gebunden fühle. Im September 1568 wurde der geistesgestörte Erik XIV. durch eine Hofrevolte gestürzt, wonach König Johan III., ein Todfeind Moskaus, die Macht übernahm. Der ehemalige Verbündete, Schweden, stand Moskau nun als Feind gegenüber. Beide Seiten waren bereit, einen Krieg gegeneinander zu führen.

Ein enges Militärbündnis mit England, auf das der Zar gehofft hatte, kam nicht zustande. Der englische Gesandte Thomas Randolph, der im Juli 1568 in Moskau eintraf, hatte die Weisung erhalten, das vom Zaren vorgeschlagene Bündnis abzulehnen. Er wurde jedoch erst Anfang 1569 zum Zaren vorgelassen.

So kam es also, daß Moskau im Herbst 1568 völlig isoliert war. Mächtige Staaten umgaben es: im Süden das Osmanische Reich und das Krimchanat, im Westen Polen und Litauen und im Norden Schweden. Es zeichnete sich nun eine Situation ab, die viel später zur völligen Niederlage Moskaus im Livländischen Krieg führen sollte.

Nach dem öffentlichen Protest Filipps verließ der Zar für einige Zeit Moskau, um neuen Auseinandersetzungen mit dem Metropoliten aus dem Wege zu gehen. Er verbrachte fast zwei Monate in der Alexandrowskaja Sloboda, bevor er sich erneut in der Hauptstadt zeigte.

Die Hinrichtung der Berater des Metropoliten, die Verwüstung von Besitzungen des Stallmeisters Fjodorow-Tscheljadnin und die nicht enden wollenden Repressalien gegen den Semstschina-Adel zwangen den Metropoliten dazu, zum äußersten Mittel zu greifen, um Druck auf die Opritschnina-Regierung auszuüben. Wie aus der Nowgoroder Chronik hervorgeht, „begann der Metropolit Filipp sich mit dem Herrscher in Moskau wegen der Opritschnina zu verfeinden, verließ seine Residenz und lebte im Kloster zu Nikola dem Alten". Als Vorwand für den endgültigen Bruch zwischen dem Metropoliten und dem Zaren diente ein recht unbedeutender Vorfall, der sich am 28. Juli 1568 zugetragen hatte. An diesem Tage war der Zar mit seinem Opritschnina-Gefolge völlig unerwartet im Neu-Jungfrauen-Kloster aufgetaucht, um an einer kirchlichen Prozession teilzunehmen. Einer der Opritschniki hatte nicht sofort seine schwarze spitze Mütze abgenommen, worauf ihn der Metropolit in scharfer Form rügte und befahl, dies zu tun. Der Zar faßte das als Beleidigung auf und verließ zornig den Gottesdienst. Nach diesem Vorfall verließ Filipp den Metropolitenhof und zog sich ins Kloster zurück. Auf den ersten Blick handelte er genauso wie sein Vorgänger Afanassi zwei Jahre zuvor. Im Unterschied zu Afanassi weigerte sich Filipp jedoch, den Metropolitentitel fallenzulassen, und behielt, auch während er im Kloster wohnte, alle seine Insignien. Die Weigerung, sein Amt niederzulegen, rechtfertigte er damit, daß er sich bei seiner Wahl dazu verpflichtet habe, „nach der Ernennung zum Metropoliten weder wegen der Opritschnina noch wegen des Zaren seine Tätigkeit in seiner Residenz einzustellen". Der Schritt des Metropoliten machte deutlich, daß der Konflikt zwischen der Opritschnina und der Semstschina seinen Höhepunkt erreicht hatte. Erstmalig seit vielen Jahrzehnten stellte sich ein Kirchenoberhaupt offen gegen das Oberhaupt der weltlichen Macht. Die kirchliche Opposition stützte sich nicht allein auf das in dieser Zeit immense moralische Ansehen der Kirche. Die Kirchenleitung war vielmehr eine Art Sprachrohr für die gesamte Semstschina-Opposition, die aus unzufriedenen Bojaren bestand, und für die zahlreichen Oppositionellen des Dienstadels. Der offene Bruch mit dem Kirchenoberhaupt brachte Iwan IV. in eine äußerst schwierige Lage.

Die Tatsache, daß sich Kolytschew ins Kloster zurückzog, hatte zur Folge, daß Iwan und seine Opritschnina-Duma beschlossen, den widerspenstigen Metropoliten zu stürzen. Nach dem Vorfall im Neu-Jungfrauen-Kloster verließ der Zar erneut für lange Zeit die Hauptstadt und begab sich in die Sloboda, wo er damit begann, einen Gerichtsprozeß gegen Filipp vorzubereiten. Im August 1568 bat er den Nowgoroder Erzbischof Pimen in einem Brief, umgehend nach Moskau zu kommen. Pimen war nach dem Metropoliten der Ranghöchste in der kirchlichen Hierarchie. Genau aus diesem Grunde beauftragte ihn der Zar, eine Kirchenversammlung einzuberufen, die Filipp verurteilen sollte. Um den in Ungnade gefallenen Metropoliten zu stürzen, wurde beschlossen, diesen zu beschuldigen, ein lasterhaftes Leben geführt sowie Verbrechen gegen die christliche Moral begangen zu haben. Anfangs versuchte man Kolytschew durch die falsche Aussage eines Chorsängers zu überführen, der in einer der Moskauer Kremlkathedralen sang. Außer einem Skandal kam dabei jedoch nichts heraus. Daraufhin beschlossen der Zar und ihm ergebene hohe Geistliche, Filipps Vergangenheit näher unter die Lupe zu nehmen, insbesondere die Zeit, als er noch Vorsteher des Solowezki-Klosters war. So traf im September 1568 eine aus Moskau kommende Kommission von Geistlichen und Opritschniki in Solowki ein. Zu ihr gehörten der Bischof Pafnuti aus Opritschnina-Susdal und der Archimandrit Feodossi aus dem Androniew-Kloster, die beide dem Opritschnina-Hof nahestanden und offene Feinde des Metropoliten waren. In der Kommission waren außerdem der Bojar Fürst W. I. Tjomkin, neues Mitglied der Opritschnina-Duma, sowie der Opritschnina-Sekretär D. M. Piwow. Von den Führern der Opritschnina-Regierung ließ man niemanden den Ermittlungen beiwohnen. So schnell, wie sich das die Opritschnina-Regierung vorgestellt hatte, konnten die Ermittlungen jedoch nicht abgeschlossen werden. Die von der Kommission ertüftelte Anschuldigung war derart fadenscheinig und unglaubwürdig, daß sich Bischof Pafnuti, der angesehenste unter den Kommissionsmitgliedern, weigerte, diese zu unterzeichnen.

Die Regierung wagte es nicht, den in Ungnade gefallenen Metropoliten zu verurteilen, solange dieser Unterstützung und Sympathie einflußreicher Mitglieder der Bojarenduma genoß. Deshalb entschloß sich Zar Iwan, der Bojarenduma noch vor Rückkehr der Kommission von den Solowki-Inseln den schon lange geplanten Schlag zu versetzen.

Vier Monate mußte die Opritschnina-Regierung nun schon die endgültige Abrechnung mit dem Führer der Semstschina-Bojarenduma, dem Stallmeister I. P. Fjodorow-Tscheljadnin, hinausschieben, da sich dem bislang das Kirchenoberhaupt widersetzte. Die zum Bruch geführte Auseinandersetzung des Zaren mit dem Metropoliten schien die

Sache nun endlich zu beschleunigen. Die letzten Hindernisse wurden beseitigt.

So befahl der Zar am 11. September 1568, Dienstadlige und viele in der Hauptstadt befindliche andere Dienstleute sollten sich in den Paradegemächern versammeln. Auch sollte der verurteilte Stallmeister Fjodorow-Tscheljadnin hierher gebracht werden. Die Gerichtsverhandlung wurde durch eine kurze Farce ersetzt. Iwan befahl dem Bojaren, ein Zarengewand anzulegen und den Thron zu besteigen. Dann entblößte er sein Haupt, kniete vor ihm nieder und sagte: „Nun hast du das, was du gesucht hast und wonach du strebtest, bist Großfürst von Moskowien und nimmst meine Stelle ein. Nun bist du Großfürst, also freue dich und genieße deine Herrschaft, die du so sehr wünschtest." Dann gab der Zar ein Zeichen, worauf Fjodorow erstochen wurde. Die Opritschniki schleppten den toten Bojaren aus dem Palast und warfen ihn auf einen Haufen Unrat an der Neglinnaja, an der Grenze zwischen der Semstschina und der Opritschnina.

Diese im Kreml veranstaltete Farce zeigte deutlich, daß es der Opritschnina nicht gelang, den Stallmeister des Hochverrats zu überführen. Es gab aber auch noch andere Gründe dafür, daß der Zar es vermied, in Anwesenheit der Bojarenduma und der zahlreichen Dienstadligen den Namen Starizki zu nennen, und behauptete, der Stallmeister hätte den Zarenthron selbst besteigen wollen. Er wollte den Namen seines Vetters nicht erwähnen, weil er wußte, daß dieser Tscheljadnin denunziert hatte.

Nach Fjodorows Tod wurde dessen Witwe Maria Tscheljadnina (nach ihrem ersten Mann auch Fürstin Dorogobuschskaja genannt) ins Kloster verbannt. Mit ihrem Tod verschwand dann eines der angesehensten Geschlechter unter den altmoskowitischen Bojarenfamilien des 15. und 16. Jahrhunderts.

Die Hinrichtung Fjodorow-Tscheljadnins stand nicht allein. Die Opritschniki rechneten bei dieser Gelegenheit mit der gesamten Opposition innerhalb der Bojarenduma ab. Exekutiert wurden all jene Mitglieder der Bojarenduma, die entweder mit dem Stallmeister Fjodorow sympathisiert hatten oder eventuell den in Ungnade gefallenen Metropoliten unterstützen könnten. Die Hinrichtungen wurden gleichzeitig sowohl in der Hauptstadt als auch in der Provinz nach einer schon vorher angefertigten Liste durchgeführt. Im Seelenmessenregister finden wir diesbezüglich folgende Eintragung: „Erledigt: Iwan Petrowitsch Fjodorow, in Moskau Michaila Kolytschew und drei seiner Söhne; Boulat, Simeon und Minja. In den Städten: Fürst Andrej Katyrew, die Fürsten Fjodor Trojekurow und Michail Lykow mit Neffen." Laut Zeugenaussagen wurden der Okolnitschi M. I. Kolytschew und Fjodorow-Tscheljadnin am selben Tage in Moskau umgebracht.

Der Okolnitschi M. I. Kolytschew war der engste Verbündete des Stallmeisters in der Duma. Die beiden hatten sich im Frühjahr 1566 dafür eingesetzt, daß der Fürst M. I. Worotynski aus der Verbannung geholt wurde. Bald danach wohnte Kolytschew der Reichsversammlung bei, und ein Jahr später wurde er in eine Bojarenkommission aufgenommen. Vom Dienst wurde er frühestens am 17. Juni 1568 suspendiert. Wie auch die anderen Kolytschews stand der in Ungnade gefallene Okolnitschi seit jeher in engster Beziehung zu dem Hause der Starizkis. Als die Fürstin J. Starizkaja 1563 ins Kloster verbannt wurde, gab man ihr mit ihrem Einverständnis M. I. Kolytschew zum Schutz mit. Er war der Vetter zweiten Grades des in Ungnade gefallenen Metropoliten, weshalb die Regierung zu Recht befürchtete, daß der Okolnitschi, falls gegen Filipp ein Verfahren durchgeführt würde, ähnlich wie Fjodorow-Tscheljadnin für den Schutz des Kirchenoberhauptes eintreten werde. All das entschied das Schicksal M. I. Kolytschews. Nach den Aussagen von Taube und Kruse „wurden Iwan Petrowitsch (Fjodorow – *der Verf.*) und Michail Kolytschew von ihm (dem Zaren – *der Verf.*) eigenhändig im großen Gemach erstochen". Offensichtlich wurde M. I. Kolytschew an dem gleichen Tage im Kremlpalast ermordet wie Fjodorow-Tscheljadnin.

Auf Anordnung des Zaren wurde der Kopf M. I. Kolytschews in einen Ledersack eingenäht und zum Metropoliten Filipp ins Kloster zu Nikola dem Alten geschickt. Auf diese Weise wollte der Zar Filipp einschüchtern und „seinen Geist" schon vor dem Gerichtsverfahren „brechen".

Im Zusammenhang mit dem Fall Fjodorow-Tscheljadnins wurden also mindestens sechs Kolytschews, darunter der Okolnitschi M. I. Kolytschew und der älteste Wojewode I. B. Kolytschew, umgebracht. Alle Kolytschews wurden aus der Semstschina-Bojarenduma vertrieben und so ihres Einflusses beraubt. Gleichzeitig mit den Hinrichtungen in der Hauptstadt ließ Zar Iwan „städteweise" M. M. Lykow, die Fürsten A. I. Katyrew und F. I. Trojekurow hinrichten. Es waren drei der vornehmsten Personen, die zuvor in die Region Kasan verbannt worden waren.

Es sei daran erinnert, daß die Opritschniki im August 1568 einige namhafte Jaroslawler und mehr als zwei Dutzend andere nach Kasan verbannte Dienstadlige umgebracht hatten. Daraus kann gefolgert werden, daß sich zur Zeit des Verfahrens gegen Fjodorow-Tscheljadnin ähnliches zugetragen hatte wie bei der Einführung der Opritschnina. Hatte man sich jedoch damals darauf beschränkt, die frondierenden Fürsten und Dienstadligen in ein Randgebiet zu verbannen, so mußten jetzt viele von ihnen eines qualvollen Todes sterben. Allerdings war jetzt der Hochadel nur „ganz nebenbei“ von Repressalien betroffen. Die grausamsten Schläge der Opritschnina richteten sich nun nicht mehr gegen den schon damals vernichteten Hochadel, sondern gegen die altmoskowitischen Bojaren und die sie unterstützende kirchliche Leitung.

Der energische und herrische Filipp Kolytschew hatte in den drei Jahren als Metropolit viele hohe kirchliche Ämter mit ihm genehmen Personen besetzt. So kam es binnen kurzer Zeit in so wichtigen Eparchien wie Polozk, Rostow, Twer, Kasan, Susdal u. a. zum Machtwechsel. Die Veränderungen innerhalb der kirchlichen Hierarchien und alle nachfolgenden Ereignisse waren nicht zuletzt auf den verdeckten Kampf verschiedener Strömungen in den kirchlichen Kreisen zurückzuführen. Vermutlich war Filipp Kolytschew ein Anhänger der Josephiten, der damaligen „Mehrheitspartei“ in der heiligen Synode. Dafür sprechen viele Fakten. So ernannte Filipp am 9. Januar 1568 Lawrenti, den Vorsteher des Jossif-Wolokolamski-Klosters, dieser Hauptzitadelle der Josephiten, zum Erzbischof der Kasaner Eparchie. Diese Ernennung war von außerordentlicher Bedeutung, denn nach dem Metropoliten und dem Nowgoroder Erzbischof nahm das Oberhaupt der Kasaner Eparchie die höchste Stellung gegenüber allen übrigen Bischöfen der kirchlichen Hierarchie ein. An vierter Stelle standen die Erzbischöfe von Rostow. Dieses Amt übertrug der Metropolit am 19. Januar 1567 seinem Schatzmeister Kornili. Zum Bischof von Polozk ernannte Kolytschew am 11. August 1566 den „geldgierigen und trunksüchtigen“ Fürsten A. Palezki, der schon lange Zeit zu den Josephiten gehörte. Um herauszufinden, welcher kirchlichen Richtung Filipp selbst angehörte, müßte geklärt werden, wer seine Verbündeten und seine Gegner waren. In der „Vita“ wird lediglich der alte Kasaner Erzbischof German genannt, der Filipp Kolytschew unterstützt haben soll. Kurbski, der German gut kannte, schrieb, daß er „aus einer josephitischen Mönchsfamilie stammte“. Der Hauptgegner Kolytschews war der Nowgoroder Erzbischof Pimen, der sich in der Zitadelle der „Uneigennützigen“, in der Andrian-Einsiedelei, zum Mönch scheren ließ und sich offensichtlich zu den „Uneigennützigen“ hingezogen fühlte. Aus all dem kann man wohl schließen, daß Kolytschew eher zu den Josephiten als zu den „Uneigennützigen“ gehörte.

In der Kirchensynode wurde Kolytschew von der josephitischen Mehrheit unterstützt. Dennoch entschloß er sich erst dann, gegen die Opritschnina aufzutreten, als er sicher war, daß die Versammlung ihm insgesamt wohlgesinnt war. In der „Vita“ lesen wir, Filipp sei es gelungen, die Bischöfe davon zu überzeugen, daß die ganze Synode geschlossen gegen die Opritschnina vorgehen müsse. „Filipp kam mit den Bischöfen darin überein, daß man sich fester zusammenschließen muß, um einem solchen Vorhaben (der Opritschnina – *der Verf.*) unerschütterlich standhalten zu können.“ Die Autoren der „Vita“ ordnen diese Episode in die Zeit ein, als die Opritschnina gegründet wurde. Das ist jedoch eine Verfälschung der Tatsachen. Erstens stand der heiligen Synode vor der Opritschnina Afanassi und nicht Filipp vor, und zweitens werden in der „Vita“ viele Personen genannt, die überhaupt nicht an der Versammlung teilnahmen. Die in der „Vita“ genannte Zusammensetzung der Synode bestand im Jahre 1568, nicht aber 1565. Der Urkunde zufolge gehörten ihr die Würdenträger Kornili, Warsonofi und Pafnuti an, die aber erst 1567 zu Bischöfen ernannt wurden.

So war also die josephitische Mehrheitspartei auf der Synode zunächst bereit, die Auflehnung des Metropoliten gegen die Opritschnina zu unterstützen. Doch die Einheit der Versammlung fiel schon bald auseinander. Gegen den Metropoliten waren kirchliche Würdenträger, die dem Zarenhof und der Opritschnina-Regierung nahestanden, darunter der Protopope der Mariä-Entschlafungs-Kathedrale, der Beichtvater des Zaren, Jewstafi, der Bischof von Opritschnina-Susdal, Pafnuti, und andere. Insbesondere ereiferte sich der Beichtvater Jewstafi, der „offen und heimlich“ gegen Filipp auftrat. Um sich Jewstafis zu entledigen, erlegte ihm der Metropolit eine Buße auf, die für die gesamte Dauer der Kirchenversammlung galt. Doch einer der Bischöfe verriet Kolytschew und seine Anhänger sowie deren „gemeinsamen Rat“ dem Zaren. Die Autoren der „Vita“ nennen nicht den Namen des Bischofs, man kann jedoch annehmen, daß es sich dabei entweder um den Rjasaner Bischof Filofej oder um den Nowgoroder Erzbischof Pimen, die aktivsten Gegner des Metropoliten in der Versammlung, handelte. Viele der Versammlungsteilnehmer, durch die Denunziation in eine heikle Lage gebracht, sagten sich „von ihren Vorhaben los“. So kam es, daß die Mehrheit der Kirchensynode schwieg.

Keinen geringen Einfluß auf die Spaltung der Geistlichkeit übte auch die Position der Bojarenduma aus. Da der Zar alle ihm nicht genehmen Personen entfernte, verringerte sich zusehends die zahlenmäßige Stärke der Bojarenduma. Die frondierenden Teilfürsten und den Hochadel hatte man durch die zahlreichen Repressalien der vorausgegangenen Jahre eingeschüchtert, und das altmoskowitische Bojarentum, das in der Duma die Mehrheit besaß, fand ebenfalls nicht den Mut zum Widerstand. Selbst die einflußreichsten altmoskowitischen Familien (Fjodorow-Tscheljadnin, Morosow, Scheïn, Scheremetew, Kolytschew, Golowin) hatten den Opritschnina-Terror am eigenen Leibe zu spüren bekommen.

Während der entscheidenden Debatten in der Kirchenversammlung fragte Filipp die Bischöfe, ob sie sich denn versammelt hätten, um zu schweigen? „Ihr schweigt euch sichtlich aus, weil dies die Zarenduma tut, doch jene (Bojaren – *der Verf.*) haben nichts als ihre eigenen Geschäfte im Kopf."

Da sich die Bojarenduma zur Auseinandersetzung zwischen dem Zaren und dem Metropoliten passiv verhielt, war im Grunde genommen auch der zweite Protest Kolytschews von vornherein zum Scheitern verurteilt. Von seinen Anhängern auf der Kirchensynode im Stich gelassen, zog sich Filipp ins Kloster zurück.

Nachdem der Zar und seine Opritschnina-Regierung die mächtigste Opposition innerhalb der Bojarenduma vernichtet hatten, war es für ihn ein leichtes, auch den Widerstand der Kirchenleitung zu brechen.

Erst nach vielen Verzögerungen schloß die kirchliche Opritschnina-Kommission endlich die „Nachforschungen" über das Leben Filipps auf den Solowki-Inseln ab. Durch Drohungen und Versprechungen wurden einige Solowezki-Starzen dazu gebracht, vor Gericht die erforderlichen Aussagen zu machen. Als Kronzeuge gegen Filipp trat einer seiner Schüler, der Vorsteher des Solowezki-Klosters, Paissi, auf. Für diesen Verrat wurde dem Abt das Amt des Erzbischofs versprochen.

Etwa im Oktober desselben Jahres brachte die Untersuchungskommission Zeugen (Paissi und zehn weitere Mönche) nach Moskau. Deren schriftliche Aussagen über die „abscheulichen" und „gottlosen" Taten Filipps wurden vor der Bojarenduma verlesen, die daraufhin, entsprechend dem Willen des Zaren, Filipp aburteilte. Dieses Urteil rief große Empörung sowohl bei Kurbski („Hat man so etwas schon gehört", soll er ausgerufen haben, „daß ein weltliches Gericht einen Bischof verurteilt?") als auch bei den Autoren der „Vita" („auch das fürchtete er nicht, denn es ziemt sich nicht für einen Zaren, priesterliche Schuld zu untersuchen, das ist Sache der Bischöfe") hervor.

Der „Vita" zufolge wurde Filipp noch vor der Gerichtsverhandlung seines Amtes enthoben (durch den Opritschnina-Bojaren A. D. Basmanow) und in zerfetzter Mönchskleidung ins Epiphanias-Kloster gebracht. Weitaus glaubwürdiger scheint jedoch, was Kurbski in diesem Zusammenhang schreibt. Der Zar habe in der Mariä-Geburts-Kathedrale „die verfluchte Schar der Speichellecker", eine „schreckliche Versammlung einberufen". Dorthin wurde auch Filipp in Priesterkleidung zur Verurteilung gebracht. Wie Kurbski weiter schreibt, verlor der Metropolit unmittelbar nach diesem Versammlungsgericht seine Priesterwürde.

Einzelheiten über das Verfahren gegen den Metropoliten berichteten die unmittelbaren Zeugen Taube und Kruse, wobei sie ihre Sympathien für Filipp offen äußerten und die Handlungen des Zaren auf das schärfste mißbilligten.

Zur Verurteilung von Filipp wurden außer der Bojarenduma die Kirchensynode und allem Anschein nach auch Vertreter des Dienstadels („Vertreter aller kirchlichen und weltlichen Ränge") geladen.

Paissi und andere Zeugen hielten vor der Versammlung „lange Reden" gegen den Metropoliten. Der aus dem Nikola-Kloster hierher geschaffte Filipp wies jedoch nicht nur alle gegen ihn vorgebrachten Beschuldigungen entschieden zurück, wodurch er „große Verwirrung" auslöste, sondern forderte darüber hinaus den Zaren erneut auf, die Opritschnina abzuschaffen. „Halte ein, gottesfürchtiger Zar", soll er gesagt haben, „in deinen bösen Taten, gedenke der früheren Zaren." Nachdem Filipp jedoch klar wurde, daß sich Duma und Synode dem Willen des Zaren unterordneten, versuchte er, die Gerichtsversammlung abzubrechen. Er erklärte, daß er sein Amt niederlegen werde und „legte schnell sein Gewand ... ab". Der Zar weigerte sich jedoch, den Rücktritt Filipps zu akzeptieren, und sagte zu den „geistlichen Würdenträgern", er wünsche es nicht, daß der Metropolit so schnell abtrete. Er würde ihn auch nicht eher aburteilen, bevor er sich nicht alles noch einmal gut überlegt habe. Aus diesem Grunde soll der Metropolit sein Gewand wieder anlegen.

Die Gerichtsversammlung wurde auf Anordnung des Zaren fortgesetzt und die Anschuldigung, Filipp hätte „ein lasterhaftes Leben" geführt, zu guter Letzt für gerechtfertigt erklärt. Daraufhin faßte die Versammlung den Beschluß, Filipp seines Amtes zu entheben. Wie aus der Nowgoroder Chronik hervorgeht, „wurde der Metropolit Filipp am Donnerstag, dem 4. November, in Moskau seines Amtes als Priester enthoben, und er zog sich danach ins Kloster zu Nikola dem Alten zurück". Das geschah folgendermaßen: Als Filipp den mißlungenen Versuch machte, sein Amt noch vor der Entscheidung der Versammlung niederzulegen, erklärte Iwan, „er habe beschlossen, am Tage des Hl. Michail Filipps Gottesdienst zu diesem großen Fest beizuwohnen". Es heißt, „der Metropolit habe der nachdrücklichen Bitte der geistlichen Würdenträger nachgegeben und beschlossen, noch einen letzten Gottesdienst abzuhalten und erst danach sein Amt niederzulegen".

Filipp war gezwungen, diesen Gottesdienst abzuhalten, obwohl die

Versammlung ihr Urteil über ihn bereits gefällt hatte, da das „große Fest" auf den 8. November 1568 fiel. Dies war der Wille des Zaren und der ihm untertänigen Geistlichen.

Iwan der Schreckliche hatte vor, Filipp auf eine Art und Weise zu stürzen, die seine Feinde erschüttern und in der Semstschina nicht weniger Resonanz finden sollte als der Protest des Metropoliten gegen die Opritschnina. Dabei sollte Filipp nicht nur vor dem engen Teilnehmerkreis der Versammlung, sondern vor dem gesamten Dienstadel der Semstschina und den Hauptstädtern kompromittiert werden.

Während des feierlichen Gottesdienstes drangen in die überfüllte Kreml-Kathedrale Opritschniki ein. Der Bojar Basmanow unterbrach den Gottesdienst, verkündete zur allgemeinen Verwirrung den Zarenerlaß über Filipps Amtsenthebung und befahl, „vor ihm und dem gesamten Volk die falsche Beschuldigung zu verlesen". Danach rissen die Opritschniki dem Metropoliten die „Priesterinsignien" vom Leibe und schafften ihn auf einem Bauernschlitten aus dem Kreml zum Epiphanias-Kloster, wo er in einem übelriechenden Stall eingesperrt wurde. Für seine Verpflegung standen pro Tag vier Dreikopekenstücke zur Verfügung. Seine „gottlosen Taten" sollte Filipp im Twerer Otrotsch-Kloster in der Verbannung verbüßen, wo er unter der Aufsicht des zarischen Gefängniswärters S. Kobylin stand.

In großer Eile ernannte die Synode bereits am 11. November, eine Woche nach Filipps Sturz, den Vorsteher des Troiza-Sergius-Klosters, Kyrill, zum neuen Metropoliten. Im April des folgenden Jahres bestätigte Iwan dessen Rechte auf die Privilegien, die dem Metropoliten bereits bei Afanassi zugesprochen worden waren. Nicht vergessen wurden auch die anderen an Filipps Sturz beteiligten Versammlungsteilnehmer. So nahm der Zar einige Monate später das Simonow-Kloster mit in die Opritschnina auf. Der „Herr Fürbitter", das Kyrill-Kloster zu Beloosero, bekam gegen November, Dezember 1568 die Hälfte des riesigen Belosersker Erbguts des Bojaren I. P. Fjodorow-Tscheljadnin zugesprochen.

Während der ersten Jahre der Opritschnina spielten die altmoskowitischen Bojaren in der Regierung eine führende Rolle. Wie paradox es auch erscheinen mag, dem Opritschnina-Terror fielen vor allem jene altmoskowitischen Adeligen zum Opfer, die in der Semstschina verblieben waren. So war also der grausame Prozeß über die an der Starizki-„Verschwörung" Beteiligten in erster Linie auf Unstimmigkeiten zwischen diesen Adeligen zurückzuführen, die nach dem Sturz des Auserwählten Rates an Bedeutung gewannen. Entgegen den Zielen und Bestrebungen der Initiatoren der Opritschnina (Basmanow u. a.) büßte die Opritschnina-Politik durch die Spaltung des altmoskowitischen Bojarentums zunehmend ihre ursprüngliche, fürstenfeindliche Ausrichtung ein.

Nach Abschluß des „Falls“ Fjodorow und dem Sturz Filipps hatte der Zar anscheinend allen Grund zum Feiern. Die Stimmen der Unzufriedenen in der Semstschina waren verstummt. Tiefe Finsternis brach nun über das Land herein. Harte Strafen ereilten nicht nur die Verschwörer, sondern auch alle, die im Verdacht standen, ihnen wohlgesinnt zu sein. Die Opritschnina-Führer feierten zwar ihren Sieg, doch die darauffolgenden Ereignisse zeigten schon bald, daß dieser Jubel verfrüht war. Es verstrich nur ein Jahr, und wütender Terror fegte nicht nur die Gegner der Opritschnina, sondern auch diejenigen hinweg, die an ihrer Wiege gestanden hatten.

5. Die große Zerrüttung

Nach den ersten Feldzügen gegen Kasan führte das Moskauer Reich fast 20 Jahre lang ununterbrochen Krieg. Einer Mobilmachung des Adelsaufgebots folgte die andere. Die Gutsbesitzer hatten mit Pferden, Reitern und Waffen ins Feld zu ziehen. Da der Krieg riesige Mittel verschlang, sahen sich die Dienstadligen dazu gezwungen, ihre Wirtschaft umzugestalten. Sie führten Fronfelder ein, die durch Knechte bearbeitet wurden, und erhoben von den Bauern höheren Zins. Daß sich die Lage der Bauern bedeutend verschlechterte, kann man deutlich anhand der Nowgoroder „Gehorsamsurkunden“ erkennen. Diese im Namen des Zaren verfaßten Urkunden verpflichteten die Bauern, ihren Landherren in jeder Weise Gehorsam zu leisten. Früher schrieben solche Urkunden den Bauern nur vor, ihrem Gutsbesitzer „in allem“ zu gehorchen und „diesem sowohl Geld und Getreide als auch sonstige kleinere Erträge zu überlassen, so wie sie dies auch bei ihrem früheren Landherren getan hatten“. Mit der Zeit erlangten die Gehorsamsurkunden jedoch eine neue Form: „Damit aber alle Bauern ... ihm (dem Gutsbesitzer) gehorchen, sein Akkerland pflügen, wo immer er es auch anlegt, und ihm all die Zinsen zahlen, die man ihnen abverlangt“. Einige Forscher sahen eine Parallele zwischen der Veränderung der Gehorsamsurkunde und der Einführung der Opritschnina in Nowgorod. In Wirklichkeit jedoch war diese neue Form des Schriftstückes schon längst vor der Opritschnina aufgekommen. Bereits während der Feldzüge gegen Kasan waren die Gutsbesitzer allerorts dazu übergegangen, den Zins zu erhöhen.

Der daraufhin einsetzende Verfall des Dorfes versetzte die Regierung in Unruhe. Wiederholt wurden in den Nowgoroder Fünfteln von Regierungsbeamten „Revisionen“ und „Erkundigungen“ durchgeführt, wobei gewissenhaft alle „Aussagen“ der Bevölkerung aufgeschrieben wurden. Alle Bauern, ohne Ausnahme, klagten über die untragbaren staatlichen Abgaben, die sie ruinierten.

In den Jahren der Bojarenherrschaft zahlten die Bauern im Nowgoroder Land relativ geringe Geldbeträge und leisteten auch dem Staat verschiedene Naturalabgaben. Nach dem Beginn des Kasaner und insbesondere zur Zeit des Livländischen Krieges verlangte der Staat von den Bauern immer höhere Geldabgaben. Die zunehmende Steuerlast und Unterdrückung seitens der Gutsbesitzer fügte der Wirtschaft der Kleinbauern großen Schaden zu. Jedoch nicht allein die Abgaben waren die Ursache für die Zerrüttung, welche das Land in den 70er und 80er Jahren des 16. Jahrhunderts erfaßte. Auch die riesigen Naturkatastrophen, die das Land drei Jahre lang hintereinander heimsuchten, trugen zur ganzen Misere bei. In den Jahren 1568 und 1569 verdorrte die Ernte. Infolgedessen stiegen die Brotpreise zu Beginn des Jahres 1570 auf das Fünf- bis Zehnfache. Der Hungertod raffte die Bevölkerung ganzer Städte und Dörfer dahin. Zur Zeit des Opritschnina-Pogroms in Nowgorod stahlen die hungernden Einwohner in den Winternächten sogar Leichen, um sich davon zu ernähren. Mitunter wurde in großen Fässern auch Menschenfleisch eingelegt. Augenzeugen zufolge starben in Twer dreimal soviel Menschen an Hunger wie während des Pogroms. Ähnlich war es in Nowgorod.

Dem Hunger folgte die aus dem Westen eingeschleppte Pest. 28 Städte wurden von ihr im Herbst 1570 erfaßt. So raffte die Epidemie in Moskau täglich 600 bis 1000 Menschenleben dahin. Die Nowgoroder bestatteten zu Herbstbeginn 10 000 Tote in Massengräbern. Aber auch die nördlichen und östlichen Randgebiete, darunter Wologda und Ustjug, blieben nicht von der Pest verschont. „Im Stadtgebiet Ustjug“, schrieb der dortige Chronist, „starben 12 000 Pfarrkinder, und von den Popen blieben nur sechs am Leben.“ Die Pest wütete ein ganzes Jahr lang, so daß die Behörden gezwungen waren, zu drastischen Maßnahmen zu greifen, um ihrer Herr zu werden. Auf allen Wegen wurden Militärposten errichtet. Jeder, der versuchte, die von der Pest betroffenen Orte zu verlassen, wurde ergriffen und zusammen mit all seinem Besitz, Pferden und Fuhrwerken bei lebendigem Leibe verbrannt. In den Städten wurden die verseuchten Höfe mitsamt Leichen, aber auch gesunden Menschen mit Brettern vernagelt. All diese Maßnahmen erwiesen sich jedoch als ineffektiv.

Die drei Hunger- und Pestjahre forderten Hunderttausende von Menschenleben. Verheerende Tatarenüberfälle trugen darüber hinaus dazu bei, daß das ganze Land verwüstet wurde. Im Schelonskaja-Fünftel verringerte sich die Ackerbaufläche um mehr als die Hälfte. Einige Dörfer verödeten vollständig. Dort eingetroffene Schreiber berichteten unter anderem: „Es gibt niemanden, den man nach den Dorfgemeinden fragen könnte – weder Popen noch Bojarenkinder noch Bauern." Das in der Folgezeit um sich greifende Chaos führte zur Massenflucht der Bauern in die Randgebiete des Landes.

Die Opritschnina-Regierung, die mit dem Kampf gegen den „Verrat" beschäftigt war, unternahm nichts, um die Leiden des hungernden Volkes zu mildern.

Da auch die Lage in Moskau äußerst bedrohlich war, hielt es der Zar für angebracht, den am Neglinnaja-Fluß gegenüber dem Kreml errichteten Palast zu verlassen und sich in die zwischen dichtem Wald und Sümpfen liegende Alexandrowskaja Sloboda zurückzuziehen. Dort führte er hinter den hohen und festen Mauern dieser neuerrichteten „Stadt" ein Einsiedlerdasein. Alle Zugänge zur Sloboda wurden stark bewacht. Niemand erhielt ohne Sondergenehmigung, ohne ein „Schreiben", Zutritt zur Zarenresidenz. Außer Iwan ließ sich auch die Opritschnina-Duma in der Sloboda nieder. Die Opritschniki, die das Volk jetzt „kromeschniki"[30] nannte, empfingen dort ausländische Gesandte und erledigten die wichtigsten Angelegenheiten. In ihrer Freizeit jedoch gingen sie dem Mönchsleben nach.

Die Veränderungen in der Moskauer Verwaltung waren derart frappant, daß die Zarendiplomaten den Befehl erhielten, den Ausländern zu erklären, der russische Zar hätte sich auf eigenen Wunsch in sein Dorf „zum Ausruhen" zurückgezogen. Dieser dörfliche Sitz liege jedoch so nahe bei Moskau, daß der Zar „seinen Staat nun von Moskau und der Sloboda aus verwalte". In Wirklichkeit jedoch „ruhte sich" der Zar in der Sloboda keineswegs „aus", sondern verkroch sich dort aus Angst vor einer Bojarenrevolte. Ebenfalls aus Angst befahl der Zar seinen Söhnen, dem Kyrill-Kloster große Geldsummen zur Einrichtung von neuen Zellen zu übergeben, damit im Notfall die ganze Zarenfamilie hinter den Mauern des tief im Wald verborgenen Klosters Zuflucht finden konnte. Während eines Besuchs in Wologda befahl Iwan, den Bau der dortigen Opritschnina-Festung zu beschleunigen und in deren Umgebung zusätzlich Werften anzulegen. Wologdaer Zimmerleute gingen mit Unterstützung englischer Schiffsbauer daran, an der Nördlichen Dwina Schiffe und Schleppkähne zu bauen, die dazu vorgesehen waren, die Schätze des

Zaren nach Solowki zu bringen, von wo aus ein Seeweg nach England führte. Weitere Vorbereitungen zur Flucht nach Übersee wurden erst getroffen, als der Zar die Verhandlungen mit dem Gesandten Randolph über ein Asyl in England für seine ganze Familie erfolgreich abgeschlossen hatte.

Iwan und seine Helfershelfer, welche die Lage im Lande aufmerksam verfolgten, gewahrten überall bedrohliche Anzeichen. So war der Zar der festen Überzeugung, daß er lediglich durch Zufall der Gefangennahme durch die Litauer entgangen war. Indessen fuhr der König mit Hilfe von Emigranten fort, einen „geheimen Krieg" gegen Rußland zu führen. Anfang 1569 war es einer kleinen litauischen Heeresabteilung unter rätselhaften Umständen gelungen, einen wichtigen Verteidigungsstützpunkt im Nordwesten, die scheinbar unbezwingbare Isborsk-Festung, einzunehmen. In einer stockdunklen Nacht befahl der als Opritschnik verkleidete Verräter Teterin der Wache, „im Namen der Opritschnina" das Tor zu öffnen. Später, nach der Rückeroberung dieser Festung, erklärten Opritschniki die Amtsschreiber von Isborsk zu Teterins Mittätern und richteten diese, wie aus dem Totenregister ersichtlich ist, hin. Gleichzeitig wurden auch die Amtssekretäre der in der Nähe von Isborsk im russischen Livland liegenden Festung geköpft. Der Verrat von Isborsk brachte die gesamte Verwaltung sowie die Einwohner von Pskow und Nowgorod in Verruf. Da sich überall Anzeichen von Unzufriedenheit mehrten, nahm man wohl an, Pskow und Nowgorod könnten unter Umständen dem Beispiel von Isborsk folgen. Um einen eventuellen Verrat von vornherein zu verhindern, befahlen die Opritschnina-Behörden, alle unzuverlässigen Personen aus dem Nowgoroder und Pskower Land zu verbannen. Das betraf 500 Familien aus Pskow und 150 aus Nowgorod, insgesamt etwa 2000 bis 3000 Städter einschließlich Frauen und Kinder. Die von Zar Iwan durchgeführte Umsiedlung erinnerte an ähnliche Maßnahmen seines Großvaters. Im Gegensatz jedoch zu Iwan III., der die privilegierten Nowgoroder Oberschichten verfolgte, fiel Iwan IV. über die niederen Schichten her. Die Aussiedlung eines Teils der Possadbevölkerung aus Pskow und Nowgorod, also aus zwei Städten, welche die Regierung für gefährliche Unruheherde hielt, kennzeichnete die soziale Ausrichtung der Opritschnina-Politik.

Kurz bevor die Stadteinwohner ausgesiedelt wurden, erhielt Zar Iwan von seinen Gesandten nähere Informationen über einen Umschwung in Schweden, der zur Folge hatte, daß sein Verbündeter Erik XIV. gestürzt wurde. Diese Ereignisse verstärkten noch zusätzlich die Angst des Zaren, da die Lage in Schweden und Moskau sehr ähnlich war. Wie die Gesandten des Zaren meldeten, hatte auch Erik XIV. viele Hochadlige hinrichten lassen. Danach aber begann er, sich „vor einem Anschlag seiner eigenen Bojaren“ zu fürchten. Angesichts dessen hatte er insgeheim die Gesandten gebeten, ihn mit nach Moskau zu nehmen. Das geschah etwa zu derselben Zeit, als sich der Zar heimlich auf eine Flucht nach England vorbereitete. Die Gesandten setzten Iwan davon in Kenntnis, daß Erik XIV. kurz vor der Revolte die in Stockholm befindlichen russischen Gesandten gebeten habe, „über den Verrat der Stockholmer Stadtbevölkerung nachzuforschen, die den König verraten und die Stadt den Brüdern des Königs ausliefern wollte“. Im Endeffekt führte der Verrat der Stockholmer Städter zum Sturz des Schwedenkönigs.

Die Opritschnina-Führung, die durch den Verrat von Isborsk in Angst und Schrecken versetzt wurde, ging nun davon aus, daß die Stadtbewohner von Pskow und Nowgorod vorhätten, dem Beispiel von Stockholm zu folgen und jede regierungsfeindliche Revolte zu unterstützen. Die Rolle der rebellierenden schwedischen Herzöge hätte hier der Fürst Wladimir Starizki übernehmen können. Er selbst sowie sein Vater unterhielten in Nowgorod eine Residenz, sie hatten dort ihre Vasallen und erfreuten sich der Sympathien ihrer Nowgoroder Nachbarn. Ein Nowgoroder Chronist, der über die Stimmung in der dortigen Bevölkerung bestens informiert war, schreibt, daß ein großer Teil von ihr den späteren Tod Wladimirs beweinte. Der Verdacht, Starizki könnte gemeinsam mit Nowgorod eine Verschwörung geplant haben, wurde auch noch dadurch bestärkt, daß die Nowgoroder Landbesitzer bei der eben erst zerschlagenen „Verschwörung“ des Stallmeisters Fjodorow-Tscheljadnin eine nicht unbedeutende Rolle gespielt hatten.

Diese Verdächtigungen, die Angst, die durch die Geschehnisse in Isborsk hervorgerufen worden war, und die Nachrichten aus Schweden besiegelten das Schicksal Starizkis endgültig. Der Zar war fest dazu entschlossen, einer Revolte seitens seines Vetters ein für allemal vorzubeugen. Diese Entscheidung stellte Iwan jedoch vor schwere Gewissenskonflikte. Die Kirche hatte einmal vor langer Zeit Boris und Gleb heiliggesprochen, damit dem Blutvergießen zwischen den Fürstenfamilien schließlich ein Ende gesetzt werde. Der Brudermord galt seitdem als das schlimmste Verbrechen, so daß sich der Zar nur schwer zu diesem Entschluß durchringen konnte. Frühere Vergehen des Fürsten Wladimir erwiesen sich jedoch als unzureichend, um damit eine Hinrichtung zu rechtfertigen. Man brauchte schon handfestere Beweise. Solche erfand man bald. Die Opritschnina-Richter kamen auf die Idee, dem Fürsten ein „Attentat“ auf den Zaren anzuhängen. Diese Version frappierte durch ihre Absurdität. Zeitgenossen, die dieses Verfahren miterlebten, berichteten jedoch, daß die zum Verfahren geladenen Zeugen in Gestalt von Schmeichlern, Speichelleckern und sogar Henkern des Zaren das gewünschte Ergebnis sicherten.

Nach dem Tod des Stallmeisters Fjodorow-Tscheljadnin war der Fürst Wladimir mit seinen Regimentern nach Nischni Nowgorod entsandt worden. Die Opritschniki versuchten nun zu beweisen, daß sich der in Ungnade gefallene Fürst vorgenommen hatte, den Zaren samt seiner ganzen Familie zu vergiften. Sie nahmen den Hofkoch fest, der nach Nischni Nowgorod gereist war, um Weißfisch für den Zarentisch zu holen, und bezichtigten diesen zusammen mit dem Vetter des Zaren, eine Verschwörung geplant zu haben. Beim Koch wurde ein Pulver gefunden, natürlich Gift, und eine große Summe Geld, das angeblich von Wladimir Andrejewitsch stammen sollte. Schon nachdem man mit Starizki kurzen Prozeß gemacht hatte, wurde offiziell erklärt, Fürst Wladimir und seine Mutter hätten den Zaren und die Zarenkinder vergiften wollen. Das von den Opritschniki selbst inszenierte Attentat auf den Zaren diente als Vorwand für brutale Verfolgungen und Pogrome.

Dabei ging Iwan IV. davon aus, daß seine Tante der Ausgangspunkt aller gegen ihn gerichteten Intrigen sei. Kein Wunder also, daß er als erstes anordnete, Jewfrossinija Starizkaja aus dem Gorizki-Kloster zu holen. Da es anscheinend nicht genügend Beweise dafür gab, daß Jewfrossinija an der Nowgoroder Verschwörung beteiligt war, oder aber um einer klärenden Aussprache auszuweichen, befahl Zar Iwan, die in Ungnade gefallene Starizkaja mit Kohlenmonoxid zu vergiften, während man sie auf einer Barke auf der Scheksna zur Sloboda brachte.

Zur gleichen Zeit erhielt auch Fürst Wladimir den Befehl, Nischni Nowgorod zu verlassen und sich in die Sloboda zu begeben. Beim letzten Pferdewechsel vor der Sloboda wurden Wladimir Andrejewitsch und seine Leute plötzlich von Opritschnina-Truppen umstellt. Die Opritschnina-Richter Maljuta Skuratow und Wassili Grjasnoi kamen zum Zelt des Teilfürsten und erklärten, der Zar sehe in ihm keinen Bruder mehr, sondern seinen Feind. Nach einer Gegenüberstellung mit dem Hofkoch und einer kurzen Ermittlung des „Falls" wurden Wladimir Andrejewitsch und seine Familie zum Tode verurteilt. Der Zar wollte sich nicht der Dienste eines Henkers bedienen und zwang den Vetter zum Selbstmord. Wladimir, der eingeschüchtert und moralisch gebrochen war, mußte einen Becher mit vergiftetem Wein austrinken. Ebenso wurden auch seine Frau und seine neunjährige Tochter aus zweiter Ehe vergiftet. (Seine zweite Ehe war Wladimir mit der Cousine des geflohenen Bojaren

Kurbski eingegangen.) Die älteren Kinder des Fürsten Wladimir, dessen Nachfolger Wassili und zwei Töchter aus erster Ehe, blieben jedoch von Iwan verschont. Einige Zeit später erstattete er sogar seinem Neffen das väterliche Teilfürstentum zurück.

Mit Hilfe der Eintragungen im Totenregister können die näheren Umstände, die zum Tod der Starizkis führten, in allen Einzelheiten rekonstruiert werden. Aus den Aufzeichnungen geht u. a. hervor, daß die Hauptzeugen der Anklage, der Koch Moljawa und seine Söhne sowie die Fischer, die angeblich in die Nowgoroder Verschwörung verwickelt waren, bereits vor Abschluß des Gerichtsverfahrens gegen den Teilfürsten ermordet wurden. Somit wird die Version der Opritschniki Taube und Kruse widerlegt, die behaupteten, die Zeugen seien von Anfang an ein Komplott mit den Opritschnina-Richtern eingegangen und man habe sie lediglich zum Schein gefoltert. Außer den Zeugen wurde auch der Nowgoroder Schreiber Swijasew hingerichtet, dessen „Aussagen" eine breitangelegte Ermittlung des Nowgoroder „Verrats" einleiteten. Im Zarenarchiv fand man „die Nowgoroder Akte über den Schreiber Anton Swijasew und seine Gesinnungsgenossen, zugestellt aus Nowgorod und beruhend auf der Aussage von Pawel Petrow und Wassili Stepanow". Allem Anschein nach fiel Swijasew einer Denunziation der Semstschina zum Opfer. Diese wurde der Opritschnina vom Schreiber Wassili Stepanow zugestellt, der Swijasew jedoch lediglich um ein halbes Jahr überlebte.

Nach dem Zwangstod Starizkis veranstalteten die Opritschniki in Nowgorod ein Pogrom, das die Zeitgenossen zutiefst erschütterte. Nur wenige kannten die wahren Ursachen dieser Tragödie, die von tiefen Geheimnissen umgeben war. Im Dezember 1569 faßte die Opritschnina-Duma den Beschluß, gegen Nowgorod einen Feldzug zu unternehmen. Der Zar versammelte sein ganzes Heer in der Alexandrowskaja Sloboda und berichtete den Opritschniki vom „Hochverrat" der Nowgoroder. Die Vorausabteilungen des Heeres besetzten die an der Straße von der Sloboda nach Nowgorod liegenden Poststationen und befestigten Ortschaften. Unter dem Vorwand, man würde gegen die Pest kämpfen, wurde bei Androhung der Todesstrafe jeglicher Verkehr auf der Nowgoroder Straße verboten. Der Zar, der überhaupt niemandem mehr traute, befahl, jeden zu töten, der sich auf der Nowgoroder Straße zeigte oder versuchte, in das Opritschnina-Lager einzudringen. So gab es keine Möglichkeit, die Nowgoroder vor der drohenden Gefahr zu warnen.

Nach den Worten von Teilnehmern des Feldzuges zogen die Opritschnina-Abteilungen über Klin, Twer, Mednoje, Torschok und das Beschezkaja-Fünftel in Richtung Nowgorod. Überall hinterließen sie blutige Spuren. Über ihre „Heldentaten" gibt folgende, nach „Meldungen" von Opritschnina-Wojewoden gemachte Eintragung im Seelenmessenregister Aufschluß: „Beim Verlassen von Moskau 6 Mann. In Klin der Maurer Iona. 190 Pskower samt Frauen und Kindern in Mednja. In Torschok ... 30 Pskower samt Frauen und Kindern. Im Beschezkaja-Fünftel: Ignati Nekljudow Jurenew" u. a.

Als das Opritschnina-Heer Twer erreicht hatte, begann es die Stadt von allen Seiten einzukreisen. Der Zar und sein Gefolge ließen sich nicht weit von der Stadt, im Otrotsch-Kloster, nieder, in dem auch der in Ungnade gefallene Filipp Kolytschew schmachtete. Allem Anschein nach wollte die Opritschnina-Führung mit dem ehemaligen Metropoliten Frieden schließen. Iwan IV. war sich dessen bewußt, daß Sanktionen gegen die Nowgoroder Kirche die Empörung der Geistlichkeit hervorrufen würden. Deshalb war er auch bestrebt, diese Sanktionen durch die Autorität Kolytschews abzusichern. Er ging davon aus, daß Filipp jede Gelegenheit nutzen würde, um sich an seinem Todfeind, dem Erzbischof Pimen, zu rächen, der den Opritschniki damals geholfen hatte, ihn zu stürzen. Maljuta Skuratow, Mitglied der Opritschnina-Duma, suchte Filipp in dessen Zelle auf und bat ihn im Namen des Zaren, dessen Vorhaben, mit den Nowgorodern abzurechnen, zu segnen. Als Gegenleistung dafür wurde Kolytschew angeblich erneut das Metropolitenamt versprochen. Kolytschew war jedoch nur unter der Bedingung dazu bereit, den Zaren zu „segnen" und in die Residenz des Metropoliten zurückzukehren, daß die Opritschnina aufgehoben werde. Nach den Aussagen von Kurbski soll Filipp dem Zaren und den Opritschniki mit einer Verwünschung gedroht haben, was allerdings sehr unwahrscheinlich ist.

Das Gespräch des Metropoliten mit Maljuta Skuratow fand ein tragisches Ende. Als sich Kolytschew in maßloser Wut anschickte, die Zügellosigkeit der „Scheinklugen" anzuprangern, erdrosselte ihn Maljuta mit einem Kopfkissen. Dem Abt wurde erklärt, der Insasse wäre an der „vorschriftswidrigen" stickigen Zellenluft gestorben. Um einer Ermittlung zuvorzukommen, befahl Maljuta, den toten Filipp unverzüglich zu beerdigen. All das ereignete sich am 23. Dezember 1569.

Nachdem man mit dem Metropoliten abgerechnet hatte, ordnete der Zar an, die Twerer Klöster und Kirchen auszurauben.

Die von Taube und Kruse überlieferte Vorstellung, daß die Opritschniki in Twer ein Massengemetzel veranstaltet haben, trifft nur zum Teil zu. Dem Terror fielen weniger die Twerer Stadtleute als vielmehr die aus Pskow Verbannten zum Opfer. Nach dem Verrat von Isborsk siedelten die Behörden 500 Familien aus Pskow ins Landesinnere um. So begannen im Frühjahr 1569 zahlreiche Fuhrwerke mit Übersiedlern aus Pskow in Richtung Osten zu ziehen. Die Umsiedlung dauerte viele Monate. Wie aus dem Seelenmessenregister hervorgeht, wurden alle Verbannten aus Pskow ohne Ausnahme hingemetzelt. Außerdem richteten die Opritschniki alle in Haft befindlichen sowie die in den Händler- und Handwerkerstadtteilen von Twer und Torschok wohnenden Litauer hin. Der Zar verdächtigte die gefangenen Litauer, an der berüchtigten Verschwörung Pimens zugunsten Litauens beteiligt gewesen zu sein. Von den Twerer Stadtleuten mißhandelten die Opritschniki vornehmlich diejenigen, „die mit Fremden verschwägert oder befreundet waren".

Nach dem Pogrom in Twer zogen die Opritschniki weiter über das Beschezkaja-Fünftel nach Nowgorod. Im Seelenmessenregister wird die Liste der in Nowgorod hingerichteten Personen mit „Beschezkaja-Fünftel" betitelt. Die dort eingetragenen I. N. Jurenew und M. F. Wassajew besaßen, wie aus den Grundbüchern hervorgeht, ihre Dienstgüter tatsächlich im Beschezkaja-Fünftel.

Am 2. Januar erreichte die Vorhut des Opritschnina-Heeres mit W. G. Sjusin an der Spitze Nowgorod. Die Stadt wurde sogleich von zuverlässigen Wachabteilungen umzingelt, „damit keine Menschenseele die Stadt verlassen konnte". Vor allem hatten es die Opritschniki auf die reichen Nowgoroder Geistlichen abgesehen. Sie besetzten die Klöster und versiegelten sowohl die Klosterkasse als auch die Gelder der städtischen Kirchengemeinden. Außerdem nahmen sie noch mehrere hundert Äbte, Mönche und Popen fest und übergaben sie einer Wachabteilung von Nowgoroder Dienstadligen mit dem Befehl, sie „in schwere Ketten zu legen".

Vier Tage später traf Zar Iwan in der Nähe von Nowgorod ein, wo er sein Lager im Kloster bei Gorodistsche außerhalb der Stadt aufschlug. Begleitet wurde er von seiner Leibwache, die aus 1500 Strelitzen bestand, und von zahlreichen Opritschnina-Dienstadligen. Den dortigen Chronisten zufolge rechnete der Zar auf ausgesprochen brutale Weise mit den verhafteten Mönchen ab. Man habe die Unglücklichen zum Stadtmarkt gebracht und dort mit Knüppeln erschlagen. Danach seien sie zum Beerdigen auf die verschiedenen Klöster verteilt worden. Dieser Bericht stimmt offensichtlich nicht, da die Verfolgung der Mönche ein ganzes Jahr dauerte.

Am 8. Januar, einem Sonntag, begab sich der Zar in die Sophien-Kathedrale zum Gottesdienst. Auf der Brücke, die über den Wolchow führte, bereiteten ihm der Erzbischof Pimen, dessen Bojaren und höchste geistliche Würdenträger einen feierlichen Empfang mit Kreuzen und

Ikonen. Das Treffen auf der Brücke endete jedoch mit einem unerhörten Vorfall. Der Zar weigerte sich, den Segen zu empfangen, und beschuldigte die Nowgoroder öffentlich vor dem ganzen Volk des Verrats. Der Erzbischof und die Städter, sagte der Zar, wollten „in böser Absicht gemeinsam mit ihren Starzen und Gleichgesinnten“ sein „Patrimonium“ Groß-Nowgorod, „dem Fremdländer Sigismund August, König von Polen, ausliefern“.

Ungeachtet der allgemeinen Verwirrung befahl der Zar Pimen, einen letzten Gottesdienst abzuhalten. Er hielt sich offensichtlich für zu gottesfürchtig, um auf die Sonntagsmesse zu verzichten. Nach der Messe strömten die Opritschniki in die erzbischöflichen Gemächer, um „Brot zu empfangen“. Kaum hatte das Mahl begonnen, als der Zar der Wache „lautstark und zornig“ befahl, Pimen und dessen Bojaren festzunehmen. Die Opritschniki plünderten den Hof des Erzbischofs und die Sophien-Kathedrale aus, stahlen kostbares Kirchengerät und Ikonen und brachen aus dem Altar die alten Türen von Cherson heraus. Der Beichtvater des Zaren, Jewstafi, und der Haushofmeister L. A. Saltykow leiteten die Beschlagnahme der Schätze persönlich.

Der Prozeß begann am nächsten Tag im Zarenlager. Die Verhöre erfolgten unter brutalsten Folterungen. Man „röstete“ die Unglücklichen lebendigen Leibes im Feuer. Danach band man sie mit langen Seilen an Schlitten, schleppte sie zwei Werst bis nach Nowgorod und warf sie dort von der Wolchow-Brücke in den Fluß hinab. Nicht nur die Verschwörer wurden mißhandelt, sondern auch alle ihre Familienangehörigen. Wie ein Nowgoroder Chronist schreibt, errichtete man auf dieser Brücke eine hohe Plattform, von der aus, an Armen und Beinen gefesselt, Frauen und Kinder in den Fluß hinabgestürzt wurden. Die Opritschniki erschlugen von Booten aus mit langen Spießen und Beilen all diejenigen, denen es gelang, sich über Wasser zu halten.

Unter den Folterungen gaben die verhafteten Nowgoroder vor den Henkern alles zu, was man von ihnen hören wollte. Auf diese Weise wurden die wichtigsten Mitverschwörer des Bojaren Danilow – Pimen, die Nowgoroder Sekretäre und Dienstadligen – des Verrats „überführt“.

Der dortige Chronist führt ziemlich genau all diejenigen auf, die während der Gerichtsverhandlung im Zarenlager verhört wurden. So habe der Zar befohlen, „die erzbischöflichen Bojaren und viele Dienstadlige, ‚Bojarenkinder‘ und Händler, verschiedene Stadt- und Amtsleute sowie namhafte Großkaufleute“ vors Gericht zu zerren.

So brachte man ins Zarenlager erzbischöfliche Bojaren, die Fürsten A. Tulupow und W. Schachowskoi, den Haushofmeister des Erzbischofs N.

Zypljatew, den Stallmeister I. Miloslawski und Hunderte Dienstadlige, die im Erzbischoftum im Dienst standen. Die namhaftesten von ihnen wurden nach Moskau geschafft. Der Zar wollte sie nicht eher hinrichten lassen, bevor nicht das kirchliche Gericht über Pimen entschieden hatte. Einige Vasallen des Erzbischofs wurden jedoch in Nowgorod hingerichtet.

Aufgrund der sehr detaillierten Angaben des Seelenmessenregisters können all jene Personen namentlich erfaßt werden, die man in Nowgorod während des Pogroms hinrichtete. Demnach waren die angesehensten der hingerichteten Nowgoroder nicht die Vasallen Pimens, sondern die Gutsbesitzer des Zaren, die aus vornehmen Bojarenfamilien stammten. Im kurzen Seelenmessenregister, das sowohl Namen von Dumamitgliedern und ihren Nächsten als auch die der bedeutendsten Wojewoden und von Amtsleuten enthält, werden von allen in Nowgorod umgebrachten Personen lediglich vier angegeben: „Wassili Danilow, Grigori Wolynski(-Woronoi), Fürst Andrej Bytschkow-Rostowski und Wassili Buturlin".

Von den anderen Hochadligen richteten die Opritschniki I. N. Pawlinow-Plestschejew, der selbst ein angesehener Opritschnik war, sowie Iwan und Ilja Plestschejew hin. Ebenso wie Buturlin hatten die Plestschejews einflußreiche Verwandte in der Opritschnina-Duma. Die Hinrichtung der Plestschejews zeigte, daß der Einfluß der Basmanows zur Zeit des Feldzuges gegen Nowgorod endgültig gebrochen wurde.

Die vornehmsten „Mitverschwörer" von Nowgorod (Bojar Danilow, Buturlin, Wolynski und die Plestschejews) gehörten zur Spitze des herrschenden altmoskowitischen Bojarentums. Der überwiegende Teil derjenigen aber, die im Verfahren gegen die Nowgoroder Verräter verurteilt wurden, gehörte nicht dem Hochadel, sondern den mittleren und niederen Schichten des Provinzadels an. Das Nowgoroder Seelenmessenregister nennt namentlich 379 Personen, unter ihnen 211 Gutsbesitzer und Schreiber sowie 137 ihrer Familienmitglieder. Die restlichen 30 Personen waren Knechte, Handwerker, Mönche u. ä.

Dem Opritschnina-Terror fielen all diejenigen Gutsbesitzer zum Opfer, die bei Starizki im Dienst gestanden hatten. So wurden Starizkis Vasall I. Syssojew und seine gesamte Verwandtschaft getötet. Das gleiche Schicksal ereilte auch das Geschlecht der Palizyns. Hier muß erwähnt werden, daß A. Palizyna, die der Bojarin J. Starizkaja nahestand, mit dieser zusammen hingerichtet wurde.

Noch während des Verfahrens gegen den Stallmeister Fjodorow-Tscheljadnin wurden schon einige Gutsbesitzer des Beschezkaja-Fünftels hingerichtet. Der Stallmeister hatte die größten Erbgüter im Beschezki Werch besessen und war nicht nur in Beschezk, sondern auch in dem benachbarten Beschezkaja-Fünftel sehr angesehen.

Dieser Umstand ist wahrscheinlich auch der Grund dafür, warum unter den zum Tode verurteilten Nowgorodern auch viele Gutsbesitzer aus dem Beschezkaja-Fünftel waren.

Der Anführer der „Verschwörung", Bojar Danilow, sowie G. Woronoi-Wolynski und W. Buturlin gehörten zu jenem Kreis des altmoskowitischen Bojarentums, der eng mit den höchsten Amtsleuten verbunden war. Kein Wunder also, daß die Repressalien der Opritschnina bereits zu Beginn des „Nowgoroder Prozesses" auch den Moskauer Amtsapparat trafen. Hingerichtet wurde zusammen mit Danilow auch der Moskauer Dienstlistensekretär I. Jurjew. In einem Bericht über die Moskauer Zentralämter (Anfang des 17. Jh.) gehörten der Bojarenduma zwei Dienstlistenschriftführer an – der eine war vom „Moskauer Dienstlistenamt", der andere vom „Nowgoroder Dienstlistenamt". Der Reichsversammlung von 1566 wohnten als Schriftführer I. Klobukow vom Großen Moskauer Dienstlistenamt und offensichtlich auch I. Jurjew vom Nowgoroder Dienstlistenamt bei.

Während des Gerichtsverfahrens in Nowgorod exekutierten die Opritschniki den Pskower Hauptschriftführer J. Sidorow, den Nowgoroder Hauptschriftführer A. W. Bessonow, die Nowgoroder Schriftführer A. M. Babkin und I. Matwejew, die Schreiber M. Grigorjew, M. Romanow, vierzig Sekretäre, die Nowgoroder Boten und andere. Mit größter Pedanterie begannen die Opritschniki damit, zunächst die Nowgoroder Amtsleute mit Frauen und Kindern und dann die ledigen Schreiber und Boten umzubringen. Im Seelenmessenregister werden all die genannten Personen in Sonderlisten aufgeführt. Die erste, die 26 Amtsleute und 43 ihrer Familienangehörigen aufweist, wurde mit „Schreiber aus Nowgorod" betitelt. Darunter steht eine zweite Liste: „Ledige Nowgoroder Schreiber". Darin werden 14 Amtsleute genannt. Weiter sind im Register „Die Nowgoroder Boten" aufgeführt. Die meisten Nowgoroder Schreiber und Boten stammten aus dem niederen Adel.

Lange Zeit war F. D. Syrkow Leiter der Nowgoroder Amtsadministration. Er stammte aus einer überaus reichen Kaufmannsfamilie, die Ende des 15. Jahrhunderts aus Moskau nach Nowgorod übergesiedelt war. Syrkow befaßte sich mit der Eintreibung von Steuern für die Zarenkasse von allen Nowgoroder Fünfteln. In den Tagen des Pogroms war der ehemalige Beamte einer der ersten, die der Opritschnina zum Opfer fielen. Man tötete ihn nach langem Foltern und beschlagnahmte sein gesamtes Vermögen (rund 12000 Rubel), um es in die Staatskasse wandern zu lassen. So endete das Leben des „Nowgoroder Hauptsekretärs", wie ihn Schlichting nannte. Ähnlich war auch das Schicksal des Nowgoroder „Großältesten" A. D. Syrkow. Die Namen der Syrkows und ihrer Familienangehörigen stehen ebenfalls im Nowgoroder Seelenmessenregister.

Außer den Syrkows fielen dem Register zufolge auch der Kaufmann A. Tarakanow und ein gewisser D. Jamskoi den Opritschniki zum Opfer. Offensichtlich wurden während des Pogroms lediglich einzelne Kaufleute hingerichtet, die in Verbindung mit der Amtsadministration und der Geistlichkeit standen.

Die Verurteilung der Nowgoroder Hauptverschwörer im Zarenlager von Gorodistsche war der Höhepunkt des gesamten Nowgoroder Feldzuges. Obwohl Ermittler und Richter der Opritschnina im Schnellverfahren handelten, reichten ihnen zwei bis drei Wochen nicht aus, um mehrere hundert Dienstadlige zu vernehmen, zu foltern, gegenüberzustellen, deren Aussagen festzuhalten und die „Verschwörer" schließlich hinzurichten. Dazu brauchte man mindestens einen Monat. Daraus folgt, daß der Prozeß zumindest bis Ende Januar 1570 dauerte.

Nach Überführung und Hinrichtung der wichtigsten „Verschwörer" nahmen sich die Opritschniki die Klöster vor. Ein Nowgoroder Chronist, der über den Prozeß berichtete, schreibt: „... und nachdem dies ein Ende fand, begann der Zar mit seiner Kriegsschar ein Kloster nach dem anderen in der Umgebung von Groß-Nowgorod aufzusuchen". Von Staden zufolge leitete Iwan die Beschlagnahme persönlich: „Jeden Tag zog er in ein anderes Kloster, wo er seinem Übermut freien Lauf ließ." Die Opritschniki stahlen Geld aus den Klosterkassen, plünderten die Zellen, rissen die Glocken herunter und verwüsteten die Klosterwirtschaft. Auf der Suche nach Schätzen brachen sie im Wischera-Kloster den Sarg mit den Reliquien des lokalen Heiligen Sawwa auf.

Die Opritschnina-Regierung belegte die Nowgoroder Klostergeistlichkeit mit einer riesigen Kontribution. Archimandriten[31] hatten je 2000, Klostervorsteher je 1000 und Starzen je 300 bis 500 Goldrubel in die Opritschnina-Kasse zu entrichten. Die weniger bemittelte Weltgeistlichkeit, die Stadtpopen, hatte je 40 Rubel zu zahlen. Ab Anfang Januar begannen die Opritschniki bei Klostervorstehern und Starzen mit Zwangseintreibungen. Der Zar hatte befohlen, die Starzen an die Aufseher auszuliefern und „diese von früh bis spät windelweich prügeln zu lassen", um so zu dem Lösegeld zu gelangen. Diesen Exekutionen erlagen laut Seelenmessenregister der Vorsteher des Antoniew-Klosters Gelwassi sowie der Starez des Nerediza-Klosters Pimen und die Nonne J. Gorbuscha. Die Zwangseintreibungen dauerten ein ganzes Jahr.

Das „herrscherliche“ Pogrom war für die bedeutendsten Nowgoroder Klöster eine wahre Katastrophe. Die Klostergeistlichkeit war bis aufs letzte Hemd ausgeraubt worden. All die Gelder, die von den Klöstern und vom Sophienhof im Laufe von Jahrhunderten angesammelt worden waren, flossen in die Kasse der Opritschnina. Sie wagte es jedoch nicht, sich am Hauptreichtum der Nowgoroder Kirche, an ihren Ländereien, zu vergreifen, da ihr durchaus bewußt war, daß jeglicher Anschlag auf kirchlichen Landbesitz den entschiedensten Widerstand der gesamten Geistlichkeit heraufbeschwören würde.

Die Opritschniki verwalteten nun das Geld von 27 Klöstern Nowgorods und seiner Umgebung. Zar Iwan besuchte die wichtigsten von ihnen, wobei er sich in jedem einen ganzen Tag aufhielt. Diese Fahrt hat demnach mehrere Tage, vielleicht sogar eine Woche gedauert.

Von Staden, ein Opritschnik, der am Feldzug teilnahm, behauptet, der Zar habe erst nach seiner Rundfahrt durch die Klöster befohlen, die Handwerker- und Kaufmannsstadt von Nowgorod zu verwüsten, und danach habe auch die Plünderung der Stadt begonnen. Diese Aussage wird durch die Angaben in der Nowgoroder Chronik bestätigt. Der Chronist legt ausführlich dar, wie der Zar „durch die Klöster“ fuhr und „dann, in der Stadt angelangt“, befohlen habe, die Stadtleute zu plündern. Zur Zeit des Gerichtsverfahrens im Zarenlager und der Reise des Zaren durch die Klöster gingen die Nowgoroder Stadtleute ihrem üblichen Leben nach. Auf den Märkten herrschte normaler Betrieb. In jener Zeit, so von Staden, „befahl er (der Zar – *der Verf.*) den Kaufleuten, Handel zu treiben und von seinen Leuten, den Opritschniki, nur das zu nehmen, was sie selbst bezahlten“.

Bei eingehender Analyse des Quellenmaterials erweist sich die althergebrachte Vorstellung, die Zerstörung der Nowgoroder Handwerker- und Kaufmannsstadt habe fünf bis sechs Wochen gedauert, als falsch. In Wirklichkeit war der Zar in den ersten vier Wochen ausschließlich mit dem Gericht in Gorodistsche beschäftigt. Etwa eine Woche lang fuhr er von einem Kloster zum anderen und lediglich wenige Tage vor seiner Abreise aus Nowgorod befahl er, die Stadtleute zu plündern. Offensichtlich gingen die Opritschniki in Nowgorod auf die gleiche Art und Weise vor wie in Twer.

Während des Pogroms raubten die Opritschniki zahlreiche Lager und Speicher von Händlern aus und richteten sie somit zugrunde. Das bei den Kaufleuten beschlagnahmte Geld und die wertvollsten Waren wurden eine Beute für die Staatskasse. Ein Teil der Waren, wie zum Beispiel aus Europa und dem Orient stammende Tücher, Samt und Seidenstoffe, wurde als Belohnung unter die Opritschniki verteilt. In erster Linie waren jedoch Wachs, Fette und Flachs die traditionellen Handelsartikel der Nowgoroder.

Wie Zeitgenossen berichten, befanden sich zu dieser Zeit große Vorräte dieser Waren in den Lagern der Kaufleute, die nach Europa ausgeführt werden sollten. Dies war jedoch für die Opritschniki von geringem Interesse. Es war problematisch, diese Waren aus der Stadt zu schaffen, und es wäre schwieriger gewesen, sie auf dem Binnenmarkt abzusetzen. Aus diesem Grunde warfen die Opritschniki die Waren auf große Haufen und verbrannten sie. Da die Nowgoroder Kaufleute einen Teil ihrer Waren im Hafen von Narva lagerten, entsandte der Zar dorthin eine 500 Mann starke Abteilung. Die Waren, die den Einwohnern von Narva sowie fremdländischen Kaufleuten gehörten, ließen die Opritschniki unangetastet. Sie raubten und verbrannten lediglich die dort befindlichen Nowgoroder Waren. In Narva hatte somit ausschließlich die russische Kaufmannschaft unter den Opritschniki zu leiden.

Die Nowgoroder Handwerker- und Kaufmannsstadt fiel einem gewaltigen und sinnlosen Pogrom zum Opfer. Nicht nur die Handelsreihen, d. h. die Marktstände, wurden ausgeplündert, sondern auch die Häuser aller Stadtleute. Man brach die Tore auf und nahm die Fenster der Häuser heraus. „Alle neuen Gebäude wurden niedergerissen und alles Schöne zerschlagen: Tore, Treppen und Fenster“, berichten die Zeugen der Verwüstungen. Stadtleute, die versuchten, Widerstand zu leisten, wurden auf der Stelle erschlagen.

Besonders brutal ging die Opritschnina gegen die Armen in Nowgorod vor. Im Winter 1570 wurden die Städte und Dörfer des Nowgoroder Landes von einer schrecklichen Hungersnot heimgesucht. Große Scharen hungriger Menschen suchten in Nowgorod verzweifelt Rettung. Der Zar jedoch, der beschlossen hatte, Nowgorod von Bettlern zu säubern, befahl, diese aus der Stadt zu vertreiben. Die meisten von ihnen verhungerten und erfroren. Etwas später ordnete er an, all diejenigen Besitzlosen und Bettler im Wolchow zu ertränken, die des Kannibalismus überführt beziehungsweise verdächtigt wurden.

Außer in Nowgorod führten die Opritschniki auch in den größten Nowgoroder „Beistädten“, Ladoga, Korela, Oreschek und Iwangorod, Pogrome durch. Kleine Opritschnina-Abteilungen plünderten die Dienstgüter und Dörfer in allen Nowgoroder Fünfteln. Die Spuren dieser Pogrome lassen sich bis in die entferntesten Winkel und Ecken des

Nowgoroder Landes hinein verfolgen. In manchen Gegenden stießen die Opritschniki auf den Widerstand von Adligen und der Provinzbevölkerung. Gerüchten zufolge sollen die Landbewohner eine 500 Strelitzen starke Opritschnina-Abteilung zerschlagen haben.

Die Plünderung der Nowgoroder Beistädte muß mehrere Tage lang gedauert haben. Am 13. Februar ließ der Zar Vertreter der Nowgoroder Handwerker- und Kaufmannsstadt, „einen Mann aus jeder Straße", zu sich ins Lager rufen und erklärte, er wolle ihnen vergeben. Er sagte, der Verräter Pimen und seine bösen Anhänger hätten das von ihm vergossene Blut auf dem Gewissen. Er bat die Einwohner, sich nicht über das Vorgefallene zu grämen, und teilte ihnen mit, daß er den Bojaren Fürst P. D. Pronski beauftragt habe, die Stadt zu verwalten. Dann ließ der Zar die Stadtleute „nach Hause" zurückkehren.

Bei den Sanktionen der Opritschnina gegen die Nowgoroder Stadtbevölkerung wurden zwei Hauptziele verfolgt. Das erste bestand darin, die leerstehenden Kassen der Opritschnina durch die Plünderung der reichen Nowgoroder Handwerker und Kaufleute aufzufüllen. Zum anderen wollte man ihr Wohngebiet, insbesondere die untersten Schichten der Stadtbevölkerung, terrorisieren, um jegliche Äußerung von Unzufriedenheit im Keime zu ersticken und so die Gefahr einer Volkserhebung abzuwenden.

Entgegen der allgemein üblichen Auffassung ist das Pogrom in der Nowgoroder Handwerker- und Kaufmannsstadt also als eine zeitlich begrenzte Aktion zu werten. Im Gegensatz dazu trug das Vorgehen der Opritschnina gegen die Nowgoroder Geistlichkeit einen dauerhaften Charakter und hielt mindestens zwei Jahre lang an. Die „Begnadigung" der Städter erstreckte sich nicht auf die Nowgoroder Geistlichkeit. Nach der Abreise des Zaren war es der Opritschnik K. D. Poliwanow, der die Repressalien gegen die Geistlichkeit leitete. Er bezog das Haus des erzbischöflichen Haushofmeisters auf der Sophien-Seite, während sich seine Handlanger in den 27 größten Klöstern, „in jedem Kloster ein ‚Bojarensohn'", einquartierten. Der Erzbischof Pimen und seine zahlreichen Vasallen wurden unter Bewachung in die Alexandrowskaja Sloboda geschafft und dort in den Kerker geworfen. Auf der Nowgoroder Straße zogen lange Wagenreihen, mit Beute beladen, nach Moskau.

Nach Abschluß des Nowgoroder Pogroms befahl der Zar allen Nowgoroder Gutsbesitzern, die in der Opritschnina dienten, unverzüglich ihre Dienstgüter zu verlassen. Während der Zeit „des großen Fastens" im Jahre 7078 (1570) brachte man aus Nowgorod in das Wodskaja-Fünftel „die Gebots- und die Verbannungsurkunde... und befahl, alle

Opritschnina-Gutsbesitzer aus der Semstschina zu verbannen". Das große Fasten fiel im Jahre 1570 in die Woche zwischen dem 8. und 14. Februar, woraus folgt, daß der Befehl, die Opritschnina-Gutsbesitzer zu verbannen, kurz vor der Abreise des Zaren aus Nowgorod erlassen wurde. Diese Maßnahme hatte das Ziel, die Opritschniki von der aufrührerischen Nowgoroder Bevölkerung zu isolieren. Darüber hinaus befürchtete der Zar, die Nowgoroder Opritschniki würden sich in Dienstgütern niederlassen und deshalb der Teilnahme am Feldzug gegen Pskow fernbleiben. So ist die „Gebotsurkunde" von 1570 zu verstehen, die nicht wenige Diskussionen ausgelöst hat.

Von Nowgorod aus zog das Opritschnina-Heer in Richtung Pskow. Spätestens am 19. oder 20. Februar traf der Zar im Nikola-Kloster auf Ljubjatina ein. Die Einwohner von Pskow taten alles, um dem Zaren ihre völlige Untertänigkeit zu bekunden. An allen Straßen, die der Zar Iwan und sein Gefolge passieren sollten, wurden Tische mit Brot und Salz aufgestellt. Das Oberhaupt der Pskower Geistlichkeit, der Petschora-Abt Kornili, sowie Popen und Mönche empfingen die Opritschniki mit Kreuzen und Ikonen. Dennoch hatte der Zar kein Mitleid mit den Pskowern. Die Repressalien der Opritschnina hatten hier jedoch einen weitaus gemäßigteren Charakter als in Nowgorod. Adlige und Amtsleute in Pskow hatten wesentlich weniger zu leiden als die Nowgoroder. Dem Seelenmessenregister zufolge exekutierten die Opritschniki hier 30 bis 40 „Bojarenkinder", zwei Stadtverwalter und einen Schreiber.

Seinen ganzen Zorn richtete der Zar gegen die Pskower Geistlichkeit und ging gegen diese noch brutaler vor als gegen die Nowgoroder. Dabei war er besonders mißtrauisch gegenüber der Leitung des mit zu den ältesten russischen Klöstern zählenden Pskower Petschora-Klosters, dem Klostervorsteher Kornili und dem Schriftgelehrten Wassjan Muromzew. Schon seit vielen Jahren redigierte Kornili die dortigen Chroniken, die ausgesprochen moskaufeindlich waren. Das Petschora-Kloster war die Zitadelle der Uneigennützigen, die sich der Gunst Silvesters erfreut hatten. Enge Freundschaft verband auch den Ideologen des Bojarentums, Fürst Kurbski, mit den Petschora-Starzen. Er betrachtete sie als politisch Gleichgesinnte und hatte sogar versucht, sie zum offenen Protest gegen die Opritschnina zu bewegen. Nachdem Kurbski nach Litauen geflohen war, fielen Briefe, die er dem Starez Wassjan geschrieben hatte, in die Hände des Zaren Iwan, was die Petschora-Mönche in den Augen der Regierung kompromittierte.

Vor allem die ausgesprochen moskaufeindliche Einstellung und die Freundschaft mit Kurbski, dem Initiator der litauischen Intrigen in Rußland, waren der Hauptgrund für das Mißtrauen des Zaren den Petschora-Starzen gegenüber. Nach den Worten eines Pskower Chronisten ließ der Zar den Abt Kornili am 20. Februar 1570 hinrichten. Mit ihm zusammen starben noch mehrere andere Personen. Zusammen mit den Pskower Kirchenvertretern kam auch T. Swijasew ums Leben, ein Verwandter des Nowgoroder Schreibers Antoni Swijasew, der den Fürsten W. A. Starizki verleumdet hatte.

Auch die Schätze der Pskower Klöster wurden vom Fiskus der Opritschnina beschlagnahmt. Die dort lebenden Mönche wurden bettelarm. Man raubte ihnen jedoch nicht nur ihr Geld, sondern auch Ikonen und Kreuze, kostbare Kirchenutensilien und Bücher. Außerdem entfernten die Opritschniki auch Glocken von den Türmen der Kathedralen und schafften sie in die Alexandrowskaja Sloboda.

Nach den Worten Schlichtings hatte der Zar Erbarmen mit der Pskower Bevölkerung, sei jedoch mit allem Grimm und mit größter Brutalität über die Klostergeistlichkeit hergefallen. Die kirchenfeindliche Ausrichtung der Opritschnina-Politik trat hier besonders deutlich zutage.

Da der Zar nur sehr kurz in Pskow verweilte, konnten die Opritschniki, die daran gingen, die Stadt zu plündern, ihr Werk nicht vollenden. Noch zu Lebzeiten Iwans IV. entstanden viele Legenden über die Gründe des überraschenden Abbruchs dieses Pogroms. Wie die Teilnehmer des Pogroms Staden, Taube und Kruse berichteten, soll der Zar dem Narren in Christo Nikola begegnet sein, der ihm riet, Pskow unverzüglich zu verlassen, um einem großen Unglück zu entgehen.

Die Pskower Geistlichen malten die Legende über Nikola in allen Farben aus. Der Schwachsinnige soll den Zaren angeblich „mit vielen Sophistereien" belehrt haben, „auf daß er dem großen Blutvergießen Einhalt gebiete und sich nicht noch einmal erkühne, Gottes heilige Kirchen zu plündern". Iwan schenkte Nikola jedoch zunächst kein Gehör und befahl, die Glocken der Dreieinigkeits-Kathedrale herunterzuholen. Genau in diesem Augenblick starb das beste Roß des Zaren. Da die Voraussage Nikolas einzutreffen begann, verließ der entsetzte Zar die Stadt auf schnellstem Wege.

Der Pskower Narr war also einer der wenigen, die es wagten, dem Zaren zu widersprechen. Es ist durchaus möglich, daß Nikolas Prophezeiungen den Abzug der Opritschniki aus Pskow beschleunigten, denn dem Zaren haftete der Aberglaube seiner Zeit an. Dennoch hinderte die Einmischung Nikolas die Opritschnina in keiner Weise, gegen die Kirche vorzugehen. Der Zar verließ Pskow erst, als er den Pskower Klerus bis aufs Hemd ausgeraubt hatte.

Auch die Handwerker- und Kaufmannsstadt entging einem Pogrom nicht etwa deswegen, weil sich ein Narr in den Lauf der Dinge eingemischt hatte, sondern aus ganz anderen Gründen. Kurz vor dem Feldzug der Opritschnina hatten die Behörden mehrere hundert Pskower Familien, die man des Verrats verdächtigte, ausgesiedelt. Auf viele von ihnen stießen die Opritschniki bei Twer und Torschok. Auf Befehl des Zaren richteten die Opritschniki unter den Pskowern ein Blutbad an. 220 Übersiedler mit Frauen und Kindern wurden erschlagen. Nur weil den Zaren dieses Gemetzel zufriedenstellte, verschonte er die übrigen Einwohner der Stadt.

Von Pskow aus begab sich der Zar nach Stariza, wo er das Opritschnina-Heer zu einer Besichtigung antreten ließ. Danach machte er sich auf den Heimweg in die Alexandrowskaja Sloboda. Die Strafexpedition gegen Nowgorod und Pskow war beendet.

Von allen blutigen „Heldentaten" der Opritschnina war das Nowgoroder Pogrom eine der widerlichsten Episoden. Die sinnlose und brutale Mißhandlung der völlig unschuldigen Nowgoroder Bevölkerung hatte zur Folge, daß allein schon die Bezeichnung Opritschnina ein Synonym für Willkür und Gesetzlosigkeit war.

Obwohl einige Historiker dem Nowgoroder Pogrom eine gewisse objektive Gesetzmäßigkeit beimessen, kann einer derartigen Einschätzung auf keinen Fall zugestimmt werden. Die endgültige Aufnahme des Nowgoroder Landes in das Moskauer Reich war erst nach der Abschaffung des örtlichen Erbgrundbesitzes Ende des 15. Jahrhunderts erfolgt. Zur Überwindung der wirtschaftlichen Abgetrenntheit Nowgorods führten in der Folge nicht Pogrome und Verwüstungen, sondern ein wirtschaftlicher Aufschwung und die Belebung der Handelsbeziehungen zwischen Nowgorod und Moskau.

Die Erforschung des Seelenmessenregisters Iwans IV. und die Rekonstruktion des Opritschnina-Archivs gestatteten es, erstmalig die wahren Ursachen und Umstände der Aburteilung und Hinrichtung der Nowgoroder zu klären. Im Seelenmessenregister finden wir das Verzeichnis von Personen, die von den Opritschniki während des Pogroms in Nowgorod hingerichtet wurden: „Alexej Saurow und sein Diener Kosma ... Wasili Dmitrijewitsch Danilow, der Schreiber Andrej Bessonow ..." und viele andere. Diese Eintragungen führen uns mitten in ein hochpolitisches Verfahren, das als der „Nowgoroder Hochverratsprozeß" bezeichnet wird. Unter anderem erschließt sich uns eine ausgesprochen interessante Tatsache, die den Forschern bislang verborgen blieb: Wahrer Held des Nowgoroder Prozesses war der Bojar W. D. Danilow. Im Seelenmessenregister wurden die Nowgoroder Hauptschriftführer einer nach dem anderen aufgeführt: A. Bessonow, die Diener des zweiten Nowgoroder Schriftführers K. Rumjanzew, W. D. Danilow mit seinen Dienstleuten, die Vasallen des Nowgoroder Erzbischofs und Fürsten W. A. Starizki.

W. D. Danilow entstammte einem der vornehmsten altmoskowitischen Bojarengeschlechter. Zur Zeit der Opritschnina nahm er eine hohe Position in der Semstschina ein. Laut Schlichting war er „Befehlshaber über die Kriegsgeschütze“, und ihm unterstanden die Kanoniere. Daraus kann man schließen, daß der Bojar Danilow dem Artillerieamt vorstand. In einem Dokument über die Moskauer Zentralämter zu Beginn des 17. Jahrhunderts wurde festgelegt, daß dem Artillerieamt ein Bojar vorzustehen habe, der das Kommando „über die Artillerie in Moskau und in allen übrigen Städten, über alle Geschütze und Feuerwaffen“ hatte. Die Artillerieverwaltung bestand offensichtlich bereits Ende der 60er Jahre des 16. Jahrhunderts. Dienstlich war W. D. Danilow aufs engste mit dem Bojaren Fjodorow-Tscheljadnin verbunden, der das Amt des Stallmeisters innehatte. Gleich nach der Einführung der Opritschnina diente Danilow unter Fjodorow in der Moskauer Bojarenkommission. 1566 nahm Danilow an der Reichsversammlung teil.

A. Schlichting, der am besten informierte Autor aus jener Zeit, weiß über Danilows Tod folgendes zu berichten. In seinem Amt bedrängte und bestahl Danilow die ihm unterstellten Kanoniere und Schützen. Unter denjenigen, die er beleidigt hatte, waren auch einige gefangengenommene Polozker Kanoniere. Diese hatten versucht, nach Litauen zu fliehen, wurden jedoch ergriffen. Bei der Vernehmung sagten sie aus, Danilow selbst habe sie ins Ausland geschickt. Die Opritschniki folterten den Bojaren, bis er „zugab“, Verrat zugunsten des Polenkönigs verübt und eine Verschwörung angezettelt zu haben.

Die Glaubwürdigkeit von Schlichtings Bericht wird durch Dokumente, wie zum Beispiel Listen des Zarenarchivs und das Seelenmessenregister, bestätigt. So enthält das Archiv eine an den Zaren gerichtete Benachrichtigung, die sich auf den Gerichtsfall Danilow betreffs der flüchtigen Kanoniere bezieht. Nachdem Opritschniki Danilow nach Nowgorod gebracht hatten, um dort seine „Mithelfer“ zu überführen, wurden auch die beiden Kanoniere dorthin geschafft. Laut Seelenmessenregister richteten die Opritschniki während des Nowgoroder Verfahrens W. D. Danilow und zwei Fremde (den Litauer Maxim und den Deutschen Rop) hin. Bei dem Litauer Maxim handelte es sich offensichtlich um den Hauptdenunzianten Danilows.

Unter Folterungen entrissen die Opritschniki dem Bojaren das Geständnis, daß die Nowgoroder Behörden und alle Einwohner des Nowgorod-Pskower Landes zusammen mit ihm eine Verschwörung angezettelt hatten. Sowohl den Nowgorodern als auch Danilow warf man vor, sie hätten die Absicht gehabt, sich dem Polenkönig zu unterwerfen. Wichtige Mitteilungen darüber, wie die „Verschwörung" aufgedeckt wurde, stammen von dem venezianischen Diplomaten Gerio, der sich kurz nach dem Nowgoroder Pogrom in Moskau aufhielt. Der Zar, schreibt Gerio, „verwüstete Nowgorod, nachdem ein Eilbote mit einem verräterischen Schreiben abgefangen worden war".

Gerios Angabe kann mit Hilfe des Dokumentenverzeichnisses aus dem Zarenarchiv nachgeprüft werden. Zusammen mit dem „Nowgoroder Fall" Swijasew und einem Bericht über den „Fall" Danilow wird im Archiv auch die „Benachrichtigung der Sekretäre Ondrej Besnossow und Kusma Rumjanzew aus Nowgorod über das ‚polnische Schreiben'" aufbewahrt. Offensichtlich hatte man in Nowgorod einen Spion mit einem Geheimbrief abgefangen, wonach die Nowgoroder Hauptschriftführer Moskau so schnell wie möglich von diesem Vorkommnis in Kenntnis setzten. An dieser Stelle muß erwähnt werden, daß sich die Litauer zwei Jahre zuvor mit Geheimbriefen an den Stallmeister Fjodorow und die anderen Führer der Semstschina gewandt hatten, um ihnen vorzuschlagen, in die Dienste ihres Königs überzutreten. Damals war die litauische Geheimdiplomatie zweifellos erfolgreich, denn sie hatte den Stallmeister durch die an ihn geschickte Geheimpost kompromittiert. Jetzt fand die litauische Intrige im „Nowgoroder Fall" ihre Fortsetzung. Das bei dem Kundschafter in Nowgorod entdeckte „polnische Schreiben" war für die Opritschniki wichtiges Beweisstück gegen die Nowgoroder Behörden.

Nach dem Nowgoroder Pogrom erklärten die Gesandten des Zaren, „der Zar und Großfürst suchte sein Patrimonium Groß-Nowgorod und Pskow auf, um die Semstschina-Angelegenheiten zu regeln". Auf die Frage „Ist es denn eine Lösung, daß euer Herrscher in Nowgorod, Pskow und Moskau so viele Menschen hat hinrichten lassen?" sollten die Gesandten antworten: „Wißt ihr etwa davon? ... Wenn ihr schon davon gehört habt, warum sollen wir dann noch einmal davon berichten? Ihr habt über diese böse Sache von euren Kundschaftern gehört, die ihr zu den Verrätern geschickt habt, und unser Herrscher hat mit Gottes Hilfe davon erfahren und deshalb so über diese entschieden ... Ganz unsinnig war das, Pane, was man da begonnen hatte: denn sogar als Fürst Semjon Lugowen und Fürst Michailo Olelkowicz in Nowgorod waren, konnte Litauen Nowgorod nicht halten; was man aber nicht halten kann, wozu sollte man das auch zu erlangen versuchen? Unser Herrscher jedoch... erhielt sein Zartum aus der Hand Gottes, was Gott aber nicht gibt, das darf man ihm doch nicht einfach nehmen."

Diese offiziellen Erläuterungen, die in Litauen gegeben wurden, machen deutlich, daß die Opritschnina-Führung einer Täuschung des königlichen Geheimdienstes zum Opfer gefallen war. In den Augen des mißtrauischen Zaren war das in Nowgorod gefundene „polnische Schreiben" ein unwiderlegbares Beweisstück für eine Verschwörung zwischen den Litauern und den „verräterischen" Nowgorodern gewesen, ein Zeugnis für dieses „unsinnige Unterfangen" der litauischen Pans und ihren Anschlag auf das Nowgoroder „Patrimonium" des Zaren. Zar Iwan zweifelte nicht daran, daß die Fäden dieser neuen litauischen Intrige zu seinem alten Feind, dem Bojaren Kurbski, führten.

Und so wurden der Bojar Danilow und seine Nowgoroder „Mittäter" des Hochverrats zugunsten Litauens beschuldigt. Die Opritschnina-Führung verbreitete diese Anschuldigung überall. Viele Augenzeugen und Zeitgenossen, u. a. die Opritschniki Taube und Kruse, Schlichting, die Chronisten Russow und Guagnini, bestätigten das in ihren Berichten. Im Zusammenhang mit dem „Attentat" von Wladimir Starizki auf den Zaren wurde gegen die Nowgoroder jedoch noch eine weitere Anschuldigung erhoben. Man erklärte sie zu „Mitverschwörern" Starizkis. Wie es in der Gerichtsakte hieß, wollten die Verschwörer angeblich „Nowgorod und Pskow dem Polenkönig ausliefern, den Zaren und Großfürsten von ganz Rußland Iwan Wassiljewitsch jedoch hinterlistig ins Verderben stürzen und den Fürsten Wladimir Andrejewitsch auf den Thron setzen". Die endgültige Anschuldigung gegen die Nowgoroder war völlig absurd, denn sie enthielt einander ausschließende Momente. Die „Verschwörer" sollten angeblich die Absicht gehabt haben, Fürst Starizki auf den Thron zu setzen, zugleich aber seien sie bereit gewesen, die Oberhoheit der polnischen Krone über sich selbst und alle ihre Ländereien anzuerkennen. Aus dynastischen Erwägungen zogen es die Opritschnina-Behörden vor, geheimzuhalten, daß auch der Vetter des Zaren beschuldigt wurde, an der Nowgoroder Verschwörung teilgenommen zu haben.

Die Verurteilung Starizkis und des Erzbischofs Pimen führte in der Opritschnina-Duma zu ernsthaften Meinungsverschiedenheiten. Der „Nowgoroder Fall" beunruhigte all jene in der Opritschnina, die die Fähigkeit, ihre von karrieristischen Erwägungen geleiteten Handlungen mit gesundem Menschenverstand zu vereinbaren, noch nicht gänzlich eingebüßt hatten. Die Widersinnigkeit der gegen Pimen, einen der angesehensten Kirchenleiter, vorgebrachten Anschuldigungen lag auf der Hand. Unter den anderen kirchlichen Würdenträgern hatte sich Pimen stets durch seine Loyalität gegenüber der Opritschnina-Regierung und die Treue zum Zaren hervorgetan. So unterhielt der Erzbischof, bevor er in Ungnade gefallen war, stets freundschaftliche Kontakte zu den Führern der Opritschnina Basmanow und Wjasemski.

Die weitsichtigen Mitglieder der Opritschnina-Duma hatten allen Grund zu der Befürchtung, daß die Abrechnung mit Pimen zu neuen Komplikationen in den Beziehungen zwischen der Regierung und der Kirche führen könnte. Sie erinnerten sich noch sehr gut an die Krise, die durch den „Fall" Kolytschew entstanden war, und befürchteten, die Abrechnung mit Pimen würde den allgemeinen Widerwillen gegen die Opritschnina-Politik nur noch verstärken und die Opritschnina-Führung kompromittieren. Darüber hinaus waren sie auch um die eigene Sicherheit besorgt, die in der Zeit der Massenrepressalien keineswegs garantiert war. Der Terror, den sie selbst heraufbeschworen hatten, entzog sich nun immer mehr ihrer Kontrolle.

Einige Führer der Opritschnina-Duma versuchten, die Aburteilung von Pimen zu verhindern. Der Fürst Afanassi Wjasemski zum Beispiel warnte Pimen heimlich vor der ihm drohenden Gefahr. Der Erzbischof und die Nowgoroder erwarteten jedoch allem Anschein nach den Zaren und bereiteten sich auf dessen Empfang im Sommer 1569 vor. Als Günstling des Zaren wagte Wjasemski es nicht, offen gegen das Vorhaben des Herrschers, Nowgorod zu verwüsten, aufzutreten. Doch es gab in der Opritschnina-Regierung weitaus unabhängigere Leute, was ihre Ansichten und Handlungen betrifft, deren Einfluß sich auf ihre hervorragenden Verdienste, ihren hohen Adelsstand und Reichtum gründete. Zu diesen Leuten gehörte der Bojar A. D. Basmanow, einer der bedeutendsten Wojewoden seiner Zeit. Die Karriere Basmanows endete kurz vor dem Nowgoroder Pogrom, wobei unbekannt ist, ob er irgendwelche Schritte unternahm, um die Verurteilung Pimens zu verhindern, oder ob er nicht konsequent genug bei der Entlarvung des „Verrats" vorging. Wie dem auch sei, die Basmanows nahmen jedenfalls nicht an der Strafexpedition gegen Nowgorod teil. Die Beziehungen zwischen Basmanow und dem Zaren begannen sich offensichtlich nach der Hinrichtung G. S. Plestschejews, eines angesehenen Wojewoden, zu verschlechtern. Dem Seelenmessenregister zufolge kam jener noch kurz vor dem „Fall von Isborsk" um.

Der Name Plestschejew steht in einem kurzen Verzeichnis von Geächteten, woraus man schließen kann, daß er eine einflußreiche Position in der Semstschina einnahm. Während des Nowgoroder Pogroms ließ der Zar noch einige andere Dienstadlige aus der Familie Plestschejew und Basmanows Diener hinrichten. Nach dem Nowgoroder Feldzug wurde erklärt, das Oberhaupt der Opritschnina-Regierung sei der Hauptanhänger von Pimen gewesen.

Es besteht kein Zweifel darüber, daß der Sturz Basmanows auf eine Intrige W. G. Grjasnois und M. L. Skuratow-Belskis, der Führer der Opritschnina-Untersuchungskommission und Hauptinitiatoren des Prozesses gegen Starizki, zurückzuführen ist. Maljuta Skuratow wurde Dumamitglied und nach der Verwüstung der Erbgüter Fjodorow-Tscheljadnins und der „Aufdeckung" des Nowgoroder Verrats auch Mitglied der Opritschnina-Regierung. Nach der Rangplatzordnung von 1570 stand er jedoch noch immer niedriger als alle Dumaadligen einschließlich Grjasnois.

Skuratow und Grjasnoi waren typische Vertreter des in den Jahren der Opritschnina aufgestiegenen Kleinadels. W. G. Grjasnoi stammte von „Bojarenkindern" niederen Rangs ab, die schon seit eh und je im Dienste der Rostower Bischöfe standen. Einige Zeit lang diente Grjasnoi im Teilfürstentum von Stariza. Nach den Worten des Zaren war er „noch nicht einmal ein Hundeaufseher" bei einem Strarizaer Bojaren, dem Fürsten J. J. Peninski-Obolenski, gewesen. Als der Hof von Stariza aufgelöst wurde, trat Grjasnoi in den Dienst des Zaren und wurde in die Opritschnina aufgenommen, wo er bald zum Befehlshaber des Zarenregiments aufstieg. Grjasnoi, der ein unverwüstlicher Zechbruder und Spaßvogel war, gewann bald die Zuneigung des Zaren. Zu wahrem Erfolg gelangte der neue Günstling jedoch erst durch die Ermittlung des „Nowgoroder Verrats". Keiner der Opritschniki legte so viel Fleiß beim Aufdecken der „Verschwörung" Starizkis an den Tag wie ihr ehemaliger Vasall. Während des „Gerichtsverfahrens" übernahm er zugleich die Rolle von Richter und Ermittler. Auch an der Verwüstung Nowgorods waren Wassili Grjasnoi und seine Verwandten direkt beteiligt. Wassilis Vetter zweiten Grades, Oschanin, beauftragte der Zar, den in Ungnade gefallenen Pimen nach Moskau zu schaffen. Das „Auftragsschreiben" für Fjodor Oschanin, „wie er den Nowgoroder Erzbischof Pimen nach Moskau schaffen soll", ist im Staatsarchiv erhalten geblieben. Der Hofbeamte G. Grjasnoi brachte damals auch die verhafteten schwedischen Gesandten unter Bewachung nach Moskau.

Der ungeheuerliche Nowgoroder Prozeß war ein Werk derjenigen in der Opritschnina-Duma, die sich davon Vorteile versprachen. Mit Hilfe der Aufdeckung des „Verrats" hatten sie die Möglichkeit, die alten und angesehensten Führer der Basmanow-Opritschnina-Regierung zu beseitigen und selbst die Führung in der Opritschnina-Regierung zu übernehmen.

Aus diesem Grunde galten als die wahren „Helden" des großen als Nowgoroder Hochverrat bekannten politischen Prozesses Vertreter des altmoskowitischen Adels, wie Danilow, Wolynski, Buturlin, mit ihnen in Verbindung stehende Amtsleute und einfache Gutsbesitzer, aber auch die Nowgoroder Geistlichkeit. Der Schlag richtete sich gegen jene sozialen Gruppen, die eine besonders zuverlässige Stütze der Monarchie darstellten. Die Wechselbeziehung zwischen der Staatsmacht und den herrschenden Ständen wurde zerstört, was besonders deutlich bei dem Verfahren gegen den Stallmeister Fjodorow-Tscheljadnin und den Bojaren Danilow, den Metropoliten Kolytschew und den Erzbischof Pimen zutage trat. Die zunehmende Kluft zwischen der Opritschnina-Regierung und der Semstschina-Bojarenduma nutzte der Zar, um seine Position mittels blutigen Terrors zu festigen.

Das Nowgoroder Pogrom kann durch nichts gerechtfertigt werden. Die Ursachen dafür waren außer der Verblendung der Opritschnina-Führung eigennützige Interessen des Opritschnina-Fiskus.

Der nicht enden wollende Krieg, die Kosten für die Unterhaltung des Opritschnina-Heeres und der aufwendige Bau einer neuen Opritschnina-Hauptstadt in Wologda hatten außerordentlich hohe Ausgaben der Regierung zur Folge. Die Staatskasse war jedoch leer, da infolge von Mißernten und Hungersnöten, die das Land Ende der 60er Jahre heimgesucht hatten, die Steuereinnahmen um ein Vielfaches sanken. Angesichts der drückenden Finanznot spielte die Regierung immer häufiger mit dem Gedanken, sich die Geldmittel der Kirche anzueignen. Die Josephiten wollten aber unter keinen Umständen auf ihren Besitz verzichten.

Zunächst wagte es die Opritschnina nicht, den Sturz Kolytschews dazu auszunutzen, um die Reichtümer des Metropolitenhofs zu säkularisieren. Da jedoch gerade die Verurteilung des Metropoliten dem Prestige und dem Einfluß der Kirche den stärksten Schlag versetzte, nahm die Opritschnina-Regierung diesen Umstand schließlich zum Anlaß, um die Reichtümer der Nowgoroder Kirche in ihren Besitz zu überführen.

Der von der Opritschnina erfundene Nowgoroder „Verrat" war ein willkommener Vorwand, das Erzbistum von Nowgorod-Pskow zu plündern.

So war also die Säkularisierung der Kloster- und Kirchenschätze praktisch der Hauptanlaß für den Straffeldzug der Opritschnina gegen Twer,

Nowgorod und Pskow. Das „herrscherliche Pogrom“ untergrub für lange Zeit Bedeutung und Macht der größten Eparchie von Nowgorod und Pskow. Nach dem Sturz des Metropoliten Filipp und der Verurteilung des Erzbischofs Pimen büßte die russische Kirche lange ihren einst sehr großen Einfluß ein.

Dank der Säkularisierung der Schätze der Nowgoroder Kirche konnte die Opritschnina-Regierung ihre finanziellen Schwierigkeiten bereinigen und verfügte nun – auch ohne die nicht angetasteten kirchlichen Ländereien – über die erforderlichen Mittel, um ihre ruinösen Unterfangen fortzusetzen.

Unter dem Vorwand, gegen Verrat vorzugehen, plünderten die Opritschniki vor allem Handwerker und Kaufleute, die zum reichsten Teil der Bevölkerung von Twer, Nowgorod und Pskow gehörten. Die konfiszierten Waren und das Geld füllten die Kassen der Opritschnina. Das „herrscherliche Pogrom“ fügte der Stadtbevölkerung des Nowgoroder, Pskower und zum Teil auch des Twerer Landes großen Schaden zu und brachte für etliche Jahre ihren Handel mit westeuropäischen Ländern zum Erliegen. Im Unterschied zu den kirchenfeindlichen Maßnahmen sollten die Sanktionen der Opritschnina gegen die Stadtbevölkerung der genannten Städte in erster Linie zur Abschreckung dienen.

Die genaue Zahl der Opfer läßt sich nicht feststellen. A. G. Iljinski hat aufgrund der Nowgoroder Chronik eine ungefähre Zahl ermittelt. Demnach sind während des Pogroms mindestens 40 000 Menschen ermordet worden. Auch A. A. Simin ist der Meinung, daß diese Angaben keinesfalls übertrieben seien.

Bei näherer Analyse erweist sich jedoch die Beweisführung Iljinskis als nicht stichhaltig. Seinen Berechnungen liegt die halbbelletristische „Erzählung über die Ankunft des Zaren Iwan in Nowgorod“ zugrunde. Der Autor dieser „Erzählung“ berichtet ausführlich über die Opritschnina-Hinrichtungen und stellt fest, „dieses Unheil und diese Qualen ... haben mehr als fünf Wochen gedauert, und jeden Tag ertränkte man etwa 1000 Personen im Fluß, ... an manchen Tagen 1500 oder nur 500 bis 600 Personen“. Durch Multiplizieren dieser Zahlen mit 35 (fünf Wochen Pogrom) kommt Iljinski auf die Zahl 40 000. Doch erstens dauerte die Plünderung der Handwerker- und Kaufmannsstadt in Nowgorod, wie bereits erwähnt, keine fünf Wochen, sondern war wesentlich kürzer. Zweitens verwendet der Autor der „Novelle“ nur annähernde Zahlen. Drittens schließlich hatte Nowgorod im 16. Jahrhundert höchstens 25 000 bis 30 000 Einwohner.

Die Teilnehmer des Feldzuges Taube und Kruse sind bei ihren Schätzungen, was die Zahl der Opfer betrifft, weitaus vorsichtiger. Ihnen zufolge wurden 9000 Menschen in Twer und 27000 in Nowgorod getötet. Aber auch diese Zahlen sind nicht glaubwürdig, denn Opritschnina-Diplomaten nahmen selbst nicht an den Repressalien teil und konnten also nur über Dritte zu Informationen gekommen sein. Außerdem war ihr gegen den Zaren Iwan gerichtetes satirisches Pamphlet äußerst tendenziös.

Aus literarischen Quellen (Chroniken, die im nachhinein geschrieben wurden, pamphletartigen Aufzeichnungen von Ausländern usw.) kann die Zahl der Opfer des Nowgoroder Pogroms nicht zuverlässig ermittelt werden. Diese Maßnahmen erschütterten die Zeitgenossen so sehr, daß nur wenige von ihnen darüber ohne Übertreibung berichteten.

Eine weitaus glaubwürdigere Quelle stellen die im Seelenmessenregister des Zaren Iwan enthaltenen ausführlichen Listen von in Nowgorod Hingerichteten dar. Die Gesamtzahl der Opfer des Pogroms beträgt diesem Register zufolge rund 2170 bis 2180 Personen. Knapp ein Fünftel von ihnen (455 Personen) wird hier namentlich genannt. Es handelt sich dabei vorwiegend um Vertreter der privilegierten Stände, also Dienstadlige und Amtsleute (250 bis 260 Personen) sowie deren Familienangehörige (140 Personen). Die 1725 namenlosen Personen im Register entstammten größtenteils den niederen Ständen. Zu dieser Gruppe gehörten 220 in Ungnade gefallene Pskower und weitere 1505 Personen, die von den Abteilungen Maljuta Skuratows niedergemetzelt wurden.

Das Seelenmessenregister wurde aufgrund von Original-Dokumenten der Opritschnina zusammengestellt, wie zum Beispiel Meldungen und Berichten von Henkern usw. Der Hauptinitiator des Nowgoroder Pogroms war Maljuta Skuratow. Er leitete die Repressalien während des gesamten Feldzuges. In Twer erdrosselte er eigenhändig Filipp Kolytschew, und in Torschok ließ er gefangene Tataren erschlagen. Nach Beendigung des Feldzuges fertigte Maljuta einen Sonderbericht über die von ihm veranlaßten Hinrichtungen an. Anhand dieses Berichtes wurde folgende Eintragung ins Register vorgenommen: „Wie Maljuta berichtete, hat er beim Nowgoroder Feldzug 1490 Personen hingerichtet, darunter 15 Personen mit Feuerwaffen." Skuratows Meldungen enthalten wohl die genauesten Angaben über den Umfang der Repressalien. Als Anführer des Pogroms verfügte Maljuta wie kein anderer über exakte Angaben, was die Zahl der Opfer betrifft. Zugleich lag jedoch für ihn kein Grund vor, die Bedeutung zu schmälern. Unter den Opritschniki galten Grausamkeiten als bester Beweis für die Treue zum Zaren. Jede Nachsicht Verrätern gegenüber wurde als Verrat geahndet.

Unter den in Skuratows „Bericht“ angeführten namenlosen Opfern waren nicht wenige Gefangene. Dies wird anhand des folgenden Beispiels sichtbar. In Torschok befahl Skuratow, die im dortigen Gefängnis befindlichen gefangenen Tataren zu köpfen. Letztere leisteten verzweifelt Widerstand und verletzten dabei Maljuta selbst mit einem Messer. Die Opritschniki konnten die Tataren nicht bezwingen. Daraufhin bat Maljuta den Zaren, ihm umgehend Opritschnina-Strelitzen zur Verstärkung zu schicken. Die eingetroffenen Krieger schossen 15 der gefangenen Tataren nieder. Das wird wohl der einzige Fall gewesen sein, da die Gehilfen Skuratows von der Feuerwaffe Gebrauch machten. In seinem Bericht gibt es diesbezüglich folgende Eintragung: „Mit Feuerwaffen wurden 15 Personen niedergestreckt.“

Nichtrussische Opfer der Opritschniki wurden jedoch nicht in erster Linie die Tataren, sondern livländische Deutsche und Litauer, die man für Mittäter der Nowgoroder hielt und verdächtigte, geheime Verbindungen mit Litauen zu unterhalten. Nach der Einnahme von Polozk wurden viele Einwohner wegen „Unzuverlässigkeit“ in die Nowgoroder, Pskower und Twerer Lande verbannt. Taube und Kruse zufolge lebten in Twer viele der Gefangenen in Gefängnissen und lediglich „etwas mehr als hundert von ihnen wohnten in Häusern“. Schlichting schreibt, daß die Opritschniki allein in Twer und Torschok rund 500 Polozker erschlagen hätten. Diese Gefangenen machten also mindestens ein Drittel der in Maljutas „Bericht“ aufgeführten Personen aus.

Bei den übrigen zwei Dritteln (rund 1000 Personen) handelte es sich offensichtlich um Einwohner des Twerer und Nowgoroder Landes. Maljuta erwähnte die Geächteten in seinem „Bericht“ nicht namentlich. Die meisten von ihnen waren Stadtleute, Bauern, Knechte, Kosaken, Bettler usw.

Die im Seelenmessenregister enthaltenen Angaben der Opritschnina waren keineswegs vollständig. Viele Opritschniki töteten und plünderten, ohne Skuratows Anweisungen abzuwarten. Fügt man Maljutas „Bericht“ die nicht erfaßten Personen hinzu, so steigt die Gesamtzahl der Opfer des Pogroms von 2000 auf etwa 3000 bis 4000 an.

Bei einer kritischen Analyse des Quellenmaterials, das sich auf den Nowgoroder Feldzug bezieht, wird klar, daß die Auffassung, es habe sich bei der Strafexpedition Iwans IV. gegen Nowgorod um einen Massenmord an der Bevölkerung des Twerer, Nowgoroder und Pskower Landes gehandelt, nicht der Wahrheit entspricht. Allein im Nowgoroder und Pskower Land betrug die Einwohnerzahl im 16. Jahrhundert etwas über 1,5 Millionen. Die Zahl der Bauern, die von der Opritschnina umgebracht wurden, war unbedeutend. Zu leiden hatte vor allem die Stadtbevölkerung von Nowgorod und Pskow, doch auch hier machte die Zahl der Opfer nur wenige Prozente aus.

Mit dieser Richtigstellung der von der bisherigen Forschung vermuteten Zahlen sollen die unerhörten Bluttaten des Zaren keineswegs „entschuldigt" werden. Auch nach den zeitgenössischen Vorstellungen – das zeigt die Reaktion der Kirche – stellten sie ein durch nichts zu rechtfertigendes Unrecht dar.

Abschließend kann in bezug auf Nowgorod festgestellt werden: Obwohl das Pogrom zum wirtschaftlichen Verfall des Nowgoroder Landes in den 70er Jahren des 16. Jahrhunderts beigetragen hat, kann es dennoch nicht als die Hauptursache seines Niedergangs verstanden werden.

6. Der „Moskauer Fall"

Die außenpolitische Lage des Moskauer Reiches verschlechterte sich zunehmend. Nachdem die Kriegshandlungen an den Westgrenzen wiederaufgenommen worden waren, hatten russische Diplomaten sich bemüht, Schweden und England in die polenfeindliche Koalition einzubeziehen. Nach dem Sturz des Königs Erik XIV. kündigte die schwedische Regierung aber das bestehende Bündnis mit Moskau. Als die Opritschnina-Diplomaten während der Beratungen mit dem englischen Gesandten Randolph in Wologda den Entwurf eines englisch-russischen Bündnisvertrages erarbeitet hatten, weigerte sich England, diesen zu ratifizieren. So war Moskau gezwungen, den Livländischen Krieg ohne Verbündete und unter äußerst ungünstigen Bedingungen fortzuführen. Nach der Unterzeichnung der Lubliner Union 1569 bildeten Polen und Litauen einen einheitlichen Staat, die Rzeczpospolita. Der Friedensvertrag zwischen Polen und der Türkei beschwor die Gefahr einer breiten antirussischen Koalition herauf. Jedoch sowohl die Rzeczpospolita als auch Moskau brauchten jetzt dringend Frieden. Aus diesem Grunde wurde von beiden Seiten 1570 ein dreijähriger Waffenstillstand abgeschlossen. In dieser Zeit schlugen die russischen Diplomaten vor, ein livländisches Vasallenkönigtum unter der Schirmherrschaft von Zar Iwan zu bilden. Der Vasall des Zaren, Prinz Magnus von Dänemark, dem die livländische Krone versprochen worden war, versuchte nun, die Schweden aus Reval zu verdrängen, wobei er von einem starken Moskauer Heer, das über Belagerungsartillerie verfügte, unterstützt wurde. Dennoch gelang es nicht, Reval einzunehmen, und so mußten die zarischen Wojewoden nach einer langen Belagerung der Festung unverrichteterdinge abziehen.

Schweden unternahm ungeheure Anstrengungen, um einen Krieg mit dem Moskauer Reich zu vermeiden. Als der neue schwedische König Johan III. Gesandte ins Ausland schickte, wurden die ihnen vorausreitenden Eilboten in Nowgorod festgenommen. Einer von ihnen erklärte, er wolle in die Dienste des Zaren treten. Weiterhin teilte er mit, daß die schwedischen Gesandten dazu bevollmächtigt worden seien, einen Waffenstillstand mit Moskau zu beliebigen, selbst zu den unvorteilhaftesten Bedingungen einschließlich der Abtretung von Reval zu schließen.

Der Zar ließ Schweden in aller Eile eine Genehmigung für die Einreise der Gesandten zukommen. Es war jedoch schon zu spät. Schweden schloß mit Dänemark Frieden und nahm die Frage der Übergabe Revals an die Russen von der Tagesordnung.

Die Opritschnina-Diplomatie mußte somit eine Niederlage einstekken. Sie hatte die einzigartige Möglichkeit, den Kampf um Reval auf friedlichem Wege zu entscheiden, nicht wahrgenommen. Die Ursache für den Mißerfolg lag in der Inkompetenz der Opritschnina-Führung. Das Außenamt der Semstschina hatte schon vor längerer Zeit seine angesehensten und weitblickendsten Leiter verloren.

Angesichts der an den Südgrenzen entstandenen komplizierten Situation konnte die russische Heerführung keine weiteren Streitkräfte für den Kampf im Baltikum aufstellen. Die schon zu Beginn des Kasaner Krieges bestehende Gefahr einer Vereinigung aller Tataren unter der Ägide des Osmanischen Reiches nahm erstmalig reale Konturen an. So zog die Türkei im Frühjahr 1569 in Asow eine mit 100 Geschützen ausgerüstete 17 000 Mann starke Armee zusammen. Diese Streitkräfte sollten Astrachan erobern und die Russen aus dem Unteren Wolgagebiet vertreiben. Im Sommer zog die türkische Armee von Asow aus gegen Astrachan. Unterwegs vereinigte sie sich mit der 40 000 Mann zählenden Krimhorde und den aufständischen Nogaiern. Zwei Wochen lang versuchten die Türken an der Landenge zwischen den Flüssen Don und Wolga vergeblich einen Kanal zu graben. Da es den Türken nicht gelang, ihre Galeeren mit der schweren Artillerie vom Don zur Wolga zu leiten, führten sie diese auf dem Don zum Schwarzen Meer zurück. Dann rückten sie gemeinsam mit den Tataren von der Landenge aus in Richtung Astrachan vor, doch wagten sie es nicht, die Festung auf der Sajatschi-Insel zu stürmen. Da sich die rebellierenden Janitscharen weigerten, im Wolgagebiet zu überwintern, zog die türkische Armee nach zehn Tagen Aufenthalt nach Asow zurück. Während des Marsches durch die wasserlose Steppe Nordkaukasiens auf der „Kabardiner Straße" erlitten die Türken infolge von Hunger und Wassermangel große Verluste. In Asow langten lediglich Reste der ehemals schlagkräftigen und zahlenmäßig starken türkischen Armee an. Der Niedergang der türkischen Armee führte jedoch nicht zur Verringerung der gegen Moskau gerichteten türkisch-tatarischen Expansionsbestrebungen.

Die Abrechnung mit dem Stallmeister Fjodorow-Tscheljadnin und dem Bojaren Danilow sowie das blutige Pogrom im Semstschina-Land Nowgorod vertieften den Konflikt zwischen der Opritschnina-Regierung und den Oberschichten der Semstschina. Einige hochgestellte Mitglieder der Semstschina-Duma brachten den Mut auf, offen gegen die blutigen Repressalien der Opritschnina zu protestieren. Nach der Rückkehr aus Nowgorod führte der Zar eine lange Aussprache mit dem Bewahrer des Großen Siegels und „Kanzler" Wiskowaty. Dieser riet ihm nachdrücklich, nicht so viel Blut zu vergießen, „insbesondere aber seine Bojaren nicht zu töten, und bat ihn, sich zu überlegen, mit wem er künftig kämpfen, ja überhaupt leben werde, nachdem er so viele tapfere Leute hingerichtet habe". Als Antwort auf diese Ermahnungen erwiderte der Zar dem Siegelbewahrer und den ihm beistehenden Bojaren zornig: „Ich habe euch bisher verschont, doch werde ich dafür sorgen, daß ihr alle ausgerottet werdet und nichts mehr an euch erinnert. Ich hoffe, dies wird mir gelingen, doch wenn der Fall eintreten sollte, daß Gott mich bestraft und ich gezwungen bin, mich vor meinem Feind zu Boden zu werfen, so werde ich lieber ihm nachgeben als mich vor euch, meinen Knechten, lächerlich machen."

Der Protest Wiskowatys zeigte die Unzufriedenheit des herrschenden altmoskowitischen Bojarentums. Der Zar war von diesem Protest offensichtlich stark erschüttert, was auf zwei Umstände zurückzuführen ist.

Dank seiner glänzenden Fähigkeiten und seiner außerordentlichen Klugheit hatte Wiskowaty in der Semstschina-Regierung eine sehr hohe Stellung inne. Im Laufe von 20 Jahren hatte sich der aus niederen Schichten abstammende Siegelbewahrer bis zur Nahen Duma des Zaren emporgearbeitet und stand nun der diplomatischen Behörde Moskaus, dem Außenamt, vor. Zur Zeit der Opritschnina leitete Wiskowaty verschiedene Verwaltungsämter des zentralen Amtsapparats. Zusammen mit dem Schatzmeister Funikow verwaltete er den Fiskus, das heißt das Reichsschatzamt. Als Siegelbewahrer verwahrte Wiskowaty das große Staatssiegel und bestätigte („stempelte") damit die wichtigsten Dokumente der anderen Verwaltungsämter. Obwohl der Siegelbewahrer formell eine

Stufe unter den Schatzmeistern des Zaren stand, besaß Wiskowaty in Wirklichkeit einen größeren Einfluß als sie. Seine Kanzlei galt als die führende Behörde des Verwaltungsapparats. Aus diesem Grunde bezeichneten westliche Zeitgenossen den Siegelbewahrer als „Hauptkanzler“ des Staates.

Wiskowaty sowie sein Gesinnungsgenosse Funikow erfreuten sich der Unterstützung von Anhängern der Sacharjins unter den Bojaren und der Gunst Scheremetjews, welcher der Semstschnina-Bojarenduma seit den ersten Jahren der Opritschnina vorstand. Im Grunde genommen war Wiskowaty das Sprachrohr des hinter ihm stehenden Bojarentums, was den Zaren besonders beunruhigte.

Da Anfang Juli 1570 Wiskowatys Bruder Tretjak verhaftet und nach Folterungen hingerichtet worden war, hatte Wiskowaty einen speziellen Grund, gegen den Terror der Opritschnina zu protestieren. Der Siegelbewahrer hatte verzweifelt versucht, seinen Bruder zu retten, doch vergeblich. Dem Seelenmessenregister zufolge kamen zusammen mit Tretjak die beiden Gniljewskis (die Brüder des Hauptschriftführers von Starizki, W. G. Sacharow) sowie der Nowgoroder Gutsbesitzer Pajussow um. Nach Aussagen von Zeitgenossen stand die Hinrichtung Tretjaks im direkten Zusammenhang mit der Verschwörung der Starizkis und der Nowgoroder. Der Opritschnina fielen außerdem die Verwandten des Schatzmeisters K. Kurzew zum Opfer. Wiskowaty spürte, daß über seinem Kopf das Beil des Henkers schwebte, und wollte nicht untätig bleiben.

Die Opposition der Spitze des Amtsapparats in der Bojarenduma war eine unangenehme Überraschung für die Regierung. Kein Wunder, daß die Opritschnina-Führung beschloß, die Unzufriedenheit bereits im Keime zu ersticken, und den Hauptschlag gegen den Siegelbewahrer und seine nächsten Anhänger, also gegen den Schatzmeister Funikow und die Leiter einiger anderer Verwaltungsämter, richtete. Funikow und den anderen Sekretären wurde hauptsächlich vorgeworfen, sie hätten Wiskowaty unterstützt. Am Tage der Hinrichtung wandte sich Iwan mit folgenden Worten an den Schatzmeister: „Du stirbst nicht durch meine Hand, nicht durch meinen Willen und auch nicht durch meine Schuld, sondern wegen deines Freundes (Wiskowaty – *der Verf.*), auf den du hörtest und von dem du vollständig abhingst. Selbst wenn du dir nichts hättest zuschulden kommen lassen, so hast du ihm doch gedient. Deshalb müßt ihr beide sterben.“ Offensichtlich ließen sich die Opritschniki bei der Verurteilung der anderen Semstschina-Sekretäre, wie zum Beispiel des Oberhaupts des Dienstgüteramtes, des Dumasekretärs W. Stepanow, des Oberhaupts der Reichsschatzkammer I. Bulgakow und des Oberhaupts des Kriminalamtes G. Schapkin, von dem gleichen Prinzip leiten.

Die Opritschnina-Regierung konnte ohne Schwierigkeiten durchsetzen, daß die Semstschina-Sekretäre verurteilt wurden. Die Richter der Opritschnina beschlossen, sie nach den gleichen Artikeln zu verklagen, die auch beim „Nowgoroder Fall" angewendet wurden, und diese beiden Gerichtssachen gemeinsam zu verhandeln. Als Wiskowaty verhaftet wurde, war die Ermittlung in Sachen Pimen noch in vollem Gange. Zusammen mit Maljuta verbrachte der Zar Tag und Nacht in den Kerkern. Hunderte von Nowgorodern, die in den Gefängnissen der Alexandrowskaja Sloboda schmachteten, fielen grausamen Folterungen zum Opfer, unter denen sie jedes beliebige Verbrechen eingestanden. Laut Ermittlungsakten „in Sachen Verrat sagten viele (Geächtete – *der Verf.*) nach den Folterungen gegen den Nowgoroder Erzbischof Pimen und seine Berater, aber auch gegen sich selbst aus". Mittels Folterungen und Erpressungen erzwangen die Opritschniki von den Gefangenen die erforderlichen Aussagen gegen den Siegelbewahrer und seine Gönner, die aus der Bojarenfamilie der Jakowlew-Sacharjins stammten. Unter anderem sagten die Nowgoroder aus, Pimen und seine Anhänger „hätten in brieflichem Kontakt mit dem in Moskau lebenden ... Schatzmeister Mikita Funikow, dem Siegelbewahrer Iwan Michailowitsch Wiskowaty sowie mit Semjon Wassiljewitsch, Sohn von Jakowlew, gestanden". Die Moskauer Sekretäre wurden beschuldigt, die Absicht gehabt zu haben, Starizki auf den Thron zu setzen und zugleich Nowgorod an Litauen auszuliefern. Der Öffentlichkeit wurde jedoch lediglich die zweite Anschuldigung bekanntgegeben. Die Behörden erklärten, der Siegelbewahrer habe dem Polenkönig geschrieben und versprochen, ihm die Nowgoroder und Pskower Festung zu überlassen. Der Zar zweifelte nicht im geringsten daran, daß diese Anschuldigung der Wahrheit entsprach, und ordnete Ende 1570 an, Litauen eine entsprechende offizielle Erklärung zu übergeben. Die Frage der Litauer: „Warum hat euer Herrscher den Schatzmeister Mikita Funikow, den Siegelbewahrer Iwan Michailowitsch sowie die Sekretäre, zahlreiche ‚Bojarenkinder' und Schreiber hinrichten lassen?" sollten die Gesandten wie folgt beantworten: „Wie könnt ihr das wissen? ... der Staatsverräter Kurbski hat mit euch, Pans, und eurem Rat eine Verschwörung begonnen, an der sich auch andere Staatsverräter beteiligten, die mit euch in Kontakt standen, jedoch wurde dieser Verrat mit Gottes Hilfe unserem Herrscher bekannt, und so wurden sie hingerichtet. Niemals werden Nowgorod und Pskow litauisch sein."

Gleichzeitig beschloß die Opritschnina-Regierung, die Aburteilung des Siegelbewahrers dazu auszunutzen, um die außenpolitischen Mißerfolge zu rechtfertigen, die durch inkompetente Einmischung des Zaren und seiner Berater in Angelegenheiten des Außenamtes hervorgerufen worden waren. Sowohl den Feldzug der Türken gegen Astrachan im Jahre 1569 als auch die Verwüstung der südlichen Gebiete im darauffolgenden Jahr durch die Tataren erklärte man mit dem Verrat des Leiters dieses Amtes, Wiskowaty. Der Siegelbewahrer habe mit dem Sultan im Briefwechsel gestanden und diesen angestachelt, Truppen gegen Astrachan und Kasan zu entsenden. Auch die Krimtataren habe er dazu bewogen, das Moskauer Reich zu überfallen. Alle diese Beschuldigungen des doppelten, ja sogar dreifachen Verrats waren zwar völlig absurd, doch die Ermittler und Richter der Opritschnina hatten schon längst jedes Maß verloren und sorgten sich keineswegs mehr darum, daß ihre Lügen auch nur einigermaßen glaubwürdig klangen. Das Gerichtsverfahren gegen den Siegelbewahrer war überhastet und rechtswidrig. Wiskowaty, der Ende Juni noch komplizierte und verantwortungsvolle Verhandlungen mit den litauischen Gesandten zu einem glücklichen Abschluß gebracht hatte, wurde schon bald nach dem 3. Juli verhaftet. Drei Wochen später wurden der Siegelbewahrer und seine Anhänger zum Schafott geführt.

Zum Sturz Wiskowatys trugen auch die inneren Fehden bei, von denen die höheren Amtsleute zerrissen wurden. So intrigierten einflußreiche Dumasekretäre, die Brüder Stschelkalow, gegen den Siegelbewahrer. Der älteste von ihnen, A. J. Stschelkalow, leitete zu jener Zeit das zentrale Kriegsressort, das Dienstlistenamt. Zwar fehlte ihm das Talent Wiskowatys, doch zeichnete er sich durch außerordentlichen Fleiß aus. W. J. Stschelkalow, der jüngere der Brüder, stand Mitte der 60er Jahre dem Kriminalamt, daß heißt „den Scharfrichtern und Henkern“, vor. Er half der Opritschnina bei den Ermittlungen in Sachen Verrat. Kurz vor dem Nowgoroder Feldzug überbrachte er dem Zaren persönlich eine anonyme, gegen F. Nowossilzew gerichtete Denunziation, in der letzterem anstößige Äußerungen über den Herrscher vorgeworfen wurden. Nach dem Feldzug leitete W. J. Stschelkalow die Hinrichtung der verräterischen Nowgoroder in Moskau. Er las Wiskowaty dessen Vergehen vor, wobei er ihn gleichzeitig mit einer Peitsche schlug. Danach verlas er das Urteil über die Nowgoroder.

Kurz vor seinem Tode hatte Wiskowaty noch einen Prozeß gegen Stschelkalow geführt und verloren. Deshalb sollte er Stschelkalow als Ehrenbuße 200 Rubel zahlen. Da er jedoch, wie er den Richtern erklärte, kein Geld hatte, bot er statt dessen eines seiner Erbgüter an. Nach dem Tode des Siegelbewahrers teilten der Opritschnina-Bojar Fürst W. I. Tjomkin und W. J. Stschelkalow Wiskowatys Erbgüter untereinander auf. Tjomkin war während des Prozesses gegen den Metropoliten als Hauptuntersuchungsrichter aufgetreten. Auch in Sachen Wiskowaty spielte er offensichtlich ebenso wie Stschelkalow eine fatale Rolle. Er eignete sich außer dem Perejaslawler Erbgut des Siegelbewahrers auch noch dessen Erbgut (1000 Viertel Ackerland) im Mestschewsker Landkreis an.

Mit dem Sturz Wiskowatys übernahmen die Brüder Stschelkalow die Verwaltung der wichtigsten Ämter des Staates. Neben dem Dienstlistenamt, das A. J. Stschelkalow bereits vom März bis Juni 1570 leitete, übernahm er nun auch noch den Kasaner Palast (Oktober 1570) und das Außenamt. Der zusammen mit seinem Bruder im Außenamt dienende W. J. Stschelkalow erhielt zu Beginn 1571 den Ehrentitel eines „bevollmächtigten Sekretärs". Allem Anschein nach wurde B. I. Sukin mit Hilfe der Stschelkalows, deren Handlanger er war, Siegelbewahrer im Reichsschatzamt.

Der Tod des Siegelbewahrers Wiskowaty und des Schatzmeisters Funikow stellte die größte Niederlage jener Gruppierung in der Semstschina-Regierung dar, der die Sacharjins, I. W. Bolschoi Scheremetjew und andere angehörten. Entgegen den Traditionen ernannte der Zar nach dem Tode Funikows den Fürsten W. W. Mossalski, einen Vertreter des Hochadels, zum Hauptschatzmeister. Auf diese Weise hoffte er, den zentralen Amtsapparat der Semstschina der Kontrolle seitens des altmoskowitischen Adels zu entziehen oder diese Kontrolle zumindest abzuschwächen.

Die kirchliche Opposition war zwar durch den Sturz Kolytschews geschwächt, aber nicht völlig vernichtet worden, denn hinter ihr stand das unzufriedene Bojarentum der Semstschina. Als man sich auf den Feldzug gegen Nowgorod vorbereitete, begann die Opritschnina-Regierung von neuem die Geistlichkeit zu verfolgen. Die Behörden verhafteten den Archimandriten Pamwa und steckten ihn ins Chutyn-Kloster. Pamwa war nicht nur der Archimandrit des landesgrößten Klosters, des Troiza-Sergius-Klosters, sondern darüber hinaus ein Schüler des Metropoliten Kyrill und dessen Nachfolger als Archimandrit in Troiza gewesen. Seine Bestrafung sollte dem Metropoliten eine Warnung sein.

Am Vorabend der Strafexpedition gegen Nowgorod sandte der Zar Kyrill ein Schreiben mit der Bitte, er „solle die Bojaren und alle übrigen Leute nach wie vor ohne jeglichen Argwohn im Dienst einsetzen". Mit Hilfe der Kirche war die Regierung bemüht, jeden möglichen Protest der

Semstschina-Bojaren gegen den Terror der Opritschnina zu verhindern. Kyrill informierte den Zaren umgehend darüber, daß er dessen Anforderung Folge geleistet habe und gemeinsam mit der ganzen heiligen Synode „Bojaren und Leute jeglichen Rangs einsetzte, damit diese ihm, dem Herrscher, ohne Hinterlist dienten“. Erst danach setzte der Zar den Metropoliten über den „Verrat“ des Nowgoroder Erzbischofs Pimen und dessen Verhaftung in Kenntnis. So schnell wie möglich verurteilte auch die heilige Synode Pimen. Auf dem Höhepunkt des Nowgoroder Pogroms richteten Kyrill und die Bischöfe an den Zaren ein Schreiben, aus dem hervorging, daß „sie auf der Kirchenversammlung beschlossen haben, dem Nowgoroder Erzbischof Pimen, da er gegen den Erlaß des Zaren handelte, wegen seiner Vergehen die Würde des Erzbischofs zu nehmen“. Somit wurde Pimen der Opritschnina ausgeliefert. Doch diesmal war die hohe Geistlichkeit in ihrer Ergebenheit gegenüber dem Zaren zu voreilig gewesen. Im dritten Schreiben aus Nowgorod gab der Zar dem Metropoliten zu verstehen, „der Erzbischof Pimen dürfe keine Gottesdienste abhalten“, zugleich bat er aber auch, „Pimen nicht vor dem Ende der Ermittlungen seines erzbischöflichen Amtes zu entheben“.

Da die Opritschnina-Regierung wußte, welche Empörung die Plünderung der Nowgoroder Kirchen unter der gesamten Geistlichkeit hervorgerufen hatte, bereitete sie sich besonders sorgfältig auf den Gerichtsprozeß gegen Pimen vor. Seinerzeit hatte der Nowgoroder Erzbischof den Behörden geholfen, den Metropoliten Kolytschew zu stürzen, und sich somit vor den Mitgliedern der heiligen Kirchenversammlung kompromittiert. Jetzt bedienten sich jedoch die Behörden des Namens und der Autorität des in Ungnade gefallenen Metropoliten, um die Verurteilung von Pimen und anderen Personen, Kolytschews „Verfolgern“, zu rechtfertigen. So wurde zum Beispiel der Solowezker Abt Païssi, der gegen Filipp falsche Aussagen gemacht hatte, auf die Walaam-Insel verbannt. Die Starzen des Solowezki-Klosters, die damals vor Gericht als Zeugen aufgetreten waren, verbannte man „in andere Länder“. Außerdem fiel der Rjasaner Bischof Filofej in Ungnade. Er war einer der eifrigsten Anhänger Pimens in der Kirchenversammlung, die Kolytschew stürzte. Der Zar „entzog ihm seinen Titel“ und richtete einige seiner Vertrauten hin. Laut Seelenmessenregister töteten die Opritschniki kurz vor dem Verfahren gegen Pimen den Archimandriten des Solotscha-Klosters, welches das größte im Rjasaner Bistum war. Zur gleichen Zeit befahl der Zar, den Archimandriten des Nischegorodsker Petschora-Klosters, Mitrofan, hinzurichten. Die genannten Archimandriten stehen im Seelenmessenregister unter den Personen, die im Juli 1570 umkamen.

Mit diesen harten Maßnahmen wollte man ein Aufbegehren der kirchlichen Opposition in der Versammlung verhindern, die Pimen verurteilen sollte. Und wirklich, als die Versammlung in der zweiten Julihälfte 1570 in Moskau tagte, wagten es die durch den blutigen Terror eingeschüchterten Kirchenleute nicht, dem Zaren zu widersprechen. Vielmehr traten gegen Pimen „Schmeichler" des Zaren auf, wie zum Beispiel der Opritschnina-Archimandrit des Simonow-Klosters, ein Abt aus dem Kyrill-Kloster, der neue Archimandrit des Troiza-Sergius-Klosters F. Wjatka und andere. Sie alle wurden nach der Versammlung großzügig belohnt. Außerdem wurden Pimens Widersacher auch von jenen Mitgliedern der Versammlung bereitwillig unterstützt, die ihm seine früheren Intrigen gegen Filipp nicht verzeihen konnten. Darüber hinaus war Pimen einer der letzten namhaften Hierarchen gewesen, der zu den Uneigennützigen tendierte. Dies wirkte sich zwangsläufig auf die Einstellung der josephitischen Mehrheit in der Versammlung ihm gegenüber aus.

Nach einer kurzen Gerichtsverhandlung verkündete die Versammlung seine Amtsenthebung und steckte den in Ungnade gefallenen Erzbischof ins Nikola-Kloster zu Wenjow, wo er kurze Zeit später verstarb. Dem Bericht des Nowgoroder Chronisten zufolge lebte Pimen nach seiner „Herrschaft", daß heißt nach seinem Sturz, noch knapp 14 Monate. Da er bereits am 25. September 1571 starb, mußte er sein Amt zwischen dem 18. und 20. Juli 1570 eingebüßt haben.

Nur wenige Tage nachdem Pimen verurteilt worden war, befahl der Zar, auch alle seine „Mitverschwörer", also die Nowgoroder Dienstadligen und Amtsleute sowie die Moskauer Sekretäre, hinzurichten. Kurz vor der Massenexekution jedoch wurde die Semstschina von den Opritschniki durch neue Mordtaten terrorisiert. Gegen Mittag des 21. Juli drangen Opritschnina-Truppen in die Semstschina-Hälfte Moskaus ein und umzingelten die Höfe des Bojaren Fürst P. S. Serebrjany und des Sekretärs K. S. Mjassojed-Wisly. Auf Befehl des Zaren zerrte Maljuta Skuratow den Bojaren aus seinen Gemächern und schlug ihm den Kopf ab. Zur gleichen Zeit wurde auch Wisly von dem Opritschnik B. Arzybaschew getötet.

Seitdem Kurljatew zum Mönch geschoren worden war, hatte der Zar beharrlich das ihm verhaßte Geschlecht der Fürsten Obolenski verfolgt. Mit dem Tod des Fürsten Serebrjany waren die Obolenskis endgültig aus der Semstschina-Bojarenduma vertrieben. Pjotr Serebrjany war einer der ältesten Wojewoden der Semstschina, doch entgegen allen Legenden war er nie ein hervorragender Feldherr und hatte auf dem Schlachtfeld wiederholt Niederlagen einstecken müssen. Einer der besten Wojewoden seiner Zeit war sein älterer Bruder Wassili Serebrjany gewesen. Da der Zar auf dessen Dienste angewiesen war, schonte er, solange jener am Leben war, auch den jüngeren Bruder. Als Fürst W. S. Serebrjany jedoch 1568 in Polozk einer Epidemie zum Opfer fiel, war auch das Schicksal von Pjotr Serebrjany besiegelt.

Die Vorwände, die als Gründe für die Hinrichtung der Semstschina-Leute dienten, waren lächerlich. So wurde beispielsweise Mjassojed angezeigt, weil seine Frau sich angeblich geringschätzig über Iwan IV. geäußert hatte. Die Opritschniki erhängten zunächst die Schuldige am eigenen Hoftor und erschlugen dann auch den Sekretär.

Das Vorgehen gegen die Semstschina wurde mit der Ermordung aller Insassen der Moskauer Gefängnisse abgeschlossen. Nach Schlichting waren unter den Toten auch 160 litauische Gefangene, was allerdings durch das Seelenmessenregister nicht bestätigt wird.

Am 25. Juli 1570 ließ der Zar Iwan all jene Personen hinrichten, die im Zusammenhang mit dem Verrat Pimens und der Nowgoroder Verschwörung verurteilt worden waren. Als Richtstätte wählte man den weitläufigsten, als Poganaja Luscha (Dreckpfütze) bekannten Moskauer Marktplatz im Stadtteil Kitai-Gorod aus.

Zur Hinrichtung erschien Zar Iwan, begleitet von einer bewaffneten Gefolgschaft, auf dem Marktplatz. 1500 berittene Strelitzen umstellten die „Dreckpfütze“ von drei Seiten. Die für die Exekution erforderlichen Maßnahmen waren bereits am Vorabend getroffen worden.

Das Eindringen der Opritschnina-Truppen in die Semstschina-Hälfte Moskaus und die Vorbereitungen zu den Hinrichtungen lösten unter der Bevölkerung der Hauptstadt Panik aus. Die Menschen versteckten sich eilig in ihren Häusern, so daß Straßen und Plätze im Nu menschenleer wurden.

Dies verwirrte den Zaren, und so begann er die Bevölkerung zu ermahnen. Wie Augenzeugen berichteten, ritt der Zar auf dem Marktplatz hin und her und beschwor die anwesenden Stadtbewohner, sie brauchten keine Angst zu haben. Er befahl ihnen, zum Schauen näher heranzutreten, und sagte, er hätte zwar im Inneren die Absicht gehabt, die gesamte Einwohnerschaft der Stadt zu töten, doch wäre sein Zorn gegen sie bereits verflogen. In den Worten Iwans IV. klingt ein erstaunliches Bekenntnis durch. Nachdem die Moskauer Sekretäre des Verrats „überführt“ worden waren, trug sich die Opritschnina-Führung im Ernst mit dem Gedanken, die gesamte Semstschina-Bevölkerung Moskaus zu bestrafen und hier ebenfalls solch ein Pogrom wie in Nowgorod durchzuführen. Der gesunde Menschenverstand gewann jedoch die Oberhand, und so blieben die teuflischen Pläne der Opritschnina unverwirklicht.

Die durch das Erscheinen der Opritschniki entstandene Panik legte sich nach und nach, und das Volk strömte nun zum Marktplatz. In diesem Augenblick wandte sich der Zar erneut an das „gemeine Volk" und „fragte es, selbst mitten unter ihnen stehend, ob er recht daran täte, seine Verräter zu bestrafen¡. Es ertönten laute Rufe: „Lebe lange, allgütiger Zar! Du tust recht daran, die Verräter wegen ihrer Taten zu bestrafen." Die „Stimme des Volkes", die angeblich die Hinrichtungen der Opritschnina billigte, war natürlich eine Farce.

Nach dieser Ansprache vor dem Volk begnadigte der Zar „großmütig" mehr als die Hälfte der Verurteilten. Von den 300 Geächteten, die man zum Marktplatz gebracht hatte, wurden 184 Personen zur Seite geführt und den Bojaren und Dienstadligen übergeben, die für sie bürgen mußten. Der Zar soll dabei gesagt haben: „Nehmt diese Leute, ich schenke sie euch, bringt sie weg und nehmt sie bei euch auf, ich werfe ihnen nichts mehr vor."

Nachdem man die Begnadigten freigelassen hatte, verlas der Sekretär W. J. Stschelkalow mit lauter Stimme, welcher „Verbrechen" sich die übrigen Verurteilten schuldig gemacht hatten. Im Anschluß daran begannen die Exekutionen.

Als erste wurden die Mitglieder der Semstschina-Bojarenduma, der Siegelbewahrer I. M. Wiskowaty und der Hauptschatzmeister N. A. Funikow, der Leiter der Reichsschatzkammer I. Bulgakow und der Leiter des Kriminalamtes G. Schapkin samt Familienmitgliedern hingerichtet.

Die Opritschniki wollten erreichen, daß Wiskowaty öffentlich seine „Verbrechen" eingestand und den Zaren um Gnade bat. Auf alles Zureden antwortete der stolze Siegelbewahrer jedoch lediglich mit Verwünschungen: „Seid verflucht ihr Blutsauger, ihr und euer Zar!" Das waren seine letzten Worte.

Man entkleidete Wiskowaty und band ihn an ein Kreuz aus Baumstämmen. Auf Wunsch des Zaren übernahmen Dienstadlige und Amtsleute, die sich als Zuschauer auf dem Platz befanden, die Rolle der Scharfrichter. Die Hinrichtung Wiskowatys wurde von Maljuta begonnen und dann vom Schreiber I. Reutow zum Abschluß gebracht. Den am Kreuz hängenden Siegelbewahrer teilte man lebendigen Leibes in Stücke.

Nach dem Siegelbewahrer führte man Funikow zum Richtplatz. Auch der Schatzmeister weigerte sich mit der gleichen Würde wie Wiskowaty, jede Schuld einzugestehen. Man übergoß ihn abwechselnd mit siedendem und eiskaltem Wasser. Funikow folgten dann die anderen Amtsleiter. Den Sekretär G. Schapkin richtete der Fürst W. I. Tjomkin und den Sekretär I. Bulgakow der Bojar I. P. Jakowlew-Sacharjin hin.

Die Hinrichtungen auf dem Marktplatz dauerten vier Stunden. Nach den Berechnungen von verschiedenen Autoren exekutierten die Opritschniki 116 (Schlichting), 120 („Piskarjowsker Chronik“) beziehungsweise 130 Personen (Staden). Die Angaben der Zeitgenossen werden vom Totenregister des Zaren bestätigt. Dort werden namentlich etwa 130 Personen aufgeführt. In erster Linie handelt es sich dabei um die aus der Sloboda nach Moskau geschafften Nowgoroder Dienstadligen und Amtsleute.

Gleich nach der Hinrichtung der Moskauer Sekretäre köpften die Opritschniki die Nowgoroder Sekretäre K. Rumjanzew und B. Rostowzew. Ihnen folgten dann noch viele namhafte Vasallen des Nowgoroder Erzbischofs, wie zum Beispiel Fürst A. Tulupow-Starodubski, Fürst W. Schachowskoi-Jaroslawski, der Pskower Statthalter des Erzbischofs und dessen Haushofmeister Neudatscha Zypljatew. Dem Totenregister zufolge wurden 50 bis 70 Nowgoroder Dienstadlige und Amtsleute sowie mehrere Dutzend Personen von der Hofdienerschaft getötet.

Schlichting, der bei den Hinrichtungen anwesend war, berichtete, daß die Opritschniki auch den Koch Iwans IV. hinrichteten, da dieser angeblich versucht hatte, den Zaren auf Starizkis Geheiß hin zu vergiften. Sein Name steht im Seelenmessenregister in der Liste der Geächteten unter dem Datum 25. Juli 1570. Alexej Moljawin war der letzte Sohn des Kochs Moljawa, der schon zur Zeit des Gerichtsprozesses gegen Starizki hingerichtet worden war. Während des Verfahrens gegen Starizki und den Bojaren Danilow hatten sich die Opritschniki Denunziationen seitens der Hofdienerschaft bedient. Nach Abschluß des Gerichtsprozesses brauchte man jedoch deren Dienste nicht mehr.

Außer den Nowgorodern und den Hofdienern starben an jenem Tag auch einige Dienstadlige, unter ihnen P. D. Sofronowski und drei Moskauer Schreiber. Insgesamt gesehen blieb der Moskauer Amtsapparat jedoch vom Los des Nowgoroder verschont. Die Regierung befürchtete, daß andernfalls der komplizierte Mechanismus der Staatsverwaltung zerstört werden könnte.

Etwa zwei bis drei Wochen nach dem 25. Juli 1570 nahmen die Massenexekutionen der Nowgoroder ihren Abschluß. Diesmal fielen den Opritschniki die Familien der in Ungnade gefallenen Nowgoroder Sekretäre und Dienstadligen zum Opfer. Augenzeugen zufolge wurden rund 80 Personen, darunter Frauen und Kinder der „Verräter“, umgebracht. Das Seelenmessenregister enthält diesbezüglich genauere Angaben. Dort stehen die Namen von mehr als 60 Frauen und Kindern, den Familienangehörigen der Nowgoroder, die am 25. Juli getötet wurden.

Wie bereits erwähnt, hatte der Zar am 25. Juli 1570, dem Tag der Massenhinrichtungen, rund 180 Nowgoroder Adlige begnadigt. Jedoch nicht alle von ihnen wurden auch wirklich freigelassen. Zwischen den Originalen der Gerichtsakten blieb „eine Liste" erhalten, in welcher der Sekretär vermerkt hatte, „wer hingerichtet oder ins Gefängnis gesteckt, freigelassen oder an Stadtbewohner übergeben wurde". Aus der Nowgoroder Chronik geht hervor, daß ein Teil der begnadigten Nowgoroder „nach vielen Prüfungen" in andere Städte verbannt wurde. Einige in Ungnade Gefallene wurden freigelassen und sogar „belohnt". Laut Original-Dokumenten wurden während der Gerichtsverhandlung gegen die Nowgoroder „viele (der in Ungnade Gefallenen – *der Verf.*)... zum Tode verurteilt und auf verschiedene Art hingerichtet. Andere wurden ins Gefängnis gesteckt. All diejenigen jedoch, die nicht verurteilt wurden, ließ man frei. Wieder andere wurden sogar belohnt."

Ihrem Wesen nach stellte die Opritschnina eine politische Maßnahme dar. Ihre Aufgabe war es, jede Form von Opposition zur selbstherrschaftlichen Macht zu unterdrücken. Dabei war völlig belanglos, ob diese vom Bojarenadel, von der Spitze des Dienstadels, von den großen Hierarchen oder von den Amtsleuten usw. ausging. Im sechsten Jahr ihres Bestehens hatte die Opritschnina im Grunde genommen ihre Aufgabe erfüllt und war dadurch überflüssig geworden. Unter den Schrekken des Blutterrors waren alle sichtbaren Anzeichen von Unzufriedenheit im Lande verschwunden. Überall herrschte Grabesstille. Der Terror hatte jedoch gleichzeitig den Einfluß der Opritschnina-Führung verstärkt, was zur Herausbildung einer Art „Regierung über der Regierung" führte. Besonders aus diesem Grunde war der Zar äußerst beunruhigt, als es im Zusammenhang mit der Entscheidung über das Nowgoroder Pogrom zu ersten ernsthaften Meinungsverschiedenheiten mit der Opritschnina-Spitze kam. Zu guter Letzt fielen Basmanow und Wjasemski der von ihnen selbst geschaffenen Untersuchungskommission der Opritschnina zum Opfer. Der Fürst A. Wjasemski hatte sich dadurch kompromittiert, daß er versuchte, den Erzbischof Pimen über die Vorbereitungen eines Feldzuges gegen Nowgorod in Kenntnis zu setzen. Sein eigener Handlanger, der Hetzjäger Grigori Lowtschikow, zeigte ihn an. Die Basmanows wurden ihres Amtes schon vor Beginn des Nowgoroder Feldzuges enthoben. Maljuta Skuratow und Wassili Grjasnoi, Oberscharfrichter der Opritschnina, wußten Lowtschikows Denunziation geschickt auszunutzen, um die alte Opritschnina-Führung endgültig zu stürzen.

Mit dem „Nowgoroder Fall“ endete auch die Karriere der Basmanows und Wjasemskis, dieser namenhaftesten Führer der Opritschnina in ihrer Entstehungs- und Blütezeit. Original-Dokumenten zufolge sollen sich angeblich der Verräter Pimen und die Nowgoroder „in Moskau mit den Bojaren Alexej Basmanow und seinem Sohn Fjodor... sowie mit dem Fürsten Afanassi Wjasemski über die Auslieferung von Groß-Nowgorod und Pskow verständigt haben“.

Bald nach Pimens Sturz wurden die beiden Opritschnina-Bojaren A.D. Basmanow und S.I. Otschin sowie der namhafte Wojewode I.I. Otschin hingerichtet. Die Katastrophe brach mit einem Mal über das gesamte Geschlecht der Plestschejews herein, wovon die folgende Eintragung im Totenregister zeugt: „Alexej Basmanow und sein Sohn Pjotr, Sachari und Iona Plestschejew“. Der Zar verschonte zwar den Mundschenk F. A. Basmanow, schickte ihn jedoch nach Beloosero, wo er dann in der Verbannung starb. Die Verbannung beziehungsweise Hinrichtung der Basmanows hatte zur Folge, daß das gesamte Geschlecht der Plestschejews aus der Opritschnina vertrieben wurde. In den Dienstlisten der Opritschnina-Feldzüge von Mai bis September 1570 sowie vom Mai 1571 wurden die Plestschejews schon nicht mehr geführt.

Gleichzeitig mit Basmanow fiel auch der Fürst A. Wjasemski in Ungnade. Um dem Zorn des Zaren zu entgehen, verbarg sich der ehemalige Opritschnina-Führer fünf Tage lang im Haus des zarischen Leibarztes Lensej, wo er jedoch bald entdeckt wurde. Der Zar ließ Wjasemski verhaften und ihn öffentlich züchtigen. Man schlug den ehemaligen Waffendiener der Opritschnina auf dem Marktplatz mit Stöcken und zwang ihn, täglich anfangs 1000 und dann 500 und 300 Rubel zu entrichten. Schlichting, der Wjasemski in Lensejs Haus traf, schrieb darüber: „Der Unglückliche wird immer noch einer ununterbrochenen Züchtigung unterzogen.“ Da Schlichting im Oktober 1570 aus Moskau floh, bezog sich diese Aussage auf den Herbst dieses Jahres. Später wurde der in Ungnade gefallene Waffendiener in den Gorodezki-Possad an der Wolga verbannt, wo er, in Ketten gelegt, starb. Nach Wjasemski wurden auch alle seine Verwandten aus der Opritschnina vertrieben. Schon ab Mai 1570 waren deren Namen vollständig aus den Dienstlisten der Opritschnina verschwunden.

Bald nach dem Sturz der Basmanows gingen der Zar und seine Berater daran, die Opritschnina-Duma systematisch zu zerschlagen, und als erster wurde der altmoskowitische Adel daraus vertrieben. Die personellen

Veränderungen in der Opritschnina-Leitung führten anfangs zu keinen nennenswerten Wandlungen in den Prinzipien und Zielen der Opritschnina-Politik.

Die letzte bedeutende Erweiterung des Opritschnina-Territoriums fiel in die Zeit nach dem „Nowgoroder Fall“. Diese Tatsache zeigt eindeutig, daß die Opritschnina-Regierung auch in dieser Periode fortfuhr, ihre soziale und militärische Basis zu festigen.

Am 23. Februar 1571 trafen die Opritschnina-Sekretäre S. F. Mischurin und A. M. Miljukow-Staroi in Nowgorod ein, um die „Handelsseite“ von Nowgorod[32] sowie das Beschezkaja- und das Oboneschskaja-Fünftel in die Opritschnina einzubeziehen. Der Oberwojewode P. D. Pronski, der den Semstschina-Teil von Nowgorod schon anderthalb Jahre lang verwaltete, verließ seinen Sitz auf der Sophien-Seite und zog auf die Opritschnina-Handelsseite. Pronski hatte den Opritschniki beim Nowgoroder Pogrom von 1570 geholfen, was nun offizielle Anerkennung fand. Der namhafte Bojar wurde in den Dienst des Opritschnina-Hofs aufgenommen.

Zur Rekrutierung neuer Kontingente für das Opritschnina-Heer befahl die Administration, eine öffentliche „Musterung“ der Adligen in beiden Opritschnina-Fünfteln zu veranstalten. Laut Rangbüchern ging die Zahl der Dienstleute im Beschezkaja-Fünftel nach der Revision der Opritschnina nur unbedeutend zurück, woraus folgt, daß die meisten der dortigen Dienstleute in den Dienst der Opritschnina traten.

Ein gewisser Teil der Beschezker Gutsbesitzer wurde jedoch aus der Opritschnina ausgesiedelt. Das betraf hauptsächlich Verwandte der Dienstadligen, die im Zusammenhang mit dem „Nowgoroder Hochverrat“ hingerichtet worden waren. Im Oktober 1571 erhielten die Übersiedler neue Güter in den Grenzgebieten Sebesch, Uswjat u. a. Nach der Verwüstung Nowgorods und der Hinrichtung vieler Gutsbesitzer des Beschezkaja-Fünftels im Jahre 1570 gab es viel „herrenloses Land“. Dies veranlaßte die Behörden dazu, auf eine massenhafte Aussiedlung von Dienstadligen aus diesem Fünftel zu verzichten. Im Oboneschskaja-Fünftel gab es zahlreiche „schwarze“[33] und staatliche zinspflichtige Ländereien[34], die offensichtlich ebenfalls zur Ansiedlung der Opritschniki genutzt wurden. Da im Nowgoroder Land überhaupt keine weltlichen Erbgüter zu verzeichnen waren, lief die gesamte Bodenrevision hier darauf hinaus, daß die Dienstgüter neu verteilt wurden und der staatliche Landbesitz den Dienstadligen übergeben wurde.

Das Opritschnina-Heer erhielt die bisher größte Verstärkung – es wurde um mehr als 500 Nowgoroder Dienstadlige ergänzt. Dadurch, daß die Opritschnina-Behörden einen Teil der Dienstleute des Nowgoroder Landes mit Privilegien versahen, konnten sie den Nowgoroder Dienstadel, eine der einflußreichsten militärischen Dienstkörperschaften des Landes, spalten. Sie schwächten somit die Semstschina, stärkten aber gleichzeitig die eigene militärische Basis. Der Zar, welcher der alten Opritschnina-Führung nicht mehr vertraute, war bemüht, die Nowgoroder Opritschniki zu einer Streitmacht zu machen, die man der alten Garde gegenüberstellen könnte. Denn gerade die Nowgoroder Dienstleute litten am meisten durch den Terror der Opritschniki.

Nowgorod sollte nach dem Willen des Zaren zum bedeutendsten Stützpunkt der Opritschnina im Nordwesten werden. In der Opritschnina-Hälfte von Nowgorod plante man, gegenüber dem Semstschina-Kreml einen großen Opritschnina-Palast zu errichten. Binnen kurzer Zeit ließen die Behörden einen Bauplatz für die Festung herrichten, wozu 227 Häuser auf der Handelsseite abgerissen wurden. Dies war zum einen der staatliche Münzhof, 32 fronfreie Höfe, die Gutsbesitzern und der Geistlichkeit gehörten, sowie 190 fronpflichtige Höfe, deren Besitzer zu den niederen und mittleren Stadtleuten gehörten. Die Opritschniki vertrieben die Städter aus ihren Häusern, rissen ihre Höfe ab oder versetzten sie an andere Orte.

Drei Monate nachdem die Opritschnina in Nowgorod Fuß gefaßt hatte, brannten die Tataren am 24. Mai 1571 Moskau nieder. So war die Reichskasse gezwungen, alle vorhandenen Mittel für die Wiederherstellung der Hauptstadt einzusetzen. Infolgedessen mußten die Bauarbeiten in Nowgorod sowie in Wologda und anderen Opritschnina-Zentren eingestellt werden.

Von größter Bedeutung für die Einschätzung der Opritschnina-Politik in Nowgorod ist die Beziehung der Opritschnina zur Kirche. Nach dem „herrscherlichen Pogrom“ war die Haltung gegenüber Nowgorod lange Zeit ausgesprochen kirchenfeindlich. Die speziell zur Aburteilung Pimens in Moskau einberufene heilige Synode billigte die Repressalien gegen die Nowgoroder Kirche und bot damit dem Zaren die Möglichkeit, neue Verfolgungen gegen die Nowgoroder Klostergeistlichkeit einzuleiten.

Am 29. August 1570 hatten die Nowgoroder aus Moskau die Anweisung erhalten, unverzüglich alle „Schenkungsurkunden“ in den Klöstern einzuziehen und nach Moskau zu schicken. „Am nächsten Tage“, so berichtet die Nowgoroder Chronik, „ließ der Zar alle Schenkungsurkunden der Klöster zu sich nach Moskau schaffen.“ Die Schriftstücke aus den Klosterarchiven wurden von den gleichen Opritschnina-Aufsehern beschlagnahmt, die auch zur Zeit des „herrscherlichen Pogroms" in den größten Nowgoroder Klöstern eingesetzt worden waren, wobei die ganze Operation knapp zwei Tage dauerte. In dieser kurzen Zeit konnte man sich natürlich nicht ausführlich mit den Klosterarchiven vertraut machen, weshalb offensichtlich die Unterlagen wahllos eingezogen wurden. Diese neuen Maßnahmen der Opritschnina deuteten auf Gefahren hin, vor denen alle vorangegangenen Nöte der Geistlichkeit – die Plünderung der Kasse, die Verwüstung der Klosterwirtschaften usw.– verblaßten. Bei den „Schenkungsurkunden" handelte es sich nämlich um wichtigste Unterlagen, in denen den Klöstern das Recht auf die Ländereien und Privilegien zuerkannt wurden, die ihnen nach dem Anschluß Nowgorods an Moskau verblieben waren.

Im Endeffekt wagte es die Opritschnina-Regierung jedoch nicht, sich die Ländereien der Kirche anzueignen. Am meisten hatte sie es nach wie vor auf Geld und Schätze der Klöster abgesehen, mit denen die ewig leer stehende Opritschnina-Kasse aufgefüllt werden sollte.

Als der Zar im Februar 1570 aus Nowgorod abgereist war, hatte er dort seine Emissäre K. D. Poliwanow und U. W. Besopischew zurückgelassen. Der Hauptemissär der Opritschnina, Poliwanow, der sich im Sitz des Nowgoroder Haushofmeisters[35] auf der Sophien-Seite niedergelassen hatte, leitete von hier aus die Beschlagnahme der Klosterreichtümer. In der Zeit vom 13. Februar bis zum 13. Oktober 1570 erbeuteten die Opritschniki 13 000 Rubel. Mitte Oktober brachte der Sonderkurier des Zaren, der Opritschnik P. G. Sowin, das eingetriebene Geld nach Moskau, und im Dezember 1570 beschloß die Opritschnina-Regierung, die Konfiszierungen in Nowgorod einzustellen. Am 5. Januar 1571 kam D. I. Tscheremissinow mit der Anweisung nach Nowgorod, keine weiteren Zwangseintreibungen bei den Starzen durchzuführen. Wenige Tage später brachen Wagenzüge mit dem Klostergeld und beschlagnahmten Gütern von Nowgorod nach Moskau auf. Die Fuhrwerke beförderten „gezähltes und ungezähltes Geld" der Mönche sowie „Vorräte von all den Klöstern, die nicht zahlen konnten".

Der Grund, weshalb die Opritschnina die Verfolgung der Geistlichkeit einstellte, war relativ einfach. Anfang 1571 hatten die Behörden erklärt, daß die Hälfte des Nowgoroder Landes an die Opritschnina und „Seine herrscherliche Majestät" übergeben werde.

Die Nowgoroder Kirche war nach der Verhaftung Pimens fast zwei Jahre lang ohne Leitung. Die Regierung erlaubte erst dann das Erzbistum in Nowgorod wiederherzustellen, als die Opritschnina dort tiefe Wurzeln geschlagen hatte. Die Entscheidung, einen neuen Erzbischof in

Nowgorod einzusetzen, war in erster Linie darauf zurückzuführen, daß die neue Opritschnina-Administration Nowgorods der Autorität der Kirche bedurfte.

Ende 1571 traf Leonid, der ehemalige Archimandrit des Tschudow-Klosters, im Kreml in Nowgorod ein, um das Erzbistum zu übernehmen. Als Schüler und Nachfolger des berühmt-berüchtigten „Schmeichlers“ Lewki, der seinerzeit von Kurbski verwünscht worden war, genoß Leonid das uneingeschränkte Vertrauen der Opritschnina-Führung.

Kaum in Nowgorod eingetroffen, ging der neue Erzbischof daran, bei seinen Untertanen Geschenke zu erpressen. Während eines Gottesdienstes rügte er den Archimandriten des Jurjew-Klosters, Feoktist, weil jener ihm den Ordinationsbrief (Einsetzungsurkunde) nicht zeigen und von ihm nicht unterschreiben lassen wollte. Feoktist kannte den habgierigen Erzbischof nur zu gut, weshalb er beschloß, sich mit ihm auszusprechen: „Du willst Geld von mir, doch ich habe dir nichts zu bieten; ... meinetwegen kannst du mir mein letztes Gewand nehmen, es soll mir nicht leid tun!“

Als der Zar 1572 Nowgorod besuchte, schenkte er der Nowgoroder Geistlichkeit „Almosengelder“, die Leonid restlos unterschlug. Die Klostervorsteher und Popen versuchten bei Iwan IV. Gerechtigkeit zu erwirken. Daraufhin rief der Erzbischof alle, die sich beschwert hatten, in die Sophien-Kathedrale, befahl ihnen, ihr Gewand abzulegen und überschüttete sie mit Flüchen: „Ihr Hunde, ihr elenden Diebe und Verräter, ihr und alle Nowgoroder, ihr habt mich beim Großfürsten verleumdet!“ Die beleidigten Geistlichen weigerten sich, von nun an die Morgenmesse in den städtischen Kirchen abzuhalten. Die Auseinandersetzung konnte erst nach Eingreifen des Zaren beigelegt werden. Leonid „vergab“ den Mönchen, ließ aber die städtischen Geistlichen noch einen ganzen Monat lang seinen Zorn spüren. Kurze Zeit später begann er, die Sekretäre des Sophien-Hofes zu schikanieren. Er setzte sie Zwangseintreibungen aus und forderte von jedem von ihnen eine Buße von 50 Kopeken, „weil sie nicht rechtzeitig zum Beginn des Gottesdienstes erschienen“. Der geldgierige Erzbischof nutzte jede Gelegenheit, um von seinen Untertanen Geld zu erpressen, und behandelte sie geringschätzig wie Verräter.

Nachdem sich die Opritschnina auch Nowgorod einverleibt hatte, beendeten die Behörden ihre frühere Requisitionspolitik gegenüber der Geistlichkeit. Nichtsdestoweniger belegten sie in völligem Einvernehmen mit dem neuen Regenten die dortigen Klöster weiterhin mit verschiedenen Steuern und Verpflichtungen. Leonid war als Kirchenvertreter typisch für die Zeit der Opritschnina: prinzipienlos, gierig, verschlagen und korrupt. In ihm hatte die Administration einen „würdigen" Nachahmer und Gehilfen. Der neue Erzbischof sorgte dafür, daß die Nowgoroder Kirche sich völlig den Zielen der Opritschnina-Politik unterordnete.

Während des „herrscherlichen Pogroms" beschlagnahmte der Opritschnina-Fiskus das Geld der Nowgoroder Kaufleute. Nachdem jedoch die Handelsseite in die Opritschnina einbezogen worden war, wurden die Nowgoroder Kaufleute von den Behörden nun systematisch ausgebeutet. Was den Umsatz der Nowgoroder Kaufleute betraf, so stand dieser dem Handel der reichsten Städte des Küstengebiets (Pomorje), über welche die Opritschnina von Anfang an die Kontrolle ausübte, in nichts nach. Die Einverleibung des großen Seehafens Narva hatte sich für die Entwicklung des Handels im Moskauer Reich sehr positiv ausgewirkt. So betrieb man in den 60er und 70er Jahren über Narva einen lebhaften Handel mit den deutschen Hansestädten, Holland, England und anderen Staaten. Die aus Westeuropa nach Moskau strömenden Waren mußten in Nowgorod die Zollwachen der Opritschnina passieren. Auf dem Markt von Narva gaben die reichsten Kaufleute von Nowgorod und Pskow den Ton an. Insgesamt zog nun die Reichskasse durch die Einbeziehung der Handelsseite in die Opritschnina großen Vorteil aus dem Handel in Narva.

Am 17. März 1571, also drei Wochen nach der Ankunft in Nowgorod, gaben die Opritschnina-Sekretäre neue Zollbestimmungen für den Nowgoroder Markt heraus. Sie belegten die Semstschina-Handelsleute von der Sophien-Seite mit höheren Abgaben und führten harte Strafen für die Verletzung dieser Zollbestimmungen ein. Die kleinliche Bevormundung und Reglementierung war typisch für die Zollpolitik der Opritschnina in Nowgorod. Zwar waren die dortigen Kaufleute durch eine Zollurkunde vor Übergriffen der Zollbeamten „geschützt", in Wirklichkeit jedoch wurde der Nowgoroder Handel dazu ausgenutzt, die Staatskasse zu füllen und die Administration zu bereichern.

Um die Handelspolitik der Opritschnina richtig beurteilen zu können, ist es besonders wichtig, sich mit der Beziehung der Opritschnina zu englischen Kaufleuten zu beschäftigen, die der größten ausländischen Handelsgesellschaft in Moskau angehörten. Diese englische Gesellschaft (als Muscovy Company bekannt) war Ende der 60er Jahre auf Drängen der Engländer in die Opritschnina aufgenommen worden. Eine „Schenkungsurkunde" der Opritschnina vom 20. Juli 1569 verankerte alle Privilegien, die den englischen Kaufleuten zwei Jahre zuvor zugesprochen worden waren, und räumte ihnen zugleich neue Rechte ein. Alle Gesuche der Engländer, ihnen das alleinige Handelsrecht auf dem Weißen Meer zuzugestehen, wies die russische Regierung jedoch zurück. Gleichzeitig ergriff sie alle erdenklichen Maßnahmen, um den Warenaustausch mit England im Norden auszubauen. So gewährte der Zar zum Beispiel den englischen Kaufleuten das Recht, zollfreien Handel im ganzen Moskauer Reich zu treiben. Außerdem durften sie russisches Geld aus ausländischen Silbertalern prägen. Die großzügigen Ermäßigungen und Privilegien sollten dazu beitragen, dem Land mehr englisches Kaufmannskapital zuzuführen. Alle diese Maßnahmen trugen jedoch nur provisorischen Charakter, was durch die Annullierung der besagten „Schenkungsurkunde“ im Jahre 1570 bestätigt wird.

Daß der englischen Gesellschaft bestimmte Privilegien gewährt wurden, geschah in erster Linie, um das Gewerbe in Moskau zu entwickeln. Wie bereits oben erwähnt, gerieten die wichtigsten Zentren der Salzgewinnung unter die Kontrolle der Opritschnina. Neben dem Salzsieden zeigte sie auch noch für einige andere Industriezweige Interesse, so zum Beispiel für den Eisenerzbergbau, weshalb Taube und Kruse zufolge auch Kaschira in die Opritschnina einbezogen wurde. Der in den 60er Jahren in Moskau weilende Barberini wußte zu berichten, daß es in Kaschira große Erzgruben gegeben hatte.

Um den enormen Bedarf an Kriegsmaterial und Rüstungen zu decken, unternahm die Opritschnina-Regierung entschiedene Schritte zur Erweiterung der Eisenproduktion. Sie gestattete der englischen Handelskompanie, in den nördlichen Opritschnina-Gebieten nach Eisenerz zu schürfen „und dort, wo sie etwas gefunden hatten, Anlagen zur Gewinnung dieses Eisens zu errichten“. Bei der Gewährung von Konzessionen zum Abbau der Lagerstätten stellte die russische Regierung eine Reihe von Bedingungen, die in der zarischen Urkunde exakt formuliert worden waren. Darin hieß es, die den Engländern zugesprochenen Konzessionen hätten das Ziel, „den Großhandel zum Vorteil der Kompanie wie auch zum Vorteil Rußlands“ zu fördern.

Den Engländern wurde ferner erlaubt, eine Manufaktur für Seile und Taue in Wologda um- und auszubauen. Die Behörden überließen ihnen zu diesem Zweck ein Grundstück in der Nähe des englischen Handelshauses. Dort bauten die Engländer auch eine Manufaktur, in der grobes Leinen hergestellt wurde.

Bemerkenswert ist, daß es gerade die Opritschnina-Regierung war, die erstmalig in der Geschichte Rußlands ausländischem Kapital Konzessionen gewährte. Diese bezogen sich auf die nördlichen Opritschnina-Landkreise.

Die ökonomischen Maßnahmen betrafen jedoch nicht nur Handel und Produktion, sondern auch die Hofwirtschaft. Ein Beispiel dafür ist die Einrichtung der herrscherlichen Sloboda zu Beginn des Jahres 1572 im Hofamtsbezirk Cholyn bei Nowgorod. Zu einer uns unbekannten Zeit beschlagnahmten die Behörden mehrere dem Sophien-Hof benachbarte Dörfer und ordneten diese Cholyn zu. Danach begannen die Verwalter jene Bauern in diesen Hofamtsbezirk zurückzuführen, die zuvor in benachbarte Landbezirke abgewandert waren. Ein gewisser T. Linew schaffte es, in wenigen Monaten mehr als fünfzig Bauern in den Hofamtsbezirk zurückzubringen, wobei er jedem ein Darlehen in Höhe von 70 Rubeln übergab. In Cholyn wurde eine Handels- und Gewerbesiedlung gebaut, zu deren Besiedlung sich die Behörden eines recht ungewöhnlichen Verfahrens bedienten. Sie siedelten in diesem herrschaftlichen Ort alle möglichen Knechte und Klosterdiener an, die von der früheren Hörigkeit befreit wurden und ein Darlehen erhielten. Am 24. August 1572, so lesen wir in der Nowgoroder Chronik, „rief man in Nowgorod Knechte und sonstiges Volk und Klosterdiener, wem sie auch immer gehörten, dazu auf, in die herrscherliche Siedlung in Cholyn zu ziehen, der Herrscher gebe jedem fünf Rubel und gewähre Abgabenfreiheit für fünf Jahre“.

Die Befreiung einiger Knechte in jenen Jahren hatte ihre Ursachen. Zur Zeit der Hungersnot und der Verwüstung weigerten sich viele Grundbesitzer, ihr Hofgesinde und ihre Knechte zu unterhalten, so daß diese dazu gezwungen waren, sich von Almosen zu ernähren oder zu betteln. Viele verhungerten damals. Alle diejenigen, die die Reihen des städtischen Pöbels auffüllten, stellten in den Augen der Behörden eine außerordentliche soziale Gefahr dar. Das war auch der Grund für einige Zugeständnisse an die unteren Schichten in jenen Jahren.

Die Organisierung der zarischen Siedlung in Cholyn weist eine weitere Besonderheit der Opritschnina-Politik in Nowgorod Anfang der 70er Jahre auf. Wenn es um die Interessen der Reichskasse ging, war die Opritschnina-Administration nicht gewillt, die Interessen anderer zu achten, ob es nun die Nowgoroder Klöster oder andere Besitzer von Knechten waren.

Die Opritschnina setzte sich in dem Moment in Nowgorod durch, als die Wirtschaft des Nowgoroder Landes eine tiefe Krise durchmachte. Visitatoren, die in die verschiedenen Nowgoroder Fünftel geschickt wurden, stellten eindeutig fest, daß eine der Hauptursachen für den Niedergang der Bauernwirtschaften neben den Mißernten die erhöhten Steuern sowie die maßlosen Abgaben an den Zaren waren, die auf den Bauern lasteten. Die neue Nowgoroder Administration wollte jedoch den Angaben der eigenen Emissäre kein Gehör schenken. Ohne auf die Armut der Bauern Rücksicht zu nehmen, fuhr sie beharrlich fort, die fiskalischen Abgaben einschließlich der Rückstände vergangener Jahre einzutreiben.

Als die steuerpflichtige Bevölkerung von Ladoga, durch die Hungersnot und das Nowgoroder Pogrom völlig ruiniert, ihre Verpflichtungen dem Hof gegenüber nicht mehr erfüllen und keine „Fische zum herrscherlichen Gebrauch“ abliefern konnte, schickte man spezielle Exekutoren dorthin. Bei den Zwangseintreibungen wurden zwei Fischer erschlagen und viele der Bewohner an den Bettelstab gebracht. Im Grunde genommen fügte man der Stadt größeren Schaden zu als die Opritschnina-Abteilung von Borjatinski, die Ladoga 1570 geplündert hatte. Die Exekutoren zwangen die Bevölkerung nicht nur dazu, ihre Abgaben zu zahlen, sondern verwüsteten dabei auch eine der ältesten Städte des Nowgoroder Landes.

Da es schließlich unmöglich wurde, von der Bevölkerung des verwüsteten Nowgoroder Landes weitere Geldsteuern einzutreiben, erhöhte die Administration die Naturalabgaben. Laut Nowgoroder Chronik wurde die Stadtbevölkerung von Nowgorod allein im ersten Halbjahr 1572 mindestens vier- bis fünfmal zu verschiedenen Arbeiten für den Staat herangezogen. So nahmen zum Beispiel im Frühjahr 1572 viele Einwohner am Bau einer neuen Brücke über den Wolchowez teil: „Um mit Hilfe von Lastschiffen eine Brücke über den Wolchowez bauen zu lassen, die alle benötigen, trieb man Leute aus der ganzen Stadt, aus Amtsbezirken und Klöstern herbei.“ Wenige Monate später wurde die Bevölkerung des ganzen Nowgoroder Landes zum Bau von Wegen verpflichtet: „Für den Herrscher pflasterte man alle Straßenbrücken und säuberte die Straßen.“

Im Mai und Juni 1572 ließ die Administration einen herrscherlichen Opritschnina-Palast bauen. Jeder Hof mußte dafür einen Arbeiter stellen. Dieser Bau wurde von den Steuerleuten durchgeführt, daß heißt von der gesamten lastenpflichtigen Bevölkerung.

Im Juli 1572 ordneten die Behörden an, die Nowgoroder Handwerker- und Kaufmannsstadt habe Steuerleute zum Transport von Kanonen aus Nowgorod nach Pskow zu stellen. Zugleich beschlagnahmten sie bei der Stadtbevölkerung Fuhrwerke zur Beförderung von fiskalischen Gütern: „Am selben Tag nahm man für den Herrscher den Ältesten in jeder Straße Nowgorods ihre zweirädrigen Wagen samt Pferden ab.“ Ebenfalls in diesem Jahr mußten die Steuerpflichtigen in Nowgorod eingetriebenes

Getreide für die in livländischen Städten einquartierten Truppen transportieren.

Alle diese Angaben beziehen sich auf eine sehr kurze Zeitspanne und zeigen deutlich, daß sich unter der Opritschnina in Nowgorod alle möglichen Formen von Fronarbeit entwickelten.

In der Anfangsetappe führten die Bemühungen der Opritschnina-Administration, der es darum ging, konsequent die Steuern einzutreiben und die Fronleistungen zu vermehren, zu einer gewissen Aufbesserung der Reichskasse. Doch dann schlug der Gewinn ins Gegenteil um, da die Requisitionen der Opritschnina die eigentliche Quelle der Staatseinnahmen vernichteten. Das ständige Bemühen der Opritschnina, ihre Staatskasse aufzufüllen und dafür die Bevölkerung zu verschiedenen Arbeiten heranzuziehen, trug in nicht geringem Maße zum völligen Ruin des Nowgoroder Landes bei.

Da alle Opritschnina-Archive vernichtet wurden, sind Quellen, die sich auf die Innenpolitik jener Zeit beziehen, ausgesprochen dürftig. Eine Ausnahme bilden jedoch noch Dokumente aus Nowgorod, die zu Beginn der 70er Jahre entstanden und ziemlich gut erhalten sind. In diesen Quellen finden wir aufschlußreiche Informationen über das Wirken der Opritschnina-Administration und ihre Beziehungen zur Semstschina.

Die Nowgoroder-Semstschina-Administration verwaltete sowohl den Nowgoroder Kreml als auch den größten Teil des Nowgoroder Landes. An deren Spitze standen jedoch Personen, die wenig Ansehen besaßen und zuvor niedere Ämter innehatten. Zunächst leitete der Sekretär D. Bartenew und dann der Wojewode Fürst T. I. Dolgoruki die Verwaltung des Landes.

Von seiten der Opritschnina mußten die Semstschina-Behörden allerlei Erniedrigungen hinnehmen. So kam der Opritschnik Subbota Ossorjin, der im Herbst 1571 mit einem Sonderauftrag des Zaren in Nowgorod eingetroffen war, kurz vor seiner Rückkehr nach Moskau auf die Idee, sich in der Semstschina zu amüsieren. Er erschien mit einer Schar Possenreißern auf der Sophien-Seite und befahl, Bären in das dortige Amtsgebäude zu führen. Zu Tode erschreckt, „sprangen die Schreiber aus den Fenstern der Gerichtsstube“. Der Semstschina-Hauptschriftführer Bartenew versuchte allem Anschein nach, den Opritschnik zur Vernunft zu bringen, der aber schlug ihn blutig und sperrte ihn zusammen mit einem Bären in ein Zimmer. Das Raubtier warf sich auf den Sekretär und zerfetzte dessen Kleidung. In einen Kaftan gehüllt, trug man ihn schließlich in sein Haus, worauf die ganze Semstschina-Administration eilig das Amtsgebäude verließ. Die Opritschniki setzten indessen fort, auf der Sophien-Seite ihr Unwesen zu treiben. Sie verprügelten Menschen, hetzten sie mit Bären und ließen sie von ihnen zerreißen. „In jener Zeit“, lesen wir in der Chronik, „wurden viele zerfetzte Menschen weggeschleppt.“

Die Behörden der Nowgoroder Semstschina wurden also nicht von der Opritschnina verschont. Das jedoch, was den Vertretern der privilegierten Stände schon als Exzeß erschien, war beim Umgang mit dem einfachen Volk die Regel. Das endgültige Durchsetzen der Opritschnina in Nowgorod war gekennzeichnet von Amtsmißbräuchen, Gewaltakten, Bestechungen und Verschleppungen in Gerichten usw.

Nachdem der Zar die Stadt in die Opritschnina aufgenommen und dort seine Statthalter eingesetzt hatte, berichtet ein informierter Pskower Chronist, „gab es für die Einwohner große Strafen, Anzeigen und Denunziationen, und deshalb zogen viele Menschen, die bettelarm geworden waren, durch fremde Länder“. Das Wirken der Opritschnina-Administration war sehr unterschiedlich und erfaßte verschiedene Lebensbereiche.

Aufgrund der scharfen sozialen Gegensätze waren die Nowgoroder Behörden unter den Leuten niederen Standes nie besonders angesehen. Für all diejenigen, die Nowgorod nicht wohlgesinnt waren, war die Hilflosigkeit der Behörden stets Gegenstand von Spott. Die Autoren der schon lange vor Iwan IV. zusammengestellten „Chronik der Städte“ wußten über Nowgorods Einwohner folgendes zu berichten: „Die Bojaren aber verstehen es dort nicht, über die kleinen Leute zu regieren, sie gehorchen ihnen nicht. Die Menschen aber sind schlecht, sie schimpfen unflätig und trinken viel und maßlos.“

Kaum in Nowgorod eingetroffen, gingen die Sekretäre der Opritschnina daran, gegen die verdorbenen Sitten der aufrührerischen Stadt zu kämpfen. Vor allen Dingen wollten sie die Trunksucht unter den Einwohnern ausrotten und „untersagten den Schnapsverkäufern zu handeln ..., wird aber ein Schnapshändler mit Schnaps oder ein Betrunkener ergriffen, so werden beide ausgepeitscht und von der hohen Brücke ins Wasser geworfen“.

Zu solchen rigorosen Maßnahmen gegen die Trunksucht griff man in der letzten Winterwoche. So war es kein Wunder, daß das Bad im eiskalten Wasser des Wolchow für viele Zechbrüder zu einem tragischen Ende führte. Am meisten hatten die „niederen Leute“ darunter zu leiden, daß sich die Opritschnina „Sorgen“ um die Sittlichkeit der Einwohner machte. Das waren vor allen Dingen Tagediebe, Handwerksgesellen,

Knechte, Bettler, kurzum all jene, die, da sie die Anordnungen der Behörden nicht befolgten, als „böse Menschen“ bezeichnet wurden.

Die Administration wollte mit den gegen Trunksucht gerichteten Maßnahmen das widerspenstige gemeine Volk Nowgorods einschüchtern und die Autorität der neueingesetzten Behörden stärken. Zum Teil hatte sie jedoch auch finanzielle Gründe. Das brutale Vorgehen gegen die Schnapshändler war offensichtlich die Folge davon, daß man das Alkoholmonopol der Nowgoroder Stadtbevölkerung, was die Herstellung und den Verkauf von Schnaps betraf, eingeschränkt oder zum Teil auch aufgehoben hatte, um die Einnahmen des Fiskus beim Schnapshandel zu erhöhen.

Bei ihren polizeilichen Maßnahmen erwiesen sich die Behörden in Nowgorod als ausgesprochen gewandt. Die Autoren der entlarvenden „Chronik der Städte“ berichteten seinerzeit über die Hilflosigkeit der Administration und über die ständige Unordnung, die in Nowgorod herrschte. Was sie aber besonders erzürnte, war, daß es in Nowgorod weder Mauern noch Tore gab, „jeder, der wollte, konnte ein- und ausgehen, denn es gab keine Wachhäuser“.

Gleich zu Beginn ihrer Tätigkeit machte sich die Verwaltung der Opritschnina daran, diesen Mißstand zu beseitigen. Man „verbot den Fährleuten, Personen über den Wolchow zu befördern, und befahl, nun über die große Brücke zu gehen ..., ja, und Wachhäuser stellte man auf der großen Brücke auf“. Der Wachdienst am Gattertor wurde hier nach Moskauer Vorbild eingerichtet. Gegen Abend schloß man das Gattertor ab, und damit brach bis zum nächsten Morgen jeglicher Verkehr zwischen dem Opritschnina- und dem Semstschina-Teil von Nowgorod ab.

Ein unbestreitbares Verdienst der Opritschnina-Administration in Nowgorod war, daß sie ihre Befehle durchzusetzen verstand. Ihre Autorität beruhte jedoch ausschließlich auf Zwang und drastischen Strafmaßnahmen. Gewalt und Terror, das waren die Grundprinzipien der Opritschnina-Politik gegenüber der Bevölkerung.

Der Kampf um Reval hatte Rußland gezwungen, einen bedeutenden Teil seiner Truppen ins Baltikum zu entsenden. Indessen war an den Südgrenzen Rußlands eine komplizierte und gefährliche Situation entstanden. Der Krieg zwischen Rußland und dem Krimchanat kam in eine kritische Phase. Berittene Wachen in Donkow brachten zwischen dem 3. und 9. September 1570 die Meldung, daß ein 30 000 Mann starkes Tatarenheer am Donez und Oskol aufgetaucht sei. Rund 7000 Tataren rückten am 12. September gegen Nowossil vor. In Moskau erhielt man die Nachricht, daß die gesamte Krimhorde auf dem Weg nach Rußland sei.

Um den Überfall abzuwehren, rückten die Semstschina-Truppen zur Oka vor. Auch der Zar begab sich am 16. September mit seinem Opritschnina-Heer aus der Sloboda dorthin. Nach dreitägigem Aufenthalt in Serpuchow beschloß der Zar gemeinsam mit den Bojaren, den Feldzug abzublasen, denn „alle Kosaken, die meldeten, sie hätten überall Menschen und deren Spuren im Gras gesehen, rund 30 000 Mann, sie alle haben falsche Angaben gemacht“. Die Regimenter der Semstschina blieben bis zum 8. Oktober an der Oka, dann wurden sie auch zurückgenommen.

Da der Wachdienst offensichtlich Mängel aufwies, beschloß die Regierung, diesen völlig neu zu organisieren. Sie beauftragte damit den Fürsten M. I. Worotynski und die Sekretäre des Dienstlistenamtes.

Im Januar und Februar 1571 rief man die Oberhäupter der Kosakendörfer und die „Führer“ von der gesamten Südgrenze nach Moskau. Aufgrund ihrer Berichte stellte das Dienstlistenamt einen ausführlichen Plan für den Grenzdienst zusammen. Danach wurde eine Inspektion, bestehend aus dem Fürsten M. Tjufjakin und D. Rschewski, zwei Wojewoden, an die Grenze entsandt.

Trotz all dieser Maßnahmen kam eine neue Tatareninvasion für die russische Militärführung völlig überraschend. Aus verschiedenen Gründen konnte der Wachdienst seinen Funktionen nicht gerecht werden. In erster Linie deshalb, weil seine Reorganisation zum Zeitpunkt des Überfalls noch nicht abgeschlossen war. Außerdem war der Grenzschutz an manchen Abschnitten infolge dieser Maßnahmen sogar reduziert worden. Ebenso möglich ist, daß man den Meldungen über eine bevorstehende Invasion nicht die gebührende Beachtung schenkte. Ein blinder Alarm des Grenzschutzes im September 1570 hatte den Grimm des Zaren ausgelöst, und die Wojewoden, die sich noch gut daran erinnerten, wollten nicht ein zweites Mal diesen Zorn auf sich ziehen.

Dem Krimchan war es unterdessen gelungen, die größten Tatarenhorden für den Feldzug gegen Moskau zu vereinigen. An der Invasion beteiligten sich die Krimhorde, die Kleine Nogaier und die Große Nogaier Horde. Die Krimemissäre unterhielten geheime Beziehungen zu den Kasaner und Astrachaner Würdenträgern sowie zu den Tscheremissen und anderen Völkern des Wolgagebiets, die nur auf eine günstige Gelegenheit warteten, um sich gegen die russische Herrschaft aufzulehnen.

Zum Zeitpunkt der Invasion zählte das Heer des Krimchans mindestens 40 000 Reiter einschließlich Abteilungen der Krimtataren, der Nogaier und Tscherkessen. Die überraschte russische Führung konnte nur knapp 6000 Mann an der Grenze zusammenziehen und war somit mehr als sechsfach unterlegen.

Im Mai 1571 fielen die Tataren im Raum des Nördlichen Donez und des Don in Rußland ein. Der Krimchan, dem genaue Angaben über den Standort der zarischen Wojewodenregimenter fehlten, beabsichtigte, Koselsk zu überfallen und dann die Grenzgebiete zu plündern. An der Grenze liefen jedoch einige Semstschina-Dienstadlige und Opritschniki zu den Tataren über, die dem Chan einmütig versicherten, im Vorfeld Moskaus gäbe es nur unbedeutende Truppen. Das meiste Kriegsvolk befände sich in Livland, und das ganze Moskauer Reich sei verwüstet. Diese Situation schien den Tataren günstig für eine Offensive gegen Moskau.

Am 16. Mai brach der Zar mit einem Opritschnina-Heer nach Serpuchow auf, um die dortigen Wojewoden zu unterstützen. Da dieses Heer von geringer Stärke war, wurde es lediglich in drei Regimenter eingeteilt. Ihnen voraus ritt das Sicherungsregiment des Bojaren W. P. Jakowlew, gefolgt von der Vorhut, dem Regiment des Fürsten M. T. Tscherkasski, und dem herrscherlichen Regiment unter dem Hofwojewoden Fürst F. M. Trubezkoi. Während des Marsches nach Serpuchow kam das Gerücht auf, daß Tscherkasskis Vater an dem Überfall der Tataren beteiligt gewesen sei, und der Kommandeur der Vorhut wurde hingerichtet.

Während des Marsches nach Serpuchow war der Zar davon überzeugt, daß sich die Tataren immer noch auf der Straße Tula–Serpuchow befanden. Die Übersetzstellen bei Serpuchow wurden zuverlässig vom Semstschina-Heer geschützt. Dennoch überquerte die Krimhorde die Ugra und umging, in der Absicht, dem russischen Heer in den Rücken zu fallen, die Befestigungen an der Oka von Westen her.

In dieser kritischen Situation beschloß der Zar, das Heer zu verlassen. Offizielle Dienstlisten teilten lakonisch mit, Iwan Wassiljewitsch „kehrte damals aus Serpuchow zurück, um Krieger zu sammeln, was er jedoch nicht geschafft hat“. In Begleitung eines kleinen Gefolges ritt er über Bronnizy nach Rostow, von wo aus er im Notfall nach Wologda gelangen konnte.

Indessen rückte das Reiterheer der Tataren gegen Moskau vor, wodurch es den russischen Truppen den Rückzugsweg nach Norden abzuschneiden drohte. Im Raum Serpuchow kam es zum Zusammenstoß, wobei die Tataren die Sicherungsabteilung des Opritschnina-Wojewoden J. Wolynski vernichteten. Da ihre Kräfte nicht dazu ausreichten, die Tataren zum Stehen zu bringen, wichen die Russen in Richtung Moskau zurück. Am 23. Mai erreichten die Wojewoden Moskau und bezogen hinter den Erdwällen der Stadt Stellung. Die Opritschnina-Regimenter gingen jenseits der Neglinnaja in den Opritschnina-Vierteln der Hauptstadt in Stellung. Das rechte Regiment der Semstschina in der Jakimowskaja-Straße jenseits der Moskwa schützte den Krim-Wall und das Kaluga-Tor. Das Hauptheer verschanzte sich in der Bolschaja-Warlamowskaja-Straße von der Serpuchow-Landstraße aus. Die Vorhut zog zum Taganka-Feld und verteidigte den Zugang zur Stadt von der Seite des Dorfes Kolomenskoje und der Rjasaner Landstraße her.

Die Tataren, die den Russen auf dem Fuße folgten, erreichten die Umgebung Moskaus am gleichen Tage wie die Wojewoden. Der Chan schlug sein Lager in der Nähe des Dorfes Kolomenskoje auf. Schon am ersten Tag plünderten die Tataren schutzlose Dörfer und Klöster nicht weit von der Hauptstadt. Die Wojewoden ihrerseits setzten dem Feind durch Ausfälle zu.

Am nächsten Tag steckten die Tataren an verschiedenen Stellen die Randgebiete Moskaus und die von einem Erdwall umgebene äußere Stadt in Brand. Am Morgen des 23. Mai herrschte zunächst klares und windstilles Wetter, doch dann kam urplötzlich ein Sturm auf, so daß sich das Feuer rasch in der ganzen Stadt ausbreitete.

Zu Beginn des Brandes erklangen von allen Kirchen und Klöstern die Sturmglocken. In dem Maße, wie die Feuersbrunst anwuchs, verstummte von den unaufhörlich läutenden Glocken eine nach der anderen. Die Glocken der Opritschnina-Kirche jenseits der Neglinnaja sowie die großen Glocken der Kreml-Kathedralen stürzten zu Boden. Dann wurde die Stadt durch die mächtigen Explosionen der Pulvermagazine in den Pulvertürmen von Kitai-Gorod und des Kreml erschüttert. Diese Explosionen, so lesen wir beim „Piskarjowsker Chronisten", „brachten zwei Stadtmauern des Kreml zum Einsturz". Beim Erscheinen der Tataren hatte die Bevölkerung des Mokauer Possad und der umliegenden Dörfer hinter den Kremlmauern Schutz gesucht. Als jedoch das Feuer begonnen hatte, stürzten große Menschenmassen zum nördlichen Tor. Im Toreingang und in den anliegenden engen Gäßchen kam es zu Stauungen, „in drei Reihen übereinander trat ein jeder auf den Kopf des anderen, und die oben waren, zertrampelten diejenigen unter ihnen". Viele, die sich zunächst vor dem Brand gerettet hatten, kamen jetzt um.

Das in Moskau befindliche Heer hatte schwere Verluste zu tragen. Die in den engen Straßen der von einem Erdwall umgebenen äußeren Stadt stehenden Regimenter büßten jegliche Ordnung ein und vermischten sich mit der aus den brennenden Wohnvierteln flüchtenden Bevölkerung. Der Hauptwojewode Belski suchte auf seinem Hof im Kreml Rettung und „erstickte dort in der Feuersbrunst". Dem Brand fielen auch der Semstschina-Wojewode, der Bojar Woronoi-Wolynski, sowie zahlreiche Adlige und „Bojarenkinder“ zum Opfer. „Am Leben blieben weniger als 300 kampffähige Leute“, schrieb der Opritschnik von Staden nach dem Brand. Die geringsten Verluste erlitt das auf dem Taganka-Feld stehende Vorhutregiment des Wojewoden Worotynski, das die Tataren energisch abwehrte.

Binnen drei Stunden wurden Kitai-Gorod, der Kreml, die vom Erdwall umgebene äußere Stadt sowie die Vororte von Moskau ein Opfer der Flammen. Die Tataren versuchten das brennende Moskau zu plündern, diejenigen von ihnen jedoch, die hinter die Festungsmauern gelangten, kamen im Feuer um.

Am Tag nach dem Brand zogen sich die Tataren auf der Rjasaner Landstraße in die Steppe zurück. Durch die Invasion der Krimtataren wurden die südlichen Gebiete des Landes ungeheuer verwüstet. Die Tataren zerstörten 36 Städte südlich der Oka, nahmen Zehntausende Einwohner gefangen und erbeuteten große Pferdeherden.

Während Moskau in Flammen aufging, zog sich der Zar in das alte Rostower Kloster zurück und betete. Nachdem Iwan die Nachricht über den Rückzug der Tataren erhalten hatte, kehrte er in die Hauptstadt zurück und begab sich von dort aus auf sein Anwesen in der Moskauer Umgebung. Hier empfing er die Krimboten, die ihm eine Botschaft des Chans und einen Dolch „zum Andenken“ überreichten.

Die Regierung war sich dessen bewußt, daß das verwüstete Land außerstande war, den Krieg gegen einen so starken Gegner wie das Krimchanat und die Türkei fortzusetzen. Deshalb strebte sie danach, um jeden Preis einen Frieden an der Südgrenze abzuschließen. Am 17. Juni ließ der Zar die Krimboten wissen, er sei bereit, Astrachan an das Krimchanat abzutreten, wenn der Chan damit einverstanden sei, ein Militärbündnis, „Freundschaft und Bruderschaft“ mit Moskau zu schließen. „Und wenn Dich, unseren Bruder, dies erzürnt“, schrieb der Zar an Dewlet-Girej bezüglich Astrachan, „so sind wir bereit, Dir, unserem Bruder, Astrachan abzutreten.“ Auf der Krim hielt man jedoch die Zugeständnisse Moskaus für unzureichend und lehnte den Vorschlag des Zaren ab. Nachdem Moskau niedergebrannt war, wollten die durch die Türken angestachelten Tataren das Moskauer Reich nun militärisch vernichten.

Moskau lag in Schutt und Asche. Zwei Monate dauerte es, bis die Stadt von den Trümmern gesäubert war. In jenen Tagen soll Berichten zufolge eine Reichsversammlung stattgefunden haben, zu der der Metropolit, die Geistlichkeit, die Fürsten und namhaftesten Dienstadligen eingeladen wurden. Man erörterte die Frage des Wiederaufbaus der Hauptstadt, wozu die Semstschina bedeutende Mittel zur Verfügung stellen sollte. Dabei war die neue Stadtplanung vor allen Dingen von militärischen Erwägungen geprägt. Den Stadtleuten wurde verboten, Häuser außerhalb der Festungsmauern zu bauen, was zur Folge hatte, daß sich ein bedeutender Teil des alten Stadtgebietes, insbesondere der südliche Teil der Hauptstadt, in Ödland verwandelte. Zur äußeren Stadtgrenze wurde ein drei Saschen breiter Erdwall, der die Außentore miteinander verband. Die Tore und die innere Festung wurden aus Baumstämmen errichtet und von außen mit Erde und Rasen bedeckt. Auf Beschluß der Regierung wurden Kaufleute und Handwerker aus den größten Städten des Landes, darunter hundert Kaufmannsfamilien aus Nowgorod, gezwungen, nach Moskau zu ziehen. Gegen ihren Willen mußten sie bedeutende Mittel für den Bau von neuen Häusern aufbringen. Andererseits gewährte der Fiskus den Umsiedlern großzügige Ermäßigungen und befreite sie für mehrere Jahre von den Steuern.

Wie jeder militärische Konflikt war auch der Krieg mit den Tataren im Mai 1571 mit Verrat auf beiden Seiten verbunden. So liefen auf dem Schlachtfeld Kudejar Tischenkow sowie mehrere Semstschina-Dienstadlige und Opritschniki zu den Tataren über. Die Verräter wiesen dem Feind den kürzesten Weg nach Moskau. Der Zar faßte dies als die Fortsetzung der Bojarenintrigen gegen den Thron auf. In einem Gespräch mit dem polnischen Gesandten im September 1572 äußerte er sein Mißtrauen gegenüber Aktionen der Wojewoden während der Tatareninvasion: „Eure Leute lieben ihren Herrscher“, erklärte er dem Polen, „die meinigen jedoch ließen mich fast in die Arme des Tatarenheeres laufen. Vier Meilen war es von mir entfernt, ich aber wußte nichts davon.“ Später erfuhr der englische Gesandte Giles Fletcher, daß der Zar sein Heer und Moskau verlassen hatte, „weil er seinen Dienstadligen und den Heerführern mißtraute, die angeblich vorgehabt hatten, ihn den Tataren auszuliefern“.

Im Zusammenhang mit den Untersuchungen zum neuen Verrat der Bojaren wurden viele Wojewoden, u.a. auch der Fürst I. F. Mstislawski, verhaftet. Dieser wurde von einem zum Militärdienst in Moskau verpflichteten Tataren verleumdet, der in den Quellen „Zarensohn von Barym“ genannt wird. Als die Tataren gegen Moskau vorrückten, wollte der „Zarensohn“, d.h. Sohn eines Chans, zu seinen Stammesgenossen überlaufen, wurde jedoch ergriffen und gefoltert. Im Bestreben, seine Schuld zu mildern, erklärte er, er hätte auf Befehl der Führer der Bojarenduma, Mstislawski und F. I. Saltykow, gehandelt. Diese hätten ihn zum Chan geschickt „und ihm befohlen, mitzuteilen, daß der Zar (Chan

Dewlet-Girej–*der Verf.*) nach Moskau zurückkehren sollte, und kaum daß er vor Moskau angelangt sei, würde Moskau auch schon ihm gehören".

Iwan IV. benutzte die Aussagen des Gefangenen, um so die ganze Verantwortung für die Katastrophe im Mai auf die Führung der Bojarenduma abzuwälzen. Mstislawski wurde gezwungen, ein Dokument zu unterschreiben, in dem er dem ganzen Volk „gestand", er habe zusammen mit seinen Anhängern die Tataren zu den „heiligen Stätten" geführt und Moskau durch seinen Verrat ins Verderben gestürzt. Der Bojar wurde eines solch schweren Verbrechens beschuldigt, daß es einen anderen unweigerlich den Kopf gekostet hätte. Mstislawski jedoch konnte der Hinrichtung entgehen. Iwan ließ ihn nicht nur am Leben, sondern gab dem vornehmsten Teilfürsten auch noch dessen Erbbesitzungen, d. h. sein Teilfürstentum von Juchot, zurück, weil die heilige Synode und die Bojaren für ihn gebürgt hatten. Erstmalig in der Geschichte der Opritschnina setzten sich für einen in Ungnade gefallenen Semstschina-Bojaren nicht nur die Mitglieder der Semstschina-, sondern auch diejenigen der Opritschnina-Duma ein. Im Herbst 1571 wurde Mstislawski nach Nowgorod entsandt, um dort das Amt eines Hauptstatthalters zu übernehmen.

Das Gerichtsverfahren gegen Mstislawski verfolgte einzig und allein politische Ziele: Dem Volk wurde derjenige präsentiert, der „schuld" war an der schrecklichen Niederlage und am Tode von einigen tausend Menschen. Man hatte so erneut Beweise dafür, daß die verhaßten Bojaren auch weiterhin gegen den Zaren intrigierten und daß der Verrat Wurzeln in der Bojarenduma gefaßt hatte. Obwohl er in Ungnade gefallen war, blieb Mstislawski offizieller Führer der Semstschina-Duma. Er galt jedoch nur formell als Oberhaupt dieser Regierung, da er politisch gesehen völlig bedeutungslos war. Die wahre Macht in der Semstschina-Duma besaß seit Beginn der Opritschnina der sich um die Bojaren Sacharjin scharende nichttitulierte altmoskowitische Adel. Der Prozeß gegen Mstislawski war ein günstiger Vorwand für die grausame Verfolgung der Sacharjins.

Aus vielerlei Gründen nahmen die Sacharjins in der Semstschina-Bojarenduma eine besondere Position ein. Sie kontrollierten die wichtigsten Zweige des Verwaltungsapparats einschließlich des Hofamtes. Großen Einfluß hatten sie auch am Hofe des Thronfolgers, des Zarensohnes Iwan. Nachdem Iwan IV. zum zweiten Mal geheiratet hatte, „trennte er sich" von seinen Söhnen und teilte ihnen Hofpersonal, Bojaren und Dienstadlige zu, die zusammen einen „Sonderhof" bildeten. Lange Zeit galt der Opritschnina-Bojar W. P. Jakowlew-Sacharjin als der Hauptbojar des Thronfolgers, der für seinen Neffen sowohl Vertrauensperson als auch Hofmeister war. Die einflußreichsten Personen am Hof des Thronfolgers waren sein Onkel N. R. Jurjew, ein Bojar, sowie die Onkel I. P. Jakowlew und S. W. Jakowlew. Der Hof unterhielt enge Verbindung zur Semstschina, da die Dienstleute der Zahrensöhne während der gesamten Zeit der Opritschnina ihr Gehalt aus der Semstschina-Reichsschatzkammer erhielten.

Die Position der Sacharjins geriet nach der Hinrichtung ihrer Handlanger und Günstlinge, Schatzmeister Funikow und Siegelbewahrer Wiskowaty, die der gesamten Moskauer Verwaltung vorstanden, ins Wanken. Schon aus diesem Grunde konnten die Sacharjins deren Verurteilung nicht teilnahmslos hinnehmen.

Dem „Nowgoroder Fall“ folgten die Ermittlungen zum „Moskauer Verrat“. Die Opritschniki waren dazu bereit, in der Hauptstadt genau so ein Pogrom wie in Nowgorod durchzuführen. Die mögliche Wiederholung der Nowgoroder Ereignisse in Moskau flößte der Semstschina-Führung Angst ein. Es ist durchaus möglich, daß die Sacharjins versuchten, Einfluß auf den Thronfolger auszuüben, um so den Zaren zu besänftigen und dem schrecklichen Terror der Opritschnina ein Ende zu setzen.

Die Beziehungen zwischen Iwan IV. und seinem Sohn waren ziemlich angespannt. So kam es nicht selten vor, daß der jähzornige und despotische Iwan seinen Sohn verprügelte. Der Zarensohn war inzwischen schon siebzehn und zeigte einen nicht minder herrischen Charakter als sein Vater. Iwan mißtraute den Sacharjins schon seit langem und befürchtete, sie würden seinen Sohn in den Hofzwist verwickeln.

Das Mißtrauen Ivans IV. gegen die hinter dem Zarensohn stehenden Bojaren und deren heimliche Intrigen ging so weit, daß er im Juni 1570 öffentlich erklärte, er werde seinem Sohn das Recht auf den Thron aberkennen und den „livländischen König“ Magnus zu seinem Nachfolger machen. Während eines offiziellen Empfangs im Kreml sagte Zar Iwan in Anwesenheit der Semstschina-Bojarenduma und ausländischer Gesandter zu Magnus: „Mein liebenswürdiger Bruder, wegen des Vertrauens, das Sie und das deutsche Volk[37] mir entgegengebracht haben, und wegen meiner Treue zum letzteren (ich selbst bin ja deutscher Abstammung und habe sächsisches Blut in den Adern), und da ich zwei Söhne habe – der eine 17 und der andere 13 Jahre alt –, werden Sie, Eure Durchlaucht, wenn ich nicht mehr bin, mein Nachfolger und Herrscher über mein Land sein, und so werde ich meine untreuen Untertanen ausrotten und mit Füßen treten." Der Augenzeuge, der diese Ansprache Iwans wiedergab, war ein scharfblickender Mensch. Der Zar, meinte er, habe Magnus nur deshalb so viel Ehre erwiesen, um seinen Untertanen Angst einzuflößen. Nichtsdestoweniger riefen diese unbedachten Erklärungen des Zaren, die er in Anwesenheit der Bojaren und Gesandten gemacht hatte, große Empörung unter den Günstlingen des Thronfolgers hervor.

Nach der Nowgoroder Verheerung erreichte der Konflikt zwischen dem Zaren und der Semstschina-Bojarenduma seinen Höhepunkt. Zar Iwan nutzte jede Gelegenheit, um die Semstschina-Bojaren zu erniedrigen, die, durch den Terror eingeschüchtert, Iwans Ausschreitungen demütig über sich ergehen ließen.

Die Gerüchte über den Zwist zwischen dem Zaren, seinem Sohn und dem Semstschina-Bojarentum erreichten schließlich Polen. Der päpstliche Gesandte Portico, der in Warschau auf eine günstige Gelegenheit wartete, um nach Moskau zu reisen, sandte am 13. Januar 1571 ein Schreiben nach Rom. In diesem Brief teilte er mit, daß ein Mann aus Moskau erzählt habe, russische Gesandte würden wegen des Konflikts zwischen dem Zaren und seinem Sohn und wegen der schrecklichen Pest mit Verspätung nach Polen kommen. Es ist anzunehmen, daß Portico all diese Informationen von Schlichting erhielt und notierte. Wir haben so die Gelegenheit, „Die Erzählungen" Schlichtings durch außerordentlich wichtige Angaben zu ergänzen, die er in seinen im Auftrag der polnischen Diplomaten verfaßten Memoiren sorgfältig verschwieg. Unsere Vermutungen werden durch folgende Tatsachen untermauert: Erstens floh Schlichting Ende 1570 nach Polen, der Brief des päpstlichen Gesandten aber wurde am 3. Januar 1571 geschrieben. Zweitens beginnen sowohl Porticos Brief als auch das erste Schriftstück Schlichtings („Nova ex Moscovia") mit der Mitteilung über das verspätete Eintreffen der Moskauer Gesandten aus Übersee. Drittens teilte der Moskauer Flüchtling Einzelheiten mit, die lediglich einer dem Hof nahestehenden und über die Familienangelegenheiten des Zaren gut informierten Person bekannt sein konnten. Genau solch eine Person aber war der Diener und Dolmetscher des zarischen Leibarztes. Wie Schlichting Portico berichtete, führten die Zerwürfnisse in der Zarenfamilie zu einem offenen Bruch zwischen dem Zaren und seinem Nachfolger, dem viele einflußreiche Personen beistanden: „Zwischen dem Vater und dem älteren Sohn kam es zu gewaltigen Unstimmigkeiten, die zum Bruch führten, und viele einflußreiche Personen bekundeten ihre Zuneigung zum Vater, zahlreiche andere aber zu seinem Sohn."

Der Konflikt in der Zarenfamilie wurde in der gesamten Semstschina bekannt. Man sprach darüber nicht nur bei Hofe, sondern auch im Volk. Deshalb war auch eines der populärsten Lieder des 16. Jahrhunderts das Lied vom Zorn des Zaren Iwan auf seinen Sohn. Unter den zahlreichen Versionen, die dieses Lied, das nach den Worten von Volkserzählern Jahrhunderte später aufgeschrieben wurde, erhielt, ist die Kurzfassung die interessanteste. Der Inhalt des Liedes ist folgender: Nach der Zerschlagung des Verrats in Pskow und Nowgorod machte sich Zar Iwan Wassiljewitsch Gedanken darüber, „wie er den Verrat im steinernen Moskau austilgen könnte“. Da „sprach aber der Bösewicht Maljuta Skuratow: Lang leb Zar Iwan Wassiljewitsch! Um nichts in der Welt wirst du es schaffen, den Verrat auszurotten, denn dein Widersacher sitzet dir gegenüber ...“ Das Opfer dieser Verleumdung war der Zarensohn. Nach diesen Worten Maljutas befahl Zar Iwan, den Zarensohn zur „Dreckpfütze“ zu schleppen und ihn dort hinzurichten. Da setzte sich jedoch der Bojar Nikita Romanowitsch für den in Ungnade Gefallenen ein: „Heida, Maljuta, Maljuta Skuratowitsch! Dieser Brocken ist nicht für dich, sieh zu, daß er dir nicht im Hals steckenbleibt.“ So konnte der Zarensohn dank Sacharjins Eingreifen gerettet werden.

Auch wenn einige Motive des Liedes „Vom Zorn Iwans des Schrecklichen“ legendenhaft erscheinen, ihm lagen doch reale Fakten zugrunde. Unter anderem geht daraus hervor, daß es nach dem Feldzug gegen Nowgorod und Pskow zum vollständigen Bruch zwischen dem Zaren und seinem Sohn kam, also in jenem Augenblick, als der Zar beschlossen hatte, den Verrat in Moskau auszurotten. Weiterhin finden wir in dem Lied die Information, daß sich die Sacharjins für den Zarensohn eingesetzt und ihn vom Tode gerettet haben sollen. Maljuta Skuratow jedoch verleumdete den Zarensohn auf schlimmste Weise. Außerdem wird in dem Lied die „Dreckpfütze“ als Stätte erwähnt, wo der Zarensohn hingerichtet werden sollte. Gerade hier aber wurden nach dem Nowgoroder Pogrom der „Kanzler“ Wiskowaty und die anderen Moskauer „Verräter“ hingerichtet. Einen von ihnen, den Schatzmeister Funikow, kochten die Opritschniki bei lebendigem Leibe. Dieses Ereignis spiegelt sich im Lied wider. Nach dem Tod des Zarensohnes soll Iwan Wassiljewitsch den Bojaren gedroht haben: „Na wartet, ich werde euch Bojaren alle im Kessel kochen lassen!“

In den alten Liedern fand der Zwist in der Zarenfamilie ein glückliches Ende. Die Sacharjins retteten den Zarensohn, und der dankbare Zar lieferte ihnen dafür Maljuta Skuratow zur Abrechnung aus. In Wirklichkeit war alles jedoch ganz anders. Nachdem Maljuta die ganze Macht in der

Opritschnina-Duma an sich gerissen hatte, wurden die Sacharjins und ihre Bojarenanhänger vollständig vernichtet.

Durch den „Nowgoroder Verrat“ schienen auch die ältesten Sacharjins, der Bojar W. M. Jurjew und der Bojar S. W. Jakowlew, verdächtig zu sein. Der letztere wurde in der Semstschina-Regierung zum Hauptanhänger des Nowgoroder Erzbischofs Pimen erklärt und als Wojewode in eine „Ehrenverbannung“ nach Smolensk geschickt. W. M. Jurjew warf man offensichtlich weitaus schwerere Verbrechen vor als Jakowlew. Da Jurjew selbst schon zwei Jahre vor Beginn der Ermittlungen zum Nowgoroder Verrat gestorben war, ließ der Zar seine Wut an dessen Familienangehörigen aus. Etwa im Frühjahr 1571 befahl er, Jurjews Tochter zusammen mit ihrem Sohn zu töten. Iwan verbot, die Ermordeten zu begraben, und ließ sie statt dessen in den Hof des Opritschnina-Fürsten M. T. Tscherkasski, Jurjewas Gatten, werfen. Dies stieß bei den Sacharjins und deren Verwandten auf Empörung. Auch am Hofe des Thronfolgers, zu dem die Jurjewa als Cousine zweiten Grades in Verbindung stand, war man entsetzt.

Anfang Januar 1571 verhafteten die Opritschniki im Lager bei Reval den Bojaren I. P. Jakowlew und schafften ihn, in Ketten gelegt, wegen „gewisser Machenschaften“ nach Moskau. Nach dem Moskauer Brand fiel auch der Hofmeister des Thronfolgers, der Bojar W. P. Jakowlew, in Ungnade. Auf Befehl Iwans IV. wurden die Brüder mit Stöcken totgeschlagen. Etwa um die gleiche Zeit, im Frühjahr 1571, brachten die Opritschniki den Bojaren S. W. Jakowlew und seinen kleinen Sohn Nikita um.

Allem Anschein nach drohte auch I. W. Bolschoi Scheremetjew, dem nächsten Verwandten der Sacharjins, die Ungnade des Zaren. Er war einer der Führer in der Semstschina-Regierung und hatte sich, nachdem der Stallmeister Fjodorow-Tscheljadnin in Ungnade gefallen war, an die Spitze des Moskauer Sieben-Bojaren-Rates gestellt. Um sich vor dem Zorn des Zaren zu retten, ging Scheremetew im Mai 1571 ins Kyrill-Kloster und ließ sich dort am 7. Juni zum Mönch scheren. Allein der Name des widerspenstigen Bojaren löste beim Zaren Iwan Wutausbrüche aus. Im bekannten Brief an die Starzen des Kyrill-Klosters nannte er Iona Scheremetew einen „Teufelssohn“ und beschuldigte ihn allerlei heimtükkischer Intrigen. Ganz ohne Zweifel legte Scheremetew die Mönchskutte wegen des Konflikts mit Iwan IV. an.

Die Ungnade des Zaren traf noch einen nahen Verwandten der Sacharjins, den Opritschnina-Fürsten M. T. Tscherkasski. Anfang 1571 hatte Tscherkasski versucht, sich mit Hilfe des Strohmannes Aigustow an dem

Semstschina-Sekretär Wassili Stschelkalow zu rächen. Als man ihn folterte, gestand der Denunziant Aigustow jedoch ein, daß „er viele falsche Anschuldigungen gegen Wassili Stschelkalow erhoben hat, weil es der Fürst Michail Tscherkasski so wollte“. Im Zusammenhang mit den Ermittlungen zum Verrat Jurjews ließ der Zar die Frau und den Sohn von Tscherkasski hinrichten, und auch Tscherkasski selbst ereilte bald das gleiche Schicksal. Während des Tatarenüberfalls hatte man ihn zum Wojewoden der Vorhut ernannt und ihm befohlen, gegen Serpuchow zu ziehen. Zwischen dem 16. und 23. Mai 1571 wurde Tscherkasski dann durch Opritschnina-Strelitzen auf der Landstraße nach Serpuchow erschlagen, weil der Zar einen Verrat seitens des Schwagers befürchtete.

Nach dem Moskauer Brand vernichteten die Opritschniki die Enklave der Sacharjins und ihrer Verwandten, die der Semstschina-Regierung vorstanden. Von den vier Familienangehörigen der Sacharjins, die Anfang der 70er Jahre der Bojarenduma angehört hatten, entging nur N. R. Jurjew, der jüngste unter ihnen, dem Tod. Nach der Hinrichtung des Opritschnina-Bojaren W. P. Jakowlew-Sacharjin und des Fürsten M. T. Tscherkasski ging der Zar auf die brutalste Weise gegen den altmoskowitischen Adel vor, der die Führung der Opritschnina-Duma innehatte.

Vor allem wurden die der Opritschnina-Duma angehörenden Morosows verfolgt. Die Behörden erklärten den Opritschnina-Mundschenk F. I. Saltykow-Morosow zum Hauptmittäter des Verräters Mstislawski. Wie Taube und Kruse versichern, wurde Saltykow öffentlich gezüchtigt und danach zu lebenslänglicher Haft verurteilt. In Wirklichkeit jedoch wurde er gemeinsam mit den anderen Opritschnina-Führern hingerichtet. Im Seelenmessenregister gibt es diesbezüglich folgende Eintragung: „Fürst Wassili Tjomkin und sein Sohn Iona; Fjodor Saltykow“. Fjodors Cousin, den Opritschnina-Bojaren und Haushofmeister L. A. Saltykow, ließ man zunächst wider seinen Willen zum Mönch scheren und ins Troiza-Sergius-Kloster stecken. Später wurde er hingerichtet.

Der Bojar I. J. Tschebotow, namhaftes Mitglied der Opritschnina-Duma, wurde auf Befehl des Zaren ins Boris-und-Gleb-Kloster in Rostow verbannt.

I. F. Woronzow, der vornehmste unter den Dumaadligen in der Opritschnina, nahm in der Rangliste der Dumaadligen für September 1570 den zweiten Platz nach dem Fürsten Tscherkasski ein. Das ist das letzte Mal, daß Woronzow in den Opritschnina-Ranglisten erwähnt wurde. Kurbski behauptet, daß er hingerichtet worden sei.

Der Dumaadlige P. W. Saizew war zwar nicht von so edler Abstammung wie Woronzow, jedoch ebenso einflußreich wie dieser. Ende 1570 war er in Moskau als einer der Verwalter („erster Bojar") des Opritschnina-Teils der Hauptstadt. In der Rangliste für September 1570 wird er als zweiter Wojewode des Opritschnina-Teils von Moskau aufgeführt. Von Staden berichtet, daß die Opritschnina Pjotr Saizew nach der Hinrichtung von Tscherkasski und Tjomkin an seinem eigenen Hoftor aufgehängt habe. Der Opritschnina-Stallmeister kam in der Zeit zwischen dem 18. Juni und 7. September 1571 um. Saizew war einer der nächsten Parteigänger der Basmanows und einer der Hauptführer der Opritschnina kurz nach ihrer Gründung gewesen.

Nach der Katastrophe im Mai befahl Zar Iwan, den angesehenen Opritschnina-Bojaren Fürst W. I. Tjomkin und seinen Sohn, den Opritschnina-Wojewoden Fürst Iwan, im Fluß zu ertränken. Es sei bemerkt, daß die Tjomkins im Seelenmessenregister zusammen mit F. Saltykow aufgeschrieben wurden.

Initiator der Hinrichtungen von 1571 war Maljuta Skuratow, der dem Opritschnina-Kriminalamt vorstand. Mit dem Sturz von Basmanow und Wjasemski nahm er der Opritschnina-Regierung die Spitze weg und beseitigte dann nach und nach die alte Opritschnina-Führung. Durch brutale Repressalien gegen die Nowgoroder Verräter und die „Schuldigen" der Mai-Katastrophe gelang es Skuratow, die Macht endgültig an sich zu reißen.

Ermittlungen darüber, inwieweit die Opritschnina-Spitze an der „Verschwörung" teilgenommen hatte, ließen den Zaren um seine eigene Sicherheit in der Opritschnina fürchten. Der argwöhnische und nervöse Selbstherrscher, der sich seinerzeit von der unzuverlässigen Semstschina distanziert und in die Opritschnina geflüchtet hatte, äußerte nun die Absicht, ebenso der Opritschnina den Rücken zu kehren. Als die Ermittlungen zum „Verrat" im Juni 1571 in vollem Gange waren, schrieb er dem Gesandten A. Nagoi und seinen Kollegen auf der Krim: „So bin ich jetzt weder mit der Semstschina noch mit der Opritschnina, und Ihr würdet uns einen guten Dienst erweisen, wenn Ihr, so Gott will, zu uns kämet ..." Trotz allem schickte der Zar Nagois Gehalt weiterhin aus der Opritschnina-Kasse.

Ende 1569 starb die Zarin Maria Tscherkasskaja, und bald danach begann der Zar sich um eine neue Ehe zu bemühen. Sobald die ein ganzes Jahr dauernde Brautschau zu Ende ging, gab Iwan seine Verlobung mit der jungen sechzehnjährigen Schönheit Marfa Sobakina bekannt. Marfas Brautwerberinnen waren Maljutas Frau und dessen Tochter, während Maljuta selbst und sein Schwager Boris Godunow die Brautführer spielten. Es ist durchaus möglich, daß Belski dem Zaren deshalb seine entfernte Verwandte als Braut vorschlug, um sich auf diese Weise mit der Zarenfamilie zu verschwägern. Die Wahl seiner Braut machte deutlich, daß sich der Zar in persönlichen Fragen ebenso auf Skuratows Ratschläge verließ wie bei der Aufklärung von Verschwörungen.

Die dritte Ehe Iwans war jedoch die kürzeste von allen. Nach der Verlobung fühlte sich die Braut, die ein junges und kerngesundes Mädchen gewesen war, bald krank und „welkte dahin". Trotz ihrer Erkrankung „verließ sich" der Zar, zur vollsten Zufriedenheit seiner Ratgeber, „auf Gott" und feierte am 28. Oktober 1571 Hochzeit in der Alexandrowskaja Sloboda. Am 4. November feierte auch der Thronfolger, der Zarensohn Iwan, seine Hochzeit mit Jewdokija Saburowa. Die Zarin Marfa, der es in dieser Zeit bereits sehr schlecht ging, starb in der darauffolgenden Woche.

Der Zar und Marfas Brautwerber waren der Ansicht, daß die Zarin von Widersachern „verzaubert" worden war. Bald nach ihrem Tode wurde dann auch vor aller Öffentlichkeit erklärt, „der böswillige Feind habe viele seiner Leute dazu verleitet, Haß gegen die Zarin Marfa, als sie noch unverheiratet gewesen war, zu schüren ... und so hätten sie sie dadurch ins Verderben gestürzt".

Der vornehme Bojarenadel und insbesondere die alten Verwandten des Zaren, die Sacharjins, mißbilligten diese dritte Ehe Iwan Wassiljewitschs. Besonders unzufrieden waren sie damit, daß der Zar die neuen Verwandten sehr schnell in die Bojarenduma aufnahm. Obwohl weder die Sobakins noch die Wislouchis aufgrund ihrer niederen Abstammung das Recht auf Dumaränge hatten, bedachte Iwan W. S. Bolschoi Sobakin, B. J. Wislouchi und W. B. Saburow mit dem Bojarentitel und machte G. S. Sobakin und W. S. Menschoi Sobakin zu Okolnitschije.

Vom Gerichtsverfahren über den Stallmeister Fjodorow-Tscheljadnin bis zum großen Moskauer Brand war die „Terror-Maschine" der Opritschnina stets im Einsatz. Ihr fielen Tausende von Menschen, vom Hochadel bis zu niederen Stadtleuten, Bauern und Gesinde, zum Opfer. Im Unterschied zu den ersten Jahren der Opritschnina traf der Terror dieser Jahre in erster Linie das herrschende altmoskowitische Bojarentum, welches sowohl in der Opritschnina als auch in der Semstschina die Stütze der Monarchie darstellte. So fielen die einflußreichen Gruppierungen des altmoskowitischen Bojarentums in Ungnade, die entweder der Semstschina-Bojarenduma (die Fjodorow-Tscheljadnins, Sacharjins, Scheremetews, Kolytschews, Danilows usw.) oder aber der Opritschnina-Regierung (die Plestschejews, Saltykows, Tschebotows, Woronzows usw.)

vorstanden. So paradox es auch klingen mag, am meisten hatte jene Gruppierung des herrschenden altmoskowitischen Bojarentums unter den Verfolgungen in den Jahren des Massenterros zu leiden, welche die Opritschnina selbst ins Leben gerufen hatte. Obwohl auch Naturkatastrophen und Tatarenüberfälle dem Land unsägliches Leid brachten, waren die Opritschniki das schlimmste Übel für die Bevölkerung.

Zar Iwan hatte die Einführung der Opritschnina damit gerechtfertigt, daß er die Ungerechtigkeit der herrschenden Bojaren, die Amtsmißbräuche der Richter usw. ausrotten wollte. In Wirklichkeit jedoch führte erst die Opritschnina zu nie dagewesener Willkür. Die Richter, die ihre Hauptaufgabe darin sahen, die Privilegien der Opritschnina zu verteidigen, nahmen offen Diebe und Plünderer aus den Reihen der Opritschniki in Schutz. Letztere nutzten ihrerseits jede Gelegenheit für alle möglichen Machenschaften. Nach Zeugenaussagen schmuggelten sie Gegenstände in die Höfe von Semstschina-Leuten, ließen diese dann vor Gericht stellen und zu großen Geldstrafen verurteilen.

Die Willkür der Opritschnina gegenüber den Bauern kannte keine Grenzen. Nicht minder litt jedoch der Semstschina-Dienstadel. Jede Gelegenheit nutzten die Opritschniki, um ihren Landbesitz auf Kosten der Semstschina zu erweitern. Grundstücke und Ackerland, das ihnen gefiel, umgaben sie mit einem zwei Saschen tiefen Graben, weil so gewöhnlich die Semstschina- und die Opritschnina-Ländereien voneinander abgegrenzt wurden. Die durch den Terror eingeschüchterten Bewohner der Semstschina wagten es nicht, die Opritschnina-Grenze zu verletzen.

Ein breites Feld für Amtsmißbräuche der Opritschnina stellten sogenannte politische Vergehen dar. Ein Opritschnik konnte einen Semstschina-Bewohner am Kragen packen, ihn vors Gericht zerren und dort erklären, daß dieser „ihn und die gesamte Opritschnina entehrt habe". In solchen Fällen ging in der Regel das Vermögen des „Verurteilten" an den Kläger über, ihn selbst jedoch erwarteten Kerker und Schafott.

Die Ausschreitungen der Opritschnina erreichten zur Zeit des „Nowgoroder Verrats" ihren Höhepunkt. Durch die Verwüstung der Erbgüter von Fjodorow-Tscheljadnin sowie die blutigen Pogrome in Twer, Nowgorod und Pskow wurde offene Plünderung zum Mittel der Staatspolitik. Am meisten wurde jedoch die Opritschnina selbst durch diese Pogrome demoralisiert. Obwohl die Amtsmißbräuche der Opritschnina eher Gegenstand der Kriminalstatistik als der Geschichte sind, dürfen sie dennoch auf keinen Fall verschwiegen werden.

Das Land wurde von Pest und Hungersnot geplagt, hungernde Menschen überfluteten die Straßen, in den Städten schaffte man es kaum, die

Toten zu begraben. Trotz all dieser Nöte plünderten und mordeten die Opritschniki, ohne bestraft zu werden. „Die Opritschniki durchwühlten das ganze Land, alle Städte und Dörfer in der Semstschina, wozu ihnen der Großfürst keine Erlaubnis gegeben hatte." Wie von Staden schreibt, „begannen in der Semstschina zahlreiche Verbrechen und Morde. Es ist unmöglich, das zu schildern."

Der Zar und seine Helfershelfer gaben zwar nicht ihr direktes Einverständnis zu Gewaltakten und Morden, andererseits statteten sie jedoch die Opritschniki mit Privilegien aus, unterstellten ihnen Legislative und Exekutive und segneten die Pogrome gegen das Nowgoroder Land. Folglich trugen sie auch die Hauptverantwortung für die Willkür der Opritschnina.

Nach dem Sturz der alten Opritschnina-Führung wurde die Zarenduma durch Dienstadlige der Semstschina ergänzt. Dort war die Empörung gegen die Amtsmißbräuche der Opritschnina überall zu spüren, so daß die Behörden dies nicht länger ignorieren konnten. Die weitblickenden Dumamitglieder sahen die Gefahr eines völligen Verlustes jeglicher Moral in der Opritschnina voraus und versuchten dem entgegenzuwirken.

So ordnete der Zar zum Beispiel nach der Hinrichtung der Basmanows an, Beschwerden von Semstschina-Adligen einzusammeln und den schlimmsten Amtsmißbräuchen der Opritschnina nachzugehen. „Nach ihrem Belieben", berichtet von Staden, „mißhandelte die Opritschnina die gesamte russische Semstschina, daß selbst der Großfürst schließlich verkündete: ‚Nun ist's genug!'"

Viele namhafte Opritschniki wurden mit Hilfe der Opritschnina-Justiz vernichtet. Im Februar 1571 ließ der Zar den Fürsten W. I. Tjomkin, Mitglied der Opritschnina-Duma, wegen strafrechtlicher Vergehen verurteilen. Wie bei der Gerichtsverhandlung geklärt wurde, hatte sich die Opritschnina-Duma geweigert, dem Sekretär Parfenjew eine große Summe Geld, die er sich geliehen hatte, zurückzuzahlen, und darüber hinaus dessen Sohn getötet. Eine Sonderuntersuchungskommission mit dem Fürsten M. T. Tscherkasski an der Spitze meldete diese Angelegenheit dem Zaren, der befahl, „für den getöteten Sohn und die Schulden dem Fürsten Wassili Tjomkin-Rostowski 900 Rubel abzunehmen." Daraufhin wurde Parfenjew am 4. Februar eines der Erbgüter Tjomkins, das Dorf Chreptowo, übergeben, das man auf 600 Rubel veranschlagte. Am 13. Februar faßte die Opritschnina-Kommission den Beschluß, noch ein weiteres Erbgut Tjomkins, nämlich zwei Drittel des Dorfes Olfjorowskoje mit einem Wert von 300 Rubel für Parfenjew zu konsfiszieren.

Die Hinrichtung der Basmanows und Wjasemskis beendete die wechselseitige Bürgschaft, die alle Mitglieder der Opritschnina-Duma miteinander verband. Der Zar selbst hatte sich in diesen Fall eingemischt, um seine Strenge zur Schau zu tragen und sich als Verfechter der Gerechtigkeit zu präsentieren. Vor allen Dingen jedoch bestrafte er die Opritschniki, um sich mit der Semstschina zu versöhnen.

Nach Rücktritt der alten Führung befahl Zar Iwan den Richtern, alle Verbrechen seiner Leute mit gebührender Strenge zu verfolgen. Die Bewohner der Semstschina erhielten nun das Recht, Einspruch gegen falsch ausgestellte Schuldscheine und Verpflichtungen zu erheben. „Wäre Moskau nicht mit allem, was es besaß, niedergebrannt", lesen wir bei von Staden, „hätten die Semstschina-Leute viel Geld und Güter gegen die falschen Schuldscheine bekommen, die sie von den Opritschniki zurückerhalten sollten."

Die Versuche, den eklatantesten Amtsmißbräuchen der Opritschniki ein Ende zu setzen, betrafen nicht die eigentlichen Grundfesten des Opritschnina-Regimes. Da dies jedoch mit der für den Zaren üblichen Entschlossenheit und Härte geschah, wurde im Opritschnina-Korps große Unzufriedenheit laut. „Dann begann der Großfürst", so von Staden, „die führenden Männer der Opritschnina zu richten." Es heißt, nach dem Moskauer Brand habe der Zar befohlen, rund 100 Dienstadlige, unter ihnen sehr viele namhafte Opritschniki, hinzurichten. Die Regierung traute ihren Prätorianern immer weniger.

In den letzten Jahren der Opritschnina wurde die Zusammensetzung ihrer Regierung vollständig erneuert. Unter Basmanow hatte der altmoskowitische Adel noch eine uneingeschränkte Vormachtstellung in der Opritschnina gehabt. Nach dem „Nowgoroder Fall" traten jedoch an seine Seite nach und nach die ehemaligen Teilfürsten, u. a. F. M. Trubezkoi und N. R. Odojewski, sowie Vertreter des Hochadels (die Fürsten Pronski, Susdal-Schuiski, Obolenski, Starodubski und Chowanski).

Fürst F. M. Trubezkoi, jüngster Verwandter der Fürsten Belski und Mstislawski, stammte aus dem Geschlecht der Gedymin. In die Opritschnina kam er etwa im Mai 1570. Wegen seiner Abstammung stand der Teilfürst in der Rangplatzordnung wesentlich höher als alle übrigen Mitglieder der Opritschnina-Duma. Am 16. Mai 1571 wurde er zum Hauptwojewoden des Hofes ernannt und übernahm das Zarenregiment. Hierbei sei erwähnt, daß der Schwager des Zaren, der Teilfürst M. T. Tscherkasski, beim selben Feldzug der Vorhut des Opritschnina-Heeres vorstand und folglich einen niederen Posten innehatte. Im Herbst 1571 erhielt Trubezkoi von der Opritschnina den Bojarentitel und war von nun an einer der Hauptführer der Opritschnina-Duma. Unter allen „neuen“ Opritschnina-Bojaren genoß er das größte Vertrauen des Zaren. Dies zeigt unter anderem die Tatsache, daß er einer der beiden Bojaren war, die der Hochzeit des Zaren im Oktober 1571 beiwohnen durften. Im Winter desselben Jahres begleitete der Opritschnina-Bojar den Zaren als erster Hofwojewode nach Nowgorod.

Der Teilfürst N.R. Odojewski kam etwas später in die Opritschnina als Trubezkoi. Bis Mai 1570 verblieb er in der Semstschina, im September desselben Jahres führte er jedoch bereits das rechte Regiment der Opritschnina in Tarussa. Bald nach dem Mai 1571 erhielt auch Odojewski den Bojarentitel und nahm einen Platz in der Opritschnina-Duma ein. Seinerzeit hatten die Repressalien der Opritschnina auch die Familie Odojewski getroffen. Die Schwester N.R. Odojewskis, die damals mit dem Fürsten W.A. Starizki verheiratet war, und ihre Tochter wurden im Oktober 1569 vergiftet. So gehörte der neue Odojewski-Bojar also zu dem Teil des Adels, der unmittelbar von den Repressalien betroffen gewesen war.

Etwa zur selben Zeit wie die Odojewski wurden auch die Fürsten Pronski Opritschniki, die seit dem „Nowgoroder Fall“ unverändert das Vertrauen des Zaren genossen. Im Juli 1569 hatte man den Fürsten S.D. Pronski anstelle des Fürsten I.S. Schuiski, den man eines Verrats bezichtigte, zum Wojewoden von Smolensk ernannt. Etwa ein Jahr später nahm man ihn in die Opritschnina auf, und Ende 1571 erhielt er den Titel eines Bojaren. Auch sein ältester Bruder, der Bojar Fürst P.D. Pronski, war zusammen mit den Opritschniki an der Plünderung Nowgorods beteiligt und blieb nach diesem Pogrom als Hauptwojewode im Semstschina-Nowgorod. Der Statthalter von Nowgorod wurde Opritschnik und trat, nachdem der Zar im Februar 1571 einen bedeutenden Teil des Nowgoroder Landes in die Opritschnina einbezogen hatte, auch der Opritschnina-Duma bei. Im Dezember 1571 und im Frühjahr 1572 begleiteten die Brüder Pronski, bereits als Opritschnina-Bojaren, den Zaren nach Nowgorod. Auch dieses kleine Geschlecht hatte den Terror der Opritschnina am eigenen Leibe zu spüren bekommen. Der Fürst W.F. Pronski wurde im Sommer 1566 hingerichtet, und der Bojar W.P. Pronski kam im Sommer 1569 um. An dieser Stelle sei bemerkt, daß der Fürst P.D. Pronski nicht nur ein naher Verwandter von Fürst W.A. Starizki gewesen war, sondern auch viele Jahre lang bei ihm im Dienst gestanden hatte.

In den letzten Jahren der Opritschnina gab es in ihrer Regierung viele Verwandte und Vasallen des Fürsten W.A. Starizki, wie zum Beispiel

Fürst N. R. Odojewski und N. W. Borissow, beide Fürsten P. D. Pronski und W. I. Tjomkin, Bojaren von Stariza, den Haushofmeister von Stariza Fürst A. P. Chowanski und andere. Manche Forscher erklärten die Tatsache damit, daß die ehemaligen Vasallen von Wladimir Starizki ihn verraten hatten, was zu seiner Verurteilung führte. Unserer Ansicht nach ist dieses neue Element in der Opritschnina-Duma in erster Linie auf den Sturz der alten Führung und die einsetzende Reorganisierung der Opritschnina zurückzuführen.

Um sowohl die alte Opritschnina-Garde als auch die Opritschnina selbst abzuschaffen, war Iwan bestrebt, sich die Unterstützung derjenigen zu sichern, die am meisten unter der Opritschnina gelitten hatten. Gleichzeitig versuchte der Zar, die ehemaligen Führer der Opritschnina als die Alleinverantwortlichen für Gewaltakte und Amtsmißbräuche der Opritschnina hinzustellen. Ihre Bestrafung sollte eine Art Prolog zur „Versöhnung" des Zaren mit der Semstschina und völligen Abschaffung der Opritschnina darstellen. Aus diesem Grunde wurden in erster Linie Personen in die Opritschnina aufgenommen, deren Familien dem Terror zum Opfer gefallen waren.

Unter diesem Aspekt muß man auch die Aufnahme einiger der angesehensten Vertreter der Fürstengeschlechter Susdalski, Starodubski und Obolenski betrachten.

Etwa im Sommer 1570 wurde der Wojewode Fürst W. I. Barbaschin-Susdalski Opritschnik und im Frühjahr 1572 der Bojar Fürst I. A. Schuiski. Während des Nowgoroder Feldzuges 1572 nahm er offiziell eine höhere Stellung als die Opritschnina-Bojaren, die Fürsten Pronski und Sizki, ein. Kurz vor der völligen Abschaffung der Opritschnina gehörte Schuiski zu den ersten Bojaren in der Opritschnina-Duma.

Von den Fürsten Starodubski machte nur Fürst B. D. Tulupow am Ende der Opritschnina eine erfolgreiche Karriere. Während des Feldzuges gegen die Tataren im September 1570 war er der erste Befehlshaber der Opritschnina, und beim Feldzug im Frühjahr 1572 befand sich Tulupow unter dem Gefolge des Zaren. Im Sommer desselben Jahres verschwägerte er sich mit der Zarenfamilie, indem er seine Cousine mit dem Schwager des Zaren G. A. Koltowski verheiratete. Ein Jahr später erhielt Tulupow den Rang eines Okolnitschi.

Nur wenige der alten Opritschnina-Bojaren überlebten die Säuberung von 1570 und 1571, u. a. der Fürst W. A. Sizki-Jaroslawski, die Kolytschews und die Buturlins. Deren Lage war jedoch ziemlich unsicher. Der Okolnitschi W. I. Umnoi wurde zusammen mit I. P. Jakowlew bei Reval verhaftet und im Januar 1571 in Ketten nach Moskau geschafft. Er konnte zwar der Hinrichtung entgehen, wurde jedoch vom Dienst suspendiert. Erst im Frühjahr 1572 wählte man ihn dafür aus, ein Regiment gegen die Tataren zu führen. Kurz vor Sommer 1572 begann der Bojar F. I. Umnoi sich mit dem „jungen“ Bojaren W. B. Saburow, einem neuen Verwandten des Zaren, um die Ämter in der Bojarenduma zu streiten. Dies hatte für Umnoi katastrophale Folgen. Man verriet ihn an Saburow, und so mußte sich Umnoi schon bald ins Kloster zurückziehen.

Von allen Okolnitschije erhielt nur D. A. Buturlin eine Einladung zur Hochzeit des Zaren im Oktober 1571. Einige Monate später begleitete er den Zaren zusammen mit anderen vertrauten Personen nach Nowgorod. Auch die Buturlins hatten den Terror der Opritschnina unmittelbar zu spüren bekommen. Während des Nowgoroder Pogroms wurde W. A. Buturlin, der jüngere Bruder des Opritschnina-Okolnitschi, hingerichtet.

In der letzten Opritschnina-Regierung trat der altmoskowitische Adel den ehemaligen Teilfürsten (Trubezkoi, Odojewski) und zum Teil auch dem Susdaler Adel seine Positionen ab. Das hieß jedoch nicht, daß die Führung der Opritschnina der hochtitulierte Adel übernahm.

Die letzte Opritschnina-Regierung wies eine Besonderheit auf. Fast alle Mitglieder, die dem Hochadel angehörten, waren relativ junge Leute. Beispielsweise hatten die künftigen Opritschnina-Bojaren, die Fürsten F. M. Trubezkoi, N. R. Odojewski und S. D. Pronski, am Polozker Feldzug zwei Jahre vor Einführung der Opritschnina noch als Kosakenhauptleute teilgenommen. Sie blieben in den Jahren des Terrors mehr im Hintergrund und waren in politischer Hinsicht fast alle bedeutungslos.

Die Opritschniki Taube und Kruse charakterisierten die Opritschnina-Regierung dieser Zeit ziemlich treffend, indem sie feststellten, daß in der Nähe des Zaren nur berüchtigte Henker und junge Gaffer geblieben wären. Die jungen Adligen gehörten zu den letzteren und hatten gewissermaßen die Rolle, nach außen zu repräsentieren. Der Opritschnina-Hof brauchte eine neue, glänzende Fassade, da die alte bereits jegliche Anziehungskraft eingebüßt hatte.

Die Dumaadligen hatten unter der Säuberungsperiode in den Jahren 1570 und 1571 wesentlich weniger zu leiden als der Opritschnina-Adel. Lediglich Wjasemski und Saizew, die Begründer der Opritschnina, deren Schicksal eng mit den Plestschejews verbunden war, fielen den Repressalien zum Opfer. Alle übrigen Dumaadligen (M. I. Skuratow, W. G. Grjasnoi, I. S. Tscheremissinow, R. W. Olfjorow, W. G. Sjusin) und beinahe der gesamte Verwaltungsapparat überlebten jedoch die Säuberung.

Von allen Dumaadligen war Maljuta I. Skuratow-Belski am Ende der

Opritschnina der mächtigste. Dadurch, daß er dem Zaren Marfa Sobakina als Braut vorgeschlagen hatte, wurde er offensichtlich ein Verwandter der Zarenfamilie. So wird auch verständlich, warum Maljuta nach der Hochzeit den Posten des zweiten Hofwojewoden erhielt, der eines der höchsten Wojewoden-Ämter darstellte, auf das er wegen seiner niederen Abstammung keinerlei Anspruch hatte. Die Ernennung zum Hofwojewoden im Frühjahr 1572 stellte für Skuratow den Höhepunkt seiner Dienstlaufbahn dar. Als Dienstadliger der „Nahen Duma des Zaren" nahm Maljuta seit Anfang 1572 an wichtigen diplomatischen Verhandlungen mit der Krim und Litauen teil. Während des Feldzuges gegen Paide im Januar 1573 war Maljuta nicht als Wojewode im Einsatz, sondern befand sich beim Gefolge des Zaren „mit den Bojaren". Als Maljuta bei Paide fiel, wirkte sich dies in keiner Weise auf seine Verwandten aus, aus deren Mitte später der berühmte B. J. Belski hervorgehen sollte.

Eine besonders große Rolle spielte Maljuta dadurch, daß er in der Zeit des Massenterrors das von ihm geleitete Kriminalamt wesentlich verstärkte. Der Zar, der in ständiger Angst vor mutmaßlichen Verschwörungen lebte, vertraute Skuratow völlig und sah in ihm seinen allgegenwärtigen Retter. Mit Maljutas Hilfe rechnete er mit der alten Opritschnina-Garde ab. So richteten Skuratows Handlanger Basmanow hin und unterdrückten jedes Anzeichen von Unzufriedenheit innerhalb der Opritschnina. Als die Opritschnina abgeschafft wurde, verringerte sich der Einfluß Maljutas nicht im geringsten. Er erreichte vielmehr den Höhepunkt seiner Macht.

Den adligen Bojaren waren die Namen Maljuta und Bogdan Belski ebenso verhaßt wie der des Begründers der Opritschnina, Basmanow-Plestschejew. Kurbski warf dem Zaren vor, daß dieser der Eingebung des Teufels gefolgt sei, als er „die schlimmsten Schmarotzer und Wahnsinnigen", „die abscheulichen und ruchlosen Belskis und ihre Kumpanen", „die blutrünstigen Kromeschniki oder Opritschniki" in seine Nähe ließ.

Zur Zeit des Nowgoroder Pogroms besaßen die Dienstadligen Iljin neben Belski großen Einfluß in der Opritschnina. Als jedoch 1571 auf dem Opritschnina-Hof die Massensäuberungsaktionen begannen, geriet ihre Position stark ins Wanken. Auf Befehl des Zaren wurde, „der nächste Kämmerer" G. B. Bolschoi Grjasnoi vergiftet, G. B. Menschoi, Oberhaupt und Richter des Semstschina-Hofes im Opritschnina-Teil von Moskau, getötet und der Sohn des Richters Nikita bei lebendigem Leibe geröstet. W. G. Grjasnoi entging zwar dem Los seiner Vettern, büßte jedoch das frühere Vertrauen des Zaren ihm gegenüber ein und erhielt auch keine Einladung zur Hochzeit im Jahre 1571. Daß Wassili in dieser Zeit den Titel eines Dumaadligen noch behielt, hatte er voll und ganz dem Schutz seines alten Freundes Maljuta Skuratow zu verdanken. Einen Tag nach dem Tode Maljutas wurden die Iljins jedoch aus der Duma vertrieben. W. F. Oschanin erhielt den Befehl, sich als Wojewode in die Festung Paide zu begeben, wo er später verhaftet und daraufhin nach Moskau geschafft wurde. W. G. Grjasnoi schickte der Zar in eine „Ehrenverbannung" nach Narva und von dort aus in die kleine Festung Donkow an der Krimgrenze. Das Erbgut Grjasnois in Nowgorod, das einen großen Wert darstellte, wurde im Frühjahr 1573 an andere Personen weitergegeben. Während seines Militärdienstes in der Steppe geriet Grjasnoi in tatarische Gefangenschaft. Wassilis Briefe an den Zaren aus der Gefangenschaft 1573 bis 1577 vermitteln uns eine klare Vorstellung vom Charakter und von den Eigenschaften dieses engsten Vertrauten von Maljuta. Der unverwüstliche Zechbruder Wassili Grjasnoi, der durch seine Tischwitze die Gunst des Zaren erworben hatte, offenbart sich uns als großtuerischer, eitler und leichtsinniger Mensch. Als Grund für seine Gefangenschaft versuchte er dem Zaren allen Ernstes weiszumachen, alle seine 115 Bogenschützen seien vor dem Feind geflüchtet und er habe alleine gegen 250 Tataren gekämpft. Als man ihn zu Boden stürzte, „habe er im Gemenge noch 100 Menschen totbeißen und weitere 22 verwunden können".

Die Anrede, die Grjasnoi für den Zaren benutzte („Du, Herrscher, tust gleich einem Gott Großes und Kleines"), in der man oft eine Art Manifest der Opritschnina-Dienstadligen niederer Abstammung erblickte, war wegen des unziemlichen Vergleichs Iwans mit Gott in Wirklichkeit nichts anderes als der demütige Fauxpas eines in Ungnade gefallenen ehemaligen Günstlings.

Ganz am Ende der Opritschnina rückten die Adligen Nastschokin in die ersten Reihen der Dumaadligen auf. Sie hatten zwar unter dem Opritschnina-Terror von 1569 zu leiden, doch begünstigte gerade dieser Umstand ihre spätere Laufbahn. So wurde der Dienstadlige R. W. Olfjorow-Nastschokin im Jahre 1572 eines der einflußreichsten Mitglieder der Opritschnina-Duma. Olfjorow, Abkömmling einer vornehmen, aber verkümmerten Dienstadligenfamilie, war in den ersten Jahren der Opritschnina bescheidenes Dienstadligenoberhaupt gewesen. Kurz vor der Abschaffung der Opritschnina nahm seine Karriere jedoch neue Formen an. Ungeachtet dessen, daß er weder lesen noch schreiben konnte, wurde er durch die Gnade Iwans zum Opritschnina-Siegelbewahrer ernannt und übernahm außerdem die Leitung des gesamten Verwaltungsapparates der Opritschnina. Als „Siegelbewahrer und Dumaadliger" begleitete Olfjorow den Zaren im Winter 1571/72 und dann zum zweiten Mal im Frühjahr 1572 nach Nowgorod. Hier wurde Olfjorow an den Schatzhof beordert und als Gehilfe des Semstschina-Hauptschatzmeisters Fürst W. W. Litwinow-Mossalski eingesetzt. Der stolze Opritschnina-Günstling begann mit dem Schatzmeister einen Streit um die Rangplatzordnung und erklärte, ohne auch nur im geringsten verlegen zu werden, in einer Bittschrift an den Zaren: „Ich Dein Knecht weiß nicht, warum die Mossalskis Fürsten sind und woher sie stammen.“ Der Schatzmeister ließ nicht nur diese Erniedrigungen über sich ergehen, sondern antwortete demütig: „Die Fürsten Mossalski kennen ihre Abstammung nicht“, „Roman (Olfjorow – *der Verf.*) ist ein bedeutender Mann, ich aber bin noch jung“ und „will Roman nichts streitig machen“. Was die Rangplatzordnung betrifft, steht vor uns also ein des Lesens und Schreibens unkundiger Siegelbewahrer, der jedoch als „ein bedeutender Mann“ der Opritschnina bezeichnet wird.

In der letzten Phase der Opritschnina spielten die Dienstadligen eine große Rolle. Nach dem Tode von W. F. Naumow übernahm D. I. Godunow den Rang des ehemaligen Kämmerers. Durch die Heirat seines Neffen Boris, des späteren Zaren (1598–1605), mit der Tochter des allmächtigen Skuratow wurde seine Lage zusätzlich abgesichert.

Nach dem Sturz des Plestschejews und den darauffolgenden massenhaften Säuberungen nahm die Bedeutung des Dienstadels innerhalb der Opritschnina-Duma merklich zu. In Gestalt der Belskis, der Iljins und Olfjorows nahmen die Dienstadligen niederer Abstammung feste Positionen in der Nahen Duma des Zaren ein.

Zur Zeit Skuratows wirkten am Opritschnina-Hofe mit großem Erfolg allerlei Draufgänger und Abenteurer vom Schlage Maljutas. Den größten Einfluß auf den Zaren übte jedoch zu jener Zeit der westfälische Astrologe und Mediziner Elyseus Bomelius aus. Er verstand es, den Argwohn des Zaren geschickt auszunutzen, sagte Unheil voraus und gab Ratschläge, wie man es überwinden könne. Seinen moralischen Qualitäten nach stand der neue Leibarzt des Zaren Belski in nichts nach. Er mischte Gifte zur Beseitigung von in Ungnade gefallenen Hofbeamten und ermordete unter anderem auch den Kämmerer Grjasnoi. Die Aufwertung dieses Astrologen war gewissermaßen ein Symptom für den völligen Niedergang der Opritschnina.

Die Charakteristik der Opritschnina-Regierung wäre ohne die Beschreibung der Persönlichkeit Iwans IV. jedoch unvollständig. Die Zeitgenossen neigten im allgemeinen dazu, den Einfluß von Veranlagungen und Launen des Zaren auf den Verlauf der Ereignisse stark zu übertreiben. Genauso falsch wäre es jedoch auch, wenn der Historiker in das genaue Gegenteil verfallen und bestreiten würde, daß Iwan IV. in der Geschichte Rußlands des 16. Jahrhunderts eine bedeutende Rolle spielte.

Um Iwan IV. als Persönlichkeit zu erfassen, muß man sich vor allen Dingen seinen zahlreichen literarischen Schriften zuwenden. Hier stellt sich uns Iwan als ein Mensch dar, der von Natur aus über einen ausgesprochen scharfen Verstand verfügte. Seine Qualitäten (schriftstellerisches Talent und großes politisches Temperament) sind in seiner Position ziemlich ungewöhnlich.

Zeitgenossen äußerten sich zwar überaus widersprüchlich über Iwan, aber niemand streitet ihm seinen scharfen Verstand und seine Bildung ab. So schreibt ein junger Zeitgenosse des Zaren, der Sekretär Iwan Timofejew, welcher den Zaren einerseits wegen dessen Brutalität und Argwohn scharf kritisierte, andererseits mit Hochachtung über Iwans Eigenschaften: Zar Iwan „ist stark im Kampf und sehr klug in allem, in seinem ganzen Geschlecht zeichnet er sich durch außerordentliche Weisheit aus“, „er kennt ... die Wahrheit der Philosophie, ist dabei jedoch bescheiden“.

Ausländer, die den Zaren kannten, hoben ebenfalls seine angeborene Klugheit und sein praktisches Denken hervor. Nach alldem zu urteilen, sei er ein Mensch von ungewöhnlichem Verstand, schrieb der österreichische Gesandte Daniel von Buchau. Ähnlich äußerten sich auch der Italiener Foscarino und der englische Gesandte J. Horsey. Das sei ein wahrer Skythe, schrieb Horsey, witzig, brutal, blutrünstig und unbarmherzig; die eigenen Erfahrungen hätten ihm geholfen, den Staat und die gesellschaftlichen Angelegenheiten zu verwalten.

All diese Aussagen über die Persönlichkeit Iwans IV. und dessen ungewöhnliche Eigenschaften können natürlich nicht ignoriert werden. In welchem Maße hat jedoch die Persönlichkeit des Zaren die entscheidenden Ereignisse jener Epoche beeinflußt? Zu Zeiten Silvesters und Adaschews fügte sich Iwan vollständig der Autorität seiner Berater und Freunde, was zweifelsohne seinen eigenen Einfluß auf Verwaltungsangelegenheiten verminderte. Nachdem die Führer des Auserwählten Rates beseitigt und die Opritschnina geschaffen war, veränderte sich alles von Grund auf. Iwan schien absolute Macht erlangt zu haben. Fast alle Zeitgenossen waren sich einig, daß der Einfluß des Moskauer „Tyrannen“ auf die Verwaltung nahezu unbegrenzt war. In diesem Punkt wurde jedoch übertrieben.

Die Opritschnina war zwar das Lieblingswerk Iwans IV., doch ist sie nie ausschließlich Produkt seines Geistes und seiner Energie gewesen. Bei allen wichtigen Entscheidungen, die in die Zeit der Opritschnina fielen, gab es neben dem Zaren stets eine ganze Reihe von Personen, die diese Politik verwirklichten, so Basmanow und Wjasemski, später Maljuta Skuratow und andere Führer der Opritschnina-Regierung. Auf den ersten Blick scheinen all diese Männer nur gehorsame Vollstrecker der Befehle Iwans und seiner Willkür zu sein. Ihr wirklicher Einfluß auf die Opritschnina-Politik war jedoch außerordentlich groß.

Wieder und wieder belehrte Zar Iwan seinen Sohn, den Thronfolger, er solle lernen, „die Menschen zu beherrschen, ... sich vor ihnen zu schützen und sie in allem für sich gefügig zu machen". Er selbst jedoch schaffte es nie, seine „nächste Umgebung" über lange Zeit hinweg für seine Ziele zu gewinnen. Iwans Charakter hatte außerdem eine weitere Besonderheit: Bei all seinem Mißtrauen und seiner Brutalität war er ausgesprochen anhänglich. Leuten, die es verstanden, ihm ihre Ergebenheit glaubhaft zu machen, vertraute der Zar grenzenlos. Als ein seelisch unausgeglichener, leicht zu beeinflussender Mensch stand Iwan ständig unter dem Einfluß verschiedener Günstlinge. Ohne ihren Rat entschied er weder politische Fragen noch das Problem, wer seine Frau werden sollte. Silvester war der erste Lehrer in Iwans Leben. Adaschew begeisterte ihn für umfassende Reformen. Alexej Basmanow, einer der fähigsten Wojewoden des 16. Jahrhunderts, brachte ihn auf den Gedanken, die Opritschnina zu schaffen, eine Verwaltung, die auf uneingeschränkter Gewalt beruhte. Skuratow inspirierte ihn zu blutigen Pogromen. Wie sehr Iwan aber auch immer unter dem Einfluß seiner Günstlinge stand, zu guter Letzt wurden alle erbarmungslos von ihm vernichtet. Autoritäten kamen und gingen und mit ihnen ihre Ideen. Adaschew fiel in Ungnade, und mit ihm fand auch sein Reformprogramm für den Dienstadel ein Ende. Die Opritschnina scheiterte, und auf Anordnung des Zaren erstach der Sohn Basmanows seinen Vater. Allein Skuratow gelang es, dem Los seiner Vorgänger zu entgehen. Niemand ist jedoch in der Lage zu sagen, wie sich das Los dieses Günstlings gestaltet hätte, wäre er nicht durch eine schwedische Kugel auf dem Höhepunkt seines Ruhmes ums Leben gekommen.

In den Tagen der Thronentsagung erlebte der Zar eine tiefe nervliche Erschütterung, gefolgt von einer schweren Krankheit. In den darauffolgenden Jahren suchte er, bis dahin ein kerngesunder Mensch, beharrlich nach guten Ärzten im Ausland. Nach dem Nowgoroder Pogrom wurde in der Semstschina viel darüber geredet, daß Gott Iwan mit einer unheilbaren Krankheit bestraft habe. Wie Augenzeugen berichteten, litt der Zar an Anfällen, bei denen er „wie vom Wahnsinn befallen schien" und ihm Schaum vor den Mund trat. Es ist durchaus möglich, daß seine jähen

Wutausbrüche und sein übertriebener Argwohn mit einer Nervenkrankheit verbunden waren. Dennoch darf man die Auswirkungen, die die Krankheit auf den Charakter des Zaren hatte, nicht überschätzen. Iwans Brutalität kann man nicht allein auf pathologische Ursachen zurückführen. Die ganze finstere und dumpfe Atmosphäre des Mittelalters war von Gewalt, der Mißachtung menschlicher Würde und des Menschenlebens überhaupt sowie von jedem erdenklichen Aberglauben durchdrungen. So war Iwan IV. in der langen Kette mittelalterlicher Tyrannen durchaus keine Ausnahme.

Die blutige Herrschaft des Zaren hat sich den Zeitgenossen tief ins Gedächtnis eingeprägt, und das Volk gab dem „großen Herrscher" den Beinamen „der Schreckliche". Dieser Beiname charakterisiert ziemlich genau den ersten Moskauer Zaren. Während seiner Herrschaft kamen rund 4000 Menschen um. Dies war in etwa das Ausmaß des Opritschnina-Terrors im 16. Jahrhundert, als die Bevölkerung des Landes acht bis zehn Millionen ausmachte. Parallel zum Terror wuchsen auch die Angst und das Mißtrauen im politischen Leben des Staates. Auch der Zar selbst wurde ein Opfer der allgemeinen Angst, was er, der geborene Heuchler, gegen Ende seines Lebens nicht mehr verbergen konnte. Zeitgenossen bemerkten eine merkwürdige Diskrepanz zwischen seiner würdevollen Haltung und dem Ausdruck seiner Augen, die stets unruhig umherschweiften und alles aufmerksam beobachteten. Diese Worte stammen von dem österreichischen Gesandten. Trotz seiner maßlosen Überheblichkeit, die durch die ständigen Schmeicheleien und Lobpreisungen der Hofleute noch verstärkt worden sei, schrieb der Gesandte des Papstes, merke man dem Zaren sein Mißtrauen an. Dieses Mißtrauen klingt auch in den literarischen Schriften des Zaren durch. Kurz vor seinem Tode verfaßte Iwan IV. zum Beispiel einen von Todesangst, Verfolgungswahn und Einsamkeitsgefühl erfüllten Kanon für den furchtgebietenden Engel.

Angst trieb den Zaren auch in die Opritschnina-Sloboda, in der er viele Jahre lang unter sicherem Schutz ein Einsiedlerleben führte und die er nur in Begleitung vieler hundert bis an die Zähne bewaffneter Prätorianer verließ. Immer auf der Hut vor Verschwörungen und Anschlägen, vertraute der Zar schließlich selbst seinen nächsten Verwandten und Freunden nicht mehr. Iwans neue Ratgeber heizten diesen Argwohn noch zusätzlich an.

Als es in der Opritschnina zu blutigen Ausschreitungen kam, handelte der Zar wie ein von Angst geblendeter Mensch. Vom blutigen Terror waren alle Bereiche des politischen Lebens betroffen. Nie zuvor konnten sich Kriecherei und Lobhudelei in so voller Blüte entfalten wie zu dieser Zeit. Schmeichler und Tischgenossen hätten die Weisheit und Unfehlbarkeit des Herrschers über alle Maßen gepriesen, schrieb Kurbski. Aus Angst und durch die übermäßigen Lobpreisungen büßte der Zar trotz seines angeborenen Verstandes immer mehr seine Weitsicht ein, duldete keinen Widerspruch und machte störrisch einen Fehler nach dem anderen. Zu guter Letzt war er nur noch von äußerst fragwürdigen Personen, skrupellosen Hochstaplern und Henkern umgeben. Obwohl gerade zur Zeit der Opritschnina das Bild von der Allmacht des Moskauer Selbstherrschers entstand, wurde der Zar selbst zum Spielball solcher Abenteurer wie Maljuta Skuratow.

Die Zeitgenossen wunderten sich über die Einfälle und Tollheiten des Zaren. Mitunter handelte es sich dabei um durchaus harmlose Späße. So feierte der Zar beispielsweise die Hochzeit seiner Nichte mit dem Prinzen von Dänemark ziemlich übermütig. Als sich die Gäste zum Psalmgesang des heiligen Afanassi im Tanze drehten, tanzte auch der fünfundvierzigjährige Herrscher gemeinsam mit den jungen Mönchen und schlug ihnen im Takt mit dem Zepter auf den Kopf. Bei Gelagen trieb Iwan nicht nur mit Mönchen, sondern auch mit hochgestellten Bojaren seine Späße. Eines Tages, heißt es in der Chronik, ließ der Zar Bojaren zu sich rufen und „reichte (ihnen) ohne Unterlaß seinen Trinkbecher und (befahl) seinen Mundschenken, laufend Wein nachzuschenken; so begannen sie zu lästern und über alles mögliche zu klatschen, die einen sagten Verse auf, andere sangen Lieder ..., dabei benutzten sie die unflätigsten Schimpfworte. Und ... der Zar ... ordnete an, all diese Reden insgeheim aufzuschreiben und sie ihm am nächsten Morgen vorzulegen; er wunderte sich sehr darüber, daß die so klugen und anständigen Leute seines zarischen Rates solche Worte gebrauchten. Er zeigte ihnen diese Aufzeichnungen und brachte sie dadurch in große Verwirrung.“ Damit, daß das Geschwätz der betrunkenen Bojaren mitgeschrieben wurde, endete die ganze Sache. Doch nicht immer hatten die Späße des Zaren ein so glückliches Ende. Gerade der Humor des Zaren wurde von seinen Untertanen gefürchtet. Der Strelitzen-Befehlshaber Nikita Golochwastow, ein Mensch mit außerordentlichem Mut, mußte die Mönchskutte anlegen, um dem Zorn des Zaren zu entgehen. Doch auch das Kloster konnte ihn nicht retten. Auf Befehl des Zaren wurde Nikita aus dem Kloster geholt und mit der Bemerkung, man wolle dem braven Mönch helfen, schneller in den Himmel zu kommen, zusammen mit einem Pulverfaß in die Luft gesprengt.

Iwan, der sich bereits in seiner Jugend für die Religion begeisterte, wurde in reifen Jahren zu einem wahrhaften Fanatiker auf diesem Gebiet. Vielen seiner brutalen und unberechenbaren Handlungen lag religiöser Fanatismus zugrunde. Nach der Zerschlagung Kasans zum Beispiel befahl Iwan, alle nach Nowgorod geschafften Moslems, die sich weigerten, zum christlichen Glauben überzutreten, hinzurichten. Im besiegten Polozk ließ er alle dortigen Juden ertränken. Seine außerehelich geborenen und deshalb von Gott nicht gewollten Kinder erdrosselte er mit eigenen Händen. Nach Tollheiten und Grausamkeiten bereute der Zar stets seine Taten. In einem Schreiben an die Mönche des Kyrill-Beloosero-Klosters heißt es unter anderem: „Und wie kann ich, elender Hund, andere bekehren, sie bestrafen oder aufklären, wo ich doch selbst ständig der Trunkenheit, der Unzucht, der ehelichen Untreue, der Unflätigkeit, Mord und Raub, der Plünderung, dem Haß und allen möglichen Missetaten nachgehe?“ Obwohl die Mönche zu Iwans Lebzeiten viel zu leiden hatten, erklärten sie ihn nach seinem Tode zu einem gottesfürchtigen Herrscher. Die Kirchendiener bewunderten seinen Hang zur Religion und seine rhetorischen Selbstentlarvungen. Keiner der Zeitgenossen zog die Aufrichtigkeit seiner Reue in Zweifel. Ein solches Problem existierte nicht für sie. Dennoch hilft gerade diese Fragestellung, das Verhalten und den literarischen Stil Iwans IV. grundlegend zu analysieren. Dabei kommen die sich scharf abzeichnenden Züge von Geistesstörung und Possenreißerei deutlich zum Vorschein. Mit erstaunlicher Leichtigkeit wechselte Zar Iwan in seinen Schriften von Demut zu Stolz und Zorn über, die seinen Gesprächspartner erniedrigen sollten. Der Zar brachte es sogar fertig, sich in dem Moment, wenn der Scharfrichter bereits das Beil in der Hand hielt, noch mit seinem Opfer auf ein Wortgefecht einzulassen.

Unter den Lastern, die sich der Zar selbst zuschrieb, waren Habsucht und das nie zu stillende Verlangen, fremde Besitzungen zu „plündern“. Iwan, der von seinen Vorfahren ein großes Vermögen geerbt hatte, war nicht gerade wählerisch, wenn es darum ging, dieses zu vermehren. Kurz bevor die Tataren in Moskau einfielen, befahl er, seine Schatzkammer von dort aus nach Nowgorod zu verlegen, wozu 450 Fuhrwerke bereitgestellt wurden. Geht man von der Größe des Trosses aus, so enthielt die Schatzkammer mehrere Tausend Pud Gold und Silber in Form von Barren und Münzen. Außerdem besaß der Zar eine der wertvollsten Edelsteinsammlungen Europas. Er kannte den hohen Wert von Edelsteinen und erwarb sie in aller Welt. Als leidenschaftlicher Sammler war es für Iwan ein Vergnügen, seine Sammlung zu zeigen. Diejenigen, welche die Schätze des Zaren zu Gesicht bekamen, waren nicht nur von der Größe und dem Glanz der Steine beeindruckt, sondern ebenso von der mystischen und nebelhaften Art, mit der er darüber sprach. Rubine reinigten nach Ansicht des Zaren sein verdorbenes Blut. Saphire verfügten über die geheimnisvolle Kraft, ihn zu beschützen. Ein in seiner Hand bleichender Türkis sage den Tod voraus. Der Diamant, der wertvollste unter den orientalischen Edelsteinen, halte den Menschen von Wut und Wollust zurück. Diesen Stein hat Iwan nach seinen eigenen Worten nie geliebt. In all den Steinen erblickte er ein Geschenk Gottes und das Geheimnis der Natur, das dem Menschen zum Nutzen gereicht und zum Anschauen da ist.

Aus Mangel an zuverlässigen Fakten ist es ausgesprochen schwierig, ein genaues Porträt des Zaren zu malen. Unter den wenigen Porträts, die es von Iwan IV. gibt, ist das früheste, von einem unbekannten Moskauer Maler gezeichnet und dann nach Kopenhagen ausgeführt, am wertvollsten. Die hier abgebildeten Gesichtszüge sind ausgesprochen einprägsam – eine hohe Stirn mit großen Scheitelblößen, eine längliche, etwas hakenförmige Nase und ein üppiger Bart. Der Wert des Porträts jedoch wird etwas dadurch beeinträchtigt, daß es einem Heiligenbild ähnelt.

Zu den frühen Darstellungen Iwans gehört unter anderem eine Freske, die sich an den Wänden des Neuen-Erlöser-Klosters in Moskau befindet. Diese Freske weist eine noch ausgeprägtere Stilisierung als das Kopenhagener Bildnis auf. Das würdevolle Antlitz des Zaren hat hier völlig seine Individualität eingebüßt. Unglaubwürdig sind auch karikierte Abbildungen des Zaren auf deutschen Flugbättern, die einen hinterlistigen und brutalen Asiaten mit einer zottigen Mütze zeigen.

Die späteren Darstellungen Iwans aus dem Titelbuch des 17. Jahrhunderts betonen schematisch seine Adlernase und die drohend zusammengezogenen Augenbrauen. Dieses Bildnis wird ergänzt durch literarische Porträts Iwans des Schrecklichen. Das bekannteste unter ihnen stammt aus der Feder des Fürsten I. S. Schachowskoi, eines Schriftstellers aus dem 17. Jahrhundert. „Zar Iwan“, schrieb Schachowskoi, „war von abstoßender Gestalt, hatte graue Augen, eine lange Hakennase, war hochgewachsen und hager, mit starken Schultern, einer breiten Brust und fleischigen Muskeln.“ Einige Details dieses Porträts sind äußerst fragwürdig. Beispielsweise schreibt Schachowskoi, der Zar habe graue Augen gehabt. Dies steht jedoch im Widerspruch zu der allgemein bekannten Äußerung Iwans über Menschen mit grauen Augen: „Wo findest du einen treuen Mann, der graue (oder ‚sekry‘, d. h. ‚blaue‘) Augen hat?“ fragte Iwan IV. Kurbski. Die obengenannte Beschreibung weist noch andere Ungereimtheiten auf, die offensichtlich darauf zurückzuführen sind, daß der Autor das Äußere des Zaren nach den Worten anderer schilderte. Auch die Bemerkung, Iwan habe eine „abstoßende Gestalt“ gehabt, scheint eher polemisch zu sein. Selbst die entschiedensten Gegner des „Tyrannen“ verloren kein Wort über seine angeblich „abstoßende Gestalt“. Weniger voreingenommene Autoren, beispielsweise italienische und englische Kaufleute, hoben in ihren Aufzeichnungen sein anziehendes Aussehen hervor, ja, sie schrieben sogar, er sei ein gut aussehender Mann gewesen. Zar Iwan wirkte würdevoll. Allem Anschein nach hatte Iwan ein angenehmes Äußeres, auf jeden Fall sah man ihm seine Brutalität nicht an. In diesem Punkt weicht auch das erste dokumentarische Porträt Iwans des Schrecklichen, das M. M. Gerassimow[38] rekonstruierte, von den Aussagen der Zeitgenossen ab. Die genaueste Beschreibung des Zaren hinterließ ein österreichischer Gesandter. Seinen Worten zufolge war Iwan mit 45 Jahren ein kräftiger und recht fülliger Mann. Er sei von hohem Wuchs gewesen, habe einen langen dichten rotbraun-schwärzlichen Bart gehabt, sei kahlrasiert gewesen und habe große flinke Augen gehabt. Am meisten war der Österreicher von der majestätischen Haltung Iwans beeindruckt.

7. Abschaffung der Opritschnina

Der Plan, in Livland ein Vasallenkönigtum zu errichten, scheiterte endgültig nach der mißglückten Belagerung Revals. Die Initiatoren dieses Vorhabens, die Diplomaten „Bojar“ Taube und Kruse, kehrten dem Zaren den Rücken und zettelten am 21. Oktober 1571 in Jurjew einen bewaffneten Aufruhr an. Der Aufruhr wurde innerhalb von zwei Stunden niedergeschlagen, Taube und Kruse gelang es jedoch, nach Litauen zu fliehen. Dort belohnte sie König Sigismund mit Ländereien und Schlössern und verlieh ihnen darüber hinaus den Titel eines Freiherrn. Der Verrat seiner Günstlinge, die zu den Besten des Opritschniki-Diplomatenkorps gehört hatten, verblüffte den Zaren Iwan. Zunächst versuchte er die Geflohenen durch Ermahnungen dazu zu bewegen, nach Moskau zurückzukehren. Später forderte er von der Rzeczpospolita ihre Auslieferung. Als Iwan daraufhin jedoch eine Absage erhalten hatte, ließ er viele livländische Gefangene hinrichten.

Die von den angesehenen Opritschniki angezettelte Rebellion verstärkte das Mißtrauen des Zaren gegenüber der Opritschniki-Garde und trug auf diese Weise zur baldigen Aufhebung der Opritschnina bei.

Der Waffenstillstand zwischen der Rzeczpospolita und Moskau wurde ständig verletzt, so daß man an der Westgrenze jeden Augenblick mit Kriegshandlungen rechnen mußte. Die Gefahr eines Tatarenüberfalls ließ die russische Regierung jedoch nach einer zuverlässigeren Friedensregelung mit den Polen suchen. Im Frühjahr 1572 traf in Moskau der litauische Gesandte M. Haraburda ein, der eine Vereinbarung mit der Moskauer Regierung über ein Bündnis gegen die Türken und Tataren erwirkte. Der Tod von König Sigismund II. August und die Zerschlagung der Tataren bei Moskau lenkten die Entwicklung der russisch-polnischen Beziehungen jedoch in eine ganz andere Richtung. In der Hoffnung, das Interregnum in Polen zu seinem Vorteil ausnützen zu können, forderte der Zar Iwan, daß unverzüglich eine polnisch-litauische Gesandtschaft nach Moskau geschickt werde. Sollte diese Forderung nicht erfüllt werden, so drohte er, werde sofort ganz Livland besetzt.

Selbst in dieser Zeit betrachtete die Moskauer Regierung nicht Polen, sondern Schweden als Hauptrivalen in Livland. Aus diesem Grunde faßte der Zar noch Ende 1571 gemeinsam mit der Bojarenduma den Beschluß, dem „ungehorsamen" König Johann III. wegen seiner „Unverbesserlichkeit" den Krieg zu erklären. Während Iwan mit seinem Heer in Nowgorod einmarschierte, passierten Einheiten der in Moskauer Diensten stehenden tatarischen Reiterei die schwedische Grenze und begannen, Finnland zu verwüsten. Da sich die Schweden weigerten, der ultimativen Forderung Moskaus nach einer neuen Gesandtschaft nachzugeben, beschloß der Zar, den alten Gesandten, Bischof Paul von Abo, der nach Murom verbannt worden war, in die Heimat zu entlassen. Die Botschaft des Zaren an Johann III., die dem Gesandten ausgehändigt wurde, war in einem äußerst arroganten und hochmütigen Stil verfaßt. Der Zar verlangte, der Schwedenkönig solle sich als Vasall der russischen Krone betrachten. Sein Titel werde dem Zarentitel beigefügt, Kolywan (Reval) solle er unverzüglich an Rußland abtreten. Der schwedische Gesandte stimmte einigen dieser Forderungen einzig und allein aus dem Grunde zu, weil er den Krieg an der schwedischen Grenze einstellen und sich selbst aus dem Moskauer Reich retten wollte.

Die Opritschnina-Diplomaten, die sich im Herbst 1570 glänzende Möglichkeiten hatten entgehen lassen, suchten jetzt mit offensichtlicher Verspätung Schweden Reval abzugewinnen. Ihre Bemühungen wurden unterstützt durch die Demonstration militärischer Stärke an der russisch-schwedischen Grenze. Am 1. Juni 1572 traf Iwan IV. mit seinem engeren Hofstaat und seinem Strelitzenheer in Nowgorod ein. Unter dem Vorwand, am Schwedenkrieg teilnehmen zu müssen, hatte der Zar seinen Regierungssitz verlassen, dem eine Tatareninvasion drohte. So wollte er abwarten, bis der Tatarenüberfall abgewehrt und die Armee von der Südgrenze zurückgekehrt war, um erst dann einen Feldzug nach Livland zu unternehmen. Der Krieg an der Südgrenze zog sich jedoch in die Länge, und die Armee, die Moskau verteidigte, erlitt schwere Verluste. Deshalb sah sich die Regierung gezwungen, den Feldzug nach Livland aufzuschieben. Am 11. August 1572 sandte Iwan dem Schwedenkönig einen Schmähbrief, in dem er ankündigte, daß er im Dezember wieder nach Nowgorod komme. „Und dann wirst du noch sehen, wie wir und unsere Leute dich um Frieden bitten." Diesmal hielt der Zar sein Wort. Im Winter 1572/73 drang er mit einem großen Heer in das schwedische Livland ein, besetzte Paide, wagte es jedoch nicht, nach Reval zu ziehen.

Nachdem die Tataren Moskau 1571 niedergebrannt hatten, war der Zar bestrebt, um jeden Preis Frieden mit dem Krimchanat zu schließen. Er ließ die Sunscha-Festung am Terek, die ein Bollwerk der russischen Herrschaft im Nordkaukasus war, zerstören und versprach, dem Chan Astrachan zu überlassen. Auf der Krim gewannen jedoch militante Kräfte die Oberhand, auf deren Betreiben hin die Friedensvorschläge Moskaus zurückgewiesen wurden.

Damals war das Moskauer Reich wie nie zuvor durch lang anhaltenden Hunger und die Pest geschwächt. Sein Heer mußte schwere Niederlagen bei Reval und Moskau hinnehmen. Da die alten Befestigungsanlagen der russischen Hauptstadt vom Brand zerstört worden waren und durch die neuen, die in Eile aufgebaut wurden, nicht voll ersetzt werden konnten, war sie praktisch schutzlos. Die militärischen Niederlagen brachten die Herrschaft Moskaus am Mittel- und Unterlauf der Wolga und im Kaspigebiet ins Wanken. So brach die Große Nogaier Horde, das nach der Krim stärkste Tatarenchanat, ihre Vasallenbeziehungen zu Moskau endgültig ab und nahm am Krieg gegen die Russen teil. Die eroberten Völker des Wolgagebiets, die Astrachaner und Kasaner Tataren, die Tscheremissen und andere, kamen in Bewegung und versuchten, das Zarenjoch abzuschütteln. Laut Zeitgenossenberichten haben sie während eines Chan-Überfalls auf Moskau rebelliert, russische Garnisonen angegriffen, einige unbefestigte Städte niedergebrannt und viele Menschen gefangengenommen. Als Vasall des Osmanischen Reiches stützte sich das Krimchanat im Krieg gegen Moskau auf den Beistand dieser größten Kriegsmacht Europas. Als Verbündete der Krim traten auch viele Tscherkessen-Fürsten auf.

Der Krimchan beabsichtigte nicht nur, Moskau zu zerschlagen und Gebiete an mittlerer und unterer Wolga an sich zu reißen, sondern er wollte außerdem die Hauptstadt erobern, um die einstige Abhängigkeit des Moskauer Reiches von den Tataren wiederherzustellen. Unmittelbar von dem Einfall ließ Chan Dewlet-Girej die Landkreise und Städte Moskaus unter dem tatarischen Hochadel verteilen. Man erzählt, er habe den Türken gegenüber geprahlt, daß er innerhalb eines Jahres das ganze Russenland erobern und den Zaren Iwan als Gefangenen auf die Krim bringen werde. Daraufhin entsandte der Sultan eine Sondermission für die Teilnahme am Eroberungsfeldzug gegen Moskau auf die Krim.

Die Kräfte, die am Feldzug teilnahmen, waren beachtlich. Außer der Krimhorde, die 40 000 bis 60 000 Reiter zählte, ließ der Chan eine vieltausendköpfige Reiterei aus der Großen und der Kleinen Nogaier Horde sowie Tscherkessen antreten. Die Artillerie des Chans wurde von türkischen Kanonieren bedient.

Die russische Regierung, die über die Kriegsvorbereitungen auf der Krim informiert wurde, war sich über das Ausmaß der Gefahr durchaus im klaren. Da es keine Möglichkeit gab, die Tataren in der an der Grenze gelegenen Steppe zum Stehen zu bringen, ließ sie, soweit es ging, die Verteidigungslinien an der Oka unweit von Moskau befestigen. Im Herbst 1571 brannten Grenzposten eine riesengroße Fläche der Steppe zwischen Donkow, Nowossil, Orjol und Putiwl nieder, damit die tatarische Reiterei dort im Winter und Frühjahr kein Weidefutter fand.

Im April 1572 konzentrierte das Moskauer Oberkommando das gesamte Opritschnina- und Semstschina-Heer an der Oka. Es bestand aus rund 12 000 Dienstadligen, 2035 Strelitzen und 3800 Kosaken. Zusammen mit dem Aufgebot der nördlichen Städte zählte das Heer etwas mehr als 20 000 Mann, was mindestens vier Fünftel der gesamten Streitkräfte des Landes ausmachte.

Am 23. Juli 1572 fiel Chan Dewlet-Girej im Moskauer Reich ein. Die schnelle tatarische Reiterei passierte Tula, schwenkte nach Westen ab und versuchte am 26. Juli die Oka oberhalb Serpuchows, an der Senkin-Furt, zu überqueren, wurde jedoch von der Avantgarde Fürst I. P. Schuiskis zurückgeworfen. Einen Tag später erschien der Chan mit seiner ganzen Horde an den Oka-Hauptfurten bei Serpuchow. Dort stießen die Tataren auf eine sichere Verteidigung.

Das russische Heer erwartete den Feind am anderen Okaufer in stark befestigten Stellungen. Die Tataren beschossen die „fliegende Festung“, d. h. die ad hoc errichtete und jederzeit demontierbare Verteidigungsstellung, die bei den Übersetzstellen aufgebaut war, ohne den Russen auch nur den geringsten Schaden zuzufügen. Der Beschuß blieb von den Wojewoden unbeantwortet.

Die schnelle Nogaier Reiterei stieß mit dieser Offensive noch während der Nacht weit nach Norden vor. Laut Rangbüchern habe der tatarische Heerführer Tereberdej „alle Straßen rund um Moskau genommen, ohne gekämpft zu haben“.

Zum ersten ernsthafen Zusammenstoß mit den Tataren kam es noch am gleichen Tag am Oberlauf der Nara, als die Wojewoden Fürsten N. R. Odojewski und F. W. Scheremetjew versuchten, den Chan, der in Richtung Moskau vorrückte, mit dem rechten Regiment aufzuhalten. Die russischen Rangbücher berichten nichts über den Ausgang des Gefechts an der Nara außer der Tatsache, daß der Wojewode Fjodor Scheremetjew „davonlief, Bogen und Köcher von sich warf, Fürst Nikita aber (Odojewski – *der Verf.*) den großen Kampf allein kämpfen ließ“. Der Versuch, die Tataren an der Nara zu stoppen, schlug fehl. Nachdem der Chan die Serpuchower Straße erreicht hatte, näherte er sich Moskau mit großer Geschwindigkeit. Die Nachhut der tatarischen Armee, in der sich auch die Söhne von Dewlet-Girej und eine starke Elite-Reiterei befanden, wurde von der Vorhut Fürst Chworostinins verfolgt. Hinter ihm zog die ganze Armee von Fürst Worotynski. Nachdem Chworostinin zunächst einer Kollision mit den Hauptkräften des Gegners ausgewichen war, wählte er nun einen passenden Augenblick und griff noch am gleichen Tage, dem 28. Juli, die Nachhut der Tataren an. Sein Regiment holte die tatarische Reiterei 45 Werst vor Moskau, in Molodi, ein. Die Tataren konnten seinem Angriff nicht standhalten und wandten sich zur Flucht. Laut Rangbüchern verfolgte Chworostinin das tatarische Regiment noch bis in die Chan-Steppe hinein. Es wird berichtet, die Prinzen hätten dem Chan nachdrücklich geraten, den Vormarsch auf Moskau zu stoppen: „Weshalb noch nach Moskau ziehen, sagten sie, haben uns doch die Moskauer hier geschlagen, die Stadt jedoch ist nicht menschenleer.“

Der Chan schickte seinen Söhnen etwa 12 000 berittene Krimtataren und Nogaier zu Hilfe. Zahlenmäßig nun stark überlegen, rannten die Tataren das Chworostinin-Regiment nieder und begannen es zu verfolgen. Chworostinin lockte die Tataren jedoch in eine Falle. Er zog seine Truppen bis an die südlich von Molodi stehende „fliegende Festung“ zurück und führte sie dicht an ihren hölzernen Mauern vorbei. Salven russischer Geschütze aus nächster Nähe richteten in den Reihen der tatarischen Reiterei große Verwüstung an und schlugen sie in die Flucht.

Die Niederlage bei Molodi nötigte Dewlet-Girej, seinen Marsch auf Moskau etwa 30 Kilometer vor der russischen Metropole hinter der Pachra zu stoppen. Dort bereiteten sich die Tataren den ganzen nachfolgenden Tag über auf die entscheidende Schlacht vor. Am 30. Juli überquerte der Chan die Pachra und begab sich nach Molodi, wo das ganze russische Heer Stellungen bezogen hatte. Es war zweifellos ein Erfolg für die Wojewoden, daß sie den Moskau-Marsch des Chans aufgehalten und ihm eine Schlacht in einer von ihnen gewählten Stellung aufgezwungen hatten.

Die Tataren, die die Strecke zwischen Pachra und Roschaja schnell überwanden, stürzten mit ganzer Wucht auf die russischen Regimenter, wobei sich ihre Hauptkräfte gegen das große Regiment in der „fliegenden Festung" wandten. Der Angriff wurde mit starkem Geschütz- und Gewehrfeuer abgewehrt. Offensichtlich waren die Tataren auch den Flankenattacken der außerhalb der „fliegenden Festung" stehenden Regimenter ausgesetzt. Während eines Angriffs des Sicherungsregiments von Fürst Schuiski nahm der Opritschnik Atalykin aus Susdal den Oberbefehlshaber der tatarischen Armee, Diwej-Mursa, gefangen. Am gleichen Tag geriet auch der Astrachaner Prinz in russische Gefangenschaft. Die blutige Schlacht, die den ganzen Tag über andauerte, brachte den Tataren große Verluste.

Die Russen hatten die Schlacht zwar gewonnen, der Sieg drohte jedoch in jedem Augenblick in eine Niederlage umzuschlagen. Ihre stark verkleinerten Regimenter mußten hinter den Mauern der „fliegenden Festung" Schutz suchen. Dort gingen die Lebensmittelvorräte bald zu Ende, so daß in den „Regimentern für Mensch und Roß ein großer Hunger begann". Der „große Hunger" war offensichtlich darauf zurückzuführen, daß die Tataren, zahlenmäßig stark überlegen, die Armee von Fürst Worotynski umzingelt hatten.

Die „fliegende Festung" stand auf dem Gipfel eines Hügels, in dessen unmittelbarer Nähe es keinerlei Wasserquellen gab. Die Menschen litten unter dem Durst noch mehr als unter dem Lebensmittelmangel. Einige Krieger versuchten, einen Brunnen zu graben, jedoch ohne Erfolg. Die Dienstadligen mußten ihre Pferde schlachten.

Nach einer zweitägigen Pause stürmte Dewlet-Girej am 2. August erneut die Festung, wobei er alle seine Reiter- und Fußtruppen einsetzte. Die Attacke wurde von den Chan-Söhnen angeführt, die den Befehl erhalten hatten, Diwej-Mursa den Russen um jeden Preis zu entreißen. Trotz gewaltiger Verluste versuchten die Tataren nach wie vor, die wackligen Mauern der „fliegenden Festung" umzureißen. Sie „klammerten sich dabei mit den Händen an die Mauern der Festung, und so hat man viele Tataren niedergemetzelt und unzähligen die Hände abgeschlagen".

Die Tataren hielten dann gegen Abend einem überraschenden Angriff der Russen nicht stand und suchten das Weite. Viele von ihnen wurden getötet beziehungsweise gefangengenommen. Unter den Getöteten waren sowohl ein Sohn als auch ein Enkel von Dewlet-Girej. Außerdem fielen den Wojewoden noch viele namhafte Krim- und Nogaier Mursas in die Hände. Auch am 3. August setzten die Russen die Verfolgung des Gegners fort und vernichteten die 5000 Reiter zählende Nachhut, die vom Chan an der Oka hinterlassen worden war.

Die Schlacht bei Molodi zählt zu den markantesten Ereignissen in der Kriegsgeschichte des 16. Jahrhunderts. Indem Rußland die tatarische Horde in einem erbitterten Gefecht besiegte, versetzte es der Krimer Kriegsmacht einen vernichtenden Schlag. Der Untergang der türkischen Elitearmee 1569 bei Astrachan und die Zerschlagung der Krimhorde 1572 bei Moskau waren die größten Niederlagen der türkisch-tatarischen Expansion in Osteuropa.

Der Sieg des vereinten Heeres der Opritschniki und der Semstschina über die Tataren wirkte sich auch auf die internen Angelegenheiten des Staates aus und beschleunigte die Aufhebung der Opritschnina.

Kurz vor dem Tatareneinfall hatte Zar Iwan die Hauptstadt verlassen und sich unter dem Vorwand, gegen Schweden kämpfen zu müssen, in Nowgorod verschanzt. Wahrscheinlich während des Nowgorod-Aufenthaltes entsann er sich seines unvollendeten Testaments und überarbeitete es nun sehr gründlich. Einer der Umstände, die den Zaren dazu bewogen hatten, war seine Heirat mit Anna Alexejewna Koltowskaja.

Im Mai hatte der Zar Hochzeit gefeiert, und im Juni war er schon in Nowgorod. Deshalb erweiterte er den Testamentsentwurf so, daß alle Probleme bezüglich der Vermögenslage und Teilfürstentümer seiner neuen Gattin sowie eventueller Kinder geregelt waren. Darüber hinaus setzte er ins Testament eine kurze, jedoch außerordentlich bedeutungsvolle Verfügung über die Opritschnina. „Was aber die Opritschnina betrifft", schrieb er, „sollen meine Kinder, Iwan und Fjodor, nach ihrem Willen und so handeln, wie sie es für vorteilhafter empfinden, denn ein fertiges Vorbild haben sie ja." Eben diese Verfügung, in der Zar Iwan die Frage nach dem weiteren Sein oder Nichtsein der Opritschnina-Ordnung voll und ganz dem Ermessen seiner Thronfolger überließ, macht deutlich, daß ihm ihr weiteres Schicksal völlig gleichgültig war.

Die Opritschnina wurde zwar Anfang 1572 formell noch nicht aufgehoben, alles deutete jedoch darauf hin, daß ihre letzte Stunde geschlagen hatte. Entgegen dem sonstigen Verfahren gliederte die Regierung Anfang 1572 der Opritschnina keine neuen Landkreise und Städte mehr an. Gleichzeitig wurde der Bau von Festungen und anderen Befestigungsanlagen in ihrem Wirkungsbereich eingestellt. Im Mai 1572 teilte Zar Iwan dem englischen Gesandten mit, die geheimen Verhandlungen über die Gewährung eines Asyls in England für ihn sollten unter Vorbehalt eingestellt werden.

Der Zar und seine Umgebung zögerten lange, bevor sie sich dazu entschließen konnten, die Opritschnina ganz aufzulösen. Die Nachricht vom Sieg über die Tataren vor Moskau setzte dann aber offensichtlich ihren Schwankungen ein Ende. Am 6. August 1572 kamen die Eilboten des Fürsten Worotynski nach Nowgorod. Zu Ehren des großen Sieges läuteten in Nowgorod den ganzen Tag über bis Mitternacht alle Kirchenglocken. Die Feierlichkeiten, bei denen Festessen von Festmessen abgelöst wurden, dauerten zwei Wochen.

Bei all den Vergnügungen und Festmählern vergaß der Zar jedoch nicht seine Geschäfte. Der örtliche Chronist fügte in den Bericht über die Feierlichkeiten am 8. und 9. August 1572 folgende lakonische Mitteilung ein: „Im gleichen Sommer jedoch hat der rechtgläubige Zar viele seiner ‚Bojarenkinder' in den Wolchow-Fluß geworfen und mit Steinen ertränkt." Dem Zarenzorn fielen besonders nahe Vertrauenspersonen, hauptsächlich Opritschniki, zum Opfer, die ihn nach Nowgorod begleitet hatten. In dieser Zeit, als die Auflösung des Opritschniki-Korps und die Abschaffung seiner Privilegien auf der Tagesordnung standen, suchte die neue Führung die Opritschniki einzuschüchtern.

Dem Anschein nach bereitete die Regierung die Aufhebung der Opritschnina im stillen bereits seit Ende 1571 vor. Die damit verbundenen Maßnahmen berührten die unterschiedlichsten Bereiche: den administrativen, militärischen, die Grund- und Bodenfrage u. a. m.

Die Exekutionen und gerichtlichen Verfolgungen ließen den Opritschnina-Mechanismus zusammenbrechen. Einst rührig und energisch, war die Opritschnina-Adminstration jetzt wie gelähmt. Von Staden, der 1571 den Hauptsitz der Opritschnina in Moskau besuchte, war von der Verödung, die dort herrschte, frappiert. „Als ich in den Opritschnina-Hof kam, ruhten dort alle Geschäfte", „alle Fürsten und Bojaren, die in den Opritschnina-Höfen gedient hatten, waren fortgejagt worden; jeder, der verraten worden war, kümmerte sich nur noch um die eigene Person."

Ein Beispiel für die allmähliche Aufhebung des Opritschnina-Verwaltungssystems sind die Umgestaltungen in Nowgorod im Winter 1571/72. Im Januar 1572 erklärte der Zar, daß in Nowgorod, dessen gesamte Verwaltung dem Opritschnina-Bojaren Fürst P. D. Pronski unterlag, die alte Statthalterschaft wiederhergestellt werden müsse, und er ernannte den Chef der Semstschina-Bojarenduma, Fürst I. F. Mstislawski, zum ersten

Statthalter. Der Opritschnik Fürst P. D. Pronski wurde als zweiter Statthalter eingesetzt, von der der Opritschnina angehörenden Handelsseite der Stadt in den Semstschina-Stadtteil überführt und Mstislawski unterstellt. Die Folge war, daß der Teil Nowgorods, der zur Opritschnina gehörte, der uneingeschränkten Kontrolle der Opritschniki entzogen wurde. Ab Januar 1572 veranlaßten die Statthalter in Nowgorod, daß die Gerichtsbeamten die alte Rechtsprechung des gerichtlichen Zweikampfes wieder einführten. Die separate Verwaltung Nowgorods fand somit ihr Ende, obgleich die Teilung der Stadt in Opritschnina und Semstschina formell weiterhin bestand. Zwei Opritschnina-Sekretäre, S. F. Mischurin und W. S. Neljub-Sukow, schalteten und walteten auf der Handelsseite der Stadt und der Semstschina-Sekretär I. D. Sobaka auf der Sophienseite.

Die Nowgoroder Statthalterschaft, die nur etwas mehr als sechs Monate währte, war eine Zwischenstufe zur endgültigen Wiedervereinigung des Opritschnina- und des Semstschina-Teils der Stadt. Als der Zar Nowgorod im August 1572 verließ, setzte er dort den Bojaren Fürst S. D. Pronski und die Sekretäre P. Suworow und W. Stscherbina ein, damit diese „an seiner Statt die Verwaltung ausüben“. So wurde in der Stadt die einheitliche Administration endgültig wiederhergestellt.

Kurz darauf kam es in Nowgorod auch zur Vereinigung des Reichsschatzamtes. Am 7. Januar 1572 schickte der Zar den Siegelbewahrer, Opritschnik R. W. Olfjorow, in den Fiskushof, damit dieser dem Oberschatzmeister Fürst W. W. Mossalski half. Drei Tage später wurde der Opritschnina-Staatsschatz aus der Nikitskaja-Straße, wo sich der Zarensitz befand, in die Kirchenkeller des Jaroslaw-Hofes überführt. Nach einem Monat, am 9. und 10. Februar, trafen in Nowgorod 450 Fuhren Gold- und Silberbarren, Münzen und Juwelen ein. Diese ganzen Schätze wurden im Jaroslaw-Hof aufbewahrt, wo sie dem Oberschatzmeister der Semstschina und seinem Gehilfen, dem Siegelbewahrer von der Opritschnina, unterstanden. Als der Zar im August 1572 den Staatsschatz nach Moskau abtransportieren ließ, fiel die Notwendigkeit seiner Aufteilung endgültig weg.

Im Herbst 1571 begann die allmähliche Fusion der Streitkräfte von Opritschnina und Semstschina. Bis dahin durften die Wojewoden der Opritschnina nur in deren Truppen unter dem Kommando ihrer Befehlshaber dienen. Nun wurden mitunter Opritschniki und Semstschina-Leute unter das Kommando von Semstschina-Wojewoden gestellt. Als das Heer von Moskau nach Nowgorod verlegt wurde, ging das Kommando an den Semstschina-Bojaren Fürst I. F. Mstislawski über, dem die

Opritschnina-Wojewoden, Bojar Fürst N.R. Odojewski und Okolnitschi Fürst D. I. Chworostinin, unterstellt waren.

Schon im Frühjahr 1572, als ein gemischtes Heer an die Oka gegen die Tataren zog, wurden die Wojewoden unabhängig davon, ob sie der Opritschnina oder der Semstschina angehörten, eingesetzt. Auf die gleiche Weise komplettierte die Militärbehörde auch die Regimenter. So wurde der Semstschina-Bojar, Fürst M. I. Worotynski, zum Oberkommandierenden des Heeres und Wojewoden des Großen Regiments ernannt. Ihm waren die Semstschina-Abteilungen der Adligen von der Schelon und Opritschniki-Truppen aus Wjasma und Susdal unmittelbar unterstellt. Zum Wojewoden des rechten Regiments wurde der Opritschnik-Bojar, Fürst N. R. Odojewski, ernannt, in dessen Regiment ebenfalls sowohl Semstschina-Leute als auch Opritschniki waren. Nach den Rangbüchern zu urteilen, hat das Dienstleben die Opritschnina- und die Semstschina-Truppen sorgfältig miteinander vermischt.

Die Vereinigung der Opritschnina- und Semstschina-Truppen und die Unterordnung der Opritschniki-Wojewoden unter Vertreter der Semstschina sprachen dafür, daß die Opritschnina immer mehr ihre Bedeutung als privilegiertes Schutzkorps und eine Art Prätorianergarde des Zaren verlor. All das, was Opritschnina und Semstschina im Bereich der militärischen und administrativen Verwaltung bis dahin trennte, wurde Stück für Stück aus dem Weg geräumt.

Im August 1572 ging die Regierung an die Überprüfung des Dienstgutsbesitzes in den Opritschnina-Landkreisen. Eine Folge der neuen Umverteilung der Besitzungen war, daß die einflußreichsten Opritschnina-Dienstadligen noch schnell versuchten, ihre Dienstgüter in der Opritschnina loszuwerden und in die Semstschina umzusiedeln.

Der Duma-Adlige W. G. Grjasnoi hatte ein Auge auf das große Dorf Dworizy mit 1800 Vierteln Ackerland in dem der Semstschina gehörenden Schelonskaja-Fünftel geworfen und setzte es durch, daß der Besitzer von Dworizy, der Semstschina-Gutsherr S. G. Lodygin, auf Grjasnois Ersuchen in den Opritschnina-Landkreis Koselsk versetzt wurde. Dieses Gebiet, das von den Tataren total verwüstet worden war, stellte in keiner Weise ein Äquivalent dar. Etwas später hat Grjasnoi, der nun im Besitz der besten Ländereien des Lodygin-Guts war, diese noch um 1000 Viertel aus dem Dienstgut des Semstschina-Dienstadligen Gribakin erweitert. Bis zum 10. Oktober 1572 bekam Grjasnoi im Schelonskaja-Fünftel 2400 Viertel Ackerland und wechselte so endgültig aus der Opritschnina in die Semstschina über.

B. J. Belski, ein Verwandter von Maljuta Skuratow, siedelte in denselben Bezirk über und erhielt dort bis Februar 1573 etwa 1800 Viertel Akkerland.

Die Flucht hochgestellter Opritschniki in die Semstschina war das deutlichste Zeichen dafür, daß die Opritschnina am Ende war.

Die Revision der Dienstgutsverhältnisse in den Opritschnina-Landkreisen war mit der Aufhebung der Opritschniki-Privilegien im Bereich des Grund- und Bodenbesitzes verbunden. So bekamen die Dienstadligen früher beim Übergang in die Opritschnina zwischen 150 und 300 Viertel Ackerland über das gewöhnliche Dienstgut hinaus zugeteilt. Nach der Revision wurden Dienstgüter in der Opritschnina und der Semstschina einander angeglichen, und die Opritschniki mußten den Überschuß an die früheren Besitzer zurückgeben. Wie die Umverteilung des Grundbesitzes in der Opritschnina im einzelnen vor sich ging, wurde vom Opritschnik von Staden lebendig dargestellt. Nach dem Bericht über die Kämpfe gegen die Tataren im Juli-August 1572 schreibt er: „Nachdem dieses ‚Spiel' zu Ende war, wurden alle Erbgüter an die Semstschina-Leute zurückgegeben, da diese gegen den Krimchan gekämpft hatten. Der Großfürst konnte ohne sie nicht länger auskommen. Den Opritschniki sollten statt dieser aber andere Ländereien zugeteilt werden."

Von der Grund- und Bodenumverteilung der Regierung waren die verschiedenen Schichten des Opritschnina-Dienstadels ganz unterschiedlich betroffen. Am empfindlichsten traf sie die obersten Reihen des Opritschniki-Korps, das heißt jene Dienstadligen, die es in der Opritschnina schon zu bestimmten Ämtern und Dienstgütern gebracht hatten, sowie jene „Ortsfremden", die aus einem anderen Landkreis in die Opritschnina überführt worden waren. Sie besaßen einen bedeutenden Teil der Erb- und Dienstgüter, die zuvor bei den Semstschina-Dienstadligen konfisziert worden waren. Die kleineren Dienstmannen unter den örtlichen Bodenbesitzern wurden von dieser Umverteilung in weitaus geringerem Maße betroffen. Die Masse des Klein- und Kleinstadels in den Opritschnina-Landkreisen behielt zwar ihre alten Güter, mußte sich jedoch offensichtlich von den zusätzlich erhaltenen Dienstgütern, die sie aus der Opritschnina bezogen hatte, trennen. Da sie diese Ländereien ausschließlich nach dem Dienstrecht erhalten hatten, lief die Revision des Grundbesitzes in den Opritschnina-Landkreisen hauptsächlich auf die Umverteilung des Dienstgüterbestandes hinaus.

Nachdem die Regierung den Semstschina-Dienstadligen erlaubt hatte, in ihre alten Kreise zurückzukehren, mußte sie teilweise auch deren nachdrückliche Forderungen nach der Rückgabe ihrer Erbgüter, die von der Opritschnina eingezogen worden waren, erfüllen. Im Endeffekt wurde nun ein Teil der Erbgüter, die bei der Errichtung der Opritschnina dem Dienstgüterfonds zugeführt worden waren, demselben wieder entwendet.

Genauso wie die Behörden am Anfang der Opritschnina nicht dazu imstande waren, alle Gutsbesitzer, die keine Opritschniki waren, aus den Opritschnina-Landkreisen auszusiedeln, konnte nun auch der Erlaß über die Rückgabe angestammten Bodenbesitzes an die Semstschina-Dienstadligen nicht restlos verwirklicht werden. Dies geschah nicht nur wegen der bürokratischen Auswüchse in den Zentralämtern und der Untauglichkeit des bürokratischen Apparats, sondern auch weil sich die ganze Masse des Dienstadels in den ehemaligen Opritschnina-Landkreisen dagegen zur Wehr setzte.

Zu einem eigenartigen Epilog der Opritschnina wurde die Grund- und Bodenregelung Ende 1572. Die Aufhebung der Opritschnina und die Rückgabe der von Semstschina-Adligen konfiszierten Erbgüter erweckten die Hoffnung, alle Einschränkungen des fürstlichen und klösterlichen Großgrundbesitzes, die im Gesetzbuch von 1562 festgelegt worden waren, könnten nun völlig abgeschafft werden. Diese Hoffnungen der Semstschina-Bojaren und des Klerus gingen jedoch nicht in Erfüllung. Die Regierung setzte durch, daß die Bojarenduma und das heilige Konzil am 9. Oktober 1572 einen Sonderbeschluß annahmen, der die Wirksamkeit des zarischen Gesetzbuches über die Fürstenerbgüter vom 15. Januar 1562 bekräftigte.

Der neue Beschluß untersagte den ehemaligen Teilfürsten Worotynski, Odojewski, Trubezkoi sowie den Fürsten Rostowski, Jaroslawski, Starodubski und anderen, über ihre angestammten Erbgüter frei zu verfügen. So wurde zum Beispiel das Recht auf Weitergabe von Erbgütern nur bis ins dritte Glied erlaubt. Urenkel und alle Verwandten der vierten Generation durften die Erbgüter schon nicht mehr erben.

Der Beschluß von 1572 schränkte die Rechte von Mitgliedern der Bojarenduma sowohl auf erblichen als auch staatlichen Grundbesitz ein. Erben eines Bojaren konnten dessen „vom Zaren gegebenes" Erbgut nur übernehmen, wenn es in der Schenkungsurkunde darüber eine entsprechende Klausel gab. Andernfalls gingen diese Ländereien sofort nach dem Tod des Bojaren an den Fiskus zurück. „Wenn das Gut jedoch durch eine Urkunde jemandem allein zugesprochen wurde (wie das oft der Fall war – *der Verf.*), erhält dieses Gut nach seinem Tode der Herrscher selbst." Nach der Abschaffung der Opritschnina machte die Regierung somit unmißverständlich klar, daß sie nach wie vor den Großgrundbesitz der Fürsten und Bojaren zugunsten des Fiskus beschränken werde.

Durch die Absetzung des Metropoliten Filipp und die von Opritschniki durchgeführte gewaltsame Auflösung des Erzbistums Nowgorod-Pskow war die Macht der Kirche ernsthaft geschwächt worden. Dies wiederum erlaubte der Regierung, einen Tag nach Aufhebung der Opritschnina die Offensive auch gegen den kirchlichen Großgrundbesitz erneut aufzunehmen.

Laut Beschluß von 1572 waren Schenkungen von Ländereien an große Klöster verboten. Wenn ein Gutsherr Grund und Boden einem Kloster vermachte, dann sollte der Grundbesitz „im Dienstgüteramt nicht eingeschrieben, sondern nach Rang und Geschlecht Dienstmannen vergeben werden, damit der Staatsdienst keinen Schaden erleidet und der Grund und Boden weiter im Dienst bleibt".

Eine Besonderheit des klosterfeindlichen Grund- und Bodengesetzes von 1572 war, daß darin Zugeständnisse den „Dienstmannen" gegenüber deklariert wurden. Offensichtlich war die Regierung des Zaren Iwan nach Abschaffung der Opritschnina darum bemüht, sich beim Semstschina-Dienstadel beliebt zu machen.

Die Versuche, eine weitere Ausdehnung des im Besitz der Klöster stehenden Bodens zu verhindern, lösten unter der Geistlichkeit große Unzufriedenheit aus. In der ganzen Opritschnina-Zeit hatte der Zar den Mönchen des Kyrill-, Simonow- und Tschudow-Klosters gegenüber seine unabänderliche Freundschaft und sein Wohlwollen geäußert. Nach der Verabschiedung des Gesetzes von 1572 hatte sich diese Situation jedoch merklich verändert. So schreibt der Zar im September 1573 einen langen Brief an das Kyrill-Beloosero-Kloster, in dem er seinem Unmut gegen die Würdenträger des zur Opritschnina gehörenden Simonow-Klosters, die Mönche des Tschudow-Klosters usw. Luft macht. Am meisten empört Iwan, daß die Klöster nichts unversucht lassen, um sich reiche Bojaren-Landgüter einzuverleiben. Die Mönche rechtfertigen ihre Freundschaft mit den Bojaren damit, daß die Klöster ohne den Schutz der Bojaren und ihre „Spenden" an den Bettelstab kommen würden. Der Zar bemüht sich, diese Argumente zu widerlegen, und weist darauf hin, daß „viele Heilige nicht den Bojaren, sondern die Bojaren den Heiligen hinterherliefen, und ihre Besitzungen dehnten sich aus." Der Zar ist der Meinung, die Klöster verarmten wegen schwindender Frömmigkeit. Heute sei selbst „im Troiza-Sergius-Kloster die Frömmigkeit versiegt und das Kloster verarmt: Es wird niemand zum Mönch geweiht, und somit spendet auch niemand." Der Zar läßt dabei unerwähnt, daß er selbst ein Jahr zuvor jegliche Bodenschenkungen an die Klöster verboten hatte und dies der Grund für die „Verarmung" der Klöster war. All seine Argumente dienen der Rechtfertigung der klosterfeindlichen Maßnahmen, die nach der Abschaffung der Opritschnina getroffen wurden.

Ein gut informierter Zeitgenosse, der deutschstämmige Opritschnik Heinrich von Staden, verweist darauf, daß der Zar die Opritschnina 1572 aufgehoben habe. Berichte der litauischen Agenten bestätigen seine Worte voll und ganz. Am 3. November 1572 teilte F. Kmita in einem Brief an M. Radziwiłł mit, der Großfürst habe sich mit seinem Land ausgesöhnt, die Opritschnina aufgehoben und mit all seinen Fürsten und Adligen, mit all seinen Bojaren und all seinen Landen Frieden geschlossen.

Schon lange wird in der Literatur der Standpunkt vertreten, die Abschaffung der Opritschnina sei rein formell gewesen. Sie habe lediglich nach 1572 eine neue Bezeichnung „Hof" („dwor") erhalten, in dieser Gestalt jedoch bis zum Ende der Herrschaft Iwans des Schrecklichen fortbestanden. Ebenso wird angenommen, die Opritschnina-Ordnung habe sich nach 1572 erstmalig über das ganze Territorium des Russischen Staates ausgebreitet. Einige Autoren, die die Abschaffung der Opritschnina in Abrede stellten, beriefen sich unter anderem auf die Tatsache, daß die Opritschnina 1573 durch den „Hof" ersetzt worden sei. So gelangte D. N. Alschiz aufgrund der von ihm veröffentlichten „Liste der Hofleute vom 20. März 1573" zu dem Schluß, in der Struktur des Opritschnina-Hofs und in seinem Personalbestand habe es zwischen März 1572 und März 1573 keinerlei Veränderungen gegeben, von der Aufnahme einiger unbedeutender Amtsleute abgesehen. Diese Auffassung, der eine urkundliche Quelle zugrunde liegt, bedarf einer speziellen Erörterung. D. N. Alschiz nimmt den März 1572 als Ausgangspunkt für seinen Vergleich. Alle uns bekannten Angaben über die Zusammensetzung des Opritschnina-Hofs im März 1572 bestätigen jedoch, daß in dessen Personalbestand bis März 1573 radikale Veränderungen stattfanden. Erstens gehörten zum Opritschniki-Korps schon bei seiner Gründung etwa tausend Dienstadlige und „Bojarenkinder", deren Anzahl bis 1572 um ein mehrfaches zunahm, während auf der Hofliste von 1573 nicht mehr als 600–700 Dienstleute stehen. Zweitens wurde der überwiegende Teil der Opritschnina-Führung nicht in die Liste von 1573 mit aufgenommen, darunter die Opritschnina-Bojaren Fürsten Pronski, N. R. Odojewski, W. A. Sizki wie auch I. A. Buturlin, Okolnitschni D. A. Buturlin u. a. m. Dies allein zeigt schon, daß von einer völligen Identität des neuen „Hofs" und des alten Opritschnina-Hofs keine Rede sein kann.

Zu der Aufstellung der Hofliste von 1573 kam es folgendermaßen. Im Januar 1573 unternahm Zar Iwan einen Feldzug nach Livland, besetzte die schwedische Burg Paide und kehrte daraufhin mit seinem „Hof" nach Nowgorod zurück. Im Frühjahr war es an der Zeit, die Dienstadligen zu entlohnen. So ließ der Zar am 20. März eine Gehaltsliste für die Hofleute, die sich in seiner Nähe befanden, aufstellen. Diese Liste, die lediglich als ein finanzieller Nachweis gedacht war, dessen Relevanz sich mit der Auszahlung der Gehälter an die Hofleute erschöpfte, war jedoch nicht ganz vollständig. In ihr fehlt das offizielle Oberhaupt des neuen „Hofs", Bojar Fürst F. M. Trubezkoi, der im Januar 1573 und im April 1574 den Posten eines Hauptwojewoden bekleidete. Obwohl die Liste ausführliche Angaben über die Entlohnung der Kammerdiener im Kämmereramt enthält, bleibt darin der Chef dieses Amtes, der Kämmerer D. I. Godunow, der sich während der Feldzüge 1573/74 im Gefolge des Zaren befunden hat, unerwähnt. Von der Liste nicht erfaßt werden auch die Oberhofmarschälle, während ihre Stellvertreter, die Reisemarschälle, die den Zaren immer bei seinen Feldzügen begleiteten, samt ihrem Personal vermerkt sind.

Trotz dieser Unvollständigkeit liefert die Liste vom 20. März ein überaus reichhaltiges Material für Schlußfolgerungen über die Formierungsprinzipien des „Hofs" nach der Abschaffung der Opritschnina. Vor allen Dingen aber weist dieses Dokument unwiderlegbar nach, daß in die Reihen des neuen „Hofs" neben Opritschniki viele Semstschina-Dienstadlige aufgenommen wurden. Somit verschwand eines der wichtigsten Privilegien der Opritschniki. Der Hofstaat bestand nunmehr nicht nur aus Opritschniki, obwohl anfangs noch ehemalige Opritschniki zahlenmäßig überwogen. Grundsätzlich neu war auch, daß Semstschina-Leute zum ersten Mal nach vielen Jahren Zutritt zu den höchsten Positionen am Hofe erhielten.

Der „Hof" von 1573 war lediglich ein Bruchteil des früheren Opritschnina-Hofs. Nach einer gründlichen Säuberung, der die Prätorianergarde von 1570 bis 1572 unterzogen wurde, blieb kaum ein Fünftel der alten Opritschniki im Hofdienst. Eine weitere Besonderheit des neuen „Hofs" bestand darin, daß er nicht mehr organisch mit den alten Opritschnina-Landkreisen verbunden war. Anfang 1573 erhielten viele Hofbeamte ausgedehnte Ländereien in dem zur Semstschina gehörenden Schelonskaja-Fünftel. Unter ihnen waren der Okolnitschni W. I. Umnoi, M. T. Plestschejew, B. J. Belski, P. Grigorjew, B. W. Wojejkow und andere. Zur gleichen Zeit erhielten in diesem Bezirk neben Hofleuten auch Semstschina-Adlige, darunter der bekannte Bojar N. R. Jurjew, Land. Die örtlichen Gutsherren des Schelonskaja-Fünftels behielten in ihrer überwiegenden Mehrheit ihre Besitzungen bis zu dem Zeitpunkt, als Schelon 1575 in den Privatbesitz des Zaren einbezogen wurde.

Nach der Liste von 1573 hatte der „neue Hof" eine traditionelle Struktur. Von allen aufgelisteten Dienstmannen (671 Personen) wurde etwa ein Drittel (226 Personen) als Hofleute besoldet. Alle übrigen wurden als Stadtadlige („Bojarenkinder, deren Gehälter aus der Stadtkasse gezahlt wurden") geführt. Zur ersten Gruppe gehörten Duma-Adlige usw. bis hin zu Amtsleitern, Schreibern und Landvermessern des Hofes. Ihre Gehälter schwankten zwischen 5 und 600 Rubeln. Zur zweiten Kategorie gehörten die obengenannten „Bojarenkinder", die von 3 bis 14 Rubel Gehalt bekamen.

Die unterste Kategorie der Hofleute bildeten die Bediensteten und Handwerker, die in den vier Hof-Zentralämtern dienten: in dem Kämmereramt, dem Waffenamt, dem Stallamt und dem Proviantamt. Aus Anlaß der Hochzeit von Magnus nahm der Zar 1223 Hofdiener aus den genannten Zentralämtern nach Nowgorod mit.

Nach der Abschaffung der Opritschnina wurden in den Hofämtern auch einige Semstschina-Hofleute eingesetzt, im großen und ganzen jedoch gab es dort keine wesentlichen Änderungen. Die Regierung sah überhaupt keine Notwendigkeit, hochqualifizierte Bedienstete (Waffenschmiede, Schneider, Köche usw.) zu entlassen und irgendwo neue anzuwerben, um so weniger als der Personalbestand der Hofdienerschaft oft und gründlichst überprüft wurde. In den 70er Jahren führte man im Zarenarchiv in einem gesonderten Fach eine umfangreiche Dokumentation mit der Bezeichnung: „Verwandtschaftsnachweis der Kellermeister, Unterkellermeister, Mundschenke, Köche, Bäcker, Fleischer und des sonstigen Hofgesindes".

Durch die Abschaffung der Opritschnina verwuchs der Bodenbesitz des Zaren mit der Semstschina. Nun war es nicht mehr nötig, den einst so großen Opritschnina-Hofstaat zu unterhalten, der bis dahin Befehlshaber für die Opritschnina-Armee und die Administration in den Opritschnina-Landkreisen lieferte. Zu den wichtigsten Aspekten der „Hofreform" nach der Aufhebung der Opritschnina gehörten demnach die Abschaffung von Privilegien des alten Opritschnina-Dienstadels, die Zulassung ehemaliger Semstschina-Dienstadliger zum Hofdienst sowie der Abbau des Hofstaates, der jedoch nicht die Hofämter betraf.

Den logischen Abschluß aller mit der Opritschnina im Zusammenhang stehenden Maßnahmen bildete ein Zarenerlaß, der selbst den Gebrauch des Wortes „Opritschnina" untersagte. Unter Androhung folgender Strafe befahl der Zar, die Opritschnina nicht mehr zu erwähnen: „Der Schuldige (der von der Opritschnina geredet hat) wird mit entblößtem Oberkörper auf dem Markt ausgepeitscht." Eine derartige Maßregel entsprach dem generellen Opritschnina-Stil. Auf den ersten Blick schien sie die restlose Ausmerzung der Opritschnina-Ordnung zu bezeugen, war eine Art Bewertung von Ergebnissen der Opritschnina seitens des Zaren und seiner „neuen Führung". Zutreffender scheint uns jedoch eine andere Erklärung: Die Behörden fürchteten sich vor unerwünschtem Geredc und waren bestrebt, jegliche Kritik am verhaßten Opritschnina-Regime im Keim zu ersticken.

Bei ihrer Errichtung hatte die Opritschnina eine klar ausgeprägte antifürstliche Ausrichtung. Die Verbannungen, Hinrichtungen und Beschlagnahmen, die in den ersten Monaten der Opritschnina über den Susdaler Hochadel hereinstürzten, schwächten dessen politischen Einfluß und trugen zur Festigung der Autokratie bei. Objektiv gesehen, förderten diese Maßnahmen die Beseitigung von Überresten der Teilfürstenzeit, deren Grundlage der Großgrundbesitz der Fürsten und Bojaren war.

Die Opritschnina-Politik war jedoch insgesamt, in den sieben Jahren ihrer Existenz, nicht einheitlich. Sie war weder subjektiv noch objektiv einem Ziel, Prinzip beziehungsweise Schema untergeordnet. Der kurzen „Kompromißsträhne" 1566 folgte in den Jahren 1567–1570 die Zeit des Massenterrors. Zum Kernstück der Opritschnina-Politik wurde der ungeheuerliche Prozeß gegen die Anhänger des Fürsten Wladimir Andrejewitsch, eines Vetters des Zaren, der mit der Niederwerfung Nowgorods endete. Grund des Terrors war weniger der berüchtigte Nowgoroder Separatismus, als vielmehr das Streben der Regierenden, welche die Unterstützung führender Gruppierungen verloren hatten, die Macht um jeden Preis zu behalten.

Im 16. Jahrhundert verfügte der hohe Adel über noch mehr Ländereien und ein größeres politisches Gewicht als im 17. Jahrhundert. Selbstherrschaft war die offizielle Doktrin und in gewissem Sinne die politische Form der Monarchie, obwohl das Staatsoberhaupt im 16. Jahrhundert kein uneingeschränkter Alleinherrscher im eigentlichen Sinne war. Der Monarch regierte das Land gemeinsam mit der Bojarenduma und den Kirchenfürsten. Die Einführung der Opritschnina kam einer Art Umwälzung gleich, die sich gegen die oberen Schichten des Hofes richtete und deren Ziel es war, die Prinzipien der uneingeschränkten Selbstherrschaft zu behaupten. Im Rahmen der Opritschnina konnte der Zar Maßnahmen treffen, die unter normalen Bedingungen ohne Zustimmung der Duma und des hohen Klerus unmöglich gewesen wären.

Die Opritschnina schränkte den Kompetenzbereich der Duma insbesondere bei der inneren Verwaltung des Landes ein. In den Reformjahren hatte die Duma einen „Sieben-Bojaren-Rat“ gewählt, der die Residenz und den ganzen Staat in Abwesenheit des Zaren zu verwalten hatte. Später, unter Adaschew, wurde der Sieben-Bojaren-Rat von hochtitulierten Adligen geleitet. Nach der Einführung der Opritschnina vertrieb der Zar zunächst die ehemaligen Teilfürsten aus der Moskauer Bojarenkommission, ersetzte sie durch einfache Bojaren, und am Ende der Opritschnina wurde die Kommission ganz von Bojaren gesäubert. Von nun an lag die Verwaltung Moskaus ganz in den Händen der Amtsleute. Mit der Auflösung des Sieben-Bojaren-Rates wurde eines der wichtigsten Privilegien der Bojarenduma abgeschafft, deren Mitglieder traditionsgemäß die wichtigsten Zentralämter leiteten. So galt zum Beispiel der Vorsteher des Stallamtes, der Stallmeister, als Oberbojar in der Duma. Nach der Hinrichtung I. P. Fjodorows jedoch wurde das Amt des Stallmeisters ganz abgeschafft, wobei die Leitung des Zentralamtes Dienstadlige übernahmen. In den Jahren der Opritschnina rief der Zar die Duma fast nie in voller Besetzung zusammen und füllte ihre Reihen auch nicht mehr regelmäßig neu auf. So verlor die Bojarenduma fast alle prominenten Führer, und die Anzahl ihrer Mitglieder schrumpfte drastisch zusammen, wodurch ihr Einfluß merklich nachließ.

Noch lange vor der Opritschnina empfahl der Ideologe des Dienstadels und Publizist Iwan Pereswetow dem Zaren, sich eine Leibwache anzuschaffen, die dem Janitscharenheer ähnelte, um so ungehorsame Würdenträger einzuschüchtern. Vieles von dem, worüber Pereswetow geschrieben hatte, ging eineinhalb Jahrzehnte später in Erfüllung. Die Prophezeiungen des Publizisten sind dermaßen erstaunlich, daß einige Forscher zu dem Ergebnis kamen, seine Schriften wären eine literarische Widerspiegelung der Opritschnina-Tragödie und deshalb nach der Opritschnina geschrieben. In Wirklichkeit aber war es Pereswetow gelungen, das Kommende vorauszuahnen. Allem Anschein nach haben seine Projekte die Opritschnina-Politik jedoch nicht unmittelbar beeinflußt. Pereswetows Dienstadligen-Radikalismus und der Rationalismus in seinen Ansichten waren dem Zaren Iwan und seiner nächsten Umgebung völlig fremd. Die Politik der Opritschnina, die zwar Berührungspunkte mit der Ideologie des Dienstadels hatte, wich in der Praxis ziemlich weit von diesen Idealvorstellungen ab. So richtete sich der Terror letzten Endes nicht nur gegen die „faulen und reichen Würdenträger“, sondern auch gegen einfache „Dienstmannen“. Pereswetows Empfehlungen, die sich auf die „königliche Freigebigkeit gegenüber den Kriegern“ und die Gleichheit aller Dienstadligen bezogen, wurden durch die Privilegien der Opritschniki entstellt. Die Träume der Dienstadligen von einem starken Monarchen, der „streng", aber im Sinne der „großen Gerechtigkeit" regieren würde, lösten sich in der blutigen Despotie und den Greueltaten der Opritschnina auf. Bei ihrem Kampf gegen das widerspenstige Bojarentum mußte die Monarchie zwangsläufig auch auf die Unterstützung der Dienstadligen zurückgreifen. Dieses Ziel wurde aber nicht durch den Zusammenschluß des kleinen und mittleren Dienstadels, sondern mit Hilfe einer privilegierten Opritschnina-Leibgarde erreicht, der Dienstleute aus einigen „auserwählten" Landkreisen angehörten und die den Semstschina-Adligen gegenübergestellt wurde. Die Opritschnina machte deutlich, daß der Mittel- und Kleinadel im 16. Jahrhundert weder über moralische und politische Potenzen noch über genügend Einfluß verfügte, um die staatsführende Rolle des Bojarenadels zu übernehmen. Der erste Auftritt der Prätorianer „von niederer Abkunft" in der historischen Arena war begleitet von blutigen Untaten, skrupellosen Plünderungen und zahlreichen Amtsmißbräuchen.

Während der Opritschnina wurden die Dumaadligen endgültig zu einer eigenständigen politischen Kraft. So entstand mit der Entwicklung des Zentralamtssystems innerhalb der Bojarenduma die Gruppe der Dumasekretäre. Nach der Opritschnina erhöhte sich die politische Relevanz der Amtsleute, deren angesehenste Vertreter Sitze in der Duma einnahmen, beachtlich. Zusammen mit den Dumaadligen traten sie nun als eine Art Opposition gegen den Bojaren-Hochadel innerhalb der Duma auf. Mit der Entstehung von zwei neuen Gruppierungen verwandelte sich die Duma langsam aus einer ihrer Zusammensetzung nach rein hochadligen Institution in ein repräsentativeres Gremium. Von noch größerer Bedeutung für die Entwicklung des repräsentativen Prinzips waren jedoch die Reichsversammlungen. Obligatorische Teilnehmer dieser Versammlungen waren im 16. Jahrhundert die Bojarenduma und das heilige Konzil, das heißt die Kirchenfürsten. Nur in einigen Ausnahmefällen luden die Behörden auch Vertreter der Dienstadligen zur Teilnahme ein. Die repräsentativste Reichsversammlung in der Mitte des 16. Jahrhunderts war diejenige von 1566, deren Einberufung aufgrund der kurzen Kompromißperiode während der Opritschnina zustande kam. Auf dieser Reichsversammlung waren außer Dienstadligen und Amtsleuten auch hauptstädtische Kaufleute vertreten.

Die Opritschnina-Regierung war dem großen Kaufmannskapital gegenüber stets großzügig. So erklärte Zar Iwan einmal dem englischen Kaufmann und Diplomaten Anthony Jenkinson: „Wir wissen, daß wir uns die Reden über kaufmännische Angelegenheiten anhören müssen, denn sie sind die Stütze unserer Staatskasse..." Den Kaufleuten Stroganow wurden riesengroße Ländereien aus dem Opritschnina-Bestand zugeteilt und der von Engländern verwalteten Muscovy Company umfangreiche Privilegien gewährt. Außerdem kümmerte sich der Zar um den Außenhandel und förderte die „Narvaer Seefahrt". Gerade während der Opritschnina erhielt ausländisches Kapital erstmalig in der russischen Geschichte Konzessionen. Die Monarchie unterstützte jedoch das Handelskapital nur, solange sie daraus einen Vorteil zog. So kam es auch vor, daß die Opritschnina-Behörden Kaufleute buchstäblich ausraubten.

Opritschnina-Pogrome demoralisierten zwar die Bevölkerung, konnten jedoch die Hauptentwicklungstendenzen der Gesellschaft, die schon während der Reformen deutlich zutage traten, nicht aufhalten. Die Entwicklung des zentralen Verwaltungssystems bedingte eine verstärkte Zentralisierung, wodurch die Bedeutung der dienstadligen Amtsleute zunahm. Es entstanden repräsentative Reichsversammlungen. Durch die zu Beginn der Opritschnina durchgeführten Grund- und Bodenkonfiszierungen war der Bojarenadel geschwächt worden, wohingegen die Autokratie eine Festigung erfahren hatte.

Zusammenfassend kann hier gesagt werden: Obwohl der Terror tiefe Spuren im Leben der russischen Gesellschaft hinterlassen hat und die Führer der herrschenden sozialen Gruppen noch lange von blutigen Alpträumen heimgesucht wurden, konnte die Opritschnina jedoch insgesamt weder die politische Struktur der Monarchie noch die Bedeutung der Duma als höchstes Staatsgremium oder die Rangplatzordnung, die die Privilegien des Adels schützte, erschüttern.

Die blutigen Greueltaten der Opritschniki, die eine Unmenge von Menschenleben dahinrafften, kamen dem Land jedoch teuer zu stehen und sind durch nichts zu rechtfertigen.

8. Eine Farce

Drei Jahre verstrichen. Die Untertanen begannen das unsinnige Unternehmen des Zaren, die Opritschnina, langsam zu vergessen. Doch da begannen sich die Wolken einer neuen Opritschnina zusammenzuziehen. 1575 legte Iwan IV. zum zweiten Mal seine Krone nieder und setzte den in seinem Dienst stehenden tatarischen Chan, Simeon Bekbulatowitsch, auf den Thron. Der Tatar zog in die Zarengemächer ein, und der „großmächtige Zar" bezog ein Domizil auf dem Arbat. Iwan fuhr jetzt „schlicht wie ein Bojar" durch Moskau, nahm im Kreml-Palast weit entfernt vom „Großfürsten“ Platz, der selbst auf einem prächtigen Thron saß, und hörte sich demütig dessen Ukase an.

Der Abdankung Iwans IV. ging eine lange Kette von Ereignissen voraus, wobei sich die dramatischsten hinter den Kulissen abspielten. Davon schweigen jedoch die meisten Quellen mit Ausnahme des Seelenmessenregisters, welches das Geheimnis ein wenig lüftet. Dort finden wir folgende Notiz: „Herr, gedenke des Fürsten Boris Tulupow, des Fürsten Wladimir, des Fürsten Andrej und des Fürsten Nikita Tulupow wie auch Michail Plestschejews, Wassili Umnois, Alexej und Fjodor Starowos, Orina Manssurows ... Jakow Manssurows.“ Der Schreiber des Verzeichnisses hat nicht ohne Grund alle diese Menschen gemeinsam auf eine Seite des Seelenmessenregisters gesetzt. Sie alle dienten während der Opritschnina und dann in der Leibwache des Zaren. Bei „Hofe“ dienten nur die engsten Vertrauten, deren Anzahl einige hundert betrug. Die obengenannten Personen nahmen am neuen Hof eine besondere Stellung ein. Ein Jahr bevor Simeon gekrönt wurde, hatte der Zar Anna Wassiltschikowa geheiratet. Zu dieser Hochzeit wurde nur ein enger Personenkreis eingeladen. Eigenartig ist jedoch, daß alle diejenigen, die auf der Hochzeit fröhlich schmausten, bald darauf in Ungnade fielen. Niemand von ihnen ahnte, wie kurz der Weg von der Hochzeitstafel zum Schafott sein würde. Kurz vor der Hochzeit besuchte Iwan die Folterkammer und fragte die Bojarenknechte, die mit Feuer gefoltert wurden: „Welche von unseren Bojaren verraten uns?“ Und dann fing er selbst an, Namen zu nennen: „Wassili Umnoi, Fürst Boris Tulupow, Mstislawski? ...“ Als erste nannte der Zar seine allernächsten Vertrauten, die direkt neben ihm standen. Er scherzte, den Bojaren stockte jedoch vor Schreck das Blut in den Adern.

Im Seelenmessenregister wurden nicht nur hochgestellte Höflinge aufgeführt. Bei näherer Bekanntschaft mit ihren Biographien wird vielmehr deutlich, daß wir vor uns die Führer der ersten Regierung nach der Opritschnina haben. Ihr gehörte u. a. Fürst Boris Tulupow an, der eine schwindelerregende Karriere gemacht hatte. Einst ein bescheidener Waffenträger, der die Arkebuse des Zaren zu tragen hatte, war er schon ein bis zwei Jahre später einer der engsten Vertrauten Iwans und entschied Staatsfragen von großer Wichtigkeit. Neben Tulupow hatte man den Namen Wassili Umnois gesetzt, der ein Nachfolger von Maljuta Skuratow war und mit solchem Eifer dessen Nachforschungen in Sachen Bojarenverrat weiterführte, daß er sehr bald zum „Hofbojaren“ ernannt wurde. Bald darauf wurde auch seine ganze Verwandtschaft, die Kolytschews, bei Hofe beschäftigt.

Wir wissen nichts beziehungsweise sehr wenig über die Streitigkeiten, die, kurz bevor Simeon in Erscheinung trat, zu einer Spaltung der einflußreichsten Gruppe am Hofe führten. Sicher ist jedoch, daß dadurch extreme Elemente an die Macht gelangten, die darauf bestanden, zu den Verwaltungsmethoden der Opritschnina zurückzukehren. Erste Anzeichen eines Konflikts innerhalb der „Hof"-Führung kann man in den scharfen Auseinandersetzungen um die Rangplatzordnung erblicken, wobei die Kolytschews den Godunows und Saburows gegenüberstanden. Bojar F. I. Umnoi verlor hoffnungslos gegen den Bojaren B. J. Saburow und wurde dem Gericht ausgeliefert. Auch sein Bruder, Bojar W. I. Umnoi, konnte nur mit Mühe die Vormachtansprüche des Kämmerers D. I. Godunow abwehren.

Nach der Hinrichtung von Boris Tulupow ging sein Erbgut in Stariza als Abfindung für erlittene „Schmach" an Boris Godunow über. Wir werden nie erfahren, auf welche Weise der Günstling Godunow beleidigte, wir wissen nur, daß er dafür zahlen mußte: Er wurde gepfählt. Es sei daran erinnert, daß der Besitz eines in Ungnade Gefallenen gewöhnlich zwischen dem Fiskus und dem Denunzianten aufgeteilt wurde. Boris Godunow bemühte sich, das auf unredliche Weise erworbene Gut loszuwerden. Sofort nach dem Tode Iwans IV. schenkte er das Tulupow-Erbgut einem Kloster und ordnete an, daß man dort ewig für die Gebrüder Wassili und Fjodor Umnoi sowie den Fürsten Boris Tulupow und seine Mutter Anna beten solle. Fjodor Umnoi selbst starb in einem Kloster, und Anna Tulupowa wurde nach Augenzeugenberichten am Todestag ihres Sohnes qualvoll hingerichtet. Boris Godunow, der an der Verfolgung der genannten Personen beteiligt war, ließ ihrer am 2. August, offensichtlich am Tage der im Seelenmessenregister erwähnten Hinrichtung, gedenken.

Und so ließ der Zar die führenden Persönlichkeiten der ersten Regierung nach der Opritschnina am 2. August 1575 hinrichten. Dies gab den Anstoß zu Ermittlungen im Zusammenhang mit einem zweiten „Verrat" in Nowgorod. Die in Gang gesetzte Terrormaschine war nicht mehr zum Stehen zu bringen. Viele Mitglieder des „Hofs" wurden verhaftet, u. a. auch der Leibarzt des Zaren, Elyseus Bomelius. Der „grausame Hexenmeister" Elyseus hatte im Volke einen üblen Ruf. Im Namen des Zaren führte er selbst die schmutzigsten Befehle aus, indem er für die in Ungnade gefallenen Hofleute Gift anfertigte. Bomelius wurde der erste Astrologe des Zaren. Er las für ihn in den Sternen, sagte verschiedene Unglücke voraus und „wies" dann Wege, um diese abzuwenden. Der Zar hatte völliges Vertrauen zu seinem Berater. Zu guter Letzt verstrickte sich der Astrologe jedoch in das Netz seiner eigenen Intrigen und beschloß, aus Rußland zu fliehen. Bomelius ließ Reisepapiere auf den Namen seines Dieners ausstellen und brach in Richtung Westgrenze auf, nachdem er im Futter seiner Kleidung sein ganzes Gold versteckt hatte. In Pskow nahm man den verdächtigen Ausländer fest und brachte ihn in Fesseln nach Moskau. Iwan, der über den Verrat seines Günstlings empört war, lies diesen an einen riesigen Spieß binden und mit Feuer foltern. So denunzierte Bomelius den Nowgoroder Erzbischof Leonid und viele andere Prominente. Entgegen der Legende bewog der „Hexenmeister" und „Zauberer" den Zaren nicht aus Bösartigkeit, sondern aus Schwäche, weil er die Folter nicht ertragen konnte, dazu, mit den Bojaren kurzen Prozeß zu machen.

Der Engländer Jerome Horsey, der sah, wie man den halbtoten Leibarzt vom Folterhof ins Gefängnis brachte, erzählte aufschlußreiche Einzelheiten über die letzten Tage dieses Hochstaplers. Der Zar habe seinen Sohn Iwan und andere Vertrauenspersonen, die im Verdacht standen, zusammen mit Bomelius eine Verschwörung angezettelt zu haben, beauftragt, diesen zu verhören. Bomelius hoffte, sich mit Hilfe dieser Höflinge aus der Affäre zu ziehen. Als aber der „Zauberer" merkte, daß ihn die Freunde verrieten, begann er zu reden und erzählte sogar mehr, als der Zar wissen wollte. Unter denjenigen, die er verleumdete, war auch der angesehene Hofmann P. M. Jurjew, ein Vetter zweiten Grades des Thronfolgers, dessen Name ebenfalls im Seelenmessenregister steht. Wie aus Dokumenten hervorgeht, „verschied" der in Ungnade gefallene Nowgoroder Erzbischof Leonid am 20. Oktober 1575, und vier Tage später wurde bereits Sacharjin-Jurjew geköpft. Das alles war kein Zufall.

Die blutigen Hinrichtungen in Moskau standen in engem Zusammenhang mit dem Nowgoroder Prozeß, dessen Zentralfigur der Erzbischof Leonid war. Dieser gehörte zu einer Gruppe von Geistlichen, die zunächst mit den Opritschniki und später mit dem Hof eng befreundet war. Er genoß das volle Vertrauen Iwans und trat das Amt des Erzbischofs nach dem Opritschniki-Pogrom in Nowgorod an. Bei seiner Tätigkeit ordnete Leonid die örtliche Kirche voll und ganz den Zielen der Opritschnina-Administration unter, der damals Alexej Staroi vorstand. (Der Umstand, daß Staroi kurz vor dem Leonid-Prozeß hingerichtet wurde, ist wahrscheinlich kein Zufall.) Laut Zeitgenossenberichten teilten noch zwei weitere hohe geistliche Würdenträger das Los des Nowgoroder Erzbischofs. Ihre Namen stehen neben Leonid in einem kurzen Seelenmessenregister der in Ungnade Gefallenen: „Erzbischof Leonid, Archimandrit Ewfimi, Archimandrit Iossif, Vorsteher des Simonow-

Klosters". Ewfimi war Vorsteher des Tschudow-Klosters im Kreml. In Chroniken lesen wir, daß er zusammen mit Leonid ums Leben kam. Und tatsächlich waren diese Personen eng miteinander verbunden. In den Jahren der Opritschnina leitete Archimandrit Lewki das Tschudow-Kloster. Er war ein bekannter Helfershelfer des Zaren, der von Kurbski verwünscht wurde. Lewki übergab sein Amt an Leonid, welcher wiederum Ewfimi zu seinem Nachfolger machte. Dieser ganze Personenkreis arbeitete mit den Opritschniki zusammen. Zu ihm gehörte auch der Vorsteher des Simonow-Klosters, welchem eine besondere Ehre zuteil wurde: Es wurde in die Opritschnina aufgenommen.

Der gehorsame Klerus drückte beide Augen zu, wenn der Zar eine Hochzeit nach der anderen feierte und dabei auch gegen andere kirchliche Regeln verstieß. Als jedoch Iwan IV. verkündete, daß Spenden von Grund und Boden an große Klöster von nun an verboten seien, war die ehemals herzliche Eintracht zu Ende. Der Zar verhehlte nicht, daß er mit seinen früheren Günstlingen unzufrieden war. Die Mönche des Simonow- und des Tschudow-Klosters seien nur ihren Kleidern nach Klosterbrüder, schrieb der Zar zwei Jahre vor den Hinrichtungen, ansonsten würden sie so leben wie alle. Auch die Archimandriten hätten den Klosterbrüdern ein schlechtes Beispiel gegeben. Die Mönche hätten stets auf Nachsicht rechnen können. Dabei ging es nicht nur darum, daß sie sich unschicklich benahmen; gegen sie wurden auch noch andere Anschuldigungen erhoben. So zürnte der Zar beispielsweise seinen Betbrüdern, weil sie Freundschaft mit rebellischen Bojaren pflegten. Mußten Leonid und die beiden Archimandriten nicht gerade die Freundschaft mit den hingerichteten Hofbojaren mit ihrem Leben bezahlen?

Durch Leonids Tod entstanden eine Unmenge von Legenden. Die einen meinten, der Zar habe dem Priester die Kleider vom Leibe gerissen, ihn dann in ein Bärenfell einnähen und schließlich von Hunden zerreißen lassen. Nach einer anderen Version ist Leonid auf dem Platz vor der Mariä-Entschlafungs-Kathedrale im Kreml erwürgt worden. Der findigste alle Autoren, der Engländer Horsey, behauptet jedoch, das Gericht habe Leonid zum Tode verurteilt, worauf der Zar ihn begnadigt und die Hinrichtung durch lebenslängliche Einkerkerung ersetzt habe. Der Erzbischof sei bei Wasser und Brot in einen Keller gesteckt worden, wo er bald darauf gestorben sei. Vor Gericht, so schrieb Horsey, beschuldigte man Leonid, er habe Zauberei getrieben und sich in Nowgorod Hexen gehalten. Die Hexen seien nach dem Prozeß verbrannt worden. Kann man Horseys Bericht Glauben schenken? Eine Einzelheit spricht voll und ganz dafür, nämlich folgende Notiz im Seelenmessenregister: „Herr, gedenke in Nowgorod der fünfzehn Frauen, denen nachgesagt wird, sie seien Hexen und Zauberinnen gewesen." Dies sind die gleichen Hexen, die auch Horsey erwähnte.

Das Gericht verurteilte Leonid als Ketzer und Staatsverbrecher. Der Erzbischof habe angeblich verräterische Beziehungen zum polnischen und schwedischen König unterhalten. Die Beschuldigungen waren dermaßen absurd, daß nur total eingeschüchterte Menschen dem Glauben schenken konnten. Da der Zar befürchtete, daß einflußreiche Kreise der Kirche dagegen protestieren könnten, griff er zur Erpressung. Im Katalog des Zarenarchivs finden wir den Hinweis auf ein Ermittlungsverfahren „gegen den Moskauer Metropoliten Antonius und den Erzbischof von Krutizy Tarassi im Jahre 7083 und 7084". Das interessanteste daran ist das Datum der Ermittlungen. Das Jahr 7083 ging am 31. August 1575 zu Ende, und das Jahr 7084 begann am 1. September desselben Jahres. Demzufolge ging der Zar gegen den Metropoliten genau in der Zeit vor, als die Vorbereitungen zum Prozeß gegen Leonid auf vollen Touren liefen.

Einige Forscher sahen in der Abdankung Iwans IV. und der Übergabe des Throns an Chan Simeon eine Art Spielerei oder Marotte, deren Sinn unklar und deren politische Bedeutung verschwindend klein war. Die oben genannten Fakten zeigen jedoch, daß die Thronentsagung des Zaren auf eine ernste innere Krise zurückzuführen war. Der zweite Prozeß in Nowgorod kompromittierte viele hochgestellte Bojaren und geistliche Würdenträger. Die Angst vor einem allgemeinen Verrat verfolgte den Zaren wie ein Alpdruck. Er lechzte nach einer Abrechnung mit den Verschwörern, verfügte jedoch nicht mehr über eine zuverlässige Militärgewalt. Auch der „Hof" wurde den in ihn gesetzten Hoffnungen nicht gerecht. Führende Persönlichkeiten des „Hofs" wurden des Hochverrats beschuldigt und hingerichtet.

Die Hauptschwierigkeit, auf die Iwan und seine Umgebung stießen, war jedoch etwas anderes. Durch die Aufhebung der Opritschnina waren gleichzeitig die uneingeschränkten Vollmachten, mit denen der Erlaß über die Opritschnina den Zaren ausgestattet hatte, annulliert worden. Zwar konnte niemand Iwan daran hindern, engste Vertraute seines „Hofstaates" hinzurichten. Auch setzte er die Verurteilung einiger einflußreicher kirchlicher Würdenträger durch, die bei der Semstschina wegen ihrer Kollaboration mit den Opritschniki unbeliebt waren. Dennoch wagte es der Zar nicht, ohne Zustimmung der Bojarenduma und des höheren Klerus einen Anschlag auf die mächtigen Semstschina-Würdenträger zu verüben. Das Gewitter der Opritschnina klang ab, ohne jedoch die Bojarenaristokratie vernichtet zu haben. Iwan IV. mußte wieder sein Vorgehen mit dem Adel abstimmen. Es war einfach zu riskant, die Meinung der Bojarenduma völlig zu ignorieren, besonders zu der Zeit, als sich herausstellte, daß das Schutzkorps des Zaren, sein „Hof“, nicht zuverlässig genug war. Iwan und seine Umgebung zerbrachen sich offensichtlich lange darüber den Kopf, wie man das Opritschnina-Regime ohen Zustimmung der Duma wiederherstellen und zugleich den Anschein der Gesetzlichkeit im Moskauer Reich bewahren könnte. Schließlich fand man einen Ausweg und beschloß, zu diesem Zwecke den Großfürsten Simeon zu benutzen. Die Tragödie schlug unerwartet in eine Farce um.

Über Sain Bulat Bekbulatowitsch ist wenig bekannt. Da der Chan ein schwacher und nur mittelmäßig begabter Mensch war, konnte der Zar mit ihm machen, was er wollte. Zunächst ließ er ihn in Kassimow „regieren“, später holte er den Chan aus dem muslimischen Teilfürstentum, taufte ihn auf den Namen Simeon und verheiratete ihn schließlich mit der verwitweten Tochter des Fürsten Mstislawski. Als tatarischer Chan im Dienste des Zaren genoß der ehemalige Muslim kein Ansehen bei den Bojaren und dem Klerus. Da Iwan IV. jedoch dessen „zarische“ Herkunft und noch mehr sein völliger Gehorsam imponierten, setzte er ihn an die Spitze der Semstschina-Duma. Der gefügige Chan hatte jedoch nicht genügend Einfluß, um allein und im Namen der Bojarenduma zu handeln. So erklärte der Zar, er danke zugunsten Simeons ab, und verkündete, das Oberhaupt der Bojarenduma sei nun „Großfürst von ganz Rußland“. Danach erhielt er von seinem Schützling ohne besondere Schwierigkeiten die Zustimmung dafür, im Lande den Ausnahmezustand auszurufen. Nachdem er in ein „Teilfürstentum“ gezogen war, brauchte sich Fürst Iwanez von Moskau (so nannte sich der Zar von nun an) nicht mehr mit der Duma zu beraten. Seine Verordnungen nahmen die Form von Bittschriften an den Großfürsten an.

Sofort nach dem Tod des Nowgoroder Erzbischofs Leonid reichte Iwan IV. bei Simeon seine erste Bittschrift ein, in der er bat, „so gütig zu sein und uns zu gestatten, die Leute – die Bojaren und die Dienstadligen und die ‚Bojarenkinder‘ und die Hofdiener – untereinander austauschen zu dürfen: die einen fortzuschicken und andere zu sich zu nehmen“.

Durch diese Bittschrift erhielt der „Teilfürst“ gegenüber dem „Großfürsten“ größere Machtbefugnisse. Iwanez von Moskau konnte jeden beliebigen Untertanen des Großfürsten Simeon in sein »Teilfürstentum“ holen, Simeon war es dagegen streng untersagt, Dienstmannen aus dem „Teilfürstentum“ bei sich aufzunehmen. Die neuorganisierte Armee des

„Teilfürsten“ glich der alten Opritschniki-Garde wie ein Ei dem anderen. Dienstadlige, die im „Teilfürstentum“ aufgenommen wurden, verloren ihre Güter in der Semstschina und erhielten dafür Ländereien auf dem Territorium des „Teilfürstentums“. Der frischgebackene „Teilfürst“ umging dabei jedoch die Frage, wo die Grenze zwischen seinen und den großfürstlichen Besitzungen lag, und überließ sie somit völlig dem eigenen Gutdünken. Iwanez von Moskau benutzte in seiner Bittschrift absichtlich solche Redewendungen, die den Untertanen weismachen sollten, daß es sich nicht um eine erneute Aufteilung des Staates in Semstschina und Opritschnina, sondern lediglich um eine gewöhnliche Neuorganisierung des „Hofes“, um das „Austauschen der Leute“, handle.

Anders als am Vorabend der ersten Opritschnina, als der Zar die Hauptstadt verlassen hatte, bevor er abdankte, wollte Iwan IV. kurz vor der Einführung der zweiten Opritschnina Moskau nicht verlassen und nahm die Zarenkrone sowie die anderen Insignien mit in sein „Teilfürstentum“. Um dem englischen Gesandten sein Verhalten plausibel zu machen, sagte Iwan unter anderem: „Bedenke: In unserem Besitz sind noch sieben Kronen mit Zepter und dem übrigen Zarenschmuck.“ Es läßt sich rekonstruieren, mit welchen Insignien der entthronte Zar vor den Engländer trat. Die Erlasse aus dem „Teilfürstentum“ ergingen nämlich im Namen „Seiner Durchlaucht Fürst Iwan Wassiljewitsch von Moskau, Pskow und Rostow“. Diesen drei alten Fürstenkronen fügte Iwanez noch die Kronen von zwei ehemaligen Teilfürstentümern, Dmitrow und Stariza, sowie die Kronen von Rschew und Subzow hinzu.

Der Fürst von Moskau benötigte etwa einen Monat, um seine „teilfürstlichen“ Besitzungen mit einer Grenze und einer neuen Opritschniki-Garde zu versehen. Dem „Teilfürstentum“ wurden das von Opritschniki verwüstete Pskower Land sowie Rostow mit seinem Landkreis einverleibt. Diese Territorien waren nie zuvor der Opritschnina-Behörde unterstellt gewesen, was darauf schließen läßt, daß der Fürst von Moskau nicht gewillt war, niedere Dienstmannen, die in ehemaligen Opritschnina-Landkreisen lebten und einst das Opritschniki-Korps bildeten, in sein „Teilfürstentum“ zu lassen. Die Verwaltung des zarischen „Teilfürstentums“ oblag einer „Teilfürstentums“-Duma, der die Nagois, Godunows und Belskis vorstanden. Der alte Kämmerer des Zaren, Dmitri Godunow, beschäftigte sich mit der Untersuchung von politischen Verbrechen: Das Kämmereramt ermittelte Verschwörungen gegen den Zaren. Wie hoch die Verdienste Dmitri Godunows eingeschätzt wurden, erkennt man daran, daß er trotz seiner niederen Abstammung den Bojarentitel erhielt. Auch sein Neffe Boris wurde als Mundschenk Mitglied der „Teilfürstentums"-Duma, und Boris' angeheirateter Verwandter Bogdan Belski erhielt das Amt eines Zeugwartes. Afanassi Nagoi erwies dem Zaren als Gesandter auf der Krim wichtige Dienste, indem er einen vermeintlichen Bojarenverrat zugunsten des Krim-Chans aufdeckte und somit seine Karriere sicherte. Auf Betreiben von Afanassi nahm der Zar auch dessen Bruder Fedez in die „Teilfürstentums"-Duma auf, verlieh ihm den Rang eines Okolnitschi und heiratete später dessen Nichte, Maria Nagaja. Das entstandene Triumvirat, die Nagois, Belskis und Godunows, konnte bis in die letzten Tage Iwans hinein seinen Einfluß bei Hofe aufrechterhalten.

Die öffentlichen Hinrichtungen, die einen Monat nach der Abdankung des Zaren stattfanden, deprimierten die Zeitgenossen. All dies wurde von Chronisten ausführlich beschrieben. Aber selbst beim flüchtigen Lesen der Chroniken kann man erkennen, daß ihnen unterschiedliche Quellen zugrunde liegen.

Um jedoch zu glaubwürdigen Fakten zu kommen, muß man sich erneut dem Seelenmessenregister zuwenden. Hier finden wir folgende Namen: „Fürst Pjotr Kurakin, Iona Buturlin mit Sohn und Tochter, Dmitri Buturlin, Nikita Borissow, Wassili Borissow, Druschina Wolodimerow, Fürst Danila Druzki, Iossif Iljin, ein Protopop, drei Schreiber und fünf einfache Bauern."

Wer aber waren diese Opfer der zweiten Opritschnina? Bojar Fürst Pjotr Kurakin zum Beispiel war nur durch Zufall während der ersten Opritschnina unversehrt geblieben. Sein Bruder, der Bojar Iwan, wurde damals in ein Kloster verbannt. Ihn selbst aber schickte man nach Kasan, wo er zehn Jahre verbrachte. Man holte ihn allein aus dem Grunde nach Moskau zurück, um ihn aufs Schafott zu bringen.

Bojar Iwan Buturlin, Okolnitschi Dmitri Buturlin und Okolnitschi Borissow hatten ein ganz anderes Schicksal. Sie wurden zu dem Zeitpunkt Mitglieder der Opritschnina-Duma, als die Opritschnina insgesamt schon am Ende war. Als sie vollständig abgeschafft wurde, legten sie ihre schwarzen Opritschniki-Kleider ab und wechselten in die Semstschina-Duma über. Ähnlich verlief auch das Leben anderer im Seelenmessenregister verzeichneter Personen.

So machten Fürst Danila Druzki und die einflußreichen Sekretäre Druschina Wolodimerow sowie Ossip Iljin ebenfalls ihre Karriere als Opritschniki, gingen dann zur Semstschina und übernahmen dort die Leitung der Verwaltungsbehörden. Zu all diesen ehemaligen Opritschniki gesellte sich Iwan, der ehemalige Protopope der Erzengel-Kathedrale des Kremls, den man im Fluß ertränkte.

Urkundlich belegt wurde, daß der Zar seine ehemaligen Opritschniki Ende November 1575 hinrichten ließ. Dieses Datum stellt das letzte Glied einer langen Kette von Fakten dar. Folgendermaßen war der Verlauf der Dinge: Im August rechnete Iwan IV. mit führenden Hofleuten des „Hofs“ ab, im September und Oktober wurden die Ermittlungen im Zusammenhang mit dem Nowgoroder Verrat durchgeführt, Ende Oktober dankte er ab, bildete innerhalb eines Monats eine neue Opritschnina, die er „Teilfürstentum“ nannte, und erteilte schließlich den Befehl, die prominentesten Semstschina-Bojaren zu vernichten.

Von Zeitgenossen erfahren wir nur, daß die Ursache der neuerlichen Grausamkeiten ein Zwist in der Zarenfamilie gewesen sei. So berichtet ein Moskauer Chronist ziemlich unverständlich und kompliziert, der Zar habe begonnen, seinen Sohn, den Zarewitsch Iwan Iwanowitsch, zu verdächtigen, daß dieser die Zarenmacht begehre. Allem Anschein nach bezichtigte man den Thronfolger, den Vater stürzen und selbst den Thron usurpieren zu wollen. Um den Sohn in die Schranken zu weisen, habe der Zar Simeon zum Großfürsten ernannt. Daraufhin hätten dem Zarewitsch nahestehende Bojaren angeblich erklärt: „Es schickt sich nicht für dich, großmächtiger Zar, deine Kinder zu umgehen und einem Fremden den Staat zu überlassen.“ Zornerfüllt habe der Zar befohlen, diese „Widersacher“ hinzurichten. Es ist schwer zu sagen, inwieweit der obengenannte Chronikbericht der Wahrheit entspricht. Man kann lediglich mutmaßen, daß durch den Fall Bomelius Bojaren, die zur nächsten Umgebung des Thronfolgers gehörten, kompromittiert wurden, so daß der Zar beschloß, diese loszuwerden. Dabei betrachtete er wahrscheinlich den Bojaren Iwan Buturlin als Hauptverschwörer und ließ ihn zusammen mit dessen Sohn und Tochter enthaupten. Die Angehörigen der anderen „Verschwörer“ verschonte der Zar jedoch.

Nach dem ersten großen Streit mit seinem Sohn Iwan erklärte der Zar in Anwesenheit von Bojaren, hohen Würdenträgern und ausländischen Gesandten, er wolle dem Sohn dessen Anrecht auf den Thron entziehen und lieber den dänischen Prinzen Magnus zu seinem Nachfolger machen. Fünf Jahre später machte er seine Drohung wahr, wobei er jedoch die Krone nicht an Magnus, sondern an Simeon weiterreichte. Die Bosheit, die zwischen den Verwandten herrschte, entzweite die Zarenfamilie. Der despotische Vater soll seinem erwachsenen Sohn gesagt haben: „Ich werde deine Brüder und Vertrauten vernichten, und den Thron gebe ich nicht dir, sondern einem Fremden.“ In alten Liedern finden wir die Überlieferung, daß der Zarewitsch nur dank der Fürsprache seines Lieblingsonkels, Bojar Nikita Jurjew, dem Tod entronnen sei. Ob dies der Wahrheit entspricht, läßt sich nicht mehr feststellen. Bekannt ist lediglich, daß Iwan IV. in der Zeit, als im Zusammenhang mit der angeblichen Verschwörung zugunsten des Thronfolgers ermittelt wurde, Nikita Jurjew plündern ließ. Auch andere Semstschina-Führer wurden von ihm behelligt. Über die Höfe rollten Bojarenköpfe. Doch wie sehr der Zar auch wütete, wie sehr er seinen Erben mit dem Stock belehrte, dachte er doch nie daran, gegen ihn einen Gerichtsprozeß zu führen. Mehr noch: Nachdem er den Zarentitel abgelegt hatte, nahm er seinen Sohn mit zu sich in das „Teilfürstentum" und erklärte ihn zu seinem Mitregenten. Alle Weisungen aus dem „Teilfürstentum" ergingen im Namen von zwei Moskauer Fürsten: Iwan Wassiljewitsch und Iwan Iwanowitsch.

Drei Tage nach der öffentlichen Exekution im Kreml bestellte Iwan IV. den englischen Gesandten zu sich, setzte ihn über die Krönung Simeons in Kenntnis und fügte hinzu, daß der Grund dafür verbrecherische und hinterlistige Taten seiner Untertanen gewesen seien, die murren und sich dagegen auflehnen würden, ihm untertänig zu sein, und sich gegen ihn verschworen hätten. Der Sinn der Erläuterungen war ganz klar. Iwan von Moskau exekutierte die Bojaren für ihre Weigerung, sich ihm gehorsam zu fügen. Da er befürchtete, der Gesandte könnte seine Thronentsagung nicht ernst nehmen, erklärte Iwan IV., er habe seinen Titel einem Fremden überlassen, der weder ihm noch seinem Land oder seinem Thron nahestünde. Die Unterhaltung mit dem Gesandten enthüllte unbeabsichtigt die ganze Wahrheit. Der im Zarendienst stehende Tatar war nur aus dem Grunde für die Hauptrolle in dieser Maskerade bestimmt worden, weil er nicht das geringste Anrecht auf die russische Krone hatte. Iwan ließ absichtlich den Spuk der verhaßten Tatarenherrschaft wieder auferstehen, als die Chane über großfürstliche Macht verfügten, die Moskauer Vasallenfürsten sich jedoch mit Bittschriften an sie wandten. Iwan IV. bemühte sich schon frühzeitig darum, seinen „Nachfolger" vor seinen Untertanen lächerlich zu machen, damit sich dieser auf dem Thron nicht behaupten konnte. So war die Zeremonie der Machtübergabe an Simeon ausgesprochen zweideutig. Wie ein Chronist bemerkt, habe der Zar ihn „durch seinen Willen" auf den Thron gesetzt. Das gleiche gaben auch ausländische Beobachter an. Horsey zum Beispiel schrieb, der Zar habe Simeon die Krone überreicht und ihn ohne Zustimmung der Bojarenduma gekrönt. Dadurch, daß er auf die Vereidigung des neuen Herrschers vor der Duma verzichtete, verlor der Krönungsakt seine Rechtskraft. Die ungewisse Lage Simeons wurde auch noch dadurch verstärkt, daß er, obwohl er den Zarenthron einnahm, nicht Zar war, sondern nur den Titel eines Großfürsten trug.

Als Simeon bereits drei Monate lang regierte, sagte der Zar zu dem englischen Gesandten, er könne, sobald es ihm beliebe, die Krone erneut übernehmen und so verfahren, wie Gott ihm gebiete, denn Simeons Krönung sei noch nicht bestätigt und er sei auch nicht vom Volke auserwählt, sondern nur durch seine Gnade ernannt worden. Aber auch nach dieser Erklärung hatte es Iwan IV. nicht eilig, diesem Possenspiel ein Ende zu setzen. Der tatarische Chan saß etwa ein Jahr lang auf dem Moskauer Thron. Da der Zar die Absicht hatte, die Dienste des gefügigen Simeon auch weiterhin in Anspruch zu nehmen, vernichtete er ihn nicht, sondern ließ ihn in Ehren „zurücktreten". Nach seinem Rücktritt wurde Simeon „Großfürst" von Twer.

In Form eines „Teilfürstentums" belebte der Zar erneut die Opritschnina im Lande. Diesmal waren jedoch nur ganz wenige Personen Verfolgungen ausgesetzt. Pogrome gab es überhaupt nicht. Die „Teilfürstenpolitik" war vielmehr eine Art Epilog zur Opritschnina, mit deren Hilfe der Zar den Bojarenkreis vernichtete, der die Opritschnina am Ende ihrer Existenz gelenkt hatte. Simeons „Regiment" übte keinen ernsthaften Einfluß auf die innenpolitische Lage des Landes aus.

9. Familiäre Angelegenheiten

Die Eheschließung in einer Zarenfamilie war keine private, sondern eine politische Angelegenheit, wobei man sich von dynastischen Zielen leiten ließ. Noch bevor Iwan IV. das heiratsfähige Alter erreicht hatte, begann die Moskauer Diplomatie bereits Pläne für seine Heirat zu schmieden. Von seiten der Bojaren hoffte man eine polnische Prinzessin als Braut für ihn zu gewinnen. Die Verhandlungen, die in diesem Zusammenhang mit dem polnischen Königshaus geführt wurden, blieben jedoch ohne Erfolg, und so mußte die Duma auf die außenpolitischen Vorteile, die diese dynastische Ehe gebracht hätte, verzichten. Damals wurden dem sechzehnjährigen Großfürsten folgende Argumente in den Mund gelegt, die er (nach der Version einer Chronik) in einer Ansprache vor der Duma und der Geistlichkeit ausführte: „... Ich habe darüber nachgesonnen, ob ich in fremden Landen einheiraten soll", erklärte Iwan (und das war die reine Wahrheit), „bei einem König oder einem Zaren, habe diesen Gedanken jedoch verworfen. Ich möchte nicht in andere Länder heiraten, denn ich ... bin als Kind ohne Vater und Mutter aufgewachsen, würde ich aber eine Gemahlin aus einem anderen Land zu mir holen, so wären unsere Gemüter verschieden, und es gäbe zwischen uns nur Zwist und Hader; und deshalb, ... so habe ich beschlossen, möchte ich im eigenen Lande heiraten ..." Was Erwägungen in bezug auf die Ungleichheit der Gemüter betrifft, so waren diese von zweitrangiger Bedeutung im Vergleich zu religiösen Aspekten. Die benachbarten Herrscherhäuser bekannten sich zu Konfessionen, die in den Augen der Moskauer Orthodoxie häretisch waren. Wegen ähnlicher Probleme hatte auch Wassili III. 25 Jahre zuvor keine Ausländerin heiraten können. Zu guter Letzt entschied der junge Iwan, ganz dem Beispiel seines Vaters zu folgen. Die Bojarenduma beschloß, die besten heiratsfähigen Mädchen des Landes bei Hofe vorzuführen. Bojaren und Okolnitschije begannen sogleich überall im Lande nach Bräuten Ausschau zu halten. Den Bojaren voran ritten Eilboten mit dem strengen Befehl, alle Adligen, die Töchter ab 12 Jahren hätten, müßten diese unverzüglich ihren Statthaltern vorstellen. Für das Verstecken einer Braut drohte den Dienstadligen Verbannung oder gar der Tod. Bei dem schlechten Zustand der Straßen im Moskauer Reich bestand die Gefahr, daß die Brautschau mehrere Monate dauern würde. Ohne das Eintreffen der Mädchen aus der Provinz abzuwarten, brachten die Bojaren unterdessen ihre Töchter und Nichten in den Zarenpalast. Von allen Bojarenmädchen wählte man für den Zaren Anastassija, die Tochter des Okolnitschi Roman Jurjewitsch Sacharjin aus. Der Vater der Zarenbraut war ein ganz gewöhnlicher Mensch. Ihr Onkel jedoch war der Vormund des minderjährigen Iwan gewesen, so daß der Großfürst die Familie der Braut bereits seit seiner Kindheit kannte. Da die mit dem Zaren verwandten Glinskis die Sacharjins nicht als gefährliche Rivalen betrachteten, widersetzten sie sich nicht der Wahl Anastassijas.

Iwans erste Ehe währte 13 Jahre. In dieser Ehe wurden sechs Kinder geboren, von denen aber nur zwei am Leben blieben. Die ersten zwei Töchter, Anna und Maria, starben, noch bevor sie ein Jahr alt wurden. Das dritte Kind war der Zarewitsch Dmitri. Als er sechs Monate alt war, pilgerten die Eltern mit ihm ins Kyrill-Kloster. Auf dem Rückweg kam das Kind durch einen dummen Unfall ums Leben: Die Beförderung des Thronfolgers war mit einer umständlichen Zeremonie verbunden. Es war vorgeschrieben, daß die Amme, die das Kind auf den Armen trug, von zwei angesehenen Bojaren gestützt wurde. Als sie aus dem Kyrill-Kloster zurückkehrten, legte die Barke des Zaren am Ufer an, und die feierliche Prozession betrat den Landungssteg. Dieser löste sich jedoch, und alle stürzten ins Wasser. Das Kind, welches man sofort aus dem

Wasser holte, war jedoch schon tot. So kam der älteste Sohn des Zaren, der Zarewitsch Dmitri, ums Leben.

Ihren zweiten Sohn, den Zarewitsch Iwan, brachte Anastassija am 28. März 1554 zur Welt. Zwei Jahre später bekam sie eine Tochter, Jewdokija. Der Sohn überlebte, die Tochter starb aber im dritten Lebensjahr. Am 31. Mai 1557 erblickte der dritte Sohn der Zarenfamilie das Licht der Welt. Anastassijas Gesundheit war damals schon stark angegriffen, Krankheiten plagten sie. Ihr letztes Kind, Zarewitsch Fjodor, war sowohl körperlich als auch geistig schwach.

Die häufigen Entbindungen ruinierten die Gesundheit der Zarin, und so wurde sie nicht einmal 30 Jahre alt. Anastassija wurde im Kreml, im Christi-Himmelfahrts-Kloster, beigesetzt. Zu ihrem Begräbnis kamen viele Menschen. „Viele Tränen wurden ihretwegen vergossen, denn sie war zu allen barmherzig und gütig“, fügt der Chronist hinzu. Über Anastassijas Charakter ist sehr wenig bekannt. In Bojarengemächern aufgewachsen, hatte sie anscheinend wenig Ähnlichkeit mit solchen Frauen wie der Regentin Jelena Glinskaja. In die Angelegenheiten ihres Mannes mischte sie sich fast nie ein. Diejenigen, die ihr nicht wohlgesinnt waren, verglichen sie mit der gottlosen Kaiserin Eudoxia, der Verfolgerin von Johannes Chrysostomus. Dies war offensichtlich eine Anspielung auf die Abneigung, welche die Zarin gegenüber Silvester empfand. Anastassija befürchtete, Iwans Beichtvater würde einen zu starken Einfluß auf ihn ausüben, konnte jedoch nichts dagegen tun. Ihr eigener Einfluß auf ihren Mann war dagegen nicht besonders groß.

Das Verhältnis zwischen den Eheleuten war alles andere als wolkenlos, insbesondere kurz vor dem Tode der Zarin. Viele Jahre später, als Kurbski Iwan vorwarf, sich unmoralisch verhalten zu haben, antwortete dieser offen und einfach: „Du sagst, ich habe keine Geduld gehabt und meine Reinheit nicht bewahrt; doch wir alle sind nur Menschen.“ Gerüchte über das anstößige Benehmen des Zaren spiegeln sich auch in den Chroniken wider: „Oft zürnte der Zar der verstorbenen Zarin Anastassija und betrog sie“, schrieb ein Chronist. Trotz alledem hing der Zar sehr an seiner ersten Frau und erinnerte sich sein ganzes Leben lang voller Liebe und Reue an sie. Bei ihrer Bestattung weinte Iwan und konnte sich wegen seines „lauten Stöhnens und Herzensleids“ kaum auf den Beinen halten. Bereits eine Woche nach Anastassijas Ableben wandten sich Makari und die Erzbischöfe mit einem ungewöhnlichen Ersuchen an den Zaren. Sie baten, der Zar möge seine Trauer beenden, „um der christlichen Hoffnung willen schon früher heiraten und sich nicht weiter der Trübsal hingeben.“ Hinter der Sorge um Iwan verbarg sich jedoch politisches Kalkül. Bei Hofe waren viele mit der Vormachtstellung, die die Sacharjins einnahmen, nicht einverstanden. Sie alle hofften, daß die Sippe einer neuen Zarin die Sacharjins aus dem Zarenpalast verdrängen würde.

Die zweite Ehe Iwans IV. wurde ausgesprochen eilig arrangiert. Nachdem die Zarendiplomaten sich in Polen und Schweden erfolglos um eine Braut bemüht hatten, brachten sie dem Zaren ein Mädchen aus der Kabardei im Kaukasus. Die Tochter des kabardinischen Fürsten Temir Guki, Fürstin Kutschenej, war noch sehr jung. Iwan besah sich die Tscherkessin auf seinem Hof und „gewann sie lieb", wie es in der offiziellen Chronik heißt. Kutschenej trat zum orthodoxen Glauben über und nahm den Namen Maria an. Drei Tage lang dauerte der Hochzeitsschmaus im Kreml. Während dieser ganzen Zeit war es den Einwohnern der Hauptstadt ebenso wie allen Ausländern bei Androhung der Todesstrafe untersagt, ihre Höfe zu verlassen. Die Behörden befürchteten, der Pöbel könnte die Hochzeitsstimmung verderben, denn sie hatten noch frisch in Erinnerung, was in der Metropole nach der ersten Zarenhochzeit geschehen war.

Anfangs verstand Maria, die kein Wort Russisch sprach, nichts von dem, was ihr der Gemahl sagte. Später erlernte sie jedoch die Landessprache und gab dem Zaren sogar Empfehlungen (über die Aufstellung einer Wache, die so ähnlich organisiert war wie die der Bergfürsten, u. a. m.). Maria gebar dem Zaren einen Sohn namens Wassili, der aber schon im Säuglingsalter starb. Gerüchte darüber, daß Iwan Maria vergiftet habe, sind völlig an den Haaren herbeigezogen. Kurz vor ihrem Tod hatte Maria mit ihrem Mann eine Reise nach Wologda unternommen, wo sie erkrankte. Die Nachricht von einer „Verschwörung" in Nowgorod zwang den Zaren dazu, eiligst nach Moskau zurückzukehren. Er beauftragte den Bojaren Basmanow damit, mit seiner kranken Frau hinterherzufahren. Die Reise war langwierig und mühsam. Später wurde die kranke Maria auf „Anordnung" nach Alexandrowskaja Sloboda gebracht, wo sie bald darauf verstarb.

Nach dem Pogrom in Nowgorod gab der Zar bekannt, er habe nicht vor, lange auf eine erneute Hochzeit zu warten, und befahl abermals, aus dem ganzen Reich junge Mädchen herbeizuschaffen. Von überall her brachte man 1500 Dienstadels-Jungfrauen in den Zarenpalast. Der vierzigjährige Zar Iwan hatte die Qual der Wahl. Gesundheit und Schönheit waren seine einzigen Kriterien, jedoch das eine wie das andere besaß gut die Hälfte aller Mädchen im Überfluß. Zu guter Letzt folgte der Zar dem Rat seines treuen Handlangers Maljuta Skuratow und entschied sich für

Marfa Sobakina. Obwohl die Zarenbraut nach der Verlobung zu „welken“ begann und allem Anschein nach aus dem „Wettbewerb“ hätte ausscheiden müssen, erklärte der Zar, er verlasse sich auf Gott, und feierte Hochzeit, als es der Braut bereits sehr schlecht ging. Ohne faktisch Iwans Frau geworden zu sein (was vom höchsten Klerus bestätigt wurde), starb Marfa über Nacht. Offiziell hieß es, die Zarin sei von bösen Leuten vergiftet worden. Woher dieses Gerücht kam, ist jedoch unschwer zu erraten. Durch diese Hochzeit gehörte nunmehr Maljuta, der von niederer Herkunft war, zur Verwandtschaft des Zaren. Über die Todesursachen Marfas wurde Verschiedenes gemunkelt. So hieß es u. a., Sobakinas Mutter habe ihr über einen Höfling irgendwelche Kräuter für „gute Empfängnis“ übergeben lassen.

Die Brautschau verlief in mehreren Etappen. Zum Schluß wurden zunächst 24 und dann noch einmal 12 Mädchen ausgesucht. Mit einem dieser 12 Mädchen, Anna Koltowskaja, feierte der Zar wenige Monate nach Marfas Tod erneut Hochzeit. Anna Koltowskaja war von noch niederer Herkunft als Marfa Sobakina, so daß der Zar ihre Verwandten nicht einmal in die Duma einführen konnte. Die Koltowskis schafften es nicht, sich bei Hofe zu behaupten, und auch Schönheit und Frische reichten nicht aus, damit sich Anna in jener stürmischen Zeit auf dem Thron halten konnte. So bestand diese Ehe nicht einmal ein Jahr lang. Der Zar verbannte Anna in ein Kloster und nahm ihren Verwandten ihre neuerworbenen Ländereien wieder ab.

Als ein neuer Günstling, Wassili Umnoi-Kolytschew, an Skuratows Stelle trat, vermählte sich der Zar mit Anna Wassiltschikowa. Diesmal wurde die Hochzeit zwar nur in einem engen Kreis gefeiert, unter den Gästen befanden sich jedoch fast zwanzig Vertreter der Sippe Kolytschew. Womit läßt sich diese Tatsache erklären? Nur mit einer Laune des Zaren oder damit, daß der Favorit seine Verwandte mit dem Zaren vermählte. Nach der Hochzeit verflochten sich die Schicksale der Kolytschews und der Wassiltschikows auf sonderbare Weise. Nachdem einige Monate verstrichen waren, ballten sich über dem Kopf Umnois Gewitterwolken zusammen. Da er fühlte, daß er in Gefahr war, schickte der Favorit Geld ins Troiza-Sergius-Kloster, damit man dort für seine Seele betete. Seinem Beispiel folgten die Brüder der Zarin. Sie spendeten dem Kloster ebensoviel Geld wie Umnoi. Dies war keineswegs bloßer Zufall. Laut Überlieferung hat der Zar Anna Wassiltschikowa zwei Tage nach Umnois Hinrichtung in ein Kloster verbannt.

Die Verbindungen, die der Zar einging, waren stets Vernunftehen, selbst wenn außenpolitische Erwägungen bei ihrer Schließung keine

Rolle spielten. Im Familienleben Iwans spiegelten sich alle möglichen innenpolitischen Auseinandersetzungen wider, so daß sich seine Untertanen kaum alle Gesichter der Zarinnen merken konnten, die den Günstlingen in den Zarenpalast folgten. In nur einem Fall scheint die Heirat des Zaren mit einer Romanze verbunden gewesen zu sein. In der „Chronik der Ehen des Zaren Iwan Wassiljewitsch" ist zu lesen, der Zar habe sich mit der Witwe Wassilissa Melentjewa vermählt, deren Mann von einem Opritschnik erstochen worden war; diese sei so gut gebaut und schön gewesen wie keine der Jungfrauen, die der Zar bisher gesehen hatte.

Historiker, die diese „Chronik" untersuchten, äußerten wiederholt die Vermutung, daß die Notiz über Zarin Wassilissa von dem Besitzer des Manuskripts, Sulakadsew, einem bekannten Fälscher altrussischer Urkunden, erdacht worden sei. Wie überzeugend diese Annahme aber auch auf den ersten Blick wirken mag, so stimmt sie doch nicht mit den Tatsachen überein. Wassilissa hat wirklich existiert. Außer in der „Chronik" wird ihr Name auch im „Chronisten" erwähnt, der dem Dichter und Hofhistoriker Alexanders I., N. M. Karamsin (1766–1826), gehörte. „Zar Iwan Wassiljewitsch", lesen wir dort, „betete zusammen mit der Witwe Wassilissa Melentjewa, seiner Gattin." Die nachfolgende Notiz aus dem Wjasmaer Grundbuch des 16. Jahrhunderts zerstreut jedoch endgültig alle Zweifel an der Existenz Wassilissas: „Der großmächtige Zar und Großfürst Iwan Wassiljewitsch von ganz Rußland beschenkte im Sommer 7087 (1579) ... Fjodor und Maria, die Kinder von Melenti Iwanow, mit einem Erbgut."

Im Grundbuch ist also ein Fall fixiert, der in der Geschichte des 16. Jahrhunderts ganz außergewöhnlich ist. Kinder eines unbekannten, nicht zum Moskauer Hochadel gehörenden Melenti Iwanow erhielten ein Erbgut: 1500 Deßjatinen Ackerland, ausgedehnte Wälder und Wiesen. Nur wenige der angesehensten Bojaren wurden, auch wenn sie sich um den Staat verdient gemacht hatten, dermaßen großzügig belohnt. Was aber die Kinder des unbekannten Melenti angeht, so konnten diese keinerlei Verdienste aufweisen, außer dem einen, daß, kurz bevor sie das Stück Land erhielten, ihre Mutter, die Witwe Wassilissa, ehemalige Frau von Melenti, die sechste Frau des Zaren geworden war.

Die Ehe mit der Witwe des Sekretärs, die wahrscheinlich nicht einmal adlig war, hatte keinerlei politische Gründe. Wassilissa war viel älter als die anderen Zarinnen und starb verhältnismäßig früh. Diese kurze sechste Ehe Iwans fiel jedoch in die Zeit seiner größten Erfolge.

Drei Jahre vor Iwans Tod verkuppelte A. F. Nagoi, ein Günstling des

Zaren, seine Nichte, Maria Nagaja, mit ihm. Viele Zeitgenossen hielten diese siebente Ehe für ungesetzlich, und offenbar nahm auch der Zar selbst sie nicht besonders ernst. Er war sogar bereit, seine letzte Frau gegen eine englische Prinzessin einzutauschen.

Während des Livländischen Krieges unternahm Moskau den Versuch, mit England ein Militärbündnis zu schließen und die englische Flotte auf der Ostsee einzusetzen. Dieser Versuch schlug jedoch fehl. Der Königliche Rat weigerte sich, den in Wologda vereinbarten Bündnisvertrag zu ratifizieren. Aus diesem Anlaß sagte der Zar Königin Elisabeth in scharfer Form seine Meinung: „Und wir dachten, daß Du als Herrscherin in Deinem Staate selbst regierst“, „in Wirklichkeit ist es aber so, daß andere Deinen Staat regieren, und nicht bloß vornehme Männer, sondern auch Handelsleute und Krämer“, „du verweilst in Deinem Jungfernstand, bist aber eigentlich ein ordinäres Frauenzimmer“. Daß er die „alte Jungfer“ verachtete, hinderte den Zaren nicht daran, Pläne für eine Vermählung mit ihr zu schmieden. Sein Heiratsantrag wurde jedoch abgelehnt.

Gegen Ende des Krieges begann der russische Hof erneut Verhandlungen mit London zu führen, deren Ziel die Eheschließung zwischen dem Zaren und Mary Hastings, einer Verwandten der Königin, war. Der russische Gesandte in England, F. Pissemski, gab offiziell bekannt, daß der Zar sich von Maria Nagaja scheiden lassen wolle, denn er, „der großmächtige Zar, hat in seinem Staate eine ihm nicht ebenbürtige Bojarentochter zu sich genommen. Wenn aber die Nichte der Königin gut gewachsen und dieser großen Sache würdig ist, so ist unser Zar bereit…, seine Frau zu verlassen und um die Hand der Nichte der Königin anzuhalten.“ Durch die Ehe mit einer englischen Prinzessin sollte nach Absicht des Zaren das Prestige der Zarendynastie, das aufgrund von militärischen Niederlagen stark gelitten hatte, wieder angehoben werden. Neben dynastischen Vorteilen verfolgte dieser Plan auch noch ein anderes Ziel: Moskau sollte aus der internationalen Isolation herausgeführt, und ein militärisches Bündnis zwischen dem Moskauer Reich und England sollte vorbereitet werden. Iwan IV. bemühte sich außerordentlich um seine achte Ehe. Die Brautwerbung erlangte in diesem Fall eine ganz besondere Bedeutung, da der Zar gleichzeitig darum bat, ihm in England Asyl zu gewähren.

Er beauftragte seinen Gesandten, F. Pissemski, sich detailliert nach der Mitgift der englischen Braut zu erkundigen und in Erfahrung zu bringen, „welches Teilfürsten Tochter sie ist und ob sie einen Bruder oder eine Schwester hat?“ Der Zar wollte eine Vorstellung davon bekommen, was die Familie Hastings alles besitzt und ob seine eventuelle Gattin ein

Teilfürstentum erben werde. Allem Anschein nach hoffte er, im Falle einer erzwungenen Abreise aus Rußland außer der Hand Mary Hastings' auch ihr Fürstentum zu bekommen, das für ihn und seinen schwachsinnigen Sohn das letzte Asyl werden würde. Letztlich scheiterte jedoch das Heiratsprojekt des Zaren. Die Königin lehnte Iwans Heiratsantrag unter dem Vorwand ab, daß die dreißigjährige Braut viel zu schwach und ihre Gesundheit vollkommen ruiniert sei. Der englische Gesandte erklärte, die Nichte der Königin, Fürstin Mary, stehe der Königin (dem Verwandtschaftsgrad nach) ferner als alle anderen Nichten, sei kränklich und nicht besonders schön. Das Gesicht der „Braut" sei voll von Pockennarben. Die Absage störte Iwan nicht im geringsten. Er war fest dazu entschlossen, neue Gesandte nach London zu schicken und um die Hand einer anderen Verwandten der Königin anzuhalten. Der Gesandte Bowes behauptete, daß ihm der Zar seine geheimsten Pläne anvertraut habe: Falls ihm die Königin mit der nächsten Gesandtschaft nicht die Braut schicken würde, die er wollte, habe der Zar vorgehabt, zusammen mit seinem ganzen Reichsschatz nach England zu fahren und dort eine der Verwandten der Königin zu heiraten. Es ist anzunehmen, daß Bowes stark übertrieb. Andererseits steht außer Frage, daß sich Iwan IV. sehr um die „englische Sache" bemühte.

Wäre die Brautwerbung am englischen Hof erfolgreich gewesen, hätte Zarin Maria die Nonnentracht erwartet. Auch das Schicksal des kleinen Zarewitschs Dmitri wäre dann alles andere als beneidenswert gewesen.

10. Krieg im Baltikum

Der Untergang der osmanischen Armee bei Astrachan und die Zerschlagung der Krimhorde bei Moskau trugen dazu bei, daß sich die militärische Situation in Osteuropa merklich veränderte. 1575 wurden zum ersten Mal seit vielen Jahren die südlichen Grenzen des Moskauer Reiches nicht mehr von den Tataren überfallen. Zwei Jahre später starb Chan Dewlet-Girej, und auf der Krim begann eine langwährende innenpolitische Fehde.

An Moskaus südlichen und westlichen Grenzen kehrte Frieden ein. Das in der Rzeczpospolita begonnene Interregnum schwächte diesen Staat und lenkte ihn von den livländischen Angelegenheiten ab. Die Moskauer Diplomaten versuchten, den Ausgang der polnischen Königswahlen zu beeinflussen. Ein Teil der orthodoxen Schlachta setzte sich dafür ein, daß Iwan IV. auf den polnischen Thron gewählt werde, wobei der Zar selbst allem Anschein nach keine Ambitionen hatte, die polnische Krone zu erwerben. Der polnischen Gesandtschaft sagte er, er werde die Königskrone nicht annehmen, denn sein Sohn sei noch zu jung, um die Leitung des Staates zu übernehmen. Von der Bewältigung der internen Schwierigkeiten stark beansprucht, befürchtete Iwan, daß Polen seine Probleme nur noch vergrößern würde. Bereits unter Sigismund II. hatte sich die Königsmacht in einem völlig desolaten Zustand befunden, die Finanzen waren ruiniert, und die unbändige Schlachta hatte dem König ihre Bedingungen diktiert. Der Zar war darüber bestens informiert. „... Unserer großmächtigen Zaren freie Selbstherrschaft ist nicht so wie Eure klägliche Königsmacht", schrieben Bojaren nach der Weisung Iwans IV. an den König, „... denn Du bist ein gewählter, nicht aber ein erblicher Herrscher, so wie es den Pans gefiel, so haben sie Dir auch den Staat übergeben ..." Der Zar verachtete die „gewählte" Königsmacht aus ganzem Herzen und rechnete in keiner Weise mit dem Unheil, das ihn gerade aus dem Westen bald darauf ereilte.

Solange die Rzeczpospolita mit innenpolitischen Problemen beschäftigt war, bemühte sich Moskau, den Schweden ihre Schlösser in Livland abzuringen. Im Verlauf von zwei Feldzügen, die in den Jahren 1575 und 1576 stattfanden, konnten die Küstenfestungen Pernau und Hapsal besetzt und fast die gesamte Ostseeküste zwischen Reval und Riga annektiert werden. Der Anfang 1577 unternommene Versuch, Reval, den wichtigsten schwedischen Stützpunkt in Livland, einzunehmen, war jedoch erfolglos. Nach sechswöchiger Belagerung rückten die russischen Truppen unverrichteterdinge von der Festung ab.

Indessen näherte sich das Interregnum in der Rzeczpospolita seinem Ende. Die Moskauer Diplomaten unterstützten den österreichischen Thronanwärter, Kaiser Maximilian und führten mit ihren Verbündeten Geheimgespräche darüber, wie die polnisch-litauische Union zu sprengen sei. Ihre Pläne sahen vor, daß nach der Wahl ihres Favoriten Polen an Österreich, Litauen und Livland aber an Rußland übergehen sollten. Durch die Unterstützung der Moskauer wurde der Österreicher Ende 1575 zum König in der Rzeczpospolita ausgerufen; es gelang ihm jedoch nicht, sich in Polen zu behaupten. Die Gegner Österreichs wählten den siebenbürgischen Fürsten Stephan Báthory zum König. Im Wettstreit dieser beiden Könige siegte schließlich im Frühjahr 1576 der energische und weitsichtige Báthory.

Durch die lang währende Anarchie war die Kriegsmacht der Rzeczpospolita untergraben worden, was Moskau nun auszunutzen versuchte. Ohne den Krieg gegen Schweden beendet zu haben, unternahm Rußland eine Offensive im polnischen Livland. Das Heer wurde von Zar Iwan selbst befehligt. Obwohl man nichts unversucht ließ, konnten nur etwa 16 000 Dienstadlige und Strelitzen für den Feldzug gewonnen werden. Mit dieser geringen Anzahl von Kriegern wagten die Russen es nicht, Riga, den Hauptstützpunkt bei der Verteidigung Südlivlands, zu belagern. Demzufolge war die Offensive von vornherein eingeschränkt. Dennoch besetzten die Zarentruppen innerhalb von sieben Wochen die Festungen Dünaburg, Kokenhausen, Wenden und zahlreiche kleinere Schlösser. Der Siegeszug der Moskowiter machte auf den livländischen Dienstadel enormen Eindruck, und so übergab er dem Zaren die meisten Schlösser ohne Widerstand. A. Polubenski, Befehlshaber der litauischen Truppen an der Düna, geriet in Gefangenschaft. All diese Erfolge brachten den Zaren näher an sein Ziel. Fast das ganze Livland von Narva bis hin zur Westlichen Düna befand sich bereits in seiner Macht. Unbezwungen blieben lediglich Riga und Reval sowie das hinter der Düna gebildete Herzogtum Kurland. Der Triumph ließ Iwan IV. zur Feder greifen. In ziemlich kurzer Zeit setzte der Zar Schreiben an Báthory, die litauischen Heerführer, den „Verräter“ Kurbski und andere Personen auf.

Am besten brachte der höhnische Brief an Kurbski zum Ausdruck, was der Zar während seines jüngsten Eroberungszuges fühlte. Obwohl seine Missetaten „zahlreicher als die Sandkörner auf dem Meeresgrunde seien“, schrieb er, baue er auf die Güte des Herrn, der sie alle im Meer seiner Gnade untergehen lassen könne; trotz seines ergrauten Hauptes habe er all jene fernen Städte bereist, wo Kurbski einst Ruhe suchte. „Und da hat Gott uns geschickt, um Deine Ruhe zu stören“, belehrte der Zar Kurbski, „und all das schreiben wir Dir nicht aus Stolz, sondern damit Du Dich besserst, damit Du an die Errettung deiner Seele denkst.“

Die Feldzüge gegen Schweden und Litauen im Jahre 1577 hatten unterschiedliche Ziele. Zum einen sollten durch den Angriff auf Reval die schwedischen Truppen vollständig aus Livland vertrieben werden. Pläne, die das litauische Livland betrafen, waren dagegen nicht so resolut. Das russische Kommando unternahm nicht einen Versuch, die Festung Riga zu erobern, sondern begnügte sich damit, daß die litauischen Garnisonen nordöstlich der Düna zurückgedrängt wurden. Iwan IV. wußte, wie unsicher Báthorys Position auf dem polnischen Thron war, und hoffte, ihm ohne ernsthaften Krieg seine Friedensbedingungen diktieren zu können. Dies im Sinn, befahl er, die gefangenen Polen in ihre Heimat zu entlassen. Vor der Abreise wurden die angesehensten unter ihnen vom Zaren zu einem Schmaus eingeladen und mit wertvollen Pelzen und Pokalen reich beschenkt. Über die Gefangenen ließ der Zar Báthory ausrichten, er möge seine Gesandten schicken und sich voll und ganz seinem Willen unterordnen. Die befreiten Gefangenen sollten dem König berichten, wie groß die Macht des Zaren sei. Iwan IV. hatte jedoch die Entschlossenheit und Energie seines Widersachers unterschätzt.

Seinen Feldzug in Livland bewertete er insgesamt positiv, seine Erfolge waren jedoch nicht von langer Dauer. Da sich Riga noch immer in den Händen des Feindes befand, war die militärische Vorherrschaft der Russen in Südlivland nicht gefestigt. Sobald der Zar nach Moskau zurückkehrte, fielen die größten der von ihm eroberten Festungen: Dünaburg und Wenden.

Der Versuch des Zaren, den sich in die Länge ziehenden Krieg durch großangelegte Offensiven gegen Schweden und Litauen zu beenden, hatte ungünstige Folgen. Zum ersten Mal während des Livländischen Krieges vereinten die Gegner Moskaus alle ihre militärischen Kräfte.

Im Jahre 1578 schickte der Zar seine Regimenter zweimal nach Wenden, um das Schloß zurückzuerobern. Als ihn die Wojewoden baten, diesen Befehl rückgängig zu machen, da sie zu wenig Krieger für einen Feldzug gegen Wenden hätten, wurden Emissäre des Zaren beauftragt, den Wojewoden das Kommando abzunehmen und selbst die Regimenter zum Schloß zu führen. Dieser Angriff endete mit einem Mißerfolg. Vereinte polnisch-litauische und schwedische Truppen überraschten das russische Lager bei Wenden und zerschlugen die Russen. Die zunächst so zahlreichen Siege in Livland drohten in eine Niederlage umzuschlagen.

Nach Simeons Entthronung wurde der „Hof“ nicht aufgelöst, sondern lediglich neu organisiert. In den Kompetenzbereich der „Hof“-Regierung gehörten auch weiterhin fast alle wichtigen Territorien des „Teilfürstentums“: Pskow, Rostow und die Küste zusammen mit dem Gebiet der Nördlichen Düna. Diesen Regionen wurden die einstigen Randgebiete der Opritschnina angegliedert: Koselsk, Wologda und Kargopol. Die Angliederung der nördlichen Gegenden hatte einzig und allein das Ziel, die Einkünfte des Hofamtes zu steigern. Unter anderem waren dem „Hof“ Behörden wie das Düna-Amt, das Hof-Schatzamt und das Hof-Dienstlistenamt zugeordnet, die sich im „Hof-Stadtteil“ befanden, separat von den Semstschina-Ämtern. In den Dienstlisten von Moskau aus den Jahren 1577–1579 werden Hof- und Semstschina-Leute strikt voneinander getrennt. Obwohl in den Augen von Zeitgenossen der „Hof“ ein unheilvoller Schatten der Opritschnina war, unterschied er sich doch wesentlich von ihr. Der Hauptunterschied bestand darin, daß der „Hof“ nicht so starr mit einem bestimmten Territorium verbunden war wie die

Opritschnina beziehungsweise das „Teilfürstentum". Man betrachtete den „Hof" eher als ein besonderes Heer des Zaren denn als ein separates Territorium, auf dem der Zar schaltete und waltete. Dem „Hof" standen dieselben Dumaleute vor, die auch die „Teilfürsten"-Duma des Iwanez von Moskau geleitet hatten, A. F. Nagoi, B. J. Belski und die Godunows.

Nach der militärischen Niederlage griff die „Hof"-Regierung zu außerordentlichen Maßnahmen, um die Kriegsausgaben zu decken und das Adelsaufgebot zu unterhalten. Die Reichsversammlung, die im Januar 1580 in Moskau zusammentrat, bestätigte ein Verdikt über die kirchlichen Ländereien, welches dem Klerus untersagte, neues Land zu erwerben, und gleichzeitig vorsah, daß den Klöstern alle ihre fürstlichen Erbgüter, die wann auch immer ihr Besitz geworden waren, vollständig abgenommen werden konnten. „Und die gekauften Fürsten-Güter werden dem Zaren übereignet, und über die Gelder verfügt Gott und der Zar."

Der Fiskus hatte es schon seit langem auf das Erbe aus der Zeit der Teilfürsten, auf die Überbleibsel des Erbbodenbesitzes des Susdaler Hochadels u. a. abgesehen. In den Opritschnina-Jahren hatte der fürstliche Landbesitz eine regelrechte Katastrophe erlebt, die zu einer unerhörten Bereicherung der Klöster führte. Letztere eigneten sich die Ländereien der in Ungnade Gefallenen an. Da die „Hof"-Regierung nicht zulassen wollte, daß die alten Besitzer ihre Ländereien zurückbekamen, verbot sie den Erbguts-Besitzern, ihre Güter von der Kirche zurückzukaufen. Diese Konzessionen an die Geistlichkeit waren in erster Linie deklarativ, denn sie bezogen sich nicht auf die wertvollsten Ländereien, die fürstlichen Erbgüter, die der Fiskus für sich beanspruchte. Die von der „Hof"-Regierung verkündeten klosterfeindlichen Maßnahmen sollten zum Ausbau des Dienstgutfonds beitragen, womit man den verarmten Dienstadel unterstützen wollte.

Um Mittel für die Kriegführung aufzutreiben, wurden alle „Böden" und in erster Linie die staatlichen Ländereien im Norden und im Küstengebiet mit zusätzlichen Steuern belegt. Auf diese Weise wurden von den Städten und den Kaufleuten große Summen eingetrieben. Allein die Moskauer Großkaufleute mußten in mehreren Raten 2000 Rubel einzahlen. Auch schreckte die „Hof"-Regierung nicht davor zurück, die Steuerprivilegien der Adligen mit Freiungsurkunden anzutasten. Die Klöster und der Klerus hatten ebenfalls große Beträge an den Fiskus zu entrichten. Diese Maßnahmen betrafen alle Bevölkerungsschichten und wirkten sich außerdem verheerend auf die wirtschaftliche Situation des Landes aus.

Gewöhnlich erklärt man die in der zweiten Hälfte des 16. Jahrhunderts entstandene Wirtschaftskrise mit der verstärkten Unterdrückung durch den Adel, der Opritschnina und dem Krieg, wobei als Hauptmerkmale die lang anhaltende katastrophale Reduzierung der Saatflächen, die Verarmung der Bauern und die Dezimierung der Land- und Stadtbevölkerung angesehen werden. Weiter nimmt man an, daß sich die Anzeichen des Verfalls innerhalb von zwei Jahrzehnten häuften, bis schließlich Anfang der 80er Jahre die vollständige Zerrüttung eintrat. Bei einer solchen Betrachtung des Krisenverlaufs wird jedoch ein wichtiger Umstand außer acht gelassen.

Allgemein bekannt ist, daß die Wirtschaft des Landes Anfang des 17. Jahrhunderts durch eine dreijährige Hungersnot 1601–1603 beeinträchtigt wurde. Ähnliche Ursachen hatte auch die „große Wüstung" der 70er und 80er Jahre, die ebenfalls mit einer dreijährigen Hungersnot und der Pest in den Jahren 1569–1571 begann. Die Auswirkungen der Opritschniki-Pogrome dagegen standen in keinem Verhältnis zu den riesigen Naturkatastrophen. Entscheidend war vielmehr, daß Hinrichtungen und Hunger gleichzeitig ihren Höhepunkt erreichten. Unter gewöhnlichen Bedingungen hätte es die Bevölkerung geschafft, die Produktion in ein bis zwei Jahrzehnten wiederherzustellen. Da aber Krieg war und der Staat die steuerpflichtigen Bevölkerungsgruppen mit neuen Abgaben belegte, wurde schließlich das Steuerjoch zum entscheidenden Faktor des fortschreitenden wirtschaftlichen Ruins, der sowohl die Land- als auch die Stadtbevölkerung erfaßte.

Am meisten litten darunter die Städte in Mittel- und Nordwestrußland. Die Einwohnerzahl Moskaus sank auf ein Drittel, und die ländlichen Gegenden verödeten. Reisende sahen Hunderte von Werst nichts als verlassene Dörfer. Massen von Bauern wanderten in die Randgebiete ab. Jene, die in ihren Wohnorten blieben, verringerten die Saatflächen, um den ruinösen Zarenabgaben zu entgehen. Eine Besteuerungseinheit brachten früher ein bis drei Bauernhöfe auf, in den Jahren der Zerrüttung waren es jedoch vier bis acht oder mehr Bauernhöfe. Die Sondersteuern, die in den letzten Kriegsjahren erhoben wurden, waren für Bauern, die nur winzige Bodenparzellen besaßen, vollkommen untragbar.

Der Bevölkerungsschwund und die Verkleinerung der Bodenparzellen führten dazu, daß ein großer Teil der Ackerböden brachlag. In der Zeit, als Iwan IV. starb, waren fünf Sechstel des Ackerlandes im Kreis Moskau nicht bestellt. In dem vom Feind verheerten Nowgoroder Land bearbeiteten die Bauern kaum ein Dreizehntel der Felder. Wie sich ein Historiker bildlich ausdrückte, ähnelten die Nowgoroder Dörfer riesigen Friedhöfen, auf denen hie und da noch lebende Menschen zu sehen waren.

Durch die große Wüstung wurde auch das traditionelle Verhältnis zwischen Bauern und Grundbesitzern zerstört.

Durch das nun herrschende Zinssystem wurde die Regelung des Abzugs der Bauern eine Woche vor und eine Woche nach dem Sankt-Georgs-Tag (26. November) komplizierter. Nachdem er den Zwangszins und das Mietgeld gezahlt hatte, war der Bauer nicht mehr vom Grundbesitzer abhängig und konnte zu einem anderen Herrn abziehen. Solange die Bauernbevölkerung fest an Erbgüter gebunden war und das Abzugsrecht nur selten in Anspruch nahm, erkannte die herrschende Schicht die Gültigkeit des Sankt-Georgs-Tages auch an.

Erst gegen Ende des 16. Jahrhunderts änderte sich die Situation. Der Dienstadel hielt die Normen des Sankt-Georgs-Tages nicht mehr ein, und Gewalt wurde zum einzigen Regulator des Bauernabzugs. Dabei wandten die Grundbesitzer Zwang an, sowohl um die Bevölkerung ihrer Güter zurückzuhalten als auch um Bauern von benachbarten Territorien zu sich zu holen. So büßten die Normen des Sankt-Georgs-Tages ihre Bedeutung ein, während neue Gesetze noch nicht erarbeitet waren! Es entstand eine Situation, die vom Dienstgüteramt folgendermaßen geschildert wurde: „Beim Abzug der Bauern geschahen viele Verbrechen, gab es Verleumdungen und Gewaltanwendungen seitens der Starken gegenüber den Schwachen."

Während der Zerrüttung nahm die Verarmung des Dienstadels riesige Ausmaße an. Besitzer von kleineren Gütern verloren die Mehrheit ihrer Bauern. Die Grundbücher waren voll von Eintragungen über den Ruin von Gutsbesitzern, von denen die einen „an den Bettelstab kamen" und „von Hof zu Hof" zogen und die anderen starben, so daß ihre Kinder „an den Fenstern" betteln mußten. Die vom Krieg ausgezehrten Dienstadligen büßten ihren einstigen Kampfgeist ein und waren von nun an nicht mehr dazu bereit, für eine Deßjatine herrschaftlichen Bodens ihr Leben zu opfern. Polen erreichten sogar Nachrichten, wonach die Moskauer Dienstadligen sich mit der inständigen Bitte an den Zaren gewandt hätten, den Krieg zu beenden, denn sie könnten unmöglich dienen, während andererseits ihre Güter brachlägen. Dienstadlige, die ihre Regimenter eigenmächtig verließen, wurden von den Behörden grausam verfolgt. Die Flüchtigen wurden ausgepeitscht, in Ketten gelegt und nur gegen eine hohe Kaution entlassen. Ihre Kinder und Bediensteten wurden ebenfalls verhaftet. Am Ende des Krieges betrafen solche Maßregeln selbst „große" Dienstadlige, d. h. Offiziere. Es wurde jedoch immer schwieriger, ein Heer aufzustellen. Mehr als einmal mußte das Kommando Offensiven absagen, „da die ‚Bojarenkinder' sich nicht versammelt haben". Selbst in den Fällen, in denen die Aufstellung erfolgreich durchgeführt wurde, flohen Dienstadlige vom Kriegsschauplatz und kehrten in ihre Landgüter zurück. Die Zerrüttung der Lehnswirtschaft und die gewaltsame Verschleppung von Bauern führten dazu, daß die Güter bei längerer Abwesenheit ihrer Besitzer völlig zugrunde gingen.

Da die Zwangsmaßnahmen der „Hof"-Regierung gegenüber den Semstschina-Dienstadligen nicht ausrcichten, versuchte sie nun die verarmten Dienstadligen zu unterstützen. Dazu gehörten solche Maßnahmen wie die Sonderbesteuerung der Adligen mit Steuerfreiungsurkunden und die Einschränkung des Klosterbodenbesitzes. Nach Aussagen von Zeitgenossen habe der gegen die Klöster gerichtete Erlaß die murrende Semstschina zum Teil beschwichtigt. Dennoch war die Politik des „Hofs" insgesamt nie eine konsequente Politik zugunsten des Dienstadels. So wurden die ersten Schritte zur Überführung der Bauern in die Leibeigenschaft nicht im Rahmen der „Hof"- und Opritschnina-Politik gemacht. Ähnlich wie die Opritschnina führte der „Hof" polizeiliche Fahndungen durch und diente der Überwachung. Die „Hof"-Politik büßte jedoch mit der Zeit ihren hauptsächlich repressiven Charakter ein. Nach der Abschaffung des „Teilfürstentums" hörten die Hinrichtungen auf und mäßigten sich die Verfolgungen von Semstschina-Bojaren.

Viele Jahre lang war in erster Linie die litauische Armee an Kriegshandlungen gegen Rußland beteiligt. In der letzten Etappe des Kricges schlossen sich ihr die Streitkräfte Polens an. An dieser Stelle sei darauf hingewiesen, daß die Rzeczpospolita, zu der Polen, Litauen, die Ukraine, Weißrußland und Kurland gehörten, einer der größten Staaten Osteuropas war. Nach der Krönung Stephan Báthorys schaffte sie es, eine große Anzahl von Kriegern für den Marsch gegen Osten zu mobilisieren. Der neue König überwand bald die außenpolitische Isolation, in die er zunächst geraten war. Durch die von ihm durchgeführten militärischen Reformen konnte die Kriegsmacht Polens wiederhergestellt werden. Auf den Krieg gegen Rußland bereitete sich Báthory gewissenhaft vor. In Ungarn und Deutschland wurden Söldner angeworben und Rüstungen beschafft.

Man wußte in Moskau zwar von den Kriegsvorbereitungen der Rzeczpospolita, war sich jedoch anscheinend nicht ganz der Größe der Gefahr bewußt. Aus Polen zurückgekehrte Gesandtc versicherten dem Zaren, Báthory würden nur wenige „Freiwillige" aus der litauischen Schlachta unterstützen, die Polen aber weigerten sich ganz, am Feldzug teilzunehmen. Wenig später meldete der Eilbote Timofejew, der König wolle Polozk angreifen. Da der Zar diesen Worten jedoch wenig Beachtung schenkte, wurde die Garnison von Polozk nicht rechtzeitig verstärkt.

Um dem Angriff zuvorzukommen, faßte das russische Kommando den Beschluß, in das „deutsche Livland" einzufallen. Dieser Plan wurde zum Teil in die Tat umgesetzt. Nachdem Iwan IV. mit seinen Truppen in Pskow eingetroffen war, beorderte er den Wojewoden Chilkow zusammen mit einer Dienstadligen-Formation und einem Trupp tatarischer Reiter nach Kurland. Obwohl der Wojewode die kurländischen Deutschen vernichtend schlug, hatte sein Erfolg keine besonders große Bedeutung. Zum Zeitpunkt des Feindeseinfalls war die Armee gespalten.

Nach sorgfältiger Vorbereitung begann Báthory seinen ersten Feldzug gen Osten und fiel in Polozk ein. Während der vierwöchigen Belagerung und mehreren Angriffen gelang es den Polen, die hölzernen Festungsmauern in Brand zu setzen. Am 31. August 1579 fiel Polozk. Eineinhalb Wochen später schlugen die Polen die angerückte Vorhut des russischen Heeres.

Während die Polen Polozk erstürmten, befand sich der Zar mit seinen Hauptkräften in Pskow. Es ist behauptet worden (von W. W. Nowodworski), an diesem Debakel sei vor allen Dingen Iwan IV. selbst schuld gewesen. Er habe den Kopf verloren und, obwohl er eine 300 000 Mann starke Armee an seiner Seite gehabt habe, sich als vollkommen unfähig erwiesen, dem Gegner Widerstand zu leisten. Aufgrund von Archivdokumenten läßt sich aber feststellen, daß es dem Zaren in Pskow nur mit Mühe und Not gelungen war, 10 532 Dienstadlige sowie 3119 Strelitzen und Kosaken zu mobilisieren. Die Gesamtstärke der Armee betrug 23 641 Mann, zusammen mit den bewaffneten Knechten waren es etwa 30 000 bis 35 000 Mann. Rußland hatte im Westen nur einen Teil seiner Streitkräfte eingesetzt, da es seine Südgrenzen, die ständig von den Tataren bedroht waren, nicht ohne Schutz lassen konnte. Außerdem mußte es auf den eroberten Territorien in Livland, an der unteren Wolga und in Kaukasien, große Garnisonen halten. Der zwanzigjährige Krieg und die katastrophale Verwüstung des Landes hatten außerdem die Kampffähigkeit des Adelsaufgebots geschwächt.

Die den Russen entgegentretende Armee Báthorys zählte 41 814 Mann. Schon allein diese Armee war ein starker Gegner. Moskau mußte aber gleichzeitig auch gegen Schweden kämpfen. Der Schwedenkönig verfügte über 17 000 Mann starke Landtruppen. An der Offensive gegen die von den Russen besetzten Festungen in Livland nahmen 8000–10 000 schwedische Soldaten sowie eine erstklassige Seeflotte teil.

Der Vormarsch der Polen veranlaßte den Zaren dazu, den Wojewoden

Chworostinin mit einer Vorhut nach Newel zu schicken, von wo man auf kürzestem Wege nach Polozk gelangen konnte. Ihm folgte der Wojewode I. P. Schuiski mit dem rechten Regiment. Das Kommando spekulierte darauf, daß die lange Belagerung die Königsarmee auszehren würde und man ihr dann einen Schlag versetzen könnte. Die Rechnung der Russen ging jedoch nicht auf. Der Zar mußte mit den Hauptkräften in Pskow bleiben, da die Schweden begannen, im Hinterland ihre Truppen zu konzentrieren. Im Juli beschoß die schwedische Flotte die Vororte von Narva und Iwangorod und brannte sie nieder. Bald darauf landete in Reval ein großer schwedischer Truppenverband, der im September auch Narva belagerte. Die Russen waren zwischen zwei Fronten geraten. Die gegnerischen Armeen waren zahlenmäßig weit überlegen und griffen darüber hinaus noch von verschiedenen Seiten an.

Mit großer Unruhe verfolgte Iwan IV. die Entwicklung der Ereignisse bei Narva. Dieser erste russische Ostseehafen war für ihn wesentlich mehr wert als Polozk. Vom Kurland-Feldzug zurückgekehrt, brach der Wojewode Chilkow unverzüglich in Richtung Narva auf. Polozk fiel, und das erschwerte die militärische Lage Moskaus. Der geplante Feldzug gegen die Schweden fand nicht statt, da bei der zweiwöchigen Belagerung Narvas die schwedische Armee große Verluste erlitt und sich daraufhin zurückzog.

Im Frühjahr 1580 wurden die Südgrenzen des Moskauer Reiches erneut von den Tataren angegriffen. Das Land war gezwungen, ohne Verbündete Krieg zu führen, andererseits wurden seine Feinde immer zahlreicher. Der Versuch, mit der Rzeczpospolita ein Abkommen abzuschließen, blieb erfolglos. Die Friedensangebote des Zaren an Báthory wurden nicht beantwortet, der König wollte nichts von einem Frieden hören. Für eine neue Offensive konzentrierte er so viele Streitkräfte wie noch nie zuvor während des Ostkrieges. Da die Russen keine genauen Angaben über die Pläne des Gegners hatten, erwarteten sie einen Angriff von Livland aus, bei Pskow oder bei Smolensk. Báthory verzichtete jedoch darauf, sich auf Punkte zu konzentrieren, die ihm große strategische Vorteile gebracht hätten, und griff die weniger bedeutende Festung Welikije Luki an.

Auch die Moskauer Mobilisierung im Sommer 1580 machte große Schwierigkeiten. Trotz strengster Befehle stellten sich die Dienstadligen nicht bei ihren Regimentern ein. Um die Dienstflüchtigen zu finden und sie zu ihrem Dienstort zu bringen, mußten die Behörden außerordentlich viel Energie aufwenden. Das Dienstlistenamt arbeitete drei Varianten für die Verteidigung im Westen aus. Für den Fall, daß Báthory Welikije Luki überfiel, hatte das russische Kommando jedoch keinerlei Pläne bereit. Fünfzehn Jahre lang galt Welikije Luki als Hinterlandfestung. Ihre hölzernen Mauern waren morsch und die Garnison dort klein, da sie nicht rechtzeitig eine Verstärkung bekommen hatte.

Am 27. August 1580 umzingelte die Königsarmee Welikije Luki. An Kräften stark überlegen, rechneten die Polen damit, daß sie die Festung schnell einnehmen würden, stießen jedoch auf einen erbitterten Widerstand. Gleich in den ersten Belagerungstagen unternahmen die Festungsverteidiger einen kühnen Ausfall, überrumpelten einen Teil der vom polnischen Kanzler Zamoyski befehligten Truppe und erbeuteten die Königsfahne. Der Versuch eines Generalsturms scheiterte. Die Angreifer hatten Verluste zu verzeichnen. Erst nachdem es dem Gegner gelungen war, die hölzernen Festungsmauern in Brand zu stecken, und die ganze Stadt in Flammen aufging, übergaben die Zarenwojewoden die Festung am 5. September dem Feind. Die Söldner des Königs richteten unter den Gefangenen ein Massaker an. Zwei Wochen nach der Einnahme von Welikije Luki vernichteten die Polen bei Toropez die Abteilungen des Wojewoden Chilkow.

Während der König Welikije Luki belagerte, überfiel die litauische Armee Smolensk, wurde jedoch von den dortigen Wojewoden zurückgeschlagen. Der Teilerfolg bei Smolensk hatte aber keinen Einfluß auf den allgemeinen Verlauf der Kriegshandlungen.

Nach der Niederlage bei Narva empfahl der Reichstag König Johan III., mit Moskau Frieden zu schließen. Báthorys Erfolge hatten jedoch die Kriegsanhänger ermuntert. Und so fielen die Schweden nach gründlichen Vorbereitungen in Karelien ein und eroberten im November 1580 die Festung Korela.

Aufgrund der militärischen Niederlagen wandte sich die russische Diplomatie an die katholische Welt mit der Bitte, bei der Herbeiführung eines Friedens zu vermitteln. Moskaus Vorschläge bezüglich einer Teilnahme an der antitürkischen Liga fanden in Wien und im Vatikan offene Ohren. Der Papst entsandte den Legaten A. Possevino mit einer Vermittlermission nach Krakau und Moskau; seine Tätigkeit erleichterte den späteren Friedensvertrag.

In Anbetracht der militärischen Lage des Landes war der Zar gewillt, jede Art von Zugeständnissen zu machen, um dem Krieg ein Ende zu setzen. Durch seine Gesandten setzte er Báthory davon in Kenntnis, daß Moskau einverstanden sei, ganz Livland mit den Städten Dorpat, Fellin, Pernau und anderen Burgen, ausgenommen Narva und Umgebung, an Polen abzutreten. Iwan IV. war bereit, die Interessen der russischen

Gutsbesitzer in Livland zu opfern und auf alle eroberten Gebiete zu verzichten, nur um die „Narvaer Schiffahrt" zu erhalten. Diese Initiative des Zaren vergrößerte die Chance auf eine Friedensregelung. Báthory hielt jedoch die Zugeständnisse für unzureichend und forderte die Übergabe von Narva und eine enorme Kontribution in Höhe von 400 000 Zloty.

Die Narva-Frage wurde bei den russisch-polnischen Verhandlungen zur Nagelprobe. Moskaus Gegner setzten sich das Ziel, die „Narvaer Schiffahrt" zu unterbinden. So erklärte Kanzler Zamoyski vor dem Sejm in Warschau, daß der König die wichtigen livländischen Häfen nicht den Russen überlassen werde. Er rief dazu auf, dem Feind einen Schlag zu versetzen und ihn möglichst weit vom Meer zu verjagen, über das er Kriegsgerät und Handwerker beziehen konnte. Der Zar ließ Báthory ein persönliches Schreiben zukommen, in dem er die historischen Rechte Moskaus auf Livland begründete und sich über die Kontributionsforderungen lustig machte. Dabei unterstrich Iwan IV. nachdrücklich den Unterschied zwischen seiner Position als angestammter Monarch und der des gewählten Königs Báthory. „Wir, der demütige Iwan Wassiljewitsch," schrieb er, „sind Herrscher über große Staaten durch Gottes Willen, nicht aber durch den sich stets ändernden menschlichen Wunsch." Hinter gespielter Demut verbarg der Zar seinen ungeheuren Hochmut. Am Ende des Briefes machte Iwan seinem Zorn Luft und drohte dem Feind mit Krieg für die ganze absehbare Zukunft: „Solltest Du aber nicht willens sein, Gutes zu tun, und schickst unsere Gesandten zurück, dann werden vierzig oder gar fünfzig Jahre lang keine Gesandten und Eilboten mehr zwischen uns verkehren."

Der russische Monarch, so schien es, hatte seine einstige Energie und Zuversicht wiedererlangt. Auf seinen Befehl hin setzte der Wojewode Chworostinin über den Dnepr und griff Orscha und Mogiljow an. Die russische Offensive erreichte ihr Ziel. Báthory schob den Befehl zum Ausrücken des Hauptheeres so lange auf, bis er die Nachricht erhielt, daß die Russen Livland verlassen hätten.

Das Ziel des dritten Ostfeldzuges Báthorys war Pskow. Der König wußte, daß die Einnahme dieser Festung das Schicksal Livlands mit einem Schlag entscheiden würde. Sobald die russische Heeresleitung jedoch von den Absichten des Gegners erfuhr, ließ sie so schnell wie möglich aus nahegelegenen livländischen Schlössern Verstärkung nach Pskow holen. Dieses Manöver schwächte zwar die Verteidigungslinie in Livland, war aber militärisch gerechtfertigt. Bei Pskow entbrannte eine Schlacht, von deren Ausgang das Schicksal des Landes abhing.

Pskow war eine der besten russischen Festungen. Sie wurde von einem dreifachen Steinwall umgeben. Die mächtigen Festungsmauern hatten insgesamt eine Länge von neun Kilometern, waren 8 bis 9 Meter hoch und etwa 5 Meter dick. Der Gegner fand eine für die Verteidigung gut vorbereitete Stadt vor. Das russische Kommando hatte in Pskow schon beizeiten eine große Artillerieabteilung zusammengezogen und Vorräte an Munition und Proviant angelegt. Mit der Leitung der Verteidigung hatte der Zar den „Hof"-Bojaren Fürst I. P. Schuiski, einen seiner besten Heerführer, betraut.

Als Rußland von Litauen überfallen wurde, befand sich Iwan IV. in Stariza. Spähtrupps des Gegners brannten einige Dörfer in unmittelbarer Nähe seiner Residenz nieder, so daß der Feuerschein aus den Fenstern des Palastes zu sehen war. Das litauische Kommando diskutierte, wie der Zar gefangen werden könnte. Als Iwan IV. mit dieser Gefahr konfrontiert wurde, schickte er seine Frau mit dem jüngsten Sohn fort und bereitete selbst die Festung zur Verteidigung vor. Neben dem Zaren befanden sich knapp 700 Dienstmannen und Strelitzen in Stariza. Indessen wichen die Litauer einem Kampf gegen die bei Rschewa stationierten russischen Truppen aus und marschierten in Richtung Pskow weiter, um sich dort mit den Hauptkräften zu vereinen.

Erst Anfang September 1581 begann Báthorys Armee die eigentliche Belagerung von Pskow. Die Belagerer verlegten zunächst Laufgräben, durch die sie sich an den Festungsgraben von der südlichen Stadtmauer heranschlichen. Dort stellten sie dann, dem Swinusskaja-Turm gegenüber, Geschütze auf. Am 7. September wurde die Festung massiv bombardiert. Der Beschuß begann früh morgens und dauerte bis spät in die Nacht hinein, wobei in die südliche Festungsmauer große Breschen geschlagen wurden. Am nächsten Tag unternahm die königliche Infanterie einen Generalangriff. Sturmtrupps kletterten durch die Breschen auf die Mauern und bemächtigten sich zweier Türme, aber alle ihre Anstrengungen, ins Stadtinnere vorzustoßen, scheiterten an der Standhaftigkeit der Verteidiger. Die erbitterte und blutige Schlacht dauerte über sechs Stunden. Dann sprengten die Russen den Swinusskaja-Turm zusammen mit den Feinden, die sich dort verbarrikadiert hatten, in die Luft, und der Gegner mußte sich zurückziehen.

Der Generalsturm auf die Stadt erlitt ein Fiasko, und die Armee des Königs ging zur Dauerbelagerung über. Mineure versuchten unter der Mauer Minen zu legen, die jedoch von den Pskowern entdeckt und zerstört wurden. Ende Oktober bewarfen die Belagerer die Stadt mit glühenden Kanonenkugeln, um sie in Brand zu setzen. Bald darauf, am

2. November, unternahm die königliche Infanterie den letzten Sturmversuch, der ebenfalls mißglückte, da die Verteidiger Pskows den Angriff abwehrten.

Im Oktober setzte bereits Frost ein. Da die Truppen nicht auf den Winter vorbereitet waren, verschlechterte sich ihre Situation merklich. Im November verließ die Armee ihre Schützengräben und zog sich zusammen mit der gesamten Belagerungsartillerie in ihr Lager zurück. Die Belagerung war erfolglos geblieben, und so mußte sich der Gegner auf eine Blockade beschränken. Kälte, Proviantmangel und die großen Verluste wirkten sich jedoch auf die Soldaten demoralisierend aus. Viele von ihnen trieben sich auf der Suche nach Lebensmitteln in den umliegenden Dörfern herum. Die königliche Armee schrumpfte zusehends zusammen. In dieser Situation führte die Abreise des Königs nach Polen verständlicherweise in der Armee zu Unruhen. Diese konnten erst durch die Nachricht von einem nahen Frieden mit den Russen beigelegt werden.

Indessen litten auch die Einwohner der blockierten Stadt unter großen Entbehrungen. Die Lebensmittelvorräte waren erschöpft. Obwohl die Stadtbevölkerung hungerte, ließ sie ihren Mut nicht sinken. Durch wiederholte Ausfälle wurde der Gegner in ständiger Unruhe gehalten. Schuiski, der über die kritische Lage der Báthory-Armee im Bilde war, unternahm den Versuch, sie zu vernichten. Am 4. Januar 1582 führte er die Garnisonstruppen aus der Stadt heraus und versuchte das Königslager in Besitz zu nehmen. Dieser Plan scheiterte jedoch, und nach einem erfolglosen Gefecht zogen sich die Russen wieder in ihre Festung zurück.

Bei Pskow, das zu einer Bastion wurde, an der sich die feindliche Invasionswelle brach, erlitt Báthory seine größte Niederlage im Krieg gegen Moskau. S. Piotrowski, einer der Teilnehmer an der Pskow-Belagerung, drückte seine Verwunderung über die Standhaftigkeit der Verteidiger folgendermaßen aus: „Noch unerschütterlicher als die Mauern ist ihre Standhaftigkeit und ihr Widerstand." Der gleichen Meinung war auch A. Possevino, der einige Male in der Umgebung des belagerten Pskow gewesen war. „Die Russen verteidigen ihre Städte resolut", schrieb A. Possevino, „Frauen kämpfen neben Soldaten, und niemand schont dabei seine Kräfte oder sein Leben; die Belagerten ertragen geduldig den Hunger." Auch Báthorys offizieller Geschichtsschreiber, R. Heidenstein, würdigte die Standhaftigkeit der Russen bei der Verteidigung ihres Landes und schrieb, sie hätten während des Krieges „unwahrscheinliche Festigkeit bei der Verteidigung und dem Schutz ihrer Festungen" an den Tag gelegt. Dabei sei ihr Widerstand in dem Maße stärker geworden, wie sich die Invasion des Feindes ausgedehnt habe.

Beim ersten Ostfeldzug hatte die 40000 Mann starke königliche Armee durch die Einnahme von Polozk einen beeindruckenden Sieg erzielt. Während der zweiten Kampagne verbrauchte das fast 50000 Krieger zählende Heer all seine Kräfte für die Eroberung der kleinen Festung Welikije Luki. Während der letzten Kampagne konnte das 47000-Mann-Heer Pskow jedoch überhaupt nicht einnehmen. Die Kräfte der Rzeczpospolita waren erschöpft, weshalb sie nach diesem dreijährigen Krieg nicht weniger als Moskau an einem Frieden interessiert war.

Iwan IV., der die kritische Lage der Báthory-Armee kannte, erteilte den Befehl, Feldgefechten auszuweichen und auf Angriffsoperationen zu verzichten, mit dem Ziel, die Umzingelung Pskows zu durchbrechen. Das russische Kommando mußte wegen einer neuen Offensive der Schweden seine Reserven in Nowgorod konzentrieren. So führte Moskau wieder einen Zweifrontenkrieg.

In Livland und in den bei Narva gelegenen Festungen waren fast überhaupt keine russischen Truppen geblieben, was dazu führte, daß sie von den Schweden mühelos genommen werden konnten. So besetzte der schwedische Oberkommandierende, P. de la Gardie, am 9. September 1581, nach einem heftigen Bombardement und Sturmangriff, die Stadt Narva. Die Wojewoden von Iwangorod versuchten dem notleidenden Narva zu Hilfe zu eilen, aber die von ihnen geschickte kleine Abteilung wurde von den Schweden bereits auf der Narowa-Brücke vernichtet. Auch die alten russischen Hinterlandfestungen Iwangorod, Jam und Koporje waren auf eine Verteidigung nicht vorbereitet und konnten dem Feind keinen ernsthaften Widerstand leisten.

Der Verlust Narvas hatte weitreichende militärische und ökonomische Konsequenzen, denn Rußland büßte mit dieser Stadt die mit Mühe organisierte „Narvaer Schiffahrt“ ein, welche dem Lande direkte Handelsbeziehungen mit Westeuropa sicherte.

Der Verlust der stärksten Vorposten an der Nordwestgrenze bedeutete für Nowgorod und Pskow unmittelbare Gefahr, da die Schweden nun bequeme Brückenköpfe für einen Einfall ins Innere des Moskauer Reiches besaßen. Von Narva und Jam aus führte ein gerader Weg nach Pskow, das von den Polen belagert wurde. Durch die Erfolge der Schweden in Livland traten aber die Widersprüche zwischen Polen und Schweden noch stärker zum Vorschein. Báthory forderte von Schweden die Übergabe Narvas und anderer den Russen abgerungener Festungen. Gemeinsame Aktionen der schwedischen und polnischen Truppen gegen Moskau wurden unmöglich.

Nach dem Verlust des „Ostsee-Tores“ verlor in Iwans Augen auch die

Fortsetzung des Kampfes gegen die Rzeczpospolita um Livland im wesentlichen ihren Sinn. Da sich der Zar bewußt war, daß sein Land einen Zweifrontenkrieg nicht verkraften würde, war er auch bereit, zugunsten der Rzeczpospolita auf die livländischen Besitzungen zu verzichten, um all seine Kräfte für den Kampf gegen Schweden aufbieten zu können. Er wollte um jeden Preis Narva zurückerobern. Der Beschluß der Bojarenduma über einen Waffenstillstand mit Polen enthielt einen Sonderpunkt, der sich auf den Krieg gegen Schweden bezog: „Nach der Versöhnung mit dem litauischen König Stephan muß gegen den Schwedenkönig Krieg geführt werden, mit dem Schweden darf es keinen Frieden geben".

Bei der Wiederaufnahme von Friedensverhandlungen mit Báthory bediente sich der Zar der Vermittlung des päpstlichen Legaten Antonio Possevino. Die Verhandlungen begannen in einem bis auf die Grundmauern heruntergebrannten Dorf unweit von Jam Sapolski, an der Straße zwischen Nowgorod und Welikije Luki. Am heftigsten umstritten war die Frage, wie die Zukunft Narvas aussehen sollte. Die polnischen Gesandten forderten, daß das Anrecht der Rzeczpospolita auf ganz Livland anerkannt werde. Diese Forderung wurde von den russischen Gesandten zurückgewiesen. So wurde die „Narva-Frage" nicht in den Text des Vertrages aufgenommen.

Die Gesandten debattierten lange über die Titel, die in dieser Urkunde Anwendung finden sollten. Der Streit reflektierte deutlich die Hauptziele der russischen Diplomatie. Obwohl Iwan IV. sich dem „gewählten" König überlegen fühlte, erklärte er sich dennoch damit einverstanden, daß er in der Waffenstillstandsurkunde ohne Zarentitel genannt wurde. Dieses Zugeständnis motivierte der Zar mit der folgenden arroganten Erwägung: „Wie man einen angestammten Herrscher auch immer schreiben mag, so weiß man sowieso in aller Herren Länder, was für ein Herrscher er ist." Zugleich wollte Iwan um keinen Preis den Titel „Herrscher von Livland" an Báthory abtreten, da er sich bereits auf die sofortige Wiederaufnahme des Kampfes um Narva vorbereitete.

Die Verhandlungen in Jam Sapolski endeten am 15. Januar 1582 mit der Unterzeichnung eines Vertrages über einen zehnjährigen Waffenstillstand. Rußland mußte an Polen alle seine Besitzungen in Livland einschließlich der Festung Dorpat und des Hafens Pernau abtreten. Báthory seinerseits gab die von ihm eroberten Festungen Welikije Luki, Cholm, Newel, Welisch und die Vorstädte von Pskow zurück, behielt jedoch Polozk.

Ohne die Unterzeichnung des Waffenstillstandsabkommens abzuwarten, begann die russische Heeresleitung zu einer Offensive gegen Schweden zu rüsten. Im Februar 1582 marschierten die Wojewoden M. P. Katyrew und D. I. Chworostinin zu den von Schweden besetzten russischen Festungen. Auf dem Weg nach Jam, am Dorf Ljalizy, stieß die Vorhut Chworostinins auf gegnerische Truppen. Sofort eilte ihr das große Regiment zu Hilfe, wobei sich jedoch, heißt es in den Dienstlisten, einige Wojewoden zum Gefecht verspäteten. Obwohl die Russen nicht alle ihre militärischen Kräfte einsetzten, errangen sie einen überzeugenden Sieg über die Schweden. Der Plan, einen Generalangriff gegen Narva durchzuführen, wurde jedoch nicht verwirklicht. Im Frühjahr holte das russische Oberkommando die Regimenter aus Nowgorod zurück und beorderte sie an die Grenze zum Krimchanat. Moskau wurde von der Rzeczpospolita unter massiven Druck gesetzt. Sie forderte ultimativ, keine Truppen nach Narva zu entsenden, und drohte bei Zuwiderhandlung, den Waffenstillstand zu brechen.

Indessen schmiedeten die regierenden Kreise Schwedens Pläne für die militärische Zerschlagung und Aufgliederung des russischen Staates. Ebenso wie Báthory setzte auch Johan III. auf die inneren Schwierigkeiten Rußlands. P. de la Gardie erhielt die Weisung, Nowgorod und später auch Pskow zu besetzen, wobei er die Unzufriedenheit der Nowgoroder Bevölkerung ausnutzen sollte. In Finnland wurde eine große Armee konzentriert, die u. a. auch aus nicht wenigen deutschen, französischen und italienischen Abteilungen bestand. Erstes Ziel der Invasion waren die russischen Festungen Oreschek und Ladoga. Die Schweden wollten vor allem die Newaufer in Besitz nehmen, um Moskau endgültig von der Ostsee abzuschneiden.

Am 8. September 1582 umzingelte die schwedische Armee Oreschek und unternahm nach einem massiven Artilleriebeschuß am 8. Oktober einen Generalangriff. Die alte russische Festung, auf einer Insel mitten in der Newa gelegen, wehrte den Angriff des Feindes jedoch erfolgreich ab. Eine Woche später traf per Schiff Verstärkung ein. Auch der zweite Sturm auf die Festung wurde unter großen Verlusten der Angreifer zurückgeschlagen. Im November schließlich rückte de la Gardie von Oreschek ab.

Schweden war nicht in der Lage, den Kampf gegen Moskau allein zu führen. Aber auch Moskau konnte seine militärische Überlegenheit nicht zur Geltung bringen. Der Verwirklichung seiner Pläne standen einerseits die von Báthory aufgezwungenen Vereinbarungen über Narva und andererseits die ungünstige Entwicklung an der südlichen und östlichen Grenze des Reiches im Wege.

Durch den Einfall der Großen Nogaischen Horde hatten sich die Völker des Wolgagebiets zu einem grandiosen Aufstand gegen die Zarenherrschaft erhoben, der drei Jahre lang dauerte. Erst nach Iwans Tod gelang es unter großen Anstrengungen, dieses Gebiet zu „befrieden".

Der erneut ausgebrochene „Kasaner Krieg" zwang die russische Regierung dazu, Friedensverhandlungen mit Schweden aufzunehmen. Dabei versuchten die schwedischen Diplomaten, von Moskau die Übergabe der gesamten Küste des Finnischen Meerbusens zu erzwingen, jedoch ohne Erfolg. Die Friedensverhandlungen an der Pljussa endeten im August 1583 mit der Unterzeichnung eines dreijährigen Waffenstillstandsabkommens. Schweden behielt alle eroberten russischen Städte: Korela, Iwangorod, Jam und Koporje mit ihren Kreisen. Moskau dagegen behielt einen kleinen Küstenabschnitt des Finnischen Meerbusens an der Newamündung. So fand der fünfundzwanzigjährige Livländische Krieg, an dem die größten Ostseestaaten teilgenommen hatten, ein Ende. Der erste Versuch Moskaus, an der Ostseeküste festen Fuß zu fassen, war gescheitert, und die Niederlage im Livländischen Krieg versetzte den Staat darüber hinaus in eine außerordentlich schwere Lage.

III. Die Eroberung Sibiriens

1. Die Russen in Sibirien

Kurz vor dem Ableben Iwans IV. bereitete eine kleine Kosakenabteilung unter Jermak dem „Zaren“ Kutschum, Herrscher über das Sibirische Chanat und Erbe der Goldenen Horde, im Oktober 1582 eine vernichtende Niederlage. Mitten zwischen allen militärischen Mißerfolgen im Westen leuchtete die „Einnahme Sibiriens“ durch Jermak plötzlich wie ein Licht in der Finsternis auf.

Die sibirischen Tataren waren Halbnomaden. Sie gingen der Viehzucht nach, züchteten Pferde und Schafe. An den Ufern des Tobol und des Irtysch bestanden kleine Ackerbaugebiete. Die seßhafte Bevölkerung befaßte sich mit der Hauswirtschaft, sie töpferte, webte und schmolz und bearbeitete Metall. Mursas und Begs, die Inhaber von Fürstentümern, besaßen Weiden, Vieh und Sklaven, welche für sie große Reichtümer darstellten. „Schwarze“ Leute bildeten den niedrigsten gesellschaftlichen Stand. Sie leisteten Wehrdienst in Abteilungen ihrer Herren und zahlten ihnen alljährlich Steuern.

Die sibirischen Chane machten sich die örtlichen Chanten- und Mansenstämme im Ural, am Unterlauf des Irtysch und am Ob mit Gewalt untertan. Diese Stämme lebten hauptsächlich vom Fischfang und von der Jagd. In den südlichen Gebieten, wo sie mit den Baschkiren und Tataren in Berührung kamen, begann sich auch die Viehzucht zu entwickeln. Die Mansen, die an der Tawda lebten, gingen der Jagd und dem primitiven Ackerbau nach.

Bereits zu Beginn des 16. Jahrhunderts wurde das Ural-Vorland von den Russen erschlossen, und so stand man bald vor den Grenzen des Chanats Sibir. Eine besondere Rolle bei der Erschließung der östlichen Ländereien spielten die reichen Kaufleute und Salzhändler Stroganow aus Nowgorod. Der Inhaber des Geschäftshauses, Anika Stroganow, verfolgte alles, was in Moskau und an den östlichen Grenzen geschah, mit großer Aufmerksamkeit. Er wartete auf einen günstigen Augenblick und schickte dann seinen Sohn Grigori mit dem Auftrag in die Hauptstadt, sich um einen Empfang beim Zaren zu bemühen.

„An der Kama“, berichtete Grigori dem Zaren, „ist die Gegend öde, sind die Wälder dunkel, die Flüsse und Seen wild", insgesamt gebe es dort 146 Werst Ödland, und von dieser Gegend habe der Fiskus noch keinerlei Zinsen bezogen.

Die Stroganows baten um Erlaubnis, in dieser Wildnis Wald abholzen zu können, „außer Flüchtigen und Sträflingen" dort Bauern anzusiedeln, Äcker zu bebauen und Häuser zu errichten. Im Moskauer Reich ahnte man bereits, welche Reichtümer in der Uraler Erde verborgen lagen. Die Stroganows versprachen dem Fiskus sagenhafte Gewinne und verpflichteten sich, Lagerstätten von Salz, vielleicht aber auch von wertvollen Erzen zu erschließen.

Iwan IV. hatte nichts dagegen, dem Geschäftsmann die Genehmigung zu geben, nach Kochsalz zu schürfen, eine Salzsiederei zu errichten und dort Salz zu kochen. Da er sich jedoch schon lange mit dem Gedanken trug, Erz abzubauen, hatte er nicht vor, seine Rechte an die Stroganows abzutreten. „Und sollten sie (die Stroganows) irgendwo Silber-, Kupfer- oder Zinnerz finden", gab der Zar seinen Willen kund, „so sollte Grigori sogleich unseren Schatzmeistern über diese Erze schreiben. Er selber darf jedoch diese Erze ohne unser Wissen nicht abbauen."

Als die Stroganows die Ländereien im Ural-Vorland zur Nutzung bekamen, übernahmen sie gleichzeitig die Verpflichtung, die Gegend an der Kama „vor Nogaiern und sonstigen Horden" zu schützen. Zu diesem Zweck erbauten sie an der Kama eine befestigte Siedlung und versahen sie mit Geschützen. Für ihre Ausgaben gewährte der Staat den Stroganows Steuerfreiheit für zwanzig Jahre.

Von Kindesbeinen an war es Anika gewohnt, die Kopeke dreimal umzudrehen. Was veranlaßte ihn jedoch dazu, Ausgaben von vielen tausend Rubel auf sich zu nehmen, um Festungen zu errichten und das Gebiet vor benachbarten Horden zu schützen? Stroganow berechnete ganz nüchtern, daß der zu erwartende Gewinn die Ausgaben um ein mehrfaches übertreffen werde. Die erste Urkunde, die sein Recht bescheinigte, „das Land des Überflusses" an der Kama zu erschließen, bekam er im April 1558, d.h. ‚wenige Monate', nachdem der sibirische Chan Jediger endgültig anerkannt hatte, daß er dem Zaren gegenüber tributpflichtig sei. Davor war auch die Große Nogaier Horde Vasall Moskaus geworden. Da nun niemand mehr das Kamagebiet bedrohte, brauchten die Stroganows kein Geld für einen Krieg gegen die „anderen Horden" auszugeben und gründeten mit Einverständnis des Zaren die Festung Kankor an der Kama.

Als sich etwas später dort Mönche niederließen, schenkten ihnen die gottesfürchtigen Kaufleute diese Siedlung. Die Stroganows brauchten

Kankor nicht mehr, da sie sich 15 Kilometer von ihm entfernt eine kleine Festung namens Kergedan hatten bauen lassen, die auch Orjol-Gorodok genannt wurde. Durch diese Festung wurden die von den Stroganows gegründeten Salzsiedereien zuverlässig geschützt.

Nachdem die Stroganows an den Ufern der Kama festen Fuß gefaßt hatten, fühlten sie sich wie große Herrscher. Zar Iwan IV. hatte jedoch nicht die Absicht, den Salzmagnaten das Kamagebiet gänzlich zu überlassen. Im Gegenteil unterstrich er in seiner Urkunde, diese Gegend sei „unser (des Zaren) Patrimonium". Dennoch taten die Stroganows alles, um das Gebiet an der Kama in ihren Besitz zu bekommen.

Unter Iwan dem Schrecklichen besaßen nur ehemalige Teilfürsten und zwei bis drei der vornehmsten Bojaren das Recht, befestigte Ortschaften zu besitzen. Für die Stroganows aber wurde eine Ausnahme gemacht. Auf ihre eigenen Kosten ließen sie vier Festungen bauen und stellten für jede von ihnen eine Garnison auf.

In weniger als zehn Jahren erschlossen die unternehmungslustigen Kaufleute viele Salzvorkommen des Ural-Vorlands. Und nun rauchten die Schlote ihrer Salzsiedereien zwischen Sol-Wytschegodskaja und Perm.

1566 erwies Iwan IV. Anika die Gnade, sein Patrimonium an der Kama in die Opritschnina einzubeziehen. Der Dienst in der Opritschnina brachte dem Geschäftshaus der Stroganows neue Vorteile und Privilegien. Anikas Hunger nach Reichtum wuchs unaufhaltsam: Die ihm zugeteilten Ländereien, so groß wie ein europäischer Kleinstaat, reichten ihm nicht mehr aus. Er bat den Zaren um neue Ländereien. 1568 übergab Iwan IV. Stroganow eine Schenkungsurkunde für noch nicht erschlossene Gebiete der Opritschnina am Tschussowaja-Fluß.

Als 1570 Anika Stroganow starb, erbten den ganzen Besitz seine drei Kinder. Die Söhne führten das Geschäft des Vaters mit großem Erfolg weiter. Mitten in der Opritschnina begannen die Stroganows mit Zustimmung des Zaren Maßnahmen zu ergreifen, um die südlichen Grenzen ihrer Besitzungen vor den Überfällen der Nogaier zu schützen. „Um sich vor den sibirischen und nogaischen Leuten zu schützen" und Ostjaken und Wogulen an der Tschussowaja und in anderen Gegenden „zu bezwingen", ließ Jakow Stroganow an der Sylwa die fünfte Festung errichten.

Indem sie den Umstand ausnutzten, daß die Nogaier Horde Vasall des Moskauer Reiches wurde, drangen die Stroganows nach Transuralien vor und gründeten an dem dünn besiedelten Tachtscheja-Ufer ihre eigene Siedlung. Sie sahen in dieser Siedlung ihren zukünftig wichtigsten Stützpunkt in Transuralien, von dem aus sie hinter den Tobol vorstoßen und Sibirien ganz an sich reißen wollten. Ihre Rechnung ging jedoch nicht auf. Sie schafften es nicht, sich in Transuralien zu behaupten. Während des Tscheremissen-Aufstandes im Jahre 1572 tauchten im Wolgagebiet an der Kama Rebellen auf. Ihnen schlossen sich die dort lebenden Ostjaken und Baschkiren an. Die Aufständischen drangen bis nach Kankor und Kergedan vor.

Der sibirische Chan Kutschum nutzte die Gelegenheit, um seine Truppen an die russische Grenze zu schicken. Dazu hieß es in einem Schreiben an die Stroganows, das Moskauer Sekretäre im Namen des Zaren verfaßten: „Gerade als uns die Tscheremissen verraten hatten, schickte auch der Sibirische (Chan – *der Verf.*) seine Leute nach Tachtscheja und nahm Tachtscheja in Besitz."

Kutschum vernichtete nicht nur die Stroganow-Siedlung in Transuralien, sondern unterwarf sich auch die einheimischen Stämme. Die Bevölkerung war jedoch nicht ohne Widerstand dazu bereit, sich der Macht des Chans zu beugen. Wie die Stroganows berichteten, baten die Ostjaken aus Tachtscheja um Hilfe, da sie „dem Sibirischen (Chan – *der Verf.*) weder Tribut noch Steuern geben und sich gemeinsam mit ihnen gegen den Sibirischen wehren wollten". Aufgrund des Hilferufs der Chanten hofften die Stroganows, im Kampf gegen Kutschum all diejenigen Stämme an ihre Seite zu bringen, die mit den Abgaben an ihn unzufrieden waren. Die Pläne der Permer Salzhändler wurden von der Zarenadministration unterstützt. In ihrem nächsten Brief an die Stroganows schrieben die Moskauer Sekretäre: „Jakow und Grigori (Stroganow – *der Verf.*) müssen Freiwillige – Ostjaken, Wogulen, Ugren und Samojeden – sammeln und diese zusammen mit ihren gedungenen Kosaken und ihrem Heer gegen den Sibirischen (Chan – *der Verf.*) führen und die Sibirier gefangennehmen ..."

Die reichen Permer Salzgewinner waren dermaßen davon überzeugt, daß Kutschum ihrem Ansturm nicht standhalten werde, daß sie sich vom Zaren einen Freibrief für noch nicht angeschlossene Ländereien erbaten. 1574 erfüllte Iwan IV. ihre Bitte und erlaubte ihnen, in Transuralien – an Tobol, Irtysch und Ob – Festungen zu errichten.

Früher neigten die Historiker oft dazu, die Rolle, welche die Stroganows bei der Erschließung des Ural-Vorlands gespielt haben, zu überschätzen. In Wirklichkeit hatten die unternehmungslustigen Salzhändler ihre Erfolge der Situation zu verdanken, die am östlichen Rand des Landes nach der Besetzung Kasans und Astrachans durch russische Truppen entstanden war. Die Stroganows ernteten geschickt die Früchte des Kasaner Krieges, an dem sie nicht teilgenommen hatten. Als sich die Lage jedoch änderte und sie sich im Krieg gegen das Chanat Sibir nur auf ihre eigenen Kräfte stützen konnten, offenbarte sich ihre totale Unfähigkeit.

Obwohl die militärischen Kräfte der Permer Salzsieder viel größer waren als das Heer von Kutschum, wagten sie es nicht, nach Transuralien zu ziehen, um Tachtscheja von neuem zu besetzen. Nach einiger Zeit wurde klar, daß die Stroganows der Aufgabe, Sibirien an das Moskauer Reich anzugliedern, nicht gewachsen waren. Als Oberhaupt der Familie hatte Anika Stroganow zu Lebzeiten von seinen Kindern stets bedingungslosen Gehorsam gefordert. Wegen Ungehorsams hatte er, so lautet eine Überlieferung, seine eigene Tochter in die Wytschegda geworfen. Nach Anikas Tod hatten seine Erben jedoch sofort damit begonnen, die Gruben, den Bodenbesitz und allen anderen Reichtum unter sich aufzuteilen, was der Finanzmacht des Geschäftshauses ernsthaften Schaden zufügte.

Die Opritschnina und zusammen mit ihr die großzügigen Vergünstigungen für die Salzgewinner näherten sich ihrem Ende. Einst hatte Iwan IV. die Besitzungen Anika Stroganows im Ural-Vorland für 20 Jahre von den Steuern befreit. Im Jahre 1579 lief diese Frist ab, und so kamen Amtsleute ins Permgebiet, welche die Dörfer der Stroganows mit einer Steuer belegten.

Aufgrund der militärischen Mißerfolge befahl der Zar, von allen Kaufleuten im Lande (sowohl den Einheimischen als auch den Engländern) große Summen einzutreiben. Die jährlichen Abgaben und militärischen Sondersteuern gingen den Stroganows gegen den Strich. Während die Abgaben wuchsen, schrumpften die Einnahmen katastrophal zusammen, und ihre Geldtruhen leerten sich allmählich.

Die Zerrüttung, die ganz Rußland erfaßt hatte, wirkte sich auch auf die Erbgüter und Bergwerke der Stroganows aus. Den größten Teil seiner Gewinne hatte das Geschäftshaus stets aus dem Salzhandel gezogen. In der Blütezeit waren an der Kama 27 vollausgelastete Salzsiedereien in Betrieb. 1579 jedoch lag die Hälfte von ihnen still. Bald darauf drohte das Gewerbe völlig zum Erliegen zu kommen, was zum völligen Ruin der Familie geführt hätte.

Die skrupellose Plünderung und Unterdrückung der einheimischen Mansenstämme von seiten der Stroganows löste Anfang der 80er Jahre eine Erhebung der Bevölkerung gegen ihre Herrschaft aus. Im Herbst 1581 beschwerten sich die Stroganows beim Zaren darüber, daß aufständische Wogulen ihre Siedlungen an der Tschussowaja besetzt hätten. Nur etwas mehr als ein Monat verstrich, bis die Ländereien der Stroganows erneut überfallen wurden. Diesmal nahm daran ein Fürst aus Pelym teil, dessen Namen die Stroganows nicht kannten. Er brannte die russischen Dörfer an der Koswa nieder, setzte über die Kama, erreichte die Obwa, ging von dort aus bis zur Jajwa und marschierte danach zur Tschussowaja. Dieser Überfall betraf fast das gesamte Erbgut der Stroganows, ausgenommen die Umgebung von Orjol-Gorodok. Die Stroganows konnten gegen den Pelymer Fürsten nichts ausrichten. Als sie den Zaren um Hilfe baten, schrieben sie, der Fürst von der Pelym stehe nun mit seinen Wogulen vor der Tschussowaja-Festung.

Das Auftauchen der Krieger aus Transuralien hatte zur Folge, daß auch die einheimischen Mansen zur Waffe griffen. Das Leben im Patrimonium wurde völlig lahmgelegt. In einem Brief an Iwan IV. schrieben die Salzhändler, die es mächtig mit der Angst zu tun bekommen hatten, daß die Wogulen dicht an ihren Siedlungen lebten, die Gegend aber bewaldet sei und sie ihre Leute und Bauern nicht aus den befestigten Dörfern herauslassen würden und daß sie weder pflügen noch Holz fällen dürften. Einfache Leute schlichen sich an sie heran, trieben ihre Pferde und Kühe weg und erschlügen Menschen. Ihr Gewerbe sei in den Siedlungen lahmgelegt, und man lasse sie kein Salz sieden.

Semjon und Maxim Stroganow baten den Zaren, ihnen die Genehmigung zum Anwerben von Kosaken zu erteilen, um so mit der rebellierenden Bevölkerung fertig zu werden. Da die Kriegshandlungen an den Westgrenzen jedoch ihren Höhepunkt erreicht hatten, reagierte der Zar zunächst nicht auf die Bitten der Permer Großgrundbesitzer. Endlich, am 20. Dezember 1581, gestatteten seine Sekretäre den Stroganows, „willige Leute“ unter den Einheimischen anzuwerben: „Wer von den Leuten freiwillig als Söldner in Anikas Siedlungen an der Tschussowaja, Sylwa und Jajwa zu gehen wünscht, der sollte in Anikas Siedlungen gehen.“

Die Stroganows erhielten das zarische Schreiben einige Wochen nach dessen Unterzeichnung. Sein Inhalt enttäuschte die Permer Herren. Moskau war jedoch weit, und so hielten sich die Stroganows nicht an die strengen Weisungen des Zaren. Statt Freiwillige unter der Bevölkerung vor Ort zu suchen, schickten sie einen Eilboten zu den freien Kosaken an Wolga und Jaik.

Die Kosaken waren kriegerische Siedler in den südlichen Steppengebieten Osteuropas, die sich im Grenzbereich zwischen den Tataren, von denen sie in der ersten Zeit die Lebensweise übernahmen, und dem Moskauer Reich und Polen-Litauen an verschiedenen Flüssen sammelten. In der Mehrzahl waren sie der Herkunft nach russische und vor allem ukrainische Bauern, die vor dem Druck ihrer Grundherren flohen. Einige lebten völlig frei und ernährten sich von Raubzügen, andere traten zeitweilig als „Dienstkosaken“ bzw. „Registerkosaken“, in den Militärdienst der beiden nördlichen Großreiche. Auf jeden Fall ließen sie sich zu solchen Abenteuern wie dem Stroganowschen anwerben. In den Chroniken heißt es, der Kosakenataman Jermak sei auf Aufforderung von Maxim Stroganow in den Ural gezogen. Die Inschrift an Jermaks Geschütz bestätigt dies voll und ganz. Da Maxim Stroganow der östlichste Rand des gesamten Familienbesitzes gehörte, der bei einem Überfall aus Transuralien am stärksten betroffen gewesen wäre, hatte er auch das größte Interesse daran, freie Kosaken anzuwerben.

Maxim Stroganow hätte den Aufstand der Mansenstämme im Ural-Vorland niederschlagen können, wenn nicht Kutschum und sein Vasall, der Pelymer Fürst Abygerim, diese unterstützt hätten. Allein der Sieg über den sibirischen Chan hätte sein Patrimonium vor Überfällen aus Transuralien geschützt. Dieser konnte ein Heer bis zu 10 000 Kriegern aufstellen – so lauteten die vom Außenamt veröffentlichten offiziellen Angaben, die jedoch reichlich übertrieben waren. Nichtsdestoweniger war die Armee Kutschums, deren Kern die Nogaier-Garde und die tatarische Reiterei bildeten, von beachtlicher Größe. Die von den Tataren beherrschten Chanten- und Mansenstämme stellten während des Krieges Hilfstrupps.

Welche Kräfte konnten nun die Stroganows für den Feldzug nach Sibirien aufbieten? Nach den Chroniken zu urteilen, hielten die Salzindustriellen in ihren befestigten Siedlungen an der Kama und Tschussowaja einige hundert Krieger. In ihren besten Zeiten waren die Stroganows imstande, 1000 freie Kosaken zu besolden und zu bewaffnen.

Wie groß auch immer die Pläne Maxim Stroganows gewesen sein mochten, in der damaligen ungünstigen Situation konnten sie nicht verwirklicht werden. Die eigenen Kräfte reichten gerade noch dazu aus, die Besitzungen zu behalten und sie vor Angriffen der rebellierenden Einheimischen zu bewahren. Wohl oder übel waren die Stroganows nun hauptsächlich auf die angeworbenen Wolga-Kosakenverbände angewiesen.

2. Der Kosakenataman

Die Invasion der Tataro-Mongolen hatte einst die slawischen Niederlassungen in der Steppenzone zwischen Dnepr und Wolga, am Don und im Asowgebiet dem Erdboden gleichgemacht. Den Weg in die Tiefe der

Steppen hatte man aber in Rußland nie vergessen. Sobald die Goldene Horde ihre einstige Macht einzubüßen und zu zerfallen begann, kehrte die russische Bevölkerung allmählich in die Don-, Asow- und Wolgasteppen zurück. Zwischen Kiew und Nischni Nowgorod war überall eine langsame, aber spürbare Bewegung wahrzunehmen.

In kleinen Scharen begaben sich die Menschen flußabwärts auf die Jagd und zum Fischfang, kehrten jedoch bei Kälteeinbruch wieder heim oder überwinterten in der Steppe. In diesen Randgebieten fanden vor allen Dingen jene Zuflucht, die sich den Steuern, Abgaben oder Zwangszinsen zu entziehen suchten. Die nur wenigen russischen Umsiedler ließen sich oft in tatarischen Dörfern nieder, deren Bevölkerung sich von ihrer sozialen Zusammensetzung her wenig von ihnen unterschied. In diesen Dörfern lebten Zugewanderte aus tatarischen Nomadenlagern, geflüchtete „schwarze Leute" (Steuerzahler) und Knechte. Bezeichnungen wie „Kosak" (freier Krieger), „Essaul" („Adjutant") und „Ataman" (Führer), die sich das freie Steppenvolk zu eigen machte, sind zweifellos Übernahmen aus einer Turksprache.

Anfangs überwogen unter den Kosaken die Tataren, welche aus verschiedenen Horden hierhergekommen waren. Später veränderte sich jedoch durch den Menschenzustrom aus slawischen Gebieten das Antlitz der Kosakendörfer. Ausschlaggebend dafür war, daß die Bauernbevölkerung Rußlands die spärliche Nomadenbevölkerung der Steppen zahlenmäßig übertraf.

Zunächst lebte das flüchtige Volk in Stanizen (Kosakendörfern) und „Winterlagern". Mit der Zeit tauchten jedoch in den Orten, wo sich die meisten Kolonisten befanden, befestigte Verhaue („sassekas") und Siedlungen auf.

Während des Kasaner Krieges drangen die Kosaken im Wolgagebiet und am Don weit nach Süden vor. Der Moskauer Gesandte Semjon Malzew traf in den 60er Jahren des 16. Jahrhunderts an der unteren Wolga auf zwei befestigte Kosakensiedlungen. Zur gleichen Zeit hatten auch die Don-Kosaken am Unterlauf des Don festen Fuß gefaßt.

Moskau begünstigte im stillen den „kleinen" Krieg der Kosaken gegen die Horde. Sobald aber ihr Vorgehen diplomatische Komplikationen zur Folge hatte beziehungsweise die Interessen des Zarenfiskus oder der Verbündeten beeinträchtigte, weigerten sich die Behörden, jedwede Verantwortung dafür zu übernehmen, und riefen die Hordenfürsten auf, die „Verbrecher" auszurotten. Dabei versicherten sie den Türken und Tataren, die Kosaken seien Verbrecher und keine Untertanen des Zaren, der sie selbst bei der ersten besten Gelegenheit hinrichten werde. Solche Erklärungen der Zarendiplomaten darf man nicht für bare Münze nehmen. In Wirklichkeit waren die Moskauer Behörden überhaupt nicht dazu imstande, sich die Randgebiete, in denen Kosaken lebten, völlig zu unterwerfen.

Auf dem „wilden Feld" gründeten die freien Kosakengemeinden ihre Stanizen, entweder auf großen Flußinseln oder auf steilen Ufern, wie zum Beispiel auf den Schigulibergen an der Wolga. In den Flüssen fingen sie große Mengen von Fisch, und in den umliegenden Wäldern jagten sie Wild. Die Flüsse gaben ihnen dabei nicht nur Nahrung, sondern auch zuverlässigen Schutz. Anstelle von Pferden besaßen die Umsiedler leichte Kähne. Hoch zu Roß hatte ein Kosak große Schwierigkeiten, der beweglichen Tatarenreiterei zu entfliehen. Wenn Kosaken ihre Stanizen für lange Zeit verließen, um mit den Wojewoden des Zaren zu Felde zu ziehen, kämpften sie fast immer als Fußvolk oder von einer Barke aus.

Obwohl die russische Bevölkerung über eine alte Ackerbaukultur verfügte und die Umsiedler, die sandige und lehmige Böden verlassen hatten, hier in der Steppe die fruchtbare Schwarzerde vorfanden, befaßten sie sich in ihren Stanizen nie mit Ackerbau. Sie wußten: Dort, wo es bestellte Felder gibt, tauchen sofort adlige Plünderer auf. Da in den russischen Randgebieten nicht einmal zarische Festungen die Bauernäcker vor Nomadenüberfällen schützen konnten, hatte der Kosak einfach keine Chance, umgeben von Nomadenlagern, Getreide anzubauen und später die Ernte vor Schaden zu bewahren.

Die Nomaden waren für die Kosaken gute Lehrmeister im Kriegshandwerk. Das geflüchtete Volk war zwar schlecht bewaffnet, aber durch den Krieg eignete es sich mit der Zeit die notwendigen Waffen an, und er wurde zu einer zusätzlichen Einkommensquelle.

Beim Sibirienzug der Stroganows wurden die Kosaken von Ataman Jermak Timofejewitsch angeführt. Leider sind fast keine Unterlagen erhalten geblieben, mit deren Hilfe man seinen Lebenslauf wahrheitsgetreu nachvollziehen könnte. In den nördlichen Chroniken kann man nachlesen, daß Jermak im Bezirk Borok an der Düna geboren wurde. Schon seit langem befassen sich die Historiker mit einem Manuskriptensammelband aus dem 18./19. Jahrhundert, in dem eine Art Autobiographie Jermaks zu finden ist. Ist dieser Absatz wirklich authentisch? Hier sein Wortlaut: „Über sich selbst hat Jermak einen Bericht geschrieben und gesagt, wo er herkommt. Sein Großvater war Susdaler, ein Stadtbewohner, lebte im Elend, wegen Brotmangel zog er nach Wladimir, man nannte ihn Afanassi Grigorjewitsch Alenin, dort zog er zwei Söhne auf, Rodion und Timofej, er ernährte sich vom Fuhrmannsgewerbe, verdingte sich bei Räubern als Fuhrmann, man fing ihn im Muromer Wald, und dann saß er im Gefängnis, von dort aus floh er mit Weib und Kindern nach Jurjewez an der Wolga, wo er starb, seine Kinder aber, Rodion und Timofej, gingen, weil sie arm waren, an die Tschussowaja in die Erbgüter der Stroganows, dort wurden ihnen Kinder geboren: Rodion hatte zwei Söhne, Dmitri und Luka; Timofejs Kinder hießen Gawrila, Frol und Wassili. Nur Wassili war kräftig, redegewandt und scharfsinnig, fuhr für die Stroganows mit Kähnen auf der Kama und der Wolga, und aus dieser Arbeit schöpfte er Kühnheit, scharte um sich ein kleines Kommando und wechselte langsam von der Arbeit zum Raub über, die seinen nannten ihn ihren Ataman und gaben ihm den Beinamen Jermak, so heißt nämlich der Handmühlstein auf Wolgaer Art.«

Die Behauptung, Jermak selbst habe seine Ahnentafel zusammengestellt, ist mehr als zweifelhaft. Im 16. Jahrhundert besaß selbst die Mehrheit der „Bojarenkinder“ keinen aufgeschriebenen Stammbaum. Nur die vornehmsten Adligen, die an Streitigkeiten um die Rangplatzordnung teilnahmen, zeigten großes Interesse für ihre Genealogie. Freie Kosaken hatten jedoch kaum Anlaß dazu, sich mit ihrem Stammbaum zu befassen.

Bei näherer Betrachtung stellt sich heraus, daß der Stammbaum der Alenins, der angeblich nach Jermaks Worten aufgeschrieben wurde, ein typisches Beispiel dafür ist, was man im 18. Jahrhundert so alles erdichtete. Vor dem Sibirienzug war Jermak 20 Jahre lang Oberhaupt eines Kosakendorfes in der Steppe. Demzufolge wurde er in den 30er bzw. 40er Jahren des 16. Jahrhunderts geboren. Die oben angeführte Schilderung, Timofej Alenin sei an die Tschussowaja in das Stroganow-Erbland gekommen und dort sei Jermak geboren, zeigt die völlige Haltlosigkeit des Berichtes, denn die Stroganows erhielten die Ländereien an der Tschussowaja erst einige Jahrzehnte nach Jermaks Geburt.

Die übrigen Angaben aus dem „Stammbaum“ Jermaks sind ebenfalls erfunden. Dabei wurde das volkstümliche „Räuber“-Motiv gleich auf die Vorfahren des Atamans in zwei Generationen ausgedehnt. Indem die Autoren des „Stammbaums“ den Namen Jermak als Beinamen betrachteten, schrieben sie ihm eine vollkommen falsche Bedeutung („Mühlstein“) zu. Sie vergaßen den wahren Beinamen Jermaks, was offensichtlich dazu führte, daß der Name Jermak fälschlicherweise durch den Namen Wassili ersetzt wurde. Es ist durchaus möglich, daß im 16. oder 17. Jahrhundert in den Besitzungen der Stroganows ein Räuber namens Wassili Alenin lebte, mit Jermolai Timofejewitsch – dem berühmten Jermak – hatte er jedoch nichts zu tun.

Die Zusammensetzung des Sammelbandes, der den „Stammbaum" Jermaks enthält, legt den Verdacht nahe, daß er im Auftrage der Stroganows oder ihnen nahestehender Personen angefertigt wurde. Dort finden wir u. a. die Stroganow-Chronik, die Schenkungsurkunde, die Iwan IV. für die Stroganows ausstellte, und einen „Kurzen Auszug" mit ausgewählten Erlassen und Urkunden des Zaren, die u. a., erläutern, „warum den Herren Baronen Stroganow" der Fluß Tschussowaja gehört.

Die Legende, daß Jermak ein berühmter Räuber gewesen sei, finden wir fast überall in Chroniken und Aufzeichnungen, historischen Überlieferungen und Liedern.

Zuverlässige Informationen über seinen frühen Lebenslauf finden wir dagegen in Bittschriften von Mitstreitern Jermaks, die Anfang des 17. Jahrhunderts aufgesetzt wurden. Darin erwähnen die Veteranen immer wieder, daß sie vor dem Sibirienzug viele Jahre lang unter Jermaks Fahne gedient hätten. So schrieb der Kosak Gawrila Iljin in seiner Bittschrift an den Zaren, daß er zwanzig Jahre lang an Jermaks Seite durch die Steppe gezogen sei. Dies bestätigte auch der Tjumener Kosak Gawrila Iwanow, ebenfalls Teilnehmer des Sibirienzugs und Mitbegründer der Städte Tjumen, Tobolsk und Tara. In einer um 1622/23 aufgesetzten Bittschrift schrieb Iwanow nach Moskau, er habe dem Zaren 42 Jahre lang in Sibirien, davor aber für ihn zwanzig Jahre lang bei Jermak in dessen Staniza und bei anderen Atamanen gedient.

Diese „aus erster Hand" erhaltenen Angaben über den Dienst in der Steppe erscheinen in hohem Maße glaubwürdig. Wenn es stimmt, daß Jermak zwanzig Jahre vor der sibirischen Expedition Kosakenataman wurde, dann bedeutet das, daß seine erste Dienstzeit während der Polozker Kampagne von Zar Iwan IV. 1562/63 stattfand.

Der Erfolg des Sibirienzuges zeugt davon, daß Jermak über umfangreiche Kampferfahrungen verfügte. An welchen Feldzügen und Schlachten er jedoch früher teilgenommen hatte, ist unbekannt. Die ersten Angaben in seiner Dienstliste beziehen sich auf das Ende des Livländischen Krieges.

Als Stephan Báthory schon dabei war, seine Truppen für den entscheidenden Angriff gegen Pskow vorzubereiten, versuchte das russische Kommando, dessen Pläne zu durchkreuzen, und fiel in Litauen ein. Die Invasion wurde von dem hervorragenden Heerführer Dmitri Chworostinin angeführt, der auch über zahlreiche Abteilungen mit tatarischen Kriegern verfügte. Den Hauptteil seiner Regimenter bildeten jedoch Dienstadlige, berittene Strelitzen und mit Arkebusen bewaffnete Kosaken. Von Smolensk aus marschierte das Heer nach Dubrowina und überquerte am 25. Juni bei Orscha den Dnepr.

Danach zog es weiter nach Schklow und Mogiljow. All diese Städte lagen an den Ufern des Dnepr. Möglicherweise verfügte Chworostinin auch über eine Flottille. Ebenso wie bei den Gefechten gegen die Horde vor Moskau kämpften die Kosaken teils auf Pferden, teils von Kähnen aus. Wenn es nötig wurde, verließen sie auch ihre Kähne und kämpften auf dem Festland weiter.

Die Krieger brannten Siedlungen bei Dubrowina und Orscha nieder. Bei Schklow versuchten die Litauer, die Zarenregimenter zum Stehen zu bringen. Es fand ein grausames Gefecht statt, in dessen Verlauf der Wojewode der Vorhut, Roman Buturlin, und viele einfache Krieger fielen. Dennoch behaupteten sich die Russen auf dem Gefechtsfeld, nahmen die Vorstadt ein, verschleppten viele Gefangene, erbeuteten auf den Märkten viele Waren und steckten schließlich die Stadt in Brand. Die letzte Stadt, die den Wojewoden im Wege stand, war Mogiljow. Wieder eroberten und verbrannten die Russen die äußere Stadt und nahmen beinahe auch die Festung ein. Von Mogiljow zogen die Regimenter nach Radoml sowie Mstislawl und traten von dort aus den Rückzug an.

Der Kommandant von Mogiljow, Strawinski, sandte Báthory einen ausführlichen Bericht über den Angriff der Zarenregimenter gegen die ihm anvertraute Festung. Dabei führte er ganz genau die Namen der Wojewoden auf, die am Angriff teilgenommen hatten. Ganz am Ende seiner Liste standen „Wassili Jakow, Wojewode der Don-Kosaken, und Jermak Timofejewitsch, Kosakenataman“. Diese Angaben hatte er von Gefangenen erhalten, weshalb man davon ausgehen kann, daß sie der Wahrheit entsprechen. Jakow war viele Jahre lang Kosakenanführer und erlangte mit der Zeit großen Ruhm.

Außerdem erhielten die Litauer ziemlich genaue Angaben über die zahlenmäßige Stärke der Angreifer. Gefangene sagten aus, daß sich in Chworostinins Armee eintausend Reiter, Moskauer Strelitzen und Don-Kosaken mit Arkebusen, befanden. Wassili Jakow stand an der Spitze eines vom Don kommenden Reitertrupps. Jermak Timofejewitsch hatte die Wolga-Kosaken an die Grenze geführt.

Aus all dem Gesagten geht hervor, daß Ataman Jermak vor dem Sibirienfeldzug nicht mit Raub und Mord beschäftigt war, sondern im Dienste des Zaren stand.

3. Vorbereitungen auf den Kriegszug

Alle Originaldokumente, die aus dem 16. Jahrhundert erhalten geblieben sind, liefern genügend Material, um die wichtigsten Daten des Feldzuges zu bestimmen. In einem Brief des Zaren aus dem Jahre 1582 steht, daß Jermak am 1. September 1582 ins Feld gerückt sei. In einem Schriftstück vom 7. Januar 1584 ist zu lesen, daß Jermaks Eilboten schon 1583 die Nachricht von der Einnahme Kaschlyks (Isker), der Hauptstadt des Chanats Sibir, nach Moskau brachten.

Beide Daten sind bestimmend für die gesamte Chronologie des Sibirienzuges, die früher sehr unterschiedlich dargestellt worden ist. Die Daten besitzen ein hohes Maß an Zuverlässigkeit, weil sie sich auf die frühesten und glaubwürdigsten Quellen stützen.

Wie Teilnehmer des Feldzuges aussagten, wurde die Hauptstadt des Sibirischen Chanats am 26. Oktober, dem Gedenktag für Demetrios von Saloniki, von ihnen besetzt.

Die ermittelten Daten sind wie Glieder einer Kette miteinander verbunden. Jermaks Flottille legte am 1. September 1582 ab. Noch bevor der Winter begann und die Flüsse zufroren, nahmen die Kosaken Kutschums Residenz ein und schickten im Frühjahr 1583 ihre Boten nach Moskau. Mit anderen Worten, sie benötigten nur zwei bis drei Monate, um das Sibirische „Reich" zu besiegen.

Um diese neue Chronologie der Jermak-Expedition zu überprüfen, führte eine Gruppe von Studenten der Permer Universität ein spannendes Experiment durch. Sie wiederholte den Marsch Jermaks von der Tschussowaja bis Tobolsk, wobei sie nicht zwei, sondern vier Monate unterwegs war.

Im Unterschied zu den exakten Wissenschaften sind die Möglichkeiten, ein Experiment im Bereich der Geschichte durchzuführen, ziemlich begrenzt. Prüfen wir einmal, inwieweit man die Ergebnisse des Studentenexperiments als stichhaltig bezeichnen kann. Beginnen wir mit den Naturbedingungen des Ural. Sind sie heute noch wie vor 400 Jahren? Die Antwort liegt auf der Hand. In der Folgezeit wurden die Wälder an den Berghängen stark dezimiert, weswegen auch die Flüsse merklich seichter wurden. Die Studenten fuhren also auf seichten Flüssen. Außerdem muß man berücksichtigen, daß die Kähne der Kosaken, die auch für Seefahrten geeignet und mit Segeln ausgestattet waren, eine größere Geschwindigkeit erreichten als die Boote der Permer Studenten. Das dritte Moment ist, daß Studenten eben keine Kosaken sind und auch nicht deren Fertigkeiten und körperliche Eigenschaften besitzen.

Den größten Teil des Weges – etwa 1200 von den insgesamt 1500 km – fuhr Jermaks Flottille auf sibirischen Flüssen abwärts. Flußaufwärts mußten ihre Schiffe nur im Ural-Vorland fahren (etwas mehr als 200 km von den Tschussowaja-Festungen die Tschussowaja aufwärts bis zur Serebrjanka-Mündung und noch etwa 100 km auf der Serebrjanka). Hinter dem Paß legten die Kosaken 1200–1300 km von Barantschuk aus bis zum Irtysch zurück. So ist es leicht zu berechnen, daß der Trupp im Ural-Vorland 15–16 km und auf sibirischen Flüssen 35–40 km täglich vorankommen mußte. Diese Geschwindigkeit war für die schnellen Kosakenbarken durchaus erreichbar. Einerseits waren die Kosaken vorzügliche Ruderer, und andererseits konnten sie auf solchen großen Flüssen wie Tura und Tobol auch Segel benutzen. Bei der obengenannten Geschwindigkeit hätte Jermak innerhalb von 56 Tagen Irtysch erreichen können. Zusammenstöße mit der einheimischen Bevölkerung hätten natürlich das Vorankommen der Kriegerschar verlangsamen können, doch der Widerstand der spärlichen örtlichen Bevölkerung war höchstwahrscheinlich nicht besonders stark.

Die Präzisierung der Chronologie führt unweigerlich dazu, daß die gesamte Geschichte der ersten Sibirienexpedition noch einmal überprüft werden muß. Dabei kann die ernsthaft geäußerte Vorstellung, Jermak sei auf dem Wege nach Kaschlyk drei Jahre lang in blutige Kämpfe verwikkelt gewesen, als unglaubwürdig verworfen werden. In Wirklichkeit wurde Kaschlyk, die Hauptstadt des Chanats Sibir, nicht infolge einer langwährenden blutigen Schlacht, sondern nach einem unerwarteten Kosakenüberfall besetzt.

Was hatte Jermak bewogen, den Auftrag der Stroganows anzunehmen?

Im Januar 1582 schloß Rußland mit Polen einen Friedensvertrag, und Jermak konnte in seine Heimat zurückkehren. Dort vebündete er sich mit Iwan Kolzo und anderen „räuberischen Atamanen“.

Die Situation der unteren Wolga war in jener Zeit außerordentlich kompliziert. Durch den ungünstigen Ausgang des Livländischen Krieges und den Beginn eines Aufstandes der Wolgavölker war die Moskauer Regierung gezwungen, mit der Großen Nogaier Horde Frieden zu schließen. Die nogaischen Fürsten ihrerseits nutzten die mißliche Lage Moskaus, um alle möglichen Forderungen zu stellen. Im Sommer 1581 beispielsweise forderte Urmagmet-Mursa die Auslieferung von Jermak, weil dieser ihm angeblich Pferde gestohlen habe. Die Beschwerde des Mursas wurde nicht zurückgewiesen, sondern das Außenamt versprach vielmehr, den Vorfall zu untersuchen: „Da dir aber (Urmagmet – *der*

Verf.) die Wolga-Kosaken, Jermak und seine Krieger, 1060 Pferde weggetrieben haben..., lassen wir nach ihnen fahnden, und sind sie gefunden, dann werden wir ein Verfahren einleiten."

Jermak diente im Heer und hatte demnach keine Sanktionen seitens der Moskauer Behörden zu befürchten. Nichtsdestoweniger brachten ihn die Beschwerden wegen des Raubs in Verruf. Aufgrund von Dokumenten des Außenamts kann man rekonstruieren, wie es zu diesen Gerüchten kam.

Der Wolga-Ataman Iwan Kolzo befand sich in einer wesentlich schlechteren Lage als Jermak. P. F. Pawlow, der neue Gesandte des Zaren, hatte die Weisung erhalten, so schnell wie möglich in die Nogaier Horde zu fahren und unterwegs in Erfahrung zu bringen, wo sich die kriminellen Wolga-Kosaken befanden, um diese „Verbrecher – Iwaschka Kolzo und Barboscha" zu fangen und aufzuknüpfen. Ihr Besitz sollte den Kosaken übergeben werden, die gewissenhaft ihren Zarendienst versahen. In den Instruktionen des Außenamtes waren jedoch keinerlei Sanktionen gegen Jermak vorgesehen, denn für die Moskauer Obrigkeit war sein einstiger Überfall auf die Nogaier kein Verbrechen. Auch die Atamane Kolzo und Barboscha wurden nicht wegen ihres Vorgehens gegen die Nogaier, sondern wegen ihres dreisten Überfalls auf den Gesandten W. Pelepelizyn, der in der Nogaier Horde den Zaren vertrat, zum Tode verurteilt.

Der Erlaß des Zaren, die „räuberischen" Atamane hinzurichten, konnte jedoch nicht ausgeführt werden. Iwan Kolzo und seine Mittäter entflohen den Wojewoden und schlossen sich bald darauf dem Heer Jermaks an, um Sibirien zu bekriegen.

Spätere Chronisten behaupten, Jermak und seine Mannen seien gezwungen gewesen, das Wolgagebiet zu verlassen, da ihnen die Zarenwojewoden, welche die Weisung erhalten hatten, der „Räuberei" der Kosaken an der Wolga ein Ende zu bereiten, allzusehr zugesetzt hätten. Diese Behauptung ist ohne jeden Zweifel falsch. Die Dienstlisten des Militäramtes belegen, daß Reiterei und Fußvolk, sobald der Winter 1582 begann, in Richtung Wolga aufbrachen. Im April ging das „Schiffsheer" an der Kosin-Insel auf der Wolga vor Anker. Die Verlegung großer Truppenverbände an die Wolga war jedoch nicht auf die „Räuberei" der Kosaken, nicht auf die Notwendigkeit, sie zu bekämpfen, sondern auf den Tscheremissen-Aufstand, der das Wolga- und teilweise auch das Kamagebiet erfaßt hatte, zurückzuführen.

Von seiten der Zarenregierung sah man sich gezwungen, die besten Heerführer und bedeutende Streitkräfte für die Bekämpfung der Aufständischen einzusetzen. Erst nach einem opferreichen dreijährigen Krieg gelang es ihnen, die Erhebung zu unterdrücken. Der begonnene Aufstand nichtrussischer Völker und die Ankunft der Zarenwojewoden beschworen eine Situation herauf, in der die Kosaken jeden Augenblick Gefahr liefen, in eine Zwickmühle zu geraten.

Es gab keinerlei Zusammenhang zwischen ihrer „Räuberei" und der Tatsache, daß die Kosaken von Jaik und Wolga aus gen Norden ziehen mußten. In den Dokumenten gibt es Hinweise darauf, daß Jermak ins Ural-Vorland aufbrach, nachdem sich die Stroganows an ihn gewandt hatten. So teilt der Autor des „Neuen Chronisten" mit, daß sich Jermak auf Einladung Maxim Stroganows in den Ural begab.

Die Teilnahme Maxim Stroganows an der Organisierung der Kampagne wird von verschiedenen Quellen, sowohl schriftlich als auch in Form von Relikten, bestätigt. Welche Ziele verfolgte Maxim Stroganow, als er sich an Jermak wandte? Die Annahme, er habe gehofft, mit Hilfe der Kosaken das Chanat Sibir zu zerschlagen, um dann die Gunst des Zaren auszunutzen und neue Niederlassungen an Tobol und Irtysch zu gründen, ist zweifelhaft.

Bereits Anfang der 80er Jahre hatten diese Pläne ihre reale Grundlage eingebüßt, denn die politischen Beziehungen im Osten veränderten sich nicht zugunsten des Moskauer Reiches. Erstens war das Sibirische Chanat nicht mehr ein Vasall des Zaren, zweitens begannen die einstigen Vasallen aus der Nogaier Horde damit, sich Rußland gegenüber feindselig zu verhalten, und darüber hinaus brach auf dem Territorium des Chanats Kasan ein Aufstand nichtrussischer Völkerschaften aus. In dieser Situation ging es den Stroganows nicht so sehr um den Erwerb neuer Ländereien als vielmehr um den Schutz der alten.

In den meisten Chroniken wird, ohne dabei auf Einzelheiten einzugehen, lediglich erwähnt, daß Jermaks Kriegerschar von der Wolga aus ins Reich der Stroganows gekommen sei. Die Pogodin-Chronik jedoch bildet eine Ausnahme, indem sie ausführlicher auf die Route Jermaks eingeht. In der Schilderung, die höchstwahrscheinlich in Moskau nach den Worten des von Jermak dorthin entsandten Kosaken Tscherkas Alexandrow aufgesetzt wurde, heißt es: „Jermak und seine Krieger kamen ins Sibirische Land vom Ilek aus und gingen über die Irgis-Höhen den Irgis abwärts, und dann mündet der Fluß Irgis von der linken Seite in die Wolga, und Jermak ging die Wolga aufwärts."

Die „räuberischen" Atamane I. Kolzo, B. Barboscha, N. Pan und S. Boldyrja, die man für vogelfrei erklärt hatte, gingen an den Jaik, um sich von zarischen Festungen und den an der Wolga eingetroffenen Truppen fernzuhalten. Dort haben sich ihnen wahrscheinlich Jermak und seine Leute angeschlossen.

Man kann davon ausgehen, daß der Beschluß, sich in den Dienst der Stroganows zu stellen, so wie das bei den freien Kosaken üblich war, auf einer Heeresversammlung gefaßt wurde. Dabei war allem Anschein nach die Meinung der Kosaken Jermaks, die eben vom Kriegsschauplatz zurückgekehrt waren, ausschlaggebend. Was aber die „räuberischen" Kosaken betrifft, so kam es zu einer Spaltung in ihren Reihen. Der Ataman Iwan Kolzo mit seinen Kameraden verbündete sich mit Jermak, weil er hoffte, durch den Dienst bei den Stroganows seine Schuld vor dem Zaren abzubüßen. Barboscha weigerte sich jedoch, mit Jermak zu gehen. Einige Jahre später wiesen derselbe Bogdan Barboscha und 250 andere Kosaken den Vorschlag, in den Zarendienst zu treten, wobei ihnen ihre früheren Vergehen vergeben werden sollten, ebenfalls entschieden zurück.

Bogdan Barboscha war einer der Hauptanführer der Jaik-Kosaken bei ihrem Kampf gegen die Nogaier. Die Weigerung, Jermak zu folgen, hatte wichtige Konsequenzen. An seiner Seite blieben die „räuberischen" Kosaken, welche nicht in den Zarendienst treten wollten und, um ihre Freiheit zu behalten, ihre Lager weiter nach Osten, ins Jaikgebiet, verlegten, wo sie den Grundstock des Jaik-Kosakenheeres bildeten.

Jermak, Iwan Kolzo und die Kosaken ihrer „Heere" waren also mit dem Vorschlag Maxim Stroganows einverstanden und begannen für die weite Reise Kähne zu bauen.

Jermak und seine Kosakenschiffe trafen genau zum richtigen Zeitpunkt in den Siedlungen der Stroganows, die sich im Ural-Vorland befanden, ein, nämlich in dem Moment, als Kutschums Truppen dort einfielen.

Über die schwierige Lage Moskaus im Bilde, unternahmen nicht nur die Nogaier, sondern auch die sibirischen Tataren Raubzüge bis tief ins russische Territorium hinein. Der Erfolg des Pelymer Fürsten Abalygerim, der die russischen Siedlungen an der Tschussowaja geplündert hatte, ermutigte auch Kutschum. So vereinte sich im Jahre 1582 der sibirische „Zarewitsch" Alej mit Abteilungen der Pelymer Mansen, passierte den Ural und überfiel die Erbgüter der Stroganows.

Die Stroganows hatten jedoch 500 Wolga-Kosaken anwerben können und verteidigten sich mit deren Hilfe erfolgreich. Im Außenamt wurden die Aussagen der Boten, die Jermaks Brief dem Zaren überbracht hatten, aufgeschrieben. Die Kosaken schilderten die Ereignisse an der Tschussowaja kurz und bündig: „... als Kutschums Sohn Alej und seine Krieger an die Tschussowaja kamen, kam zur gleichen Zeit von der Wolga auch Ataman Jermak Timofejewitsch mit seinen Mannen herbei ..., und sie ließen die Tschussowaja nicht einnehmen. Und so mußten sie die Gegend verlassen. Jermak und seine Mannen sannen indessen darüber nach, wie sie zum Sibirischen Land und zum Zaren Kutschum gelangen könnten."

Im Stroganow-Privatreich führten Jermak und seine Kosaken Verteidigungskämpfe gegen die sibirischen Tataren, die nach Perm eingedrungen waren. Diese Auseinandersetzungen dienten jedoch nur als Vorspiel zum darauffolgenden Raubzug tief ins Territorium des Chanats Sibir. Das Hauptziel dieses Kriegszuges war Raub und Kriegsbeute.

Der Einfall der Kutschum-Truppen hing unmittelbar mit dem Tscheremissen-Aufstand im Wolgabereich zusammen, denn der sibirische Chan hatte den Aufständischen seine Schirmherrschaft versprochen. Um die sibirischen Tataren und Nogaier jedoch daran zu hindern, sich mit den Aufständischen zu verbünden, entsandte Moskau drei Regimenter „an den Kama-Fluß". Das Außenamt kommentiert dies folgendermaßen: „Einige ferne Bezirke der Wiesenseite (die Wiesen-Tscheremissen – *der Verf.*) wandten sich jedoch Sibirien zu, und da schickte unser Zar seine Wojewoden dorthin." Jermaks Auftauchen im Ural-Vorland durchkreuzte die Pläne Kutschums.

„Zarewitsch" Alej erlitt beim Kampf mit dem Kosaken-Trupp eine Niederlage. Er verzichtete jedoch nicht auf seine Pläne, machte um die befestigten Stroganow-Siedlungen einen Bogen und überfiel die unbefestigte Stadt Sol-Kamskaja. Jermaks Boten wußten über die Einnahme Sol-Kamskajas Bescheid und berichteten darüber folgendes: „...Zar Kutschum schickte seinen Sohn Alej und ein Heer, damit er die Tschussowaja-Gegend bekriegte, diese erreichten den Fluß Kama und die Stadt Sol-Kamskaja und verübten dort viel Übles an den rechtgläubigen Christen." Die Tataren metzelten fast die ganze Stadtbevölkerung nieder, raubten sie aus und steckten schließlich die Stadt in Brand.

Von Sol-Kamskaja aus marschierte Alej die Kama entlang flußaufwärts, wobei er sich immer weiter von den Stroganow-Festungen entfernte, und überfiel am 1. September 1582 Tscherdyn, die größte Festung des Permer Gebiets.

Von den befestigten Siedlungen an der Tschussowaja bis nach Tscherdyn waren es mehrere hundert Werst. Daraus folgt, daß die Gefechte an der Tschussowaja etwa Mitte August stattfanden. Die Kosaken kamen jedoch allem Anschein nach noch früher in das Erbland der Stroganows. Der Verfasser der Stroganow-Chronik, der verschiedene Materialien und

Dokumente aus dem Stroganow-Archiv benutzte, behauptete, Jermak habe am 6. April eine Einladung und Geschenke von den Stroganows erhalten und sei dann am 28. Juni 1582 bei ihnen eingetroffen.

Der Kampf gegen das Kutschum-Heer war von entscheidender Bedeutung, denn gerade sein erfolgreicher Ausgang veranlaßte Jermak dazu, hinter den Ural zu gehen. Die Kosaken hatten sich davon überzeugt, daß die Streitkräfte des Sibirischen Chanats keine hohe Kampffähigkeit besaßen. Bei einem Verhör von gefangenen Tataren erfuhr Jermak außerdem, daß Kutschum von keiner Seite einen Angriff erwartete und nur wenige Kräfte für die Verteidigung seiner Hauptstadt zurückgelassen hatte.

Wie der Permer Hauptwojewode 1582 dem Zaren meldete, hat der Pelymer Fürst in den ersten Septembertagen „mit sibirischen Leuten und mit Wogulen unsere Permer Ortschaften bekriegt und die Stadt Tscherdyn erstürmt". Laut Stroganow-Chronik führte der Pelymer Fürst „verwegene, tapfere und starke Mursas und Ulane des Sibirischen Landes und zahlreiche Krieger" mit sich. Weder der Wojewode noch der Chronist wußten das, was dem Außenamt nach der Ankunft von Ataman Iwan Alexandrow in Moskau bekannt wurde. In Kaschlyk hatten Jermaks Kosaken erfahren, daß „Zar Kutschum seinen Sohn Alej mit einem Heer ins Permer Gebiet geschickt hat". Alej war der älteste Sohn des alten Kutschum und somit dessen Thronfolger. Offensichtlich hatte ihm der Chan seine besten Truppen überlassen. Solange diese Truppen an der Kama kämpften, bestand für die Kosaken die Möglichkeit, Kutschum zu besiegen.

Bereits seit vielen Jahren schmiedeten die Stroganows Pläne für einen Sibirienzug und hatten wiederholt ihre Spione dorthin geschickt. Nichtsdestoweniger waren sie im Moment der großen feindlichen Invasion aus Transuralien faktisch außerstande, diese Pläne zu verwirklichen.

Solange das Tatarenheer von Alej und die Pelymer Truppen sich an der Kama aufhielten, hatten die Stroganows natürlich andere Sorgen als die Eroberung Sibiriens. Sie mußten dafür sorgen, daß ihre Siedlungen und Bergwerke vor der vollständigen Zerstörung bewahrt wurden. Auf dem Weg von Tscherdyn zurück nach Sibirien mußten die Tataren abermals die Kama und die Tschussowaja passieren, diesmal von Nord nach Süd. Deshalb konnten die Stroganows keinen einzigen Mann aus ihrer Armee, die in ihren befestigten Siedlungen den Garnisondienst versah, Jermak mit auf den Weg geben.

Der Stroganowsche Geschichtsschreiber, der sich alter Aufzeichnungen aus den Archiven seiner Herren bediente, verflocht diese auf bizarre

Art und Weise und ergänzte sie darüber hinaus noch durch falsch verstandene Angaben aus den Zarenurkunden. Der Chronist beschreibt detailliert, wie die Tataren zwischen den örtlichen Bewohnern, den Chanten, Mansen, Udmurten und Baschkiren, Krieger aussuchten, Tscherdyn überfielen und beinahe einnahmen. „Bald darauf gingen sie von dort nach Kai-Gorodok, wo sie große Missetaten verübten." Der Hinweis auf Kai-Gorodok vermittelt eine genauere Vorstellung von den Dimensionen des Tatareneinfalls. Diese Ortschaft befand sich an der Kama, 200 Werst westlich von Tscherdyn.

Auf dem Rückweg marschierte Kutschums Heer über Sol-Kamskaja, Kankor und Kergedan. Vor noch nicht allzulanger Zeit hatte Maxim Stroganow in Kergedan eine Arkebuse mit Widmung anfertigen lassen und sie darauf dem in der Stadt weilenden Jermak überreicht. Als Alej jedoch zu den Ural-Pässen zurückkehrte, befand sich Jermak schon nicht mehr im Stroganow-Reich: „Die Wolga-Atamane und -Kosaken befanden sich damals schon nicht mehr in den Städtchen", sie waren „ins Sibirische Land gegangen, um gegen den sibirischen Sultan zu kämpfen, und die Leute, die in ihren Festungsstädtchen blieben, entgingen wegen der argen Bedrängung durch die Tataren nur mit Mühe und Not dem Tod..." Aufgrund einer Einmischung von Moskau wäre Jermaks Feldzug beinahe abgebrochen worden. Sobald der Tscherdyner Wojewode W. Pelepelizyn erfuhr, daß Jermak und Iwan Kolzo mit ihren Truppen im Stroganow-Patrimonium eingetroffen waren, meldete er dies dem Zaren. Die Antwort auf diese Mitteilung war der berühmte „Drohbrief" des Zaren vom November 1582. Iwan IV. rügte darin die Stroganows dafür, daß sie Kosaken, noch dazu die „räuberischen" Wolga-Atamane, in ihr Erbland gerufen hatten. Diese „haben uns und die Nogaier Horde aufeinandergehetzt, die nogaischen Gesandten während ihrer Wolga-Überfahrt umgebracht, Kaufleute aus der Horde geplündert und geschlagen und unsere Leute beraubt und ihnen großen Schaden zugefügt". Es ist offensichtlich, daß die Moskauer Sekretäre damit ganz bestimmte Personen, und zwar Iwan Kolzo und seine Krieger, meinten, die ein Jahr zuvor diesen Wojewoden ausgeraubt hatten.

Der „Drohbrief" von 1582 widerlegt gleichzeitig zwei Mythen im Zusammenhang mit dem Sibirienzug. Die erste Legende bezog sich auf Raubüberfälle, die Jermak an der Wolga verübt haben soll, und die Entführung des Zarenschatzes durch ihn. Für derartige Verbrechen wurden Kosaken auf der Stelle erhängt. Zar Iwan dachte jedoch gar nicht daran, die „räuberischen" Jermak-Leute aufzuhängen. Die örtlichen Behörden bekamen im Gegenteil den Befehl, Jermaks Kosaken in den Zarenfestungen Tscherdyn und Sol-Kamskaja einzuquartieren und dann zur Verteidigung des Gebiets einzusetzen. Der zweite Mythos entstand in den vier Wänden des Außenamtes und beinhaltete, Dienstmannen des Zaren hätten auf seine direkte Weisung hin Sibirien erobert. Der „Drohbrief" widerlegt diese offizielle Lüge. Iwan IV. befahl vielmehr den Stroganows unter Androhung einer „großen Ungnade", Jermak aus seiner Sibirienexpedition zurückzuholen. Der Zar führte Krieg gegen die Schweden. Im Süden wurden die Grenzen ständig von den Krimtataren und Nogaiern verletzt. An der unteren Wolga war ein Aufstand der kleineren Völker ausgebrochen. Iwan IV. wollte darüber hinaus nicht noch einen neuen Gegner, das Chanat Sibir, bekommen. Sein Befehl traf jedoch mit großer Verspätung in den Stroganow-Besitzungen ein und konnte dadurch den Verlauf des Sibirienzuges schon nicht mehr beeinflussen.

Die immer häufiger werdenden Überfälle der Mansen auf Perm lösten in Moskau Besorgnis aus. Das Dienstlistenamt war sich darüber im klaren, daß es wirksame Maßnahmen zum Schutz der Ostgrenzen des Staates ergreifen mußte. Auf Anordnung der Regierung wurden die Befehlshaber Woin Anitschow und Iwan Gluchow mit ihren Kriegern so schnell wie möglich nach Perm geschickt. Moskaus Plan bestand darin, dem Pelymer Fürsten einen Denkzettel zu verpassen, ohne dabei jedoch einen großen Krieg gegen den sibirischen Chan anzuzetteln. Die Stroganows erhielten den Befehl, nicht nur Jermak „aus dem Krieg" zurückzuholen, sondern auch die Kosaken unverzüglich nach Tscherdyn und Sol-Kamskaja zu beordern, wobei man in ihrer Festung nicht mehr als 100 Mann und einen Ataman zurücklassen sollte. Anitschow und Gluchow hatten unter den Permern und Wjatkaern Krieger anzuwerben, sie dann mit Jermaks Kosaken zu vereinen, und schließlich sollten sie „gegen den Pelymer Fürsten im Winter auf Schlitten ziehen ..., damit die kriegerischen Pelymer Ostjaken und Wogulen wie auch die Sibirischen unsere Lande nicht mehr überfallen und unsere Lande nicht mehr bekriegen". Der Zar drohte den Stroganows mit Ungnade, falls sie das Vorgehen der Wojewoden nicht unterstützten und das Permer Land erneut „von Pelymern und den Leuten des Sibirischen Sultans" verwüstet werden sollte.

Die Instruktionen des Dienstlistenamtes erwiesen sich als unüberlegt, da sie weder die Besonderheiten der Landschaft, die eine Winterkampagne unmöglich machten, noch die konkrete militärische Situation an den Grenzen zum Sibirischen Chanat berücksichtigten. Jermak unterbreitete einen besseren Plan, dessen Verwirklichung jedoch mit enormen Schwierigkeiten verbunden war. Die Kosaken hatten nur vage Vorstellungen vom Sibirischen Chanat, obwohl sie sich relativ rasch in jeder neuen Situation zurechtfanden.

Die genauesten Angaben über die zahlenmäßige Stärke des Jermak-Trupps finden wir in der Pogodin-Chronik, die Fragmente aus Archivdokumenten überliefert. Demnach zogen 540 Wolga-Kosaken zusammen mit Jermak hinter den Ural. Dieselbe Ziffer finden wir auch in der Stroganow-Chronik. Sobald ein Ataman bei jemandem in den Dienst trat, nannte er bei der Bestimmung der zahlenmäßigen Stärke seines Heers nur noch die erwachsenen Kosaken. Man muß jedoch wissen, daß sich in den von Kosaken bewohnten Randgebieten Ende des 16. – Anfang des 17. Jahrhunderts eine Tradition herausgebildet hatte, nach der Atamane und „Altkosaken" stets einen oder mehrere junge Gefährten („Tschury") bei sich hatten. Diese Halbwüchsigen und jungen Männer, die sich so an das Kosakenleben gewöhnten, wurden mit der Zeit vollberechtigte Kosaken. Sie bildeten in jedem Kosakenheer eine Art Reserve.

Nach Angaben des Außenamtes konnte Kutschum bis zu 10 000 Krieger stellen. Obwohl man diese Ziffer als übertrieben betrachten muß, war die Armee von Kutschum zahlenmäßig bedeutend stärker als das Heer Jermaks. Ihren Kern bildeten die Nogaier-Garde und die Tatarenreiterei. Außerdem entsandten die von den Tataren unterworfenen Chanten- und Mansenstämme von Zeit zu Zeit Hilfstrupps. Insgesamt waren dem Chan über 30 000 „niedere Leute" tributpflichtig.

Am 1. September 1582 fuhren Jermaks Krieger auf ihren Barken los. Selbst unter günstigen Bedingungen hätte er die Hauptstadt des Sibirischen Chanats, Kaschlyk, nicht vor Ende Oktober bzw. Anfang November erreichen können. Gerade um diese Zeit froren jedoch die sibirischen Flüsse zu und konnten nicht mehr befahren werden. Einerseits konnten die Kosaken von ihren leichten Flußschiffen aus mit den Tataren einen „schnellen Krieg" führen und sogar deren Hauptstadt im Sturm nehmen. Andererseits wäre dann aber Kaschlyk für sie unweigerlich zu einer Falle geworden. Tiefer Schnee und Eis hätten dem Heer alle Rückzugswege abgeschnitten. Einen sich lang hinziehenden Kampf gegen die große Armee Kutschums hätte die Handvoll Kosaken unmöglich gewinnen können. Jermaks Schar wäre also unweigerlich vernichtet worden, wären die tatarischen Elitetruppen nicht vor Beginn der Sibirien-Expedition in Richtung Tscherdyn und Kai-Gorodok gezogen.

Um erfolgreich kämpfen zu können, mußten die Kosaken über die entsprechenden materiellen Mittel verfügen. Diese, so ist nachweisbar, erhielten sie zu einem bedeutenden Teil von den Stroganows.

Geschichtsschreiber der Stroganows versuchten im 17. Jahrhundert diese Tatsache auszunutzen, um ihre Herren zu glorifizieren und zu beweisen, daß Sibirien durch das „Mühen und Wirken" der Stroganows eingenommen worden sei. In der Stroganow-Chronik ist zu lesen, daß Maxim Stroganow und seine Verwandten Jermak „große Vorräte" sowie Geschütze, „sieben Spannen lange" Schnellgewehre und Führer mit auf den Weg gegeben hätten, die „den Weg nach Sibirien" kannten. Außerdem habe man ihm Söldner aus den Permer Siedlungen: „dreihundert vorzügliche Krieger", „Litauer, Deutsche, Tataren und Russen", überlassen. Die frühen, glaubwürdigeren Quellen zeigen eindeutig, daß dies alles pure Erfindungen sind. Der Autor der „Kurzen Beschreibung des Sibirischen Landes" schrieb, daß Jermak, als er an der Tschussowaja war, 40 Einheimische von dort mitgenommen habe, und dabei beließ er es.

P. S. Ikossow, der im 18. Jahrhundert die Geschichte der Stroganows schrieb und dabei ihre Unterlagen benutzte, behauptete, die Kama-Herren hätten Jermak in einer Geheimabmachung versprochen, ihm soviel Vorräte zu gewähren, „wie dies der Weg (nach Sibirien – *der Verf.*) erfordert". Als dann aber die Kosaken an der Kama eingetroffen seien, hätten die geizigen Salzhändler ihr Versprechen nicht gehalten.

Es besteht jedoch kein Zweifel, daß die Stroganows die freien Kosaken mit Lebensmitteln, Munition sowie Blei und Pulver versorgt haben. Darüber berichten auch die frühen Chroniken, allerdings nur kurz und ohne jegliche Einzelheiten. „Auf Einladung Maxim Jakowlewitsch Stroganows gingen die Kosaken von der Wolga bis an die Tschussowaja, zur Siedlung Maxim Stroganows und erhielten bei Maxim Stroganow Vorräte an Korn, Fleisch und Butter wie auch Pulver und Blei", heißt es in einer der Chroniken.

Die Frage, ob die Kosaken von den Stroganows auch Waffen erhielten, bleibt offen. Man darf jedoch nicht vergessen, daß Jermaks Heer gerade erst von einem Kriegsschauplatz zurückgekehrt war und daß Ataman Iwan Kolzo kurz zuvor die Nogaier Horde geschlagen hatte. So kann man annehmen, daß sie gut bewaffnet bei den Stroganows ankamen.

Wie vollzog sich nun die „Einnahme Sibiriens"? Diese Frage wurde zu verschiedenen Zeitpunkten unterschiedlich beantwortet. Ziemlich früh schon entstand die offizielle Version über die Angliederung Sibiriens an Rußland, welche bereits in den diplomatischen Dokumenten von Ende des 16. bis Anfang des 17. Jahrhunderts zu finden ist. Entsprechend den Verlautbarungen von Diplomaten des Zaren habe die oberste Staatsmacht diese Expedition organisiert und dabei im Zarendienst stehende Kosaken nach Sibirien geschickt. In dieser Version findet man weder ein Wort über die Rolle Jermaks noch diejenige der Stroganows. Eine andere

Konzeption, die Ende des 17. Jahrhunderts auftauchte und ebenfalls eine offiziöse Färbung erhielt, unterstrich im Gegenteil die führende Rolle der Stroganows. Es gab noch einen Standpunkt, der seinen Ursprung in alten Überlieferungen hatte. In den Augen des Volkes war der freie Kosak der wichtigste und einzige Held bei der „Einnahme Sibiriens".

Die Auswertung der Quellen bestätigt, daß die volkstümliche Version Hand und Fuß hatte. Die Atamane Jermak und Iwan Kolzo mit ihren Gefährten haben sich aus freien Stücken und auf eigene Faust ins unbekannte Sibirien vorgewagt.

4. Die Einnahme Kaschlyks

Im Vergleich zu anderen Autoren finden wir bei Semjon Remesow, einem Tobolsker „Bojarensohn" und Kartographen Sibiriens, in seiner „Sibirischen Geschichte" aus den 90er Jahren des 17. Jahrhunderts die ausführlichsten Angaben über den Marsch Jermaks von den Tschussowaja-Festungen bis nach Kaschlyk. Er berichtet über die zahlenmäßige Stärke der Kosakenschar auf allen Abschnitten des Weges, nennt die genauen Daten ihrer Ankunft in verschiedenen Orten und beschreibt die „Winterlager" der Kosaken.

Den Beginn des Sibirienzuges schilderte Remesow wie folgt: Jermak und seine Kosaken hätten die Tschussowaja-Festungen verlassen und sich die Tschussowaja aufwärts zu den Ural-Pässen begeben. Kurze Zeit später hätten sie sich bereits verirrt und seien „über die Tschussowaja nicht nach Sibirien gelangt", weil sie nicht in die Serebrjanka, sondern früher, in die Sylwa, eingebogen seien. Als die Kosaken ihren Fehler entdeckt hätten, sei es bereits zu spät gewesen, und so seien sie auf der Sylwa geblieben, um an ihren Ufern zu überwintern.

Glaubt man Remesow, so verirrte sich Jermak an der Sylwa, innerhalb des Stroganow-Erblandes, denn laut Grundbüchern aus dem Jahre 1579 gehörte diese Gegend Maxim Stroganow. An den Ufern dieses Flusses lagen seine Dörfer und seine Mühle. Wie die Kosaken an ihnen vorbeifahren und sie nicht bemerken konnten, bleibt rätselhaft, um so mehr als Maxim Stroganow Jermak angeblich Führer mitgegeben hatte. Wie konnten sie sich also an der Sylwa verirren?

Die Version, nach der Jermak an der Sylwa überwintert habe, entstand im 17. Jahrhundert in Kungur. Sie wurde von der örtlichen Geistlichkeit erfunden, um eine Legende zu begründen, laut der Jermak bei Kungur eine Kapelle habe erbauen lassen, die bis ins 17. Jahrhundert hinein erhalten geblieben sei. Noch phantastischer sind die Angaben der „Geschichte“ darüber, daß Jermak an der Tura Tschinggis-Chan getötet und in dessen Stadt Tschinggi-Tura überwintert habe.

Laut Remesows Angaben soll Jermak mehrmals im Ural und Sibirien an verschiedenen Orten überwintert haben, bevor er Kaschlyk erreichte. Den Hinweisen Remesows folgend, versuchten Archäologen, an den Pässen des Urals und am Fluß Tagil Jermaks „Lager“ ausfindig zu machen, jedoch erfolglos.

Die Pogodin-Chronik, in der Fragmente von Originaldokumenten der Expedition überliefert sind, enthält keinerlei Hinweise darauf, daß die Kosaken möglicherweise auf dem Weg von der Wolga bis zum Irtysch überwintert hätten. Hier wurde die Route der Jermak-Flottille in allen Einzelheiten genau beschrieben: Jermak gelangte von der Wolga auf die Kama und begab sich „die Kama aufwärts, vom Kama-Fluß bog er rechts in die Tschussowaja ein und fuhr weiter flußaufwärts; vom Fluß Tschussowaja in den Serebrjanaja-Fluß, die Serebrjanaja aber kam aus dem Sibirischen Land und mündete von rechts in den Tschussowaja-Fluß, auch die Serebrjanaja fuhr er aufwärts; von der Serebrjanaja ging er über das Land zum Fluß Barantschuk, die Schiffe aber schleppten sie auf den Schultern, den Barantschuk fuhren sie abwärts bis zum Fluß Tagil, auch den Tagil-Fluß abwärts bis zum Tura-Fluß ... und ruderten auf der Tura abwärts bis zum Tobol ...“

Nachfolgende Generationen haben Jermaks Weg nicht vergessen. Die Spuren seiner Expedition blieben noch lange an den Ural-Pässen sichtbar. Als Remesow in den Jahren 1699 bis 1701 am „Aufriß des sibirischen Landes“ arbeitete, machte er auf der Ural-Karte neben dem Namen des Flusses Serebrjanka folgende Anmerkung: „Hier liegen Jermaks Schiffe.“ Diese Angaben stimmen vollständig mit den Kungurer „Erzählungen“ (zweite Hälfte des 17. Jhs.) überein, wo es heißt: „Schwere Schiffe haben sie (die Jermak-Leute – *der Verf.*) an der Serebrjanka liegen lassen.“ In ihrem letzten Atlas, dem „Aufriß für den Dienst“, markierten Remesow und seine Söhne auf der Karte des Mittleren Urals „Jermak Paß“ und zeichneten mit einer punktierten Linie die Route der Expedition auf der Serebrjanka, auf einen ihrer Nebenflüsse, den sie „Tschuj“ nannten, und weiter hinter dem Paß auf den Flüssen Schurawl, Barantscha und Tagil ein. Von der gleichen Route erzählen viele historische Lieder über Jermak.

In der Stroganow-Chronik wird behauptet, die Kosaken hätten das Lager Kokuj an der Serebrjanka verlassen, „25 Werst jenseits eines Flusses namens Scharawli“ überwunden und so den Fluß Tura erreicht. Der

Chronist war offenbar in der Geographie Transuraliens nicht besonders bewandert, denn vom Schurawl-Fluß aus konnten die Kosaken unmöglich auf die Tura geraten. (Der Schurawl mündet in die Barantscha, die Barantscha in den Tagil und erst der Tagil in die Tura.)

Von der Tschussowaja bog Jermak in die Serebrjanka ein. Seinen Namen („Silberfluß") bekam dieser Strom wegen seines reinen, kristallklaren Wassers, das silbrig schimmerte. Das Flußbett verengte sich mitunter bis auf 10–12 Meter, und die Strömung war genauso reißend wie auf der Tschussowaja. So forderte das Rudern flußaufwärts von den Kosaken kolossale Kräfte. Die Kosakenflottille bewegte sich buchstäblich im Schneckentempo vorwärts. Der Weg von den Tschussowaja-Festungen bis zur Serebrjanka-Mündung war jedoch nicht sehr lang, ebenso wie die Serebrjanka selbst.

Jermak stand vor der überaus schweren Aufgabe, eine ganze Flottille aus mehreren Dutzend Schiffen über den Ural zu befördern. Die freien Kosaken waren es gewohnt, ihre Schiffe zwischen Wolga und Don über Land zu transportieren und dabei viele Kilometer zurückzulegen. In der Regel schleppten sie dabei ihre Barken auf Walzen. Um den Paß zu erreichen, mußten Jermaks Leute eine Schneise in den dichten Wald schlagen. Da sie jedoch keine Möglichkeit hatten, den steinigen Weg zu ebnen und so ihre Kähne auf Walzen zu befördern, mußten sie die Schiffe und Lasten auf den Schultern tragen.

Tscherkas Alexandrow berichtet, der Kosakentrupp „ging von der Serebrjanka bis zum Fluß Barantschuk zu Fuß, und die Schiffe hat man auf den Schultern geschleppt". In den „Erzählungen" aus der Kungur-Chronik findet man ähnliche Angaben. Die Kosaken hätten die schweren Schiffe an der Serebrjanka gelassen und die leichten Kähne über den Tagil-Paß bis zum Tagil-Fluß geschleppt.

Die Tagil-Pässe, die der Kosakentrupp überqueren mußte, waren keine gewöhnlichen Gebirgspässe. Wie auch an anderen Stellen des Mittleren Urals gab es hier große Gebirgsjochs, die selbst im Sommer stark versumpft waren. Diese Jochs ermöglichten es den Kosaken, ihre schweren Kähne über den Bergrücken zu schleppen.

Nach einer kurzen Rast begann das Heer am östlichen Abhang des Urals hinunterzusteigen. Der Abstieg war wesentlich einfacher, die größten Schwierigkeiten hatten sie bereits überwunden. An den Gebirgspässen entsprangen Bäche, die in den Barantschuk mündeten.

Da die Kosaken einige schwere Kähne in den Bergen zurückgelassen hatten, war es dringend notwendig, für den Weitertransport ihrer Frachten hinter dem Paß Flöße und Boote zu zimmern. Deshalb richteten sie, nachdem die Flottille „das große Wasser", den Tagil-Fluß, erreicht hatte, am Fuße des Medwedj-Kamen („Bärenstein") unweit des Magnetberges eine „Werft" ein und bauten dort, wie die Überlieferung besagt, mehrere Kähne.

Das Heer schaffte es, den Weg nach Kaschlyk in etwa zwei Monaten zurückzulegen, weil er größtenteils über transuralische Flüsse führte und es in Sibirien schon nicht mehr nötig war, unter Anspannung aller Kräfte gegen den Strom zu rudern.

Obwohl die östlichen Ausläufer des Ural-Gebirges im Unterschied zu den westlichen nicht sehr lang sind, fließt der Tagil relativ schnell. Von ihm aus gelangte die Flottille auf die langsamere Tura, auf welche die größte Wegstrecke, einige hundert Werst, entfiel. Nach der Tura fuhr die Expedition weiter auf dem Fluß Tobol, auf dem über hundert Werst zurückgelegt wurden. Die Kosaken, die kräftig ruderten und bei Fahrtwind Segel benutzten, überwanden auch diese Wegstrecke schnell.

Das Vordringen der Kosaken hätte sich unweigerlich verlangsamt, wären sie auf den Widerstand der örtlichen Bevölkerung gestoßen. In den glaubwürdigsten Quellen finden wir jedoch nur Hinweise auf unbedeutende Auseinandersetzungen zwischen den Kosaken und den Einheimischen. So widersprechen Fragmente aus den „Erzählungen" der Kungur-Chronik auf entschiedenste Weise den wortreichen Schilderungen blutiger Gefechte, die Jermak unterwegs nach Kaschlyk gewonnen haben soll. Nachdem die Kosaken die Uraler Pässe überwunden hatten, sahen sie (so Remesow), daß „das Land Sibirien reich ist und alles im Überfluß hat und daß die dort lebenden Menschen friedlich sind". Als die Kosaken an dicht bewaldeten Gegenden mit spärlicher und friedlich gestimmter Bevölkerung vorbeifuhren, verloren sie, wie Remesow behauptet, die Wachsamkeit, was ihnen einige unangenehme Augenblicke bescherte. In seiner „Geschichte" ist zu lesen, die Barke Jermaks, die den anderen Schiffen der Kosaken auf dem Tobol eine Werst vorauseilte, sei von Ungläubigen gekapert worden. Die Kosaken hätten sich jedoch in die Riemen gelegt und ihre Kameraden sofort wieder befreit. Tataren oder Mansen hätten dabei die Unaufmerksamkeit der Kosaken ausgenutzt und sich eines Kahns, der zur Eskorte gehört habe, bemächtigt. Sie hätten dann aber auch nicht die gehörige Wachsamkeit gezeigt, und so habe Jermak ihnen die Gefangenen sofort wieder entreißen können.

Auf dem Wege nach Kaschlyk kam es jedoch zu keinen ernsthaften Auseinandersetzungen, sondern nur zu kleinen Geplänkeln. Jermaks Boten überreichten dem Außenamt einen Bericht, der erst durch die Pogodin-Chronik bekannt wurde. Darin schildern sie kurz und ohne jegliche Ausschmückung ihren ersten Zusammenstoß mit den Tataren an der Tura: „...wir sind gerudert bis zum Dorf Jepantschin („das heute den Namen Tura-Ostrog trägt", fügte der Chronist hinzu – *der Verf.*), und dort hatte Jermak ein Gefecht mit Kutschums Tataren, wir haben aber keinen Tataren gefangengenommen." Die Autoren der „Erzählung" vermieden es, solche schablonenhaften Ausdrücke zu verwenden („große Schlacht" etc.), mit denen man ansonsten Chroniken auszuschmücken pflegte. Als Kriegsleute waren sie sich dessen bewußt, daß Jermaks erstes Zusammentreffen mit den Tataren eigentlich einer Niederlage gleichkam, er hatte nämlich keinen einzigen Gefangenen gemacht, der über die Vorhaben der Tataren hätte berichten können. Von Jepantschin geflüchtete Tataren hingegen erreichten noch vor Jermak Kaschlyk, und so wurde „Zar Kutschum alles bekannt". Mit anderen Worten, der sibirische Chan erhielt rechtzeitig eine Nachricht vom Auftauchen der Russen und konnte sich nun in aller Ruhe auf eine Auseinandersetzung mit ihnen vorbereiten. Auf diese Weise ging natürlich der Überraschungseffekt ein für alle Mal verloren. Glaubte man aber der „Erzählung" der Kosaken, so half ihnen letzten Endes die Sorglosigkeit Kutschums, der einen Angriff Jermaks nicht erwartet, sondern geglaubt habe, dieser werde an die Tschussowaja zurückkehren.

Zu glauben, Kutschum sei sorglos gewesen, ist natürlich naiv. Seitdem Kutschum 1563 seinen Vorgänger Chan Jediger ermordet und dessen Thron erobert hatte, verstrichen viele Jahre voller nicht enden wollender blutiger Kriege. Durch Gewalt und List machte sich Kutschum die widerspenstigen Mursas untertan und brach außerdem den Widerstand der sibirischen Stämme. Der Mann, der die Macht des Sibirischen Chanats wiederhergestellt hatte, war ein umsichtiger und versierter Politiker. Gerade deshalb beunruhigte ihn die Nahricht, daß eine Handvoll Kosaken an der Tura aufgetaucht sei, nicht allzu sehr. Der Herrscher Sibiriens wußte genau über das Moskauer Reich Bescheid und war u. a. darüber informiert, daß die nogaischen Fürsten russische Gesandte verächtlich behandelten, der Moskauer Zar den Tataren jedoch nichtsdestoweniger reiche Geschenke schickte, um einem Krieg mit ihnen auszuweichen.

Wie paradox das auch klingen mag, das Erscheinen von Permer Kriegern in Transuralien entsprach genau den militärischen Plänen Kutschums. Der ein Jahr zuvor erfolgte Überfall der Pelymer auf die Stroganow-Besitzungen bestärkte die sibirischen Tataren in der Überzeugung, daß die Russen, welche schwere Kämpfe gegen die Polen und Schweden auszutragen hatten, fast alle ihre Garnisonen aus den Festungen im Ural-Vorland herausgeführt hatten. Die Ankunft von Permer

Kriegern an Tagil und Tura legte den Schluß nahe, daß in den Permer Festungen nun gar keine Kräfte mehr übriggebieben waren und man sie demzufolge mühelos einnehmen konnte.

Kutschum setzte nicht alle Truppen für die Verteidigung seiner Hauptstadt ein, denn ein bedeutender Teil von ihnen war hinter den Ural gezogen. Jeden Augenblick erwartete der Chan Nachrichten über die Einnahme der Permer Festungen. Entscheidend war für ihn folgende Überlegung: Sobald sein Heer Tscherdyn überfalle, würden die Russen gezwungen sein, ihre Krieger aus Sibirien zurückzubeordern. Seine Prognosen begannen einzutreffen. Zar Iwan schickte Jermak den strengen Befehl, umgehend zurückzukehren und an der Verteidigung Perms teilzunehmen.

Kutschum war jedoch bei seinen Kalkulationen ein kleiner Fehler unterlaufen. Er wußte nämlich nicht, daß die freien Wolga-Kosaken auf eigene Initiative nach Sibirien aufgebrochen waren und daß der strenge Befehl des Zaren sie einfach nicht mehr erreichen konnte.

Je mehr sich die Kosaken der Hauptstadt des Sibirischen Chanats näherten, auf desto mehr Ortschaften trafen sie. Am Unterlauf des Tobol passierten sie viele tatarische Siedlungen und konnten so auch endlich einen Tataren gefangennehmen. Laut einer frühen Tobolsker Chronik habe man unweit von der Tawda einen Tataren aus „dem Hof des Zaren Kutschum“ namens Tausak festgenommen und zu Jermak gebracht. Der Gefangene wurde verhört und machte dabei dringend benötigte Angaben über die Kutschum zur Verfügung stehenden Kräfte.

Sibirische Quellen geben in bezug auf die Schlacht, die in der Nähe der Chan-Hauptstadt entbrannte, verschiedene Daten an. Entsprechend der Frühversion des Seelenmessenregisters fand sie am 26. Oktober statt. Der Autor der zweiten Version korrigierte das Datum, schrieb statt dessen den 23. Oktober hin und strich außerdem im Text den Hinweis, daß dies der „erste Kampf“ gewesen sei. Der Verfasser der frühen Tobolsker Chronik akzeptierte dieses Datum und versuchte nun zu erklären, warum die Kosaken das Gefecht am 23. Oktober gewonnen hätten. Das Gefecht, so schrieb er, habe die Kosaken ermüdet, und deshalb hätten sie sich vom Tschuwaschen-Kap zurückgezogen und übernachtet. Wo sie allerdings noch zwei weitere Nächte verbracht hatten, konnte der Chronist nicht erklären. Mit der Zeit wurden dieser Version weitere Einzelheiten hinzugefügt. An der Wende des 17. und 18. Jahrhunderts zum Beispiel beschrieb Remesow farbenreich, wie die Kosaken am Tschuwaschen-Kap „drei Tage lang ohne Unterlaß und Schlaf gekämpft“, dann aus unbekannten Gründen sich hinter den Fluß zurückgezogen hätten, um dort zu übernachten, und dann am Morgen in Kaschlyk einmarschiert seien. Die angeführten Einzelheiten halten jedoch keiner Kritik stand.

In der Frühversion des Seelenmessenregisters sind die Erinnerungen von Augenzeugen am genauesten wiedergegeben. Die Veteranen der Jermak-Expedition versicherten mit aller Bestimmtheit, daß das erste Gefecht gegen die Tataren am 26. Oktober vor den Mauern von Kaschlyk am Tschuwaschen-Kap stattgefunden habe und daß sie noch am gleichen Tage in die vom Feind verlassene Hauptstadt einmarschiert seien.

Kutschum hatte gehofft, daß er den Russen noch vor Kaschlyk Einhalt gebieten könnte. Zu diesem Zweck ließ er am Tschuwaschen-Kap einen Verhau aus gefällten Bäumen errichten, hinter dem sich die Tataren vor den Kosakenkugeln in Sicherheit bringen wollten.

Die Annahme, daß die Tataren keine Feuerwaffen kannten und der Donner der Kosakengewehre sie deshalb in Schrecken versetzt habe, ist falsch. Schon einige Jahre vor dem Sibirenzug Jermaks hatte sich Kutschum mit der Bitte an die Krim gewandt, ihm Geschütze für einen Krieg gegen den Moskauer Zaren zukommen zu lassen. Da es von der Krim bis nach Sibirien jedoch zu weit sei, habe man, laut Überlieferung, die Kanonen aus dem Chanat Kasan (vor dessen Besetzung durch die Russen) nach Kaschlyk bringen lassen. Quellen verschiedener Herkunft berichten, daß die Tataren auf einem Berg am Tschuwaschen-Kap ein beziehungsweise zwei Geschütze aufgestellt hatten. Im Verlaufe des Gefechts gaben diese Geschütze jedoch keinen einzigen Schuß ab. Die Kosaken meinten naiverweise, sie hätten die Geschütze des Feindes besprochen. Zu guter Letzt sollen die Tataren angeblich ihre Geschütze den Berg hinuntergestoßen haben, den hochkletternden Kosaken entgegen. Dabei seien die Kanonen ins Wasser gestürzt.

Durch langjährige Kriege gegen die Tataren und Türken waren die Kosaken gestählt und hatten gelernt, die Vorzüge ihrer Bewaffnung in vollem Maße auszunutzen. Kamen Kosakenbarken auf dem Meer bis auf Schußnähe an ein feindliches Schiff heran, so ließen die Kosaken die Riemen fallen und feuerten ununterbrochen von einer Kahnseite aus, während ihre Kameraden an der anderen Seite die Gewehre nachluden. Auf diese Weise folgte eine Salve nach der anderen pausenlos. Wenn sie auf Flüssen fuhren, benutzten sie dieselbe Taktik wie auf dem Meer. Auch hier suchten sie den Feind zunächst durch sicheres Schießen zu entkräften, um erst dann nach den Säbeln zu greifen und die Zerschlagung auf dem Festland zu vollenden.

Kutschum hatte seinen Thronfolger Mametkul damit beauftragt, den

Verhau zu verteidigen, er selbst aber begab sich samt seiner Suite auf einen unweit gelegenen Berg. Glaubt man der Stroganow-Chronik, so befahl Mametkul seinen Kriegern, in den Verhau Durchgänge zu schlagen und dann die Russen anzugreifen. Die Kosaken begegneten den Tataren mit massivem Gewehrfeuer. Mametkul wurde verletzt und entging nur mit Mühe und Not der Gefangenschaft; seine Knechte schafften es, ihn mit einem Boot auf der anderen Seite des Irtysch in Sicherheit zu bringen.

In Kutschums Heer brach Panik aus. Laut Überlieferung haben die Chantenfürsten schon nach den allerersten Salven ihre Stellung verlassen, und bald wandten sich auch die Mansen und die Tataren zur Flucht. Kutschum verfolgte das Geschehen von seinem Berg aus. Sobald die Russen die Oberhand zu gewinnen begannen, suchte er das Weite und überließ die Hauptstadt ihrem Schicksal.

Die mit Bögen, Pfeilen und Speeren bewaffneten Gegner fügten den Kosaken keinen großen Schaden zu. Offenbar hatten diese nicht einmal Tote zu beklagen.

Die Kosaken errangen deshalb einen so leichten Sieg über den zahlenmäßig überlegenen Gegner, weil die besten und kampffähigsten Kräfte des Chanats Sibir und des ihm angehörenden Pelymer Fürstentums an einem Raubzug gegen Rußland beteiligt und noch nicht nach Kaschlyk zurückgekehrt waren. Was aber die Mansen und Chanten betrifft, so kämpften diese ohne jeglichen Elan.

In Kaschlyk fanden die Kosaken reiche Beute, vor allem Pelze, die vom Schatzamt des Chans viele Jahre lang gesammelt worden waren, wie zum Beispiel Zobel-, Silberfuchs-, Marder- und Eichhornfelle. Den Gesetzen der freien Kosaken folgend, ließ Jermak die Beute unter allen Kriegern gerecht aufteilen.

Die örtlichen Stämme, die den Tataren untertan und tributpflichtig waren, verhielten sich recht friedfertig den Kosaken gegenüber. Schon am vierten Tag nach Kutschums Flucht brachte der Duodezfürst Bojar für Jermak Fisch und sonstigen Proviant nach Kaschlyk. Zur gleichen Zeit kehrten die Tatarenfamilien in ihre verlassenen Behausungen nahe Kaschlyk zurück.

Jermak hatte zwar durch seinen waghalsigen Überfall einen Sieg errungen, aber es war noch zu früh, diesen auch zu feiern. Der Herbst ging seinem Ende zu, und so konnte die Kosakenflottille schon nicht mehr die Rückfahrt antreten. Im November brach Frost ein, die Flüsse – als einzige Verkehrswege – bedeckten sich mit Eis, so daß die Kosaken ihre Kähne ans Ufer holen mußten. Die erste schwere Überwinterung hatte begonnen.

5. Die Angliederung Sibiriens

Kutschum bereitete sich sorgfältig darauf vor, den Russen einen vernichtenden Schlag zu versetzen und somit seine Metropole zu befreien. Nolens volens mußte er den Kosaken jedoch noch einen Monat Atempause gönnen, nämlich so lange, bis Alejs Truppen aus dem Ural-Vorland zurückkehrten. Da die Existenz des Chanats Sibir auf dem Spiel stand, ritten Eilboten bis in die letzten Ecken seines ausgedehnten Reiches, um wehrfähige Männer anzuwerben. Zur Chan-Fahne wurde buchstäblich jeder gerufen, der in der Lage war, Waffen zu tragen. Wieder übergab Kutschum seinem Neffen Mametkul, der mehr als einmal mit den Russen gekämpft hatte, die Leitung des Heeres.

Etwa im Sommer 1583 entsandte Jermak Boten mit einem Brief nach Rußland, in dem er meldete, daß er zunächst Kutschum mit Söhnen und dann auch Mametkul geschlagen habe: „...den sibirischen Zaren Kutschum mit seinen Kindern ... und seine Krieger habe ich besiegt, und auch den Sohn des Bruders von Zar Kutschum, Zarewitsch Mametkul, habe ich geschlagen..." Die angeführten Zeilen muß man als einen direkten Hinweis auf die Schlacht bei Abalak werten. Sie erhöhen außerdem die Glaubwürdigkeit von Berichten der später in Tobolsk befragten Veteranen des Feldzuges über eine Schlacht am 5. Dezember 1582.

Der Tobolsker Chronist S. Jessipow unterstrich, daß es bei Abalak keine kleine Auseinandersetzung, sondern „eine große Schlacht, die viele Stunden gedauert hat", gegeben habe. Auch der Geschichtsschreiber der Stroganows beschrieb diesen Zusammenstoß als einen großen Kampf, der erst mit Anbruch der Nacht geendet habe.

Einige Einzelheiten des Gefechts finden wir in den Dokumenten des Außenamtes, die nach der Ankunft Tscherkas Alexandrows in Moskau aufgesetzt wurden. In einem Bericht von Sekretären aus dem Jahre 1585 ist beispielsweise zu lesen: „Nachdem der sibirische Zar Kutschum davongerannt ist, hat Kutschums Neffe, Zarewitsch Mametkul, Leute gesammelt und ist nach Sibirien gekommen, um die Männer des Zaren zu bekriegen, und diese haben all die Leute, die mit ihm waren – über zehntausend an der Zahl – geschlagen..."

Die Angaben, Mametkul habe 10 000 Krieger bei sich gehabt, sind sicher übertrieben, obwohl außer Zweifel steht, daß die Tataren zahlenmäßig vielfach überlegen waren, und zwar vor allen Dingen deshalb, weil vor der Schlacht bei Abalak die Truppen, die Kutschum zuvor nach Perm geschickt hatte, sich bereits wieder in Sibirien befanden.

Während Jermak von den Tschussowaja-Festungen schnell in Richtung Kaschlyk zog, begab sich der Zarewitsch Alej nach Tscherdyn, wo er den Kampf mit dem Wojewoden W. Pelepelizyn aufnahm. Demzufolge kehrte Alej einige Wochen später an den Irtysch zurück, als die Kosaken dort bereits eingetroffen waren. Alejs Truppen hatten Verluste hinnehmen müssen, und die Soldaten waren vom langen Marsch ermüdet. Kutschum ließ sie wahrscheinlich eine Zeitlang ausruhen, bevor er sie unter Mametkul gegen Jermak antreten ließ.

Falls er seinen Gegner besiegte, wollte Mametkul die Russen ganz aus der Hauptstadt des Chanats vertreiben. Die Vernichtung der Brjasga-Staniza bei Abalak sollte ein Vorspiel für den nachfolgenden Angriff auf die Stadt Kaschlyk sein, die sich nur 15 Werst von Abalak entfernt befand. Die Stadt besaß einen starken natürlichen Schutz, da sie an einem hohen Abhang am Ufer des Irtysch lag. Außerdem war sie von hohen Erdwällen umgeben. Jermak begriff, daß nur eine Offensive ihm zum Erfolg verhelfen konnte.

Nach den Verlusten der Kosaken zu urteilen, war die Schlacht bei Abalak sehr erbittert. Während des rauhen Winters hatten die Kosaken keine Möglichkeit, mit ihren flinken Kähnen zu manöverieren. Nichtsdestoweniger konnten sie das große Tatarenheer überwältigen. Die Bataille bei Abalak kann man in keiner Weise mit den Ereignissen am Tschuwaschen-Kap vergleichen. Es wurde weder Mametkul festgenommen, noch gab es eine Panik in seiner Armee. Es war eine blutige Schlacht, die sich beide Seiten lieferten und in der die Kosaken entweder siegen oder sterben mußten. Und sie setzten sich durch.

Der Sieg einer Handvoll unberittener Kosaken über die vereinigten Kräfte des Chanats Sibir ist sowohl von rein militärischer als auch moralischer Seite her zu erklären. Bei dem ersten Zusammenstoß mit Alej an der Tschussowaja und dann auch im Gefecht am Tschuwaschen-Kap hatte Jermak seinem Gegner einen solchen Schlag versetzt, daß sich die Tataren psychologisch noch lange nicht davon erholen konnten. Nicht die Besetzung Kaschlyks, sondern der Sieg bei Abalak war für den Erfolg der Jermak-Expedition ausschlaggebend.

Nachdem die Kosaken die Residenz des Chanats Sibir erobert und das Mametkul-Heer zerschlagen hatten, standen sie nun vor dem Problem, die Verwaltung der Region organisieren zu müssen. Nichts hätte Jermak daran hindern können, in Sibirien eine Ordnung zu errichten, die dem ewigen Traum der Völker von Freiheit entsprochen hätte. Statt dessen begannen die Kosaken im Namen des Zaren zu regieren. Sie vereidigten die örtliche Bevölkerung auf den Namen des Zaren und belegten sie mit einer Steuer, Jassak genannt, zugunsten desselben. Wie kann man diese überraschende Wende der Ereignisse erklären?

Jermak und seine Atamane hatten große Kriegserfahrung und waren sich dessen bewußt, daß sie ohne die Unterstützung der Streitkräfte Moskaus Sibirien nicht halten konnten. Sofort nachdem sie die Angliederung Sibiriens an das Moskauer Reich beschlossen hatten, baten sie den Zaren um Hilfe, was alle ihre nachfolgenden Schritte bestimmte.

Es wäre falsch anzunehmen, Jermak habe sich nur von militärischen Erwägungen leiten lassen. Er und seine Mitstreiter hatten viele Jahre lang in Zarenregimentern gedient, und die Rückkehr in den Zarendienst schien ihnen der beste Ausweg aus der entstandenen Lage zu sein. Außer den Jermak-Leuten nahmen an der Expedition aber auch die „räuberischen" Kosaken teil, die ein Zarenerlaß für vogelfrei erklärt hatte. Man darf jedoch zwei Dinge nicht vergessen: Erstens war es in den Reihen der „Räuber" am Jaik zu einer Spaltung gekommen, und zweitens hatten die elenden und unterjochten Menschen jener Epoche eine besondere Psyche. Die Spaltung am Jaik hatte zur Folge, daß Bogdan Barboscha und die anderen Atamane und Kosaken, die für sich die Möglichkeit ausschlossen, beim Zaren beziehungsweise den Stroganows in den Dienst treten zu können, nicht am Kriegszug teilnahmen. Spricht man von den unteren Rängen, muß man in Betracht ziehen, daß diese dazu neigten, nicht das rechtgläubige Väterchen Zar, das für sie in unerreichbaren Höhen stand, sondern die bösen Bojaren und Amtsleute, die sie schikanierten, für ihr Elend verantwortlich zu machen. Seine naiven Illusionen in bezug auf den Zaren verlor das Volk weder in der Zeit der Erfolge noch in der Zeit des Unheils, welches das Land am Ende des Livländischen Krieges heimsuchte.

Iwan IV., der viel Blut seiner Untertanen vergossen hatte, wurde vom Hochadel gehaßt. Aber weder die Hinrichtungen noch die Niederlagen konnten seine allgemeine Beliebtheit, die er sich mit der „Einnahme Kasans" und den Reformen erworben hatte, ausmerzen. In der Volksgunst blieb Iwan IV. stets der gestrenge, aber gerechte Zar. Ein Grund dafür ist wahrscheinlich, daß er der letzte Zar war, unter dem die Volksmassen – die abhängigen Bauern – ihr Recht, am Sankt-Georgs-Tag wegziehen zu können, noch nicht einbüßten und noch nicht weiter an die Scholle gebunden wurden. Die Popularität Iwans IV. wurde auch noch dadurch verstärkt, daß er die Angewohnheit hatte, bei Hinrichtungen von Bojaren deren Schuld dem Volke kundzutun und bei der Menge Billigung zu suchen. Außerdem ließ der Zar von Zeit zu Zeit auch Amtsleute, die der Korruption und des Betrugs überführt worden waren, öffentlich züchtigen.

Die Entscheidung der Jermak-Leute, sich an Moskau zu wenden, bestätigt erneut, wie beliebt Iwan IV. auch unter den Kosaken war. Besonders die für vogelfrei erklärten Atamane hofften, durch den „Sibirienkrieg" ihre einstige Schuld zu tilgen und die Gunst des Zaren zu erlangen.

Nach seiner Niederlage zog Kutschum gen Süden. Die nördlichen Gebiete seines Reiches blieben ohne Schutz. Sofort eilten die Kosaken dorthin, um die Bevölkerung mit Steuern zu belegen und sie auf den rechtgläubigen Zaren zu vereidigen.

Als der Sommer 1583 begann, brach eine Gruppe von 25 Kosaken von Kaschlyk nach Moskau auf. Sie fuhren auf ein oder zwei Kähnen und führten für Iwan IV. den eingetriebenen Tribut in Form von Fellen mit. Die Pogodin-Chronik, welche Auszüge aus Originaldokumenten der Jermak-Expedition enthält, beschrieb ihre Route ziemlich genau: „...sie fuhren den Irtysch-Fluß abwärts und auch den großen Ob abwärts und gelangten auf dem Sob-Fluß über den Kamen nach Pustoosero. Zusammen mit ihnen ging auch der Kosak Tscherkas Alexandrow."

Tscherkas Alexandrow brachte die Meldung Jermaks über die „Einnahme Sibiriens" nach Moskau. Den Text dieses Dokuments gab der Pogodin-Chronist wieder: „Jermak und seine Gefährten schrieben an den frommen großmächtigen Zaren und Großfürsten Iwan Wassiljewitsch, den Selbstherrscher von ganz Rußland, daß sie ... das Sibirische Reich eingenommen und viele der dort lebenden anderssprachigen Leute unter seine hohe Zarenhand geführt und vereidigt haben ..., daß sie die Tataren und Ostjaken und Wogulen nach ihrem Glauben und darauf vereidigt haben, daß sie ewig unter seiner hohen Zarenhand ... stehen werden und dem Zaren alljährlich einen Jassak zahlen und gegen die russischen Menschen niemals etwas Böses im Sinn führen werden ..."

In Moskau verstand man durchaus, wie wichtig diese Nachrichten waren. Noch Ende Sommer, Anfang Herbst 1583 erteilte Iwan IV. den Befehl, einen Winterfeldzug nach Sibirien vorzubereiten. Als dem Zaren jedoch klar wurde, daß die Uraler Pässe im Winter unüberwindlich waren, setzte er die Stroganows, die von ihm dazu verpflichtet worden waren, einen Hilfstrupp zu stellen, darüber in Kenntnis, daß die Kampagne vorerst aufgehoben sei. „Heute erreichte uns das Gerücht, daß man während des Winters beritten nicht nach Sibirien gelangen kann", schrieb er. Die Expedition wurde bis zum Frühjahr verschoben.

Als er die Kosaken, welche die Botschaft überbracht hatten, entließ, soll der Zar dem Bezwinger Sibiriens einen Pelzmantel aus seiner Garderobe, zwei Harnische und noch vieles andere geschenkt haben. Remesow interessierte besonders das Schicksal der Harnische, die man Jermak geschenkt hatte, und so schrieb er die örtlichen Legenden darüber gewissenhaft auf.

Die Annahme, Jermak habe aus den Händen des Zaren den Harnisch P. Schuiskis erhalten, ist anscheinend falsch. Nach den Angaben der Pogodin-Chronik wurden die Kosaken für die „Einnahme Sibiriens" vielmehr mit Geld und wertvollem Tuch und die Atamane mit Gold belohnt. Weder Harnische noch ein Pelzmantel aus der Zarengarderobe, den Jermak angeblich erhalten hatte, werden dort erwähnt.

Chronisten des 17. Jahrhunderts behaupteten weiter, der Zar habe Jermak in den Urkunden zum Fürsten von Sibirien ernennen lassen. Auch diese Angaben entsprechen nicht der Wahrheit. Der Zar hatte überhaupt nicht die Absicht, einen Kosakenataman zum „Fürsten von Sibirien" zu machen. Er hielt es im Gegenteil für vernünftiger, ihn nicht in der eroberten Region zu belassen. Der Bericht der Pogodin-Chronik über die Auszeichnung der Kosaken endete mit folgendem Satz: „Und Jermak hat der Zar befohlen, nach Moskau zu kommen."

In der Pogodin-Chronik finden wir einen ausführlichen Amtsbericht über die Entsendung von Verstärkung für Jermak. Diese Expedition wurde vom Wojewoden Fürst Semjon Bolchowski geleitet. Unter seinem Kommando standen „die Befehlshaber Iwan Wassiljewitsch Gluchow mit 100 Kasaner und Swijaschsker Strelitzen, außerdem 100 Permer und Wjatkaer und 100 anderer Krieger". Die Angaben über die Stärke des Bolchowski-Trupps finden in der im Original erhalten gebliebenen Zarenurkunde vom 7. Januar 1584 ihre Bestätigung. Dort lesen wir, daß Iwan IV. die Stroganows 15 Kähne vorbereiten ließ, die „je 20 Mann mit Vorrat", das heißt 300 Mann an Bord nehmen konnten.

Nach Beendigung des Krieges gegen die Schweden im Jahre 1583 setzte die russische Heeresleitung bedeutende militärische Kräfte frei, war jedoch dazu gezwungen, sie für den Schutz der Südgrenzen und insbesondere für die Unterdrückung des großen Aufstands im Wolgagebiet einzusetzen. Für Sibirien konnte sie nur ein kleines Heer erübrigen. Es war geplant, daß diese Einheit im Frühjahr losmarschieren und den Ural überwinden sollte. Dieses Vorhaben wurde jedoch nicht verwirklicht.

Bei der Besetzung von Kaschlyk hatten die Kosaken darauf gerechnet, sofort Hilfe aus Moskau zu erhalten. Die Verstärkung ließ jedoch lange auf sich warten. Wie aber konnte sich Jermak mit seiner kleinen Kriegerschar fast zwei Jahre lang im Herzen des Sibirischen Chanats halten? Dies läßt sich mit mehreren Umständen erklären.

Jermak setze sich u. a. aus dem Grunde durch, weil die Kosaken über jahrzehntelange Kampferfahrungen bei Auseinandersetzungen mit Nomaden auf „freiem Feld" verfügten. Die Kosaken hatten ihre Stanizen Hunderte von Kilometern außerhalb der Staatsgrenzen des Moskauer Reichs gegründet. Von allen Seiten umgaben sie Nomadenhorden, die sie jedoch zu bezwingen gelernt hatten. Jermak besaß sowohl den Mut als auch die Entschlossenheit eines geborenen Heerführers. Seine militärischen Aktionen stützten sich auf Erfahrungen, die russische Kolonisten bereits in endlosen „kleinen Kriegen" gegen die Steppenhorden gesammelt hatten.

Eine weitere Ursache für den Erfolg des Feldzuges war die innenpolitische Instabilität des Chanats Sibir. Die Kutschum untergeordneten Tataren-Fürstentümer, deren Bevölkerung ein Nomaden- beziehungsweise Halbnomadenleben führte, waren über das Land zerstreut und zersplittert. Das riesengroße Territorium des Chanats war recht dünn und von kleinen Stämmen besiedelt, die, von den Tataren erobert, mit diesen nur durch Tributzahlung verbunden waren.

Kutschum hatte Jediger getötet und konnte nun endlich nach langen Auseinandersetzungen die tatarischen Mursas unterwerfen. Aber schon nach den ersten militärischen Niederlagen setzte der Hader unter dem Tatarenadel von neuem ein. So teilte Kutschums „nächster Jassak-Mursa", Senbachta Tagin, „aus Feindschaft" Chan Mametkul gegenüber den Kosaken mit, daß dieser sein Lager 100 Werst von Kaschlyk entfernt, am Wagai-Fluß, aufgeschlagen habe. Jermak nutzte sofort den Fehler des Tataren-„Zarewitsch" aus. Er schickte eine Abteilung von Kosaken an den Wagai, etwas mehr als fünfzig Mann, welche mitten in der Nacht über das Tatarenlager herfielen, die Wache töteten und Mametkul in seinem Zelt gefangennahmen.

Da Mametkul über viele Jahre das Heer des Chanats Sibir befehligt hatte und Kutschum ihn stets mit der Leitung der größten Kampagnen betraute, hatte seine Gefangennahme für die Militärmacht Kutschums weitgehende Folgen. Sofort erhoben sich seine Feinde. So tauchte zum Beispiel Seid-Chan, Neffe des von Kutschum gestürzten Jediger, der seinerzeit nach Buchara geflohen war, wieder in Sibirien auf und drohte damit, sich an Kutschum zu rächen. Der Adel, der neue Zwistigkeiten fürchtete, verließ eilig den Hof des Chans. Sogar der eigene Karatscha (diesen Titel trugen auf der Krim, in der Nogaier Horde und anderen tatarischen Fürstentümern die obersten Würdenträger des Chans, die einem der vornehmsten und einflußreichsten Geschlechter angehörten) wandte sich von Kutschum ab. Nachdem auch Kutschum geflüchtet war, weigerte sich der Karatscha, ihm Gehorsam zu leisten, ging mit seinem

Geschlecht an den Tschulym-See und begann zwischen dem Oberlauf des Irtysch und den Flüssen Tara und Om wieder ein Nomadenleben zu führen. In der darauffolgenden Zeit führte er einen selbständigen Krieg gegen Jermak im Bestreben, sein Fürstentum bei Kaschlyk zurückzuerobern.

Auch die örtlichen Stämme und ihre Fürsten erkannten die Macht Kutschums nicht mehr an. Einige von ihnen, beispielsweise der Chantenfürst Bojar und sein Geschlecht, leisteten, wie bereits erwähnt, den Kosaken sofort, nachdem diese bei Kaschlyk aufgetaucht waren, Beistand. Seitdem Jermak einen Feldzug an den Ob unternommen hatte, wurde auch Fürst Alatschej sein zuverlässiger Verbündeter.

Der Beistand der örtlichen Bevölkerung war für die Expedition von unschätzbarem Wert. Die Handvoll Kosaken hätte sich wohl kaum zwei Jahre lang inmitten einer feindselig gestimmten Bevölkerung halten können.

Die Expedition zog sich in die Länge, und die Heerschar schmolz von Monat zu Monat zusammen. Krankheiten und Zusammenstöße mit den Tataren führten zu nichtwiedergutzumachenden Verlusten. Solange die Kosaken noch über ausreichend Pulver und Blei verfügten, konnten sie den zahlenmäßig überlegenen Tataren erfolgreich Widerstand leisten. Als das Heer jedoch fast seine ganze Munition verbraucht hatte, büßte es somit auch seinen größten Vorteil gegenüber dem Feind ein, der keine Feuerwaffen besaß.

Dennoch hielten sich die Kosaken mehr als zwei Jahre. Nach langen Verzögerungen traf Wojewode S. Bolchowski mit 300 Strelitzen in Sibirien ein. Dort warteten auf ihn schwere Prüfungen. Unterwegs hatten die Krieger bereits ihre ganzen Vorräte aufgezehrt, die Kosaken aber hatten nur so viel Lebensmittel beschafft, wie sie für die eigene Verpflegung benötigten. Diese Notlage wurde noch durch den grimmigen Frost verschlimmert, den die Strelitzen nicht gewohnt waren. Zeitweise sank die Lufttemperatur in der Umgebung Kaschlyks bis auf 47 Grad minus, eisige Nordwinde wehten, tiefer Schnee machte die Jagd in der Taiga unmöglich. In der winterlichen Hungerszeit rotteten sich die Wölfe zu Rudeln zusammen und trieben sich bei den Ansiedlungen herum.

Die Strelitzen überlebten den sibirischen Winter nicht. Sie starben einer nach dem anderen, ohne überhaupt am Krieg gegen Kutschum teilgenommen zu haben. Selbst Bolchowski, der zum ersten Wojewoden Sibiriens ernannt worden war, kam ums Leben.

Auch die Krieger Jermaks erlitten durch den Hungerwinter riesige Verluste. Um die Überlebenden vor dem Tod zu bewahren, versuchte

Jermak, einer Konfrontation mit den Tataren auszuweichen. Kein Wunder also, daß er Friedensvorschläge, die aus dem Gegnerlager kamen, gern beantwortete. Die Kosaken, die auf Verstärkung warteten, mußten Zeit gewinnen.

Durch die Gefangennahme Mametkuls rückte der oberste Wesir Karatscha in den Vordergrund, der die Macht Kutschums nicht mehr anerkannte und zwei Jahre darauf seinen Rivalen auf den sibirischen Thron setzte. Karatscha hatte sein Nomadenlager an die Tara verlegt, wo es zu einem Zusammenstoß mit der Kasachischen Horde gekommen war. Daraufhin schickte er Eilboten nach Kaschlyk und bat Jermak, ihm im Kampf gegen seine Feinde zu helfen. Die Kosaken versammelten sich zu einer Beratung, ließen den Boten einen Schwur auf den Koran leisten und beschlossen „nach einer Abstimmung der ganzen Kosakengesellschaft", ihren ehemaligen Feinden Hilfe zu erweisen.

Einen Hilfstrupp zu den Tataren zu schicken war mit großem Risiko verbunden, weshalb diese Operation nur von einem außerordentlich kühnen und kaltblütigen Mann geleitet werden konnte. Die Wahl fiel auf Ataman Iwan Kolzo. Da die Kosaken jedoch in der Diplomatie nicht sonderlich bewandert waren, machten sie einen verhängnisvollen Fehler: Sie forderten von Karatscha keine Geiseln. Diese Leichtgläubigkeit hatte katastrophale Folgen. Kolzo, der als Verbündeter im Tatarenlager erschien, wurde hinterhältig gefaßt und zusammen mit seinen 40 Kosaken getötet. Nun waren die Tataren endgültig davon überzeugt, daß der entkräftete Trupp Jermaks für sie eine leichte Beute werden würde. Vom Frühjahr bis zum Sommer kreisten die zahlreichen Truppen Karatschas Kaschlyk ein, um die Kosaken auf diese Weise verhungern zu lassen.

Jermak wartete geduldig auf den passenden Augenblick, um dem Feind einen Schlag zu versetzen. Eines Nachts schlichen sich die Kosaken heimlich an Karatschas Hauptquartier heran und vernichteten es. Karatscha konnte dem Tod entweichen, und seine Armee flüchtete noch am selben Tag weg von Kaschlyk. Dies war ein weiterer glänzender Sieg Jermaks über den zahlenmäßig überlegenen Gegner.

Um zu verhindern, daß Kaschlyk erneut umzingelt wurde, unternahm Jermak nach Anbruch des Sommers einen Feldzug in die südlichen Gebiete des Chanats, wohin sich die Truppen Karatschas zurückgezogen hatten. Der Anlaß für diese Aktion waren Nachrichten darüber, daß die Tataren am Irtysch-Oberlauf eine Handelskarawane aus Buchara zurückgehalten hatten. Die Kaufleute aus Buchara spielten eine große Rolle im Wirtschaftsleben des Chanats Sibir. In ihren Händen befand sich die wichtigste Handelsstraße der Region, die sie mit den mittelasiatischen

Märkten verband. Karawanen aus Buchara brachten Stoffe, Dörrobst und andere Waren nach Sibirien, die für die örtliche Bevölkerung lebensnotwendig waren.

Die Wiederherstellung des traditionellen Handels zwischen Sibirien und Mittelasien hätte auch die Versorgung der russischen Krieger in Sibirien (eine bequeme Verbindung mit Perm fehlte) erleichtert. Um der Buchara-Karawane aus der Not zu helfen, zog Jermak mit einer Hundertschaft unversehrt gebliebener Kosaken den Irtysch-Fluß aufwärts den Kaufleuten entgegen.

Kutschum, der über das Unterfangen der Kosaken informiert war, beschloß sie in eine Falle zu locken. Entlang ihrer Fahrtroute postierte er seine Leute, die allesamt erklärten, sie hätten die Kaufleute aus Buchara am Wagai-Oberlauf gesehen. Die Kosaken fielen auf Kutschums List herein, bogen vom Irtysch in den Wagai ein und fuhren mit „großer" Mühe flußaufwärts. Da sie die Karawane nicht finden konnten, kehrten Jermaks Krieger um und schlugen nach Anbruch der Dunkelheit am Ufer des Irtysch unweit der Wagai-Mündung ihr Lager auf. Jermak ahnte nicht, daß die Tataren ganz in der Nähe im Hinterhalt lagen.

Der Ausgang des Sibirienzuges ist legendenumwoben. Chronisten der Spätzeit behaupteten, Kutschum habe unerwartet das schlafende Lager der Kosaken überfallen und alle getötet. Ganz anders schilderten jedoch die Teilnehmer der Kampagne das Geschehen. Tobolsker Veteranen berichteten, daß sie mitten in der Nacht aufwachten, „erschraken" und das Weite suchten, einige jedoch tot im Lager liegen blieben. Das gleiche wurde auch in tatarischen Überlieferungen berichtet, die auf den Erinnerungen von Kriegern Kutschums beruhten. „Euer tapferer Krieger Jermak sah, wie wir seine Mannen erschlugen", eilte zu einem Kahn, konnte aber die Seinen nicht mehr einholen, „da sie schon fern von ihm waren", sagten die Tataren. Jermak erreichte erst das Ufer, als die Kosakenkähne bereits in der Finsternis verschwanden.

Wie unglaubwürdig auch die Erzählungen der Augenzeugen in manchen Punkten erscheinen mögen, nur ihnen können wir glauben. Den schnellen Rückzug der Kosaken kann man durchaus erklären. Die Tataren begriffen, daß ihnen die Handvoll Wagemutiger unweigerlich in die Hände fallen würde, falls sie sich der Kähne bemächtigen könnten. Für die Kosaken andererseits lag die einzige Möglichkeit, dem totalen Untergang zu entgehen, darin, in die Kähne zu springen und sich so schnell wie möglich vom Ufer abzustoßen. Jermak mußte bis auf die letzte Minute gegen die Feinde ankämpfen, um den Rückzug seines Trupps zu decken.

In den späten Chroniken kann man lesen, dem glorreichen Kosakenführer sei es gelungen, sich zu den Seinen durchzuschlagen, dann sei er jedoch so ungeschickt auf den Rand eines Kahns gesprungen, daß dieser sofort kenterte. Jermak selbst fiel dabei ins Wasser und ertrank. Die angeführte Schilderung der Ereignisse ist unglaubwürdig. Ihr Autor hatte überhaupt keine Ahnung von Kosakenkähnen. Diese waren in der Lage, bis zu 20 Krieger mit Waffen und Munition an Bord zu nehmen. Auf ihren Barken befuhren die Kosaken stürmische Meere und Flüsse. Ein Mann hätte ein kleines Boot umkippen können, nicht aber einen Kosakenkahn.

Die erste Sibirienexpedition dauerte drei Jahre. Weder Hunger, Entbehrungen, grimmiger Frost noch Kämpfe und Verluste konnten den freien Kosaken Einhalt gebieten und ihren Siegeswillen brechen. Während der ganzen Zeit kannte Jermaks Kosakenheer bei Auseinandersetzungen mit zahlreichen Feinden keine Niederlagen. Auch bei diesem letzten Nachtgefecht trat der kleiner gewordene Trupp nur mit unbedeutenden Verlusten den Rückzug an. Er hatte jedoch seinen bewährten Führer verloren: Ohne ihn konnte die Expedition nicht fortgesetzt werden.

In Kaschlyk angelangt, versammelten sich die Kosaken zu einer Beratung und beschlossen, sofort in die Heimat zurückzukehren. Jermak hatte 540 Krieger nach Sibirien geführt. Unter der Führung von Ataman Alexandrow zogen 25 Mann in Richtung Moskau. Vom übrigen Trupp blieben nur noch 90 Kosaken am Leben. Zusammen mit Ataman Matwej Mestscherjakow erreichten sie auf Kähnen den Ob und gelangten von dort aus auf dem Petschora-Weg ins Moskauer Reich.

Die gleiche Route wie die Jermak-Expedition benutzte auch Wojewode I. J. Manssurow, mit dem 700 Mann nach Sibirien kamen. Die Formation war mit allem Notwendigen ausgestattet und traf fast unmittelbar nach Jermaks Tod in der Nähe von Kaschlyk ein. Der vornehme Wojewode war jedoch von ganz anderem Holz als der Ataman der freien Kosaken. Beim Anblick der großen Anzahl von tatarischen Reitern und Fußvolk, die das Ufer des Irtysch am Tschuwaschen-Kap bevölkerte, geriet er ins Wanken und hob den Landungsbefehl auf. Manssurow versuchte die Kosaken einzuholen, doch der einbrechende Frost brachte ihn am Ob zum Stehen. Die Expedition erbaute am Ob, unweit von der Irtyschmündung, eine befestigte Siedlung und überwinterte dort.

Einige Jahre verstrichen, bevor die Regierungstruppen in Sibirien festen Fuß faßten und unweit von Kaschlyk die Festung Tobolsk errichteten, die zur neuen Hauptstadt der Region wurde. Erst dreizehn Jahre nach Jermaks Tod schafften es die Zarenwojewoden, die Kutschum-Armee endgültig zu vernichten.

Jermaks Kosaken hatten den ersten Schritt gen Osten getan. Ihnen folgten Bauern, Jäger und Dienstmannen. Im Kampf mit der rauhen Natur rangen die russischen Bauern der Taiga Boden ab, bauten Dörfer, entwickelten den Ackerbau und bahnten Wege bis in die entferntesten Winkel Sibiriens.

Die Angliederung Sibiriens an das Moskauer Reich, deren Anfänge in die Regierungszeit Iwans IV. fielen, war eines der bedeutendsten Ereignisse in der russischen Geschichte des 16. Jahrhunderts.

IV. Das Ende

1. Die letzte Krise

Nach der militärischen Niederlage gegen Schweden und vor allem gegen Polen-Litauen verlor Iwan IV. jegliches Vertrauen zu seinen Bojaren und Wojewoden. Das Dienstlistenamt erklärte offiziell, zum Fall von Polozk sei es 1579 durch einen Verrat der Wojewoden gekommen. Das gleiche schrieb auch der Zar in seinen Briefen an König Stephan Báthory. Da er einen Verrat der Bojaren befürchtete, gab Iwan den Semstschina-Wojewoden seine persönlichen Emissäre mit, die er zuvor unter Vertrauensleuten am Hofe ausgewählt hatte. Einziges Ergebnis dieser Maßnahmen war jedoch die Gefangennahme der einen und der Tod der anderen Emissäre.

Der Opritschnina-Terror dämpfte nur zeitweilig den Zwist zwischen dem Monarchen und dem einflußreichen Hochadel. Am Ende des Livländischen Krieges kam es zum letzten Zerwürfnis zwischen Iwan IV. und den Semstschina-Bojaren. Spuren dieses Ereignisses lassen sich in Instruktionen des Außenamtes finden. Obwohl die Behörden bestrebt waren, den Konflikt geheimzuhalten, drang er an die Öffentlichkeit und löste eine derart starke Resonanz aus, daß die Moskauer Diplomaten, die gewöhnlich interne Mißstände sorgsam vor der Außenwelt verbargen, gezwungen waren, einige Fakten bekanntzugeben. Der Gesandte F. A. Pissemski erhielt 1582 folgende Anweisung: Sollte die englische Königin fragen „Gibt es in Ihrem Staate bei den Leuten irgendwelche Schwankungen?", dann hatte der Gesandte darauf zu antworten: „Unser Monarch hat seine Untertanen fest im Griff; diejenigen aber, bei denen es Schwankungen gegeben hat, haben ihre Schuld eingesehen, sind reumütig zum Zaren gekommen und haben den Zaren um Gnade angefleht, und der Zar war ihnen gnädig."

Aus einer anderen Instruktion des Außenamtes, aufgesetzt im Sommer 1582, läßt sich eine Anspielung auf die Ereignisse herauslesen, zu denen es kurz zuvor gekommen war, als das nominelle Oberhaupt der Bojarenduma, Fürst I. F. Mstislawski, und seine Söhne öffentlich verurteilt wurden. Da der Konflikt prominenteste Würdenträger des Staates betraf, ließ er sich vor dem Ausland nicht verheimlichen.

In Adelskreisen genoß Mstislawski kein großes Ansehen. Nichtsdestoweniger schätzte ihn der Zar seines absoluten Gehorsams wegen und ernannte ihn sogar zum vornehmsten Bojaren der Semstschina-Bojarenduma. Nachdem Moskau durch die Tataren 1571 niedergebrannt worden war, lastete Iwan IV. die ganze Schuld dafür der Semstschina, insbesondere Mstislawski an, der Befehlshaber der Armee war, den Feind aber nicht hatte abwehren können.

Während der ersten Báthory-Kampagne kommandierte Mstislawski zusammen mit seinem Schwiegersohn Simeon Bekbulatowitsch das Hauptregiment, hatte also den Posten des Oberkommandierenden der russischen Armee inne. Nachdem Polozk aufgegeben worden war, fiel Iwan über seine Wojewoden mit Schimpfworten her. Laut polnischen Quellen soll er sich an seine angesehensten Wojewoden mit folgenden Worten gewandt haben: „Ihr, die ihr ein ruchloses Geschlecht seid, habt mir gesagt, Polozk und Sokol seien uneinnehmbar und der König werde diese Festungen nicht erobern können, und nun sind Polozk und Sokol verloren, Krieger und sonstige Leute erschlagen ..." Der Zar erinnerte den Semstschina-Oberwojewoden an dessen litauische Abstammung und warf ihm Verrat vor. „Du alter Hund", schrie der Zar Mstislawski an, „du bist noch immer von litauischem Geist erfüllt; du sagtest mir, ich solle dich mit meinen Söhnen nach Polozk schicken, um dem Polenkönig Widerstand zu leisten. Mir ist deine Hinterhältigkeit bekannt, du gedachtest die Treue zu brechen und meine Söhne großer Gefahr auszusetzen." Nach diesen Worten schlug Iwan so lange auf den vornehmsten Dumabojaren ein, bis der Stab in seiner Hand zerbrach.

All diese Angaben wurden vom litauischen Wojewoden F. Kmita nach den Worten des gefangenen Sohns des Semstschina-Bojaren M. Zedilow niedergeschrieben. Der letztere konnte bei der Exekution nicht anwesend gewesen sein und teilte also nur die Gerüchte mit, die in den Semstschina-Regimenten umgingen, denen aber wahrscheinlich reale Fakten zugrunde lagen.

Als auch die zweite Kampagne im Westen mit einem Debakel endete und die Polen Welikije Luki eroberten, beschloß der Zar, dem Volke den „Schuldigen" der Katastrophe zu zeigen, und nannte den Namen des Führers der Semstschina-Duma.

Fürst I. F. Mstislawski und seine Söhne, die Bojaren Fjodor und Wassili, gestanden öffentlich ihre „unermeßliche Schuld" vor dem Zaren und baten „wegen ihrer Schuld Seine Seligkeit den Patriarchen Dionissi um Vergebung". Die Mstislawskis schworen, nicht zu Báthory überzutreten und „keine einzige Stadt mehr aufzugeben". Die „Fluchurkunde" gegen die Mstislawskis war in den üblichen schablonenhaften Ausdrücken abgefaßt, so daß man unmöglich beurteilen kann, was dem Oberbojaren nun konkret vorgeworfen wurde. Offensichtlich ist nur, daß man von ihm bedingungslosen Gehorsam forderte. Die Mstislawskis schworen, dem Zaren und seinen Kindern treu zu sein, und versprachen, ihnen „ehrlich und ohne jegliche List zu dienen ... und weder Böses noch Verrat zu ersinnen ..."

Der Gesandte Pissemski erklärte, wie gesagt, die „Schwankungen" unter den Leuten hätten aufgehört, als die Schuldigen den Zaren um Vergebung gebeten hätten und er ihnen verziehen habe. Dies bezieht sich offensichtlich auf die Angelegenheit mit den Mstislawskis. Die Sanktionen gegen sie waren jedoch nicht von langer Dauer und hatten praktisch keinerlei Auswirkungen auf ihre Karriere. Alle Posten, die die Mstislawskis besetzten, behielten sie auch weiterhin.

Wir wissen nichts Konkretes darüber, warum die hochgestellten Semstschina-Bojaren Mstislawski in Ungnade fielen. Dennoch ist es wohl kein Zufall, daß es zu „Schwankungen bei den Leuten" in einer Zeit kam, als die Hofregierung zu außerordentlichen Maßnahmen griff. Dieser Umstand erklärt auch das Wesen der Auseinandersetzungen zwischen dem Zaren und den Bojaren.

An dieser Stelle muß betont werden, daß die militärische Niederlage das Ansehen der Dynastie stark ins Wanken brachte. Angesichts der feindlichen Invasion zögerte und schwankte der Zar. Er konnte sich nicht dazu entschließen, alle Kräfte und Ressourcen Rußlands aufzubieten, um den Feind von seinem Territorium zu vertreiben. Im Gegenteil begann er wieder Verhandlungen mit den „gottlosen" englischen Ketzern zu führen, um sich die Möglichkeit vorzubehalten, bei Gefahr aus dem Lande zu fliehen.

Die Geheimgespräche mit England waren eine Art Barometer für innenpolitische Krisen. Auch in den Jahren der „Opritschnina-Renaissance" hatte Iwan IV. ausgesprochen energisch darüber verhandelt, daß man ihm in England notfalls Asyl gewähren würde. Diese Verhandlungen hörten von selbst auf, nachdem der Gesandte Silvester, der Königin Elisabeth dabei vertrat, von einem Blitz getroffen wurde und alle seine Papiere verbrannten.

Anfang der 80er Jahre wurden erneut unter Vermittlung Jerome Horseys, eines Agenten der Muscovy Company, geheime Kontakte mit London aufgenommen. In seinen „Aufzeichnungen" berichtete Horsey ausführlich über diese Episode. Der Zar hatte den Engländer damit beauftragt, in England notwendiges Kriegsgerät zu erwerben, und gab ihm außerdem einen Geheimbrief an die Königin mit. Nach seiner Ankunft in London verbot die Königin Horsey auf das strengste, die Handelskommission über den Geheimauftrag des Zaren zu informieren. Folglich hatte der Auftrag nichts mit dem Erwerb von Kriegsausrüstung zu tun. Horseys Mission wurde von der britischen Regierung dermaßen hoch eingeschätzt, daß sie dem Agenten der Handelsgesellschaft auf der Stelle einen Adelstitel verlieh.

Die Geheimverhandlungen mit dem englischen Hof fanden während des Besuches F. I. Pissemskis in London 1582 ihre Fortsetzung und wurden 1583 vollendet, als der Gesandte J. Bowes Moskau besuchte. Der englische Gesandte sollte dem Zaren versichern, daß sein Ersuchen in London auf volles Verständnis gestoßen sei. In einer entsprechenden Gesandtschaftsinstruktion hieß es: „Was aber das andere Vorhaben angeht..., falls die Umstände den Zaren zwingen würden, in unsere Besitzungen überzusiedeln, so können Sie ihm versichern, daß ... ihn bei uns ein ebenso freundlicher Empfang erwartet wie alle mit uns verbündeten Herrscher."

Um die Geheimhaltung der Gespräche sicherzustellen, durften sich nur wenige enge Berater daran beteiligen. Außerdem nahm der Zar für die Zustellung von Geheimschreiben nach London ausschließlich die Dienste von Engländern in Anspruch: Zunächst waren es Silvester und Horsey und später der Dolmetscher E. Crow. Die Reisevorbereitungen der Zarenfamilie nahmen jedoch solche Ausmaße an, daß es unmöglich war, sie vor der Semstschina zu verbergen. Nach Horseys Worten wurden die Pläne des Zaren sowohl am Hofe des Thronfolgers als auch in der Bojarenduma bekannt. Der Kleinmut des Zaren machte auf die Semstschina einen sehr schlechten Eindruck.

Der Ausbau des Handels mit Westeuropa hatte zur Folge, daß jetzt viele Ausländer nach Moskau kamen. Unweit der russischen Hauptstadt entstand zum Beispiel die ausgedehnte „Deutsche" Vorstadt, das Ausländerviertel. Zur größten Entrüstung des Klerus erlaubte der Zar den aus Livland umsiedelnden Lutheranern, in der Nähe von Moskau ihre eigene Kirche zu errichten.

Die orthodoxen Russen beobachteten ängstlich Iwans Kontakte mit den Ketzern und verurteilten sein Wohlwollen ihnen gegenüber. Der Sekretär Iwan Timofejew schrieb dazu zornerfüllt, daß die ganze Innenpolitik des Zaren den „Barbaren" nützen würde. Unter Barbaren verstand man hauptsächlich die Protestanten, denn der Einfluß des katholischen Westens war in Rußland verschwindend klein.

Besonders unzufrieden mit dem Benehmen des rechtgläubigen Zaren zeigte sich die Geistlichkeit. Aufgrund der militärischen Niederlage und der „Schwankungen“ unter den Leuten konnte der Zar die Forderungen der Kirche nicht überhören. Am Ende des Krieges fiel die Deutsche Vorstadt bei Moskau einem Pogrom zum Opfer. Ein gewisser Bochius aus Lübeck, der aus geschäftlichen Gründen nach Moskau gekommen war und zufälliger Augenzeuge der Ereignisse wurde, teilt mit, daß die Deutsche Vorstadt auf Weisung des Metropoliten und des Klerus ausgeplündert wurde, die diese protestantische Gemeinde mißbilligten und dafür waren, daß man den gottlosen Lutheranern verbot, ihre Gebetshäuser in der Umgebung von Moskau zu errichten. Der Metropolit wies Iwan darauf hin, daß die Ausländer, die Privilegien beim Spirituosenausschank bekommen hatten, Dienstleute des Zaren in ihren Schänken zum Trinken verleiteten. Um die fanatische Geistlichkeit zu beschwichtigen, ließ der Zar die Kirche, welche die Lutheraner errichtet hatten, niederbrennen.

In den Jahren 1580 bis 1582 knüpfte Iwan IV. engere Kontakte mit dem Oberhaupt der römisch-katholischen Kirche. Die Regierung hoffte, daß durch die Vermittlung des Papstes eine Aussöhnung mit dem katholischen Polenkönig erleichtert werden könnte, und erlaubte dem päpstlichen Legaten A. Possevino nach Moskau zu kommen.

In Rom hegte man die Hoffnung, Rußland würde sich der antitürkischen Liga anschließen. Außerdem sollte sich Possevino um eine kirchliche Union mit der russischen Kirche bemühen. Bei seinem ersten Besuch in Rußland war der Legat auf die hartnäckige Ablehnung des Zaren gestoßen, auch nur über eine Kirchenunion zu sprechen. Possevino berichtete, Iwan IV. habe damals den Dolmetschern all das zu übersetzen verboten, was sich auf die Religion bezog. Nur mit großer Mühe konnte der Legat dem Zaren das Versprechen abringen, daß man nach Abschluß eines Friedens auch Religionsfragen besprechen werde.

Auch bei seinem zweiten Rußland-Besuch bat Possevino den Zaren vergeblich, mit ihm unter vier Augen die Frage einer Kirchenunion zu erörtern. Letzten Endes gab Iwan sein Einverständnis, in Anwesenheit der Duma und des „Hof“-Staates mit ihm über Glaubensfragen zu diskutieren. Am 21. Februar 1582 wohnten etwa 100 Personen (außer Bojaren auch Dienstfürsten und Dienstadlige) dem ersten Disput im Kreml bei. Der Zar warnte den Legaten von vornherein, er wolle mit ihm nicht über Glaubensfragen reden, damit es nicht zu einem Zwist oder Streit komme.

Possevino bestand solange hartnäckig auf seinem Wunsch, bis Iwan sich bereit erklärte, über „kleine“ Glaubensangelegenheiten zu sprechen.

Er stellte dem Jesuiten höhnische Fragen: Warum er sich den Bart schneide, ob es für den Papst angemessen sei, das Kreuz unterhalb der Gürtellinie zu tragen usw. Die Diskussion über die Apostel und die Herkunft der Kirche, die daraufhin folgte, wurde ziemlich scharf. Der Zar erklärte, die orthodoxe Kirche erkenne die Autorität der ersten Päpste an, die nachfolgenden Päpste hätten jedoch durch ihr unsittliches Leben das Anrecht auf Verehrung verloren. Als Antwort darauf machte Possevino eine indirekte Anspielung auf das ebenfalls nicht makellose Benehmen des Zaren. Possevinos Frechheit brachte Iwan in Wut. Er sprang auf und schrie: „Irgendwelche Dörfler vom Markt haben es dir beigebracht, mit mir wie mit deinesgleichen oder wie mit einem Bauern zu reden!“ Die Anwesenden glaubten schon, der Zar werde den Jesuiten erschlagen, und die neben ihm stehenden Hofleute drohten Possevino, man werde ihn sofort ertränken. Iwan beruhigte sich jedoch wieder und strich dem Legaten beim Abschied als Gnadenzeichen sogar über die Schulter. Zwei Tage später wurde Possevino erneut in den Palast gerufen, und der Zar entschuldigte sich öffentlich dafür, daß er bei dem ersten Disput den Papst einen Wolf und ein Raubtier genannt hatte. Daraufhin baten die Bojaren den Legaten, die Differenzen zwischen der Orthodoxie und dem Katholizismus schriftlich darzulegen.

Nach Angaben der russichen Kirche tagte vom 1. März 1582 an ein Kirchenkonzil in Moskau, das vom Zaren damit beauftragt worden war, die Schrift des päpstlichen Legaten zu studieren. Das Konzil begann mit einem unerhörten Skandal. Nach dem Verlesen des Possevino-Briefes erklärte David, einer der höchsten Moskauer Hierarchen, er sei mit ihm einer Meinung. Nach den Worten Possevinos habe David in dessen Abhandlung über die Dogmen alles gutgeheißen, sei dafür verbannt und seiner Würde beraubt worden und danach gestorben. Russische Quellen bestätigten die Worte des Legaten voll und ganz. Wie ein Chronist berichtet, habe Erzbischof David vor den Hierarchen „seine Häresie kundgetan“, dann habe das Konzil „seine Häresie entlarvt und ihn in ein Kloster hinter Schloß und Riegel geschickt, damit er zu sich komme“. Wegen Quellenmangel lassen sich die Tatmotive des Kirchenfürsten, der in der offiziellen kirchlichen Hierarchie an vierter Stelle nach dem Metropoliten stand, unmöglich feststellen. Hinzuzufügen ist nur, daß David das Erzbischofsamt in Rostow, einer der wichtigsten „Hofstädte“, bekleidet hatte.

Nachdem das heilige Konzil die „lateinische Häresie“ verurteilt hatte, bekräftigte es erneut seine Treue zur „Glaubensorthodoxie des griechischen Westens“. Russische kirchliche Autoren behaupteten, die Hierarchen hätten den Legaten eingeladen und mit ihm einen theologischen Meinungsstreit geführt. Dies ist jedoch unglaubwürdig. Wie Possevino schreibt, habe der Zar seinen Klerus damit beauftragt, die Einwände zu studieren, dieser habe sich aber in Schweigen gehüllt. Mit anderen Worten, die Moskauer Geistlichkeit wagte es nach dem Zwischenfall mit David nicht, in einen öffentlichen Disput mit dem gelehrten Jesuiten zu treten.

Der Disput trug dazu bei, daß das Ansehen Iwans IV. als Verfechter der Orthodoxie gefestigt wurde. Possevino, der seinen Ärger darüber nicht verhehlte, schrieb, Zar Iwan halte sich für einen von Gott Auserwählten, fast für eine Fackel, die die ganze Welt erhellen werde. Er meine, es gebe keinen gelehrteren und von wahrer Religion erfüllteren Mann als ihn. Das hohe Ansehen aber, das der Zar unter seinen Untertanen genieße, erhalte dieser mit erstaunlicher Strenge aufrecht. Er wolle dabei am liebsten gleichzeitig wie ein Hoherpriester und wie der Kaiser selbst erscheinen. Auch durch seine Kleider, seine Umgebung und alles andere suche der Zar nicht nur königliche, sondern fast päpstliche Größe zu erlangen.

In seinen letzten Jahren kämpfte Zar Iwan freilich ständig mit Angstgefühlen. Obwohl er ein geborener Schauspieler war, konnte Iwan zum Lebensende hin seine Emotionen nicht mehr hinter der gewohnten Maske verbergen. Trotz seines hohen Eigendünkels, der durch die Schmeichelei und Lobhudelei des Hofstaates noch ständig genährt werde, schrieb Possevino, merke man ihm einen tiefen Argwohn, wenn nicht sogar Angst an.

Im Frühjahr 1579 befiel Zar Iwan eine schwere Krankheit. Da er nicht mehr auf seine Genesung hoffte, bestellte er die Bojaren und Kirchenfürsten nach Alexandrowskaja Sloboda, erklärte seinen älteren Sohn, Zarewitsch Iwan, zu seinem Nachfolger und ermahnte die Anwesenden, dem zukünftigen Zaren treu zu dienen.

Der nahende Tod des Zaren verhieß große Veränderungen. Alle Blicke wandten sich dem Thronfolger zu, sein Hof wurde zum Mittelpunkt eines komplizierten politischen Spiels. Die Hoffnung auf Wandlungen erwies sich jedoch als verfrüht, denn Iwan IV. wurde wieder gesund. Die weitere Zuspitzung der militärischen Situation verschärfte auch die Streitigkeiten in der Zarenfamilie.

G. Fahrensbach, Teilnehmer an der Belagerung Pskows, der über die Moskauer Angelegenheiten gut informiert war, schrieb, der Thronfolger, Zarewitsch Iwan, habe auf energischen Kriegsmaßnahmen bestanden und den Vater gebeten, ihn mit einer Armee nach Pskow zu beordern, um den Polen eine Abfuhr zu erteilen. Fahrenbachs Worte werden in polnischen Quellen bestätigt. Etwa einen Monat vor dem Tod des Zarewitschs berichteten gefangene Moskowiter den Polen, daß bei Godow eine 5000 Mann starke Armee konzentriert werde und daß man dort den Sohn des Großfürsten und eine weitere Abteilung erwarte, mit der das Königslager überfallen werden solle.

Ähnliche Angaben findet man auch bei gut informierten russischen Autoren. Der Sekretär Iwan Timofejew zum Beispiel, ein jüngerer Zeitgenosse Iwans IV., berichtet in für ihn typischen abstrusen Ausdrücken über die „mutige Festigkeit“ des Zarewitschs, der sich wie ein „junges Einhorn“ gegen die Feinde erhoben und „das Feuer seiner Wut auf diese Barbaren gespien“ habe. Wäre er nicht so früh gestorben, fuhr Timofejew fort, so hätte er mit seiner jugendlichen Kühnheit das Herannahen der Barbaren stoppen und die Auswirkungen der Invasion mildern können.

Wie der zeitgenössische polnische Historiker R. Heidenstein schreibt, habe der Zarewitsch zu energisch von seinem Vater eine Armee gefordert, um die Polen bei Pskow zu zerschlagen. Deshalb sei es zu äußerst dramatischen Auseinandersetzungen in der Familie gekommen. Der Thronfolger warf dem Zaren Untätigkeit vor und sagte u. a., er ziehe den Kriegsruhm beliebigen Schätzen vor. Der Streit hatte einen tragischen Ausgang. Der Pskower Chronist berichtet, daß der Zar seinen Sohn mit einem Stock erschlagen habe, weil dieser ihm mit Gesprächen über die Rettung der Stadt Pskow zusetzte. Statt die von allen Seiten anstürmenden Feinde abzuwehren, befahl der Zar seinen Truppen, hinter Festungsmauern Schutz zu suchen, und trug sich indessen selbst mit Plänen, hinter die Meere zu flüchten, wobei sein zerrüttetes Land der Willkür der Feinde überlassen werden sollte. Diese Handlungsunfähigkeit wurde offensichtlich am Hofe des Thronfolgers verurteilt. Eineinhalb Jahre vor dem Tod von Zarewitsch Iwan meldeten polnische Spione aus Rußland, der Zar könne sich nicht einmal auf seine engste Umgebung verlassen: Selbst mit seinen Söhnen liege er im Streit.

Zeitgenossen hoben immer wieder hervor, daß der Zarewitsch in der Semstschina sehr angesehen war. Alle Unzufriedenen verbanden ihre Hoffnung auf Wandlungen im Staat mit dem Namen des Thronfolgers. Zarewitsch Iwan hatte bereits das reife Alter von 27 Jahren erreicht und galt schon seit langem als Mitregent seines Vaters. Besonders in kritischen Zeiten beunruhigte den argwöhnischen Vater die Beliebtheit des Sohns. Genau darauf spielte Horsey an, als er schrieb, der Zar habe Gründe, „dem Zarewitsch wegen seines Einflusses und wegen der zu guten Meinung von ihm im Volke zu zürnen“.

Der Zar duldete keinerlei Ungehorsam beziehungsweise Selbständigkeit von seiten seines erwachsenen Sohnes und versuchte, entstehenden Streitigkeiten stets mit den gewohnten „Hausmitteln“ beizukommen. Ein halbes Jahr vor dem Tod des Zarewitschs floh David Belski nach Litauen und berichtete dort Báthory, Iwan IV. möge den älteren Sohn nicht und schlage ihn des öfteren mit seinem Stock.

Außerdem mischte sich Iwan despotisch in das Familienleben seines Sohns ein. Zum ersten Mal hatte er ihn mit 18 Jahren verheiratet, drei Jahre später verkuppelte er ihn mit einer neuen Frau. Beide Schwiegertöchter mißfielen dem Zaren jedoch, und so verbannte er eine nach der anderen ins Kloster.

Seit der Opritschnina-Zeit wurden die Bräute für die Zarenfamilie eigentlich in Dienstadelsfamilien ausgesucht, die nicht zum Bojaren-Hochadel gehörten. Für den Thronfolger machte man aber eine Ausnahme. In seiner ersten Ehe war er mit Jewdokija Saburowa und in der dritten mit Jelena Scheremetjewa verheiratet.

Der Zar mochte die Familie Scheremetjew nicht, ließ ihre Mitglieder nicht zum Hofdienst zu und verdächtigte sie darüber hinaus, eine Verschwörung anzetteln zu wollen. Der älteste der vier Scheremetjew-Brüder (sie alle hatten den Bojarentitel), Iwan Wassiljewitsch Bolschoi, wurde verhaftet, gefoltert und zog sich letzten Endes in ein Kloster zurück, um dem Zarenzorn zu entgehen. Der zweitälteste Bruder, der Bojar Nikita, wurde vom Zaren hingerichtet. Noch 1573 erinnerte sich Iwan IV. mit Wut an den „Teufelssohn“ Iwan Bolschoi Scheremetjew (im Kloster unter dem Mönchsnamen Iona) und behauptete, auch seine jüngeren Brüder, Iwan Menschoi und Fjodor, stünden in verräterischer Verbindung mit der Krim und „führten“ die Heiden gegen das Christenvolk. Der Tod von Iwan Menschoi bei Reval im Jahre 1577 versöhnte den Zaren ein wenig mit den Scheremetjews. Iwans Argwohn gegen das ihm verhaßte Geschlecht flammte jedoch 1579 nach der Gefangennahme des Okolnitschi Fjodor Scheremetjew erneut auf. Wie ein polnischer Bote dem Zaren erklärte, habe der Okolnitschi Báthory die Treue geschworen und ihm einen verräterischen Rat bezüglich des weiteren Krieges gegen Moskau gegeben.

Die Frau des Zarewitschs war die Nichte Fjodor Scheremetjews, und so entstand erneut die Gefahr eines Bojarenverrates im Zarenpalast. Iwan IV. hätte normalerweise seine Schwiegertochter in ein Kloster verbannt; diesmal war das aber nicht möglich, da die Zarewna guter Hoffnung war und bald ein Kind zur Welt bringen sollte.

Der Zar hatte wiederholt mit seinem Sohn wegen dessen Frau gestritten. Der letzte Zank endete auf tragische Weise.

Den päpstlichen Legaten Possevino kostete es viel Mühe, alle Einzelheiten der Tragödie, die sich in Alexandrowskaja Sloboda abgespielt hatte, in Erfahrung zu bringen. In seinen Aufzeichnungen nennt der Jesuit den Namen eines Kundschafters und Dolmetschers, den er, um alles in Erfahrung zu bringen, beim Zaren hinterließ. Possevino gibt die Worte des Dolmetschers folgendermaßen wieder: Einmal betrat der Zar die Gemächer des Sohns, traf dort auf dessen Gattin, die auf einer Bank lag, nur mit einem Unterkleid bekleidet (nach den damaligen Begriffen galt eine Frau nur dann als bekleidet, wenn sie mindestens drei Kleider übereinander trug), und verprügelte die schwangere Zarewna mit seinem Stab.

Man sagte, Iwan habe in einem fürchterlichen Anfall von Wut gehandelt, die jedoch nicht nur vom „unanständigen" Benehmen der Scheremetjewa ausgelöst worden war. Nach Possevinos Worten sei der Zarewitsch, der den Lärm vernommen hatte, ins Gemach gestürmt und habe dem Vater vorgeworfen: „Du hast ohne jeglichen Grund meine ersten Frauen ins Kloster geschickt, und nun prügelst du auch die dritte, um meinen Sohn zu töten, den sie im Schoße trägt." Iwan IV. wollte nicht, daß die Scheremetjewa einen neuen Thronfolger zur Welt brachte, und erreichte sein Ziel. Aufgrund der Schläge kam Jelena in der nächsten Nacht nieder: Der einzige Enkel des Zaren wurde tot geboren. Gleichzeitig soll der Zar auch seinen Sohn verprügelt haben, der seine Frau zu schützen versuchte. Dabei soll, wie Possevino behauptete, der Zarewitsch eine schwere Kopfverletzung erlitten haben, dicht an der Schläfe, und fünf Tage danach gestorben sein.

Possevinos Bericht stimmt mit den Angaben von gut informierten Zeitgenossen überein. Horsey notierte in der ihm eigenen Manier, der Zar habe dem Sohn einen Schlag versetzt, „der Zarewitsch hielt diesem nicht stand, bekam Fieber und starb in drei Tagen". Heidenstein schreibt, wegen der Verletzung durch den Zarenstab oder wegen starker seelischer Schmerzen habe der Zarewitsch erst einen epileptischen Anfall und dann Fieber bekommen, an dem er bald darauf gestorben sei.

Russische Autoren gingen meist ungern und nur kurz auf die Todesumstände des Thronfolgers ein. Der Sekretär Iwan Timofejew zum Beispiel schrieb, der Zarewitsch sei, wie man hörte, „durch väterliche Prügel" ums Leben gekommen, als er den Vater von irgendeiner irdischen „Unsitte" zurückhalten wollte.

In den Papieren des Außenamtes ist ein Brief des Zaren erhalten geblieben, der 1581, während der „Krankheit" des Thronfolgers, in der Sloboda geschrieben wurde. Dieser Brief, den Iwan IV. an führende Persönlichkeiten der Semstschina richtete, vervollständigt das Bild der Tragödie:

„Vom Großfürsten Iwan Wassiljewitsch von ganz Rußland an Unseren Bojaren Nikita Romanowitsch Jurjew und Unseren Sekretär Andrej Stschelkalow. Am Tag, als Ihr von uns weggefahren seid, am selben Tag wurde Sohn Iwan krank und ist es auch heute, und worüber wir mit Euch sprachen, daß wir am Mittwoch nach dem Fasten nach Moskau fahren, das können wir nun wegen Sohn Iwans Krankheit nicht tun ... und solange sich Gott nicht meines Sohnes Iwan erbarmt, können wir von hier nicht wegfahren."

Da die Bojaren am 9. November aus der Sloboda nach Moskau aufbrachen, ereignete sich somit genau an diesem Tag der Streit zwischen dem Zaren und seinem Sohn. Den zitierten Brief schrieb Iwan IV. vier Tage später. In dieser Zeit schwankte er zwischen Angst und Hoffnung und wehrte den Gedanken ab, daß die „Krankheit" des Thronfolgers tödlich sei. Ärzte mit Arzneien wurden eiligst nach Alexandrowskaja Sloboda gerufen, was sich jedoch bereits als überflüssig erwies. Am elften Tag der „Krankheit", am 19. November 1581, starb der Zarewitsch Iwan.

Der Tod des Thronfolgers erschütterte den Zaren körperlich und geistig. A. Possevino, der ihn aus nächster Nähe beobachten durfte, vermerkte in seinen Aufzeichnungen: „Man vermutet, daß dieser Monarch nicht mehr lange leben wird." Der Italiener hatte recht. Zar Iwan überlebte seinen Sohn nur um zwei Jahre.

Alle, die den Tod Iwans IV. erwarteten, stellten sich dieselbe Frage: „Wer wird den Thron besteigen?" Das dynastische Problem erlangte sofort eine extreme Schärfe. Der Tod des Zarewitschs Iwan beraubte die Dynastie, die in Moskau seit 300 Jahren regierte, ihrer Zukunft. Zarewitsch Fjodor war kränklich, körperlich schwach und hatte keine Kinder. Wegen seiner Geistesschwäche war er völlig unfähig dazu, selbständig zu regieren, und der Vater hatte ihn auch nie auf diese Rolle vorbereitet. Die Ernennung Fjodors zum Thronfolger war also mit einer Reihe von Schwierigkeiten verbunden. Als feinfühliger Beobachter gab Iwan Timofejew die Stimmung, die in Moskau nach dem Tode des älteren Sohns Iwan herrschte, sehr gut wieder. Er schrieb: „Als er starb, verfiel das ganze Land in Trauer und gelangte an den Rand der Hoffnungslosigkeit, indem es über das hohe Alter seines Vaters und die ungenügende Regierungsfähigkeit seines Bruders nachdachte. Als aber nach vielem Stöhnen die Quellen der Tränen in den Herzen aller versiegten, krankten alle, auf dem einen oder dem anderen Fuß hinkend, am Mißtrauen gegenüber seinem Bruder Fjodor, der nichts vom Zartum hören wollte."

Die Bojaren und übrigen Würdenträger zweifelten daran, daß Fjodor nach der erlebten Niederlage und Zerrüttung das Land regieren könnte. Der Zar wollte das „Mißtrauen“ der Semstschina gegenüber den Fähigkeiten Fjodors um jeden Preis überwinden und der Bojarenduma langfristige Verpflichtungen auferlegen. Um diese Ziele zu erreichen, griff Iwan IV. zu den für ihn typischen politischen Intrigen. Vor allen Dingen erklärte er der Duma, er wolle abdanken und sich in ein Kloster zur Ruhe zurückziehen.

Possevino, der sich im Februar 1582 in Moskau aufhielt, sammelte in dieser Zeit ausführliche Informationen im Zusammenhang mit der Ansprache des Zaren an die Duma. Wie er berichtet, habe der Zar vor der Duma eine lange Rede gehalten und, ohne auf Einzelheiten einzugehen, erklärt, der Thronfolger sei gestorben und dies alles sei wegen seiner Sünde geschehen. Es gab Zweifel darüber, fährt Possevino fort, ob die Macht, sollte sie an seinen jüngeren Sohn Fjodor übergehen, fest bleiben werde. Angesichts dessen forderte der Zar die Bojaren auf, sich darüber Gedanken zu machen, wer unter den vornehmsten Männern im Zarenreich den Thron einnehmen könnte. Während seiner langen und ereignisreichen Regierungszeit hatte der Zar bereits zweimal die Krone niedergelegt. Zum dritten Mal dankte er im Namen seines schwachsinnigen Nachfolgers ab.

Die Kalkulation des Zaren war einfach und genau. Die Bojaren waren sich, wie Possevino berichtet, vollkommen darüber im klaren: Hätte sich jemand von ihnen für einen anderen Anwärter ausgesprochen, dann wären er selbst und alle seine Anhänger sofort vernichtet worden. Selbstverständlich erdreistete sich niemand von den Mitgliedern der Bojarenduma unter diesen Bedingungen, laut sein Mißtrauen gegenüber Fjodor zu äußern. Ganz im Gegenteil, die Bojaren baten den Zaren darum, Fjodor offiziell als Nachfolger zu nominieren.

Darüber hinaus ersuchte die Duma den Zaren, von der Absicht, in ein Kloster zu gehen, so lange Abstand zu nehmen, bis sich die Situation im Lande verbessert habe. Doch Argwohn quälte auch weiterhin den mißtrauischen Zaren. Voll Unruhe beobachtete er seine vornehmsten Würdenträger, die in Zukunft die Krone beanspruchen könnten.

Unter dem Hochadel gab es praktisch keine Familie, die nicht entweder von der Ungnade des Zaren oder von Bodenkonfiskationen betroffen war. Auch die Susdaler Fürsten bildeten da keine Ausnahme. Der bekannteste unter ihnen, Fürst. A. B. Gorbaty, der einst Kasan unterworfen hatte, wurde bereits in den ersten Opritschnina-Tagen enthauptet. Die Familie Schuiski hatte jedoch die Opritschnina wohlbehalten überlebt, wobei einige ihrer Mitglieder sogar im „Hofdienst" standen. Fürst Wassili Iwanowitsch, der unter den Schuiskis den höchsten Rang hatte, ein ehrgeiziger, intelligenter und geschickter junger Mann, brachte es in der Folgezeit bis zur Zarenkrone (1606-1610). 1582/83 kam er durch Iwan IV. für kurze Zeit unter Arrest und wurde dann den vier jüngeren Schuiskis zur Bürgschaft übergeben. Die Verhaftung Wassili Schuiskis stand wahrscheinlich mit der herannahenden dynastischen Krise im Zusammenhang.

Bezeichnend ist, daß es die Leitung des „Hofes" nicht wagte, die Schuiskis strenger zu bestrafen. Alle Regierungsbeschlüsse jener Zeit scheinen von dem einzigen Streben getragen zu sein, die Spaltung und das Mißtrauen, durch die seit zwanzig Jahren befolgte Politik des „Hofes" und der Opritschnina hervorgerufen, zu überwinden. Iwan IV. und seine nächste Umgebung waren sich dessen bewußt, daß der „Hof" nach dem Zarenwechsel auf die Dauer außerstande sein würde, die Semstschina nur mit repressiven Mitteln im Zaum zu halten. Der Semstschina stand eine ausgezeichnete Streitmacht zur Verfügung. Nur eine vollständige Aussöhnung zwischen dem „Hof" und der Semstschina hätte dem neuen Regime eine zuverlässige Stütze und dem Zaren die Gewißheit geben können, daß Fjodor die Krone behalten würde.

Von Anfang an stützte sich die Opritschnina auf Verrat und politische Verfolgung. Jetzt aber bemühte sich der Zar, seine Politik für die Semstschina annehmbarer zu gestalten, und versprach, den Hochadel vor Denunziation zu schützen.

Am 12. März 1582 verabschiedete die Bojarenduma ein Gesetz, mit dessen Hilfe Personen, die eine falsche Anzeige erstatteten, streng bestraft werden sollten. Im Dokument hieß es: „Verleumder, Aufrührer und Intriganten sind nicht wie nach früheren Gesetzen zu schonen ..., und wenn jemand einen anderen Verbrecher nennt, sich aber herausstellt, daß dieser sich keines Mordes, keines Aufruhrs oder keiner Verschwörung gegen den großmächtigen Zaren schuldig gemacht hat, so ist jener selbst zum Tode zu verurteilen..." Ein Sonderpunkt des Gesetzes galt den „Bojarenknechten". Für eine falsche Anzeige gegen ihre Herren drohten ihnen die strengsten Strafen. Die kleinen Verleumder sollten mit Knüppeln geschlagen und zu den Kosaken nach Sewsk und Kursk verbannt werden.

Die Maßnahmen gegen die Denunzianten gaben den Bojaren gewisse Garantien dafür, daß es nicht zu einer erneuten Terror- und Verfolgungspolitik kommen werde. Die Massaker und Pogrome waren der Moskauer Gesellschaft noch frisch im Gedächtnis. Um sich endgültig mit der

Semstschina auszusöhnen, mußte der Zar Tausende schuldlos getöteter Menschen vergessen lassen. Iwan IV. fand einen Ausweg. Er erklärte, daß er allen in Ungnade Gefallenen, die einst auf seinen Befehl oder mit seinem Wissen hingerichtet worden waren, ihre Schuld „vergebe". Als Iwan mit politischen Gegnern abrechnete, verwehrte er seinerzeit seinen Opfern die Kommunion, verbot, ihre sterblichen Überreste nach christlichem Brauch zu bestatten und Spenden für Seelenmessen zu machen. Nachdem er diese Menschen irdischen Martern ausgesetzt hatte, wollte er ihnen auch im Jenseits keine Ruhe gönnen. Nun beschloß der Monarch, die Rolle und Maske eines Peinigers gegen die eines Wohltäters auszutauschen. Durch großzügige Spenden wollte er den Seelen der von ihm zugrunde gerichteten Menschen die ewige Glückseligkeit sichern.

Auf die Häupter der Geistlichkeit ging ein Silberregen hernieder. Das Spendenbuch des Kyrill-Beloosero-Klosters vom Ende des 16. Jahrhunderts, das ausführliche Angaben über Geldspenden des Zaren in seinen letzten zwei Lebensjahren enthält, ist erhalten geblieben. Im Jahre 7090 (1582) schenkte er diesem Kloster 2000 Rubel für Seelenmessen zu Ehren seines Sohnes Iwan. Dem folgte ein Betrag von 870 Rubel und ein zweiter von 900 Rubel „für die in Ungnade Gefallenen". Die Schatzmeister des Klosters rechneten gewissenhaft aus, daß sie in Form von vier Spenden insgesamt 4754 Rubel 24 Kopeken und zwei Groschen und „danach noch 4700 Rubel Geld", insgesamt also etwa 10 000 Rubel bekommen hatten. Nach den Notizen der Spendenbücher des Solowezki-Klosters zu urteilen, schickte ihnen der Zar über 1000 Rubel, abgesehen von Wertsachen. Das Iossif-Wolokolamsk-Kloster bekam bis zum Jahr 7091 (1583) 1243 Rubel, ebenfalls in Bargeld und Wertsachen. Das Erlöser-Priluzki-Kloster in Wologda, das Boris-und-Gleb-Kloster in Rostow, das Antonius-Krasnocholmski- und das Antonius-Sijski-Kloster bekamen je 1000 bis 1300 Rubel. Dem Neu-Jungfrauen-Kloster in Moskau spendete Iwan IV. 2000 Rubel für Seelenmessen zu Ehren seiner Opfer usw.

Die Rehabilitierung der Bojaren, die für Staatsverbrechen exekutiert worden waren, war nicht so sehr eine moralische, sondern eher eine politische Maßnahme. So bekam die Semstschina den seriösesten Beweis dafür geliefert, daß die Zeit der Ungnade und der Hinrichtungen für immer vorbei sei. Durch großzügige Spenden an die Klöster versöhnte sich der Zar zum einen mit dem Semstschina-Adel und zum anderen mit der Kirche, die ebenfalls Verfolgungen ausgesetzt war. Die Regierung erkaufte sich im wahrsten Sinne des Wortes die Unterstützung der Kirchenführung, und so stimmten der Metropolit und die anderen Hierarchen im entscheidenden Moment für die Ausrufung Zarewitsch Fjodors zum Zaren.

Wie wohl kein anderer verstand es Zar Iwan Wassiljewitsch, seine familiären Angelegenheiten in Unordnung zu bringen. Nach seiner dritten Hochzeit hatte er sich einer Kirchenbuße unterzogen, was ihn jedoch nicht daran hinderte, gegen die Regeln der Kirche neue Ehen einzugehen.

Bald nach der Hochzeit mit Maria Nagaja begann der Zar, wie schon gesagt, trotz Gattin an seiner Seite mit der Brautwerbung in London. Die Verwandschaft mit dem englischen Königshaus sollte nach der Absicht des Zaren das Ansehen der Zarendynastie, das durch die militärische Niederlage stark ins Wanken geraten war, wiederherstellen. Abgesehen von dynastischen Zielen hätte eine solche Hochzeit geholfen, Rußland aus der internationalen Isolation herauszuführen und den Abschluß eines großangelegten Angriffs- und Verteidigungsbündnisses zwischen Rußland und England einzuleiten.

Da zwischen dem protestantischen England und dem katholischen Spanien ein militärischer Konflikt heranreifte, suchten weitblickende englische Politiker auf dem ganzen europäischen Kontinent nach Verbündeten. Gerüchte über bestehende Kontakte des Zaren zum Papst und den katholischen Habsburgern am Ende des Livländischen Krieges beunruhigten die Engländer.

Dennoch entsandte Iwan im Herbst 1582 F. A. Pissemski nach London, der sein Angebot für den Abschluß eines Bündnisses überbringen sollte. Das Moskauer Projekt sah im Falle eines Kampfes mit allen Feinden der beiden Vertragspartner gegenseitige Hilfeleistungen mit Truppen oder Geld vor. Weiterhin ersuchte Pissemski die englische Regierung darum, die Anwerbung von Söldnern und Handwerkern für den Zarendienst zu fördern und außerdem Lieferungen von Waffen, Pulver und Kriegsmaterial nach Rußland zu organisieren.

Die englischen Diplomaten lehnten den Abschluß eines Bündnisses mit Rußland nicht ab, London war jedoch bestrebt, keine militärischen Verpflichtungen einzugehen. Im Falle eines bewaffneten Konflikts zwischen Rußland und anderen Ländern bot England statt dessen an, die Rolle eines Friedensvermittlers zu übernehmen. Als Bedingung für ein anglo-russisches Bündnis forderte London, daß die englischen Kaufleute für den Seehandel mit Moskau das Monopolrecht erhielten. Die nördlichen Seehäfen des Moskauer Reiches sollten für alle Handelsschiffe außer für die englischen geschlossen bleiben. Da der permanente Krieg an den westlichen und nördlichen Grenzen den Festlandshandel mit westlichen Ländern praktisch zum Erliegen brachte, wäre durch die Erfüllung der englischen Forderungen fast der ganze Handel Moskaus mit dem Westen von England monopolisiert worden.

Die anglo-russischen Verhandlungen wurden im Herbst 1583, als der Gesandte J. Bowes in Moskau eintraf, wiederaufgenommen, gerieten aber bald in eine Sackgasse. Von englischer Seite strebte man Handelsprivilegien an, ohne jedoch militärische Verpflichtungen auf sich nehmen zu wollen. Der Zar war indessen bemüht, um jeden Preis ein Abkommen mit den Engländern herbeizuführen. Auf die Forderung des Gesandten Bowes schloß er den Hauptsekretär des Außenamtes, „Kanzler" A.J. Stschelkalow, von den Verhandlungen aus. Auf seiten der Russen wurden die Gespräche von den „Hof"-Beamten B.J. Belski und Sekretär S. Frolow geführt.

Am 17. Februar 1584 lasen die Hofdiplomaten dem englischen Gesandten den von ihnen aufgesetzten Entwurf eines Vertrages über ein Angriffs- und Verteidigungsbündnis zwischen Moskau und England vor. Bowes antwortete ihnen, die Königin werde, so hoffe er, den Bündnisvertrag bestätigen, falls der Handelsgesellschaft die geforderten Privilegien gewährt würden. Die Zarendiplomaten bemerkten nicht, daß dies ein diplomatischer Trick war. Nach dem Verlesen des Entwurfs erklärte Zar Iwan dem Gesandten in kategorischer Form, er „möchte, daß ‚seine Schwester' sich zusammen mit ihm gegen die Litauer und all jene, die im Bund mit ihnen Livland, das Erbland des Zaren, bekriegt und Städte eingenommen haben, auflehne, damit das Patrimonium des Zaren wieder ihm, dem Herrscher, gehöre".

Die Hoffnung des Zaren und seiner Höflinge, mit dem militärischen Beistand Englands die Ergebnisse des verlorengegangenen Krieges wieder rückgängig machen zu können, war vergeblich. Die englische Regierung hatte nicht die Absicht, um der Interessen Moskaus willen sich in die baltischen Angelegenheiten einzumischen.

Fehlkalkulationen, die von Moskau zugelassen wurden, waren nicht nur auf Fehler seiner Diplomaten, sondern auch darauf zurückzuführen, daß in den politischen Plänen des Zaren dynastische Erwägungen einen besonderen Platz einnahmen. Der Zar glaubte fest daran, daß es ihm gelingen würde, sich bald mit dem englischen Königshof zu verschwägern.

Das „England-Projekt" des Zaren löste sogar in der „Hof"-Duma Unzufriedenheit aus. Besonders Afanassi Nagoi und seine Verwandschaft verurteilten diese Pläne, denn ihnen war klar, daß Zarin Maria Nagaja im Falle ihrer Verwirklichung in ein Kloster geschickt würde. Das untergrub schließlich Iwans Vertrauen zu Nagoi, und so ließ er seinen einstigen Günstling nicht mehr an den Geheimverhandlungen mit den Engländern teilnehmen.

2. Der Tod des Zaren

Der Tod des ältesten Sohns hatte Iwan IV. sowohl körperlich als auch geistig stark erschüttert, und so überlebte er den Zarewitsch nur um zwei Jahre. Ende Februar 1584 verschlechterte sich sein Gesundheitszustand zusehends. Bald bat Iwan die Mönche des Kyrill-Klosters, um seine Erlösung von dieser „tödlichen Krankheit" zu beten. Nach Augenzeugenberichten schwoll der Körper des Kranken schrecklich an. Dumpfe Gerüchte gingen um, daß die Vertrauten des Zaren, Belski und Godunow, ihn vergiftet hätten. Diese Gerüchte waren jedoch völlig unbegründet, denn die Günstlinge Iwans erwarteten voller Angst sein Ableben, mit dem sich für sie unweigerlich alles verändern würde.

Belski blieb bis zum letzten Augenblick engster Berater des Zaren. Ihm befahl Iwan IV., einen Eilboten nach Karelien zu schicken, um von dort aus Wahrsager in die Metropole bringen zu lassen, die Belski dann ausfragen sollte. Die Wahrsager lasen in den Sternen und sagten den Todestag Zar Iwans voraus. Als der Zar davon erfuhr, geriet er in Wut und sagte, er werde die Zauberer verbrennen lassen.

Am 18. März, seinem letzten Lebenstag, ließ sich der Zar sein Testament vorlesen und wusch sich lange im Bad. Er erinnerte sich an die Wahrsagung der karelischen Propheten und drohte ihnen durch Bogdan Belski, man werde sie noch am selben Tage verbrennen oder lebendig begraben lassen, denn er fühle sich gesünder als je zuvor. Daraufhin ließen die Wahrsager dem Zaren ausrichten, die Sonne sei noch nicht untergegangen und somit der Tag noch nicht zu Ende.

Nach dem Bad begann der Zar ein Schachbrett aufzubauen. Beim Spiel fiel er jedoch rücklings zu Boden. Im Gemach entstand ein Durcheinander, man schickte nach Beichtvater und Ärzten. Indessen hauchte der Zar bereits sein Leben aus. Aus Angst vor Unruhen versuchten die Bojaren-Regenten, die Wahrheit zu verheimlichen und ließen dem Volke sagen, es bestehe noch eine Hoffnung auf Genesung. Gleichzeitig wurden alle Tore des Kreml verriegelt, und die Garnison hielt sich in Kampfbereitschaft.

Die Zeit Iwans IV., des Schrecklichen, wurde zu einer denkwürdigen Epoche in der russischen Geschichte. Das Territorium des Landes dehnte sich stark aus. Wassili III. hatte seinem Sohn einen Staat mit einer Fläche von 2,8 Millionen km^2 übergeben, gegen Ende des Jahrhunderts betrug seine Fläche bereits 5,4 Millionen km^2. Unter Iwan wurden die Chanate Kasan und Astrachan unterworfen, wodurch Moskau über die untere Wolga Zugang zum Kaspischen Meer bekam und in Nordkaukasien festen Fuß fassen konnte.

In den Randgebieten und außerhalb der Staatsgrenzen formierte sich die freie Kosakenschaft, die ausgedehnte Regionen im Einzugsgebiet von Wolga, Don, Nördlichem Donez und Terek kolonisierte. Der Kriegszug Jermaks mit einem Kosakentrupp nach Transuralien leitete die Angliederung Sibiriens an Rußland ein. Vor den russischen Kolonisten taten sich Wege ins Innere des endlosen asiatischen Kontinents auf.

Iwan IV., der sich der Bedeutung des europäischen Handels für das Moskauer Reich bewußt war, unternahm den Versuch, Ostseehäfen zu erobern, blieb jedoch ohne Erfolg.

Infolge der Reformen des Zaren behauptete sich im Moskauer Reich das zentrale Verwaltungssystem, welches das für einen einheitlichen Staat notwendige Zentralisierungsniveau sicherte. Nach einer uneingeschränkten Selbstherrschaft trachtend, führte Iwan IV. die Opritschnina ein, welche die Grundlage für die autokratische Monarchie in Rußland darstellte. Sie konnte ihr Ziel nicht erreichen, doch der von ihr ausgelöste grauenhafte Terror prägte alle Bereiche der russischen Gesellschaft. Die Opritschnina wurde von einer Zerstörung der Wirtschaft begleitet und verstärkte somit die Zerrüttung des Staates in den letzten Lebensjahren Iwans des Schrecklichen.

Das 16. Jahrhundert war die Zeit der Entstehung des russischen Reiches. Die Annahme des Zarentitels durch Iwan IV., der Terror und die Behauptung der Selbstherrschaft im Lande, die Eroberung Kasans, Astrachans und Sibiriens, aber auch die Versuche, Livland einzuverleiben, waren die historischen Begleiterscheinungen der eingetretenen Veränderungen. Die Errichtung eines Reichssystems in Moskowien endete freilich schon bald mit einem Mißerfolg. Anfang des 17. Jahrhunderts erschütterte ein Bürgerkrieg das Moskauer Zarenreich und führte zu seinem Zusammenbruch. Es kam die Zeit der Wirren, einer der tragischsten Zeitabschnitte in der russischen Geschichte. Der Boden für den Bürgerkrieg war durch den Terror Iwan Grosnys und durch seine Opritschnina vorbereitet worden, die den russischen Adel gespalten und die Monarchie einer festen Grundlage beraubt hatten.

Nachwort

Seit sich die Wissenschaft mit der Geschichte Rußlands beschäftigt, also ungefähr seit der Mitte des 18. Jahrhunderts, hat die Gestalt Iwans des Schrecklichen die Historiker vieler Länder fasziniert und in der Regel zu negativen Urteilen, selten zu wohlwollenden, noch seltener zu ausgewogenen Darstellungen angeregt. Aber auch schon vorher und besonders bei den Zeitgenossen Iwans stand der „schreckliche" Zar oft im Zentrum von Reiseberichten oder religions- und staatspolitischen Traktaten.

Während die westeuropäische Öffentlichkeit vor der Mitte des 16. Jahrhunderts von dem seit 1462 bestehenden Moskauer Reich und überhaupt von Osteuropa kaum etwas wußte, brachte 1558 Iwans Überfall auf die zerfallende livländische Konföderation insbesondere für die mit dem Ordensland emotional verbundenen Deutschen nicht nur die erste direkte Bekanntschaft mit den Russen, sondern gleich den Eindruck einer militärischen Bedrohung, zumal die Moskauer bei der Besetzung Estlands nicht gerade zimperlich vorgegangen waren. Im Westen kursierte damals das Schlagwort von der „peur des Moscovites", der Angst vor den Moskowitern, das auch in späteren Jahrhunderten bis hin zum Krim-Krieg (1853-56) bei geeigneter Gelegenheit immer wieder benutzt wurde. Duodezfürsten wie der Pfalzgraf Georg Hans von Veldenz-Lützelstein, der sich der Dienste des Abenteurers und ehemaligen Mitglieds der Opritschnina Heinrich von Staden (geb. ca. 1542) versicherte, träumten sogar von einer militärischen Invasion des Moskauer Reiches von Norden her, um es zur habsburgischen Kolonie zu machen. Noch aktiver waren die Schriftsteller: Über 100 kontinentaleuropäische Druckschriften, die sich mit Rußland befaßten, sind aus dieser Zeit überliefert. In den meisten wurde der „unchristliche, greuliche, blutdurstige, grausame und erschrockenliche Tyrann und Erbfeind"[1] mit dem bereits aus der antitürkischen Literatur vorhandenen Vokabular belegt. Unmittelbar nach dem Livländischen Krieg, dem ersten der bis 1721 wiederholt geführten nordischen Kriege, erschien eine ganze Reihe von Reisedarstellungen, die ausführlich über das geheimnisvolle und so andersartige Land im Osten, über die Sitten und Gebräuche seiner Bewohner und auch über Iwan den Schrecklichen berichteten. Am bekanntesten wurden die Bücher des Engländers Giles Fletcher (ca. 1549-1611) und des

Italieners Antonio Possevino (1533 oder 1534-1611), die in Übersetzungen als wahre „Bestseller“ in vielen Ländern erschienen und Einfluß auch auf die Vorurteile späterer Jahrhunderte ausübten.

Ob es sich freilich um Berichte von „Augenzeugen“ oder um die quellenkritischen Bemühungen der neuzeitlichen Historiker handelte – selten nur gelang es, über Iwan IV. leidenschaftslos und sachlich zu schreiben. Zu unbegreiflich erschienen die mit seiner Politik verbundenen Grausamkeiten, zu rätselhaft die Tiefen seiner Psyche. Ein weites Feld tat sich daher immer wieder für mehr oder weniger seriöse Medizinhistoriker und historisierende Psychoanalytiker auf, die allerdings dem Geheimnis dieser Persönlichkeit mit der Entdeckung von allerlei Krankheiten, gekoppelt mit sexuellen Anomalien, bis hin zum schlichten Wahnsinn letzten Endes doch nicht auf die Spur kommen konnten.[2] Verständlich ist jedoch, daß alle Stellungnahmen zu den Taten dieses Herrschers eminent politisch sein mußten und daß daher oft genug die Urteile über Iwan, mehr als die Bewertungen anderer Figuren der Geschichte, ihre Wurzeln in der jeweiligen Gegenwart des Forschers oder Schriftstellers, der sich mit ihm beschäftigte, hatten und haben. Ein Beispiel dafür aus der jüngeren Zeit ist die Verherrlichung des Zaren unter Stalin, für die R. Ju. Wipper (1859-1954) verantwortlich zeichnete.[3] Seine ursprünglich 1922 veröffentlichte Biographie wurde 1942 und 1944 erneut herausgegeben und dabei im Sinne einer nationalen Geschichtsschreibung so überarbeitet, daß der idealisierte Iwan als Vorläufer der großen Führerpersönlichkeit Stalin und der blutige Terror analog zu den „Säuberungen“ Stalins als gerechtfertigt erschienen.

Von solchen Vereinfachungen ist die nachstalinistische Historiographie bald abgekommen. In einer Reihe von Einzeluntersuchungen haben Forscher wie S. B. Wesselowski, A. A. Simin, A. L. Choroschkewitsch, S. O. Schmidt, P. A. Sadikow, I. I. Smirnow, N. E. Nossow, B. N. Florja, W. I. Korezki und zuletzt W. Kobrin von der Epoche Iwans des Schrecklichen ein zuverlässiges Bild gezeichnet, das von Historikern außerhalb der Sowjetunion, besonders von M. Hellmann, G. Vernadsky, E. Donnert, W. Serczyk, F. Kämpfer und G. Stökl ergänzt wurde.[4] Jedoch ist seit dem seinerzeit grundlegenden, heute aber in Einzelheiten veralteten Werk von S. F. Platonow[5] keine vollständigere Biographie des Zaren erschienen als diejenige in den verschiedenen Arbeiten Ruslan G. Skrynnikows.

Ruslan Grigorjewitsch Skrynnikow, Jahrgang 1931, hat fast sein ganzes Leben in Leningrad/St. Petersburg verbracht. An der dortigen Universität studierte er auch Geschichte bei D. S. Lichatschow und B. A.

Romanow. 1967 verteidigte er seine Doktordissertation, die der deutschen Habilitation entspricht – mit 36 Jahren für sowjetische Verhältnisse so früh, daß er eine Zeitlang der jüngste Doktor der RSFSR war. Das Thema der Arbeit führte ihn gleich in die Problematik, die ihn sein ganzes Leben beschäftigt hat: die Opritschnina Iwans IV. Die Veröffentlichung zweier daraus entstandener Bücher, „Der Beginn der Opritschnina" (1966) und „Der Opritschnina-Terror" (1969),[6] fiel gerade in die Zeit, als das „Tauwetter" Chruschtschows abklang und konservative Kräfte versuchten, Stalin zu rehabilitieren. Eine von der Zeitschrift „Nowy Mir" vorbereitete Rezension der beiden Bücher, die sicherlich die Parallelen zum Stalin-Terror deutlich gemacht hätte, konnte nicht mehr erscheinen. Doch Skrynnikow arbeitete weiter an seinem Thema und veröffentlichte 1975 seine erste Biographie Iwans des Schrecklichen, in der selbstverständlich der Schwerpunkt nicht mehr einseitig auf den grausamen Zügen der Regierungszeit lag, sondern das ganze Zeitalter umfassend in den Blick genommen wurde. Trotzdem gab das Buch den damaligen Diskussionen um die Person Stalins viel Nahrung und wurde zum gesellschaftlichen Ereignis: Man las Iwan und meinte Stalin. Die öffentlichen Vorlesungen des Autors zu diesem Thema im Auditorium Maximum zogen gewaltige Menschenmassen an. Das Buch wie auch die Biographie von Iwans Nachfolger Boris Godunow (1978) wurde vom Verlag „Nauka" dreimal herausgegeben; beide Bücher erreichten zusammen die für Arbeiten dieser Art in der UdSSR unerhörte Auflage von ca. 1 Million und wurden außerdem in Übersetzungen in Polen, den USA und China publiziert. Skrynnikows Nachweis, daß der Terror nicht auf den Wahnsinn eines einzelnen, sondern auf die Anomalie einer durch den Staat gebeutelten Gesellschaft zurückzuführen ist, seine detaillierten Belege für den großen Einfluß dieses Terrors auf die politische Kultur des Moskauer Reiches sowie die brisante Schlußfolgerung, daß diese Tradition noch im 20. Jahrhundert zu spüren ist, mußten allerdings auch die Aufmerksamkeit der Obrigkeit auf sich ziehen. Im ZK der KPdSU soll man zuverlässigen Informationen zufolge damals wütend die Frage gestellt haben, wer denn diese Veröffentlichungen überhaupt genehmigt habe. Der Autor jedenfalls bekam die Reaktion auf sein Werk in Form einer Verlängerung seines zwanzig Jahre währenden Auslandsreiseverbots zu spüren, obwohl Einladungen aus aller Welt vorlagen.

Skrynnikow war in dieser Zeit nicht untätig, sondern wandte sich neuen Themen zu. Immer wieder griff er zur Feder, um sich mit Edward Keenan von der Harvard University auseinanderzusetzen, der in seinen aufsehenerregenden Thesen behauptet hatte, der bekannte „Briefwechsel" Iwans des Schrecklichen mit Fürst Kurbski sei eine „Fälschung" des 17. Jahrhunderts. Skrynnikows Widerlegung, der „Anti-Keenan", erschien schon 1973 und zeichnete sich dadurch aus, daß der Autor ohne ideologische Argumentationshilfen auskam.[7] Die überwiegende Mehrheit der Forscher hat sich Skrynnikows Beweisführung angeschlossen. Aus den Arbeiten über Iwan IV. ergab sich dann eine Untersuchung der Frage, auf welche Weise eigentlich Sibirien zum Moskauer Reich gekommen ist. Mit dem Nachweis, daß es sich dabei um eine regelrechte Eroberung und nicht, wie vorher immer behauptet worden war, um eine „Angliederung" Sibiriens gehandelt hat, rief Skrynnikow 1981 auf einer Konferenz in Nowosibirsk einen Sturm der Entrüstung hervor.

Nachdem Skrynnikow 1980 zunächst ein Buch über die Periode zwischen dem Tod Iwans IV. 1584 und der Thronbesteigung Boris Godunows 1598 veröffentlicht hatte („Rußland am Vorabend der ‚Wirren'"), mußte er sich sozusagen zwangsläufig auch der Problematik der „Zeit der Wirren" (Smuta) zwischen 1598 und 1613 widmen. Nach der Godunow-Biographie folgten daher u. a. 1985 eine Arbeit über die sozialen und politischen Unruhen zu Beginn des 17. Jahrhunderts, 1987 eine Biographie des Pseudo-Demetrius und 1988 das Buch über Iwan Bolotnikow, dessen Aufstand darin entgegen der herrschenden marxistischen Lehre als „Bauernkrieg" und nicht als Klassenkampf interpretiert wurde.

In jüngster Zeit hat sich Skrynnikow Fragen der russischen Kirche und Kultur zugewandt. 1990 erschien in diesem Zusammenhang das Buch „Hierarchen und Herrscher", in dem die Beziehungen zwischen der Kirche und der weltlichen Obrigkeit vom 14. bis zum 17. Jahrhundert in Abkehr von der vulgären antikirchlichen Haltung früherer sowjetischer Forscher untersucht werden. Weitere kulturelle Themen sind in Arbeit.

Das Œuvre Skrynnikows, der mit der Historikerin L. N. Semjonowa, einer Spezialistin für die russische Geschichte der ersten Hälfte des 18. Jahrhunderts, verheiratet ist, umfaßt inzwischen einschließlich der Übersetzungen ungefähr dreißig Bücher und zahlreiche Aufsätze. In allen Arbeiten, die übrigens in einer verständlichen, auch Laien zugänglichen Sprache geschrieben sind, ist die Liebe zum Detail spürbar, und gerade aus der minutiösen Aufschlüsselung komplizierter Zusammenhänge ergeben sich immer wieder neue, z. T. überraschende Einsichten, die schon manches Rätsel gelöst oder gar bisherige Dogmen der Forschung hinsichtlich der zweiten Hälfte des 16. und des frühen 17. Jahrhunderts auf den Kopf gestellt haben.

Insbesondere die intensive Erforschung und Rekonstruktion der verschiedenen Seelenmessenregister (Synodika), aber auch anderer bisher unbeachtet gebliebener oder falsch interpretierter Quellen hat den Autor zu neuen Bewertungen Iwans IV. geführt. Seiner wissenschaftlichen Leistung ist es zuzuschreiben, daß wir nun über die Vorgänge innerhalb der Opritschnina genauer – übrigens besonders genau für Nowgorod – Bescheid wissen, obwohl die Opritschnina-Archive vernichtet wurden. Skrynnikow ist es z. B. zu verdanken, daß die bisherigen Phantasiezahlen von den Opfern der Politik Iwans auf ein einsichtiges Maß reduziert wurden, was allerdings manchen anderen Forschern, welche die Toten nach Zehntausenden rechnen, noch immer nicht recht einleuchten will.

Freilich, auch „nur" rund 4000 Opfer während der Regierungszeit Iwans sind eine Menge, zumal die Methoden der Tötung nach unseren heutigen Maßstäben oft sehr grausam waren. Wir sind andererseits im Zeitalter totalitärer Regime und ihrer Vernichtungsmechanismen allerdings ganz andere Zahlen gewöhnt, so daß eher ein Vergleich Iwans mit ungefähr zeitgenössischen Herrschern anderer Länder erlaubt sei: Maria die Katholische von England, die man Bloody Mary nannte, Philip II. von Spanien und die sprichwörtliche Inquisition, Katharina von Medici in Frankreich und die bekannte Bartholomäusnacht – sie alle und andere sind für viele tausend Morde verantwortlich, die meist aus religionspolitischen Gründen begangen wurden. Allein die Bartholomäusnacht vom 24. August 1572 forderte mindestens 13 000 Tote, deren Ermordung von Papst Gregor XIII. mit einem Tedeum gefeiert wurde. In diesem Licht nimmt sich die Zahl der Opritschnina-Opfer beinahe bescheiden aus. Es kommt außerdem noch ein Moment hinzu, das zwar die Schuld Iwans nicht mindert, aber geeignet ist, seine Beweggründe besser verständlich zu machen.

Die westlichen Herrscher beriefen sich bei ihren Greueltaten auf die Philosophie der Staatsräson, die ihnen Machiavelli in seinem Buch „Der Fürst" (1532) bereitgestellt hatte. Mit ihr wurde der Anspruch des Staates gerechtfertigt, sich über das Recht hinwegsetzen zu dürfen, wenn ein angeblich höheres, in der ersten Zeit vom Herrscher willkürlich definiertes Recht dies erforderte. Durch die Geschichte, schrieb Friedrich Meinecke, „schlingt sich ununterbrochen und sofort überall zu erkennen der rote, nur zu oft blutigrote Faden der Staatsräson".[8]

In das Rußland vor dem 18. Jahrhundert jedoch reichte dieser Faden nicht, denn die Orthodoxe Kirche achtete darauf, daß die neuzeitlichen Ideen des Humanismus, der Renaissance und der Reformation ebenso wie die Rezeption des weltlichen römischen Rechtes nicht oder nur in unbedeutendem Maße ins Moskauer Reich eindrangen. Mit anderen

Worten: Der Ausweg der Staatsräson stand Iwan IV. für seine Taten nicht zur Verfügung.[9] Dennoch glaubte er, einmal besessen von dem Gedanken des „Verrates", die bojarischen und fürstlichen „Verräter" ausrotten zu müssen, weil er – auch nach Auffassung der Kirche – von Gott als Richter eingesetzt worden war. Die tragische Verstrickung dieses Herrschers bestand also darin, daß er einerseits der festen Überzeugung war, von Gott mit der Vernichtung des Übels beauftragt zu sein, andererseits aber die Morde nur als persönliche Schuld begreifen konnte, für die er zu büßen hatte. Nur so erklärt sich das auf den ersten Blick absurde Verhalten, daß der Zar für seine Opfer Seelenmessen lesen ließ und sich selbst in endlosen Bußzeremonien kasteite. Aus diesem Selbstverständnis heraus nahm Iwan die Sünde auf sich, um sein Reich zu retten, aber auch, so paradox das klingt, die Sünden der „Verräter", um diese zu retten, denn nach der Auffassung der Zeit verhalf eine Hinrichtung den Verurteilten zur ewigen Seligkeit, die ja bekanntlich für den mittelalterlichen Menschen Vorrang hatte. Iwan schrieb 1565 auf dem Höhepunkt der Opritschnina: „... denn, wenn auch meine Freveltaten mehr sind als der Sand des Meeres, so hoffe ich doch auf die Gnade der Barmherzigkeit Gottes."

Trotz solcher einleuchtenden Erklärungen für eine grausame Politik muß eine Analyse auch ganz nüchtern feststellen, daß zu einem guten Teil der sogenannte Cäsarenwahnsinn im Spiel war, nach Karl Pelman[10] eine Art Berufspsychose der Herrscher, die durch ihre Machtfülle dazu verführt wurden, krankhafte Charakterzüge zu entwickeln. Insofern wird man wohl, besonders für die letzten Lebensjahre, von psychischen Grenzsituationen sprechen können. Sie gediehen in der von R. G. Skrynnikow, wie erwähnt, herausgestellten Anomalie einer durch die traditionelle Übermacht des Staates deformierten Gesellschaft, die letztlich für die Entwicklung im 16. Jahrhundert verantwortlich war.

Im Mittelpunkt des vorliegenden Werkes steht dieser Terror; seine Analyse ist zweifellos in der gegenwärtigen Situation für einen engagierten russischen Historiker eine (wenn auch indirekte) Abrechnung mit der stalinistischen Vergangenheit. Aber im ersten Teil des Buches wird auch die vorangehende Periode der Reformen behandelt. Dadurch wird deutlich, daß der Regierung Iwans IV. ebenso eine staatsmännische Leistung zugrunde lag. In den Reformen nach der Jahrhundertmitte tritt uns ein Herrscher entgegen, der gegen Korruption und Willkür seiner obersten Beamten auftritt; der die Bevölkerung selbst ihre lokalen Funktionäre wählen läßt; der in der Kirche Ordnung schafft, indem er gegen Simonie (Ämterkauf) und liederlichen Lebenswandel der Geistlichen einschreitet; der die Schlagkraft des Heeres erhöht, indem er die unseligen Rangstreitigkeiten der hohen Adeligen verbietet und für größere Wehrgerechtigkeit sorgt; der den Handel mit dem Ausland fördert, indem er sein Land den Engländern öffnet und der schließlich den Ruhm seines Reiches durch die Eroberung östlicher Länder mehrt, die Rußland zum multinationalen Staat macht und einen Meilenstein auf dem sechs Jahrzehnte später vollendeten Weg zum Pazifik darstellt. Alle diese Reformen brachten damals die längst fällig gewordene Modernisierung der staatlichen Institutionen, die für das Reich nach dem Abschluß der „Sammlung des russischen Landes", d. h. der Inkorporierung der Teilfürstentümer durch das Moskauer Großfürstentum rund einhundert Jahre früher, lebenswichtig war. Daß diese Modernisierungspolitik vornehmlich darin bestand, die alten teilfürstlichen und bojarischen Gewalten zu reduzieren, muß aus der Sicht des Historikers eher als untergeordneter Anlaß eingestuft werden. Für den Zaren verschmolz dieses Ziel mit der als Stärkung seiner Autokratie begriffenen „Modernisierung" zugunsten eines immer noch privatrechtlich aufgefaßten „Staatsnutzens" (das Reich als „Patrimonium" des Zaren), und erst als sich dieses Ziel mit den friedlichen Mitteln der Reform nicht erreichen ließ, ging er zum blutigen Terror über. Die Begleitumstände des Regiments dieser zweiten Periode mit den Ritualen eines geheimpolizeilichen Ordens und den psychologisch ausgeklügelten Tricks seines Führers könnten dann freilich ebenfalls, zumindest im Hinblick auf die Erfahrungen unseres Jahrhunderts, als „modern" eingestuft werden.

Für die Untertanen, die den Mythos vom „guten Zaren" pflegten und die Ausrottung der Zwischengewalten, ob diese nun Bojaren oder andere Berater des Herrschers waren, begrüßten, war Iwan keineswegs zwangsläufig der „Schreckliche". Der russische Beiname „Grosny" bedeutet ja auch eigentlich nur der „Gestrenge" und war ein Epitheton, das allen altrussischen Herrschern ebenso zustand wie dasjenige des „milden" Herrschers. Streng und barmherzig zugleich hatte der ideale Großfürst und Zar zu sein. Freilich, wer so grausam regierte wie Iwan IV., der behielt das „Grosny" als offiziösen Beinamen und mußte es sich gefallen lassen, in westlichen Ländern posthum als der „Schreckliche" tituliert zu werden.

Skrynnikows Buch zeigt vorbehaltlos, warum dies so geschah. Es führt uns aber nicht nur die Motive des Zaren vor Augen, sondern beeindruckt besonders durch die Aktualität der geschilderten „historischen" Ereignisse. Eine sicherlich für lange Zeit gültige Biographie liegt nun auch auf Deutsch vor.

Hans-Joachim Torke, Berlin

Anhang

Anmerkungen

1 Iwan I. Danilowitsch Kalita (der „Geldbeutel"), gest. 31.3.1340; Fürst von Moskau seit 1325, Großfürst von Wladimir 1328–1340.

2 „Bojarensöhne" bzw. „Bojarenkinder" waren keineswegs die Kinder von Bojaren, sondern Adlige minderen Ranges.

3 *Prikase* (Sing. *Prikas*), Fachressorts, Regierungskanzleien, Organe der Zentralverwaltung Rußlands vom 16. Jh. bis zum Anfang des 18. Jh. Im Dienstlistenamt wurden die Bücher über die meist militärischen Karrieren der Adligen geführt.

4 *Okolnitschi* (Plur. *Okolnitschije*), Hof- und Dienstrang in Altrußland vom 14. Jh. bis Anfang des 18. Jh., stand in der Hierarchie der Ränge bei Hofe unmittelbar unter dem Bojaren.

5 *Wojewode* (Plur. *Wojewoden:* dt. „Heerführer"), ein militärischer Rang vom 10. Jh. bis zu Beginn des 18. Jh.; seit dem Ende des 16. Jh. auch in der Zivilverwaltung für den Chef eines Kreises benutzt.

6 Im Gegensatz zu den erbadeligen Bojaren erhielten die Dienstadeligen seit dem 15. Jh. Dienstgüter. Ihre russische Bezeichnung *(Dworjane)* diente seit dem 18. Jh. als Benennung des Adels schlechthin.

7 Die Sekretäre *(Djaken)* der 4 wichtigsten Zentralämter waren Mitglieder der Bojarenduma.

8 *Domostroi* (dt. „Hausordnung"): Sitten- und Moralkodex aus der Mitte des 16. Jh., der auf alten Überlieferungen beruht.

9 Nach dem Untergang des Kiewer Reiches (1169) ging die Großfürstenwürde auf das nordöstlich gelegene Wladimir über, bevor die Moskauer sie seit 1328 fast ununterbrochen besaßen.

10 *Strelitzen* (dt. „Schützen"): Fußtruppen, ausgerüstet mit Feuerwaffen, Einheit der russischen Armee vom 16. bis zum beginnenden 18. Jh. Die Strelitzenverbände rekrutierten sich aus der nichtadeligen Stadtbevölkerung.

11 An diesen Versammlungen nahmen neben der Bojarenduma auch der höchste Klerus und die dem Zaren nahestehenden Vertreter des Dienstadels teil. In der Folgezeit wurden auch Repräsentanten der Amtsleute und der oberen Kaufmannsschichten eingeladen.

12 Die Dienstadeligen dienten in der Reiterei, wohingegen die aus der Stadtbevölkerung rekrutierten Strelitzen die mit Feuerwaffen ausgerüsteten Fußtruppen bildeten. Durch das Aufkommen der Strelitzenverbände wurde die Monopolstellung des Dienstadels im Militärwesen gebrochen.

13 *Tschetwert* (Ackermaß im 16. Jh.), etwa 0,5 ha.
14 *Starez* (Plur. *Starzen*), hier soviel wie Mönch bzw. Einsiedler.
15 *Tarchan*, dt. der von Abgaben Befreite, der Inhaber eines Freibriefes, auch die Urkunde darüber.
16 russ. *Cholopen*: soziale Schicht unfreier Personen. Ihre rechtliche Stellung ähnelte der von Sklaven. Seit dem 16. Jh. ging die Bedeutung der Cholopenarbeit im Zusammenhang mit der sich herausbildenden bäuerlichen Leibeigenschaft (gesetzlich fixiert 1649) merklich zurück.
17 *Deßjatine:* altes russisches Flächenmaß = 1,09 ha.
18 russ. *Jurodivye:* meist Schwachsinnige, die im Volk als heilig galten und deswegen auch ungestraft Mißliebiges aussprechen durften.
19 So wurden in Rußland zu dieser Zeit alle Nordwesteuropäer genannt.
20 *Kosaken* (tatar. „freie Krieger") waren militärisch organisierte Siedler in den südlichen Steppengebieten, die gegen Sold auch in moskauische oder polnische Dienste traten (mehr dazu in III, 1 u. 2.).
21 Eine Terrororganisation, die weiter unten näher beschrieben wird.
22 Kurbski verglich die Basmanows, Diener des blutdürstigen Moskauer Zaren, mit den Dienern (Opferpriestern) des griechischen Gottes Kronos, Vater des Zeus, der seine eigenen Kinder verschlang.
23 *Semstschina* (von *semlja:* Land), der übrige Teil des Landes außerhalb des Opritschnina-Territoriums, der in seiner bisherigen Struktur der Bojarenduma unterstellt wurde, die ihn aber keineswegs ohne Mitwirkung des Zaren verwaltete.
24 Das Wort bezeichnete ursprünglich den Witwenanteil eines Erbgutes und bedeutet wörtlich „das Abgesonderte".
25 *Saschen*, altes russisches Längenmaß = 2,133 m.
26 Die Truchsesse dienten ursprünglich als Mundschenke an der großfürstlichen Tafel, wurden aber im 16. Jh., als ihre Zahl auf mehrere hundert gestiegen war, längst zu anderen, z. B. diplomatischen Aufgaben herangezogen.
27 In der altrussischen Schlachtordnung bestand das Heer aus Hauptregiment, Vor- und Nachhut sowie linkem und rechtem Regiment, wobei das letztere im Rang über dem linken stand.
28 Als „wildes Feld" wurde das südliche Grenzgebiet zwischen dem Moskauer Reich und den Nachfolgestaaten der Tataren bezeichnet, in dem sich die Kosaken formiert und niedergelassen hatten.
29 *Pjatina* (Fünftel): die administrativ-territoriale Einheit im alten Nowgoroder Land. Es wurde in fünf Gebiete eingeteilt, die später diese Bezeichnung erhielten und offenbar territoriale Fortsetzungen der Nowgoroder Stadtfünftel („Enden") waren. Es gab die Wodskaja, die Oboneschskaja, die Derewskaja, die Schelonskaja und die Beschezkaja Pjatina.
30 Das bedeutet „Höllenbewohner" und stellt gleichzeitig ein Wortspiel dar: *opritsch* ist gleichbedeutend mit *krome* (dt.: außer, außerhalb, ausgenommen).
31 Die Archimandriten standen den größten und ältesten Klöstern vor. Äbte lei-

teten alle übrigen Klöster. Als Mitglieder des Klosterkollegiums gehörten die Starzen dem Rat beim Klostervorsteher an.

32 Der Fluß Wolchow teilt Nowgorod in die „Sophienseite" mit Kreml und Sophien-Kathedrale und die „Handelsseite", wo sich der Markt befand und die Kaufleute wohnten.

33 Hier arbeiteten freie Bauern auf Ländereien, die kein Privatbesitz waren. Sie zahlten Steuern, leisteten Naturalabgaben, dienten bei der Post und sorgten für den Wegeunterhalt.

34 Hier arbeiteten Bauern, die einen Zins in Naturalform zu zahlen hatten.

35 Der Haushofmeister verwaltete die Hofgüter im Nowgoroder Land.

36 Jede Nowgoroder Straße bildete eine administrative Einheit, in der die Bevölkerung einen „Ältesten" als Führer wählte.

37 „Deutsch" (russ. *njemjezki*) heißt in jener Zeit immer „nordwesteuropäisch".

38 M. M. Gerassimow (geb. 1907) leitete viele Jahre lang ein experimentelles Labor, in dem das Äußere von Verstorbenen anhand von Schädeln und Skeletten rekonstruiert wurde.

39 Die Orthodoxe Kirche erlaubt einem verwitweten Mann höchstens zwei weitere Ehen; Iwan IV. war siebenmal verheiratet.

40 Kassimov (in der Nähe von Rjasan) war Mitte des 15. Jhs. als Teilfürstentum für die tatarischen Fürsten (Chane) eingerichtet worden, die in Moskauer Dienste übergetreten waren.

41 Chantenstämme, die im Ural und in Sibirien lebten.

42 Mansenstämme, die ebenfalls dort lebten.

43 *Sasseka:* Verteidigungsanlagen an den russischen Grenzen, zu denen Erdwälle, Gräben, Festungsbauten und Verhaue aus gefällten Bäumen auf den Straßen gehörten. Ihre Sassekas (auch *setschi*, Sing. *setsch*) errichteten die Kosaken auf der Straße zwischen Don und Wolga, auf der sie ihre Schiffe schleppten.

Anmerkungen zum Nachwort

1 Kappeler, A., Ivan Groznyj im Spiegel der ausländischen Druckschriften seiner Zeit. Ein Beitrag zur Geschichte des westlichen Rußlandbildes, Bern und Frankfurt a. M. 1972, S. 231.

2 Ein Beispiel ist Ernst Kretschmer, Gestalten und Gedanken. Erlebnisse. Stuttgart 1963.

3 Wipper, R. Ju., Iwan Grosny. Moskau 1947 (deutsch).

4 Außer den im Literaturverzeichnis des vorliegenden Werkes genannten Titeln vgl. die Hinweise in dem Artikel von F. Kämpfer und G. Stökl, Rußland an der Schwelle zur Neuzeit. Das Moskauer Zartum unter Iwan IV. Groznyj, in: Handbuch der Geschichte Rußlands, Bd. 1, 2, Stuttgart 1989, bes. S. 864 ff.

5 Platonow, S. F., Iwan Grosny. Berlin 1924 (russ.). Das Werk erschien in englischer Übersetzung: Platonov, S. F., Ivan the Terrible. Gulf Breeze, FL, 1974.

6 Genauere Angaben zu den Veröffentlichungen Skrynnikows über die Zeit Iwans IV. s. im Literaturverzeichnis des vorliegenden Buches.

7 Keenan, E. L., The Kurbskii-Groznyi Apocrypha. The Seventeenth-Century Genesis of the „Correspondence" Attributed to Prince A. M. Kurbskii and Tsar Iwan IV. Cambridge, MA, 1971. – Skrynnikow, R. G., Perepiska Groznogo i Kurbskogo. Paradoksy Edvarda Kinana. Leningrad 1973.

8 Meinecke, F., Die Idee der Staatsräson in der neueren Geschichte. 3. Aufl., München und Berlin 1929, S. 27.

9 Darauf hat W. Philipp hingewiesen: Altrußland bis zum Ende des 16. Jahrhunderts, in: Propyläen-Weltgeschichte, Bd. 5, Berlin 1963, S. 271.

10 Pelman, K., Psychische Grenzzustände. Bonn 1910.

Literaturhinweise

Andrejew, I.J., Über den „Fall des Djaken Wiskowaty". Prag 1932 (Seminarium Kondakovianum).

Andreev, N., Studies in Muscovy. London 1970.

Donnert, E., Iwan Grosny „der Schreckliche". Berlin 1978.

Fletcher, G., Of the Rus Commonwealth, ed. by A.J. Schmidt, Ithaka, N.Y., 1966.

Fletcher, G., Of the Russe Commonwealth, ed. by R. Pipes, J. Fine. Cambridge, Mass. 1966.

Grobowski, A. N., Iwan der Schreckliche und Silvester (die Geschichte eines Mythos). London 1987.

Grobovsky, A. N. The „Chosen Council" of Iwan IV: A Reinterpretation. New York 1969.

Hellie, R., Enserfment and Military Change in Muscovy. Chicago/London 1971.

Herberstein, S. Frhr. v., Moscovia. Aus dem Lateinischen übertragen von Wolfram v. den Steinen, eingel. u. hrsg. v. Hans Kauders. Erlangen 1926.

Herberstein, S. Frhr. v., Das alte Rußland. Mit einem Nachwort v. Walter Leitsch. Unter hrsg. Mitarbeit von Paul König. Zürich 1984.

Historie vom Zartum Kasan (Kasaner Chronist), hrsg. von *F. Kämpfer*. Graz/Wien/Köln 1969 (Slavische Geschichtsschreiber VII).

Horsey, J., Sapiski o Moskowii XVI weka. (Aufzeichnungen über das Moskowien des 16. Jahrhunderts). Übers. von I. Beloserskaja, Vorwort und Anmerkungen von N.I. Kostomarov, St. Petersburg 1909 (engl. in A. Bond, Hrsg., Russia at the Close of the XVIth Century, London 1856).

Kämpfer, F., Stökl, G., Rußland an der Schwelle zur Neuzeit. Das Moskauer Zartum unter Iwan IV. Groznyj, in: Handbuch der Geschichte Rußlands, Bd. 1, 2. Stuttgart 1989.

Karamsin, N. M., Geschichte des Russischen Reiches. Bd. 9, Buch 3. Leipzig 1820–1833.

Kappeler, A., Ivan Grosnyj im Spiegel der ausländischen Druckschriften seiner Zeit. Bern/Frankfurt am Main 1972.

Keenan, E. L., The Kurbskij-Groznyj-Apocrypha: The Seventeenth Century Genesis of the „Correspondence" Attributed to Prince A.M. Kurbskij and Tsar Ivan IV. Cambridge, Mass. 1971.

Kljutschewskij, W. O., Geschichte Rußlands. Hrsg. von Friedrich Braun und Reinhold v. Walter. Berlin 1925.

Kurbski, A. M., Istorija o welikom knjase Moskovskom. Pamjatniki literatury Drewnej Rusi (Geschichte über den Moskauer Großfürsten. Schriftdenkmäler der Alten Rus), in: Sotschinenija (Werke), Bd. 1, St. Petersburg 1914.

Kurbskij, A. M., Novij Margarit: Historisch-kritische Ausgabe auf der Grundlage der Wolfenbütteler Handschrift. Lieferungen 1–17. Hrsg. von Inge Auerbach (Bausteine zur Geschichte der Slawen). Giessen 1976–90.

Leontovitsch, V., Die Rechtsumwälzung unter Iwan dem Schrecklichen und die Ideologie der Selbstherrschaft. Stuttgart o. J.

Neubauer, H., Schütz, J., Hrsg., Der Briefwechsel zwischen Andrej Kurbskij und Ivan dem Schrecklichen (russ.). Wiesbaden 1961.

Nitsche, P., Großfürst und Thronfolger. Köln/Wien 1972.

Nørretranders, B., The Shaping of Czardom under Ivan Groznyj, Copenhagen 1964.

Perrie, M., The Image of Ivan the Terrible in Russian Folklore. Cambridge 1987.

Philipp, W., Ivan Peresvetov und seine Schriften zur Erneuerung des Moskauer Reiches. Königsberg/Berlin 1935 (Osteuropäische Forschungen, NF Bd. 20).

Poslanija Iwana Grosnogo (Briefe Iwans des Schrecklichen). Text von D. S. Lichatschow und J. S. Lurje, Red. W. P. Adrianowa-Peretz. Moskau/Leningrad 1951.

Possevino, A., Antonii Possevini Societatis Iesu Moscovia. Eiusdem novissima descriptio. Antverpiae: Ex Off. Chr. Platini 1587 (Nachdruck 1970).

Possevino, A., Istoritscheskije sotschinenija o Rossii XVI w. (Historische Schriften über Rußland im 16. Jahrhundert). Moskau 1983.

Prince Kurbsky's History of Ivan IV. Ed. by. I. L. I. Fenell. Cambridge 1965.

Rossing, N., Rønne, B., Apocryphal – not Apocryphal? A Critical Analysis of the Discussion Concerning the Correspondence between Tsar Ivan IV Grosnyj and Prince Andrey Kurbskii. Copenhagen 1980.

Rude & Barbarous Kingdom; Russia in the Accounts of XVIth-Century English Voyagers. Ed. by L. E. Berry, R. O. Crummey. London 1968.

Rüß, Hartmut, Adel und Adelsopposition im Moskauer Staat. Wiesbaden 1975.

Simin, A. A., Opritschnina Iwana Grosnogo (Die Opritschnina Iwans des Schrecklichen). Moskau 1964.

Skrynnikow, R. G., Iwan Grosny (Iwan der Schreckliche). 2. Ausgabe Moskau 1980 (engl.: Ivan the Terrible, Gulf Breeze, FL, 1981).

Skrynnikow, R. G., Natschalo opritschniny (Der Beginn der Opritschnina). Leningrad 1966.

Skrynnikow, R. G., Opritschnyj terror (Opritschnina-Terror) Leningrad 1969.

Skrynnikow, R. G., Perepiska Grosnogo i Kurbskogo. Paradoxy Edwarda Kinana. (Der Briefwechsel zwischen Grosny und Kurbski. Die Paradoxa Edward Keenans). Leningrad 1973.

Skrynnikow, R. G., Rossija posle opritschniny (Rußland nach der Opritschnina). Leningrad 1975.

Skrynnikow, R. G., Sibirskaja expedizija Jermaka (Der Sibirienzug Jermaks). 2. Ausgabe. Nowosibirsk 1986.

Staden, H. v., Aufzeichnungen über den Moskauer Staat. Nach der Handschrift des Preuß. Staatsarchivs in Hannover hrsg. von F. Epstein. Hamburg 1930 (2. erw. Aufl. 1964).

Stökl, G., Testament und Siegel Ivans IV. Opladen 1972.
Tsar Ivan's Reply to I. Rokyta. Paris 1971.
Wesselowski, S. B., Issledowanija po istorii opritschniny (Forschungen zur Geschichte der Opritschnina). Moskau 1963.
Wipper, R. J., Iwan Grosny. Moskau 1947 (deutsch).
Yanov, A., The Origins of Autocracy: Ivan the Terrible in Russian History. Berkeley, Los Angeles and London 1981.

Personenregister

Das Moskauer Reich im 16. und zu Beginn des 17. Jahrhunderts. Karte entnommen aus: Handbuch der Geschichte Rußlands. Bd. 1, 2 (Karte 13), Anton Hiersemann Verlag, Stuttgart 1989.

Rupert Butler:

Illustrierte Geschichte der Gestapo

240 Seiten, Format 17,5 x 23,0 cm,
gebunden mit Schutzumschlag,
durchgehend s/w-Bebilderung
Best.-Nr. 279 406
Deutsche Neuerscheinung DM 29,80

Achille Rastelli:

Kriege zur See:
Die grossen Seeschlachten des 20. Jahrhunderts

168 Seiten, Format 23,0 x 28,0 cm,
gebunden, durchgehend mit s/w-Bildmaterial
Best.-Nr. 293 092
Deutsche Erstausgabe nur DM 25,–

Uwe Bahnsen
James P. O'Donnell:

Die Katakombe

440 Seiten, Format 14,5 x 21,8 cm,
gebunden
Best.-Nr. 293 076
Sonderausgabe nur DM 19,80

Heinz Höhne:

Der Orden unter dem Totenkopf –
Die Geschichte der SS

600 Seiten, Format 13,5 x 21,5 cm,
gebunden, s/w-Abbildungen
Best.-Nr. 201 616
Sonderausgabe nur DM 19,80

Terence Robertson:

Der Wolf im Atlantik

370 Seiten, Format 13,8 x 20,0 cm,
gebunden, durchgehend s/w-Bebilderung
Best.-Nr. 145 409
Sonderausgabe nur DM 19,80

Curt Riess:

Prozesse, die unsere Welt bewegten

600 Seiten, Format 13,0 x 21,0 cm,
gebunden mit Schutzumschlag,
durchgehend s/w-Bebilderung
Best.-Nr. 323 105
Sonderausgabe nur DM 19,80

Wolf Schneider:

Mythos Titanic

192 Seiten, Format 17,0 x 24,0 cm,
gebunden, durchgehend authentisches
s/w-Bildmaterial, Poster
Best.-Nr. 293 126
Sonderausgabe nur DM 16,80

Franz Hubmann/Walter Pohl:

Deutsche Könige – Römische Kaiser

208 Seiten, Format 22,5 x 29,0 cm,
gebunden mit Schutzumschlag,
farbig bebildert
Best.-Nr. 247 007
Sonderausgabe nur DM 10,–

Stefan Terzibaschitsch:

Kreuzer der U.S. Navy

352 Seiten, Format 21,0 x 26,9 cm,
gebunden, durchgehend s/w-Abbildungen
Best.-Nr. 323 873
Sonderausgabe nur DM 24,80

Stefan Terzibaschitsch:

Zerstörer der U.S. Navy

344 Seiten, Format 21,0 x 26,9 cm,
gebunden, durchgehend s/w-Abbildungen
Best.-Nr. 323 881
Sonderausgabe nur DM 24,80

Stefan Terzibaschitsch:

Seemacht U.S.A.

2 Bände, insgesamt 924 Seiten,
gebunden, durchgehend s/w-Abbildungen
Best.-Nr. 295 535
Sonderausgabe nur DM 39,80

Tony Le Tissier:

Operation Paukenschlag

512 Seiten, Format 1∏21,5 cm,
gebunden, 16 Seiten Bildteil
Best.-Nr. 336 867
Sonderausgabe nur DM 19,80

Eberhard Zangger:

Atlantis – Eine Legende wird entziffert

336 Seiten, Format 13,0 x 21,0 cm,
gebunden mit Schutzumschlag,
durchgehend s/w-Bebilderung
Best.-Nr. 295 592
Sonderausgabe nur DM 19,80